本书由复旦大学亚洲研究中心、
国家领土主权与海洋权益协同创新中心
资助出版

韩国儒学思想史

邢丽菊/著

人民出版社

序

众所周知,自 19 世纪后半期开始,韩国被动的卷入世界资本主义市场。虽然在这过程中也出现了诸如斥邪卫正论、开化论等思想,但是韩国最终没有逃脱被日本殖民统治的命运。1910 年,日本强行吞并韩国。亡国后的朝鲜知识分子在经过反复思索后,认为儒教是朝鲜王朝灭亡的元凶,这就是所谓的"儒教亡国论"。很多学者指出,韩国没有成功走上近代化道路的根本原因就在于朝鲜时期儒教思想的束缚。近代学者玄相允在《朝鲜儒学史》中曾经指出,儒教在韩国所犯的罪行主要有慕华思想、党争、家族主义、阶级意识、文约束缚、产业能力低下等。旅日学者姜在彦在《士人的国度:韩国儒学两千年》一书中也认为,朝鲜没有成功实现近代化是由于"朱子学一尊"和"游离于现实的性理学"所导致的。

类似的批判意识在中国和日本的知识阶层中也曾出现过。但需要注意的是,韩国的近代化不能由此认为是完全失败的。在近代化进程开始不过一个世纪的时间里,曾经是韩国弱项的科学技术一跃达到世界先进水平,韩国的经济和军事实力也在此基础上一举迈进世界强国之列。不仅如此,在整个东亚国家中,韩国还成功实现了有步骤的民主主义。此外,早已实现近代化的日本、新加坡、台湾,以及通过改革开放实现国民经济发展的中国等东亚其他国家,也纷纷在 20 世纪中后期四十余年的时间里实现了惊人的经济发展。经历了四十余年的发展后,韩国学界和经济界纷纷在思考同一个问题,即"我们为什么会成功"。最后他们从传统的自由市场经济理论、帝国主义论、从属利益论等现有理论无法解释的东亚经济发展的文化要因——儒教思想中找到了答案,这就是所谓的"儒教资本主义论"。

目前韩国社会儒教资本主义论的主要观点可以整理如下：第一，从微观来看，儒教文化传统对经济发展必需的人力资源的培养产生了重要作用。换言之，高度的教育热潮和严格的劳动伦理是引导东亚国家经济发展的动力。第二，从宏观来看，儒教式的政治秩序和社会传统使得国家政策得以有效地贯彻执行，并在强有力的资源动员和调动方面起了积极作用。此外，儒教式的家族共同体主义、重视诚信道德等传统伦理也对经济发展发挥了极大作用。

但是仅凭这些来解释韩国在 20 世纪后半期创造举世瞩目的汉江奇迹的原因，似乎还有些牵强附会。经济学家认为，实现经济增长的要因在于人口增加、资本增加、市场需求的变化、产业技术的进步等。欧美一些古典经济学家认为，劳动力和土地是实现经济增长的决定性因素，这种观点也被人们普遍接受。但是，相比于中国和日本，韩国的国土面积狭小，劳动力人口也在逐渐减少。而且，就资本来讲，韩国也不是每年急剧增加。鉴于此种背景，我们有必要认识到，决定韩国经济增长的因素比起资本和劳动力来，技术占据更加优先的地位。目前引导韩国经济发展的主要因素是尖端科技。当然，与美国和日本相比，韩国的技术力量还不够充分，技术研发费用的投资规模也相对滞后。

未来学家早就预言指出，21 世纪是知识革命的时代。知识会使劳动力、资本、资源、技术等生产要素实现有效重组，并以新的方式创造出高度的附加值。韩国已经从经济发展初期的劳动集约型产业中脱离出来，实现了资本、技术集约型的产业结构，而且现在正在向知识和智力集约型产业结构转型。在这一转型过程中，韩国已经跃入世界发达国家之列，经济实力位居全球前列。

那么，韩国经济能够取得如此快速发展的根源何在？我认为非常有必要关注一下韩国社会"主知"的传统，这种传统与韩国儒学思想密切相关。追本溯源，从 14 世纪末开始，韩国社会开始大规模吸收朱子性理学，并将其树立为国家的统治理念和指导思想。朝鲜王朝建国的主体力量便是以朱子学为武装的士大夫，他们既是官僚又是学者，并在建国后形成了能够左右王权的权力集团。尽管如此，朝鲜王朝的权力结构依然是倾向于权力分散和权力牵制，以此来确保政治的公正性和透明性，同时以构建儒家民本政治、实现仁政为目标。为了推动仁政的顺利实施，兼具学者和政治家双重身份的朝鲜士人对社会现实便怀有强烈的敏感性和责任意识。当时的社会现实也决定了学派和政派的一致性，学术论争的结果往往决定着政治权力的走向，朝鲜时期学术论争能够持续数百年之久并呈现集团性的特征也与此紧密相关。在五百余年的朝鲜王朝时期，韩国社会的主流思想便是以性理学为代表的儒学。与阳明学及考证学相比，性理学更具有分析性，而且追求逻辑的整合性，合理主义的倾向也相对浓厚，这些特征很好的体现在三次大规模的思想论争中。

韩国儒学的形成便是通过三大论争来实现的，它们分别是16世纪的四端七情论争、18世纪的湖洛论争以及19世纪的心说论争。四端七情论争主要讨论情的问题，湖洛论争主要涉及心、性问题，心说论争的主题则是心。韩国儒者们通过"批判→再批判→再再批判"这一过程对性理学的基本概念心、性、情等问题进行了细致缜密的考察和分析，这种学术现象在其他国家儒学发展史上是绝无仅有的，并因此形成了韩国儒学的特色。四端七情论争的主角——退溪和高峰不顾年龄、身份等外在因素的束缚，集中讨论了理气论在解释人的情感论问题上面临的难题，非常缜密地论证了各自的学说，同时也批判了对方的观点。这种主张和批判以及对此的再批判使得这场论争持续了8年之久。不仅如此，这场论争还延续到后世学者栗谷和牛溪，并且一直持续到20世纪初。18世纪的湖洛论争也持续了百年以上，先后有数十名学者参与其中，就人与自然的本性问题以及心的作用等问题展开了激烈论争。在面对西方近代文明传入韩国社会的时代背景后，寒洲学派和艮斋学派就心的属性问题进行了激烈的探讨。这些思想论争作为思维缜密的"逻辑战"，与崇尚学问和重视教育的风土人情相结合，形成了韩国社会浓厚的主知传统。

正是得益于这种主知的传统，韩国才能够在短时间内迅速消化吸收西方的科学技术，并实现了具有自己特色的技术研发。在朝鲜战争以后不过四十余年的时间里，韩国的国民所得就增加了100倍以上。不仅如此，这种浓厚的知性传统也使得那些要求高度知识储备的技术密集型产业在韩国实现了成功发展，为韩国经济的迅速成长发挥了不可替代的重要作用。

邢丽菊博士论文的选题便是三大论争中具有代表性意义的湖洛论争。这一主题虽然在韩国学界有所研究，但中国学界却几乎没有，因此具有开创性意义。她的博士论文几年前已经在韩国正式出版，并受到学界的关注和好评，这一部分内容在本书中也有集中反映。时至今日，我依然清晰地记得邢博士为了搜集文献资料无数次奔波于研究室和图书馆之间，并就某些问题向我虚心求教的情景。她勤奋好学的精神，坚强乐观的态度，温柔细腻的性格，一直令我印象深刻，而且也赢得了周围师生的赞誉。除了学术研究外，邢博士还具有优秀的外语翻译能力，不仅韩语娴熟流畅，而且现场反应机敏，几乎在很多重要的学术活动中都能看到她活跃出色的表现。博士毕业后，她凭借自己扎实的功底和出色的表现，应聘到中国复旦大学任教，并在自己的岗位上尽职尽责。即使学成归国后，我们之间的师生情谊也丝毫没有减弱。为了我在中国的学术活动能够更加顺利地开展，邢博士积极奔走，不辞辛苦，提供了多方面的支持和帮助。作为导师，我深感欣慰，希望她今后能够继续保持这种旺盛的精力和优秀的习惯。于我而言，除了学生外，她已然成为我的家人，为我分忧承担。衷心希望她能够继续发扬一直以来"穷究于理，成就于工"的学术精神，并取得更大的成长和进步！

本书可谓是邢丽菊博士多年研究成果的积累和结晶。她从韩国儒学思想的渊源谈起，历经三国、统一新罗、高丽、朝鲜王朝，按照时代发展的脉络逐一分析了各个时期韩国儒学思想发展的特色，并从中选取代表性的思想大家来探讨其学术思想。作为韩国儒学的代表，朝鲜时期的性理学可谓是重中之重，这也是邢博士着力突出的部分。她通过对学术派别的系统梳理，全面呈现了朝鲜性理学、阳明学、礼学、实学思想的发展，既突出重点要领，又兼顾思想全貌。特别是对学界一直以来忽略的近现代韩国儒学的发展，如斥邪卫正思想、开化思想、近代爱国启蒙思想、近代民族宗教以及现代韩国社会的儒学认识等也进行了考察分析。不仅如此，书后还附上了集中反映韩国儒学精髓的《朱子言论同异考》，这更加凸显了本书的学术价值。我认为，相比于目前中国学界已有的韩国学者的翻译类著作，本书从中国学者的视角全面系统地反映了韩国儒学思想发展的整体全貌，因此郑重推介给各位中国学界同仁，恳请大家鞭策指正。

邢丽菊博士师从我学习多年，她比任何人都理解我的思维逻辑和学术理路，她的研究集中反映了目前韩国学界的研究成果，并将其结合中国的现实国情进行了充分发挥。历经数月艰辛的闭门写作，终于有了这部呈现在读者面前的 60 万字的厚重之作。思想史的写作固然如登山般艰难，如何能在全面和重点之间允执厥中并做到游刃有余，这也是衡量学者理论功底的重要尺度。通读全书后，我必须要为邢博士这种攻坚克难的勇气和孜孜奋斗的精神点赞，我为这部书出自一位年轻学者之手而深感佩服。不可否认，由于主题庞大，书中难免会有疏漏和不足，但我相信随着邢博士今后研究的深入和成果的积累，这些问题都会迎刃而解。

我真诚期待，以本书的出版为契机，邢丽菊博士的研究能够更上一层楼！也希望本书能够为中国读者更好的理解和研究韩国儒学，进而为韩国儒学在东亚和世界的发展作出积极的贡献！

是为序。

韩国成均馆大学教授

韩国栗谷学会会长

韩国朱子学会会长

崔英辰

2015 年 9 月 15 日

自　序

　　"韩国儒学思想史"，当最初确定这个题目的时候，我内心的感觉可谓诚惶诚恐。面对如此庞大又厚重的主题，才疏学浅的自己如何能够驾驭？在经历了几个月的封闭式写作后，当我坐在十几年前曾经留学的韩国成均馆大学公寓里敲下书稿最后一段文字时，适逢炎炎夏日，骄阳似火。而那时的我，依然没有那么轻松，一切不过刚刚开始，一切又要新的出发。

　　作为中国儒学在海外的发展，或是从海外研究的视角来审视中国儒学的发展，韩国儒学是最有代表性的范例。直到今天，韩国依然是世界上儒学传统保存最好的国家之一。中韩互为友好邻邦，同属汉字和儒家文化圈。在长期的历史发展和文化交流中，两国人民互相借鉴，共同发展，形成了基本相似的文化意识和价值理念，心理思维和行为方式也有诸多类同。无论是绵延流长的历史，还是蓬勃发展的现实，中韩两国在文化上都具有很深的关联性和共通性。尽管中国文化是各民族以及各文明相互叠加、凝固与断续的发展，进而呈现复数而非单一的特征，但就跟韩国的交流而言，主要是以汉字和儒家思想为代表的中原文化对韩国文化起到了至关重要的影响作用。

　　文字是文化的重要载体。众所周知，韩国在本国文字创立之前，文献整理与历史记载主要依靠中国的古汉字，直到朝鲜时期世宗大王于1443年成功创制"训民正音"以后，韩国才有了自己的语言和文字系统。即使这样，韩国历史上两班贵族阶层以及官方和民间的书籍文本中仍然保留了使用古汉字的习惯。韩国儒家经典文献《退溪全书》、《栗谷全书》、《燕行录》等都是使用古汉字来记载的。朝鲜士人研读中国"四书五经"，以科举考取功名，必然需要扎实的古汉语功底。事实上，"训民正音"的字母系统直到20

世纪才被广泛使用。后来在韩国近现代历史发展过程中，虽然也曾出现过废除汉字或者禁止使用汉字的运动，但不可否认，现代韩语中确实存在三分之一以上的汉字词。汉字是连接中韩两国文化交流的重要纽带。

不仅如此，儒家思想更是中韩两国文缘相通的重要纽带。尽管韩国本土固有思想中存在很多"儒式因素"，但中国儒学的传入无疑对韩国儒学的系统化、理论化发展发挥了极大的推动作用。关于中国儒学何时传入韩国，学界迄今未有确考。但至少可以肯定的是，在韩国历史上的三国时期，随着汉字和典籍的传入，儒学已经通过国家法律的制定、教育机构的设立等对国家和社会发展产生了重要影响。三国时期的君主几乎都以"爱民"、"恤民"作为治国理念，三国人的日常生活中也比较重视忠和孝，由此可见儒学对古代韩国社会的影响之深。统一新罗时期，韩国留学生大批前往唐朝留学，中国的儒学、佛学等也持续传入韩国。高丽时期的统治思想虽然是佛教，但在治国理政方面，以太祖的《训要十条》为代表，儒学依然发挥着重要的指导作用，儒、释、道三教的交涉发展与相互融合形成了高丽时期的思想特色。自14世纪末朝鲜王朝建立以来，儒学被正式奉为国学，即国家的统治理念和指导思想，于是在五百余年的历史长河中，儒学与社会现实紧密结合，在国家的文物典章制度、社会的伦理道德、民众的价值观念和生活方式等方面，均发挥了指导性作用。在这过程中，朝鲜儒者注重儒学的实践性与人间伦理的提升，围绕性理学的诸多问题展开了缜密细致的思想论争，并在这一过程中形成了不同的学派和政派，进而形成了独具特色的韩国儒学思想。

本书主要以中国学者的视角从思想史的角度全面系统梳理了韩国儒学的发展，重在从学脉、学理上对韩国儒学思想进行综合性的整体考察。在论述过程中，尤其关注韩国哲学与思想发展的关系。因为哲学是思想的基础，思想又具有哲学的日常化性质。作为道德与实践、理想与现实的统一体，韩国哲学（尤其是朝鲜时期的性理学）在思想史的发展中发挥了理论性的支撑和现实性的指导作用，它以抽象的语言真实又不乏生动的描绘了当时韩国社会的现实，形成了人们日常的行为规范与生活习惯，这也是本书着力分析之处。在这种问题意识下，本书首先从韩国儒学的渊源谈起，从檀君神话以及记录韩国古代历史的文献资料出发，考察了古代韩国人的精神世界，并从中

发现中韩儒学的共通之处；其次按照年代史的顺序依次考察了韩国历史上的
三国时期、统一新罗时期、高丽时期以及朝鲜时期儒学思想的发展。本书在
展开过程中重点阐述韩国各个历史时期儒学思想发展的总体特色，然后考察
其中代表儒者的哲学思想，特别是在朝鲜时期儒学思想部分，除了对前期大
儒退溪、栗谷思想的阐述外，还重点对朝鲜后期儒学的各个学派——性理学
（畿湖学派、岭南学派）、礼学、阳明学、实学的学问特征以及代表人物进行
了考察。对于目前中国学界关注较少的朝鲜后期最大的思想论争——湖洛论
争的具体议题以及论争焦点、心说论争、朝鲜儒学三大论争的关联性等问题
也进行了细致分析与整理，并在此基础上考察了朝鲜后期儒学发展的"心学
化倾向"；接下来对韩国儒学对西方文明的回应、韩国近代民族宗教运动以
及现代韩国社会的儒学认识等问题进行了全面分析，尤其对目前中国学界研
究较少的斥邪卫正思想、开化思想、东学思想以及近代韩国爱国启蒙运动、
新兴宗教等问题进行了综合考察；最后结论部分主要从道德与义理的重视、
性理学概念的创新、民族主体性的弘扬三个方面重点分析了韩国儒学对中国
儒学的贡献与发展。为了加强中韩儒学的比较研究，附录部分除了笔者近几
年发表的主要学术论文外，还附上了中韩朱子学研究重要的经典文献《朱子
言论同异考》，供国内学者研究参考。

　　然而，正如中国思想史大家葛兆光教授所言，思想史是一个非常难以
把握的领域，中心清楚而叙述边界非常模糊。事实上，自从有史官开始，历
史就在不断筛选它应当记载的东西，记载和忽略、记忆和遗忘始终相伴。在
思想史的写作中，不仅思想经典和人物精英需要浓墨重彩，很多没有亮色的
灰色部分也是值得深思熟虑和着力描绘的地方，可谓"无画处皆是画"，而
这恰恰是思想史写作的难点之处。此类"空白"无文献，无突出人物，只能
任凭理解和诠释来找寻当时的历史记忆与思想资源。因此，除非著者有丰厚
的文献积累和广博的知识阅历，否则不能为之。我深知思想史写作的难度，
更深知自己学识阅历的浅薄，只是鉴于目前学界韩国儒学思想史著作的缺
乏，斗胆本着一种愿意尝试和接受批评的态度尽力发挥，以不成熟的一己之
见以期抛砖引玉。"路漫漫其修远兮，吾将上下而求索"，我衷心希望本书的
出版能够给国内研究韩国儒学以及中韩文化的学者提供些许借鉴和参考。至

于书中的瑕疵和纰漏之处，还恳请学界同仁不吝批评指正，这将成为我今后学术研究的鞭策和动力。

每部书稿的出版都离不开许多人的支持和帮助，他们都是人生路上与我结缘的师友、同仁或同伴，他们厚重的情意我都会感念在心。首先感谢我的导师——韩国成均馆大学崔英辰教授，是他引领我走上韩国儒学研究的道路，并给予了细心指导和谆谆教诲，我所取得的每一点成长和进步，都渗透着恩师的心血和汗水。师公柳承国先生虽然已经作古多年，但我至今依然清晰记得他年过八旬仍在讲坛斗志昂扬、仍在书斋笔耕不辍的情景，他高昂的学术热情和严谨的治学态度，一直是我前行的榜样和力量。

衷心感谢韩国高等教育财团总长、韩国前驻联合国大使朴仁国先生，感谢他长期以来对我的关照和支持，感谢财团在本书出版过程中提供的诸多帮助。成均馆大学李熙玉教授于我亦师亦友，正是得益于他细心周到的安排，我才能够在那段时间静心写作而不至枯燥无趣。

清华大学陈来教授、卢风教授、北京大学张学智教授、张敏教授，中国社科院孙伟平教授、李甦平教授、中国人民大学张立文教授、梁涛教授，浙江大学罗卫东教授、南京大学李承贵教授、山东大学牛林杰教授、中国孔子研究院杨朝明院长等，他们都是我尊敬的师长前辈，并在学术道路上给了我不同程度的指导和帮助，在此谨致谢忱！也要感谢复旦大学国际问题研究院诸位同仁师友的襄助和关爱。人民出版社哲学编辑室主任方国根编审为本书的出版付出了诸多辛劳，在此深表谢意。

感谢我的父母、外祖父母等家人，他们用朴实无华的语言和身体力行的态度教会了我温良恭俭让，让我认识到这个世界的真善美。我活泼可爱的孩子们，他们阳光灿烂的笑脸一直是我前进的动力。

最后，要特别感谢我生命中深爱的人。千言万语，因为相知，所以懂得。爱是恒久忍耐，又有恩慈；爱是守候盼望，永不止息。谨以此书献给他。

邢丽菊

2015 年 9 月 9 日

目　录

绪　论

　　儒家思想是中国传统文化重要的组成部分，在数千年的历史文化长河中发展壮大。儒家思想同中华民族形成和发展过程中所产生的其他思想文化一道，记载了中华民族自古以来在建设国家的奋斗中开展的文化活动以及凝聚的精神财富，反映了中华民族的精神追求，是中华民族生生不息、发展壮大的精神滋养。儒家思想不仅对中华文明的发展产生了深刻影响，而且对人类文明的进步也作出了重要贡献。

　　韩国儒学虽然是在吸收中国儒学，特别是朱子理学的基础上形成的，但它并不是单纯的中国儒学的简单翻版或复制。韩国儒学是在适应韩国风土人情的基础上，对中国儒学进行了更加深入而细致的发展，从而形成了韩民族的文化精神（Ethos）。[①] 正如韩国儒学元老柳承国先生曾指出的那样，中

[①] "Ethos" 一词在近几十年的文化人类学著作中经常出现，中文学术界常常译为 "民族精神"、"精神气质" 或 "文化精神"。萨姆纳（W.G.Sumner）曾经指出，文化精神就是使一个群体不同于其他群体的那些特质的总和。但即使是文化人类学家，他们对这一词的意义使用也不完全相同。本尼迪克特（Ruth Benedict）有时把它与 "文化模式" 联系在一起，并反复强调，应将人类各种不同的文化作为具有不同价值体系的多样化存在来把握。本尼迪克特指出，在文化内部赋予这种多样化性格的，是每一文化的主旋律；使文化具有一定模式的，也是该文化的主旋律，即民族精神（Ethos）。她最初于 1932 年在《北美文化的整合形态》一文中开始使用 "Ethos" 一词，即文化的民族精神，意指一个民族筛选文化因素并对这些因素加上自己独自的形式和解释的心理态度。博克（P.K.Bock）也认为，文化精神一词是由人类学阐释的，用以描述价值系统整合性的一般模式和方向。解释人类学的代表克利福德·吉尔兹（Clifford Geertz）则将精神气质（Ethos）与世界观念（World View）联系在一起。他指出，一个族群的精神气质是指他们生活的一种风气、特征、品性，是其道德与审美的方式与基调，标志着这一族群对他们自己和他们所处世界的根本态度。精神气质与世界观念不仅相互影响，而且互为基础。（参见陈来：《古代宗教与伦理：儒家思想的起源》，三联书店 2009 年版，第 7—9 页）

国儒学是宇宙论层面上具有包括性的"远心哲学",韩国儒学则是人性论层面上具有内在性的"求心哲学"。因为宇宙是"大宇宙",人是"小宇宙",只要认识并了解了人的本质,宇宙便自然而知。中国儒学已经在"大宇宙"方面做足了工夫,于是韩国儒学便开始细致挖掘人的内面心性。这一点在韩国儒学的代表范例——四端七情论和人物性同异论中表现得淋漓尽致。四端七情是关于人的性情是如何在宇宙万物间构成并在现实中发挥作用的论争。人作为万物的灵长,与其他存在不同,是具有社会道德并能够实践伦理规范的存在。随着时代的发展,研究的视野不应局限于人的性情,而应扩大到人与物的差异。于是在四端七情论的基础上,朝鲜后期人物性同异论便产生了。通过这两次论争,朝鲜性理学的内在性、细致化发展到了极致,逐渐形成了不同于中国朱子理学的新面貌。韩国儒学的这种创新究竟具体表现在何处,韩国儒学与中国儒学相比究竟有何特色,这是值得每位中韩儒学的研究者深思的问题。

虽然目前中国学界有关韩国儒学的研究还有待振兴,但相关的学术著作已经陆续出现。[1] 鉴于大部分学术专著都是从韩国儒学的某个专题或某些代表人物为主而著述的现实,本书将重点放在韩国儒学思想史的整体发展脉络上,主要以王朝史的发展为主线,重点理清韩国儒学发展各个时期的思想特征以及代表人物的学术思想,以期窥探韩国儒学思想史发展的整体面貌。

---

[1]　目前学界代表性著作主要有:李甦平著《韩国儒学史》(人民出版社2009年版)、张立文著《李退溪思想世界》(人民出版社2013年版)、张敏著《立言垂教:李珥哲学精神》(北京大学出版社2003年版)、洪军著《朱熹与栗谷哲学比较研究》(中国社会科学出版社2003年版)、黄俊杰主编《东亚视域中的茶山学与韩国儒学》(台大出版中心2006年版)、林月惠著《异曲同调:朱子学与朝鲜性理学》(台大出版中心2010年版)、蔡振丰著《朝鲜儒者丁若镛的四书学:以东亚为视野的讨论》(台大出版中心2010年版;简体中文版华东师范大学出版社2012年版)、李明辉著《四端与七情——关于道德情感的比较哲学探讨》(台大出版中心2005年版;简体中文版华东师范大学出版社2008年版)、杨祖汉著《从当代儒学观点看韩国儒学的重要论争》(台大出版中心2005年版;简体中文版华东师范大学出版社2008年版)等。此外还有一些韩国学者的著作被陆续翻译成中文出版。

第一节 韩国儒学思想史的基本脉络

韩国儒学思想意识的萌芽最早可以追溯到檀君朝鲜。有关檀君朝鲜的内容，在《三国史记》和《三国遗事》中都有记载，这是关于韩国民族祖先起源的神话。与确切的历史记录不同，神话的体系相对不完整，说服力也较弱，但由于它是在古代韩国人生活的基础上形成的，反映了韩民族潜在的精神意识与情感意志，因此可以视为一项参考。檀君神话的整体内容反映了人本主义的思想以及和谐主义的世界观，其核心精神在于弘益人间，这与中国传统儒学天人合一、以人为本的精神是一脉相通的。檀君神话中出现了世界的三个轴心——天、地、人，而天的神性与地的物性之统一点在于人。在天、地、人和谐相处的世界里，人所要做的就是弘益人间，这与中国儒学"人能弘道，非道弘人"的精神也是一致的，都突出了人在这个世界的主体性地位。可见，韩民族的祖先起源神话中已经出现了类似于儒学思想的萌芽。

不仅如此，中国古代文献资料中记载的韩国人的人间形象也与儒学思想非常吻合。《后汉书·东夷列传》记载曰："其人不相盗，无门户之闭，妇人贞信"，这说明当时民风淳朴，社会正义。《山海经·大荒东经》也有记载曰："有东口之山，有君子之国，其人衣冠带剑，食兽，使二大虎在旁，其人好让不争。""好让不争"且富有人道精神的人间像说明了韩国人的天性是以柔顺和善良为基础的；衣冠整齐表现了韩国人注重礼仪；佩刀则体现了在这种人道主义氛围中也存在正义和威严。这种民族性在遭遇非人道和不义时，为了捍卫生命和真理，会不得已拔出正义之剑来行君子之义，以保全国脉传统。《后汉书·东夷列传》中所说的"君子不死之国"也很好地反映了韩民族的刚毅性，这与《周易》所言"天行健，君子以自强不息"的精神也极其吻合。此外，韩国本土固有的巫俗信仰、祭天仪式等与中国传统思想非常类似；韩国本土信仰中也有终极的信仰对象——天，这与儒学的上帝或天帝如出一辙；韩国人对部族首领有着与生俱来的忠诚，这一点类似于儒学思想中臣对君的忠。正因为在韩民族的土地上存在着与中国儒学相近的固有思想，所以中国儒学传入时才能够被有亲近感的吸收并发扬光大，同时在这一过程中也逐渐形成了韩国儒学的特色。

关于中国儒学何时传入韩国，学界可谓众说纷纭、见仁见智。但至少可以肯定的是，卫满朝鲜（前195—前108）、汉四郡（前108—313）时期以来，汉朝的文物制度与学术思想已经传入朝鲜半岛，并在国家治理以及社会生活中发挥着一定的作用。三国时期，韩国开始从古代城邑国家或部落联盟时代向初具国家体系的中央集权制时代迈进，汉字的使用开始普遍化。与此相对应，儒、释、道三教也陆续传入。在此基础上，三国也开始记录自己的国史，逐步实现思想的体系化，文化教育等也开始逐渐兴盛起来。从整个韩国思想史的角度看，三国时期开始实现由原始宗教信仰向学术思想的转化。受韩国本土固有思想支配的传统社会开始积极认识到儒学在治国理政方面的重要作用，并使之与本土思想实现有机结合。三国时期的儒学主要在国家政治理念、教育制度以及民众日常生活习俗中发挥作用。特别是公元668年新罗统一三国后，儒学在政治与生活伦理上的作用进一步强化，教育制度也得到进一步整备和完善。当时新罗学者赴唐留学极为兴盛，民间文化交流也活跃起来。当时出现了著名的儒者强首、薛聪以及崔致远等人。特别是崔致远的"三教会通论"从大同的角度来看待儒、释、道三教的关系，主张三教在本质上是相通的，并在此基础上试图理解韩国固有思想——花郎道。崔致远的这种思想在本质上体现了普遍性与特殊性的整体统一。

但需要注意的一个事实是，儒学在韩国从最初传入到正式吸收，中间隔了相当长的一段历史时期。儒学最初被民间吸收开始于三足鼎立时的三国时期，即公元前57年左右至公元661年，但儒学从国家层面被正式吸收则是始于372年高句丽正式设立太学开始，新罗则是572年才设立太学，百济何时设立太学则没有详细记载。由太学的设立时期可以推知，儒学在韩国被正式吸收的时期，近则可以推算到5世纪，远则可以推算到7世纪。传入期与吸收期的时间跨度如此之大，这也说明了中国儒学与韩国本土固有思想十分类似。因为在古代韩国人看来，仅靠固有思想也可以丰富精神世界，似乎不太需要政府层面的正式引入。但后来随着汉字经典的传入，统治者逐渐意识到儒学在治国理政方面的重要作用，于是开始举国层面正式吸收中国儒学。

公元918年王建灭掉新罗，建立高丽。高丽王朝的建立在韩国历史上具有重要意义：第一，它克服了后三国时期的分裂和混乱状态，形成了一个统一的单一民族国家。第二，高丽建国过程中保留了原三国时代的社会实体，统一保存了民族之根基。可见，高丽建国并不仅仅是简单的王朝更替，而是掀开了韩民族历史发展的崭新一页，使得韩国从古代社会迈进了中世社会，并由此带来了各种政治和社会的变化。高丽时期的统治者积极践行儒家以民为本的为民思想，最大限度地发挥儒教在治国方面的积极机能。《训要十条》是太祖王建临终前为叮嘱后代治国而颁布的纲领，其中蕴含着高丽建国精神和治国大法。《训要十条》的主要特征是将高丽王朝的儒教治国理念与佛教以及道教的道谶思想实现了有机结合并强调其相互作用。这种教化式的政治思想并不是古代单纯的政教一致，而是灵活运用了佛教护国祈福的现实性功能。太祖《训要十条》以儒为表，强调儒教治国理念，为后世君主立下了治国之本；以佛道为里，将佛教和道教信仰同时作为镇守国家的重要手段。成宗时期，这些治国政策得到了很好的贯彻。光宗时期，为了实现王权的确立，国家推行了非常果断的中央集权制措施，并积极推行儒教文治主义。光宗九年（958）初次实施科举制，基本效仿了中国唐朝的制度，目的在于选拔治国人才。在当时君主制的大背景下实施科举，其意义就在于对君主独占的权力进行分权，有助于实现儒家的仁政。

高丽时期，私学开始发展兴盛，最著名的当属崔冲的九斋学堂。崔冲设立私学的原因是当时以国子监为首的官学因契丹不断进攻而一蹶不振。为了挽救并振兴教育，曾经做过科举官员的崔冲设立了九斋学堂，在其影响下也产生了"私学十二公徒"。尽管私学在学习经典和培养词章能力方面作出了其应有的贡献，但它并没有营造出一种以史为鉴、弘扬社会正义并探索人间真理的学术氛围。换言之，私学只是通过教授学生背诵训诂来提高科举应试能力，其主要功能在于帮助考生走上仕途、追求名利，并不追求彰显个性的学问思想。后来随着成均馆的振兴，私学开始走向衰退。

高丽时期思想界的特色是儒、释、道三教融合发展，佛教虽为国教，但实际上是儒、佛、道兼学并用。佛教主要是在宗教的领域增强人们的和平意识，并使得人心虔敬；儒教则在政治、伦理、教育的层面提供秩序与规范，有助于人的立志修养，从而使得政教隆盛；道教则以无为自然的思想除去人为的要素并使人回归自然，开拓一种超脱世俗的境界。高丽时期儒、释、道三教虽各有发展，但呈现出一种很强的交叉融合之发展面貌。这种三教融合现象是韩国固有花郎道精神的发展和延伸。

朝鲜王朝的建国是通过异姓革命实现的王朝更替，但从另一方面看，也是由于在权门豪族与新兴士大夫之间激烈的政治斗争中因后者胜利而建立的新王朝。高丽末期，各种矛盾和混乱在权门豪族社会中不断发生，经过武臣政权和元朝的干涉期，这种混乱变得更加严重。主张改革的李成桂一派掌握了实权，终于在1392年排除反对势力顺利登上了王位，定国号为朝鲜，首都设在汉阳。朝鲜建国的意义在于，一方面通过王朝更替找到了解决高丽社会长期积累的各种社会矛盾的途径和方法；另一方面通过将性理学规定为国家的统治理念和指导思想，推翻了一直以来佛教在思想界的统治地位，开始了朝鲜王朝历时五百余年的"儒教王朝史"。

朝鲜王朝是名副其实的儒教国家，儒教是国家政治统治理念。为了加强朝鲜建国的正当性和当为性，巩固性理学的理论体系，朝鲜初期的性理学者展开了大规模的排佛论。之所以排斥佛教，根本原因在于性理学具有重视道统的理念特征。当时代表性的排佛论学者主要有郑道传、徐敬德、李彦迪等人。他们的思想一方面排斥了佛教，另一方面极大树立了性理学的权威。重视道统的意识也使得朝鲜时期的道学思想发展起来。朝鲜初期道学思想的传承脉络是郑梦周→吉再→金叔滋→金宗直→金宏弼→郑汝昌→赵光祖等。栗谷认为从真正意义上确立韩国道学精神的人物是静庵赵光祖。道学精神的发展与韩国历史的展开紧密相关：一方面，朝鲜时代连绵不断的王位争夺以及士祸对儒者的精神意志产生了重大影响。道学者既要反抗国内的不义，又要面对政治清洗和屠杀，这样便促发了一种抗争、不妥协的精神。另一方面，身处半岛的地理位置导致了韩国多次遭受外民族入侵，这便激发了儒者的节义精神，使得义理和忠诚成为韩国儒学的基调。

朝鲜前期性理学的代表人物为退溪李滉、栗谷李珥与南冥曹植。退溪理气论用哲学的概念对本质与现象的关系进行了说明：从现象层面看，理与气是不离而共存的；从本质层面看，理与气是可以分开而言的。退溪虽然充分理解理气二者的共存，却强调要严格区分理气，试图以此来确保理的纯粹性。他认为四端为理发，也是为了强调四端的纯粹善性在现实中也可以显现。此外，退溪还主张"理动"与"理自到"，积极强调理的能动性，这也是退溪思想区别于朱子学的显著特征。退溪以人内在的纯粹性和尊严性为基础，主张只要扩充善性，任何人都可以达到圣人的境界。退溪思想的终极目标是成为圣人，《圣学十图》详述了这种圣学的哲学结构和修养论。为此，退溪强调"主敬"作为具体的修养论。"敬"就是常惺惺、主一无适的工夫。退溪认为要以敬来修身养性，确立人本身的主体性，如此才能实现最真实的本性。退溪思想最大的特征是他不仅停留在学问思辨的层面上，而且还通过一生的努力去不断践行性理学的基本精神。

栗谷的理气论主张理气合看，并在此基础上提出了"理气之妙"和"理通气局"的观点。"理气之妙"意味着气不离理、理不离气的相即的关系性，更具体而言是理气"一而二，二而一"，二者是浑然无间、无先后、无离合的共存体。"理通气局"是栗谷的"自谓见得"，理通指的是理具有一体相通的特性，即使在参差不齐的万殊现象中，也不会失去其自若性；气局指的是，气因有形有为而具有时空局限性。"理通气局"以理的普遍性与气的特殊性为依据，并将分殊的依据置于"气之不齐"，用气局来解释"理分殊"的原因。"理通气局"是对朱子"理一分殊"的深化，在理气关系中更加强调气的能动性。关于四端七情论，栗谷提出了"气发理乘一途说"。栗谷认为，理气无离合、无先后，所以不能谓之互发。若认为理气互发，则会导致人心有两本。栗谷不认可四端与七情质的区别，认为它们是同质的，二者的关系是"七包四"，即四端只是七情之中善的部分。栗谷的修养论主张"主诚"。敬是"用功之要"，诚是"收功之地"。敬是修养的方法，是去除私欲和邪念的工夫；诚不仅是方法，还是修养的目的，故修养的路径就是"由敬至诚"。栗谷的经世论具有重视实理的实学性质。栗谷认为，实理可以带来实用和功效，将务实认为是"修己之要"，故在政治上提出"知时"、"务实"。他将当时的朝鲜社会定位为"更张期"，主张要适应时宜，矫革宿弊，洗涤旧习，如此才能业垂后世。与朝鲜后期脱性理学的实学不同，栗谷的经世论属于性理学的实学范畴。

南冥思想的精髓是敬义思想。在他看来，敬和义的概念特征及功能虽有不同，但二者是相互依存的关系。敬虽然不论动静时都在主宰着心，维持着心的正确性，但当与外物接触或是在行事过程中，必然需要有具体的判断标准和实践要领，于是义就有了必要性，因此应当视敬义为一体。为了实践正确的义理，南冥坚持不懈地进行敬的修养，积极关心社会教育，大力弘扬道学的义理精神，以强韧的义气上疏直谏戚族政治的弊端。南冥以义理作为出仕和辞受的标准，严格要求自己，一生没有出仕，而是选择践行处士之路并始终如一。这种积极致力于人格修养和道德实践的义理思想，形成了南冥独特的学风。他的这一志向和实践精神被后世门人所传承，成为韩国义兵运动的基石。

17世纪，朝鲜王朝经历了壬辰倭乱和丙子胡乱，社会经济遭受重创，整体国力一蹶不振。战乱也导致既有社会秩序崩溃，朝鲜王朝处于必须重新整顿国家体制的处境之中。壬辰倭乱之后，朝鲜王朝实现了由主导朝鲜建国并一直以来主导政局的勋旧派向充实发展了性理学理念的士林派之政权的交替。随着土地生产能力的逐渐提高，经济私有观念也得以扩大化。各种因素的发展促成了"国家再造论"的产生，整个社会的改革呼之欲出。因此，韩国学界将17世纪以后的朝鲜后期定义为"近代社会的萌芽期"或"近代黎明期"。经由退溪和栗谷发展的性理学，在朝鲜后期也继续兴盛，成为引领社会前进的指导理念。朝鲜后期的思想潮流大致可以分为如下几类：

其一，性理学：在继承栗谷学统的畿湖学派内部展开了以人物性同异论争和未发心体纯善论争为主题的湖洛论争，这开启了朝鲜性理学的新局面，而且与北学派的实学思想也有关联。在继承退溪学统的岭南学派中，17世纪后半期的李玄逸批判栗谷，拥护退溪，确立了其学脉的正统性。另外，张显光、李震相等人也创立了自己独创的性理学说。许穆、尹鑴等畿湖岭南学派的思想具有脱朱子学的性质倾向，与后来的实学思想密切相关。

其二，礼学：17世纪初至18世纪中期被称为韩国历史上的"礼学时代"。学者们对性理学的礼思想进行了积极活跃的研究和整理。在这过程中，礼学甚至还被利用为朋党集团斗争的工具,并由此引发了两场礼讼论争。礼讼的实质在于儒者最为重视的正名、义理名分思想在具体政策上的反映。

其三,阳明学:朝鲜中期传来的阳明学自从受到退溪批判之后,一直被视为异端学说而遭受排挤。霞谷郑齐斗重新树立了阳明学的新体制,形成了以江华地区为主的学派。阳明学者从泛儒学的立场重新检讨以性理学为中心的思想界,通过对先秦原典儒学的研究,努力尝试提出与性理学相区别的替代方案。

其四,实学:朝鲜后期学界最大的成果便是实学思想的确立。实学作为虚学的对立概念,指的是实践性、实证性、实用性的学问。实学批判性地发展了性理学,形成了与性理学在质上完全不同的新学风。此外,由中国传入的西方科学与天主教脱离了以往的宇宙观与世界观,创造了新的思想典范,这可以视为实学思想形成的外在原因。惠冈崔汉绮吸收西方科学,对性理学进行了创造性的再构成。茶山丁若镛吸收天主教思想,对儒家经典进行了重新诠释和再构成。

1876 年《江华岛条约》签订后,韩国被迫打开港口,进入了西势东渐的近代时期。面对西方列强的侵略以及西方异质文明的入侵,当时的朝鲜社会为了解决现实当务之急,出现了斥邪卫正思想、开化思想以及民众运动(东学思想)三种应对方案。斥邪卫正指的是坚决排斥当时的邪学——天主教,捍卫正学——性理学。斥邪派认为西方文明具有野蛮的侵略性,如果纵容之,则不仅会令社会体制崩溃,而且国家也会灭亡。随着开港伊始,韩国已经被动地、被牵引地卷入世界资本主义市场体系。尽管可以从道德和心理上蔑视西方文明,但毋庸置疑的是,西方的科学和文化却是不容忽视的强大。开化思想则与之相反,主张要吸收西方近代文明来建立近代的国家体系,化解民族存亡危机。开化思想家虽然受到了西方文明的影响,但他们并不追求全盘的西化。虽然有些人提倡通过完全抛弃传统思想、全盘西化来实现国家近代化,但是相当一部分人主张通过变革传统来实现近代化。开化派与斥邪卫正派的最大区别就在于开化派主张的是"师夷长技"。如果说斥邪派还止步于以中国为中心的天下观,开化派则已经看到了通用万国公法的世界,认为固守传统性理学的理念无法帮助朝鲜摆脱危机。这种对现实的深刻思考最终归结为开化派对如何学习和利用西方文明而进行的思考。主导斥邪和开化的主要是知识分子（士人）阶层，而以民众运动为主体的东学思想则是直接深受帝国主义侵略的下层民众自觉发起的抵制运动。他们一方面批判政府和官僚的腐败，一方面批判西方列强侵略的不当性。虽然东学思想没能引领韩国社会走向近代自主发展的道路，但却通过多种抵抗活动对近代韩国社会的发展作出了贡献。

遗憾的是，在与西方侵略势力与近代文明进行冲突与碰撞的过程中，斥邪卫正派、开化派与民众运动都没有找到一条适合韩国近代化的发展道路。1900 年初，随着日本侵略的公开化，爱国启蒙运动成为反抗侵略、开展自强运动的重要一环。它在反思和批判性理学的同时，学习和接受社会进化论，并将其作为富国强兵的理论，以求实现国家和民族的富强。在这一过程中，爱国独立运动家以及他们的思想在其中发挥了重要作用。最有代表性的是张志渊的渐近式自强主义、朴殷植的儒教求新论以及申采浩的抵抗性民族主义。爱国启蒙运动家在对朝鲜主导思想——朱子学进行反思的过程中，不断摸索建立近代社会的方式，这就使得他们在强调社会责任的同时，更加注重对儒学进行适应社会的变革，这一点是值得肯定的。但是，与西方文明相比，爱国启蒙论者坚信中、日、韩三国同属于东亚儒家文化圈，这就使得他们未能正确认识到日本帝国主义的侵略本质，最终沦为与日本侵略势力相妥协的立场。

朝鲜末期，日益加重的内忧外患导致国家秩序逐渐崩溃，下层人民苦不堪言。出于对新世界的渴望，近代民族宗教运动开始兴起，主要有东学、大倧教、甑山教和圆佛教等。这些新兴宗教具有宣扬民族主体意识、人本思想与平等思想、后天开辟与解冤相生思想的特征，给当时处于苦难和逆境的民众带来了光明，反映了当时朝鲜民族的普遍希望，也承载了民众对未来美好世界的无限向往。这种理想和信念后来成为韩民族积极反抗日本帝国主义侵略的动力，但其局限性就在于沉迷这种理想世界而最终丧失了武力反抗的斗志，并变得隐忍妥协。

1910 年，朝鲜最终被日本强制占领，进入了"韩日合邦"时期。殖民地时期，日本对韩国实行了"武断统治（20 世纪初）→文化统治（20 世纪20 年代）→抹杀民族统治（20 世纪 30 年代以后）"的分阶段侵略，韩国儒学研究在此期间受到毁灭性打击。日本帝国主义试图以此来抹杀掉韩民族的一切文化基因，从而推行自己的殖民统治。当时一切与儒学有关的书籍、学者以及研究机构都遭到强制镇压，儒学研究一片凋敝。

1945年光复以后，随着民族主义意识的萌芽和兴起，韩国学界开始全面批判和克服以日本御用学者高桥亨为代表的殖民史观，对传统儒学思想进行反思和重建，儒学思想的研究逐渐重获新生。特别是进入20世纪80年代以来，随着韩国跻身"亚洲四小龙"之列，韩国学界开始重新反思儒学的现代价值。21世纪以来，随着中国经济的迅速发展、中国社会对传统文化的关注以及中韩文化交流的活跃，韩国儒学又迎来了新的发展契机。直到现在，儒学思想仍然深刻影响着韩国人生活的方方面面，成为他们的日常行为规范和生活伦理。

第二节　韩国儒学的基本特性

韩国儒学是在本土形成的固有思想基础上，吸收了中国的朱子学，并在适应本国国情的历史中形成的。韩国固有思想中很早就存在着儒学性的因素，传统思想也与中国的传统儒学具有很大的相似性，这就使得中国儒学思想很容易地传入并被吸收。吸收朱子学后形成的朝鲜性理学与中国相比，则发生了不少深入而细致的变化。朱子学传入之初便被新兴士大夫们接受，后来以此为指导理念建立了朝鲜王朝，从而被确定为国学。与政治的这种紧密而又特殊的关系，使得儒学不再是一门单纯的学问，而成为指导阶层的统治理念、士人阶层的权斗工具。朝鲜儒学者对人的道德心性的深入探索、士人们强烈的历史和现实意识以及学派的分化和党争都与此息息相关。

关于儒学思想何时传入韩国，学界一直未有确考。最早的是《三国志·魏略》中所记载的远在卫满朝鲜、汉四郡时代，汉朝的文物制度与学术思想已经被全盘移植、输入。[①] 可以肯定的是，早在三国时代，随着汉字和儒

---

① 参见柳承国：《韩国儒学史》，傅济功译，台北商务印书馆1989年版，第1—6页。

家典籍的传入，儒学思想已经通过国家律令的制定、国史编纂、教育机关的设立等政治、教育方式对国家发展以及人们的日常生活领域产生了很大的影响。① 尽管这样，当时思想界占主流的却是佛教，儒家思想还没有形成足以对抗佛教的体系。后来到了高丽末忠烈王时期，朱子学传入韩国，它逐渐被新进士族们吸收为治国理念，统治韩国社会近千年的佛教思想彻底被儒家思想（朱子性理学）所取代，从此掀开了思想史上的新篇章。韩国近代史上的朝鲜王朝是以儒家性理学为建国和统治理念的"儒教国家"，此言毫不为过。

后来儒学在韩国的土地上经过了本土化和民族化的历程，形成了自己的特色。若追究韩国儒学与中国儒学的相异之处，可以概括地认为中国儒学是宇宙论层面上具有包括性的"远心的哲学"，韩国儒学则是人性论层面上具有内在性的"求心的哲学"。② 因为宇宙是"大宇宙"，人是"小宇宙"，只要认识并了解了人的本质，宇宙便自然而知。

下面笔者将从分析韩国儒学思想的渊源入手，依次探讨儒学思想在韩国实现本土化过程中所显现的特性。

第一，韩国儒学思想的渊源。

在试图考察韩国儒学思想的渊源时，由于很难找到记录古代史的当时的文献资料，故在古代史研究方面，文献资料不足是一个大难题。③ 但我们

---

① 比较典型的例子有：高句丽小兽林王二年（372）设立太学，作为国家的最高学府。次年颁布律令教授儒家五经、历史学、文学等。婴阳王时期（590—617）编写《新集》的李文真是太学博士，可见当时已经吸收了中国的五经博士制度。而且据《旧唐书》和《新唐书·高句丽传》记载，当时在乡下还设立"扃堂"，教未婚青年习文射箭。扃堂既是地方的私立学校，也是为了应对紧急事变而训练武艺的场所，从中可以看出儒家"文武兼备"以及"中庸"的思想。而且，三国时期的君主几乎都以"爱民"、"恤民"作为治国理念，三国人的日常生活中也比较重视忠和孝。由此可以看出，儒学对古代韩国社会的影响很广泛。

② 参见柳承国：《韩国性理学的隆盛与特色》，《栗谷正论》2002 年第 4 期。

③ 就现存的韩国古文献来讲，虽然可以举出类似《三国史记》、《三国遗事》等关于韩国历史的古典，但由于它们是高丽后半期的著作，最多不超过 12—13 世纪。而韩国的历史从辽远的古代开始，一直延续了五千余年。因此，详细考察韩国古文献以及中国的古记录就变得很有必要。不仅如此，日本的古记录中也有不少关于韩国三国时期的史料记载。就中国文献来看，《史记·朝鲜传》、《汉书·地理志》、《后汉书·东夷列传》、《三国志·东夷传》以及《魏志·东夷传》都是研究古代韩国史的珍贵资料。

仍然可以通过周边国家文献资料的记载以及韩国现有的不完整的古代文集来管窥其略。《后汉书·东夷列传》记载说："其人不相盗，无门户之闭，妇人贞信"。《山海经·大荒东经》也有记载说："有东口之山，有君子之国，其人衣冠带剑，食兽，使二大虎在旁，其人好让不争"。这虽然是些片断性的记录，但可以说很好地表现和勾画了古代韩国君子国的人间像。上面所说的"好让不争"且富有人道精神说明了韩国人的天性是以柔顺和善良为基础的；衣冠整齐表现了韩国人注重礼仪；佩刀则体现了在这种人道主义氛围中也存在正义和威严。这并不是相互矛盾的。这种热爱和平、珍惜生命的纯粹而又仁慈的性格在遭遇非人道以及不义时，为了捍卫生命和真理，会不得已而拔出正义之剑来行君子之义。①

关于韩国古代社会——古朝鲜的最古记录可以从《三国遗事》和《帝王韵记》中找到。有趣的是，这两本书中都同时提到了与古朝鲜建国有关的檀君神话。②

神话是所有哲学的、理性的认识的大前提和原型，可以说哲学认识和思维的逻辑世界是从人类最原始的经验——神话中出发的。③与确切的历史事件不同，神话虽然说服力微弱、体系不完整，但它是在古代人生活的基础上形成的，反映了当时人们的情感和意志，渗透着韩民族潜在的精神意识。而且与一般神话不同，檀君神话的神话性非常淡薄，不仅提到的神的种类少，而且对神的世界更是没有过多的言及，连天神都想变成人来统治人间。

① 参见柳承国：《东洋哲学研究》，韩国东方学术研究院1988年版，第327页。

② 《三国遗事·纪异》："魏书云，乃往二千载，有檀君王俭，立都阿达斯，开国号朝鲜，与高同时。古记云昔有桓因，庶子桓雄，数意天下，贪求人世。父知子意，下视三危太伯，可以弘益人间，乃授天付印三个，前往理之。雄率徒三千，降于太伯山顶，神坛树下，谓之神市，是谓桓雄天王也。将风伯雨师云师，而主谷主命主病主刑主善恶，凡主人间三百六十余事，在世理化。时有一雄一虎，同穴而居，长祈于神雄，愿化为人。时神有灵艾一炷蒜二十枚，曰而辈食之忌，不见日光百日，便得人形。熊虎得而食之忌三七日，熊得女身，虎不能忌而不得人身。熊女者无与为婚，故每于檀树下，祝愿有孕，雄乃假化而婚之，孕生子，号曰檀君王俭。"（韩国国立首尔大学1982年奎章阁影印本，第76页）

③ 参见金炯孝：《古代神话中表现的韩国人的哲学思维》，《韩国哲学史》上卷，东明社1987年版，第8—9页。

整篇突出的都是在人尊思想的基础之上，以"弘益人间"①为建国理念的内容。"弘益人间"的统治理念超越了特定的国家、民族以及阶级，是将个人的尊贵性视为最高价值的普遍的"人间爱"，隐含着一种爱好和平的思想。而弘益人间的社会以仁和好生为根本，正因如此，韩国的民族本性是"天性柔顺"，这方土地是"君子不死之国"。②

　　檀君神话的思想特质是强调人本主义的理想和和谐主义的世界观，而这恰是儒家思想的本质。檀君神话是以天、地、人为叙述结构展开的。天（桓雄）向往人间世界，而地（熊女）又希望变成人身，这就产生了以檀君为象征的人的故事。上为天，下为地，中间的媒介为人，这便形成了一个均衡的立体结构。若说天象征着精神、灵魂、神圣的道德性以及生命的根源，地则象征着物质、肉体以及生命实现的场所。换言之，只有天地的意志实现妙合，才会产生檀君。因此，檀君是神性和物性兼备一身的存在。人虽然是不能脱离天地依存性的实体，但另一方面也是能将天地实现和谐统一的更高层次的存在。天地的意志只有通过人才能实现。只靠天本身的意志是不能实现其理想的，因为没有肉体只有灵魂的存在是空虚的；同样没有灵魂的肉体（地）也只能会停留在事物的层面上。因此，天的意志通过人实现于地，人就变成了世界的主轴。可见，檀君神话中的人本主义思想是很明显的。它所追求的理想的人是能将自然性和神性实现和谐统一的存在。此处的人既是现实的，又是理想的。

　　檀君神话中同时出现了世界的三个轴心——天、地、人，这三者之间既没有矛盾，也没有不均衡，而是和谐的关系。对于地来讲，天并没有提供无条件的"乐园"的环境，对于天来讲，地也没有放肆感；万物也按照神的所赐而平安自得。结合了天地之性的人对天地没有任何的抗拒感和不适感，只是为了变成人而经受了一些考验而已。神话中檀君的诞生经历了从万物性的存在到人格性存在这一质的变化。天的神性与地的物性之统一点在人，人既不止于神性或物性，也不是天地间独立的实体，这便是和谐。和谐是阴阳

① 关于"弘益人间"的内容，在《三国遗事》中可以找到，而《帝王韵记》中则没有。
② 《后汉书·东夷列传》："东方曰夷，夷者柢也。言仁而好生，万物柢地于出，故天性柔顺，易以道御，至有君子不死之国焉。"（韩国国立首尔大学 1976 年奎章阁影印本，第 82 页）

互为根据。

以上檀君神话中体现的基本精神与中国儒学思想的精神几乎类似。这可以看出，早在韩国古代社会就产生了儒学性的因素。除此之外，韩国固有的"花郎道"精神也可以看作古代儒学思想形成的渊源。花郎道组织是以青少年为对象而组织的民间团体。花郎道（又称风月道、风流道、国仙道）既是花郎徒的生活规范，也是他们志在实现的理想。新罗时期著名思想家崔致远在《鸾郎碑序》中说道：

> 国有玄妙之道，曰风流。设教之源，备详仙史，实乃包含三教，接化群生。且如入则孝于家，出则忠于国，鲁司寇之旨也。处无为之事，行不言之教，周柱史之宗也。诸恶莫作，诸善奉行，竺乾太子之化也。

他认为，花郎道是包含儒、释、道三教的，它具有独特性格，其思想渊源是韩民族固有的传统和文化。但不可否认的是，在三国统一以前，儒家的色彩最为浓厚。花郎徒们"相磨以道义，或相约以歌乐，游娱山水，无远不至"①。而且他们具体的生活信条和实践伦理是"事君以忠，事亲以孝，交友有信，临战无退，杀生有择"②，这就是"世俗五戒"。可见他们的实践精神涵盖了儒家忠、孝、信、勇、仁的基本理念。由此亦可以看出这些理念在现实中的影响之深。在这种思想的熏陶教育下，花郎徒中人才辈出，"贤佐忠臣，从此而秀。良将勇卒，由是而生"③。因此，当时的国王认为"欲兴邦国，须先风月道"④。可见，花郎道是新罗国力的资源库，在三国统一中发挥了至大的作用。

早在高句丽，十月有祭天和国中大会，人们把这种誓师团结的大会叫

---

① 《新罗本记·真兴王三十七年条》，《三国史记》卷4，韩国国立首尔大学1982年奎章阁影印本，第58页。
② 《圆光西学》，《三国遗事》卷4，韩国国立首尔大学1982年奎章阁影印本，第82页。
③ 《后汉书·东夷列传》，韩国国立首尔大学1976年奎章阁影印本，第83页。
④ 《弥勒仙花未尸郎真慈师》，《三国史记》卷3，韩国国立首尔大学1982年奎章阁影印本，第69页。

作东盟。① 新罗花郎们为了体现相互之间的爱意、信任以及英勇，经常会盟立誓，一起修养身心，甚至上前线共同奋战。现在庆州博物馆中保存的壬申誓记石如实再现了新罗时期的花郎们为了表示对国家的忠诚而盟誓以及勤学的情景。这种盟誓不仅在新罗，在百济也有。《日本书纪》中也有百济的近肖古王和倭将在名山的磐石上盟誓的纪录。② 这些在磐石上的信约就如同磐石一样坚定不移。这在横向上加强了社会共同体的团结意识。它以信约的形式呈现，使得人们具有了协同意识。

正因为在韩民族的土地上有着这样与中国儒学相近的传统思想，故当中国的儒学思想传入时，才能够被有亲近感地吸收并发扬光大，同时也产生了适应本国风土人情的特色。

第二，人的内面心性与道德情感的重视。

中国儒学对韩国儒学产生最大影响的非朱子理学莫属。值得注意的是，与中国学者喜好用"理学"这一用语不同，韩国的学者们则更倾向于使用"性理学"，从用语倾向中可以大致一窥中韩儒学之不同的端倪。二者虽大体意义相同，但仔细推究便不难发现差异。理学是研究以道德原理为首的一切原理的学问，而性理学作为"性命义理之学"的简称，则特指"从天命和人性的关联中来探讨的道德原理"③。因此，朝鲜性理学者对天命、人性以及伦理的研究表现出了极大的热情，对人的道德心性表现出了至大的关心。这其中最明显的例子便是四端七情论和人物性同异论。

其一，四端七情论。

与传统的朱子理学不同，朝鲜性理学者们不是太重视自然及宇宙的问题，他们更重视的是人内在的性情与道德问题。他们在视理学为人的性理问题的同时，并视之为与善恶、正邪直接相连的义理问题。④ 而且他们还将自

---

① 参见《后汉书·东夷列传》："高句丽，好祠鬼神，社稷零星，以十月祭天大会，名曰东盟。"（韩国国立首尔大学 1976 年奎章阁影印本，第 88 页）

② 参见柳承国：《东洋哲学研究》，韩国东方学术研究院 1988 年版，第 336 页。

③ 尹丝淳：《关于朝鲜性理学特殊性的研究》，西江大学人文社会科学研究院：《西江人文论丛》2003 年第 17 辑。

④ 参见柳承国：《韩国儒学史》，台北商务印书馆 1989 年版，第 114、130 页。

然和人心等所有问题都用理气来解释，试图从统一性上来认识整个世界。纵观整个韩国儒学史，大致可以分为两大派别：岭南学派（以退溪为宗）与畿湖学派（以栗谷为宗），围绕理气的论争也一直贯穿于这两大学派之中。而直接促成分派的契机则是退溪与高峰的"四端七情论辩"。①

四端和七情本来是互不相同的两个概念，②在中国理学史上也很少被对举过。而朝鲜性理学者却对作为心之具体作用的情表现出了极大的关心，将其作为讨论的主题，从而使得他们的哲学逻辑走向更加具体化、心性化的道路。③下文将主要以朝鲜性理学者代表退溪李滉（1501—1570）、栗谷李珥（1536—1584）为中心展开论述。

退溪在《论四端七情第一书》的首句提到说"性情之辨，先儒发明详矣。惟四端七情之云，但俱谓之情，而未见有以理气分说者焉"④。他把四七论解释为传统朱子学没有提到的一种独特的学说。性理学的特征是把人心、社会、自然用理气论来解释，并且确立其形而上学的根据。朱子在人心的三个层面即心、性、情中，与性相关的问题用理气论来研究，平生致力于确立道德性的形而上学的基础。与此相比，退溪则主要致力于"情"的问题。

退溪主张说"四端，理之发；七情，气之发"。对此，高峰批判退溪把四端与七情对立起来，将它们分属于理与气，视为两个存在，认为这是错误的。退溪认为，理气虽不能分离，但本然之性存在于理气中理的源头本然处，因此本然之性即理，是纯粹善性的。四端虽是理气之合，但分开来讲主要指的是理，所以认为"四端，理之发"。

退溪在《四七论辨第二书》中又修改为"四端，理发而气随之；七情，气发而理乘之"。这并不是说他的基本立场改变了。四端是理气共有之中的"以理为主"，而七情是"以气为主"，并不是理气的现实性分离。因为所说

① 参见崔英辰：《朝鲜王朝时期儒学思想的状况》，成均馆大学出版部 2005 年版，第 15 页。
② "四端"出自《孟子·公孙丑》："恻隐之心，仁之端也；羞恶之心，义之端也；辞让之心，礼之端也；是非之心，智之端也。人之有是四端也，犹其有四体也"，"七情"出自《礼记·礼运》："何谓人情？喜怒哀惧爱恶欲，七者，弗学而能。"
③ 参见邢丽菊：《朝鲜时期儒学者对孟子"四端说"的阐释》，《社会科学战线》2006 年第 6 期。
④ 《答奇明彦论四端七情第二书》，《退溪全书》卷 2，成均馆大学大东文化研究院 1958 年版，第 45 页。

的观点不同,故两者要严格区分。

退溪的这一学说又称为"理气互发说"。之所以说"理发而气随之",是因为"理而无气之随,则做出来不成"。这里的"随",说明了气是理决定之气,没有违背理发的可能性;之所以说"气发而理乘之",是因为"气而无理之乘,则陷利欲而为禽兽"①,并指出这是不易之定理。这里用"乘",除说明了理是搭在气上之意,也表示这儿的理是被动的,气是主动的。可见退溪的理气互发说是建立在朱子"理气不离不杂"基础之上的,即理气"相须"而又"互发"。退溪认为:"盖人之一身,理与气合而生,故二者互有发用,而其发又相须也。互发则各有所主可知,相须则互在其中所知。"②但他更强调理气的分别,即"理气不相杂"。

对退溪来讲,重要的不是理,而是四端。确立四端纯粹善性的理论根据是当时退溪面临的重要课题。理发说不是为了说明理的属性,而是为了树立四端形而上学的根据而提出的命题,是为了从质的角度区分四端与七情而把它们分属于理气。换言之,是为了将四端的纯善性的论据放在性(绝对善的理)上才把四端解释为理发。之所以将四端和七情分属于理气,是因为二者的价值性是同一的,即四端之纯粹的、绝对的善是理的绝对价值,而七情的可善可恶性是气的相对价值。③正如朱子为了确立其道德的价值观,以性的绝对善性为形而上学的依据而提出了"性即理",退溪也以四端的绝对善性为依据,主张四端为理之发,以强调其实现的当为性。这一主张是在理气共存的条件下,将四端归属于理的领域,是为了论证其纯粹的善性不仅是在形而上的性的层面上,而且在现实中也会发显为情。因此为了不与气的其他的东西相混淆,为了区别四端之善的纯粹性,退溪不顾逻辑上的牵强而主张理发。④

关于退溪的"理气互发"说,栗谷只承认"气发而理乘之",否定"理

① 《答李宏仲问目》,《退溪全书》卷8,成均馆大学大东文化研究院1958年版,第82页。
② 《答李宏仲问目》,《退溪全书》卷8,成均馆大学大东文化研究院1958年版,第82页。
③ 崔英辰:《朝鲜王朝时期儒学思想的基本问题》,邢丽菊译,《哲学研究》2006年第4期。
④ 传统的朱子学认为,理无为而气有为。这与退溪主张的理的发动(理发说)形成矛盾。为此退溪指出,理的无为的层面是理的体,而理的能动的层面是理的用,以体用论来解释理的能动性。

发而气随之"。在栗谷看来，不但七情是"气发而理乘之"，四端也是如此。他指出："理气元不相离，似是一物而其所以异者。理无形也，气有形也，理无为也，气有为也。无形无为，而为有形有为之主者，理也。有形有为而为无为之器者，气也。理无形而气有形，故理通而气局。理无为而气有为，故气发而理乘。"①

在这种理论体制下，他展开了对退溪的批判。因为理气无先后、无离合，故不能谓之互发。他指出："二者不能相离，既不能相离，则其发用一也。若曰互为发用，则是理发用时，气或有所不及，气发用时，理或有所不及也。如是则理气有离合，有先后，动静有端，阴阳有始矣。其错不小矣。"②还认为，朱子之意只是说"四端专言理，七情兼言气"，而不是说"四端则理先发，七情则气先发"，"若朱子真以为理气互有发用，相对各出，则是朱子亦误也，何以为朱子乎"，认为退溪没有真正理解朱子的意思。他还指出，若按照退溪的说法，"既以善归之四端，而又曰七者之情亦无有不善。若然，则四端之外，亦有善情也，此情从何而发哉……善情既有四端，而又于四端之外有善情，则是人心有二本也，其可乎?"③认为人心不能有二本，故理气不能互发。

由栗谷的"气发理乘"可以看出，他不认可四端之情与七情之情质的差别，即认为它们是同质的。四端之情与七情之情其实是一情，四七的关系则是"七包四"，"四端只是善情之别名，言七情，则四端在其中矣"，七情是情的全体，而四端只是七情中善的部分。若将四端对应于七情，则"恻隐属爱，羞恶属恶，恭敬属惧，是非属于知其当喜怒与否之情也"。基于此，他还指出了退溪将四端七情分属理气两边的错误，"若必以七情四端分两边，则人性之本然与气质亦分为二性也"④，这在道理上根本无法讲通。

总体来讲，退溪在理气互发说的基础上认为四端为"理之发"，七情为"气之发"，并强调二者为异质的情。四端纯善，七情则可善可恶，二者不可

① 《答成浩原》，《栗谷全书》卷10，成均馆大学大东文化研究院1992年版，第126页。
② 《答成浩原》，《栗谷全书》卷10，成均馆大学大东文化研究院1992年版，第127页。
③ 《答成浩原》，《栗谷全书》卷10，成均馆大学大东文化研究院1992年版，第127页。
④ 《答安应休》，《栗谷全书》卷12，成均馆大学大东文化研究院1992年版，第149页。

混杂，高扬四端的纯粹性。而栗谷则提出了"气发理乘一途说"，认为四端与七情都是"气发"，故二者为同质的情。七情是情的全体，而四端只是其中善的部分，强调七情的包括（全体）性。

其二，人物性同异论。

朝鲜性理学发展史上，后期最大的论争当推湖洛论争。它与四端七情论争一样，是中国的朱子学在韩国实现本土化过程中产生的、深化并发展了儒学思想的学术论争。这场论争对儒学思想的中心概念——性做了明确的分析和规定，在韩国哲学史上占有尤其重要的地位。① 这场论争的争论点有三个，分别是人物性同异论争、未发心体纯善论争和圣凡心同异论争。湖洛论争的主题中影响最广的是人物性同异论。论争的焦点是人和禽兽草木的道德本性是同还是异。这是一场关于自然的道德性问题的争议，是人如何认识除己以外的他者的问题，内含着"他者观"这一深刻的哲学问题。②

人物性同异论争始于权尚夏（1641—1721）的门生，他们继承了畿湖学派（栗谷——沙溪——尤庵）的学统，主要代表人物是巍岩李柬（1677—1727）和南塘韩元震（1682—1751）。以巍岩李柬为代表的洛派主张人物性同，理论依据是朱子对《中庸》"天命之谓性"的注释，朱子说道："天以阴阳五行化生万物，气以成形，而理亦赋焉……于是人物之生，因各得所赋之理，以为健顺五常之德，所谓性也。"以南塘韩元震为代表的湖派主张人物性异，理论依据是朱子对《孟子》"生之谓性"的注释："人物之生，莫不有是气，莫不有是理。……以气言之，则知觉运动人与物莫不异也。以理言之，则仁义礼智之禀，岂物之所得而全哉？"二者的观点之所以不同，是因为他们各自对本然之性的定义不同。巍岩将其看作是理一之理，而南塘将其看作是"因气质"的本然之性（孟子所说的犬、牛、人之性）。下面先来看一下巍岩的人物性同论。

巍岩从一原的观点上认为太极、天命、五常、本然之性是同一的，只

---

① 参见崔英辰：《茶山人性、物性论的思想史地位》，《东亚学的探索与指向》（东亚学国际会议论文集），成均馆大学东亚学术院 2000 年版，第 3 页。

② 参见崔英辰、郑渊友：《朝鲜后期儒学者对〈孟子〉"生之谓性章"的解释》，《儒学全球论坛 2006——孟子思想的当代价值国际学术研讨会论文集》，2006 年，第 577 页。

不过名称相异而已。以此为依据，他认为人与物的本然之性是相同的，主张人物性同论。他指出：

> 以一原言，则性命俱可超形器，而人与物，俱极其全，是所谓本然之性也。以异体言，则性命俱可因气质，而不独人与物有偏全，圣与凡，又是千阶万级，而偏处性命俱偏，全处性命俱全，是所谓气质之性也。①

因此，他从一原上主张人物性同论，认为人和物都禀赋了同样的五常。

> 盖人物均受五行之气，而偏全然有分数，今论其分数多少，发用与否则可。于其五者之中，谓一有而一无则不可。凡一草一木，何莫非二五所造，而况较灵于草木者，宁有不尽禀五者之理哉？②

巍岩认为五常虽然在名目上有仁义礼智的区分，但从一原来看是没有任何区别的。即：人与物都具有五常的道德性，但因气质之性的不同，人的仁义礼智都能显现出来，而物所显现的只是偏重于五常的一部分。

巍岩综合了自己对《孟子》“生之谓性”章的观点，如下指出：

> 朱子曰：“天命之性，则通天下一性耳。何相近之有？相近者，是气质之性，孟子‘犬牛人性之殊’者此也。”又曰：“孔子谓‘性相近，习相远’，孟子辨‘生之谓性’，亦是说气质之性。”……又‘人异于禽兽’章注曰：“人物同得天地之理以为性，同得天地之气以为形。其不同者，独人于其间得形气之正而能有以全其性为少异。”③

---

① 《上遂庵先生》，《巍岩遗稿》卷 4，《韩国文集丛刊》190，民族文化推进会 1988 年版，第 72 页。

② 《与崔成仲》，《巍岩遗稿》卷 8，《韩国文集丛刊》190，民族文化推进会 1988 年版，第 88 页。

③ 《五常辨》，《巍岩遗稿》卷 12，《韩国文集丛刊》190，民族文化推进会 1988 年版，第 97 页。

巍岩还指出，孔子的"性相近说"与孟子的"生之谓性"的"性"应当看作气质之性。人物性之所以相异是因为人禀赋了"形气之正"，即人和物的本然之性虽相同，但受形气影响的气质之性却有差异。

而人物性异论的主张者南塘韩元震提出了独特的"性三层说"。他将性分为人与物相同的"超形气之性"、人与物相异的"因气质之性"以及人人异、物物异的"杂气质之性"。这是在以往的中国和韩国性理学史上绝无仅有的见解。

南塘认为这三层性中，"超形气之性"和"因气质之性"是本然之性，而"杂气质之性"是气质之性。南塘的因气质的本然之性是将有善恶的气质和理设定为不杂的关系后形成的。南塘认为因气质的本然之性是万物共有而人物不同的，是因五行的差异而产生的五常的差异。他认为这种人物不同的因气质的本然之性与周濂溪所说的"各一其性"、孟子所说的"犬牛人之性"以及朱子所说的"偏全之理"意义相同。另外，他还用"本善之体自若内在的状态"来表达这种人物不同的本然之性，将内在于各个存在的人物性异的本然之性看作善的状态。南塘主张人物性异论的性，指的就是"因气质之性"。

南塘主张因气质的性是本然之性。人完整地禀赋了五常之德，而物却没有，所以自然就应该看作与人不同的存在，主张人物性异论。

南塘认为人贵于物的原因是人具有性善性，他认为：

> 孟子言性善，则朱子以人性之贵于物者释之，孟子言人性之贵于物，则朱子又以性善者释之，性善之人物不同，孟朱之指，灼然可见矣。①

可见，南塘继承了孟子人物性不同的理论和朱子的注解，认为人之所以比物贵是因为人具有善的本性。

南塘认为，既然说性，那么"因气质的性"就是本然之性，这在孟子

---

① 《论性同异辨》，《南塘先生文集》卷29，韩国景仁文化社1987年版，第115页。

和告子的争论中已经说明了的。他将孟子的犬、牛、人之性看作本然之性，将孔子所说的"性相近"的性看作气质之性。而这与巍岩将孔子和孟子所讲的性都看作气质之性有很大的差异。南塘还认为只有人禀赋了五常的全体，禽兽和草木因气质影响只禀赋了五常的一部分。这是南塘主张的核心部分。

可见，南塘主张人物的本然之性是不同的，其争论点不在于本然之性是善还是不善，而在于是偏还是全，即人和物的本然之性都是善的，因此在区分二者时，重要的是这个本然之性的偏全问题。

总体来看，由于巍岩和南塘对本然之性的概念定义不同，故围绕人性和物性展开了各自的主张。但二人在承认物这一自然存在的道德性方面是统一的，即他们都强调人与自然的关联性。这对解决当今全球化背景下急速蔓延的生态危机具有很好的启示意义。

第三，道学派强烈的历史和现实意识。

众所周知，儒学是一门人学。人是历史的、社会的存在，故以人的问题为研究对象的儒学当然研究历史的、社会的问题。不仅如此，人在本质上就存在宗教的、哲学的乃至伦理的问题，因此探讨人的问题的儒学也当然不例外。由此来看，儒学同时具有对客观现实的关心和对人的内面省察的两面性。重视现实的特性与形而上的真理的合一便是道学。道学在先秦儒学的哲学渊源和认识基础上，到了宋代体系化的儒学，继承了孟子以后千年不传的儒家统绪的正脉。

朝鲜王朝是以儒学为建国理念的国家，主导社会前进以及历史发展的主体力量当然是士大夫，而且以士大夫为首的文臣集团也是革命的主体。[1]这与中国近世政治的主体多数是君主，而士大夫们只是起着辅佐并牵制王权的作用不同。特殊的政治环境是朝鲜时代士林精神和道学思想产生的外在条件。高丽末期朝鲜的建国、建国后国家的运营、壬乱和丙乱时对敌的反抗、面对西方文物流入的斥邪为正运动以及开化派的对应，无一不显示了朝鲜士人的历史与现实意识。

---

[1]　参见崔英辰：《关于韩国儒学特性的随想》，《哲学与现实》（通卷 66）2005 秋季号，哲学文化研究所 2005 年。

　　关于道学的概念，栗谷李珥曾说："夫道学者，格致以明乎善，诚征以修其身，蕴诸躬则为天德，施之政则为王道。"① 道学作为儒学的基本精神，实际指的是"内圣外王"之道。② 它不是单纯停留在孝、悌、忠、信等单纯的伦理行为，而是临大节时极尽进退之义，时刻拥护真理和大义，内含着透彻的生死观和使命意识。道学思想追求正道和正义的实现，也包含着对邪道和不义的强烈的批判意识。在不正和不义思想存在的现实中，道学思想的批判机能能够发挥更大的作用。但是，这种批判的最终目的在于实现正道和正义。在重视道德的价值观中，克服不义实现正义的理念思想跨越个人的伦理的层次扩展到社会和历史的层次。③

　　栗谷认为朝鲜时期的道学思想发端于圃隐郑梦周（1337—1392），但从真正意义上确立道学传统的人则是静庵赵光祖（1482—1519）。④ 中宗反正⑤后，静庵的登场意味着圃隐郑梦周学统的社会回归。栗谷评价他为韩国道学派的"泰山北斗"，他的思想构成了韩国道学的基本精神。他以内圣外王的至治主义理念为基础，展开了前所未有的政治改革。其至治主义的核心可概括为"崇道学、正人心、法圣贤、兴至治、格君心、陈王道、辟义路、塞利源"，这提出了道学政治的基本课题和作为君王的基本任务。他主张赋税制度的合理化以及刑法政治的扬弃。静庵批判当时追求政治私利的现象，指责功臣们的过失错误，认为断绝私利的根源比什么都重要。并且强调，为了正确处理这些政治的非理，君王首先要明确分辨公和私、义和理。静庵的道学思想是只为百姓着想的纯粹的公心和毫不顾个人只忧虑国家事务的诚心。他的这种信念是在义理和正道基础上而发展的。他力图实践道学，包含着超

---

① 《东湖问答》，《栗谷全书》卷15，成均馆大学大东文化研究院1992年版，第189页。

② 参见李东俊：《关于16世纪韩国性理学派历史意识的研究》，成均馆大学博士学位论文，1975年，第91页。

③ 参见吴锡源：《韩国儒学的道学思想》，《2005儒学全球论坛国际学术会议论文集》，2005年，第89页。

④ 《栗谷全书》卷31，《语录》："郑圃隐号为理学之祖，而以余观之，乃安社稷之臣，非儒者也。然则道学自赵静庵始起。"（成均馆大学大东文化研究院1992年版，第231页）

⑤ 指1506年成希颜、朴元宗等人废掉当时的暴君燕山君，拥立晋城大君（即中宗）为王的事件。

越生死的精神。但由于他提出的一系列措施对特权阶层不利，终于导致了1519 年的己卯士祸，静庵及其同道们壮烈牺牲。但其道学思想对后世道学派学者产生了很大的影响，很多道学者为了实践义理和正道对内抵抗不义，完全不顾个人的生命安危而上书直言，批判社会的不正之风。这些义理精神正是源于静庵的道学思想。

朝鲜性理学双璧退溪和栗谷的思想也体现了强烈的历史和现实意识。退溪的前半生可谓是价值观颠倒、思想界一片惨淡的岁月，四大士祸之三即甲子士祸（1504）、己卯士祸（1519）和乙巳士祸（1545）都发生在这一时期。在当时"正与邪"、"王与霸"的对决中，他没有选择政治，而是选择了学问之路。他认为儒生要树立正确的出仕观，必须要有学问功底。只有这样才能适时地判断情况并发挥自己的能力，否则会因能力的不足而误事。① 关于赵光祖的失败，退溪认为也是由于这个原因，他很惋惜地指出："赵静庵天资信美，而学历未充，其所施为未免有过当处，故终至于败事。"② 不仅如此，他极力树立理的"至尊无上"之地位，彰显人道主义思想以及人的尊严精神，也是为了纠正当时受士祸影响的被颠倒和扭曲的价值观。他指出并批判道佛的非现实性，排斥主观的、观念性的阳明学，并指责埋没人之尊严性的花潭徐敬德的唯气论。对这些异端学说的排斥意味着退溪的历史意识和对现实的深刻关心。静庵用行动展示给人们的道学思想，到了退溪这儿又重新被内面化。虽然有形式的差异，但他们的道脉却是相同的。

栗谷思想的特征是"理气之妙"，即注重理气和谐，重视道德与现实的结合。他既了解退溪的"理尊论"，也深谙花潭的"唯气论"，但他主张的是在高度的理想（性理）和具体的现实（实事）二者的调和中寻求真理。从这儿我们也可以看到精神的纯粹性与物质利益的协调一致。固守真理的纯粹性固然重要，但将真理联系于现实并调节现实亦很重要。他的思想与当时的历史现实亦有很大关系。栗谷生活的 16 世纪中后期，士林政治已初见端倪。士大夫们积极投身社会现实，参与政治。栗谷认为经过了太祖、太宗的创业

---

① 《退溪全书》卷 16，《答奇明彦》："其所谓未尽者无他，学未至而自处太高，不度时而勇于经世。"（成均馆大学大东文化研究院 1958 年版，第 128 页）

② 《论人物》，《退溪全书》卷 5，成均馆大学大东文化研究院 1958 年版，第 62 页。

期和世宗、成宗的守成期，当时的时代是更张期①，应该对不合时宜的先王之法进行改革。他在这种既重视理论又重视实践的思想基础之上，提出了"理气之妙"。栗谷既追求真理，又注重洞察判断历史的、社会的情况从而提出对应方案的做法不是偶然的，而是集合了静庵的"正"和退溪的"反"的统合性立场。②

重峰赵宪（1544—1592）的学问不是单纯的理论，而是"践履之学"，他将平生读书之力付诸实践，并在壬辰倭乱（1592—1598）这一国家存亡的重大危机和人民生活窘迫的社会动乱之中发挥得淋漓尽致。当时的局势非常严峻，国内士大夫的分裂更加严重，国外倭乱已经临近。他主张对内宣扬自主精神以备倭乱，对外依据春秋精神与中国以及东南亚诸国形成联合军来对抗，展现了卓越的先见之明。他从发动义兵之始到殉节之终一贯性地实践了道学思想的义理精神，正确继承和实践了孔子所说的"士见危致命"的义理精神。壬辰倭乱爆发后，他作为义兵将领与麾下的 700 人一起全部殉节，这也充分表露了抵抗不义侵略的道学思想的义理精神。重峰的这种实践性的道学思想被后世道学者尊崇为士林的楷模和民族的师表，对朝鲜末期抵抗西方帝国主义侵略的道学派的斥邪卫正思想、义兵精神和独立运动均产生了重要影响，形成了韩民族抵抗外敌侵略的民族精神。他没有游离于理论和实践，而是将其融合在自己的人格中，并通过具体的方法和行动来实现。他继承了静庵、退溪和栗谷的学脉，特别是将栗谷哲学的基本精神（理气之妙）转化为自身的行动哲学。

如上可知，延续了静庵、退溪、栗谷以及重峰的韩国正统道学派体悟并实践儒家高迈的理想，具有清醒的历史和现实意识。正因此，他们能够根据当时的历史情况和时代的变化来展开积极的应对，这对后世的义理学派的

---

① 所谓更张，意味着改革。栗谷认为"法久弊生"，不是在任何时候都用现行之法，过了守成期，当需要改革的时机来临时就应当进行变法，即使是圣王之法也不例外。主导自然和文明以及社会历史的是人，即使是绝对的天命和圣王也无济于事。随着人的活动以及时间的推移，社会也应该随之发生变化。可见栗谷的政治改革论的关键是"知时"。

② 参见李东俊：《关于 16 世纪韩国性理学派历史意识的研究》，成均馆大学博士学位论文，1975 年，第 278—279 页。

实学思想起了至大影响。

第四，学派的分化与党争。

如上所述，由于朝鲜王朝是以儒学思想为"国是"的国家，并且主导社会前进的势力是知识阶层——士大夫，所以便形成了自己的特色，即学派与政派的结合，从而导致各派间错综复杂的分化与斗争，这贯穿了整个朝鲜王朝五百余年的历史。要想正确理解韩国儒学史，理清学派与政派的脉络至关重要。

性理学具有既重视人的内面心性的主体省察性，同时又具有关心具体问题的现实性，故自高丽末期传入以来，便受到新兴士大夫们的积极拥护，不久被视为新王朝——朝鲜的建国理念。建国后的士大夫们不是急于理解性理学的本质，而是将其活用为解决当前现实问题的方案。① 他们为了标榜儒学政治、树立朝鲜的政治秩序而将性理学理念化。士大夫们树立性理学的名分论以确保朝鲜建国的正确性和当卫性，同时将其作为拥护以士大夫为中心的勋旧势力统治秩序的工具。性理学的发达虽然有诸多积极的因素，但不可否认它是导致朝鲜时期最重要的政治现象之一党争的工具。

造成党争的原因有以下几种：第一，性理学的发展始于对旧秩序的批判，并且这种批判采取谏言的形式，公的层面上有司谏院，私的层面上又保障学者的上疏权。由于这是在专制政权和特权之内形成的，因此难免会引起论争和纠纷。特别是随着司谏院腐败现象的增长，许多权门贵族为了保存自己的势力而集结党派、团伙。第二，朝鲜开国君主太祖李成桂（1335—1408）是通过革命来夺取政权的，而其支持阶层又是士大夫，所以他针对士大夫阶层实行功臣制，给他们土地、奴婢以及财物等丰厚的奖赏和特权。功臣制与追求清贫、俭朴的传统的士人精神有很大差异，这就难免会滋生各种不良现象的发生。第三，随着性理学在朝廷内的定位，新的理论体制难免会与旧的体制产生摩擦和冲突，这种冲突就会为党争的发展创造舞台和契机。② 下面依次分析朝鲜时代的学派分化与党争史。

---

① 参见韩国哲学史研究会编：《韩国哲学思想史》，心山出版社 2005 年版，第 142—147 页。

② 参见柳相钟：《关于韩国儒学的研究》，《大邱保健专门大学论文集》1996 年第 16 辑。

其一，勋旧派（官学派）与士林派（私学派）。

李成桂的叛乱以及朝鲜建国的合法性问题是引起朝鲜初期政派分裂的最主要原因。郑道传、权近学统的士大夫们属于激进的革命派，他们积极支持太祖争夺王位，认为推翻落后的高丽王朝并建立新的国家是势之所趋。朝鲜建国后，为了巩固性理学的理念基础，他们从政教理念的层面上展开了"辟异端"论，从经世论的层面上将统治规范体系化，致力于加强中央集权体制的整备和强化王权。由于勋旧派的学者大部分为官学出身，故也称为"官学派"。这一派别在朝鲜前期掌握政权，是 15 世纪文化创造的主力。

而以郑梦周为首的士林派认为李成桂的叛乱是非道德性的，而且新的朝鲜王朝并不能取代高丽王朝的正统性，主张对高丽王朝精忠大节，因此反对并讨伐李成桂。高丽灭亡后，他们以身殉节，体现了春秋义理精神。[①] 后来这一派的代表人物李穑、吉再继续反对新王朝，在乡下办私塾，培养门生，致力于乡村教育和建设，属于稳健的士大夫系统。与掌权的官学派相比，他们主要通过个人的师承关系来发展私学派。他们重视经学，将性理学以外的其他思想统统视为异端。对理气论的深度研究使得他们在 16 世纪以后的思想界占据主导地位。随着勋旧派固守既得权势导致社会弊端的出现，士林派逐渐占据政治的上风并于宣祖时期实现了政权交替。

其二，东人与西人。

东西人分党是由于退溪门人金孝元（1542—1590）和沈义谦（1535—1587）的对立。庆尚道出身的士林学者金孝元曾在妻家亲属尹元衡的汉阳家中准备科举考试，而尹元衡是当时明宗的舅舅，历任大司宪、领议政（朝鲜时代最高的中央官职）。后来金孝元状元及第，虽然历任台谏等要职，但由于明宗王妃之兄沈义谦的反对一直没能实现成为吏曹郎官（主管人才录用、选拔等的官职）的梦想。沈一直以为金的状元及第是受尹的影响。但后来金

①　朝鲜建国后，统治阶层从王朝的安定和维持政治的现实意图出发，对郑梦周的春秋义理精神作了新的肯定评价。因为经过了革命和创业期，发展到守成期后，统治者必定要重视纲常大义，这也符合儒家的政教理念。因此对郑梦周的重新评价是理所当然的。相反，建国功臣郑道传则被视为变节者而遭流放。在此基础上，朝鲜前期的儒学开始了其道统性的展开。因此，重视道统也可以视为朝鲜儒学的一个特色。

终于如愿以偿。而这时正值沈的弟弟状元及第，有资格成为吏曹郎官，这次金又极力反对。两人的矛盾持续了很长时间，最初只是两家亲戚之间不合、反目，后来各自纠结自己的亲信，逐渐形成了派党。由于金的推崇者主要居住在汉阳东边，而支持沈的主要居住在西边，故分别称为东人、西人。栗谷李珥努力协调二者之间的矛盾，但最终无果而弃，后以西人自居。

东人主要是退溪李滉和南冥曹植的门人，属于岭南学派。而西人主要是栗谷李珥和牛溪成浑的门人，属于畿湖学派。就学派特色来讲，岭南学派大体上属于重视理一派，即重视原理和精神，追求道德的实践与安定，对19世纪的斥邪为正思想和抗日义兵运动均产生了很大的影响。其先驱为晦斋李言迪，集大成者为退溪李滉。而畿湖学派属于重视气论一族，即更为重视经验的现实世界，注重现实和变化，其思想深刻影响了18世纪的实学思想和19世纪的开化思想。先驱者是花潭徐敬德，而集大成者为栗谷李珥。

后来东人又分裂为南人和北人，西人又分裂为老论和少论。

其三，南人与北人。

1591年西人郑澈建议册封世子，遭到宣祖逐出，从而东人得势。而东人内部围绕对郑澈的处理而产生了分歧。南人主张稳健、折中的立场，以柳成龙、金诚一为首，学脉上看主要是李滉的弟子。而北人属于强硬派，主张积极排斥西人，学脉上主要是曹植和徐敬德的弟子。

与是非的区别相比，南人更重视各党派通过协力合作来实现政局的稳定，壬辰倭乱时与西人、北人势力共存，对主导政局、克服战乱作了一定贡献。虽与西人有立场的差异，但光海君时代，面对北人的势力独断，他们与西人联手批判北人，承认西人的仁祖反正，并参与政治。后来因礼颂问题与西人产生对立，后又因不能推翻西人老论的政治主导地位，正祖死后彻底被逐出中央政权。南人追求王权的强化和小农民的安定，特别是培养出了17—18世纪以柳馨远、丁若镛为首的实学派的代表人物，而且在天主教的吸收和传入中也发挥了一定作用。

北人在壬辰倭乱时以主战论为基础，获得了不少新进士人的支持，战乱后主导政局。但在克服战后遗留问题时，因对现实政治认识的观点差异又产生了大北、小北，大北内又分化为骨北、肉北等派别。故与西人、南人相比，北人学统比较复杂。光海君继位后主导政权，对恢复壬乱后的局面作出了一定贡献。后来在西人主导下的仁祖反正后被肃出政界。

其四，老论与少论。

朝鲜后期因礼讼问题西人与南人成生了很大分歧。进入肃宗时期，两派持续斗争，成为党争的主流。1694年南人被逐出，西人巩固了自己的权势，直到朝鲜后期掌握中央政权的都是西人及其后继势力。肃宗初期围绕政治的运营方式、南人的处理问题等，西人分化为老论和少论两派。老论以宋时烈为领袖，而少论则是以其弟子尹拯、朴世采等为代表。从学统来讲，老论主要是栗谷学派的学者，而少论主要是牛溪学派的后人。就其派别特色来看，老论主要是持传统立场的保守、强硬派，而少论则主张适当的理解性理学，具有弹性和开放性。

老论一直视朱子学为绝对权威，拥护朱子学的正统性。在西方文明传入时，老论采取积极的斥邪为正措施，认为所有西方文物与思潮的涌入只会导致亡国，誓死捍卫传统朱子性理学的体制，保护朝鲜传统的纯粹性。后来明朝灭亡、清朝入关后，他们认为天下的正统只有自己才拥有，形成朝鲜中华主义思想以及对明义理论，维护国家的正统性和社会秩序。政治理念上他们强调士族主导的体制，将自己的政派称为"君子党"，反之则是"小人党"。

而少论则更加关注具体的社会现实，丙子胡乱时主张降服于清，积极处理对清关系，学习清朝的先进文明。朝鲜后期，面对性理学不能克服社会变化的弊端，学人郑齐斗试图从阳明学中找到出路，后来形成了江华学派，维持了其学问传统。

纵观朝鲜时期学派与政派的发展史可见，在性理学传入初期，围绕新国家的建立和运营方式产生了勋旧派和士林派的对立。勋旧派在王权和势力的旗号下，逐渐成长为与性理学实质相差甚远的派别。而士林派通过在乡村社会中实践儒家伦理（书院），集结了自己的势力，后来进入中央政权以排斥勋旧派的非理、非义。16世纪后半期起士林派主导政坛，从而形成了派党政治。17世纪是各派党争持续发展的时期，18世纪性理学理念逐渐褪色，士林政治开始走向下坡路，于是出现了强化王权、均衡各党派势力的"荡平政治"。到了19世纪朝鲜末期，外戚掌权的"势道政治"专横，动摇了传统

东人
（岭南学派）
（退溪学派）

北人
南冥　曹植
（1501—1572）

南人
退溪　李滉
（1501—1570）

西厓　柳成龙
（1542—1607）

南人

岭南南人
葛庵　李玄逸
（1627—1704）—— 寒洲　李震相
（1818—1886）

畿湖南人
星湖　李瀷
（1681—1763）—— 茶山　丁若镛
（1762—1836）

西人
（畿湖学派）
（栗谷学派）

老论
尤庵　宋时烈
（1607—1689）

湖论
遂菴　权尚夏
（1641—1721）—— 南塘　韩元震
（1682—1751）

洛论
农岩　金昌协
（1651—1708）—— 巍岩　李柬
（1677—1727）—— 艮斋　田愚
（1841—1922）

少论
明斋　尹拯
（1629—1714）

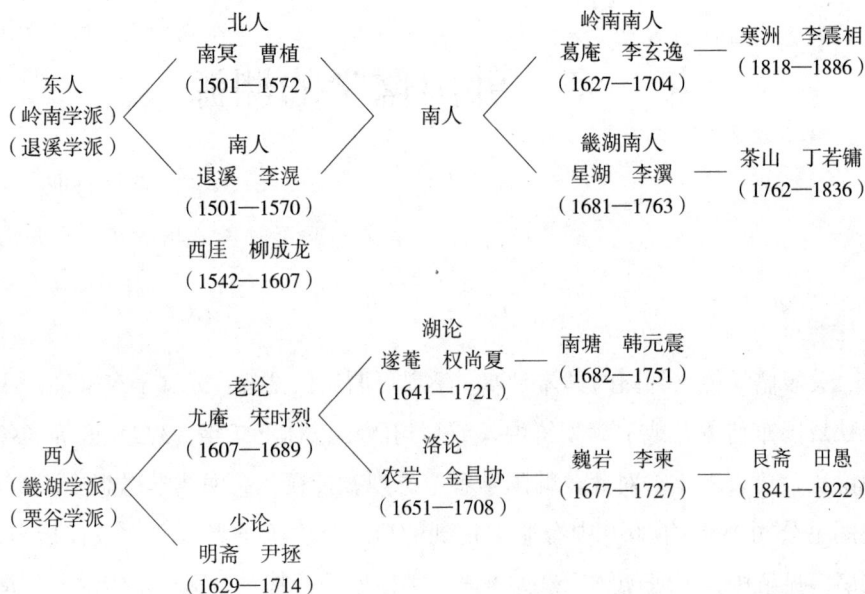

附图　朝鲜后期的学派与政派

的封建秩序，政局一片混乱。而外国势力利用这一弱点，伺机对朝鲜展开了侵略，由此朝鲜王朝灭亡，进入了日本占据时代。

以上笔者从四个方面分别考察了韩国儒学的特性。本书中笔者所谓的特性，可以理解为由中国传入的儒学思想在韩国人创发性思维下所进行的部分性添加、批判性修改或综合性阐发。以上所列举的几项特性便是在中国儒学思想中找不到或不明显的具有韩国特色的思想。

总之，韩国儒学是在本土固有思想的基础之上，吸收了中国的朱子学，并在适应本国国情的历史中形成的。其固有思想中的花郎道精神以及其他思想都包含着儒学性的因素，与中国的传统儒学也具有很大的相似性，这就使得中国的儒学思想很容易地传入并被吸收。而吸收朱子学形成的朝鲜性理学与中国相比，则发生了不少深入而细致的变化。朱子学传入之初便被新兴士大夫所接受，后来以此为指导理念建立了朝鲜王朝，从而被定为国学。与政治的这种紧密而又特殊的关系，使得朝鲜儒学不再是一门单纯的学问，而成为了指导阶层的统治理念、士人阶层的权斗工具。朝鲜儒学者对人的道德心性的深入探索、士人们强烈的历史和现实意识以及学派的分化和党争都与此息息相关。

第一章　韩国儒学的渊源

　　关于儒学传入韩国的具体时期，学界可谓见仁见智：或箕子东来说，或春秋战国东传说，或卫满朝鲜说，或高句丽小兽林王二年（372）说等。各种说法，莫衷一是。对此，韩国学者金忠烈教授在《高丽儒学思想史》（东大图书公司 1992 年版）中有非常精到的梳理。中国学者张立文教授指出，在诸多见解中，卫满朝鲜说最为可靠，其根据是：其一，箕子东传说，只是传说，且儒学的创始人孔子还没有出生；其二，春秋战国东传说，现无足证之资料；其三，高句丽小兽林王二年建立太学，儒家思想传入应该早于此时；其四，卫满朝鲜，汉时属乐浪郡，随汉建制，导入汉代典章制度和文化思想，汉代独尊儒术，儒家思想在汉管辖之郡内得以传授，理所当然，故可信度较强。① 韩国著名儒者柳承国教授也同样持这种观点，他认为远在卫满朝鲜②、汉四郡时代以来，汉朝的文物制度与学术思想已经被全盘移植、输入。早在乐浪时代，能通中国古典的人已经不少。③ 由此可以推算出，儒学传入韩国的端始，最早可以追溯到公元前 4 世纪左右。④ 韩国学者尹丝淳则

----

① 参见张立文：《李退溪的思想世界》，人民出版社 2013 年版，第 25 页。

② 卫满朝鲜存在时间是公元前 195 年至公元前 108 年。中国西汉初年，由燕王卢绾部将卫满率千余人进入朝鲜，推翻箕子朝鲜自立，这是朝鲜半岛历史中最早得到考古及文献证明的国家。卫满即位后，积极建立国家并输入中原文化，使得国家越来越强盛。汉武帝有感卫满朝鲜对汉朝的威胁越来越大，决定在公元前 109 年起兵远征朝鲜半岛。公元前 108 年，卫满朝鲜被灭。

③ 参见柳承国：《韩国儒学史》，台北商务印书馆 1989 年版，第 1 页。

④ 《魏书》："侯准既僭号称王，为燕亡人卫满所攻夺，将其左右宫人走入海，居韩地，自号韩王。其后绝灭，今韩人犹有奉其祭祀者。汉时属乐浪郡。"（《乌丸鲜卑东夷传》，《三国志》卷 30，中华书局 1975 年版，第 850 页）

认为，汉字约在公元前 5 世纪与金石文字一起传入韩国，中国人大幅移居韩国的时期大约在秦初①，即公元前 246 年至公元前 240 年。尹教授据此指出，儒学传入韩国的最初时期是秦初，即公元前 240 年左右。

儒学传入后，经过三国、统一新罗、高丽时期的演变，直到高丽末期朱子性理学的传入，才使得儒学在韩国的发展迈入了一个新时期。② 因为朝鲜王朝将儒学规定为国家的统治理念和指导思想，所以在五百余年的历史长河中，儒学对国家的典章制度、伦理道德、价值观念以及人们的心理结构和生活方式等各个方面都产生了广泛而深刻的影响。这也为儒学在韩国日后的发展打下了深厚的根基。

既然韩国儒学是从中国传入的，那么相对与韩国本土的固有思想而言，来自中国的儒学无疑等同于一种异质文化。人类历史发展的规律告诉我们，当一种异质文化传入时，本土文化势必会产生一定程度的排斥甚至过激的反应。然而中国儒学为什么在最初传入韩国时没有遇到大的摩擦而顺利在韩国

① 尹丝淳教授的史料依据是《三国志·魏志·东夷传》中的下列记载："辰韩者，古之辰国也。辰韩耆老自言秦之亡人，避苦役，适韩国，马韩割东界地与之，其名国为郡，弓为弧、贼为寇，有似秦语，故或名之秦韩"。在他看来，不管在任何朝代，当国家灭亡时，受害最大的肯定是前朝的统治阶层，而其中知识分子通常占多数，据此推断出儒学传入韩国的最初时期是秦初，即公元前 240 年左右，而非汉四郡时代。而到了汉四郡时代，相信对儒学的理解已经更加深入。由此来看，儒学传入韩国最晚也是在汉四郡设立以前的秦末汉初。（参见尹丝淳：《韩国儒学史》上，韩国知识产业社 2012 年版，第 45 页）

② 韩国学者柳承国教授把韩国儒学的发展分为四个阶段：第一，三国时代传来的汉代五经思想；第二，统一新罗和高丽前期传入的隋唐文学的儒学思想；第三，高丽末期至朝鲜初期传来的朱子学思想，此代表宋代的性理学对近世韩国学术文化引起划时代的影响；第四，朝鲜后半期传来的清代实学思想。（参见柳承国：《韩国儒学史》，台北商务印书馆 1989 年版，第 2 页）中国学者张立文教授认为可分为四个阶段：第一，卫满朝鲜的初传，以原典儒学的忠孝为基本精神；第二，三国时代至高丽前期的经学儒学，以汉代五经和礼乐文化为基本特征，儒、释、道三教冲突和合；第三，高丽末期至朝鲜时代的性理学，以朱子学的性命义理之学为基本精神，而后开出明体致用、实事求是的实学；第四，朝鲜末期以来的新学儒学，以和合朱子学、阳明学和西方科学为基本特征的自主义理精神。（参见张立文：《李退溪的思想世界》，人民出版社 2013 年版，第 19 页）笔者认为，这四个阶段的分期理路基本类似，都是从纵向上梳理了韩国儒学发展的基本脉络，值得借鉴。

本土生根发芽并实现蓬勃发展呢？究其原因，就是因为韩国本土固有思想中存在很多类似于中国儒学的"儒氏因素"。正因此，中国儒学在传入初期才能够被"有亲近感"地吸收，从而在韩国这片土地上得以发展，进而形成韩国儒学。①

第一节　檀君神话与韩国本土固有思想

就某个国家或民族的固有思想来讲，它一定是自古以来流传至今的、具有连续性的传统思想，一方面具有历史的连续性，一方面又具有现实的过去性；既带有本土"过去化"之色彩，同时又在现实中实实在在存在的思想。所以，本土固有思想兼具连续性与现实性之双重特征。就韩国来讲，其本土固有思想一定要有韩国的特殊性，同时是在儒、释、道三家传入以前就形成的韩民族固有的世界观。儒学虽然发端于中国，后来也逐渐成为整个东亚汉字文化圈的普遍的思想，但具体到韩国本土的历史、社会情形来看，它就成为韩国的儒教。②儒教在韩国化的过程中，既受到了韩国固有思想的影响，同时也受到了韩民族的思维和心理结构的影响，如此才得以实现其本土化、民族化的进程，成为具有韩国化的儒教。

但在探讨韩国固有思想的过程中，不得不承认会面临一大难题，即研究资料的缺乏。实际上，现存的史料中，记录三国以前的几乎没有。韩国最

---

① 韩国学者尹丝淳曾经对"韩国儒学"下了如下定义，他指出，"所谓儒学的固有性相当于儒学的根本性质，何况是从语言、风俗、艺术等其他异质文化之中吸收而来，这种变化的可能性更毋庸置疑。所谓韩国儒学，指的正是作为在韩国文化中如此变化的儒学的特殊性，即'韩国的独立性'。正是在这种独立性的意义上，韩国儒学才得以存在。韩国人以这种特殊的思维能力继承并予以独立性发展的传统儒学，正是韩国儒学。"（尹丝淳：《韩国儒学研究》，陈文寿、潘畅和译，新华出版社 1998 年版，第 4 页）

② 在韩国学界，儒学一般被称为"儒教"。虽然围绕儒学是否为宗教之问题，韩国学界也有很多争论，但可以肯定的是，"儒教"这一用语的使用在韩国已经普遍化。因此，笔者下文中也将大部分按照这种习惯使用"儒教"这一术语。若坚持区分，韩国社会的儒学主要指的是学问体制，而儒教则是包括学问体制在内的礼仪、习俗、生活方式等具有包括性的广义的大概念。

古的文献《三国史记》①、《三国遗事》② 也是到了高丽中期以后才成书的记载。因此，从古代史料记载中来系统性研究固有思想的做法存在一定困难。但没有文献不等于没有思想。思想的流传途径除了书籍外，还有人们的日常生活习惯和思维方式、心理作用等。这就仿佛人体内的血管一般，虽然很多的血管是我们用肉眼无法看到的，但它们却与我们的生命息息相关，对我们的血液循环、整个身体的机能产生重要的影响。此外，还需注意的一点是，虽然当时韩国的史料很少，但是当时中国史料中却有不少与古代韩民族相关的历史记载，从中可以推导出当时韩民族的生活习惯和民族特性。从他者的视角来看待自我，这也是一种思想史的研究方法，可以与自我的观点实现相互补充。

在研究过程中，关于韩民族诞生的神话——檀君神话会首先被列入考察对象。巧合的是，《三国史记》和《三国遗事》中都提到了这段神话。与确切的历史事件不同，神话虽然说服力微弱、体系不完整，但它是在古代人生活基础上形成的，反映了当时人们的情感和意志，渗透着韩民族潜在的精神意识。人类社会的历史发展告诉我们，神话是所有哲学、理性的认识形成的大前提和原型，哲学认识和思维的逻辑世界是从人类最原始的经验即神话中出发的。③

首先来看一下檀君神话的基本内容。现存史料中很多都有关于檀君神

---

① 《三国史记》是一部记述朝鲜半岛三国新罗、百济、高句丽的正史。1145 年（高丽仁宗二十三年）金富轼（1075—1151）等以汉文编撰，采用纪传体，共 50 卷，即《新罗本纪》12 卷，《高句丽本纪》10 卷，《百济本纪》6 卷，《年表》3 卷，《志》9 卷，《列传》10 卷，是朝鲜现存最古的史书。《三国史记》主要以已失传的《旧三国史记》和《花郎世记》为依据，同时也参考了中国的历史典籍包括《魏书》、《三国志》、《晋书》、《旧唐书》、《新唐书》和《资治通鉴》，是研究朝鲜三国时期和后期新罗历史的珍贵文献。

② 《三国遗事》是由高丽时代僧侣一然（1206—1289）所编撰，以高句丽、百济、新罗三国为记述对象的野史。该书由 5 卷、9 篇、144 个条目所构成，9 篇的篇目分别为王历、纪异、兴法、塔像、义解、神咒、感通、避隐、孝善。《三国遗事》是朝鲜半岛继《三国史记》之后第二早的史书，其中也包含了许多神奇的民间传说。从书名的"遗事"两字就可看出，身为佛教僧侣的作者对于《三国史记》的编写方针有所不满，而刻意收集遗漏之事迹加以记载。

③ 参见金炯孝：《古代神话中表现的韩国人的哲学思维》，东明社 1987 年版，第 8—9 页。

话的记载，如《三国遗事》、《帝王韵记》、《阳村集》、《世宗实录地理志》、《新增东国与地胜览》、《东国通鉴》、《揆园史话》、《海东绎史》等。虽然每本书中的记载有些许差异，但基本结构还是一致的。下面我们重点分析的是《三国遗事》中的版本。

> 魏书云，乃往二千载，有檀君王俭，立都阿达斯，开国号朝鲜，与高同时。古记云昔有桓因，庶子桓雄，数意天下，贪求人世。父知子意，下视三危太伯，可以弘益人间，乃授天付印三个，前往理之。雄率徒三千，降于太伯山顶，神坛树下，谓之神市，是谓桓雄天王也。将风伯雨师云师，而主谷主命主病主刑主善恶，凡主人间三百六十余事，在世理化。时有一熊一虎，同穴而居，长祈于神雄，愿化为人。时神有灵艾一炷蒜二十枚，日而蕐食之忌，不见日光百日，便得人形。熊虎得而食之忌三七日，熊得女身，虎不能忌而不得人身。熊女者无与为婚，故每于檀树下，祝愿有孕，雄乃假化而婚之，孕生子，号曰檀君王俭。①

据史料记载，天帝桓因的儿子桓雄因向往人间社会并立志"弘益人间"而带着父亲的授意下凡，其统治地点在太白山下的神市一带。② 当时一熊一虎就住在这附近的山洞中，他们都想变成人而每日祈祷。天王桓雄被他们的诚意所打动便给了他们二十枚蒜和一束艾蒿，并交代吃下这些且百日之内不见光便可成人。虎耐不住煎熬终究失败，而熊则在 21 天后变成了美丽的女身。但熊女苦于没有可以娶她为妻的男人，便每日去神檀树下祈祷。天王桓雄非常怜悯她，便将自己变成男人身而娶了她。熊女怀孕后生下了檀君王俭，他就是韩民族的祖先。

檀君神话虽然是以神的形态存在的，但其中神的意味并不浓厚，更多的则是关于人和人类社会的记载。一般意义上的神大都是按照抽象的或者观

---

① 《三国遗事·纪异》，韩国国立首尔大学 1982 年奎章阁影印本，第 76 页。
② 韩国学界的基本观点是，书中所说的太白山一带即今天的朝鲜半岛所在区域。

念性的背景而展开，但檀君神话则是以当时的社会条件以及人的情感发展为主线背景而展开，有其作为神话的历史背景。这与普通的虚构想象是不同的。

众所周知，神话的产生最初并不是靠文字来记载的。大部分神话的形成并不是特定的某个人在特定的某个时期完成的，而是在数千年的历史长河中，在经历了数以万计的人的加工后，口口相传而成的。当然不可避免的是，在神话流传的过程中，由于参与加工的人数众多，其中肯定也掺进了很多人为的思想因素，比如有些是对自然的认识，有些是对社会的认识，有些是对人的认识等。这些相关的认识一层层累积起来，便形成了韩国人思维的一个断面或缩影，也就构成了韩民族思想意识的原型。这也是为什么我们从檀君神话入手来分析韩民族固有思想特性的根本原因所在。

目前学界对于檀君神话的研究成果很多，争论也不少，但是本书分析的重点不在于史实的真伪以及当时的社会结构、领土划分等敏感话题，而是在于檀君神话中体现出的古代韩民族的精神特质，并试图从中找到韩民族固有思想的根源。

其次来分析一下檀君神话所蕴含的意义。檀君神话大致可以分为三个部分，即天（神）、地（物）、人。整个故事都是围绕檀君（人）的诞生为主线而展开的，可以说，人是檀君神话的核心。

一是桓因。在《三国遗事》中，桓因被解释为"帝释"。因为《三国遗事》的作者为一然和尚，所以这一解释并不奇怪。在《三国遗事》成书之际，桓因的地位就相当于佛教的释迦牟尼，因此就是"帝释"。这也反映了韩国人自古以来对天（神）的敬畏意识。这种敬天意识，反映在生活中就是祭天。韩民族的祖先是檀君，檀君的起源则是天。

二是庶子桓雄。关于庶子，一般有两种解释：其一，是桓雄非嫡子，而是庶孽之子；其二是许多儿子，意即桓雄是桓因众多儿子中的一个。不管是嫡子也好，庶子也罢，都体现了古代韩国人的家族观。在古代韩国人的意识里，所谓的家族并不是只有一个独生子，而是好多子女共同形成一个和乐融融的大家庭。

再来看"贪求人世"和"父知子意"。"贪求人世"反映了天对人世间的向往。天虽然是创造万物的创世存在，但天并不贪恋于此，而是向往人和万物共存的有生灵的现实世界。可见，天并不是与人存在鸿沟的高高在上的存在，而是与人的生活密切相关的具有亲和力的存在。"父知子意"则是刻画了慈爱的父亲形象。一般意义上，子向父祖露胸怀并不是很容易的，要考虑到父亲的尊严和权威等。而此处的意思是，父亲没等儿子主动抒怀便已经知晓其意，而且还动员各方力量为之做好了各种基础性的准备工作。可见，与西方神话中通常出现的二元对立或摩擦不同，檀君神话中呈现的是一派和谐、协力的景象。

接下来看"风伯雨师云师，而主谷主命主病主刑主善恶"。此处出现的这些名称可以视为官职，也可以视为是神市的组织体系。他们所代表的不是人，而是神。各种神之间并非具有同等的神格，而是同时具有唯一神与多元神的要素。如果说桓因和桓雄代表了至上神，那么风伯、雨师、云师则是受他们支配的功能神，这与古代农耕社会有着密切的联系，"主谷"也很好地说明了农耕社会这一点。在农耕社会，人对神的依赖性是很强的，各种神都承载着人类社会不同的希望和寄托。人们敬畏天神并为之举行各种祭礼仪式，以求达成自己的愿望。天神也并非是脱离人的世界而高不可及的，是与人间事物有着密切关联的"人事神"、"保佑神"。

"在世理化"反映了神市的统治不是基于社会契约的法治或者以压制或强迫为主的霸权治理，而是一种公平合理的"理治"。这并不单纯是依靠统治者的教化，相当程度上还要看社会成员的素质，如此才能弘益人间并能做到"易以道御"。[①] 桓雄来到人间时带了三个天符印，把它们当作治理人间的尺度和基准。从思想的角度来分析这个神话的本质时，可以说天符印不是别物，而是意味着内在于人的先天本质。天符中的"符"是符合之意，意味着与上天所赋予人的先天本心相一致。这就类似于儒学"天命之谓性"中的性。人的心理虽然可以分为许多类，但大体可分为知的层面、情的层面和意志的层面。有人把三个天符印看作镜子、刀和玉，可以解释为镜子象征着清

---

① 《后汉书·东夷列传》："东方曰夷，夷者也，言仁而好生，万物地而出，故天性柔顺，易以道御，至有君子不死之国焉。"（韩国国立首尔大学 1976 年奎章阁影印本，第 82 页）

澈透明的知性，刀象征着威严的斗志，玉象征着被陶冶的情操。若用私欲、非理和暴力来统治万民，则会一无所得。百姓受到哪怕是暂时的压迫，也不会心悦口服。因此，桓雄来到太白山神坛树下摆神市时，他依据人的内面心性对百姓进行统治，他用理来感化万民并得到了万民的拥护，理带给了他弘益人间的尺度。崔致远在《鸾郎碑序》中将这种古神道与花郎道的精神联系起来认为，自古以来这种神妙之道在韩国就一直延续了下来，而且儒、佛、道三教的各种要素都内在于这种风流道中，用这种真理来对待所有生命时，无一不被感化①，即"接化群生"。此处"接化群生"的"化"与檀君神话中"在世理化"的"化"是相通的，代表着一种教化之义。

"同穴而居"反映了神市的一种理想的生活状态。此处的虎和熊可以解释为不同的图腾代表，也可以解释为不同的本土势力代表。当社会实现理治时代后，虎和熊都能实现同穴而居的和谐状态。

"祝愿有孕"很好地反映了地的强烈愿望。已经变成人身的熊女与实际的人——檀君之间还有质的差异。熊女虽然已经具备了人身，但她并不满足于此，她还要实现质的升华，因此祈愿怀孕并生下人。熊女的这一愿望与弘益人间的桓雄的心愿不谋而合，所以桓雄成全了她的心愿并使之诞下檀君。

总体来看，檀君神话反映了人本主义的思想和和谐主义的世界观，其核心精神在于"弘益人间"。

人本主义的思想和和谐主义的世界观，这恰是儒家思想的本质。檀君神话是以天—地—人为叙述结构而展开的。天（桓雄）向往人间世界，而地（熊女）又希望变成人身，这就产生了以檀君为象征的人的故事。上为天，下为地，中间的媒介为人，这便形成了一个均衡的立体。若说天象征着精神、灵魂、神圣的道德性以及生命的根源，地则象征着物质、肉体以及生命实现的场所。换言之，只有天地的意志实现妙合，才会产生檀君。因此，檀君是神性和物性兼具一身的存在。人虽然是不能脱离天地而生存的实体，但另一方面也是能将天地实现和谐统一的更高层次的存在。天地的意志只有

---

① 《鸾郎碑序》："国有玄妙之道，曰风流，设教之源，备详仙史，实乃包含三教，接化群生。"（韩国国立首尔大学 1982 年奎章阁影印本，第 56 页）

通过人才能实现。只靠天本身的意志是不能实现其理想的，因为没有肉体只有灵魂的存在是空虚的；同样，没有灵魂的肉体（地）也只能停留在事物的层面上。因此，天的意志通过人实现于地，这样人就变成了世界的主轴。可见，檀君神话中的人本主义思想是很明显的，它所追求的理想的人能将自然性和神性实现和谐的统一。此处的人既是现实的，又是理想的。

檀君神话中同时出现了世界的三个轴心—天、地、人，这三者之间既没有矛盾，也没有不均衡，而是和谐的关系。对于地来讲，天并没有提供无条件的"乐园"的环境；对于天来讲，地也没有放肆感；万物也按照神的所赐而平安自得。结合了天地之性的人对于天地也没有任何的抗拒感和不适感，只是为了变成人而经受了一些考验而已。神话中檀君的诞生经历了从物性的存在到人性存在的变身这一质的变化。天的神性与地的物性之统一点在于人，人既不止于神性或物性，也不是天地间独立的实体，这便是和谐。和谐是阴阳互为根据。在檀君神话中，人既是一种综合了神性和物性的存在，又是兼具理想性和现实性的存在。人，才是整个世界的轴心。

在这个天、地、人和谐的世界里，人需要做的就是"弘益人间"，将更多的益处带给美好的人间，这也体现了儒家"人能弘道，非道弘人"（《论语·卫灵公》）的精神。这也是当初天神之子桓雄执意要来到人间的理由。"弘益人间"体现了博爱的情怀，是一种纯洁的、温和的人间爱；"弘益人间"体现了先人后己的精神，是大公无私的集体主义精神；"弘益人间"包含着众生平等的精神，人人都要为民族和社会的发展贡献自己的绵薄之力；"弘益人间"体现了热爱和平、崇尚光明的境界，不与人争、不与物争，反映了共同为人类社会的美好未来而努力的心愿。

这种以人为本的"弘益人间"的精神与中国传统文化的核心精神也是极其吻合的。人本精神，即对人的尊崇和关怀，这正是中国传统文化的核心。《尚书·泰誓上》曰："惟天地，万物父母；惟人，万物之灵"，意即天地是万物之父母，人是万物之灵。《老子》二十五章曰："故道大，天大，地大，人亦大"，把人和道、天、地并列，称为四大之一。《礼记·礼运》曰："故人者，其天地之德，阴阳之交，鬼神之会，五行之秀气也"，从天地、阴阳等角度肯定了人的崇高地位。历史上，中国虽然出现了很多不同的学派和教派，但几乎都是将人本主义和人文关怀放在重要位置。以孔孟为首的儒家体现的是以仁义礼智为核心的人本主义情怀，它重视人的道德修养和情操建设，主张"内圣外王"，依靠道德的教化来实现和谐、和平发展的大同世界；以老庄为首的道家注重"道法自然"，它所提出的"养生之道"、"返璞归真"、"清静自然"、"形神兼养"等都是对人的健康、生命和生活环境的关注和关怀；佛教思想虽然不是源于中国，但在中国经历了千余年的本土化和民族化发展，对中国人的思维和行为方式产生了重大影响。佛家以慈悲为怀，主张个人修行，提倡"众生平等"、"不杀生"以及"因果说"等，劝导人们做善事有善报，这些都体现了对生命和个人的关怀。中国传统文化的精神启示我们：世间万物都是相互依存、相互联系、相互作用、相互影响的，每一事物都是在与他者的关联中显现出自己存在的意义和价值。因此，人与人、人与社会乃至整个宇宙都应该建立起和谐共处、和平发展的关系。

由此来看，檀君神话中体现出来的古代韩民族的固有思想特质与中国传统文化精神是一脉相通的，这也为儒学在韩国的传入和吸收奠定了坚实的思想基础。

第二节　由史料记载来看古代韩国人的精神世界

在考察韩国思想的源流时，由于很难找到当时记录古代史的文献资料，故文献资料不足是一个大难题。虽然可以举出类似《三国史记》、《三国遗事》等古典资料，但由于它们是属于高丽后半期的著作，不能超过公元12—13世纪，而韩民族的历史则是从遥远的古代开始的。最近韩国考古界的出土发掘逐渐活跃起来，史前时代的遗物和遗迹也陆续被发现，这些都奠定了古代韩民族悠久的历史及文化基础。但仅凭韩民族记录的文献是非常不足的，我们还应该从历史文献以外的语言学、美术史、文学史以及民俗学等诸多领域来综合考察和研究学术思想，并以此来研究韩国古代文化的样态及其思想原型。下文笔者将通过国内外文献中有关韩国古代的记录来考察一下古代韩国人的精神世界。

　　韩国国内现存的文献资料中，最重要的当推金石文以及三国时期以来的个人文集和不完整的古文书籍。新罗真兴王巡狩碑虽是朝鲜半岛历史最悠久的，但其历史却不能上推至公元 6 世纪（568）以前。位于鸭绿江满浦镇对面满洲辑安县的广开土大王碑作为韩民族国宝级的存在，虽说是最悠久的，可是其成立年代是公元 414 年，也不能上溯到 5 世纪以前。尽管如此，这些金石文资料依然是研究古代史的重要资料。除此以外，还有些零散存在的古城石刻以及汉四郡时代的秥蝉碑等遗迹，但它们也终究不能上溯到公元 1 世纪以前。因此，详细考察韩国的古文献以及中国的古史记录就变得很有必要。不仅如此，日本的古记录中也有不少关于韩国三国时期珍贵的史料记载，这些都有待挖掘。

　　就中国文献来看，《史记·朝鲜传》、《汉书·地理志》、《后汉书·东夷传》、《三国志·东夷传》以及《魏志·东夷传》都是研究古代韩国史的珍贵资料，这其中司马迁的《史记》可以说是不超过公元 1 世纪甚至 2 世纪初的记录。即使这样，比起韩国文献来，它还是早了数百年。作为迄今为止两千多年前的古代记录，《史记》的史料价值可谓独一无二。

　　若寻找更悠久的文献资料，则可以推至中国战国末期的《左传》、《战国策》、《国语》等，这些资料可以说上溯到了两千一百余年前。若再继续向前追溯，则有中国古代的金石文以及 1898 年开始陆续发现的最早的文字记录——甲骨文。这些金石文和甲骨文是从公元前 10 世纪开始一直到公元 14—15 世纪的记录，既对研究中国古代史提供了划时代的资料，也对研究韩国历史产生了直接或间接的重要影响。在前述《史记·朝鲜传》以及《汉书·地理志》中虽可以窥探古代朝鲜社会的些许面貌，但对中国人来讲，最能体现韩民族之民族特征的则是《汉书·地理志》中的如下记载：

> 乐浪朝鲜民犯禁八条，相杀以当时偿杀，相伤以谷偿，相盗者男没入为其家奴，女子为婢。欲自赎者，人五十万。虽免为民，俗犹羞之，嫁娶无所雠。是以其民终不相盗，无门户之闭，妇人贞信不淫辟。

由上可知，在当时的乐浪朝鲜，犯了罪的人即使法律上可以得到免罪，那么其在社会生活中的名誉也不会恢复，这就需要人人都有很强的"羞恶之心"，这也是孟子"四端之心"的其中之一。在当时由地域和部族构成的社会中，人与人之间是靠血缘构成的家族关系来维系的，而这种关系比法律关系更为重要。触犯了禁条等法律即使在一定程度上可以得到赦免，那么比法律更重要的人的信义或名誉问题则是不可能恢复的，这说明古代韩国人非常重视人的信誉。

《后汉书·东夷列传》中也有"其人不相盗，无门户之闭，妇人贞信"的记载，这说明当时的民风淳朴，社会正义。《山海经·大荒东经》也有记载说："有东口之山，有君子之国，其人衣冠带剑，食兽，使二大虎在旁，其人好让不争。"这些虽是片断性的记录，却很好地表现和勾画了古代韩国君子国的人间像。"好让不争"且富有人道精神说明了韩国人的天性是以柔顺和善良为基础的；衣冠整齐表现了韩国人注重礼仪；佩刀则体现了在这种人道主义氛围中也存在正义和威严。这种热爱和平、珍惜生命的纯粹而又仁慈的民族性在遭遇非人道以及不义时，为了捍卫生命和真理，会不得已而拔出正义之剑来行君子之义。在数千年的历史长河中，韩国从来没有无端侵略过任何近邻国家，即使在遭到异民族的攻击和侵略时，也依然发扬了奋力抗敌、救国救民于水火之中的民族精神，保全了国脉传统。虽然也曾遭遇过壬辰倭乱和丙子胡乱之国耻，但捍卫民族魂以及爱国的民族情结却从来没有停止过。《后汉书·东夷列传》中所说的"君子不死之国"也很好地说明了韩民族历史的绵延性。这一"君子不死之国"也体现了韩民族的刚毅性。

不仅如此，古代韩国也是东方的礼仪之国，是理想的君子之国。孔子在《论语》中使用了"君子"这一用语。

> 子欲居九夷，或曰："陋，如之何？"子曰："君子居之，何陋之有？"（《论语·子罕》）
> 子曰："道不行，乘桴浮于海。"（《论语·公冶长》）

许慎《说文解字》把这两章合在一起解说："东夷……俗仁，仁者寿，有君子不死之国。孔子曰：'道不行，欲之九夷，乘桴浮于海。'有以也。"

《汉书·地理志》亦记载曰："孔子悼道不行，设'桴于海'、'欲居九夷'，有以也夫。"朱熹《论语集注》卷五断言："东方之夷有九种。'欲居之'者，亦'乘桴浮海'之意。"清代刘宝楠更坚称："子'欲居九夷'与'乘桴浮海'，皆谓朝鲜。""夷"泛指东方土著族群。此之"九夷"，《汉书》卷28《地理志》、颜师古《汉书注》、《后汉书》卷85《东夷列传》及其《东夷传论》均指朝鲜半岛。① 但这种推测缺乏必要论据。还有人主张"九夷"指"淮夷"②，这一地区原属鲁国，后沦为吴、楚两国战场。孔子对当时"周道衰微，礼乐凌迟，文武既坠"之"大道不行"的现状非常不满，无奈喟叹道，既然文明礼仪不能带来"有道"的仁政德治，索性"居夷浮海"罢了。这也是迫使孔子周游天下的重要原因。

尽管学界围绕"九夷"有很多争论，但韩国学界的基本观点是，"九夷"就是指古代的朝鲜半岛，也就是孔子所说的"君子之国"。那么君子究竟具体指的又是何许人也？韩国学者尹丝淳指出，其很有可能指的就是殷朝的贤士箕子，而且韩国儒者几乎都将箕子视为韩国儒学的先驱。这种观点与"箕子东来说"有着密切的关系。在中国文献中出现箕子之记载的代表论著是《论语》和《尚书》。有关"箕子东来说"的记载主要出现在《竹书纪年》③、《魏书》、《史记》、《汉书》、《旧唐书》等，但内容上有些许差别。据《尚书》记载，箕子是殷朝大学者，他在殷亡后移居朝鲜，教授朝鲜人礼仪和农作耕织等，并成功将儒学中的政治、经济、社会、伦理、哲学等思想演绎为《洪范九畴》。因此，韩国学界有人认为，韩国儒学其实是发源于孔子以前的箕子。从16世纪朝鲜大儒栗谷李珥（1536—1584）到20世纪初《朝鲜儒教渊

---

① 参见栾贵川：《孔子何以欲居九夷》，《中国社会科学报》2012年7月16日。

② 淮河下游地区，今安徽、江苏两省中北部。

③ 《竹书纪年》是春秋时期晋国史官和战国时期魏国史官所作的一部编年体通史，亦称《汲冢纪年》，是西晋咸宁五年（279）发现的一部编年体史书。当时发现时被埋藏于魏安釐王（一说应为魏襄王）的墓里。《竹书纪年》记录了从夏朝到魏襄王（一说应为魏哀王）之间的重要历史事件，对研究先秦史有很高的史料价值。《竹书纪年》又与近年长沙马王堆汉初古墓所出古书近似，而《竹书纪年》的诸多记载也同甲骨文、青铜铭文、秦简、《系年》相类，可见其史料价值。著名学者李学勤先生说："《竹书纪年》在研究夏代的年代问题上有其特殊意义，正在于它是现知最早的一套年代学的系统。"

源》的作者张志渊（1864—1921）都持这样的观点。鉴于史料证据的不足，我们无法去论证这段史料的真伪。但这些记载在很大程度上告诉我们，古代的"九夷"应该是"君子之国"，是"孔颜乐处"。

以孔孟为首的儒家思想将人分为两类，即君子和小人。孔子曾对其弟子子夏说："女（汝）为君子儒，无为小人儒。"（《论语·雍也》）可见孔子的教学本旨是教导学生从无德无义的小人成为有德有义的君子。韩国学者柳承国认为，此处君子的出处和原型与"君子国"不无相关。此外，若是抽象来看孔子的儒家思想时，它可以概括为一个"仁"字。这个仁原本来自于人。《孟子》、《中庸》以及《论语》中都说"仁者，人也"，这说明了要想成为一个真正的人，就必须要有仁。"仁，人也"（《孟子·梁惠王下》）、"仁也者，人也"（《孟子·尽心下》）、"仁者，人也"（《中庸》）中的"仁"字和"人"字虽然是通用的，但甲骨文中却说明了"人"相对于"仁"的历史性先行地位。《说文》中将仁等同于人、夷，意味着东方之人。"夷"字由"大"和"弓"组成，指的是善于射箭的东方人，而甲骨卜辞中将东方族用人来表示。这里的"人"并不是平常我们所说的"人"这一普通名词，而是所谓"人族"这一固有名词。他方族以苦方、虎方、马方等动物或物形为象征来命名，但东方族却以人作为其种族的名称。可见，"夷"字的原形是"人"字。甲骨学家董作宾（1895—1963）曾论证说，古代甲骨金文中使用"人"字来表示东夷。台湾史学家劳干（1907—2003）也曾指出：

> 我们将东方人称作东夷。夷字和仁字是通用的，仁字和人字又出自同一源。因此在汉语中，人字源自于东方。如果说东夷在文化上是先进的，他们首先使用了"人"字，则到了后代，起源于西方的部族们就借用了此意，将其用作全人类的代名词。①

古代的东夷部族是文化的先进国，人方族的人们都是有教养的，是文

---

①　劳干：《中韩关系略论》，《中国文化论集》（2）。（转引自柳承国：《韩国儒学与现代精神》，姜日天、朴光海等译，东方出版社 2008 年版，第 68 页）

化民族，这就使得后来孔子思想的核心——仁得以成立。可见，人方族的人与君子国的君子是有一定关联的，古代东夷族在中国儒学的发展中也发挥了一定的影响和作用。

在周朝（前1112）以前，中国殷代的风俗和韩国古代的风俗基本是一致的，而且其相似面也很多。中国甲骨学者陈梦家（1911—1966）指出，殷部族的起源在东方渤海沿岸和辽东半岛一带，其风俗和神话与古代山东半岛的土著文化和风俗是相同的，其表现在：第一，玄鸟神话；第二，兽骨占卜；第三，杀人殉葬；第四，崇尚白衣；等等。不仅如此，参照记录韩国风俗的《魏志·东夷传》"扶余"条还会发现，在祭天仪式中都有迎鼓，国家的百姓都崇尚白衣，崇拜祖先，哀悼丧事，男女着白衣，妇女遮面，不佩戴饰物等，这些大体上都与中国相似。

如上风俗到了殷代更为深化。如同甲骨占卜一般，扶余人也宰牛祭天，用牛蹄来占卜吉凶，这是惊人的相似之处。而且甲骨学者也证明了殷代在禽兽骨（例如牛）上占卜要先于在龟甲上占卜这一事实。我们不得不感叹韩国古代的牛骨占卜与中国殷代的牛骨占卜之惊人的相似之处。而且，扶余人也崇拜山岳，杀人殉葬。如此这般相似的宗教情感和意识不仅是研究古代民族文化的重要资料，而且也揭示了民族历史研究中的重要问题。而且，周代的封建文化代表了当时中国的古代文化，这种周礼思想不仅形成了后来支配中国历史文化的原型，而且对韩国、日本以及东南亚等汉字文化圈的民族产生了重要影响。

将韩国檀君神话中的神政时代与周代以后的后朝鲜时代对比来看，我们也会发现它与殷代和周代的历史有相似之处。檀君神话中的桓雄率领众属3000人来到太白山神坛树下的时候，还带了风伯（风神）、雨师（雨神）和云师（云神）来掌管谷粮、生命、疾病、善恶等人间的三百六十余事。同样，从占卜天相的甲骨卜辞中可以得知，殷代对山岳风伯和河水雨师进行祭祀来祈雨是非常盛大的活动。在古代农耕社会中，饥荒和疾病是威胁人类生存的最大问题。只有农事丰，百姓才会得福。一旦凶年，百姓青黄不接，饥饿不饱，只会得祸。纵使人们如何努力，若天不降雨就会是凶年，百姓就难逃饿死的厄运。降雨与否在于上天的意志。若天公发怒而不降雨，那将是对百姓生命的最大威胁，会带来他们最大的不安。因此古代人将雨与云绝对化和神圣化，认为只有神才能够左右它们。檀君神话中提到的桓雄率领可以驾驭雨、风、云的使者来到人间，可见桓雄就是古代原始农耕社会中的绝对神。

　　人的寿命和疾病在当时也被认为是人得罪了上天而招致的，疾病能否治愈、人的寿命之长短也在于上天的意志，因此只有顺从上天并对其进行虔诚的祭祀才是唯一的解决办法。在中国，醫字也写作"毉"，其中"西"字代表着酒桶的形状，意味着药物，"巫"字表示巫师通过精神上的治疗来治愈万病。人的善恶也不是依据良心来定，而是只有顺从天意才能得福，否则就会招致惩罚和祸端。这里体现的不是伦理的善恶，而是宗教性的罪与罚。因此，桓雄可以说是掌管这一切的主宰者。由此看来，古代韩国人的生活中体现了很强的宗教信仰，贯穿着神的意志，这就是对檀君的信仰。然而，古朝鲜的"箕子八条禁"并不是上天给的惩罚，而是人们约定的人文主义合理性在起作用。从广义来讲，这是从宗教性的规范向伦理社会的规范转换的过程。但这并不是说古神道思想消失了，而是它慢慢地内在化了。

　　通过以上考察可见，若脱离古代社会和当时的生活环境，则无法理解古代人的思想。古代人遵从神意是非常纯粹和虔诚的，而且有一种朴素的意识在里面。他们挥洒汗水、辛勤劳作也是在遵循神意。若怀有欲望、欺瞒、懈怠及傲慢，则是不能接受并体会神意的。因此，这就需要以仁爱善良的"君子国"的人间像为前提。

　　在古代韩国，作为一种共同体团结意识的表达，祭礼仪式（祭仪）也非常盛行。在当时，饥荒、疾病等自然现象时常会威胁人的生命安全。而且随着向部族、民族、国家时代的迈进，防御外敌入侵也成为紧迫的社会问题。神话中的东明王朱蒙（约前59—前19）以威武的化身出现就是时代情况改变的一个证据。在面对困难局面时，高句丽的乙支文德（生卒年不详，约6世纪中期至7世纪早期）、高丽的姜邯赞（948—1031）出现了，朝鲜王朝的忠武公李舜臣（1545—1589）也出现了，这些都是在共同体意识觉醒下产生的结果。当这种共同意识和同类意识成为一体时，二者就会实现统合。新罗的"和白制度"是韩国固有的政治制度，它指的是在商议国事时只有六部村长全部达成一致才能通过，并不是多数同意就可以通过。当出现利欲对立时就很难达成一致，即使可以达成，也是非常困难的。这说明了只有用神圣的意志和万物皆空的心，并站在人的本性上进行对话才可以实现一致。人心哪怕被半点的欲望所遮蔽也不会达成一致。因此当时的人们聚集到神圣的灵山，根据天符之意，来使得人心变得透明一致。

在古代韩国，当国家遭遇兵难时，人们会宰牛祭天，并且通过聚众盟誓来达成团结一致。这种誓约是绝对不容许背叛的，即使丢掉性命也要遵守和捍卫。古代人的祭祀是对天来斋戒人的不纯性并使其变得洁白纯粹，同时也使自己坚守与同类间的信约，形成一种团结向上的凝聚力。有记载为证：

> 夫余国，以腊月祭天。大会连日，饮食歌舞，名曰迎鼓。是时断刑狱，解囚徒，有军事亦祭天。
>
> 濊，常以十月祭天，昼夜饮酒歌舞，名曰舞天。
>
> 韩，常以五月，田竟祭鬼神，昼夜酒会，群聚歌舞。舞辄数十人相随，踏地为节。十月农功毕，亦复如之。[1]

在当时，祭祀或祭礼是人对天（神）表示敬仰和祈祷的重要仪式。如檀君神话所示，当时的天（神）并不是单单以雷电风雨等自然现象来恐吓人间的对象，而是与人间万物有着密切联系并掌管所有人间万事（生老病死、谷物粮仓等）的存在。因此，为了表达敬意，有时需要举国祭祀，这就是天祭。这种祭祀并不仅仅止于宗教层面，而是展现了一种举国团结一致的共同体意识。通过这种歌舞表达的祭礼仪式，人既对天表达了敬意，同时也感受到人与天实现沟通的同质感，体验到"天人合一"的境界。

还要注意的一点是，此处相关史料中出现了有关"东盟"[2]的记录。"东

---

[1] 以上引文均出自《后汉书·东夷列传》，韩国国立首尔大学 1976 年奎章阁影印本，第 82、87、88 页。

[2] 这与我们今天所说的"东盟"是不同的。现代汉语意义上的"东盟"指的是东南亚国家联盟，简称"东盟"。尽管这一词语的内容和含义有变，但"盟"所代表的团结协作之意义是相同的。不仅如此，通过考察"东盟"这个词语的渊源，我们也可以感受到中韩两国文化的息息相通，即"文缘相通"。

盟"一词最早出现在《三国志》，后来在《后汉书》中也有记载。原文如下：

> 以十月祭天，国中大会，名曰东盟。①
>
> （高句丽）好祠鬼神、社稷、零星，以十月祭天大会，名曰东盟。②

这两本史书中出现的"东盟"指的都是古代高句丽的一种祭天仪式。在高句丽，每年的十月有祭天仪式，是国家的重要活动，人们把这种誓师团结的大会叫作东盟。"盟"意为盟誓缔约，包含"联合"之意味。《春秋》释义："凡盟礼，杀牲歃血，告誓神明，若有违背，欲令神加殃咎，使如此牲也。"此处高句丽的"盟"与中国春秋时期诸侯国之间盛行的"会盟"是相通的。会盟时有祭天仪式，需要占卜、杀牛祭天，以此来断定吉凶。当时高句丽人借此祭天仪式对那些违反社会规定的犯法者给予处刑，对表现好者给予特赦，由此体现信赏必罚的精神。此外，这种祭天仪式还通过载歌载舞的形式，或祈求丰年，或对上天表达秋收之感谢，或对神灵表达敬畏之心。这种"东盟"的祭天仪式，并不仅仅止于单纯的宗教仪式，还带有更多社会活动的属性，其意旨在于实现举国团结、上下一致，树立社会共同体意识，体现了古代"祭政一致"的思想。

　　既然是"盟"的仪式，为何前面要加上一个"东"字呢？原因如下：第一，《三国志》和《后汉书》中出现的史料记载都是"东夷"传。"东夷"一词最早出现在周朝，是非特定的一个民族群体，其所指代的概念随着中原王朝疆域的变化而屡屡变化，后来日本和朝鲜也被归入东夷。东夷并非民族概念，而是对生活在东方的不同民族的统称，他们有着不同的文化、习俗、语言、种族、传统和起源。第二，上述史料记载指的都是"高句丽"条。《礼记》认为"东方曰夷"，《尚书》解释"夷"为阳谷，即向阳之地，故韩国人自古以来便具有强烈的"东人意识"，常常自称"东方君子之国"，其理论依据便是中国《山海经》中的记载："有东口之山，有君子之国，其人衣冠带

---

① 《三国志·东夷传·高句丽条》，韩国国立首尔大学 1979 年奎章阁影印本，第 95 页。
② 《后汉书·东夷列传》，韩国国立首尔大学 1976 年奎章阁影印本，第 82 页。

剑，食兽，使二大虎在旁，其人好让不争。"韩国学界普遍认为这段记载很好地勾勒了古代韩国君子国的人间形象。第三，有韩国学者认为，这其中包含着对高句丽始祖东明王的祭祀之意味。

如上可见，"东盟"一词在中国古代已有，是出现在二十四史中有着"前四史"①之称的《后汉书》和《三国志》。《三国志》作者为西晋的陈寿（233—297），《后汉书》作者为南朝宋的范晔（398—445）。虽然在二十四史中《三国志》的排序位于《后汉书》之后，但鉴于《三国志》的成书年代早于《后汉书》，由此可推断，早在公元3世纪，中国史书中就出现了"东盟"一词。

不仅如此，新罗的花郎们还会通过会盟立誓（盟誓）来修养身心，甚至上前线共同奋战，由此来体现一种团结的共同体意识。如今庆州博物馆中保存的壬申誓记石如实再现了新罗时期的花郎们为了表示对国家的忠诚而盟誓以及勤学的情景。这种盟誓不仅在新罗，在百济也有。《日本书纪》中也有百济的近肖古王和倭将在名山的磐石上盟誓的记录。这些在磐石上的信约如同磐石一般坚定不移。这些在纵向层面上遵循天意的虔诚之心，以信约的形式呈现，使得人们具有了协同意识，从而在横向上使得人们加强了社会共同体的团结意识。这不是通过学习来获得知识，而是如同"为道日损"（《道德经》），是一种驱除自己不纯的本性来使之变清静的方法。

新罗崔致远在闻庆凤岩寺智证大师碑文中说，在百济有苏涂仪式。这虽与佛教仪式相似，却是百济特有的。《魏志·东夷传》中也记载说在古代韩国有苏涂仪式。这种苏涂仪式是一种用神圣的形式来修炼心灵的、与祈祷会相似的仪式。天君和祭天体现了古神道的仪式，是神圣的修炼仪式的传承。近世的东学、大倧教②以及其他新兴宗教的民间信仰中都有这种古代精

---

① 《史记》、《汉书》、《后汉书》、《三国志》。

② 大倧教是以檀君为教祖的韩国固有的民族宗教。大倧教以桓雄、桓俭和桓因的三位一体即天神为信仰和崇拜的对象，是一个民族主义和保守主义色彩浓厚的本土宗教，也是韩国历史最悠久的宗教，又被称为桓俭教或檀君教。大倧教源于朝鲜的民族起源神话，其教理中也蕴含了民族的正统思想和哲学。大倧教的基本理念是奉檀君为国祖，宣扬民族自主性，弘扬"弘益人间、理化世界"的理念。关于这一点，具体可参见本书第六章第三节"近代韩国民族宗教的发展"部分。

神的传承。

如上可见，古代韩国人的精神世界是以儒家的"仁"为基本前提和基础的。韩民族"天性柔顺"、"好让不争"都很好地反映了当时淳朴、善良以及热爱和平、追求光明的民风，体现了儒家"仁者爱人"的基本风范。在这种充满仁义的社会里，人与人之间由信义构成的关系甚至要重于其他契约或法律的关系。即使是在这种充满仁爱的社会里，当遭遇非人道或其他不义时，为了捍卫生命和真理，人们也会不得已拔出正义之剑来行君子之义。这其中也蕴含着一种保家卫国、团结一致的共同体意识。这种意识最直接的表现便是祭仪。祭仪也反映了古代韩国人对天（神）的敬仰和祈佑，与儒家"天人合一"的思想一脉相通。

第三节　早期中国儒学的传入与吸收

源于中国的儒学，后来泽被韩国，形成中韩两国人民共识的传统文化，彼此互通，活跃互动，成为文化交流的典范。一种文化思想的传播，往往是从意蕴、体现这种文化的礼乐或器物层面开始，进而才是伦理道德、价值观念以及作为文化载体的文字等。① 儒家思想东传韩国，也经历了这样一个步骤。

韩国学者尹丝淳教授指出，儒学从传入韩国到被正式吸收，期间相隔的年代非常久。儒学传入大致在公元前 240 年左右，儒学的最初被吸收则开始于高句丽、百济、新罗三足鼎立的三国时期（约前 57—661）。但儒学的正式被吸收是从政府层面设立太学开始。高句丽是在 372 年设立太学，新罗是在 527 年才设立。百济的记录虽然不是很明确，但是从百济已经有五经博士和立博士这一记录来看，可以推算出百济也曾经设立太学，只是具体时期不是很明确。② 这一现象说明，当时三国对儒学的正式吸收，也有很多时间

---

① 参见张立文：《李退溪思想世界》，人民出版社 2013 年版，第 1 页。

② 在高句丽设立太学的 372 年，佛教也正式传入。而新罗的太学虽然在 682 年设立，但佛教在这之前的 527 年，已经被正式公认。

上的差异。由以上太学的设立时期来看，儒学在韩国正式被吸收的时期，近则可以推算到 5 世纪，远则可以推算到 6 世纪以后。这种现象也与三国的对立纷争有着密切的关系，这在当时是一种特殊现象。传入期和吸收期的时差非常大，这也是韩国儒学的特殊性。①

究其原因就在于，第一，与佛道相比，当时的儒学更偏重于民间的自然流入。在古代韩国社会，儒学思想已经广泛传播，并适应了韩国的风土人情。在民间传入以及知识人的努力下，政府逐渐意识到儒学的诸多功能。后来政府便开始从国家层面采取积极的吸收和引入措施，比如建立太学等。由此可以断定，古代韩国人对儒学的认知其实早就已经开始，而与之形成对比的是，国家层面正式引入的措施则实施的相对较晚；第二，中国儒学的主要思想与韩国本土固有思想非常类似。比如说，韩国本土固有思想中，包含着一种终极的信仰对象——天，这与儒学的"天帝"观念如出一辙。此外，韩国固有的祖上崇拜与儒学的孝也是相通的。韩国对部族长的与生俱来的忠诚与儒学中臣对王的忠，虽然有程度上的不同，但基本性质却类似。由此可推知，古代韩国人仅靠本土的固有思想也可以丰富精神生活。因此，政府层面就没有急于正式引入中国的儒学思想，由此也导致了儒学的传入时期与被吸收时期的间距如此之大。

儒学在最初传入韩国时，主要是以经典书籍的传入为主，而这些古典书籍是理解儒学思想的重要渠道。三国时期开始传入的儒家典籍到了后期呈现出增多的趋势。但在初期传入最多的主要是以下几种：《诗经》、《尚书》、《周易》、《礼记》、《春秋》这些五经类书籍以及作为三史的《史记》、《汉书》、《后汉书》，其他的历史书籍如《三国志》、《晋春秋》以及诗文集《文选》，自传类《玉篇》、《字统》、《字林》等。此外，对于《论语》和《孝经》等儒家重要经典，当时的人们主要是去私立学院"扃堂"和国立学堂"太学"去学习。虽然三国时期的各国对儒学的吸收时期有所不同，但儒学发展的基本面貌还是一致的。

古代韩国社会对儒学的正式吸收大致可以分为如下三类：

---

① 参见尹丝淳：《韩国儒学史》上，韩国知识产业社 2012 年版，第 28 页。

第一，学习中国著述史书（国史）。这大概是受到了春秋三史的影响。著述国史本身就反映了一种对国家渊源和民族发展独特性的认识，包含了古代韩国人的主体性意识。当时的韩国人意识到这种主体性的重要性并试图将其展现给别人，甚至流传后世，因此就运用儒学的理念和体系来编撰国史，这是儒学传入初期的一种现象。在当时儒学传入后，三国都有了各自的国史，高句丽当时使用汉字而且留下了一百卷的《留记》，后来太学博士李文真将其编纂为五卷本的《新集》。[1] 百济时期的博士高兴著述了《书记》、《百济记》、《百济本纪》、《百济新撰》，新罗时期居柒夫也著述了国史。

第二，积极吸收儒家的"忠"思想，加强君主制。随着对忠概念的理解和吸收，古代韩国自然形成的以王权为中心的君主制开始出现，儒学对这种体系的巩固和发展发挥了很大的作用。儒家经典《论语》、《春秋》和《尚书》都集中体现了这种以王权为中心的君主制。三国时期各国设立太学[2] 来传授儒学思想，更加巩固了这种中央集权制的君主体系。特别是对当时的三国来说，君主制是亟需得到强化的。但三国之间战争不断，高句丽还要对抗隋朝，每一场战争都需要动员数千数万名兵力，因此这种"忠"的思想就显得尤为重要。儒家的忠试图超越血缘关系，并使其归属于王权。儒家教导人们为了国家和国王要理所当然地舍弃性命，要有当为性的思想意识，这是符合当时现实需要的。新罗和高句丽的太学教育都将《论语》视为必修科目，所以儒家思想的吸收和普及在很大程度上巩固了当时中央集权制的君主体系。儒家思想的强化在当时一方面凝聚了国力，另一方面也有利于抵抗外族侵略。

第三，积极学习儒家的"孝"思想，并在新罗的太学教育中将《论语》和《孝经》设为必修科目。在国立大学的教育中，若某种经典被指定为必修科目，那它必定会对国家的施政方针产生积极而有用的影响。《论语》是浓缩了孔子思想的经典，而孔子思想又以仁为核心，仁在现实世界中的实践就是推己及人，这就是儒家的"恕"。对一个家庭来说，仁的具体实践是孝，

---

[1]　《高句丽本纪·婴阳王十一年条》，《三国史记》卷20，韩国国立首尔大学1967年奎章阁影印本，第178页。

[2]　高句丽于372年设立太学，百济设立太学似乎要早于高句丽，但没有确切的历史记载，新罗是在682年设立太学。

孝在政治上就反映为爱民的"仁政"。《孝经》这部书对孝进行了非常详细、具体的说明，它对应于《论语》所讲的"臣，事君以忠"。另一方面，新罗时期将《孝经》视为必修书籍也是由于受到了时代背景的影响。当时的新罗是血缘共同体社会，"孝"的概念就是在血缘社会中形成以家族为中心的伦理思想。在以农耕为主业的血缘社会中，仅仅靠单纯的祖先崇拜是不够的，随着社会的发展与变化，祖先崇拜就有必要发展为一种体系化和精炼化的思想，这就需要强调"孝"思想。

除了忠孝等儒学基本思想以外，早期韩国儒学对中国儒学的吸收还体现在天命观、仁政思想以及官僚体制等方面。

首先来看一下天命观。儒学的天命观对韩国本土固有的天观思想产生了很大影响。在儒家看来，天是最大的，统治者是天子，上天赋予了天子王权，可以对天子发号施令，这就是天命。而这种思想与忠一样，对强化王权思想产生了很大影响。但同时上天所下发的天命与王的仁政也是息息相关的。人格化的天神赋予王以王权，但同时也可以收回它，并且以灾难的形式对其施以处罚。如果王能够意识到上天的这种威严和天命，就会极尽所能实施为民的善政。

高句丽始祖东明王在弥留之际，给太子立下了"以道兴治"的遗嘱，意思是为政者要实施仁政，这也是孟子所提出的"王道政治"。高句丽太祖于公元146年将王位传给其弟遂成时曾指出"天之历数在汝躬"①，此处"天之历数"指的就是以《周易》中的"天命流行"为基础而表达的象数。这也从一个侧面证实了天命会赋予那些有道德之人以王权。《尚书》中有记载说，殷王太甲临终前对太子说"顾諟天之明命"，这也是一种暗含天命意识的遗言，即要求太子实施善政、仁政。可见，《尚书》中所提到的天命观在当时已经被吸收。

但需要注意的是，为政者作为人格神发布的命令是有原理性依据的，其依据便是上天。这种天命观要求为政者必须积极实施仁政，为百姓谋福利。

---

① 《高句丽本纪·太祖王九年条》，《三国史记》卷15，韩国国立首尔大学1967年奎章阁影印本，第156页。

如果为政者不依据"乾道变化"来实施仁政，则上天就可以罢免或推翻他。那时也出现了以天命观为基础来废王的例子，例如高句丽的慕本王（在位年间：48—53）和次大王（在位年间：146—166）杀害事件以及烽上王（在位年间：292—300）的废黜事件。下面的史料很好地反映了高句丽烽上王被废黜时期的情景。当时的高句丽由于地震和灾荒导致国家生灵涂炭，而烽上王却不顾这些，仍旧在宫中大兴土木，极尽奢华，宰相仓助利如下谏言道：

> 君不恤民，非仁也。臣不谏君，非忠也。臣即承乏国相，不敢不言，岂敢干誉乎？①

但是，烽上王不听谏言，故仓助利联合其他大臣废其位。从如上引文可以看出，虽然王与臣之间存在忠义之礼，但如果王不实施以爱民为基础的仁政，那么臣可以依据天命将其废黜。儒家的理想政治来自于爱民，这也是王应该具备的最基本的治国态度。只有爱民才能救民、恤民和安民。烽上王被废黜就是因为他缺乏君主应该具有的爱民意识，所以才会遭此罢黜。

正是基于对天命的重视，所以三国时期的各国对天文现象都非常敏感，并为此采取了观测天文的各种措施。《三国史记》详细记录了从高句丽太祖时期到次大王、烽上王时期发生的地震。烽上王被废黜是在公元300年，而恰好在这前一年，连续发生了几次地震和严重的饥荒，因此废黜烽上王事件也并非偶然，其中暗含着一种天命思想和天谴论。不仅如此，新罗统一三国之后，在庆州设立了瞻星台，这不仅是为了祭祀上天，也有观测天文的作用。瞻星台是研究古代韩国人的宗教、科学、儒学等的重要史据。

天命思想主要包含两个层面的含义：它一方面赋予了王统治权，这对王是有利的，而对作为被统治者的百姓是不利的；另一方面也警告王要施行仁政，这似乎又对王不利而有利于一般百姓。随着时代的发展，后者的比重显得越来越大，这也说明儒学的功能实现了历史性的发展。天命思想也开始逐

---

① 《高句丽本纪·烽上王九年条》，《三国史记》卷15，韩国国立首尔大学1967年奎章阁影印本，第179页。

渐发挥为民和民本的作用，这就是"仁政"。

在古代韩国史料中，公元 1 世纪前后就出现了有关仁政的记载。有关新罗第三代国王儒理尼师今（在位年间：24—57）的下列记载便说明了这点：

> 王巡行国内，见一老妪饥冻将死，曰："予以眇身居上，不能养民，使老幼至于此极，是予之罪也。"解衣以覆之，推食以食之，仍命有司在处，存问鳏寡孤独老病不能自活者，给养之。①

王认为百姓的不幸就是自己的责任（或罪状），认为应该像爱护子女一样爱护百姓并施恩于他们，要积极发扬仁政精神。在这种以爱民为基础而实施的仁政中，他认为首先应实施的政策便是对鳏寡孤独、老弱病残等的救助。儒学中将这种理想的景象描述为"大同社会"。如上儒理尼师今的内容便很好地反映了这种大同社会的美好景象。

高句丽第九代君主故国川王（在位年间：179—197）是积极践行仁政思想的典范。他不仅在国防和安保方面努力做到安民，还积极录用贤良之人为国效力。他曾于公元 191 年任命乙巴素为国相，令其处理国家的很多重要事务。② 他曾对国相说，如有不服从国相命令者，可灭族门。故国川王意识到自己能力的不足，将政务的部分责任和权力分给国相，如此采用贤明之策就打下了仁政的基础。据记载，故国川王曾在某次狩猎时发现了百姓的穷困景象，他为此深感自责。在这种责任感的驱使下，故国川王与儒理尼师今一样对那些鳏寡孤独和老弱病残者采取了救恤措施，给他们分发衣物和粮食。不仅如此，他还意识到这种救恤措施不能仅是一次两次，而是下令每年都要实施，并为此制定了赈贷法，让受助者每年冬季返还借贷。③

---

① 《新罗本纪·儒理尼师今五年条》，《三国史记》卷 7，韩国国立首尔大学 1967 年奎章阁影印本，第 238 页。

② 故国川王任命乙巴素为宰相，这并不是单纯的任用贤良，同时也具有分化王权和分担王政的内在含义。由此可推断，当时的官僚制已经开始实施。

③ 参见《高句丽本纪·故国川王十六年条》，《三国史记》卷 15，韩国国立首尔大学 1967 年奎章阁影印本，第 125 页。

由以上事例可知，古代韩国对儒学的最初吸收，不一定要从高句丽设立太学而算起。太学只是强化了培养儒学高级官僚的功能，它的影响当然是不容忽视的。而且以太学的设立为契机，儒学在古代韩国的发展确实到了比较高的阶段。对于统治者而言，设立太学只是为今后长期的国政运营设立了一个后备人才库，他们认为只要实施仁政就足够了，因此并不急于设立太学这样一个机构。所以从这个层面来讲，太学在韩国的设立要远远落后于儒学最初传入韩国的时期。因此，我们应该抛弃将太学的设立定位为韩国儒学发端的这样一种思维定式。①

三国时期，儒学在官僚制的设立和改善方面也发挥了积极的影响。高句丽初期就有的五部，最初学界认为是为了防卫的意义而设立的。但后来也有学者主张认为，这是一种行政区域。② 因此可以推知，古代韩国在受儒学影响之前已经有了官署和官职。百济时期的五部和新罗初期的六村也与之类似。特别是到了新罗时期，韩国本土自身的官僚制已经相当明显，并且维持了相当长的时间。六村长共同参与的和白会议甚至可以选出王，并且和白会议中设立了议长——上大等，这些都证实了这一点。在新罗时期还存在严格的骨品制，这是新罗贵族社会的基础。如上这些韩国本土固有的官僚制，都在相当长的时间内存在并发展。但这种官僚制具体起源于何时并没有明确的答案。可以确定的是，早在三国时期儒家的官僚制已被广泛吸收。《三国史记》中已经出现了部长、使者、大使者、沛者、于台、皂衣、国相、左辅、右辅、古邹加，主簿、大主簿等官职名称，而且这些官职名大部分在中国的《魏志》中都已经出现过。这种儒学官僚制的影响在百济表现得最为明显，百济初期就出现了左辅、右辅，260 年设立了佐平、率系、德系等 16官。百济后期在地方也设立了郡县制。而且以上官名中的六佐平（内臣、内头、内法、术士、兵官、朝廷）可能来自于中国《周礼》的六官制。

可见，儒家仁政思想与官僚制的吸收几乎是同步实现的，而这与以往学界所认为的高丽时期（918—1392）以前几乎没有官僚制的观点是不同的。

---

①　参见尹丝淳：《韩国儒学史》上，韩国知识产业社 2012 年版，第 58 页。
②　参见崔在锡：《韩国古代社会研究》，一志社 1987 年版，第 71 页。

孔子认为"政，正也"，理想政治只有在所有人各司其职即达到"君君，臣臣，父父，子子"时才可以实现，因此儒学的官僚制也是在君主和官僚各司其职、各守其分时才能实现共治。早期儒学思想的传入对古代韩国社会的国家治理和社会发展产生了非常重要的影响，这种影响也为日后儒学成为国家的统治理念和指导思想打下了深厚的基础。

第二章　三国时期及统一新罗时期
儒学的发展

　　三国时期在韩国历史上是一个重要的历史转换期，它具体指的是从公元前 57 年至公元 668 年朝鲜半岛高句丽、百济和新罗三国鼎立并持续了 700 余年的历史时期。668 年，新罗灭掉高句丽后统一三国，开启了统一新罗时期。三国时期，铁器的使用已经普遍化，农业生产也在一定程度上达到了高峰。韩国开始从古代城邑国家或部落联盟时代向初具国家体系的中央集权制时代迈进。汉字的使用也开始普遍化，与之相对应，儒、释、道三教也陆续传入。在此基础上，三国也开始记录自己的国史，逐步实现思想的体系化，文化教育等也开始逐渐兴盛起来。

　　从整个韩国思想史的角度来看，三国时期实现了由原始宗教信仰向学术思想的转变。受韩国本土固有思想支配的传统社会开始积极认识到儒学在治国理政方面的重要作用，并使之与本土思想实现有机结合。因此，这在考察思想史发展方面是一个重要的时期。关于三国时期儒学的历史意义，韩国学界目前有两种不同的看法。金哲埈教授在《三国时代的礼俗与儒教思想》一文中认为，从三国时代一直到统一新罗时期，由于受到共同体关系的制约，儒教并非是作为社会伦理而发挥作用，而是统治阶层仿照中国政治模式而治国的一种政治工具，其结果是巩固了君主的权威，并使得儒教政治合理化、体系化。[①] 与之相反，李基白教授在《统一新罗与高丽初期的儒教政

---

① 参见金哲埈：《三国时代的礼俗与儒教思想》，载《大东文化研究》，成均馆大学出版部 2003 年版，第 32 页。

治理念》一文中认为，到了统一新罗时代，儒学已经发展成为一种体系化的思想并确保了其自身独特的地位，这可以视为韩国儒学的成立期。当时社会的六头品非常关注儒教，而且将其视为价值判断的基准，他们积极排斥骨品制的阶级秩序，提倡实施儒教的政治改革。[①] 且不论以上两种观点孰是孰非，笔者认为，毋庸置疑的是，儒学思想对当时三国时期国家的政治、教育、文化等方面确实发挥了至大影响。下文将逐一考察儒学在三国的各自发展和演进，主要从政治理念、教育制度和生活习俗等方面来阐述。

第一节　三国时期儒学的发展

一、高句丽儒学

高句丽地理上与中国毗邻，较早地吸收了中国的儒学思想。当时儒学思想在国家体系的建立、社会规范的树立以及教育、文化、法令、风俗等方面都产生了积极而广泛的影响。特别是高句丽将安民、爱民、恤民作为仁政的根本，积极实施儒家治道，并在伦理体系上引入了中国的五伦制度，这对当时社会的影响很大。

首先来看一下作为政治理念的儒学。高句丽在建国之初便将儒学应用到政治层面。在整备国家体系的过程中，积极吸收中国的文物制度，学习春秋三史来编撰史书《留记》，强化自身作为国家的主体意识。不仅如此，统治者还积极推行儒家的仁政思想，以此来收拢民心、强化政治。如前所述，高句丽始祖东明王在临终前给世子留下遗训说"以道兴治"，即以儒家之道来治国兴政。那么，究竟什么是"道"呢？

"道"字蕴含着多样的含义：既有像道路一样是人的行走之路这样具体的意思，也有像道理一样是引导人走向正道的这样一种内在之意，还有像求

---

① 参见李基白：《统一新罗与高丽初期的儒教政治理念》，载《大东文化研究》，成均馆大学出版部 2003 年版，第 58 页。

道一样是人宁可献出生命也要去追求的绝对真理的意思。儒家之道指的是人们在日常生活中应该遵循的正确的人之道理。孔子和孟子都指出，仁义是人之道的具体德目。这种仁义不是单纯的停留在伦理层面上，而是最终与作为人的存在原理——天道相结合的。《中庸》很明确地指出，"天命之谓性，率性之谓道，修道之谓教"，这个"道"与《周易·系辞传上》"形而上者谓之道"是相通的。因此，孔子指出："吾道，一以贯之。"（《论语·里仁》）万物各得其所是道之用，至诚无息是道之体，这两面作为一个道理互相贯通，正是孔子所说的道。孔子担心大道之不行，渴望道之实现，曾经指出："朝闻道，夕死可矣。"（《论语·里仁》）但是，这种道的实现与否并不在于人的主观意志，而是天命。孔子也曾就这种局限性指出："道之将行也与，命也。道之将废也与，命也。"（《论语·宪问》）即使有这种局限性，人也应该为了实现人之道而竭尽全力，即使当时不能实现，也应该通过教育将道传于后世。所以说，儒家的道是一种正确认识人伦事实判断的客观真理和价值判断的规范性的知识，是修养人格以期在社会上实现正道的一种实践性的学问。以人为本决定了其人道精神，从终极上阐明人道与天理决定了其哲学精神，修炼人格并实践正义决定了其义理精神。总之，儒家之道兼具人道精神、哲学精神、义理精神三位于一体。

正因为这种"以道兴治"的思想是东明王政治哲学的核心，所以他才要求继承者一定要将这种治国理念代代相传。这种为道政治在社会实践上集中体现为仁政，儒家的仁政要求统治者要爱民、安民、恤民。上一章中也讲过儒理尼师今和故国川王体恤民情的例子，这些都是很好的证明。《三国史记》中也有很多国王救恤百姓并关照鳏寡孤独的记载。不仅如此，当国家遭遇洪水、粮荒等自然灾害时，国王也会将之归咎于自己的无德或无能，因此会更加戒慎恐惧。这些都突出刻画了儒家治道之君主的形象。人才是儒家治国的栋梁。高句丽自建国之初就重视贤良之才的录用，并推行荐举制。这既充实了儒家"有德者居之"的原则，也是对《尚书·大禹谟》中所说的"野无遗贤"的具体实践。这就使得尊贤让良逐渐成为社会的良好风气。故国川王时期任用在野（农夫出身）的乙巴素为国相。乙巴素虽出身卑微，但却是优秀的治国之才。他上任后，以故国川王的信任为基础，不顾众多贵族的反对，进行了政治改革。特别是公元194年实施的赈贷法，允许农民在春天粮食不足时借贷，收获季节返还。这项制度为农民生活的稳定作出了巨大贡献。他被认为是高句丽最杰出的国相。

就教育方面来看，高句丽的主要成就是设立太学，并整备了国家的教育体制。高句丽太祖时期，随着国家体系的逐步完善和建立，治国人才的需求越来越紧迫。国家也日渐感受到这种需要，最终于小兽林王二年（372）正式从国家层面上建立了太学作为国家的最高学府，次年颁布律令教授儒家五经、历史学、文学等。虽然现存史料中关于太学的记录很少，但可以知晓的是，太学主要效仿中国的制度来教授儒家五经，还有历史学、文学等汉学的基本知识。婴阳王（在位年间：590—617）时期编写《新集》的李文真是太学博士，可见当时已经吸收了中国的五经博士制度。而且据《旧唐书》和《新唐书·高句丽传》记载，当时在乡下还设立"扃堂"，教未婚青年习文射箭。扃堂既是地方的私立学校，也是为了应对紧急事件而训练武艺的场所，从中可以看出儒家"文武兼备"以及"中庸"的思想。这样就形成了上有太学下有扃堂的完备的教育体系，如此可以系统地培养儒家人才，让达官贵族和平民百姓都可以接受良好的教育，真正做到孔子所说的"有教无类"。

就当时的生活习俗来看，高句丽人的婚丧、墓制等也受到了很多儒家礼制的影响。如古代的买卖婚姻开始逐渐消失；父母或丈夫去世后需要穿三年丧服；虽然历史上高句丽有人殉记录，但中川王（在位年间：248—270）时期开始废除殉葬制度，认为这是"非礼"之举。[①] 墓制方面，高句丽之前一直将东向和南向作为基本的枕向，但后来受到儒家影响，基本都变为东向。因为在儒家看来，东象征着太阳升起的方向，代表着万物的生长和复苏。高句丽后期又逐渐受到汉代盛行的"北枕"影响，开始变为北向。[②] 不仅如此，高句丽人的日常生活中也有很多儒家的娱乐游戏，如投壶等。这种游戏便是儒家五礼之一，属于宾礼或射礼。投壶后来在百济、新罗等也非常

---

① 《三国史记》卷15，《高句丽本纪·东川王二十二年条》："秋九月，王薨，葬于柴原，号曰东川王。国人怀其恩德，莫不哀伤。近臣欲自杀以殉者众，嗣王以为非礼，禁止。"（韩国国立首尔大学1967年奎章阁影印本，第170页）

② 《礼记·檀弓下》："北首三代之达礼也，之幽界之故也。"

流行，成为文人们非常喜爱的一种娱乐活动。

二、百济儒学

百济是由扶余系统的流移民于公元前 1 世纪左右建立的国家，最初社会的成员大部分是马韩人，因此初期的生活习俗和信仰、仪礼等都循马韩旧例，可以说礼制规范等有些欠缺。后来汉四郡设立以后逐渐开始受到中国的影响，特别是儒学思想给当时的百济社会带来了很大的变化。

首先是政治体制得到了完善。古尔王二十七年（260）设立了六佐平等十六官等，后来也制定了公服制，为官僚体制的形成打下了基础。熊津时代（475—538）不仅中央设立了官僚制度，地方也开始推行郡县制。六佐平其实是受到了《周礼》中出现的"六典组织"的影响，十六官等的名称、公服的服色以及地方行政区域的编制等很大程度上吸收了儒家阴阳五行、天干地支的思想。[①] 百济的政治机构中与儒学关联最密切的要数南堂（又名都堂）。南堂是一个相当于部族集会场所的中央政治机构，大约在古尔王二十八年（261）首次设立并实施。虽然我们无法确切得知南堂的起源，但大致可以推断出，它可能是受了《礼记·明堂位》篇中出现的"明堂"制度的影响。《礼记》中的"明堂"意味着"南面之室"，所以又称"南堂"。南堂在设立初期发挥了讨论国家大事的相当于议事厅的作用，后来随着国家行政机构的复杂化以及行政机能的分散化，它逐渐变为召开重大会议或者举行其他国家仪式的典礼性场所。[②]

历法不仅与国家的纪元紧密相关，而且与农事和海洋生活等也有着密切的关联，自古以来非常重视。百济在 5 世纪中叶就吸收并采用了中国宋朝的元嘉历。当时百济在外交上虽然对宋朝奉行事大主义，但在具体的农耕社会生活方面还是积极意识到元嘉历的优越性并积极采用。这也反映了儒家的王道政治思想，王道政治的国家必然是实施仁政的国家。据《三国史记》记

---

① 参见柳承国：《韩国的儒教》，载《世宗大王纪念事业会论文集》，1980 年，第 60—61 页。

② 参见李丙焘：《古代南堂考》，《首尔大学论文集》（人文社会科学）1954 年第 1 辑。

载，比流王九年（312），王下令让手下关照无处可依的"四穷民"。不仅如此，《周书·百济传》还记载说，当时的百济根据丰年和凶年的不同而调整税制，这就深刻反映了当时统治者的爱民和恤民。

就文化教育来看，当时百济的知识阶层已经开始习读儒家经典、诸子百家以及其他史书类等，表、疏等文书的写作也可以跟中国媲美，可以说汉学的研究达到了很高的水平。4世纪后半期的近肖古王、近仇首王时期，汉学已经实现了很大的发展，代表性事例便是高兴博士编撰的《书记》。这是百济第一部史书。如果没有卓越的汉学功底，是绝对不可能编撰史书的。而且据《日本书纪》记载，除了《书记》外，百济还有其他种类的史书。此外，百济时期还引入了中国的博士制度，出现了如王仁等很多的五经博士、历博士、瓦博士等许多领域的博士，这些都是百济崇文精神的结晶。

据说当时百济的文化非常兴盛，这种影响甚至都传到了日本。中国和日本的很多文献，如《隋书·东夷·倭国传》、《古事记》、《日本书纪》、《宋史·外国·日本国传》等都有记载。日本古代没有文字，至应神天皇时始自百济传入汉字。公元285年，百济博士王仁把《论语》、《千字文》、《孝经》等一起带往日本，这也被认为是汉字、汉文化正式传入日本之始，也是日本宫廷接受汉字、汉文化之始。《日本书纪》记载：

> 十五年秋八月壬戌朔，丁卯，百济王遣阿直伎（岐）贡良马二匹……阿直岐亦能读经典，即太子菟道稚郎子师焉。于是天皇问阿直岐曰："如胜汝博士亦有耶？"对曰："有王仁者是秀也。"时遣上毛野君祖荒田别、巫别于百济，仍徵王仁也。其阿直岐者，阿直岐史之始祖也。十六年春二月，王仁来之。则太子菟道稚郎子师之，习诸典籍于王仁，莫不通达。所谓王仁者，是书首等之始祖也。

阿直岐本来是送马过去的，虽然也能够读一些经典，但天皇对他的水平不满意，阿直岐就介绍说，有个叫王仁的博士胜过他。然后天皇就派了两个使节到百济去请王仁。第二年，王仁来了，教太子读各种经典。后来王仁就不走了，成了"书首"一族的始祖。①《日本书纪》只说"诸典籍"，没说具体书名，《古事记》指出是《论语》、《千字文》。可以说，以王仁东渡为契机，中国的儒家思想也进一步传播到日本。由此可见当时百济教育文化的发达与兴盛。

就社会习俗和礼制来看，百济受儒家的影响也很大。《三国志·东夷传·韩条》记载说："其北方近郡诸国，差晓礼俗"，因为与汉四郡毗邻，所以礼俗文化等很早就受到了中国的影响。随着百济国家体系的进一步完备，百姓的生活习俗等各方面也开始发生了儒家式的变化。

> 其衣服男子略同于高丽，若朝拜祭祀，其冠两厢加翅，戎事则不。拜谒之礼，以两手据地为敬。妇人衣，以袍而袖微大。在室者编发盘于首后，垂一道为饰，出家者乃分为两道焉。②

以上记录很好地说明了百济人的日常服饰穿戴很明显受到了传统儒家的影响。这种穿戴也传递出了儒家礼制的信息，如日常之礼、朝廷君臣之礼、男女之礼，特别是还有未婚女与已婚女的服饰外貌之区别。不仅如此，婚姻上也有礼制的讲究，《周书·百济条》记载曰："婚娶之礼，略同华俗，父母及夫死者，三年治服。"此外，百济妇人具有很强的贞节意识。据《三国史记·列传·都弥条》记载，有一个市井小民叫都弥，其妻因为漂亮又守妇道而受到众人称赞。当时的国王盖娄王不信，使用各种手段来凌辱都弥妻，并试图夺其贞操。都弥妻不屈于百济国王的淫威，偕同遭受酷刑摧残的丈夫，机智地逃出暴君统治下的百济。《三国遗事》中也有记载说，百济灭亡之际，几乎所有的宫女都坚定地认为，宁肯自己结束的性命，也坚决不被别人玷污，于是这些宫女们携手投江自尽。这些都向我们展示了当时百济妇女的节烈观，由此也可以推断出百济人对国家的忠诚。即使后来百济灭亡之后，在有些地区还出现了恢复百济政权的民间运动，这些都可以从儒家"忠臣不事二君"的角度理解，体现了儒家的春秋义理精神。

---

① 参见邵毅平：《日本文献里的中国》，《文汇报》2014 年 2 月 17 日。
② 《周书·百济条》，成均馆大学大东文化研究院 1968 年影印本，第 72 页。

儒学也给百济的祭祀带来了很多变化。据史料记载，温祚王元年立东明王庙，之后历代王登基都要去东明王庙前举行祭祀。这种做法就融合了韩国固有的祖先崇拜与儒家的宗庙制度。不仅如此，温祚王二十年"设大王坛，亲祀天地"，后来历代王也延续了这一做法，举行祭天仪式。特别是古尔王五年举行祭天仪式时，还开始使用"鼓吹"等乐器。[①] 如此一来，源于传统意义上崇拜自然神而举行的祭天仪式开始逐渐演变为统治者支配下的祭天仪式，强化了统治者作为天之化身的思想意识。祭礼仪式开始使用乐器也说明当时已经吸收了儒家的礼乐制度。

三、新罗儒学

历史上的新罗由于位于朝鲜半岛东南部，在吸收中国儒学方面，地理位置相对不利。因此在初期，新罗很难摆脱文化的落后性。但与之相对应的是，这种地理因素也使新罗很好地保存了固有文化的纯粹性。在固有文化的基础上，后来慢慢受到中国文化的影响，新罗也逐渐形成了独居自己特色的文化。

就政治方面来看，新罗在历经智证王、法兴王、真兴王三代后，真正确立了古代国家的政治体制，作为政治体制基础的儒学和汉学在通过跟中国交流的过程中也得到了快速发展。智证王时期将国号由"斯罗"、"斯卢"改为"新罗"，其意来自于"德业日新，网罗四方"，这就蕴含着很浓厚的儒学印记。不仅如此，新罗还将前代用方言来称呼的王号如"居西干"、"次次雄"、"尼师今"、"麻立干"[②] 等全部用"王"来代替，如此便实现了王号的

---

① 参见金富轼：《三国史记》，成均馆大学大东文化研究院 1963 年影印本，第 89—125 页。

② 韩国学者尹丝淳教授指出，"居西干"、"次次雄"、"尼师今"以及"麻立干"等词汇指的便是统治者与巫，这些词汇的使用与古代韩语中用汉字檀君来表示巫的发音是相同的，这也间接证明了韩民族的祖先——檀君等古代的统治者是具有巫或者祭司长能力的部落宗长。在以古朝鲜为首的古代韩国社会，由于祭政未分，因此统治者便用如上词汇来表示。但是在同一时期的三韩时代也有祭政分化的现象，如那时出现了专管政治的宗族长（渠帅）以及专管祭祀的祭司长（天君）。即使这样，由于统治者就是宗族长，而国家又是以血缘基础形成的部族国家（氏族国家），所以二者也是紧密相关的。(参见尹丝淳：《韩国儒学史》上，韩国知识产业社 2012 年版，第 53 页)

统一。这些都是儒家的德治理念在国号和王号方面的反映。后来法兴王时期"春正月颁示律令，始制百官公服，朱紫之秩"①。通过颁布律令、制定官服并规定服色等措施来明确了上下秩序并完善了儒家典章制度。

真兴王是新罗时期的明君，虽然他晚年笃信佛教并皈依佛门，但在政治理念上却非常崇尚儒学。真兴王六年（545），他根据异斯夫的建议，用垂训史观来编纂正史《国史》。垂训史观是基于儒家的春秋史观而建立的，由此可见当时儒家思想已经发展到了相当成熟的阶段。不仅如此，真兴王时期对内成立花郎道，提振国家士气；对外拓展疆域，提升国家威望。他的巡狩碑如黄草岭碑、磨云岭碑等，都很好地反映了儒家修己安人的治道理念。古代的巡狩②指的是天子每五年所举行的视察，主要是视察诸侯所守的地方，目的在于"以观民风"、"以观民之所好恶"，并根据政绩施以赏罚，"有不举者为不敬，不敬者君削以地；宗庙有不顺者为不孝，不孝者，君绌以爵。变礼易乐者为不从，不从者君流。革制度衣服者为畔，畔者君讨，有功德于民者，加地进律"（《礼记·王制》）。《磨云岭碑》中有如下记载：

> 夫纯风不扇，则世道乖真，玄化不敷，则邪为交竞，是以帝王建号，莫不修己以安百姓。仰绍太祖之基，纂承王位，兢身自慎，恐违乾道，又蒙天恩，开示运纪，冥感神祇，应符合算。因斯四方拓境，广获民土，邻国誓信，和使交通……于是岁次戊子秋八月，巡狩管境，访採民心，以欲劳赉。如有忠信精诚，才超察厉勇敌强战，为国尽节，有功之徒，可加赏爵物，以章功效。

可见，真兴王非常注重儒家"修己以安百姓"的政治理念，这种理念后来也逐渐形成了新罗统一三国的政治基础。后来文武王在统一三国后召集文武大臣商量国策时，对太宗的功绩如下评价指出：

---

① 《三国史记》，成均馆大学大东文化研究院 1963 年影印本，第 103 页。

② 《孟子·告子》："天子适诸侯，曰巡狩。巡狩者，巡所守也。"

先王愍百姓之残害，忘千乘之贵重，越海入朝，请兵缝阙。本欲评定两国，永无战斗，雪累代之深雠，全百姓之性命。①

这种安民思想在文武王的遗书中也体现得淋漓尽致。

薄赋省徭，家给人民，民间安堵，域内无虞，仓廪积于丘山，图圄成于茂草，可谓无愧于幽显。②

当时社会上忠孝信之伦理非常盛行，最突出的表现便是花郎道。新罗花郎道是由青少年为单位而形成的民间团体，又称"风流徒"、"风月徒"、"国仙徒"等。据《三国史记》记载，新罗真兴王三十七年（576）首次设立花郎道。但韩国学界通说认为，它只不过是对自古以来就有的民间组织进行了制度化的编制而已。花郎道之历史演变在《三国遗事·兴法第三·弥勒仙花未师郎真慈诗条》中有详细的记载。③《三国史记·新罗本纪·真兴王三十七年春条》中也有记载说：

始奉源花。初君臣疾无以知人，欲使类聚群游，以观其行义，然后举而用之。遂简美人二人，一曰南毛，一曰俊贞，聚徒三百余人。儿女争相妒，俊贞引南毛于私第，强劝酒至醉，曳而投河水以杀之。俊贞优诛，徒人失和罢散。其后更取美貌男子，妆饰之，名花郎，以奉之，徒众云集。

由上可知，选美是新罗时期征集人才的主要途径。当时由于少女的妒忌活动引发不幸事件，所以国家就以选美男替代美女。参选者不仅要有俊朗的外

---

① 《新罗本纪·文武王九年条》，《三国史记》，成均馆大学大东文化研究院 1963 年影印本，第 189 页。
② 《新罗本纪·文武王二十一年条》，《三国史记》，成均馆大学大东文化研究院 1963 年影印本，第 207 页。
③ 参见李甦平：《韩国儒学史》，人民出版社 2009 年版，第 56—57 页。

表，还要德行高尚，这些人被称为"花郎"。新罗时期的花郎是可以左右国家兴衰的生力军，是新罗精神的凝结体。花郎的精神信仰、思想理念、行为规范等后来逐渐演绎成"花郎道"，成为统一新罗的中坚力量。①

花郎徒们"相磨以道义，或相约以歌乐，游娱山水，无远不至"②。而且他们具体的生活信条和实践伦理是"事君以忠，事亲以孝，交友有信，临战无退，杀生有择"③，这就是"世俗五戒"。他们的实践精神涵盖了儒家忠、孝、信、勇、仁的基本理念，由此亦可以看出这些理念在现实生活中的影响之深。花郎道的这种精神后来逐渐发展成为新罗的时代精神。在此熏陶和感召下，新罗国势蒸蒸日上，年少有为之士皆欲发奋有为，纷纷以杀身报国为己任。关于这种时代精神，《三国史记·金庾信传》中亦有记载：

> 唐将苏定方灭百济而归，谓高宗曰："新罗其君仁而爱民，其臣忠以事国，下之人事其上如父兄，虽小，不可谋也。"

在这种时代精神的熏陶教育下，花郎徒中人才辈出，"贤佐忠臣，从此而秀。良将勇卒，由是而生"④。因此当时的国王认为"欲兴邦国，须先风月道"，于是"五常六艺，三师六正，广兴于代"⑤。花郎道在真兴王至文武王年间最为兴盛，成为新罗人才的资源库。三国统一以后虽然逐渐走上衰退之路，但其精神和气节却没有消失，一直绵绵延续到了后世。

不仅如此，被认为是三国统一以前的"壬申誓记石"中的下列记录，也很好地反映了当时年轻人的内心世界。

> 壬申年六月二十六日，二人并誓记。天前誓。今自三年以后，忠

---

① 参见李甦平：《韩国儒学史》，人民出版社 2009 年版，第 57 页。
② 《新罗本纪·真兴王三十七年条》，《三国史记》，成均馆大学大东文化研究院 1963 年影印本，第 301 页。
③ 《三国遗事·圆光西学》，成均馆大学大东文化研究院 1963 年影印本，第 103 页。
④ 《后汉书·东夷列传》，韩国国立首尔大学 1976 年奎章阁影印本，第 121 页。
⑤ 《弥勒仙花未尸郎真慈师条》，《三国史记》，成均馆大学大东文化研究院 1963 年影印本，第 123 页。

> 道执持，过失无誓。若此事失，天大罪得誓。若国不安大乱世，可容
> 行誓之。又别先辛未年七月廿二日，大誓。诗尚书礼传，俭得，誓
> 三年。

如上誓文记录虽只有短短 74 字，但是"誓"字却出现了 7 次之多，这足以体现出新罗人的忠诚和信义。此处的"忠道"体现了新罗人保家卫国的国家意识，与花郎道的"世俗五戒"中将"事君以忠"放在第一条是一脉相通的。还要留意的是，此段记录不是有关统治者的内容，而是当时两个普通青年之间的盟誓，由此可见新罗社会儒家教育理念的普及之广。

就文化教育来看，如前所述，高句丽和百济很早就吸收了中国文化并取得了一定的成就，而新罗由于地理位置的原因相对滞后。《梁书·诸夷传·新罗条》曾有记载说："无文字，刻木为信，语言待百济而后通焉。"后来一批接受中国文化的流移民来到新罗，开始传授汉字和儒家思想，知识阶层也逐渐涉猎汉学，汉文的使用也开始普遍化。新罗时期恰逢文化盛世的中国唐朝，因此新罗积极向唐朝取经学习，新罗善德女王时期首次向唐朝派遣留学生。据记载，新罗留学生金春秋（604—661）曾到唐朝的国学参观释奠大祭并学习儒家经典讲习课程。后来神文王二年（682）新罗设立国学，完善了教育体制。当时国学中讲授的内容主要是儒家经典，教授方法为三分科制，《三国史记·职官上·国学条》有记载如下：

> 教授之法以《周易》，《尚书》，《毛诗》，《礼记》，《春秋左氏传》，《文选》，分而为之业，博士若助教一人。或以《礼记》，《周易》，《论语》，《孝经》，或以《春秋左传》，《毛诗》，《论语》，《孝经》，或以《尚书》，《论语》，《孝经》，《文选》，教授之。

由三班的共同科目是《论语》和《孝经》可知，当时国学的基本教育精神是从理论上来系统普及儒家的伦理思想。国学是培养官吏的重要机构，国家在选拔官吏时，非常重视对儒家经典的熟悉程度。出身固然重要，但只要对儒家经典足够熟知，甚至可以不用考虑是否国学出身。据《三国史记》记载，

圣元王时期，有人推荐子玉为杨根县小守，但执事史毛肖反驳指出："子玉不以文籍出身，不可委分忧之职。"①尽管如此，执事部侍中认为"（子玉）虽不以文籍出身，曾入大唐为学生，不亦可用矣。"后来王听取了侍中的建议而录用了子玉。在当时，所谓的"文籍"指的是国学或读书三品科出身，这就意味着如果没有这个文籍是不能被登用为官的，这也从一个侧面反映了是否熟知儒家经典已经成为当时录用官员的标准。但另一方面也说明了国家认可入唐学习的留学生具有与国学出身同样的文籍。这一史料记载很好地反映了新罗时期国学教育的兴盛以及对与唐交流的重视。

不仅如此，还有史料记载说，当时唐玄宗向新罗派遣使臣邢璹并捎来一首诗赋，有关诗赋的内容以及玄宗对邢璹行前的叮嘱很好地描述了当时唐对新罗的印象。

　　　　使去传风教，人来习典谟，衣冠知奉礼，忠信识尊儒。②
　　　　新罗号为君子之国，颇知书记，有类中华，以卿学术善与讲论，故选使充此，到彼易阐扬经典，使知大国儒教之盛。③

因为当时新罗熟悉儒家经典，故唐朝遴选使节也是选德养丰厚之人。由此段记录也可知，当时新罗的学风浓厚，非常重视诗赋之学。

第二节　统一新罗时期儒学的发展

一、儒学政治与生活伦理的强化

新罗在文武王八年（668）统一了三国后，重新整备国家和社会制度，开辟了一条和合发展的道路。文武王将佛教的护国、佛国土思想与儒教的为

---

① 《元圣王五年条》，《三国史记》，成均馆大学大东文化研究院 1963 年影印本，第 151 页。
② 《景德王十五年条》，《三国史记》，成均馆大学大东文化研究院 1963 年影印本，第 189 页。
③ 《旧唐书·新罗条》，韩国国立首尔大学 1987 年奎章阁影印本，第 58 页。

民、安民、保民思想实现了很好的结合，并打下了统一后政治的基石。其实三国统一并不是单纯的领土扩张，而是为了追求黎民百姓的和平生活而实现的统一。因此，文武王后来的统治也是立于儒家仁政基础之上的。

这种仁政思想集中体现在圣德王二十一年（722）对百姓施行丁田制。这种制度是新罗统一三国后为了限制土地兼并、扩大财源而实施的一种土地改革制度。其具体内容是：国家对16岁以上的良民男女授予一定数量的土地，分为口分田和永业田两种。前者限本人终身使用，不得买卖或转让；后者可由子孙继承传世。领受丁田的农民，必须固守土地，以谷物缴纳地租，并以布匹或其他手工业品缴纳贡品，此外还要负担各种徭役。如此一来，新罗确立了封建国家土地所有制的基本原则。儒家认为，能够使得百姓安居乐业的根基在于土地，故非常重视土地的分配，孟子很早就曾指出："夫仁政，必自经界始。经界不正，井底不钧，谷禄不平，是故暴君污吏必慢其经界。经界既正，分田制禄可坐而定也。"（《孟子·滕文公上》）因此，8世纪初在新罗实施的这一丁田制度在儒学史上具有重要意义。

鉴于前代的基础，三国统一后，儒学在国家政治及社会生活上的作用显得愈发重要。儒学对新罗伦理意识的形成发挥了重要作用。景德王时期（742—765）的僧侣忠谈师曾作《安民歌》如下：

> 君隐父也，
> 臣隐爱赐尸母史也，
> 民焉狂尸恨阿孩古，
> 为赐尸知民是爱尸知古如，
> 窟理叱大肹生以支所音物生。
> 此肹食恶支治良罗，
> 此地肹舍遣只于冬是去于丁，
> 为尸知国恶支持以支如右如，
> 后句君如臣多支民隐如，
> 为内尸等焉国恶太平恨音叱如。

诗中忠谈师将君、臣、民分别比喻为父、母、子，认为三者只有各司其职、各尽其所，天下才能够太平无事。诗中用儒家家长制的家庭伦理观来展现国家伦理，深刻反映了儒家的正名思想。

此外，相比于新罗统一前强调对国家的忠，统一之后更加强调对家庭的实践伦理——孝。当时以孝为主题的很多经典，如《孝子经》、《父母恩重经》、《盂兰盆经》等经典在民间已经非常普遍。不仅如此，在崔致远的《桂苑笔耕集》中还有一段记载，也反映了当时他对家人的孝。

> 又无乡使，难附家书，唯吟陟岵之诗，莫遇渡溟之信。今有本国使船过海，某欲买茶药，寄附家信。①

崔致远当时在唐朝为官，对茶叶的性能和功效比较了解，据说他本人非常喜欢喝茶。听说新罗有遣唐使过来，特地购买了唐朝要好的茶药②送过去，还给父母捎去了家书。虽然家书的内容无从得知，但由这些细节可以看出当时他作为海外游子对家人父母的牵挂和情意。

二、教育制度的整备与发展

三国统一后，新罗对既有制度进行了重新整备，于神文王二年（682）对国家的最高教育机构——国学进行了大规模扩充，使其在规模和内容上都较前代有了大幅度提升。当时的国学以儒家经典教育为主，目的是培养专门的治国人才。经过各种切实的努力，新罗在公元 8 世纪以后文运兴盛，受中

---

① 《谢探请料钱状》，《桂苑笔耕集》卷 18，《韩国文集丛刊》5，民族文化推进会 1985 年版，第 102 页。

② 崔致远的《桂苑笔耕集》中出现了"茶药"这一用语。虽然可以从一般意义上将其分别视为"茶"和"药"，但也可以理解为把"茶"当作"药"。作为东国十八贤之一的薛聪在《花王戒》中曾说"茶酒以清神"，此话直译时可以认为是"茶"和"酒"，但"酒"是使人精神恍惚的，与清神没有关系，故翻译成"像酒一样喝的茶"就比较合适了。人们有时把酒称为"谷茶"也是同样的道理。根据情况的不同，茶有时可以视为酒，有时可以视为茶。由此来看，可以将"茶药"理解为"作为药的茶"。

国文化的影响越来越多。新罗人不再满足于在国学中接受教育，而是尽可能地选择赴唐留学。当时赴唐的留学生越来越多，入唐留学成为一种新的风潮。特别是当时的新罗实行骨品制度，很多因为骨品出身不好而遭受出仕歧视的六头品阶层的学生大都选择去唐朝学习，以此来试图挽回自己的出身劣势。

赴唐留学在当时的新罗极为盛行，其中既有自费去留学的，也有通过外交渠道而去的"宿卫"学生（相当于今天的国家公派留学生）。据统计，仅在公元 821 年就有 58 名学生通过了唐朝的宾贡科考试，[1] 如金云卿、金叔贞、金允夫、朴仁范、崔致远、崔慎之、崔慎佑等。当时唐朝非常重视这些优秀人才，给予他们高官厚禄，其中金云卿、金可纪、崔致远等在唐朝历史上留下了光辉业绩，垂青史册。

但值得注意的是，当时在唐朝为官的这些新罗学者如果回到故国为新罗效力的话，肯定会对新罗的国家发展大有裨益。但那时的他们却大都没有选择回国效力，而且留唐的这些人的数量也越来越多。后来新罗考虑到国家的尊严问题，不得不对他们下达了驱逐令，据统计受到驱逐令的就有 105 名之多。[2] 尽管如此，新罗政府对他们中归国的很多学者并未放任不管，而是给予同等的官职，并让他们主要负责外交文书以及政治谏言等的撰写工作。但这些回国的学者们却对这样的官职生活显得冷漠，他们大多中途放弃官职而隐退或重新返唐，甚至有性格刚毅者奋起反抗。这些学者们之所以反抗，也是因为他们对自己因身份而受到冷落的社会现象感到非常不满。新罗是贵族社会，只有圣骨、真骨是最高统治阶层，其余的都是下民。在这种骨品制下，属于六头品的学者们享受不到在中国唐朝那样的待遇和身份认可，因此他们用行动来表示对这种贵族体系的不满。[3] 而当时与儒者关系密切的禅僧在这种贵族纷争中也被降为六头品，所以他们也与儒者联合起来一起反抗。正是这些具有批判和改革精神的儒者和禅僧们共同打破了新罗封闭的古代社

---

① 参见申滢植：《宿卫学生考》，《历史教育》1969 年第 11—12 合辑。

② 参见申滢植：《宿卫学生考》，《历史教育》1969 年第 11—12 合辑。

③ 当时学者对骨品制的不满具体可参见《三国史记》卷 7，《薛罽头传》，韩国国立首尔大学 1967 年奎章阁影印本，第 220 页。

会体系，拉开了韩国向中世社会转变的帷幕。

三、代表儒者的主要思想

统一新罗时期的代表儒者有强首、薛聪、崔致远① 等。强首（？—692）是新罗时期实践儒学的代表。《三国史记》中有这样的记载：

> 问曰："尔学佛乎？学儒乎？"对曰："愚闻之佛，世外教也。愚人间人，安用学佛为？愿学儒者之道。"②

强首之父问其将来的志向究竟是学佛还是学儒，强首毅然选择了后者。强首很早就看破了佛家的出世而专心致志于儒学，这种选择与后来高丽儒者崔承老（927—989）的观点是一致的。③ 强首深谙儒家经典《孝经》、《尔雅》、《曲礼》、《文选》等，在儒家的孝、礼方面造诣很深，其文笔及文字解读能力极佳，为官之后也因此声名大噪。当时政府的很多外交文书都是由他来主笔起草的。据记载，公元654年他曾解读了一本从唐朝传来的非常晦涩的书籍，并将其用生动流畅的文字来重新撰写，从而得到了王的赞誉，并多次受赏。强首的儒学思想现存的只有《曲礼》和《后汉书》中的相关记载。强首当时在读书三品科中学习最重要的经典便是《曲礼》。当时的新罗面临着新的国家体系的整备，社会秩序也需要焕然整顿，因此就特别需要有关礼的教育。但《礼记》内容非常庞大，短时间内实现普及和大众化比较困难，因此就选择了与礼的实践有关的《曲礼》来进行教授。这种教育也为后来强首重视实践儒学打下了基础。

---

① 关于崔致远的内容请参考下节，本节不作具体展开。

② 《列传·强首条》，《三国史记》，韩国国立首尔大学1967年奎章阁影印本，第186页。

③ 《高丽史》，《列传·崔承老条》："行释教者，修身之本；行儒教者，理国之源。修身是来生之资，理国乃今日之务。今日至近来生远，舍近求远不亦乐乎？人君惟当一心无私普济万物，何用于不愿之人，费全库之储，以求必无之利乎？"（韩国景仁文化社1992年版，第62页）

据说强首未成年时曾娶过一个比自己身份低下的女人为妻，而到了 20 岁时，其父母又将一位身份高贵的女子指婚给他。强首非常不愿意，如下说道：

> 贫且贱非所羞也，学道而不行之，诚所羞也。尝闻古人之言曰："糟糠之妻，不下堂；贫贱之交，不可忘"，则贱妾所不忍弃者也。①

他引用《曲礼》之言委婉拒绝了父母的好意，这其中便包含着儒家的义理思想。若抛弃糟糠之妻，便是不道德的行为，也不合礼法。从中我们也可以看出强首努力实践道德行为的高尚品德。因为道德行为的实践远远重于艰难的生活和卑贱的身份，他用实际行动向我们展示了真正重视修养的儒者风范。

薛聪，谥号弘儒侯，是新罗首屈一指的佛学家元晓（617—686）的儿子。虽然生卒年未详，但据记载他曾频繁活跃于神文王时期（681—692），由此可以推算他大致生活于 7 世纪末至 8 世纪前期。薛聪虽是新罗时期的代表儒者，但在论述其儒学思想之前，我们必须要提到他的一项重要史绩，即全面系统地整理了韩国的方言——吏读，它是韩文（Hangul）创制前借用汉字的音和义来标记韩语的一种特殊的文字形式。② 这是韩国语言学领域的创举，对研究韩民族语言及文学的发展作出了重要贡献，对儒学的发展也起到了积极的促进作用。因为在儒家经典中使用吏读，会起到非常有效的学习效

---

① 《列传·强首条》，《三国史记》，韩国国立首尔大学 1967 年奎章阁影印本，第 189 页。

② 虽然早在 4—5 世纪左右，汉字就已经在朝鲜半岛普遍使用了，而且由 7 世纪左右高句丽编写史书也可以看出汉字在当时已经得到了广泛应用。但汉字和韩民族固有的语言是截然不同的，因此被应用于当时人们的日常生活，不能灵活准确地表达韩民族所特有的思想、感情、情操等。不仅如此，当时固有的一些人名、地名、官职名等也很难用汉字表现出来。因此，从三国时期初期人们便开始逐渐创制了借用汉字的语音或意义的标记方法，这种标记方法后被总称为"吏读"。从碑文开始，在记载人名、地名、官职名时这种标记方法被广泛使用。统一新罗以后，这种方法运用得更为广泛，儒者薛聪对此进行了系统的整理和创新。在使用汉字的同时，薛聪还创制了利用汉字的语音、意义的记载方法，不仅是固有词语，而且还用它来记载文章。

果，可以说薛聪开创了"吏读经典解读法"的先河。这种解读法至今还广泛应用于韩国的儒家经典教育中。薛聪在儒家经典的大众化方面作出了突出贡献，《三国史记》记载说"以方言读九经，训导后生"，《三国遗事》曰"训解六经文学"，这种独特的教授方法在儒家经典的传播和普及方面取得了很好的效果。

　　作为儒者的薛聪留下的最有代表性的成果便是向王谏言而作的《花王戒》（又名《讽王书》）。薛聪把向王谏言的内容用寓言的形式来表达，蕴含着对王的很多忠告和建议。文中将花拟人化，写了各种不同的花向花王觐见的内容，这些内容大致可以整理为两点：一是亲君子，远小人。二是戒女色，修德行。前者是关于人才的甄选问题，后者是关于王的道德修养之问题；其目的都是强调儒家以德治为首的仁政思想。神文王（在位年间：681—692）读后深受启发，认为"子之寓言，诚有深志，请书之，以为王者之戒"①，下令将其作为后世王的鉴戒。

第三节　崔致远的"三教会通论"

　　崔致远（857—?），字孤云、海云，谥号文昌侯，籍贯庆州，是韩国统一新罗时期的代表儒者，也是韩国汉文学的始祖和集大成者。他 12 岁（868）入唐留学，前后在中国共生活了 16 年之久。他最初在洛阳居住，后任宣州溧水县尉，又在扬州淮南一带为官。② 在扬州的四年（880—884），

----

① 《列传·薛聪列传》，《三国史记》，韩国国立首尔大学 1967 年奎章阁影印本，第 231 页。
② 扬州作为崔致远的第二故乡和中国历史文化名城，一直致力于留存崔氏遗迹，研究崔氏文化，促进中韩友好。在中韩政府和民间的共同努力下，崔致远纪念馆于 2007 年 10 月正式竣工并对外开放。这是中国外交部批准的国内第一所外国人纪念馆，建设地点选在中国保存最为完好的古城遗址之一、全国重点文物保护单位扬州唐子城遗址范围内，这也是崔致远当年在扬州的供职地。纪念馆占地共 18 亩，是全面展示崔致远在扬州的业绩和研究崔致远的专门性综合纪念馆。纪念馆内设有纪念堂、展厅、研究中心等。纪念堂由纪念堂、纪念广场等建筑组成。纪念堂内塑造崔致远塑像，展示崔致远在扬州的有关场景和崔致远的著作《桂苑笔耕集》，陈列有崔致远生平、诗赋等。展厅主要展示崔致远

恰逢崔致远在大唐仕途的顶峰时期，也是他文学创作的高潮期，更是他为中韩文化交流作出重大贡献的时期。他受唐僖宗礼遇，授都统巡官承务郎侍御史内供奉职，赐紫金鱼袋。他在中国的十余年间，写了大量的诗文，多数失传。现存的作品中，怀念故国之作占多数，均为优秀篇章，如《秋夜雨中》："秋风惟苦吟，世路少知音。窗外三更雨，灯前万里心。"又如《山阳与乡友话别》："相逢暂乐楚山春，又欲分离泪满巾。莫怪临风偏怅望，异乡难遇故乡人。"崔致远的诗作以感情真切、深沉著称。公元884年，他以唐使身份归国。新罗宪康王（在位时间：875—886）封他为侍读兼翰林学士、守兵部侍郎知瑞书监。公元894年，进谏真圣王时务策十余条，官至阿餐。后来屡遭诬陷，先后外放为大山、富城郡守。终因对现实不满，最后率家隐居伽倻山。崔致远的著作有《私试今体赋》1卷、《五言七言今体诗》1卷、《杂诗赋》1卷、《中山复箦集》5卷（任溧水县尉时作品）等。不幸的是，这些作品现在都已失传，只有《桂苑笔耕》20卷和收在《东文选》等书中的少量诗歌传世。《桂苑笔耕集》是三国时期流传下来的唯一一部个人著作集，其中的诗文全部都是崔致远在唐朝生活时期所作。崔致远被公认为韩国汉文学的奠基人，对中韩两国的文化交流作出了巨大贡献。中国《唐书·艺文志》立有列传，《全唐诗》以及中国清末刊行的《唐宋百名家集》和《唐人五十家小集》中都收录有他的作品。在中国居住的16年间，他通过具体而深刻的生活经历和社会实践，对中国文化有了很深的认识和理解。

崔致远的代表作《桂苑笔耕集》中共收录有20卷共305篇文章和60首诗歌，其中采用的是当时非常流行的四六骈体文，而且每篇文章中几乎都有丰富的典故、恰当的对偶以及和谐的押韵，堪称骈体文的典范之作。可以说，韩国汉文学的文学样式到了崔致远的《桂苑笔耕集》才得以正式确立下来。此外，《桂苑笔耕集》中收录了当时黄巢之乱前后唐朝局势的有关内容，是研究新罗与唐朝关系不可或缺的重要资料。

崔致远生活在新罗至统一新罗转换期的乱世中，为了从根本上扶正国

在扬州供职、笔耕等场景，研究中心主要用于征集、收藏、展示中韩两国及各国专家学者研究崔致远的成果、论著、史料和文物等。

家，实现儒家的理想政治，他一直作出了坚持不懈的努力。但由于受到骨品制①这一身份的制约，他在新罗并没有得到施展经纶的机会，长期的怀才不遇使得他心灰意冷，最终不得不入山隐居。后世学者曾评价其一生指出："论其平生，可谓劳勤，而其荣无足多者。"②尽管如此，这些都不能抹灭他在韩国文学史、思想史、宗教史乃至政治史上所留下的丰功伟绩。崔致远确实是能够代表当时那个时代最杰出的大文豪。有学者评价指出，崔致远的思想"开启了韩国由古代社会走向中世社会的大门，忠实履行了那个时代知识人的使命，代表了新罗末期至高丽初期这一历史转换期的时代精神"③。

　　崔致远的学问思想具有融合汇通的特征。从儒家的观点来看，他确实是个儒者；但从佛家或道家的角度看，他又是个佛者或道仙。可以说，他是一位以儒家思想为体，又综合了佛家、道家以及其他思想为一体的综合性大家，是位通儒。从这一点来看，崔致远是韩国三教会通论的先驱者，他的这一理论受到了唐朝游学的许多影响。在崔致远的学问体系中，他积极活用儒、释、道三家，如从经世的层面理解儒家，从改革和护国的层面理解佛家，从济世的角度理解道家。不仅如此，他还从更宏观的整体大局上来洞察三教，即从大同的角度来看三教思想的相关性，提出"所归一揆"，主张三教从根本上是相通的。不仅如此，崔致远也用三教会通论来解释韩国固有思想——风流道。这一理论被后世很多学者继承并发扬光大，在韩国思想史上

---

①　古代新罗实行的一种严格以血缘关系为纽带决定政治地位和社会地位的等级制度。4世纪时，新罗用武力统一各部，以庆州为都城。统治集团为了巩固其特权地位，制定了等级制度，称为"骨品制"。新罗贵族按血统确定等级身份及相应官阶，不同骨品不通婚姻，骨品世袭不变。这一制度按个人骨品即世袭血统决定受尊敬程度，根据不同等级分别制定出担任官职的最高限度，达到一定骨品等级的，才可以授予一定的官职，因此，人的仕途受到个人在骨品制中所具有的等级身份的制约。不仅如此，骨品还决定了一个新罗居民可以居住的住所的大小。朴、金、昔三姓是新罗统治集团中最大的贵族，不但可以世袭王位，还独占整个官僚体系，拥有无上权力。朴、金、昔三家王族地位最高，称为"圣骨"，大小贵族依次分为"真骨"、六头品、五头品、四头品等四个等级。"圣骨"、"真骨"贵族能继承王位。各骨品都自我封闭，互不通婚。骨品制在新罗前期一定程度上有利于实现社会稳定，但到了后期严重阻碍了社会生产力的发展，激化了各种社会矛盾。

②　崔瀣：《送奉使李仲父还朝记》，《拙藁千百》卷2，韩国国立首尔大学1992年奎章阁影印本，第126页。

③　申滢植：《新罗史》，梨花女子大学出版部1985年版，第224—225页。

留下了厚重的一笔。

一、崔致远的三教观

崔致远从大同的角度来看待儒、释、道三教的关联性，主张三教在本质上是相通的。这是受了中国魏晋时代以来三教调和论、三教一致论的影响。崔致远曾引用中国佛教史上著名的慧远（334—417）与沈约（441—513）之言指出：

> 庐峰慧远著论，谓如来之与周孔，发致虽殊，所归一揆，体极不兼应者，物不能兼受故也。沈约有云，孔发其端，释穷其致。真可谓识其大者，始可与言至道矣。①

崔致远引用前代学者之言强调指出，儒教和佛教虽然接近真理的方法不同，但其归着点却是相同的。各教固执自家之见，不能实现相互融通，其根源就在于"物不能兼受故也"。慧远也指出，各宗教不能对话的原因在于独尊、独善。从这一点来看，崔致远的三教会通论很大程度上是受了慧远的影响。

崔致远三教观的特征是，他从不偏执或固守于某种宗教或思想，没有排他性的倾向。这一点突出表现在他常用的"喜三教之并行"②。三教各自具有独立性，同时又能在更高的层次上实现会通一致。如此看来，真理的普遍性与思想的特殊性就不会互相脱离而背道相驰。换言之，在崔致远的思想中，普遍性与特殊性没有矛盾和对立，而是和谐与统一。

崔致远游学的时代相当于唐朝的中后期，当时佛教还处于全盛期，道教也发展到了隆盛期。所以，他不能脱离当时思想发展的大趋势。尽管如此，崔致远也没有忽视儒教的影响，他一直尝试从儒教的观点来理解三教，这一点我们可以从他的文集中经常出现的"以儒譬释"、"援儒譬释"等用语

---

① 《真鉴禅师碑铭》，《崔致远全集》，韩国高丽大学馆藏本1978年版，第29页。

② 《谢许弘鼎充僧正状》，《桂苑笔耕集》，《韩国文集丛刊》5，民族文化推进会1985年版，第49页。

中得到确认。崔致远经常从佛教或道教的立场上引出有关概念或思想的核心，然后将其与儒教进行积极的对比，这也从另一个侧面体现了他对儒教的关心。当时的背景是，佛教和道教都贬低儒教为"卑下之学"，崔致远的上述努力也是为了纠正这股社会思潮。

可惜的是，现今可以考察崔致远儒教思想的资料简直是少之又少。即使这样，我们还是可以从现存资料中找出些片段。一直以来，崔致远所追求的并不仅仅是道德伦理规范上的"实践儒教"，而是一种更高层次的"上品儒教"。换言之，他试图努力将儒教提升到与佛教、道家一样的"高次元"的层面，从而找到"三教会通"的理论依据。崔致远有关"上品儒教"的观点，可以在下文中一窥端倪：

> 至若佛语心法，玄之又玄，名不可名，说无可说。……然陟遐自迩，取譬何伤？昔尼父谓门弟子曰，予欲无言，天何言哉？则彼净名之默对文殊，善逝之密传迦叶，不劳鼓舌，能叶印心，言天不言，舍此奚适而得。①

在上述引文中，当文殊菩萨向维摩居士问"入不二法门"时，维摩居士默然无言。这时，崔致远引用了《论语·阳货》中的下列内容：

> 子曰："予欲无言"。
>
> 子贡曰："子如不言，则小子何述为？"
>
> 子曰："天何言哉？四时生焉，百物生焉，天何言哉？"

崔致远引出孔子对天道流行的内容来比喻禅的至高境界，那就是"玄之又玄，名不可名，说无可说"。关于这点，他也曾经指出，"至道则无形可扣，精心则有感必通"②。崔致远在禅师碑铭中引用孔子的"天何言哉"，很好地

---

① 《真鉴禅师碑铭》，《崔致远全集》，韩国高丽大学馆藏本 1978 年版，第 32 页。

② 《黄籙斋词》，《桂苑笔耕集》，《韩国文集丛刊》5，民族文化推进会 1985 年版，第 89 页。

说明了儒教是一种"极高明"的思想。而且，儒教这种形而上学的境界与道佛的超越境界是相通的。

关于三教的融会贯通，崔致远还指出：

> 混成至道，本在勤行，众妙玄门，唯资善闭。故曰，修之身，则其德乃贵；修之国，则其德有余。既能事少功多，可谓暂劳永逸。[①]
>
> 佛语心法，玄之又玄，名不可名，说不可说。[②]

可见，崔致远认为道具有综合包容的性格，是混成的，这就需要勤奋学习，博学众采，通过修身提高道德水平，然后治理国家，才能达到事半功倍的效果。崔致远还运用老子的方法来解说佛教，突出了道的独特概念。[③]

尽管崔致远认为儒、释、道三教是可以相通的、非异质的思想，并一直致力于追求三教相通的可能性，但他依然认为，与儒教相比，道佛的理论相对具有哲学高度。特别是他主张，佛教比儒教的宗教性要强得多。因此，在真圣王八年（894），当他进谏王的时务策没有被采纳施行时，怀才不遇的他终究选择了隐居山林，从而继续孜孜不倦地去追求佛教（尤其是华严思想），并且将其升华为护国的意志。

二、崔致远"三教会通论"对新罗固有思想的理解

如上所述，崔致远 12 岁便赴唐留学，并在中国待了 16 年之久。这种特殊的留学经历也培养了他的国际视野，从而使其成为名副其实的"中国通"。但正是这一点，后世也有学者批判他为"事大慕华主义者"。特别是近代民族主义史学家申采浩（1880—1936，号丹斋）曾将韩国历史上包括崔致远在内的金春秋（604—661，新罗第二十九代王）、金富轼（1075—1151，高丽

---

① 《下元斋词》，《桂苑笔耕集》，《韩国文集丛刊》5，民族文化推进会 1985 年版，第 121 页。

② 《真鉴国师碑序文》，《桂苑笔耕集》，《韩国文集丛刊》5，民族文化推进会 1985 年版，第 149 页。

③ 参见张敏：《韩国思想史纲》，北京大学出版社 2009 年版，第 30 页。

儒者，著有《三国史记》）等人评价为"事大慕华"的典型代表。特别是关于崔致远，申采浩如下指出：

> 崔致远的思想中只有汉唐，毫无新罗。其学识也仅仅是贯通中国的儒书与佛典，而对本国的史记等则是置之不理。他所谓的主义也是试图将朝鲜实现"纯支那化"，他所谓的艺术也是将青天比喻为白日、将黄花比喻为绿竹的四六文而已。①

不仅如此，申采浩甚至还指出，崔致远的文章只是一味刻意模仿唐末的浮华文体，缺乏其作为新罗人的个性表达，因此将崔致远比喻为"小刀细工的下品才子"②。但这种看法是片面的，因为忽视了崔致远骨子里的"东人意识"，而且对崔致远向往文明世界的"同文意识"也欠缺理解。

韩国学者崔英成曾在《崔致远的哲学思想》一文中指出，崔致远的哲学思想包括两大轴心，分别是"东人意识"和"同文意识"。这可以从普遍性和主体性（特殊性）的层次来理解。崔致远的主体意识可以命名为"东人意识"，这是从民族性上来讲。而他的文明指向意识可以命名为"同文意识"，这是从国际性上而言。意味着民族特殊性的"人"、文化普遍性的"文"，以及分别修饰其的"东"和"同"，互相之间形成了很好的对照。对崔致远来讲，民族主体意识和文明指向意识实为"一体两面"。他通过这两种意识最终想展现的是，克服当时社会矛盾的对立以及纠葛如麻的、混乱的社会现实，实现社会统合和民心聚集，将民族主体意识上升为统一的动力。同时，他还致力于最高限度地发挥本民族的文化自豪感以及文化创造的力量，并将其引向国际化水准，而这恰恰是文明意识的一个突出表现。在崔致远看来，人类追求文明与进步，在本质上是一致的，因为"道不远人，人无异国"③。道的终极标准是一致的，无论佛学、儒学还是道学，不过是殊途同

---

① 申采浩：《丹斋申采浩全集》上，萤雪出版社1995年版，第72页。
② 申采浩：《丹斋申采浩全集》上，萤雪出版社1995年版，第73页。
③ 《崔文昌侯全集》，韩国景仁文化社1992年版，第89页。

归而已。① 崔致远将道学作为一门人类共通的学问来钻研，提出人无异国的主张，拓展了道学的境界，具有很高的国际化境界。崔致远并不是极端的慕华主义者，也并非只强调本民族文化特殊性而排他的国粹主义者。在他的思想里，主体的特殊性与文明的普遍性并不是矛盾的，这两者在重视人的内面本质这一主体意识上是可以实现统一的。

崔致远对当时新罗文化持有强烈的自尊心与自豪感，他试图从中找出韩民族固有思想的原型。《鸾郎碑序》中的下列内容可以说是他对固有思想研究的精华之结晶：

> 国有玄妙之道，曰风流。设教之源，备详仙史，实乃包含三教，接化群生。且如入则孝于家，出则忠于国，鲁司寇之旨也。处无为之事，行不言之教，周柱史之宗也。诸恶莫作，诸善奉行，竺乾太子之化也。

在他看来，韩国自古以来就有一种叫作"风流道"（又称"花郎道"）的玄妙之道，其中包含着儒、释、道三教的核心要素。这也意味着韩民族的精神文化根基中蕴含着对多样性异质文化的包容和吸收。花郎道虽然融合了儒、释、道三教思想，但这种融合并不是简单的照抄照搬或模仿，而是一种巧妙性的和合统一。李甦平教授认为，这种创造性的和合可以从宏观和微观两个层面去把握。② 从宏观来看，花郎道是以具有道教要素的玄妙之道为器，以三教为物而实现的"器物结合"；从微观来看，花郎道吸收了儒教的"忠孝"思想，道教的"诸恶莫作，诸善奉行"之教诲以及道教"处无为之事，行不言之教"之训条，并在自然领悟的基础上使三教实现了相互融合和吸收。

韩国高丽大学金忠烈教授曾用很形象的比喻指出：

> 在崔致远的《鸾郎碑序》中，三教好比是我们日常饮食中吃下的食物，而当食物被摄取后形成身体生长所需要的营养成分，甚至在日

---

① 参见张敏：《韩国思想史纲》，北京大学出版社 2009 年版，第 27 页。
② 参见李甦平：《韩国儒学史》，人民出版社 2009 年版，第 64—65 页。

后长成为身体的一部分，如血液、骨骼或肌肉时，那就说明它已经成为我的身体，而不再是最初摄入的食物。由此来看，风流道所吸收的三教思想虽然最初来自中国，但它已然已经不是中国的，而是形成了"韩国的"东西。①

这种观点也代表了韩国学界的主流立场，即强调韩国固有思想的主体性之精神。

此处需要注意的是，韩国这种固有思想名为"风流道"，那么究竟何谓"风流"？在韩国人固有的思维意识里，风流就意味着能歌善舞的艺术。风流道就是用歌舞的形式来表达的古代韩国人的一种信仰，这与古代韩国人的"巫"思想是相通的，体现了一种天人合一、神人合体的观念。作为东亚农耕文明、儒家文化圈的一分子，古代历史上的韩国人也有着其他农耕民族的特性，即将自然界的重要现象视为神灵，并将这一神性赋予祖上。② 这种观念实质上体现了传统儒家的"天人合一"。风流道使得形而下之人与形而上之神实现了有机的沟通和连接，使人体验到生命的延续性和无限性，更使人意识到人生命的根源在于无限的大自然之中。因此，人要通过不断的修炼将生命的根源和生命的无限返还给自然和人间，如此实现生生不息。换言之，花郎道把无限的生命力活用于人间社会，将自然的生命力转化为人间的运动，在这一过程中凸显了人的主体意识和主观能动性，确定了人在社会历史发展中的重要作用。③ 这就是花郎道的核心精神，后来也逐渐形成了韩民族的主体性文化。

崔致远的三教会通论将风流道的实体与三教精神对比起来进行说明，很好地展现了他的国际性学问视野。在当时的时代背景下，要想更好地理解韩国本土固有思想，最好的解释方法就是援用三教思想，这是不可避免的。这也反映了他思想深处的文明指向意识，即同文意识。崔致远开创了用中国

---

① 金忠烈：《高丽儒学思想史》，台北东大图书公司 1992 年版，第 77—78 页。

② 参见赖肖尔·费尔班克：《东洋文化史》，全海宗等译，首尔乙酉文化社 1985 年版，第 153 页。

③ 参见李甦平：《韩国儒学史》，人民出版社 2009 年版，第 66 页。

的价值观和理念解释新罗固有思想的先河，迈出了韩国本土文化走向国际化的第一步。

崔致远这种主体性的文明意识在当今全球化时代依然具有重要的理论借鉴意义。它要求我们要重新思索国际化和主体性的关系，同时也启示我们要用宽广开阔的胸襟来重新复活传统文化中最民族化、最原型化的东西，并向世界广为宣传。"传统的就是现代的，民族的就是世界的"，这才是正确的国际化。

三、崔致远"三教会通论"的传承与发展

崔致远的三教会通论对后世主张儒、释、道三教会通、和谐发展的李奎报（1168—1241，号白云居士）、金时习（1435—1493，号梅月堂）、休静（1520—1604，号清虚堂）、有一（1720—1799，号莲潭）、李书九（1754—1825，号惕斋）、崔济愚（1824—1864，号水云）、金恒（1826—1898，号一夫）等学者或宗教人士产生了重要影响。这种三教融合汇通的思想对于消除宗教间的摩擦和隔阂发挥了积极的作用，并且这种影响在后世也一直绵绵延续下来，逐渐形成了崔致远学脉。关于崔致远三教会通论的影响，朝鲜末期学者忠清道连山人金恒（1826—1898）曾在《正易》中如下吟诵道：

> 道乃三分理自然，
> 斯儒斯佛又斯仙。
> 谁识一夫真蹈此，
> 无人则守有人传。

这首诗很好地歌颂了崔致远的业绩，相信也寄托着崔致远学脉一派的美好憧憬。

高丽中期文豪李奎报就是通晓儒、释、道三家的通儒，其雅号"白云"也暗示着受到了崔致远之号"白云"的影响。他曾作《唐书不立崔致远列传议》，强烈批判唐书中没有为崔致远立传之做法，认为这严重伤害了民族自

尊心。后来李奎报也在自己的其他著述里强调韩民族固有的古神道，并试图通过古神道来探索三教融合。他还作了民族叙事诗《东明王篇》来高扬民族主体性意识，这与崔致远的"东人意识"是一脉相通的。

金时习也是与崔致远一样通达儒、释、道三家，并站在儒教立场上来解释佛教的华严思想、禅以及道教的道仙思想。就人生轨迹来讲，他与崔致远也有着惊人的相似。金时习30岁初期曾在崔致远的出生地庆州金鳌山茸长寺隐居，末年也在崔致远圆寂的忠清道无量寺圆寂，由这一事实足见他对崔致远的崇拜之情。

西山大师休静是一位高僧，他曾作《三家龟鉴》而闻名。在性理学一统天下的时代大背景下，尽管有人批判崔致远为"佞佛之人"，但休静却一直为崔致远辩护，他极力称赞崔致远的哲学思想达到了非常高的境界，认为只有通晓儒、释、道三家才能真正理解崔致远思想的真谛。休静对于崔致远的这种仰慕之情还被他的门下继承了下来。休静的弟子中有一位居住在湖南地区①的海眼（1567—?），他对崔致远所作的《四山碑铭》给予了很高的评价，并对其加以注释以教授门下僧徒学人，并由此开启了历时几百年的《四山碑铭》注释史。韩国湖南地区对崔致远成就的再评价和再研究很大程度上也是受到了海眼及其弟子的影响。湖南地区的佛教界非常关注崔致远，有一也是其中著名的一位。他曾作《四山碑铭序》来称颂崔致远的学问业绩，即使面对众多儒者的批判，他依然坚定地维护崔致远，并感叹道："使千载之下，知先生之志之所在也，其庶几乎所谓朝暮遇之者欤?"②

崔致远的后人们也继承了崔致远这种高倡民族主体性的精神。高丽末期的崔瀣（1287—1340，号拙翁）便是其一，崔瀣一直以崔氏后裔而引以为豪，他曾经将韩国的历代名文汇集成25卷本的《东人之文四六》而出版。他在书中评价指出，韩国文人的学问和文章可以充分与中国学者相媲美，高度弘扬了民族文化的自尊心和自信心。自《东人之文四六》后，韩国很多文献资料著述的标题都开始使用"东国"或"东人"，如后世金宗直（1431—

---

① 韩国的湖南地区指的是全罗道一带。
② 《四山碑铭序》，韩国成均馆大学1967年尊经阁影印本，第98页。

1492）的《东文粹》、徐居正（1420—1488）的《东文选》等，这些都是受到了崔致远"东人意识"的影响。不仅如此，崔瀣后来还作了许多弘扬民族主体意识的文章，这些文章在后来韩民族处于危难时期时，极大鼓舞和弘扬了民族士气，提高了韩国人的民族觉醒意识。

第三章 高丽儒学的特色与朱子学的传入

新罗王朝实施的骨品制导致真骨势力逐渐垄断了国家政权，而且后期寺院经济的扩大也导致社会矛盾日益深化。从唐朝留学归来的六头品阶层迫切希望推翻这种不合理的身份制度，地方豪族也纷纷扶持自己的势力，与新罗王室展开激烈对立。经过了后三国（以弓裔为首的后高句丽、以甄萱为首的后百济以及当时的新罗）的分裂和斗争后，公元918年王建（在位年间：918—943）推翻新罗，建立了高丽。高丽王朝于公元918年建立，1392年灭亡，共存续了五百多年。高丽王朝的建立在韩国历史上具有重要意义：第一，它克服了后三国的分裂和混乱状态，形成了一个统一的单一民族国家；第二，在高丽建国的过程中保留了原三国时代的社会实体，统一性地保存了民族之根基。高丽建国并不仅仅是简单的王朝更替，而是掀开了韩民族历史发展的崭新一页，使得韩国从古代社会迈进了中世社会，并由此带来了各种政治和社会的变化。

第一节 高丽儒学的发展

一、儒教政治的形成与发展

高丽时期的统治者积极践行以民为本的为民思想，最大限度地发挥儒教在治国理政方面的积极功能。王建本是弓裔（？—918）的臣子，后杀害弓裔成为高丽国王（太祖）。在儒家看来，臣弑君之行为是违背忠德的，这点毋庸置疑。因此，王建身边的臣子洪儒（？—936）等人，在高丽建国后就开始筹划如何将王建杀害弓裔这件事合理化。经过他们的积极努力，下面的内容出现了：

> 今不克终，纵虐太甚，淫刑以逞，杀妻戮子，诛夷臣僚。民坠涂炭，疾之如仇……废昏立明，天下之大义……①

他们认为，推翻昏君并推崇明君是天下之大义，比较代表性的例子便是历史上的汤武伐纣。此处的暴君和明君指的就是弓裔和王建，定义明君和暴君的标准则是"利百姓"还是"害百姓"。若以这个标准来判断两位君主，则弓裔就是一个残暴且让百姓深陷水深火热之中的"暴君"，而王建则是救百姓于水火之中的"明君"。因此他们极力主张，王建推翻弓裔登上王位是大义之举。这与高丽时期强调通过为民政治来获得民心是一脉相通的。

虽然关于王建的即位也有一些争议存在，但此处我们更应该关注的则是王建留给王室后裔的《训要十条》，这其中集中体现了他的治国理念。在列出十条目前，王建首先明确指出，民意是成为王的先决条件，这实际是教育后代，天子之天命就是要得民心，这也说明他真正理解了孟子所强调的为民才是为王之道的核心教诲。②孟子认为："得天下有道，得其民，斯得天下也；得其民有道，得其心，斯得民矣"。（《孟子·离娄上》）因此王建在《训要十条》中用了尽可能多的篇幅来说明自己在政治上对儒教的认可，并列举了翔实的事例。下面来看一下《训要十条》的具体内容：

> （1）我国家大业，必资诸佛护卫之力。故创禅教寺院，差遣住持焚修，使各治其业。后世奸臣执政，各业寺社争相换夺，切宜禁之。
>
> （2）诸寺院皆道诜，推占山水顺逆而开创。道诜云："吾所占定外，

---

① 《洪儒传》，《高丽史》卷92，高丽大学图书馆馆藏本1965年版，第128页。

② 孟子一方面认为统治者作为天子，理应遵从天命；另一方面又认为"天不言，以行与事示之"（《孟子·万章上》），所以民心就是天心。由这点来看，民意才是统治者得以生存的根本。

妄加创造，则损薄地德，祚业不永。朕念后世国王公侯后妃朝臣，各称愿堂。或增创造，则大可忧也。新罗之末，竞造浮屠，衰损地德以底于己，可不戒哉。"

（3）传国以嫡，虽曰常理，然丹朱不肖，尧禅于舜实为公心。若元子不肖，与其次子又不肖，与其兄弟之众所推戴者，俾承大统。

（4）惟我东方，旧慕唐风。文物礼乐，悉尊其制。殊方异土，人性各异，不必苟同。契丹是禽兽之国，风俗不同，言语亦异，衣冠制度，甚勿效焉。

（5）朕赖三韩山川阴佑，以成大业。西京水德调顺，为我国地脉之根本，大业万代之地。宜当四仲巡驻留过百日，以致安宁。

（6）朕所至愿，在于燃灯、八关。燃灯所以事佛，八关所以事天灵及五岳名山大川龙神也。后世奸臣建白加减者，切宜禁止。吾宜当初誓心会日不犯国忌，君臣同乐宜当敬依行之。

（7）人君得臣民之心为甚难。欲得其心，要在从谏远谗而已。从谏则圣，谗言如蜜，不信则谗自止。又使民以时，轻徭薄赋，知稼穑之艰难，则自得民心，国富民安。古人云："芳饵之下必有悬鱼，重赏之下必有良将，张弓之外必有避鸟，垂仁之下必有良民。"赏罚中则阴阳顺矣。

（8）车砚以南，公州江外，山形地势，并趋背逆，人心亦然。彼下州郡人，参与朝廷，与王侯国戚婚姻，得秉国政，则或变乱国家，或御统合之怨，犯跸生乱。且其会属官寺奴婢津驿杂尺，或投势移免，或附王侯宫院，奸巧言语，弄权乱政，以致灾变者，必有之矣。虽非良民，不宜使在位用事。

（9）百辟群僚之禄，视国大小以为是制，不可增减。且古典云："以庸制禄官，不以私。"若以无功人，及亲戚私昵，虚受天下禄，则不止下民怨谤，其人亦不得长享福禄，切宜戒之。又以强恶之国为邻，安不可忘危，兵卒宜加护恤，量除徭役。每年秋阅勇锐出众者，随宜加授。

（10）有国有家，儆戒无虞。博观经史，鉴古戒今。周公大圣无逸一篇，进戒成王，宜当图揭，出入观者。①

除儒教以外，太祖对佛道等其他的思想也进行了一定的论述。十条中的第一条、第二条、第五条分别表达了太祖信仰佛教和道教的地理说。据说当时太祖的文臣崔凝曾谏言指出，即使在战争时期也务必要积累文德，这样才能得民心，佛教和阴阳术（道教）并不能帮助王获得民心。太祖则回答指出，他借用佛教和道教的信仰其实是战乱时期的一种权宜之计，等战乱平定后就不会这样了。况且现在刚刚统一三国，如果突然除掉佛教，那么国家就会产生动摇混乱，只有等国家一定程度上实现安定以后，再通过移风易俗来开启文治之风。因而太祖建国初期的"好佛信谶"实际上是为了安定战后不稳定的民心进而稳固王权的现实之计，但是治国理民方面，他还是毫不犹豫地选择了儒教。

《训要十条》是太祖王建于公元942年4月颁布的，其中蕴含着高丽的建国精神和治国大法。训要的主要特征如下：第一，将王朝的儒教治国理念与佛教以及道教的道谶思想实现了有机结合；第二，这种教化式的政治思想并不是古代单纯的"政教一致"，而是灵活运用了佛教护国祈福的现实性作用，其中包含着民族主义的思想。太祖的《训要十条》以儒学为表，强调儒教治国理念，为后世君主立下了治国之本；以佛道为里，将佛教和道教信仰作为镇护国家的一种形式。②换言之，太祖通过对佛教法力和道教阴阳、风水信仰等形式，期冀达到镇护国家、保佑臣民的目的，正如第一条开宗明义宣称："我国家大业，必资诸佛护卫之力"。

第三条指出要以儒教的"宗法思想"为基础实施"嫡子传国"的原则，若不得已的情况下也可以实行兄弟间的禅让制。第四条指出要积极吸收唐朝的礼乐制度，但同时也不要刻意模仿，也要保持"殊方异土"之本土文化的主体性和特殊性。第七条深刻反映了儒教以民为本的为民政治。他指出，征用百姓应当避开农耕时节，应该减轻赋税和徭役，应当理解农活的不易之

---

① 《太祖世家》，《高丽史》卷2，高丽大学图书馆馆藏本1965年版，第35—38页。

② 参见李甦平：《韩国儒学史》，人民出版社2009年版，第112页。

处。他还告诫为政者要听取正直的谏言，警惕恶意诽谤，同时指出要公正地遵守俸禄制，警惕邻国，加强军事管理。这些内容都凸显了他有意改进官僚制度和强化国防力量的政治见解。第十条中太祖引用《尚书·无逸》篇的内容指出，为政者要时常心怀忧患意识，在无忧的时候也要注意保持警惕心理，博览经史，以古鉴今，可以说这条具有总结以上九条的综合之意。

　　太祖王建彻底贯彻了孟子所提倡的民本思想，注重文治。崔承老后来在《五朝治绩评》中评价太祖的业绩认为，太祖是真正将儒教视为理想之治的君主。后来到了成宗（在位年间：981—997）时期，这些政治思想得到了更好的贯彻。为了巩固王位，成宗不仅口头上屡次强调要实施仁政，而且在即位的第五年（986）即颁布国书强调"国以民为本，民以食为天"①。为了解决百姓的粮食问题，成宗还推行重农政策，具体方法有：命令十二牧诸州镇使在农忙时节不征用劳力，并终止所有其他杂务，让百姓专心务农，争取消灭所有荒废之地。②成宗实施重农政策，关注农民生计，注重解决农民的根本问题——粮食问题，正是这些业绩让他成为广为后人称颂的君主。当时高丽是一个纯粹的农业国家，从为民的角度来说，推行重农政策是非常正确的决策。在建国初期就开始强调为民政治，这也是高丽和之前的新罗相区别之处。

　　到了高丽的第四代君主光宗（在位年间：949—975）时期，为了实现王权的确立，国家推行了非常果断的强化中央集权制的措施。光宗虽然也认可太祖提出的佛教、道教以及古代传统思想对政教产生的莫大影响，但仍旧积极推崇儒教在治国理政方面的作用，推行儒教文治主义。为了尽快实现中央集权制体系，光宗采取了一系列的措施。他首先推行了奴婢按检法③和科举制度，并实施百官公服制度。这些措施招来了豪族势力的强烈不满和反对。为了强化王权并巩固统治，光宗实施了严厉的肃清政策。凡是对强化王权有反驳意见的，豪族势力自然不用说，即使是王的亲信或戚族，也照杀不误。

---

① 《成宗5年》，《高丽史节要》卷2，高丽大学图书馆馆藏本1982年版，第38页。

② 《成宗5年》，《高丽史节要》卷2，高丽大学图书馆馆藏本1982年版，第41页。

③ 在后三国混乱时期，很多地方豪族势力将战争俘虏或一部分平民纳为奴婢，供自己享用。光宗时期颁布奴婢按检法，将许多变为奴婢的平民重新恢复为本来的良民身份。

因此，王的宗族中也有很多自身难保的势力，甚至是太子伷也经常提心吊胆。崔承老曾在一篇文章中评价指出，光宗年间很多历代功臣和宿将都没有被免除死刑，故景宗即位时剩下的前朝大臣只有四十余名。[①] 由此可以推断出光宗肃清政策的严厉性。

当然，对于这种严厉的肃清政策，历代有很多争议。但需要指出的是，在高丽建国之初，光宗采取这种肃清政策来强化王权也是有其迫不得已的历史原因。当时光宗的前两任都是"短命君主"，惠宗即位两年内便因兄弟间王权争斗而死于非命，定宗即位四年便由于王位不稳而被迫让位，这两位君主都是太祖婚姻政策的牺牲品。光宗即位后，对因外戚夺权而引发的混乱和悲剧深恶痛绝，立志要强化王权和国权，因此下令清除一切与外戚相关的宗室以及他们的近臣势力，并且通过实施奴婢按检法来遏制了豪族势力，同时为了肃清与族亲的纽带关系而实施科举制度和兴学政策，从而树立了登用官吏人才的新标准。通过这些文武并治的措施，光宗强化了儒教中央集权的政治体制，同时也振兴了文治主义。

二、科举制度的实施与私学的兴起

太祖王建在建国初期就坚定地推行统治机构的改革，受《周礼》的影响成立了三省六部九寺。在这种新的中央统治机构走向正轨时，科举制度也得以实施。最终，在高丽第四代君主光宗（在位年间：949—975）时期，正式推行了科举制度。

关于科举制度实施的原因，学界有许多不同的看法。韩国尹丝淳教授认为，实施科举制是当时归顺高丽的中国人翰林学士双冀（生卒年未详）提议的。[②] 但只有一个人建议就可以实施科举是不太现实的。新罗末期入唐留学的学生，特别是宿卫学生积累的历史经验对推动科举制的实施也起到了非常重要的作用。此外，光宗时期为了摆脱豪门贵族掌握政权的现状从而强化

---

① 参见金哲俊：《丽末鲜初的社会转换与中世社会》，罗南出版社 2002 年版，第 130 页。

② 参见尹丝淳：《韩国儒学史》上，韩国知识产业社 2012 年版，第 69 页。

中央集权君主制的政治意图，也是一个重要原因。不仅如此，光宗还常常研读唐朝的《贞观政要》，其本身就具备了将儒教政治理念落实到社会实践的想法。综上可见，光宗时期推行科举制是各种因素综合作用的结果。

光宗九年（958）初次实施的科举基本模仿了唐朝的制度。科举主要分为进士科（又名制述科）、明经科、医科、卜科等。进士科主要考文学和写作能力，考试内容主要涉及诗、赋、颂、论、时务策等。明经科主要考察应试者对儒教经典内容的熟练掌握程度，出题内容主要涉及《周易》、《尚书》、《毛诗》、《礼记》、《春秋》等。医科主要考察医术，卜科主要考察天文、地理、阴阳方面的知识掌握能力。但当时具体实施何种考试却不是固定的，实施过程中也会有所变动。属于杂科的医科、卜科考试有时候并不进行。进士科的颂、赋有时候也不举行。随着科举制的不断发展，除进士和明经以外，还增设过三礼专业，主要与属于杂科的明法、明算、明书、明经有关。成宗时期还增设了复试制度，主要考核选拔已经通过进士考试的考生，玄宗时期还出现过国子监试，目的是通过诗赋选拔进士。

科举制度在当时是一种能够相对客观公正评判考生能力的制度，目的在于选拔国家需要的治国人才。三国时期设立了太学，高丽时期又应时实施了科举制度，这些例子都很好地说明了儒学在韩国的应用，由此也可以看出韩国儒学顺应时代发展而前进的重要特征。在当时君主制的大背景下实施旨在选拔人才的科举制，其意义就在于对君主所独占的统治权力进行分权，有助于实现儒家的理想政治——仁政。

在实行科举制约半个世纪的时间里，高丽还设立了各种各样的机构，法制建设也有所发展，种种举措都体现了科举制和官僚制密不可分的关系。不妨举例说明一下，科举制实行两年后的光宗十一年（958），光宗制定了官服，并将开京定为皇京，将西京（平壤）定为西都。景宗时期制定了田柴制①，根据官员的等级分配土地和林地，还于公元 977 年实施功荫田柴

---

①　作为高丽时期的土地制度，田柴科是对各种农作物的土地和收获柴火的土地即柴地的称呼。在高丽时期，在作为国家收租对象的土地中，一部分被分配给两班、军人和类似职役的担当者或执行公务的地方官衙等相关机构，使相关的个人或官衙收取地租，作为经济上的报酬或运营经费。由于向个人或机构分配土地是财政支出的一种变通方式，所以

制。成宗时期更改百官号（982），设立十二牧，并开先例设立三省六曹七寺（983），还各派一名经学博士和医学博士前往十二牧（987），变更了州、府、郡、县及关驿江浦的名称，制定了公田租。这些史例都说明高丽社会是一个积极推行官僚制的社会，而官僚制又是儒家政治制度的特征。

不仅如此，就当时的教育制度来看，私学也开始发展兴盛起来。高丽太祖在建国后便设立学校，成宗时期设立了国家的最高教育机构国子监，对贵族子弟进行教育，文宗时期教育制度发展兴盛。但值得注意的是，当时对教育兴盛作出极大贡献的不是官学，而是私学。高丽学者崔冲（984—1068）设立的九斋学堂在当时非常盛行，甚至在其带动下还产生了"私学十二公徒"。

崔冲设立九斋学堂的原因，主要是因为当时以国子监为首的官学因契丹不断进攻而一蹶不振。为了挽救并振兴教育，崔冲设立了与官学相区别的私学。据记载，契丹分别于公元993年（成宗十二年），公元1010年（显宗一年）以及公元1018年（显宗九年）三次攻打高丽，导致高丽社会的局面混乱不堪，官学也受此影响停滞不前。文宗时期曾官至门下侍中的崔冲在70高龄时选择隐退，隐退后随即成立了九斋学堂。学堂名称最初源于设立的九个学班，这九个学班分别被命名为乐圣、大中、诚明、敬业、浩道、率性、进德、大和、待聘。九斋学堂的教育主要以九经①、三史② 以及诗赋为主。③ 学堂的教育原则是，每个斋室教授一部完整的儒家经典。有些斋室还可以学习历史，同时还通过学习文学的"制述"以及"夏课"、"诗会"等方

在性质上只不过是财政制度的一部分，但是职役与土地相联系，对于政治、经济和社会制度都会产生影响，成为国政运营的核心体系，这反而比财政制度更为重要。后面出现的功荫田柴制承认土地可以传给子孙，但是在性质和运营方式上与普通田柴制有所不同。（参见高丽大学韩国史研究室编：《新编韩国史》，孙科志译，山东大学出版社2010年版，第69—71页）

① 一说为《周礼》、《仪礼》、《礼记》、《左传》、《公羊传》、《谷梁传》、《易经》、《尚书》、《诗经》，另一说为《易经》、《诗经》、《尚书》、《礼记》、《春秋》、《论语》、《孝经》、《孟子》、《周礼》。

② 《史记》、《汉书》、《后汉书》。

③ 《崔冲传》，《高丽史》卷95，高丽大学图书馆馆藏本1965年版，第286页。

式考察学生的文学素养。

　　崔冲不仅是那个时代最具代表性的儒者，作为官员的他还有为科举考试出题即担任知贡举的经历，故这样的人开办私学应对科举考试，教育效果非常明显。事实也证明了这一点。据说当时九斋学堂学生的科举合格率比国子监学生的还要高。因此，各地科举考生纷纷蜂拥而至，九斋学堂作为一个具有准备科举考试资格的学堂也逐渐声名鹊起。比起国子监，有志准备科举考试的考生们往往优先选择九斋学堂，在这里学习的学生被称为"侍中崔公徒"或者"文宪公徒"。

　　随着崔冲的九斋学堂越来越出名，当时其他的儒者们也纷纷效仿崔冲设立私学堂，为私学教育的发展作出了积极贡献。于是就产生了与崔公徒同时期的"私学十二公徒"，他们是：侍中郑倍杰的弘文公徒、祭酒金尚宾的南山徒、前侍中殷鼎的文忠公徒、前平章黄莹的贞敬公徒、前侍中文正的贞宪公徒、前参政卢旦的匡宪公徒、前仆射金无滞的西园徒、前平章金义珍和前郎中朴明保的良慎公徒、柳监的忠平公徒、前侍郎的徐侍郎徒、龟山徒（设立者不详）。

　　后来，私学不论在质上还是量上都明显超过了官学，发展繁荣兴盛。尽管私学在学问上享有自由，但是其运营者们并没有追求能够彰显自己个性的学问，都是一味为了准备科举而设立学科。由此可见，尽管私学在学习经典和培养词章能力方面作出了应有的贡献，但它并没有营造出一种以史为鉴、弘扬社会正义并探索人间真理的学术氛围。换言之，私学学堂只是通过教授学生背诵"训诂"和"片言短句"用来提高科举文笔和应试能力的，是帮助考生们走上仕途并追求名利的一种手段。后来到了忠烈王（在位年间：1274—1308 年）时期，随着成均馆（国子监的前身）的振兴，以九斋学堂为首的一些私学开始走向衰退，这一事实与私学本身的性质也紧密相关。

三、崔承老《时务二十八条》体现的儒教治国理念

　　崔承老（927—989）是庆州出身儒臣，自幼聪明好学，深得太宗喜爱。据说 12 岁时被太宗召见并受命背诵《论语》，一气呵成，令太宗大加赞赏。

为表嘉奖，太祖将其封为翰林院学士。崔承老相继供职于太祖、惠宗、定宗、光宗、景宗、成宗六朝。① 成宗时，崔承老上书治理国家的时策，即《时务二十八条》。作为高丽儒学的代表人物，崔承老不仅为官僚制的形成作出了重要贡献，而且还全面评价了高丽初期君主们的政治生活。他提出的关于时务的见解几乎被成宗全盘接受，在成宗时期的国家政治生活中发挥了重要影响。他在时务策中提出的见解和观点也很好地反映了那个时期的思想特征，成为解析高丽社会的重要史料。由于兵难等原因，二十八条中流失了六条，现存的仅有二十二条，其具体内容如下：

（1）我国家统一以来四十七年，士卒未得安枕，粮饷未免靡费者……而防戍之所多也，愿圣上以此为念……乞择要害以定疆域，选士人能射御者，充其防戍，又选其中二三偏将，以统领之，则京军免更戍之劳，刍粟省飞輓之费。

（2）窃闻圣上为设公德斋，或亲碾茶或亲磨麦，臣愚深惜圣体之勤劳也。此弊始于光宗，崇信谗邪，多杀无辜。感于浮屠果报之说，欲除罪业，浚民膏血，多作佛寺。或设毗卢遮那忏悔法。或斋僧于毬庭，或设无遮水陆会于归法寺，每值佛斋日，必供乞食僧，或以内道场饼果出施丐者，或以新池穴口与摩利山等处，鱼梁为放生所。一岁四遣，使就其界，寺院开演，佛经又禁杀生，御厨肉膳，不使屠夫宰杀，市买以献。至令大小臣民，悉皆忏悔，担负米豆柴炭马料，施与中外道路者，不可胜纪。然以既信谗诉，视人如草莽，诛杀者堆积如山，常竭百姓膏血，以供斋设，佛如有灵，岂有应供？当是时，子背父母，奴婢背主。诸犯罪者，变形为僧，及游行乞丐之徒，来与诸僧，相杂赴斋者亦多，有何利益？又使僧善会主其施与，其僧以饼米妄费于他缘，此不得寿终，曝尸道旁，时议讥之。愿圣上正君王之体，不为无益之事。

（3）我朝侍卫军卒，在太祖时，但充宿卫宫城，其数不多。及光

---

① 参见李甦平：《韩国儒学史》，人民出版社 2009 年版，第 115 页。

宗信谗，诛责将相，自生疑惑，简选州郡，有风彩者入侍，时议以为繁而无益。王景宗朝，虽稍减削，于今时其数尚多。伏望尊大祖之法，但留骁勇者，除悉罢遣，则人无嗟怨，国有储积。

（4）圣上以浆酒鼓豢，施与行路。臣窃圣上，欲效光宗，消除罪业，普施结缘之意。此所谓"小惠未遍"也。若明其赏罚，惩恶劝善，足以致福，如此碎事，面人君为政之体，乞罢之。

（5）我太祖情专事大，然犹数年一遣，行李以修聘礼而已。今非但聘使，且因贸易，使价烦伙，恐为中国之所贱，且因往来，败船损命者多矣。请自今因其聘使，兼行贸易，其余非时买卖，一皆禁断。

（6）佛宝钱谷，诸寺僧人，各于州郡，差人勾当，逐年长利，劳扰百姓，请皆禁之。以其钱谷，移置寺院田庄，若其主典有田丁者，并取之以属于寺院庄所，则民弊稍减矣。

（7）王者之理民，非家至而日见之。故分遣守令，往察百姓利害，我圣祖统合之后，欲置外官。盖因初创，事烦未遑。今窃见乡豪，每假公务，侵暴百姓，民不堪命。请置外官，虽不得一时尽遣，先于十数州县，并置一官，官各设两三员，以委抚字。

（8）伏见圣上，遣使迎屈山僧，如哲入内。臣愚以为，哲果能福人者，其所居水土，亦是圣上之有，朝夕饮食，亦是圣上之赐，必有图报之心。每以祝厘之事，何烦迎致，然后敢施福耶？善者有善会者，规避徭役，出家居山。光宗致敬尽礼，卒之善会暴死道旁，曝露其尸，如彼凡僧，身且取祸，何暇福人？请放哲还山，免致善会之讥。

（9）新罗之时，公卿百僚庶人，衣服鞋袜，各有品色。公卿百僚，朝会则着公襕具穿执，退朝则遂便服之，庶人百姓，不得服文彩，所以别贵贱辨尊卑也。由是公襕，虽非土产，百僚自足用之。我朝自太祖以来，勿论贵贱，任意服着。官虽高而家贫则不能备公襕，虽无职而家富则用绫罗锦绣。我国土宜，好物少而粗物多，文彩之物，皆非土产，而人人得服，则恐于他国使臣迎接之时，百官礼服，不得如法，以取耻焉。乞令百僚朝会，一依中国及新罗之制，具公襕穿执，奏事之时，看袜靴丝鞋革履，庶人不得看不彩沙谷，但用绸绢。

(10) 臣闻，僧人往来郡县，上宿官驿，鞭挞吏民，责其迎候供应之缓。吏民疑其御命，畏不敢言，弊莫大焉。自今禁僧徒止宿馆驿，以除其弊。

(11) 华夏之制，不可不遵。然四方俗习，各随土性，似难尽变。其礼乐诗书之教，君臣父子之道，宜法中华，以革卑陋。其余车马衣服制度，可因风土，使奢俭得中，不必苟同。

(12) 诸岛居民，以其先世之罪，生长海中，活计甚难。又光禄寺征求无时，日至穷困。请从州郡之列，平其贡役。

(13) 我国春设燃灯，冬开八关，广征人众，劳役甚烦。愿加减省，以纾民力。又造种种偶人，工费甚多。一进之后，可加毁破，亦甚无谓也。且偶人非凶礼不用，西朝使臣，尝来见之，以为不详，掩面而过。愿自今，勿许用之。

(14)《易》曰："圣人感人心，而天下和平。"《语》曰："无为而治者，其舜也，夫何为哉？恭己正南面而已。"圣人所以感动天人者，以其有纯一之德，无私之心也。若圣上执心执谦，常存敬畏，礼遇臣下，则孰不罄竭心力，进告谟猷，退思匡赞乎？此所谓"君使臣以礼，臣侍君以忠"者也。愿圣上日慎一日，不自骄满，接下思恭，傥或有罪者，轻重并论如法，则太平之业，可立待也。

(15) 太祖，除内属奴婢，在宫供役，出居外郊，耕田纳税。厩马当御者外，分遣外厩，喂养以节国用。至光宗，多作佛事，役使日繁，乃征在外奴婢，以冲役使。内宫之分，不足支给，并费仓米。今内厩养马数多，靡费甚广，民受其害。如有边患，粮饷不周。愿圣上一依太祖之制，酌定宫中奴婢厩马之数，余悉分遣于外。

(16) 世俗以种善为名，各随所愿，营造佛宇，其数甚多。又有中外僧徒，竞行营造，普劝州郡长吏，征民役使，急于公役，民甚苦之。愿严加禁断，以除劳役。

(17)《礼》云："天子堂九尺，诸侯堂七尺。"自有定制。近来人无尊卑，苟有财力，则皆以营室为先。由是诸州郡县，及亭驿津渡，豪右竞构大屋，逾越制度。非但尽一家之力，实老百姓，其弊甚多。伏望命礼官，酌定尊卑，家舍制度。令中外遵守，其已营造逾制者，亦令毁撤，以成后来。

（18）写经塑像，只要传久，何用珍宝为饰，以启盗贼之心。古者，经皆黄纸，且以旃檀木为轴，其肖像不用金银铜钱，但用石土木，故无窃毁者。新罗之季，经像皆用金银，奢侈过度，终底灭亡。使商贾窃毁佛像，转相买卖，以营生产，近代余风未殄。愿严加禁断，以革其弊。

（19）我三韩功臣子孙，每蒙宥旨，必云褒录。而未有受爵，混于皂隶，新进之辈，多肆凌侮，怨咨以兴。且光宗末年，诛黜廷臣世家子孙，未得承家。诸从累次恩宥，随其功臣等第，录其子孙。又庚子年田科，及三韩后入仕者，亦量授阶职，则冤屈得伸，而灾害不生矣。

（20）崇信佛法，虽非不善。然帝王士庶之为功德事实不同，若庶民所劳者，自身之力。所费者，自己之财。害不及他，犹之可也。帝王则劳民之力，费民之才。昔梁武帝，以天子之尊，修匹夫之善，人以为非者以此。是以帝王深虑其然，事皆酌中，弊不及于臣民。臣闻人心之祸福贵贱，皆禀于有生之初，当顺受之。况崇佛教者，只种来生因果，善有益于见报，理国之要，恐不在此。且三教各有所业，而行之者，不可混而一之也。行释教者，修身之本。行儒教者，理国之源。修身是来生之资，理国乃今日之务。今日至近来生而远，舍近求远不亦乐乎？人君惟当一心无私普济万物，何用于不愿之人，费全库之储，以求必无之利乎？昔德宗妃父王景先、驸马高恬，为圣寿延长，铸金童佛像献之。德宗曰："朕以有为功德，谓无功德。"还其佛像于二人。是其情虽不实，然欲令臣民，不得作无利事者如此。我朝冬夏讲会，及先王先后忌斋，其来已久，不可取舍，其他可减者，请减之。

（21）《语》曰："非其鬼而祭之，谄也。"《传》曰："鬼神非其族类不享，所谓'滛祀无福'。"我朝宗庙社稷之祀尚多，未如法者，其山岳之祭，星宿之醮，烦黩过度。所谓祭不欲数，数则烦，烦则不敬。虽圣上斋心致敬，固无所怠，然其享官视为寻常事，厌倦而不致敬，则神其肯享之乎？昔汉文帝，凡祭祀使有司敬而不祈，其见超然，可谓盛德也。如使神明无知则安能降福？若其有知，私己求媚，君子尚难悦之，况神明乎？祭祀之费，皆出于民之膏血与其力役。臣愚以为，若息民力而得欢心，则其福必过于所祈之福。愿圣上除别例祈祭，常存恭己责躬之心，以格上天，则灾害自去，福禄自来。

（22）本朝良贱之法，其来尚矣。我圣祖创业之初，其群臣除本有奴婢者外，其他本无者，或从军得俘，或货买奴之。圣祖尝欲放俘为良，而虑动功臣之意，许从便宜，至于六十余年，无有控诉者。逮至光宗，始令按检奴婢，辨其是非，于是功臣等莫不嗟怨，而无谏者。大穆王后切谏不听，贱隶得志，陵轹尊贵，竞构虚伪，谋陷本主者，不可胜纪。光宗自作祸胎，不克遏绝。至于末年，枉杀甚多，失德大矣。昔侯景围，梁台城，近臣朱异，家奴逾城投景，景授仪同，其奴乘马披锦袍，临城号曰："朱异仕宦五十年，方得中领军，我始仕侯王，已为仪同。"于是城中僮奴，竞出投景，台城遂陷。愿圣上深鉴此事，勿使以贱陵贵，于主奴之分，执中处之。大抵官高者识理，鲜有非法。官卑者，苟非智足以饰非，安能以良作贱乎？惟宫院及公卿，虽或有以威势作非者，而今政镜无私，安能肆乎？幽厉失道，不掩宣平之德。吕后不德，不累文景之贤。唯今当判决，务要详明，俾无后悔。前代所决，不须追究，以启纷纭。①

如上，整个时务策的主要内容包含两部分：一是崔承老对前朝君主之政的评析，二是他对儒佛二者在治国安民方面的解析。对前代王政的评价，主要体现在前半部分。值得注意的是，崔承老在文中分别将太祖和光宗作为为政好坏的典型来进行叙述。崔承老认为，太祖是具备了王者素质的君主，执政期间不仅外交处理得当，内政也无可挑剔。他礼贤下士，重视德治，任用贤良，坚决清除不正之人，治国有道。思想上，太祖虽然高度评价佛教，但也重视儒教。尽管如此，崔承老也指出，太祖在礼乐、文物、制度等方面稍有

---

① 《成宗元年六月条》，《高丽史节要》卷2，高丽大学图书馆馆藏本1982年版，第56页；《崔承老条》，《高丽史》卷6，高丽大学图书馆馆藏本1965年版，第61页。

欠缺，还存在一些有待完善的地方。政治上，太祖虽然完成了统一大业，但并未能够真正巩固根基，高丽初期实质上相当于是一个豪族势力联合体的国家。太祖对这些豪族们也是临时实施了绥靖政策，目的就是为了进一步实施儒家的仁政和德治。崔承老认为，太祖是践行儒家民本政治的典型。

但对于光宗，崔承老的评价却正好相反。虽然对于光宗执政前八年间政治清平、赏罚公正等也做了客观评述，但对于光宗后来的政治，崔承老则是持批判态度。他认为光宗政治上过于重视文士，礼遇中国文士，但却没有得到贤才；无心政事，好大喜功，听信谗言；过度迷信佛事，铺张浪费为自己祈福，奢侈无度，滥杀无辜；农忙时节依旧大兴土木，日日莺歌燕舞。所以从光宗十一年开始直到二十六年去世的这 16 年间，崔承老评价其是大错特错。然而，对于光宗改革服制、实施科举等这些具有重大意义的政策，崔承老却不加置评。原因就在于，他认为自从实施科举后，光宗就开始过度礼遇文士，从而导致政治混乱。而且光宗时期中央集权得到高度强化，这样便助长了"王权绝对主义"，不利于实施儒家的为民政治。由此可见，崔承老是一位充满民本主义精神的儒者。

整个二十八条的核心内容是建议君主通过采取各种国内外措施来改进国家时政并改善各种社会问题，其中包含了很多对佛教的批判以及对儒教的重视。每条几乎都有爱民、恤民等与儒家仁政相关的内容，可以说时务策的特征是关注民生，而这正是儒家为民政治的主要特征。崔承老在如上《时务二十八条》中引用了许多儒家经典，特别是儒家五经中的《礼记》、《周易》、《春秋左氏传》等，这些构成了他政治思想的学问基础。

关于儒佛二者的关系，崔承老特别强调儒家的"时中论"。在整个二十八条中，第十五条出现了"得中"，第二十条出现了"酌中"，第二十二条出现了"执中"等，这些都很好地反映了时中精神。在崔承老看来，"行释教者，修身之本；行儒教者，理国之源。修身是来生之资，理国乃今日之务"，故舍近求远是不合理的。另一方面，他又强调"三教各有所业，而行之者，不可混而一之也"。因此，崔承老的儒佛观体现了"时中"，正如他自己在上述时务策中也指出，帝王做佛事要"深虑其然，事皆酌中"。因为高丽王朝从太祖建立到成宗，已历时六十余年。而这期间，佛教盛行，寺院林立。日益庞大的寺院经济导致高丽民间耕地日益减少，经济下滑衰退。① 面对这种情景，六朝元老崔承老建议成宗要少做佛事，光大儒学，以民生为要。上述二十八条中，涉及佛教弊端的就有 (2)、(4)、(6)、(8)、(10)、(13)、(16)、(18)、(20) 共九条，崔承老非常强烈地指出佛教的弊端并坚决要求改革，通过改革来遏制佛教信仰，并限制佛教活动。因为如上佛教的诸多弊端是导致国家财政亏空以及百姓入不敷出的重要原因。在此基础上，他提出了爱民、为民、恤民的儒教仁政思想。在儒教的指导下管理国政，提倡为民的仁政，这才是崔承老时务策的重点。

但在当时的时代背景下，崔承老的时务论也不能完全剔除佛教，而是以"儒佛并存"的形式呈现出来，这是一种最适宜的统治手段。② 在当时，作为高丽王朝的国教，佛教依然具有极大的影响力和号召力。因此，崔承老虽然主观上主张以儒治国，但客观上还是受到了佛教的制约，是一种"佛教制约式"的治国论。这也反映了高丽时期的儒学具有浓厚的政治色彩。

第二节　高丽时期儒释道三教的发展及相融

高丽时期虽然将佛教奉为国教，但实际上是儒佛兼学，儒佛并用，二者互为表里。佛教被认为是精神方面的修身治己之学，儒学被规定为是在现实生活中的齐家理国之道。因此，大多数高丽学者都笃信佛教并兼修儒学。韩国学者李丙焘教授论及当时的儒佛关系时指出："以儒者文人而酷信佛教者，又佛徒而兼通儒学者，世多有之。"③ 柳承国教授在提到高丽时期思想特色时也曾指出："高丽时代，儒、佛、道三教皆互不冲突。高丽知识人信仰上崇尚佛教，政治上奉行儒教，儒者及僧侣在思想上皆兼儒佛。"④ 这些主张都如实反映了高丽时期思想发展的特色。

---

① 参见李甦平：《韩国儒学史》，人民出版社 2009 年版，第 121 页。
② 参见李甦平：《韩国儒学史》，人民出版社 2009 年版，第 124 页。
③ 李丙焘：《韩国儒学史略》，亚细亚文化社 1986 年版，第 58 页。
④ 柳承国：《韩国儒学史》，台北商务印书馆 1989 年版，第 81 页。

高丽时期，儒、释、道三教虽然各有发展，但呈现出很强的交叉及融合发展的面貌。虽然历代君王实施儒教振兴政策的很多，但是他们几乎都崇尚佛教。民间的文人志士身上也体现了这种三教互相融合的现象。这种融合现象不是偶然的，而是根植于韩民族固有的文化传统。这对我们解决当今多元文化的发展现象带来了有用的启示。

一、高丽时期的儒教思想

高丽时期的儒学主要是受汉唐儒学的影响而形成的，其特色为重视经学、史学和词章。[①] 在高丽社会中，儒教一般被认为是解决现实政治问题的政教理念。这其中最重要的人物便是太祖王建。他的《训要十条》很明显地表明了儒教治国的意图。《训要十条》是太祖为使后代君王避免安逸与情欲，严守纲纪，早晚必须要思考的十条训诫，是他在 943 年临终之际以遗言的口气陈述而成的治国大纲。鉴于篇幅，本书在此省去这十条训要的详细内容，只点明其核心。核心内容列举如下：

（1）我国家大业，必资诸佛护卫之力，故创禅教寺院，差遣住持焚修，使各置其业。

（2）诸寺院皆道诜，推占山水顺逆。

（3）传国以嫡，虽曰常理，然丹朱不肖，尧禅于舜实为公心。若元子不肖，与其次子又不肖，与其兄弟之众所推戴者，俾承大统。

（4）惟我东方，旧慕唐风。文物礼乐，悉尊其制。

（5）朕赖三韩山川阴佑，以成大业。西京水德调顺，为我国地脉之根本，大业万代之地。

（6）朕所至愿，在于燃灯、八关。燃灯所以事佛，八关所以事天灵及五岳名山大川龙神也。

（7）人君得臣民之心为甚难。欲得其心，要在从谏远谗而已。从

---

① 参见玄相允：《朝鲜儒学史》，玄音社 1982 年版，第 14 页。

谏则圣，谗言如蜜，不信则谗自止。

（8）车砚以南，公州江外，山形地势，并趋背逆，人心亦然。

（9）百辟群僚之禄，视国大小以为是制，不可增减。

（10）有国有家，儆戒无虞。博观经史，鉴古戒今。

上述十项中，（1）、（2）、（5）、（6）、（8）五项是有关阴阳浮屠即道教、佛教的内容，而（3）、（4）、（7）、（9）四项与儒教有直接的关系。十条训要从整体上体现了以儒教为主的儒释道的和合精神，是贯穿整个高丽社会的治国之纲。

作为高丽王朝的开国之祖，太祖临终前立十训要的宗旨是为了强调高丽时期治国治民的根本指导思想是儒教思想。太祖以儒学为治国原理，积极寻求政治上的安定，以期达到国富民安的目的。①

后来的君主光宗（在位年间：949—975）和成宗（在位年间：981—997）都很好地继承和发展了太祖儒教式的文治主义。光宗实施科举，大兴文风，把大批的文人志士收拢到自己的政权之内，发挥其所用。另外，在高丽的历代君主中，除了太祖以外，最崇尚儒教思想的当推成宗。他在政治、文化、学术等诸多方面都力争实践儒教的精神和理念，并以此为基础完善了国家体制及相关制度，从而使得国运昌盛。成宗十一年（992）设立了国家性的大学国子监来培养专门的儒教人才。成宗所实行的诸多鼓励儒教文化的措施使得高丽王朝蒸蒸日上。因此，到了高丽中期，儒教迎来了它的兴盛期，出现了所谓的"十二公徒"。这其中，崔冲（984—1068）的文宪公徒规模最大，甚至可以压倒官学。崔冲在韩国历史上首次建立了有规模的私学，被世人誉为"海东孔子"。他所创立的九斋作为韩国私学的开始，在历史上具有重要的意义。

除了十二公徒创办私学以外，国家也大力振兴官学。到了高丽十六代王睿宗（在位年间：1105—1122）时期，国家设立了养贤库作为奖学机构，大力推进教育事业以及学术振兴政策，因此也培养出了金仁存、金富轼等著

---

① 参见李甦平：《韩国儒学史》，人民出版社2009年版，第109页。

名的学者。另外，仁宗时期也崇尚经学，并且大力整备官学，致力于儒学的发展。这一时期所出现的《三国史记》可谓是具有儒教史观的里程碑式的力作。

　　但这一时代文风的兴盛也蕴含着不可忽视的弊端。为了达到立身出世的目的，儒者们过分追求华丽的辞藻与奢侈的文风，导致了儒学的"华而不实"。朝廷也重文轻武，最终导致了武人叛乱。武人掌权后，儒风逐渐衰退。① 此时的儒者们逐渐丢弃了儒学"修己治人"的根本精神，转而隐居山林，沉溺于词章而不前。安珦（1243—1306）曾作诗来描绘当时的衰败景象：

> 香灯处处皆祈佛，
> 丝管家家竞祀神。
> 唯有数间夫子庙，
> 满庭秋草寂无人。②

此诗非常鲜明地表达了当时儒学的凄凉。不仅如此，儒者李穑（1328—1396）在给恭愍王的上疏文中也慨叹道："今之学者，将以干禄，诵诗读书，嗜道未深，而繁花之战已胜，雕章琢句，用心大过，而诚正之功安在。"③ 可见，与朴素的道德生活相比，儒者一味追求奢华的词藻与文风，这使得其很难摆脱政治工具的命运。

　　如上可知，当时已经堕落的儒学很难再为社会的发展增添新的气象和动力。而且同时代的道教、佛教也弊端暴露而停滞不前。时代呼唤新的思想，而朱子性理学的性质使得其自传入初期便受到新兴士人的青睐。

　　众所周知，朱子性理学极其重视伦理实践的现实性与当为性，并从宇宙论的角度对此进行了规定，强调万物的生成原理——理的至尊不变性，从

---

① 参见韩国哲学史研究会编：《韩国哲学思想史》，心山出版社 2005 年版，第 128 页。

② 《题学宫诗》，《晦轩实记》卷 1，骊江出版社 1976 年版，第 58 页。

③ 《李穑》，《高丽史》卷 115，高丽大学图书馆馆藏本 1965 年版，第 181 页。

形而上的角度规定"性即理"。不仅如此,它还具有很强的民族主义性①,注重"大义名分论",这尤其符合高丽末期统治阶层试图摆脱元朝束缚并追求独立自主的要求。

我们还必须注意与此相关的一个事实便是,高丽后期武人政权崩溃后新兴士人的登场。新兴士人不仅精通学问和政治,而且还具有一定经济基础,并通过科举考试进军中央政界为官。特殊的背景造就了他们极强的责任感与使命感,因此,当朱子学传入时,他们便力图用其解决当时社会的诸多问题。②

综上可见,高丽时期的儒学经历了前期的振兴期、中期的隆盛期、后期的衰落和沉滞期,最终开启了朱子性理学的时代。

二、高丽时期的佛教思想

一般的观念认为,儒教是比较器重于人的现实生活的"理国之学",佛教是比较重视人的精神世界的"修身之教"。高丽成宗(在位年间:981—997)时代的学者崔承老曾指出:

> 且三教各有所业,而行之者,不可混而一之也。行释教者,修身之本;行儒教者,理国之源。修身是来生之资,理国乃今日之务。今日至近,来生至远,舍近求远,不亦谬乎?③

如上引文虽然很好地说明了佛儒之间的关系,但另一方面也暗示出了儒教没

---

① 在朱子学形成的南宋时期,思想界是佛教与道教兴盛,而政治上则面临着异民族——金的侵略。朱子认为,虽然在现实上无法挽回国土被夷狄抢占的现实,但这只是可变性因素气的作用所致,而中华的本质理是不会变的,强调理的尊严性。在此基础上,他主张中华文化源自于尧舜,并据此展开自己的道统论。这便是朱子性理学的历史认识。(参见池斗焕:《韩国思想史》,历史文化社 2002 年版,第 179 页)

② 参见邢丽菊:《从丽末鲜初的社会转型来看"守旧"与"革新"的较量》,复旦大学韩国研究中心编:载《韩国研究论丛》第 28 辑,社会科学文献出版社 2014 年版,第 60 页。

③ 《崔承老传》,《高丽史》卷 93,高丽大学图书馆馆藏本 1965 年版,第 152 页。

有达到可以代表当时思想界之主流的位置。不可否认的是，当时的佛教最受推崇，不仅"上求菩提"、"下化众生"，更被王室视为"护国佛教"。其理由大致可以认为是，自三国时代以来，佛教的思想传统已经变得生活化和普遍化，其观念根深蒂固，而汉唐传入的儒学思想还没有具备能够战胜佛教的深奥哲理和形而上学的理论体系。所以在高丽时期，尽管儒、释、道三教是互为辅助性的、折中以及融合的关系，但我们不能否认佛教在整个思想界是占据主流地位的。

从思想史的层面来看，高丽时期的佛教主要是在教宗和禅宗的对立和扬弃过程中得以发展的。我们可以以武臣乱为基点来对比一下其特征。在武臣乱之前，教宗势力强盛；而武臣掌权之后，禅宗则得势发展，一直到高丽末期性理学传入为止，禅宗风靡整个思想界。[①] 高丽后期代表性的佛教宗派曹溪宗继承了中期天台宗的思想，主张教禅一致。而与天台宗所主张的以教宗为中心来实现教禅的统合一致不同，曹溪宗主张要以禅宗为主来实现教禅一致。

面对当时佛家各宗派之间的矛盾，大觉国师义天（1055—1101）主张要以教宗为中心来实现佛教思想的统合。他重新阐明了元晓的"和诤会通"思想，主张在华严宗的立场上实现教宗各派的统一。同时他又很鲜明地树立了天台宗教观兼修的价值观，力图实现教宗和禅宗的融合。高丽初期，由于太祖信仰禅宗，从而使得禅派的势力日益强盛。但是玄宗以后，华严、法相等的教宗又得势而上，与禅宗形成了对立。可见偏向禅或教都会使得一方排斥另一方，因此义天主张要纠正这股不良风气。他认为，学习教宗的人容易舍内求外，而熟悉禅宗的人容易忘却外面的缘境而善好求内，因此二者都是偏执的。他在此基础上主张教观兼修的必要性，并展开了一系列的佛教革新运动，取得了一定的成果。然而义天去世以后，佛教革新运动逐渐失去势力，而与权贵有着密切关系的华严宗和法相宗等教宗重新主导了佛教界。这就使得佛教渐渐向世俗妥协，走上了不正之路。为了改变这种状态并恢复僧侣的本来面目，一部分有志的佛教人士联合起来展开了信仰结社运动。源自于禅

---

① 参见许兴植：《高丽佛教史研究》，日朝阁 1986 年版，第 439 页。

宗教派的普照国师知讷（1158—1210）所领导的定慧结社和源自于天台宗的圆妙了世（1163—1245）所领导的白莲结社就是其代表。这些结社运动在一定程度上使得当时的佛界脱离了政治污染，维护了其纯正性。

以上是从佛教的内部原因上来看其发展。就外部客观环境来讲，佛教在高丽时期能够兴盛发展到几乎是国教的位置，与君主及民间百姓的大力支持紧密相关。经过了三国以及统一新罗时期，韩国的佛教已经得到了很大程度的发展，已经形成了高度的哲学思想、宗教信仰和艺术（尤其是建筑艺术）。[1] 就国家来讲，它被认为是"护国佛教"；就民间来讲，它是安慰和祈愿的对象。高丽时期，君主对佛教的支持力度更大，尤其是成宗以后，经常举国举办各种佛事活动，如八关会、燃灯会和仁王会等。这些佛事的目的是消灾祈福、镇护国家。

然而到了高丽后期，庞大的寺院经济扰乱了国家的田制，过多的佛事活动成为导致国家财政亏空的重要原因。而当时的君主对佛教的过分宠爱使得僧侣的特权也逐渐增多，很多人滥用特权，逃避劳动和兵役，从而使得寺院成为窝藏腐败的根据地。[2] 这些都表明，佛教引起了一系列的弊端和诸多社会矛盾，而且日渐加剧的宗派矛盾也开始动摇其根基，佛教逐步丧失了其原有的济度和教化的历史机能而走向衰退。如此一来，人们的精神世界就迫切需要一种新的思想来替代佛教的位置。而后期传入的朱子性理学就担当了这一历史使命。

三、高丽时期的道教思想

在整个高丽思想史上，虽然主要的大潮流是几乎被定义为国教的佛教以及在政治和整个社会中发挥重要职能的儒教，但是道教思想仍然在高丽人的宗教信仰中占据了很重要的位置，这一点不容忽视。在高丽时期，道教也非常盛行。面对当时的兵荒马乱和武臣的武断统治，人们很自然地产生了从

---

① 参见李东俊：《儒教的人道主义与韩国思想》，一路文化社1997年版，第180页。
② 参见韩国哲学研究会编：《韩国哲学思想史》，心山出版社2005年版，第120—121页。

中逃离的思想，因此这种具有浓厚现实逃避主义的道教的自然主义因素便占据了上风，风水地理、图谶等神秘主义也盛极一时。①

　　高丽时期的道教以睿宗（在位年间：1106—1123）大规模兴建福源观培养道士为界可以分为前后两期。高丽前期的道教主要以王室的斋醮（道教对其崇拜仪式的传统称呼，俗称"道场"）为中心得以传承下来。斋醮主要是在道观举行，或者根据星位的不同在各个地方的名山设立祭坛来举行仪式。公元643年道教最初传入高句丽的时候，道士们主要是举行斋醮仪式来镇护那些国内有名的山川。到了高丽时期，科仪道教逐渐被国家所接受，因此斋醮仪式也就得以频繁的举行。② 关于斋醮的场所，我们有必要注意九曜堂。它是太祖七年（924）与佛教密宗寺院——外帝释院一起建立的，初期只是一个斋醮所，同时它也体现了道教与佛教密宗的关联。

　　太祖在《训要十条》的第六条中曾指出："燃灯所以事佛，八关所以事天灵及五岳名山大川龙神也。"这很鲜明地告诉我们，道教的信仰对象是天地、山岳、名山、大川以及龙神等。

　　到了高丽中期，道教又得到了进一步的发展，这里面突出的君主便是睿宗。据统计，睿宗在位期间曾举行过三十余次的斋醮。特别要关注的一次便是他即位的第二年（1107）便在玉烛亭里面安置了元始天尊像，举行了月醮仪式，祈愿国泰民安。而且睿宗六年到十二年先后设立福源观的做法也与此息息相关。这表明道教在当时的发展达到了一个顶峰。据史料记载，睿宗五年，宋朝使臣王襄、张邦昌来访，随行的还有两名道士。这两名道士在高丽逗留了很长一段时间，他们选出了通达道教教法的高丽人来进行道教教育，从而促进了道教的复兴。在他们的极力推动下，高丽时期的代表道观——福源观得以建立并主管道教的所有道场仪式。

　　当时深谙道教的代表人物首推白云居士李奎报（1168—1241）。值得关注的是，李奎报既是一位儒者，同时也是知名的道者。纵观其文集，醮礼文、青词等与道教相关的文章占了数十篇之多，从中可以推测出他对道教的

---

① 参见柳承国：《韩国思想与现代》，东方学术研究院1988年版，第381页。
② 朝鲜时期主要在昭格署举行斋醮仪式。

关心程度之高。而我们也可以从中得知，高丽时期儒、释、道三教具有相互交涉发展的倾向，儒者谙道法并不为奇。

总之，高丽时期的道教虽然受中国的影响得到了很大发展，但并没有形成一个很强势的宗教团体。道教的目的也只是停留在祈求国泰民安、预防灾难以及祈愿君主长寿等方面，它没有深入民间深层，进而形成大众式的宗教，只是一种习俗式的道教。①

四、儒释道三教的相融发展

综上可见，在整个高丽时期，佛教主要是在宗教的领域增强人们的和平意识，并使得人心虔敬；儒教在政治、伦理、教育的层面提供秩序与原理，有助于人之立志修养，使得政教隆盛；道教则是以自然无为思想除去人为的要素并使人回归自然，开拓一种超脱世俗的境界。高丽时期儒、释、道三教虽然各有发展，但依然呈现出很强的交叉发展以及融合的面貌。

虽然历代君王实施儒教振兴政策的很多，但是他们几乎都崇尚佛教。太祖以儒治国，但他依然建立了很多禅教寺院，并在遗诏中嘱咐后代君王一定要举行八关、燃灯等仪式；光宗实施科举制、大兴儒教文风，但依然建佛寺，开斋会；文宗在人品和政绩上虽然广受儒者称赞，但与宫殿相比，他依然致力于兴建更加华丽的兴旺寺，并举办超大型的燃灯仪式。而且其三个儿子都出家成僧，他们分别是大觉国师、道生僧统和聪惠首座。熟读经史子集的肃宗之子澄信就是后来的圆明国师。大力实施科举制并兴办学校的仁宗，其子冲曦也成为元敬国师。睿宗虽然献酌圣庙、大兴国学并实施振兴儒教的政策，然而正是他极力将安和寺扩建为国家的大寺院。由此可见，高丽时期振兴儒教的君王同时也是喜好佛教的君王。

既然高丽时期的君王是以儒教理念治国，那么为什么还要重视佛教，甚至是兼顾道教呢？上面笔者列举过太祖十训要的核心内容，其中不乏佛教和道教的内容。这些基本内容反映了高丽宗教的特点，即现实性和地力信

---

① 参见韩国哲学研究会编：《韩国哲学思想史》，心山出版社2005年版，第122页。

仰。佛教的立身安命处是在来世，即摆脱现实的人间问题而追求将来，所以佛教对现实采取消极的态度。但是，高丽的佛教重视现实，关心现实。有关佛教的法事、斋会等都是为了祈求现实社会的安定和平和。而地力信仰是指对风水地理的土俗信仰，这种信仰是道教的内容。太祖强调建寺、设都、选官等都要以阴阳地力说为准，符合阴阳地力说，则国兴；否则国亡。可见，佛教的现实性和道教的地理信仰表明了太祖力图在佛道的宗教仪式下达到以儒治国的实质目的。[①] 因此，儒、释、道三教达到了互为表里的三教融合。

　　然而，除了高丽时期的君主和官方外，在民间的文人志士身上也体现了这种三教互相融合的现象。被称为"海东孔子"的崔冲，曾经亲自为居顿寺圆空国师胜妙塔碑撰文并题写弘庆寺的铭文。而且在其后裔中也出现了俊流、正思、文悦等僧侣。《三国史记》的作者金富轼，既崇尚儒学，又作了大觉国师的碑文。著名儒者李奎报自称为"白云居士"，李承休自称为"动安居士"，由此也可以看出他们对佛教的尚好。到了高丽后期朱子学传入时，当时的性理学者都极力地排斥佛教来维护朱子学的地位，如"东方理学之祖"郑梦周就是很有名的"知佛儒者"。不仅如此，还有很多的亲佛儒者。他们无论是从理论上还是现实上都极力斥佛，而这些批判正是建立在对佛教的精通熟谙基础之上的。也正是因为如此，佛教后来再也没有重新踏上政治舞台，如此也奠定了朝鲜时期性理学的统治地位。可见，高丽时期的儒者大部分都兼涉佛教。不仅如此，佛者兼学儒学的人也很多。如文宗时的慧德王师韶显、大觉国师义天，睿宗时的大鉴国师坦然，仁宗时的广智国师之印，忠烈王时期的普觉国师一然等都精通经史和诗文。[②] 关于儒佛的这种关系，韩国学者李东俊教授评价说："就韩民族的宗教心扉来讲，缺乏佛教的儒教，既不能完全打开它，又不能完全进入它。"[③] 这句话可谓恰如其分。

　　然而，三教融合的现象并不仅仅是在高丽时期出现，而且这种融合也绝不是巧合和偶然，而是源自于韩民族悠久的"和"的文化传统。

----

①　参见李甦平：《韩国儒学史》，人民出版社 2009 年版，第 114 页。

②　参见李东俊：《儒教的人道主义与韩国思想》，一路文化社 1997 年版，第 179 页。

③　李东俊：《儒教的人道主义与韩国思想》，一路文化社 1997 年版，第 180 页。

在韩国古代社会古朝鲜的最古记录——《三国遗事》和《帝王韵记》中均有关于古朝鲜建国的檀君神话的历史记载。檀君神话的思想特质是强调人本主义的理想和和谐的世界观，故事中同时出现了世界的三个轴心——天、地、人，可是这三者之间既没有矛盾，也没有不均衡，而是和谐的关系。对于地来讲，天并没有提供无条件的"乐园"的环境；对于天来讲，地也没有放肆感；万物也按照神的所赐而平安自得。结合了天地之性的人对天地也没有任何的抗拒感和不便，只是为了变成人而受了一些考验而已。神话中檀君的诞生经历了从万物性的存在到人格性存在的变身这一质的变化。天的神性与地的物性的统一点在于人，人既不止于神性或物性，也不是从天地间独立的实体，这便是和谐。和谐是互为根据，阴阳互根。①

不仅如此，新罗时期的花郎道精神也体现了三教融合。当时的著名思想家崔致远在《鸾郎碑序》中曾说道：

> 国有玄妙之道，曰风流。设教之源，备详仙史，实乃包含三教，接化群生。且如入则孝于家，出则忠于国，鲁司寇之旨也。处无为之事，行不言之教，周柱史之宗也。诸恶莫作，诸善奉行，竺乾太子之化也。

他认为，花郎道是包含儒、释、道三教的具有独特性格的固有思想，其思想渊源是韩民族固有的传统和文化。这种花郎道是新罗国力的资源库，在三国统一中发挥了至大的作用。

可见，高丽时期的三教融合是韩国固有传统的延伸和发展。这种现象一直延续到后来的朝鲜王朝乃至今天的韩国社会。绵远发展的历史给我们现代人带来了很好的启示。面对当今社会的多元文化，我们不应用差等的眼光来对待，而是应该本着求同存异的原则来实现诸文化间的和谐发展。只有这样，才能达到"和而不同"的大同世界。

---

① 参见邢丽菊：《试论韩国儒学的特性》，《中国哲学史》2007 年第 4 期。

第三节　丽末鲜初朱子学的传入

　　纵观韩国历史的发展，高丽末期朝鲜初期（以下简称"丽末鲜初"）可谓重要的历史转换期。它不仅从政治上实现了王朝的更替和革新，更重要的是从思想理念上开启了性理学一统天下之门。如我们所知，儒教思想（尤其是朱子性理学）是朝鲜王朝的建国理念和统治思想，在朝鲜王朝五百余年的历史中，朱子学独尊天下。而在此之前的数千年间，佛教则一直作为民族精神的支柱而主导着整个思想界的发展。简单的朝代交替如何带来如此大的思想变革？丽末鲜初的社会转型又是如何实现的？下文将通过考察当时"守旧"与"革新"的较量对决来揭晓这一问题。这种具体的较量主要围绕两个方面展开：一是历史与现实的认识，二是指导理念。

一、丽末鲜初的时代背景与朱子学的传入

　　激变动荡的时期必然会带来社会及思想的划时代变化。由高丽向朝鲜的历史转换不仅仅是王朝的更替，更意味着文明的转换。在克服高丽末期思想危机的过程中，朝鲜选择了与以往不同的新的统治理念，这就是朱子性理学。

　　高丽时期，思想界的特色是儒、释、道三家折中发展。崔承老（927—989）曾指出，"行释教者，修身之本；行儒教者，理国之源。修身是来生之资，理国乃今日之务"[1]，很好地反映了当时思想界的特色。但不可否认的是，佛教最受推崇，不仅"上求菩提"、"下化众生"，更被王室视为"护国佛教"。但到了高丽后期，寺院经济的扩大以及大规模佛教活动的盛行导致国家田制混乱，进而引发财政亏空。此时的佛教已经脱离纯粹的道德心性，而变得与政治紧密关联，进而丧失了民心。不仅如此，佛教各个宗派间的矛

---

[1] 《崔承老传》，《高丽史》卷93，高丽大学图书馆藏本1965年版，第152页。

盾也日益深化，种种因素使得其不能再继续担当历史的使命。而道家思想此时也由于沉溺于过度的神秘主义而停滞不前。

高丽时期的儒学受了汉唐儒学的影响，主要以经学、史学和词章为中心。[①] 但这一时代文风的兴盛也蕴含着不可忽视的弊端。为了达到立身出世的目的，儒者们过分追求华丽的辞藻与奢侈的文风，导致了儒学的"华而不实"。朝廷也重文轻武，最终导致了武人叛乱。武人掌权后，儒风逐渐衰退。[②] 此时的儒者们逐渐丢弃了儒学"修己治人"的根本精神，转而隐居山林，沉溺于词章而不前。

不仅如此，儒者李穑（1328—1396）在给恭愍王的上疏文中也慨叹道，"今之学者，将以干禄，诵诗读书，嗜道未深，而繁花之战已胜，雕章琢句，用心大过，而诚正之功安在"[③]。可见，与朴素的道德生活相比，儒者一味追求奢华的辞藻与文风，这就使其很难摆脱政治工具的命运。

如上可知，无论是世俗的佛教和道教，还是已经堕落的儒学，都很难再为社会的发展增添新的气象和动力。时代呼唤新的思想，而朱子性理学的性质使得其自传入初期便受到新兴士人的青睐。

众所周知，朱子性理学极其重视伦理实践的现实性与当为性，并从宇宙论的角度对此进行了规定，强调万物的生成原理——理的至尊不变性，从形而上的角度规定"性即理"。不仅如此，它还具有很强的民族主义性，注重"大义名分论"，这尤其符合高丽末期统治阶层试图摆脱元朝束缚并追求独立自主的要求。

我们还必须注意与此相关的一个事实便是，高丽后期武人政权崩溃后新兴士人的登场。他们精通学问和政治，通过经营地方的小规模农场积累了经济基础，并通过科举进军中央政界为官。特殊的背景造就了他们极强的责任感与使命感，因此，当朱子学传入时，他们便力图用其解决当时社会的诸多问题。

高丽末期朱子学的传入最初始于安珦。他痛心于当时思想界的现状，

---

① 参见玄相允：《朝鲜儒学史》，玄音社1982年版，第14页。
② 参见韩国哲学史研究会编：《韩国哲学思想史》，心山出版社2005年版，第128页。
③ 《李穑》，《高丽史》卷115，高丽大学图书馆藏本1965年版，第181页。

呼吁学习朱子学为当务之急。

> 近因兵戈之余，学校颓坏，士不知学，其学者喜读佛书，崇信其
> 杳冥空寂之旨，吾甚痛之。吾尝于中国得见朱晦庵著述，发明圣人之
> 道，攘斥禅佛之学，功足以配仲尼，欲学仲尼之道，莫如先学晦庵，
> 诸生行读新书，当勉学无忽。[1]

他不仅从元朝抄写了朱子书籍的有关内容，还临摹了孔子和朱子的真像带回
国内。此后，高丽又派人到元朝带回了孔子及其七十弟子的像，并购买了祭
器、乐器以及六经等，还设立了赡学钱[2]，以成均馆为中心逐渐开展儒学的
中兴运动，为以后传播朱子学打下了基础。白颐正（1260—1340）紧随其
后，他到元朝留学 10 年，回国时带回了大量的程朱性理学书籍。而正式大
规模传播朱子学则是始于李穑。他随从父亲李谷（1298—1351）到元朝做
了 3 年的国子监生员，在学习过程中与元朝学者共同交流。回国后于恭愍王
十六年被任命为成均馆的大司成，集中致力于培养后学人才。如此便掀起了
朱子学传播的热潮。

二、性理学者的历史与现实认识

高丽末期的新兴士人以性理学为思想理念，力图建立一个新兴的儒教
式国家。但李成桂威化岛回军事件后，围绕具体的现实问题，他们之间产生
了分歧，逐渐形成了保守派（又称义理派）与改革派（又称事功派）两大
系列。

这两派的观点差异很明显地体现在私田改革问题上。高丽末期，权
门势族的土地兼并使得田制弊端日益深入，逐渐上升为诸多社会问题的核
心。围绕是否要进行田制改革的问题，性理学者之间产生了分歧，以李穑

---

① 《谕国子诸生文》，《晦轩实记》卷 1，骊江出版社 1976 年版，第 62 页。
② 高丽忠烈王时期，王以及文武官员为了补贴国学所需资金而出的钱。

（1328—1396）和郑梦周（1337—1392）为首的保守派持相对保守的意见，而以郑道传（1342—1398）和赵浚（1346—1405）为首的改革派则积极赞成改革。

均分土地一直是儒家非常重视的问题。因为它与百姓的生计直接相关，也是区分仁政与暴政的一条重要基准。为此，孟子曾指出："夫仁政，必自经界始。经界不正，井地不钧，谷禄不平。是故暴君污吏必慢其经界。经界既正，分田制禄可坐而定也。"（《孟子·滕文公上》）面对当时的社会经济矛盾，保守派也意识到改革的必要性，认为必须通过制止权门势族的兼并来达到土地的合理分配。需要注意的是，保守派并不是反对改革，而是反对革命派全面、激进的改革方案。因为若是那样，就会动摇高丽王朝的统治基础，而且也必然会在此基础上建立一个新国家取代高丽。换言之，他们承认改革的必要性，但绝不允许高丽王朝因此灭亡。

而以郑道传和赵浚为首的革命派却通过其强有力的措施推行了土地改革。他们将以前的公私田籍全部焚烧，这就剥夺并销毁了权门势族非法抢占并支配土地的依据。因此，田制改革大幅削减了以高丽贵族为首的旧势力的经济基础，并成为革命派重建新的社会秩序的良好契机。

下面具体分析一下保守派的代表人物郑梦周（号圃隐）和革命派的代表人物郑道传（号三峰）的历史与现实认识。

郑梦周年轻时便认为词章学是"末艺"，热衷于学习《大学》、《中庸》的修身之道并积极付诸实践，儒家的正名思想和义理精神对其影响极深。柳成龙曾在《圃隐集跋》中评价其说"国存与存，国亡与亡，其忠盛矣"，表达了郑梦周与高丽社稷共存亡的意志。在混乱的世界能够清楚地选择进退，依据的正是儒家的正名思想。

在他看来，高丽末期社会的价值秩序已经崩溃，即正道不能实施，民生不得安定。只有正名恢复秩序，才能达到重新治世。"正名"就是社会的各个成员都尽自己本分的义务，守护自己的权利，同时不侵害对方的权利，达到和平共生。正名的背后可以看出儒家的"礼"思想。郑梦周对正名的强调，是在丽末危机意识的基础上提出的克服现实问题的方案，蕴含着其基本的政治观点。

在具体的政治现实中，郑梦周强调信。他在上疏文中曾指出："信者，人君之大实也。国保于民，民保于信。"[①] 信是人固有的品德，为政者应该为百姓率先示范，宁死也不抛弃百姓。子贡向孔子问政时，孔子曾说"足食足兵，民信之矣"，"民无信不立"（《论语·颜渊》），后来朱子在对此的注释中也指出，"无信则虽生而无以自立，不若死之为安。故宁死而不失信于民，使民亦宁死而不失信于我也"[②]，强调信在为政中的地位。郑梦周在此基础上同样强调政治信赖的重要性，主张君王要广开言路，纳贤集议，关心百姓生活，要做到"民惟邦本"。

在正名思想的影响下，他表达了对高丽王朝的忠节意识和义理精神。在围绕朝鲜建国的政治较量中，革命派的李芳远曾劝其归降，但被其严词拒绝。郑梦周认为，义理精神比实利更为重要。而且到了后来革命派掌权以及朝鲜建国时，他坚决"不事二君"，用以身殉国的方式表达了对高丽的一片赤诚之心，将义理精神发挥到了极致。

虽然郑梦周固守高丽、以身殉节的做法，在朝鲜建国初期一直被视为谋反和叛逆，但到了朝鲜中期，统治阶层开始对他进行重新评价[③]，认为其是守护纲常的忠臣、义理精神的榜样，太宗即位初期便赐其谥号"文忠"，世宗时期编纂的《三纲行实图》中也将其列入"忠臣篇"。可以这样理解，在李成桂通过易姓革命建国的朝鲜初期，革命论占据上风，而经过革命和创业的阶段，到了守成期，就需要确定纲常和大义来维持王朝的安定，统治阶层自然就选择了郑梦周作为范例。朝鲜大儒栗谷曾评价郑梦周为"社稷之臣"、"真儒"和"道学之士"，这也是对其忠节的肯定。继承了郑梦周学统的儒者后来形成了韩国的道学派。

与之相比，郑道传则是彻底的革命派，主张推翻没落的高丽，以性理学为指导理念建立新的朝鲜王朝。关于高丽的最后一代王——恭让王，郑道传认为他已经严重失政并背离民心，地位其实与一介匹夫无异：

---

① 《圃隐集·续录》卷1，《韩国文集丛刊》5，民族文化推进会1993年版，第62页。

② 《四书集注》，成均馆大学大东文化研究院1968年版，第162页。

③ 在朝鲜王朝创业期的《太祖实录》中，郑梦周被规定为"逆臣"，而到了守成期阶段的《太宗实录》和《世宗实录》中，郑梦周则被规定为"忠臣"。

是宜推诚劝贤，纳忠容谏，相与共图维新之治也。何乃惟姻娅挟憾之诉，妇寺徇私之情，是听是信，疏忌元勋，陷害忠良，政事悖乱，人心自离，天命自去，以国君之尊为匹夫之奔而王氏之祀忽诸，悲夫！①

他认为恭让王已经严重失职，并对其政治权力的正当性提出了质疑。"政事悖乱，人心自离，天命自去"说明了当时政治的严重性。郑道传指出，民心的得失是判断君王地位是否恰当的核心。

人君之位，尊则尊矣，贵则贵矣。然天下至广也，万民至众也，一有不得其心，则盖有大可虑者存焉。下民至弱也，不可以力劫之也；至愚也，不可以智欺之也。得其心则服之，不得其心则去之。去就之间，不容毫发焉。②

可见，君王地位的得失取决于民心的向背。得民心固然重要，但如果不得民心，君王地位就会不保。革命派认为，高丽已经失去民心，朝鲜建国才是顺应天理的正确之路。③郑道传用"顺天应人"的思想来主张朝鲜建国的合理性与正当性。

主上殿下，顺天应人，骤正宝位，知仁为心德之全，爱乃仁之所发。于是正其心以体乎仁，推其爱以及于人，仁之体立而仁之用行矣。呜呼！保有其位，以延千万世之传，讵不信与？④

郑道传认为，新王朝顺天应人而获得宝位，正是"仁之体立而仁之用行"。

---

① 《经济文鉴别集下》，《三峰集》卷12，《韩国文集丛刊》5，民族文化推进会1986年版，第112页。
② 《朝鲜经国典上》，《三峰集》卷7，《韩国文集丛刊》5，民族文化推进会1986年版，第68页。
③ 参见郑圣植：《丽末鲜初性理学派的历史意识》，《儒教文化研究》1997年第12辑。
④ 《经济文鉴别集下》，《三峰集》卷12，《韩国文集丛刊》5，民族文化推进会1986年版，第115页。

此处的"顺天"指的是体悟心德之仁，即"仁之体立"；"应人"指的是将体会到的仁推于外，使仁爱惠及他人，即"仁之用行"。因为"顺天应人"，故朝鲜的建国是非常具有合理性的。此外，他废除并革新高丽王朝残留的种种弊象，也是以"顺天应人"为论据的。

如此，郑道传依据天命和人心的向背来论证朝鲜建国的合理化，并积极主导创业革新。既然要建设新的国家，那么新国家体制的统治理念就迫切需要提到日程上来。对此，郑道传提出了"仁政"思想：

> 得其心则服之，不得其心则去之。去就之间，不容毫发焉。然所谓得其心者，非以私意苟且而为之也，非以违道干誉而致之也，亦曰仁而已矣。人君以天地生物之心为心，行不忍人之政，使天下四境之人，皆悦而仰之若父母，则长享安福尊荣之乐，而无危亡覆坠之患矣。守位以仁，不亦宜乎？[1]

获得民心并不是靠个人意愿或武力，而是以德施政。施仁政，则获人心、得天下；不施仁政，则失民心、亡天下。"仁政"以民生的安定为目标，体现了郑道传追求的治国理念。他积极推进田制改革的目的也在于此。

在儒家看来，仁政与德治密切相关。但此处特别要注意的是，郑道传不仅要求实行德治，还认为必要时应积极运用刑罚和法制。

> 故有国家者，必先以保民生为急务。然民生之众，变故甚繁，巧者生奸，愚者冒法。强众为暴，饥寒为盗，诬上行私，罔有纪极，坠王度而致祸乱。长民者其可不虑，而预为之防乎？故必严令以威之，明刑以惩之，然后民有所畏而祸乱息矣。此虽不及德礼之效，亦圣人不得已而为防者也。[2]

---

[1] 《朝鲜经国典上》，《三峰集》卷7，《韩国文集丛刊》5，民族文化推进会1986年版，第69页。

[2] 《朝鲜经国典下》，《三峰集》卷8，《韩国文集丛刊》5，民族文化推进会1986年版，第86页。

可见，他吸收了一部分法家的思想。儒家政治虽以德治为本，但为了安定民生，他认为要辅助以法令和刑罚等手段。当德治的现实基础被抽象化时，统治权就有可能会被滥用，这时就要因时而制宜，具体整备法制来谋求安定。他的思想可以概括为"前代之法"与"今日之宜"的中和，具有很强的现实性。

在这场关于现实问题的认识中，革命派取得了胜利，从而展开了新王朝的创业。

政治上，提出了立基于"德治主义"和"民本思想"的王道政治思路，主张儒教国家既要有统治机能，又要有教化机能。只有以教化机能为基础，统治机能才能够在更广泛的范围内发挥更好的作用，而且只有这样，统治机能才更有意义。在这种统治规范下，确立了中央集权制的官僚体制。

经济上，提出了以农业作为王道政治的基础和万事之根本的重农政策，中央设立司农官，地方设立劝农官，同时也开发和普及灌溉水利、荒地开垦、新品种栽培等农业技术，均等分配土地，减轻赋税，以此来振兴农业。

外交上，对当时的强国——中国奉行事大主义，[①] 定期派使臣通交，共谋亲善的睦邻关系。

三、斥佛论与儒佛交替

朝鲜王朝是名副其实的儒教国家，儒教是其政治统治理念。为了加强朝鲜建国的正当性和当为性，巩固性理学的理论体系，朝鲜初期的性理学者便展开了对前朝统治理念——佛教的批判，大力推行"排佛崇儒"政策。排佛论的形式多种多样，但大致可以分为两类：一是对佛教组织的批判，二是对佛教理论的批判，即从现实和本质两方面进行批判。[②] 之所以排斥佛教，

---

① 韩国学者崔英成指出，当时的"事大主义"并不是受到中国的军事威胁或压迫而形成的，而是通过文化交流来维持友好的睦邻关系，从形式上维持当时东亚各国以中国为中心的上下、君臣关系，因此朝鲜在这一过程中具有自主性。（参见崔英成：《韩国儒学思想史》（二），亚洲文化社 1997 年版，第 17 页）

② 参见李东俊：《16 世纪韩国性理学派的历史意识研究》，成均馆大学博士学位论文，1975年，第 53 页。

根本原因在于性理学具有重视道统的理念特征。儒学本身就有"斥异端"的传统，孟子曾提出"尧→舜→禹→汤→文王→周公→孔子"的道统，并以此批判杨朱和墨翟为异端。而且朱子学也具有"辟异端"的意识，这种意识具有两层含义：一是从思想上排斥佛教和道教，树立性理学的体系；二是排斥女真族的金，宣扬宋朝的自主独立性。面对旧的佛教思想以及新的性理学思想，朝鲜儒者（无论是保守派还是革命派）展开了义不容辞的排佛运动。这是一场思想理念领域的"守旧"与"革新"的较量，是佛教与儒教的思想对决。

首先来看一下郑梦周的排佛观。在当时，佛教非常盛行，特别是武人暴乱后，文人都躲入寺院避难并从事下人劳动，所以儒学者甚至要从佛学者那儿学习经典，提高涵养。可见，当时的儒者并不是真正的"纯儒"，而是与佛者有密切的关系。郑梦周也不例外，他一方面精通儒教，以性理学为本；另一方面又广涉佛家经典和教理，深谙儒教。所以他"排斥老佛之言，讲论惟精，深得圣贤之奥"①。

他立足于儒教真理观的基础上，对佛教的根本理论展开了批判。

> 儒者之道，皆日用平常之事。饮食男女，人所同也，至理存矣，尧舜之道，亦不外此。动静语默之得其正，即是尧舜之道，初非甚高难行。彼佛氏之教则不然，辞亲戚绝男女，独坐岩穴，草衣木食，管空寂灭为宗，是岂平常之道？②

他认为，儒学是日常生活之道，是现实生活的实践伦理，与人们息息相关。而佛教则是脱离人类社会，以空观涅槃为目标，与现实生活相差甚远。如此，他批判佛教的非现实性，主张只有切合实际生活的儒教才是真正需要的。另外，他还作诗来批判佛教一味追求真理而脱离形而下的世界：

① 《郑梦周条》，《高丽史》卷117，高丽大学图书馆馆藏本1965年版，第201页。
② 《经筵启辞》，《圃隐集》续录卷1，《韩国文集丛刊》5，民族文化推进会1993年版，第62页。

> 松风江月接冲虚，
>
> 正是山僧入定初，
>
> 可笑纷纷学道者，
>
> 声色之外觅真如。①

他批判指出，脱离现实世界而追求真如世界的做法是错误的，因为"道不远人，人之为道而远人，不可以为道"（《中庸》第十三章），真理具有平常性、现实性。故佛教者远离现实求道的方法是错误的。

关于佛教的华严学，他批判指出：

> 如天之圆，广大无边，如镜之照，了达微妙，此浮屠之所以喻道与心。而吾家亦许之以近理，然其圆也可以应万事乎？其照也可以穷精义乎？吾限不得时遭乎灵山之会，诘一言于黄面老子。②

他虽然承认《华严经》中所说的心能贯通一心法界、事事无碍的普遍真理的境界，但这种真理能否对应于具体的现实，以及心的境界能否对变化的现实世界起作用并发挥当为的义理，这都是未知。③ 而且他还将佛家始祖释迦牟尼贬低称为"黄面老子"，更显示了其斥佛的态度。

另外，他还运用《周易·艮卦》的内容来批判《华严经》，认为"细看《艮卦》六书耳，胜读华严一部经"。《艮卦》的象辞是"艮，止也。时止则止，时行则行，动静不失其时，其道光明。艮其止，止其所也"，即其核心内容是"时中"和"止于至善"。"止"不是单纯的停止、静止，而是根据各自的情况进行最适宜、最恰当的处理，其核心在于下一动作的开始，意味着新生命的孕育。④ 可见，他以儒家的"时中思想"来批判佛教的"无碍思想"。

---

① 《赠僧》，《圃隐集》卷2，《韩国文集丛刊》5，民族文化推进会1993年版，第68页。

② 《圆照镜子》，《圃隐集》卷3，《韩国文集丛刊》5，民族文化推进会1993年版，第79页。

③ 参见郑圣植：《丽末鲜初思想典范的转换研究》，《温知论丛》2006年第15辑。

④ 参见李正浩：《周易正义》，亚洲文化社1980年版，第111—112页。

如上，郑梦周主要是在具体的现实中批判佛教的空虚。他的斥佛思想在高丽末期的思想转换中发挥了一定的作用，为日后郑道传斥佛论的展开打下了基础。

郑道传也是持坚定的斥佛论立场。他认为，"佛氏之害，毁弃伦理，必将至于率禽兽而灭人类"[①]，这很明显地表露了他的斥佛动机。他主张要以儒教的道德意识为基础来斥佛，从而守护儒教之伦理。其斥佛论的代表著作有《心问天答》（1375）、《心气理篇》（1394）和《佛氏杂辨》（1398）等。

《心问天答》主要有"心问"和"天答"两部分组成，前者主要是向上天问公平，而后者则是以天答的方式阐明了天地间的灾殃和祥瑞都是来自于人事的得失，而不是玉皇大帝的安排。郑道传将处于流放途中的自己比为心，将君王喻为天，呼诉自己的冤屈。通篇反映了高丽时代人们深信不疑的吉凶祸福的主宰即玉皇大帝所具有的局限性，强调人的主体性。这就揭示了儒家哲学的基本结构以及人们道德行为的依据。由此可以看出他立志要在儒家理念基础之上建立一个理想社会的愿望。

《心气理篇》的"心"指的是佛教的"修心"，"气"指的是道家的"养气"，而"理"则是儒家的"性理"。其中的《心难气篇》是用佛教的修心来质难道家的养气。相反，《气难心篇》是用道家的养气之法来质难佛教的修心。如此便揭示了道家和佛家的弊端，最后又用《理喻心气篇》来论证儒家（性理学）在理论上的优势。他指出"儒主乎理，而治心气。本其一而养其二。老主乎气，以养生为道。释主乎心，以不动为宗。各守其一，而遗其二者也"[②]，佛教为了修心而认为现实世界是虚妄的，道教为了养生而否定思虑和心理作用，而儒家的理是生成的理，可以克服二者的弱点并包容之，"我（理）存尔心，莹澈虚明，我养尔气，浩然而生"[③]。这从总体上反映了儒家在思想上比道佛具有优越性。

---

① 《佛氏杂辨序》，《三峰集》卷5，《韩国文集丛刊》5，民族文化推进会1986年版，第290页。

② 《心气理篇后序》，《三峰集》卷6，《韩国文集丛刊》5，民族文化推进会1986年版，第291页。

③ 《理喻心气》，《三峰集》卷6，《韩国文集丛刊》5，民族文化推进会1986年版，第290页。

《佛氏杂辨》可谓是郑道传斥佛论的集大成之作，共有 19 篇文章构成。他在文中引用了二程以及朱熹的斥佛理论并对此作了系统整理。他在《佛氏杂辨》的篇首便对佛教的基本理论——轮回说和因果论作了批判，他指出：

> 天地之化，虽生生不穷，然而有聚必有散，有生必有死……天地阴阳之气交合，便成人物，到得魂气归于天，体魄归于地，便是变了。①

他认为，世间万物个体的生灭是由阴阳五行之气的聚散导致的，反对个体通过轮回即使在死后也可以持续存在的观点。这是以性理学的生命观为基础的，他以性理学的"生生无穷说"来否定佛教的轮回说。否定轮回说自然就与批判因果说相连。佛教将现实世界丰富多样的差别性都解释为"业因"和"果报"，而郑道传指出：

> 人物生生之理悉矣，知此则轮回之说自辨矣。轮回之说辨，则因果之说不辨而自明矣。②

在阴阳五行之气运行的过程中，万物产生了差别，这是客观自然的秩序，他以此来批判"业因"和"果报"的主观宿命论。③

其次，他对佛教和性理学心性概念的差异也作了明确分析。他认为：

> 心者，人所得于天以生之气，虚灵不昧，以主于一身者也；性者，人所得于天以生之理，纯粹至善，以具于一心者也。④

---

① 《佛氏杂辨·佛氏轮回之辨》，《三峰集》卷 9，《韩国文集丛刊》5，民族文化推进会 1986 年版，第 292 页。

② 《佛氏杂辨·佛氏因果之辨》，《三峰集》卷 9，《韩国文集丛刊》5，民族文化推进会 1986 年版，第 293 页。

③ 参见郑圣植：《丽末鲜初思想典范的转换研究》，《温知论丛》2006 年第 15 辑。

④ 《佛氏杂辨·佛氏心性之辨》，《三峰集》卷 9，《韩国文集丛刊》5，民族文化推进会 1986 年版，第 295 页。

在他看来，心是气，性即理。心虽为气，却由于虚灵不昧而为一身之主宰，因此集性理于其中。在此基础上展开了对佛教心性论的批判。

> 迷之则心，悟之则性。又曰，心性之异名，犹眼目之殊称。至楞严曰圆妙明心，明妙圆性，以明与圆，分而言之。普照曰，心外无佛，性外无法。①

《楞严经》虽用明和圆来区别心与性，而且普照依据佛法虽然一定程度也可以区别心性，但却不能规定心与性的实质。

而且，关于儒佛同异，他认为二者虽然使用相同的术语，但内容却不尽相同，并对此作了一一对照。

> 要之，此见得心与理为一，彼见得心与理为二；彼见得心空而无理，此见得心虽空而万物咸备也。故曰，吾儒一，释氏二；吾儒连续，释氏间断。然心一也，安有彼此之同异乎？盖人之所见，有正不正之殊耳。②

他认为，儒佛互不交融的根据便在于对心、理关系的立场不同。儒家认为心与理为一，佛家则认为心与理为二；佛家认为心空便无所价值，而儒家则指出，即使心空，万物也具备其中。因此，儒家是一、连续；而佛家则是二、断绝。

可见，郑道传的斥佛论是在传统的模式中，以性理学的基本理念为基础来批判佛教，这也凸显了其现实性的、官学派的立场。因为，既然选择了性理学作为朝鲜的政教理念，就必须彻底地守护其理论根据，而且性理学本身也具有"辟异端"的传统。

---

① 《佛氏杂辨·佛氏心性之辨》，《三峰集》卷9，《韩国文集丛刊》5，民族文化推进会1986年版，第295页。

② 《佛氏杂辨·佛氏同异之辨》，《三峰集》卷9，《韩国文集丛刊》5，民族文化推进会1986年版，第295页。

除了排佛外，性理学者们还通过一系列的措施逐渐实现了儒佛交替。首先，君主们继位后大都中止了宫内的佛事活动，而且缩减寺庙数量，将大部分寺庙的土地用作军资或分给开国功臣，让寺庙的奴婢还乡，这就大大减弱了佛教势力。其次，统治者为了强化统治理念，巩固官僚体系，还对教育机关进行了大幅整备。最明显的是，将国立大学成均馆从开城移到汉阳，集中力量培养儒家式的治国人才。并通过在全国各地兴建书院等措施来普及和传播性理学理念，大大巩固了国家的思想基础，稳定了民心。

四、丽末鲜初社会转型的意义分析

丽末鲜初的社会转型充分体现了两种势力的较量：保守与变革。历史上，保守与变革的较量无时无刻不存在。特别是在社会的转型期，这种较量尤为激烈。但在这场较量中，没有绝对的胜者与败者，即使胜者取胜，也不能完全无视败者，结果大都是二者实现折中性的和谐发展。尽管这种发展有时候来得不是那么迅速，有的甚至需要一段很漫长的时间，然而正是这种新旧较量以及二者的和谐发展，才带来了历史的更新和社会的前进。

就丽末鲜初来看，在历史与现实的认识问题上，虽然当时看似革新的一派即以郑道传为首的革命派取得了胜利，成功建立了朝鲜王朝，实现了朝代更新，可谓是"开国功臣"和"治国栋梁"。但是，在朝鲜建国后的一段时期，当社会进入稳定期（守成期）后，统治阶层便开始注重儒家"纲常义理"的价值，以此来稳固统治基础，于是丽末守旧派的代表郑梦周则被追为忠臣而大加褒扬，被奉为"东方理学之祖"及"真儒"等。而郑道传则被视为逆臣而流配他乡。新旧派的结局在朝夕间迥然不同。

思想理念领域也是如此。丽末鲜初的性理学者们无一例外地排斥旧理念佛教，拥护新的性理学为统治思想。如此，新派思想性理学取得了胜利，它成功地被统治阶层视为国家的指导思想，并大为推广和普及，扬名天下。尽管这样，旧派的佛教也并非全部销声匿迹。虽然在朝鲜初期统治阶层一系列的排佛政策大大压制了佛教的发展，佛教势力几乎一蹶不振，但儒佛会通的思想也是朝鲜思想史的一大特色。太祖迁都汉阳后，曾与僧侣无学商议对佛友好的策略，而且无学的弟子已和也提出了儒佛相融发展的"护教论"来改善佛教的处境。就统治阶层来讲，中期的世祖较于其他君王来说对佛教的态度要积极一些，他喜欢佛教，也乐于与僧侣交往，支持并援助佛教经典的刊发，对发展佛教事业作出了一定的贡献。而且，朝鲜中期性理学者金时习也与佛教思想因缘颇深，他的学问广泛涉猎儒佛思想，而且不偏执于其中的任何一方。他认为，孔子与释迦牟尼的思想没有根本差异，主张实现二者会通。他的这一思想非常值得关注，是研究朝鲜时代儒佛会通论的重要线索。就整个朝鲜时代来讲，虽然佛教势力一直不敌儒教，但其并不是完全消失。儒佛者们积极寻求二者会通的方案，而且佛教也一直发挥着"护国宗教"的作用。在壬辰倭乱的危急时刻，僧兵们也破了佛教不杀生的戒条，为了守护国家而奋力杀敌，勇往直前。可见，即使在"崇儒排佛"的大局背景下，朝鲜时期的佛教在祈愿国家安宁方面依然发挥着作用，其传统也一直绵绵延续下去了。

在当今的时代，我们依旧面临着保守与变革即新旧的较量和对决。旧意味着传统，新意味着当今社会背景下的诸多新鲜事物。不可否认，在社会的发展过程中，传统需要因时、因地制宜的变革，从而增添新的活力并注入新的动力；而变革也需要以传统为基础，维持基本的方向和轨迹。完全抛弃旧的纲常传统，或者一味求新，都是极端不可取的做法。最好的办法就是实现二者的和谐发展，这就是儒家的时中之道，它适用于任何一个时代。可见，丽末鲜初社会转型中体现的新旧对决对我们解决当今社会发展的诸多问题无疑具有良好的启示意义。

第四章　朝鲜前期儒学的发展

朝鲜王朝的建国是通过异姓革命实现的王朝更替，但从另一方面看，它也是由于在权门豪族与新兴士大夫之间激烈的政治斗争中因后者胜利而导致的新王朝的建立。高丽末期，各种矛盾和混乱在权门豪族社会中不断发生，经过武臣政权和元朝的干涉，这种混乱变得更加严重。郑道传、赵浚、尹绍宗等新兴士大夫势力①与李成桂紧密结合起来，开展了新的改革运动。他们在拯救陷于生灵涂炭中的百姓、充实国家财政的名义下，大力推进田制改革运动。②在这一过程中，高丽的昌王（在位年间：1388—1389）被驱逐，恭让王（在位年间：1389—1392）在李成桂一派的支持下登上王位。这期间也不乏激烈的政治斗争，斗争的结果是权门豪族的经济基础彻底崩溃，主张改革的李成桂一派掌握了实权。1392年李成桂在顺利排除了主张高丽王朝存在的节义派郑梦周的势力后，顺利登上了王位，这就意味着新兴士大夫势力与武将势力联手，排斥权门豪族，最终成功实现了王朝更替。新王朝国号定为朝鲜，首都设在汉阳，国家面貌焕然一新。朝鲜王朝建国的意义就在于，它一方面通过王朝更替找到了解决高丽社会长期积累的各种社会矛盾

---

① 新兴士大夫大部分是在地方社会中具有土著基础的乡吏阶层的后裔。他们具有性理学的素养，通过科举走上仕途，并对佛教与权门豪族的勾结进行批判。这些新兴士大夫们本就精通政治事务，又具有文学修养，他们通过科举考试成为中央官吏，并形成了一股势力。他们认识到高丽末期社会存在的各种问题并为之提出改革方案，因此在恭愍王时期的政治改革中迅速成长起来，并最终在王朝交替过程中发挥了强有力的作用，为日后的政治发展奠定了基础。

② 参见高丽大学韩国史研究室编：《新编韩国史》，孙科志译，山东大学出版社2010年版，第109—110页。

的途径和方法，另一方面通过将性理学规定为国家的统治理念和指导思想，推翻了一直以来佛教在思想界的统治地位，开始了朝鲜王朝历时五百余年的"儒学王朝史"。可以说，朝鲜王朝的建立兼具政治和思想层面的双重性划时代意义。

第一节　朝鲜前期儒学的展开及特色

一、儒教式国家政治体制的建立

新建立的朝鲜王朝面临的最大课题就是加强王权并整顿国家体制。由于太祖李成桂（在位年间：1392—1398）建国时的功臣即新兴士大夫和武将们联合掌握了新王朝实权，而且新王朝初期还继承了高丽末期松散的政治体制，因此中央对地方的掌控力很弱。太祖时期，郑道传提出儒教的理想政治，力图实现权力的集中和体制的整顿。太宗时期，废除了私兵，将兵权收归国家；果断铲除掉外戚势力，同时也努力牵制功臣势力；把都评议使司改组为议政府，使之成为一个联席机构，从而削弱了其势力；采用六曹直启制，由国王直接统辖六曹，确立了国王—议政府—六曹体制，如此国王便可以直接掌管政治事务。就政治机构来看，议政府采取联席会议的形式，是最高的权力机构。六曹作为中枢政务机关，也占有重要地位。此外，还有负责传达国王命令的承政院。司宪府为监察机构，司谏院是负责对国王谏诤和封驳的机构，弘文馆主要是管理文翰以备国王咨询，司宪府、司谏院与弘文馆共同组成了"言论三司"。此外还有义禁府负责根据国王之命审理重大案件，成均馆作为国家的最高教育机构负责培养人才。通过这些措施，新体制的基本框架得以确立。

在这些权力机构中，三司的作用尤其要值得注意。司宪府与司谏院作为言官，通过开展弹劾与谏诤活动，对政治权力的牵制与制衡产生重大影响。年轻的谏官们以儒教的素养和忠君爱国的基础面对专制王权。国王虽然表面上拥有绝对的权力，但由于深受儒教思想的熏陶，所以常常处于不得不接受谏诤的境地。在这里，作为政治之鉴的历史、史馆和史官的制度也发挥着重要作用。[1] 上述政治体制的发展合理分散了集中于君主的统治权力，可谓是实现了"王与臣的共治"，因而实行儒家为民政治的可能性就随之扩大。

在政治基础得以奠定后，世宗时期的儒教政治取得了进一步的发展。世宗设立集贤殿，开始对儒教经典和制度仪礼等进行研究，同时还通过经筵[2] 讲习儒教经典。经筵是朝鲜特有的一项政治运营机制，是负责每天为国王讲授儒教经典和历史著作的机构，成宗时期非常发达。国王不仅经常出席经筵，而且还直接参与学问讨论，这就极力推动了政治的儒教化，同时也刺激了儒教的兴盛和发展。在一日三讲的频繁经筵中，特别是在朝讲中，弘文馆、议政府、六曹、台谏等主要机构的官员全部参加。这样在讨论经史的时候，也讨论了国政，于是就逐渐形成了一种"经筵政治"。这种经筵政治也导致了朝鲜王朝"两班"[3] 官僚国家体系的形成。两班官僚体系的发达是朝鲜王朝的一大显著特征。在朝鲜建国中起到主导作用的新兴士大夫作为新的统治阶级独占了官职，在作为两班兴起之后，整顿了政治制度，强化了科举功能。两班阶层通过科举进入仕途的人又进一步形成了官僚集团，进而形成主导政治发展的统治主体，成为统治势力的核心。[4] 这就会在很大程度上牵制国王的权力。在这种情况下，儒教理念设定了国王和两班官僚的位置，在理想化的政治方向中起到了重要作用。

---

[1]　参见高丽大学韩国史研究室编：《新编韩国史》，孙科志译，山东大学出版社 2010 年版，第 114 页。

[2]　经筵又称"经幄"或"经儒"，目的是通过给国王讲授经史来实现儒教政治，实际上也是为了牵制王权。高丽睿宗时期就开始了经筵，但是由于各种原因并没有正常运行，后来到了朝鲜时期，随着崇儒政策的实施，经筵又重新得以发展兴盛起来。

[3]　"两班"是高丽时期参加朝会的大臣面向国王分立于左右两侧时，位于右侧的文班和位于左侧的武班。"两班"即此文、武班的合称。两班的外延本来只限于在位的两班官吏，后来逐渐发展到指称两班及其家族的贵族身份概念。高丽时期的两班主要围绕官职形成，但朝鲜王朝的两班虽然也是以法定的社会政治身份为基础，但随着以科举制为核心的官僚体制的完善和朱子学的传入及发展，两班身份的法定内涵逐渐向社会俗成的文化内涵发展，从而使朝鲜王朝成为有别于高丽的两班文化社会。

[4]　参见高丽大学韩国史研究室编：《新编韩国史》，孙科志译，山东大学出版社 2010 年版，第 117 页。

不仅如此，朝鲜初期还非常注重学习中国，努力整顿文物制度，编纂史书，《经国大典》便是典型的例子。太祖时期的赵浚（1346—1405）就编纂了《经济六典》，这是朝鲜最初的、最规范的成文法典。《经济六典》、《经国大典》都是包含朝鲜时代"礼制"和"官吏制"内容的典籍，这两部典籍的编纂进一步扩大了性理学的影响。后来太宗时期又编纂了《元六典》和《续六典》。虽然当时也出现了建立在儒教理念基础上的统治法典，但这些法典却没有被普遍化，仅仅止于"条例集"的层次。后来在朝鲜国王的亲自关心和指导下，历经世祖、睿宗、成宗三代君主的努力，最终于成宗十六年（1485）正式颁布了《经国大典》。《经国大典》分为吏、户、礼、兵、刑、工等六典，每典都设有必要的条目，并收录了条文，其特征在于使用统一的体系和抽象化的条文，确立了朝鲜王朝的统治规范，完备了当时的国家和社会体制。除此之外，朝鲜时期还编纂了一批历史文献，《朝鲜王朝实录》便是以编年体的形式编纂的每一位国王在位时期的记录。自从太宗十三年（1413）刊行《太祖实录》以来，实录的编纂和刊行一直持续到朝鲜王朝灭亡。除了整理当代史外，文宗时期还编纂整理了前朝高丽时期的《高丽史》和《高丽史节要》。前者是由世家、志、年表和列传组成的纪传体正史，后者则是以编年体形式叙述的高丽时期的基本史料。成宗时期还把从檀君朝鲜开始到高丽时期为止的历史加以整理并编纂为《东国通鉴》。[1] 朝鲜时期编纂史书一方面理清了民族发展的脉络，有利于提升民族的正体性和主体性；另一方面高度弘扬历史意识也是传承儒教"以史为鉴，以古鉴今"的治国理念，以期更好地实现对国家和社会的统治。

附表　朝鲜历代王朝实录[2]

种类	卷数	册数	编纂年代
太祖实录	15	3	太宗十三年
定宗实录（恭靖王实录）	6	1	世宗八年

---

[1]　参见高丽大学韩国史研究室编：《新编韩国史》，孙科志译，山东大学出版社 2010 年版，第 133 页。

[2]　此表参照蔡茂松：《韩国近世思想文化史》，台北东大图书公司 1995 年版，第 81—82 页。

种类	卷数	册数	编纂年代
太宗实录	36	16	世宗十三年
世宗实录	163	67	端宗二年
文宗实录	12	6	世祖一年
端宗实录（鲁山君日记）	14	6	睿宗一年
世祖实录	49	18	成宗二年
睿宗实录	8	3	成宗三年
成宗实录	297	47	燕山君五年
燕山君日记	63	17	中宗四年
中宗实录	105	53	明宗五年
仁宗实录	2	2	明宗五年
明宗实录	34	21	宣祖四年
宣祖实录	221	116	光海君八年
宣祖修正实录	42	8	孝宗八年
光海君日记（中草本）	187	64	仁祖十一年
光海君日记（正草本）	187	40	仁祖十一年
仁祖实录	50	50	孝宗四年
孝宗实录	21	22	显宗二年
显宗实录	22	23	肃宗三年
显宗改修实录	28	29	肃宗九年
肃宗实录	65	73	英祖四年
景宗实录	15	7	英祖八年
景宗改修实录	5	3	正祖五年
英祖实录	127	83	正祖五年
正祖实录	54	56	纯祖五年
纯祖实录	34	36	宪宗五年
宪宗实录	16	9	哲宗二年
哲宗实录	15	9	高宗二年
总计	1893	888	

朝鲜时期还非常重视性理学的礼治主义，通过礼的规范实践来实现礼治。太宗时期就开始对理学进行研究，世祖时期通过古制研究进一步加深了对礼学的研究。因为性理学兴起的动机之一就是克服佛教诸如虚空之类的道德弊端。自 14 世纪开始，高丽末期的性理学者就已经接受了性理学的礼治主义特别是朱子的《家礼》，朝鲜王朝更是从政府层面积极采纳并大力推进实施。太宗时期命平壤府印发《家礼》150 部，并颁发至各司。随着《家礼》的出版、普及和启蒙越来越发展，三年丧、家庙制等制度也更加顺利地得以推行。这些措施与朝廷依据《经济六典》制定的五服制政策一起被采纳应用。① 《家礼》还被应用到官员选拔应试中，通过选拔的七品以下官员要进行《家礼》考试。② 在两班阶层中，甚至出现了如果不建家庙进行祭祀就要受到严惩的现象。③ 此外，遵照世宗指令，学者偰循编写完成了《三纲行实图》。④ 世宗时期也开始组织学者着手编写《国朝五礼仪》，并于世祖时期完成。可以说，这些都是世宗和世祖关心礼治，积极发挥"仪礼详定所"作用的产物。

《家礼》主要规定了家庭在冠、婚、丧、祭等方面应该遵循的礼仪。以这些礼仪为基础重点制定了父子有亲、夫妇有别的制度。作为家庭生活的规范制度，《家礼》极为重视进一步扩大实现父子有亲的"孝"思想，即祖先崇拜思想。《家礼》将修建祠堂放在所有礼仪首位就可充分证明这一点。儒教重视孝和祖先崇拜思想，这也正是儒教确立家长制秩序的原因所在。因此，采取积极普及和推广《家礼》的措施，促使百姓以孝来建立每个家庭单位的家长制秩序，进而实现朝廷制定的礼治目标。

《家礼》的主要内容是规范冠、婚、丧、祭，《国朝五礼仪》则主要规定礼仪的名称和种类，如吉礼、凶礼、军礼、宾礼、嘉礼等。《家礼》主要针对个人之礼，即"私家"之礼，《国朝五礼仪》则重点规定宫中和朝廷应行之礼，即"宫中之礼"和"国家之礼"。朝鲜王朝通过制定和施行这些礼

---

① 参见《太祖四年六月》，《太祖实录》卷 7，东国文化社 1957 年版，第 119 页。

② 参见《太宗三年六月》，《太宗实录》卷 5，东国文化社 1957 年版，第 62 页。

③ 参见《太宗十三年五月》，《太宗实录》卷 25，东国文化社 1957 年版，第 108 页。

④ 1432 年开始编写，1434 年完成并刊印。

治政策，促使全国民众建立起"礼的行动化"，并以此为基础实现建立政治、社会秩序的目标，14世纪末至15世纪即朝鲜初期基本按照如上措施推行礼治。

《三纲行实图》正如书名所示，"三纲"就是君为臣纲、父为子纲、夫为妇纲，积极鼓励忠、孝、贞节，积极向所有人特别是儿童和妇女讲授古代中国和韩国的忠臣、孝子以及烈女事例，并通过插图加以解释说明。可见这本书的编纂目的是从国与家的角度来规定伦理教育。换言之，《三纲行实图》是新建立的朝鲜王朝为实现伦理教育而编写的。①

可见，朝鲜王朝依靠性理学来实现的礼治与儒教的理想政治理念是相辅相成的。儒教的理想政治是继承尧、舜、周公三代的政治思想，具体内容是通过为民政治来实现"民生敦厚"。礼治是从民本、为民的角度，通过礼来提高百姓的素质和修养，促使百姓自发地共同参与到实现理想政治（仁义之政、王道政治）的政治形态。所以无论是《家礼》还是《三纲行实图》的普及、推广及实践，都包含了统治阶级的这种意志。

二、朝鲜前期性理学者的排佛论

从思想史的层面看，宋代理学是从对道教和佛教的批判意识中出发的。同样，朱子性理学在朝鲜实现本土化的过程中也遵循了类似的步骤。朝鲜初期的士大夫们也面临着清除高丽王朝的佛教势力（也包含老庄思想）并尽快稳固新的儒教治国理念—朱子性理学的紧迫任务。② 于是，朝鲜初期的性理学者便展开了大规模的排佛论。下文将着重介绍郑道传、徐敬德、李彦迪三位学者的排佛论。

郑道传（1342—1398），字宗之，号三峰，本贯奉化，生于高丽荣州，朝鲜建国功臣，被称为"朝鲜王朝的设计者"。③ 郑道传早年著有《学者指

① 参见尹丝淳：《韩国儒学史》上，韩国知识产业社2012年版，第83—85页。
② 参见崔英辰：《韩国儒学思想研究》，邢丽菊译，东方出版社2008年版，第159页。
③ 郑道传在异姓革命成功后便立即着手发行巩固朝鲜统治的基本典籍，如《经国大典》、《经济文鉴》、《经济文鉴别集》等。他大力推进土地改革，建立了公田制；大幅修订府衙的兵

南图》,全面阐述了自己对朱子性理学的认识。此书可能曾被普及推广,但目前已经失传,因此只能从现有的排佛著作中来探讨他的性理学思想。迄今流传下来的郑道传排佛著作主要有三:《心问天答》(1375)、《心气理篇》(1394)和《佛氏杂辨》(1398)。前二者主要是从性理学角度展开的间接排佛,后者则是更加直接、犀利的排佛。

《心问天答》的题目虽然是心来问,天来答,但其实是心自问自答,因为天不会提问。郑道传以向天寻求答案的方式为标题,可能是领悟到上天的不确定因素,因此将其称为"天之不定"。因为现实生活中确实也会出现很多善人遭恶报或恶人遭善报的情况。在他看来,"人为善则天报之以福,为恶则天报之以祸,此理之常也"[①]。这种理的公正性也称为"义理之公"[②]。但在现实中妨碍这种"义理之公"实现的则是人心生的物欲。人的生存离不开物质,日常生活也很容易流于物欲,这些物欲的刺激会使得心受到伤害,这就是"天理之所以病也"[③]。他还在此基础上指出了天所具有的主宰力是有限的,"天能以理赋予于人,而不能使人必为为善"[④]。天虽然赋予了人行善不作恶之理,但是选择和实践善行却是人的"自律性行为"。从"性即理"角度看,"我心之理即天之理"[⑤],同时义理就是五常(仁义礼智信)之性。[⑥] 因此,天赋予人的理实际是内心之理,也是"仁义礼智信之本性",所以善行就是实现"人之本性"。

郑道传站在性理学者的立场上认为,因果报应未能如实显现的原因在

役制度,编修了作战阵法和阵图;为激励强军,还谱写了《梦金尺》、《文德曲》等乐章,这些乐章一直在宫中传唱。不仅如此,郑道传还在朝鲜国家名称的确立、迁都汉阳、分配都城、景福宫等诸多宫殿的命名方面显示了自己的才能。(参见尹丝淳:《韩国儒学史》上,韩国知识产业社 2012 年版,第 89 页)

① 《三峰集·心问天答》,《韩国文集丛刊》5,民族文化推进会 1986 年版,第 291 页。
② 《三峰集·心问天答》,《韩国文集丛刊》5,民族文化推进会 1986 年版,第 288 页。
③ 《三峰集·心问天答》,《韩国文集丛刊》5,民族文化推进会 1986 年版,第 285 页。
④ 《三峰集·心问天答》,《韩国文集丛刊》5,民族文化推进会 1986 年版,第 287 页。
⑤ 《三峰集·心问天答》,《韩国文集丛刊》5,民族文化推进会 1986 年版,第 287 页。
⑥ 参见《三峰集·心问天答》,《韩国文集丛刊》5,民族文化推进会 1986 年版,第 291—292 页。

于具有自为性且随时变化的气，"灾详之不正，皆气之使然也"①。他将气和气的作用视为"天理不公"的根源。气的作用如果妨碍理的实现，就会带来恶与灾难。但可幸的是，气有消长，而理则不变，所以在历经岁月后，理就会回归正常，"及其久而天定，则理必得其常，而气亦随之以正"。最终会实现善有善报、恶有恶报的应报结果，即"福善祸淫之理"②。归纳而言，因果应报是理的不变原则，所以绝不会消失。即使受到气的阻碍而迟滞，但由于气的作用是常变的，而理的原则是任何时候都不变的，"其道迟而常"，所以终究会实现。③换言之，应报实现的"因果必然性"不是立刻显现的，是有些延迟的稍弱程度的必然性。这就是郑道传应报论的特征。

郑道传的应报思想中体现了人自身作用的思想倾向。他主张，人先天具有五常的本性和灵明的思维能力，如果能够充分发挥这些特征，则可体现出善行之外的其他机能。④他还在此基础上进一步主张施行善恶与其相应的应报不是上帝、天的义务，而是人自己的义务。

> 是天地之有灾祥，良由人事之有得失也。人事得则灾祥顺其常，人事失则灾祥反其正。何不以是自反其身，以修汝之所当为者，而乃遽然责望于天乎？⑤

由上可见，人如果希望得到福和吉祥，首先要坚决行当为之事，而且能够做到等待是最为理想之事。他指出，道德行为最终决定"福祸之应报"，而没有提及人之气的影响，以及前文提到的"义理之公"和"理之常"。从这一部分内容看，郑道传虽然肯定应报说，但仅仅是从道德行为的角度加以肯定，可见他的理论根据还没有准备充分。因此，以理气论为基础的性理学思

---

① 《三峰集·心问天答》，《韩国文集丛刊》5，民族文化推进会 1986 年版，第 291—292 页。

② 《三峰集·心问天答》，《韩国文集丛刊》5，民族文化推进会 1986 年版，第 291—292 页。

③ 参见《三峰集·心问天答》，《韩国文集丛刊》5，民族文化推进会 1986 年版，第 291—292 页。

④ 参见《三峰集·心问天答》，《韩国文集丛刊》5，民族文化推进会 1986 年版，第 292 页。

⑤ 《三峰集·心问天答》，《韩国文集丛刊》5，民族文化推进会 1986 年版，第 291—292 页。

想可以看作是代表了他的因果应报说。①

《心气理篇》中的心、气、理分别象征佛教、老庄学、性理学，从这些术语本身就可以看出他对这三种思想进行对比分析的目的。郑道传对这三种思想进行比较，其本身就是要突出性理学的优越性，所以采取了以性理学为本位的对比方法，即以性理学为标准来进行对比。在这过程中，性理学也毫无疑问地成为他排斥老庄和佛教的理论依据。此篇由《心难气》、《气难心》和《理谕心气》三部分组成：第一篇《心难气》主要批判佛教只论心而不重气的弊端。第二篇《气难心》则重点论述老庄重气、养气而不重心的缺点。第三篇《理谕心气》则全面指出只有性理学才能克服如上老庄和佛教的弊端。

在《心难气》中，郑道传首先对佛教的"心"进行了阐释。在他看来，心就像镜子一样，本性为空，虽可以照亮世间万物，但心不会动摇，会始终保持"寂静"的特性。佛教修养的目的就是为了实现这种"寂静"，因此佛教重视心。但同时他也指出，相对于心说，更存在问题的是佛教的气，因此对佛教思想的批判也集中在气。佛教认为现实世界的气是"地、水、火、风"的集合体，但这一集合体不是真合，而是假合。这一假合说认为现象世界是幻或空，即"善恶亦幻，缘影以生，戕我贼我，我不得宁"②。这一假合说甚至将心也看作是幻或空，因此佛教的修养主要是实现空的无念、无想之状态。③ 在儒教立场看来，作为生命体的人要达到去除情念的无欲状态是不可能的。

在《气难心》中，郑道传首先介绍了老庄关于气之妙合凝聚形成天地万物之现象世界的思想。④ 这一由气之妙合形成的现象世界，老子称之为"真"。可见，郑道传在这一层面上与老庄的气论是一致的，因此在论述上具有一定程度的认同。郑道传还介绍了老庄关于"心"的思想。他认为，老庄对"心"的作用持非常不满的态度：

---

① 尹丝淳：《韩国儒学史》上，韩国知识产业社 2012 年版，第 72 页。

② 《三峰集·心气理篇》，《韩国文集丛刊》5，民族文化推进会 1986 年版，第 281 页。

③ 参见《三峰集·心气理篇》，《韩国文集丛刊》5，民族文化推进会 1986 年版，第 281 页。

④ 参见《三峰集·心气理篇》，《韩国文集丛刊》5，民族文化推进会 1986 年版，第 282 页。

叹息而言心之有知觉者，乃众祸之所由萌也。思其所不可及，虑其所未得成，计其利而欲得之，较其害而欲避之，忧其辱而惧陷焉，慕其荣而侥幸焉。畏则如水之寒，怒则如火之热。千端万绪，交战于胸中，昼夜之间，营营不息，使其精神日以摇荡，渐就消耗，而不得宁矣。①

如上，郑道传认为，老庄对心的作用有所不满是因为只看到了心的有害作用，故这种观点是错误的。郑道传认为，心的作用并不仅仅是有害的，还有很多有益的方面。不仅如此，老庄有关心的修养论也是不正确的。他指出，心的主体是精神，是"轻巧清澈纯净之气"。因此，经过修养而形成的气是"养气"，也就是"精神"。但老庄却主张通过养气而达成的最高境界是失去心的知觉，如"我不妄动，内斯静专"、"无思无虑"、"无为"、"体道之全"等。② 郑道传明确指出，老庄这一养气失去了心的正确作用，从而使得他们的修养陷入"无虑无为"，最终流于没有任何用处的思想。

最后一篇《理谕心气》主要是以上述理论为基础来批判佛教和老庄。正如此篇题目"理谕心气"所示，通篇是理（性理学）告谕"心（佛教）"和"气（老庄）"之意。告谕的内容主要集中论述性理学追求的正确思想，即"义理"和"理"。郑道传在这篇文章中重点阐述了理的意义、内容和性质，论述方法则采取了通过说明性理学的理来揭示佛教和老庄谬误的方法。这一方法实际上就是宣扬性理学的优越性。他指出："儒主乎理，而治心气。本其一而养其二。老主乎气，以养生为道。释主乎心，以不动为宗。各守其一，而遗其二者也。"③ 佛教为了修心而认为现实世界是虚妄的，道教为了养生而否定思虑和心的作用，而儒教的理是生成的理，可以克服二者的弱点并包容之，"我（理）存尔心，莹澈虚明，我养尔气，浩然而生"④。这从总体上反映了儒教在思想上比佛教和老庄更具有优越性的特点。

---

① 《三峰集·心气理篇》，《韩国文集丛刊》5，民族文化推进会 1986 年版，第 282—283 页。
② 参见《三峰集·心气理篇》，《韩国文集丛刊》5，民族文化推进会 1986 年版，第 283 页。
③ 《三峰集·心气理篇后序》，《韩国文集丛刊》5，民族文化推进会 1986 年版，第 286 页。
④ 《三峰集·理喻心气篇》，《韩国文集丛刊》5，民族文化推进会 1986 年版，第 290 页。

《佛氏杂辨》的目录如下：1. 佛氏轮回之辨；2. 佛氏因果之辨；3. 佛氏心性之辨；4. 佛氏作用是性之辨；5. 佛氏心迹之辨；6. 佛氏昧于道器之辨；7. 佛氏毁弃人伦之辨；8. 佛氏慈悲之辨；9. 佛氏真假之辨；10. 佛氏地狱之辨；11. 佛氏祸福之辨；12. 佛氏乞食之辨；13. 佛氏禅教之辨；14. 儒释同异之辨；15. 佛氏入中国；16. 事佛得祸；17. 舍天道而谈佛果；18. 事佛甚谨年代尤促；19. 辟异端之辨；20. 附卷末未备说。

郑道传在《佛氏杂辨》中从多个角度进行了排佛。他首先指出了佛教的迷信性，并列举历史上的事例指出，即使深信佛教，有时也会无法得到祈福的效果，甚至会招来祸端。他认为佛教不重视天道和修德，僧侣不通过自食其力来生活，而是依靠所谓的"供养"来谋生，这是违背义理的。僧侣实质上与"天地之巨蠹"无异，应该清除掉他们。

郑道传继而对佛教的核心思想"轮回说"和"因果说"进行了批判。他指出，人与其他的自然万物虽然繁衍生息不断，但每个客体的生灭不过是气的聚散离合而已。人的死亡也是气的离散，不存在轮回的主体即精神不灭，故没有所谓的轮回。人与万物都是由气而生成，所以气旺盛则繁盛，气衰退则减少。因此，轮回说是不妥当的。[1] 不仅如此，郑道传还指出，所谓阴阳五行者，因为存在"清浊、厚薄、通塞、偏正"等参差不齐之现象，所以决定了现实世界中有人与禽兽、贤人与不肖、寿命长短、贫富、贵贱等的差别。所有这些现象都是源于气的多样性，而不是源于人的"行为之善恶"。[2] 例如，疾病是由五行之相感而产生，而疾病的治疗是由医术而决定，不是由人的行为善恶来决定。[3] 他以此来说明善恶的因果说是错误的。

如果轮回说不成立，那么因果说也自然不成立。郑道传首先指出没有再进行论辩的必要，因为这两个思想存在不可分的联系性，继而根据自己的

---

[1]　参见《三峰集·佛氏轮回之辨》，《韩国文集丛刊》5，民族文化推进会1986年版，第292页。

[2]　参见《三峰集·佛氏因果之辨》，《韩国文集丛刊》5，民族文化推进会1986年版，第292—293页。

[3]　参见《三峰集·佛氏因果之辨》，《韩国文集丛刊》5，民族文化推进会1986年版，第293页。

想法对佛教的因果说进行了分析。他将人出生时积下的善恶看作是"因"，出生后的若干不同状态看作是"果"。从性理学的观点来看，包括人在内的所有存在的生成都是由于被称为阴阳五行的气的运动而形成的，而阴阳五行的运动是不均衡的、繁复的。不仅如此，气还存在通塞、偏正、清浊、厚薄、高下、长短等不同的特性。根据是否能够搭乘优质的气，就会出现人与禽兽、贤者与愚者的差别。因此，如果相信佛教的因果说，人的祸福乃至疾病都会脱离阴阳五行，进而陷入荒谬的错误中。①

不仅如此，郑道传还对佛教的心性概念进行了批判。他以佛教的"观心见性，心即性"为例指出，这其实就是以已有之心去见另外一个心，不可能会有两个心，并以此说明佛教对心和性的区分不明确。此外，他还指出，心是理气之合，气具有虚灵不昧的特征，性是心中之理。这些思想中都隐含了程朱性理学的思想概念。

如上，郑道传的排佛论主要是从性理学的角度出发，集中指出佛教与性理学相比缺乏现实当为的伦理价值。他这一观点也不能说是完全错误，因为佛教徒选择出家，确实有忽略国家、社会和家庭之处，这也确实是佛教的弱点所在。但不能由此说佛教不辨别善恶，不实施善行。佛教中确实也存在劝善惩恶，主张个人修行，而且在这一点上也不啻于儒教和性理学。郑道传之所以如此排佛，是因为他坚定地站在朝鲜初期官学派的立场上，是为了排佛而排佛，更是为了树立性理学作为统治思想的权威地位。从这个层面讲，郑道传利用性理学来排斥佛教，对营造朝鲜性理学自由发展环境和氛围作出了应有的贡献。

徐敬德（1489—1546），字可久，号食斋、花潭，朝鲜松都（今开城）人。因长期居住在开城郊外花潭，故世称花潭先生。他是下层官吏家庭出身，终身不仕，钻研哲理和从事教育事业，一生过着清贫的学者生活。著有《太虚说》、《理气说》、《原理气》、《鬼神死生论》等哲学论著和若干诗文，均收录在《花潭集》中。

---

① 参见《三峰集·佛氏因果之辨》，《韩国文集丛刊》5，民族文化推进会1986年版，第293页。

　　徐敬德主要继承了宋代周敦颐、邵雍以及张载的哲学思想，并在此基础上通过对气的解释和分析，最终使他成为了朝鲜前期以"气"哲学而著称的重要性理学者。韩国儒学元老柳承国教授曾指出，花潭的学问在一般意义上可视为源于宋代张载，① 由此可见其学问特征。下文主要考察徐敬德对理气的认识以及他对老子的批判。

　　徐敬德将气视为宇宙的起源和终极存在。他首先从体用论角度出发，将气分为本体之气（先天、太虚、体）与现象之气（后天、万物、用）。如果说后天之气是因气之聚散而形成有形的天地万物，则先天之气就是这种现象世界背后的"所以然"，是形成这一切的终极存在。徐敬德用"湛然无形"、"湛然静虚"、"湛一清虚"等来表示先天之气，"其湛然清虚，气之原"，"虚静即气之体"。太虚是气之本原，这种本原是无始无终、不生不灭的，也是无限的根源，是根源性的"一"，即"太虚为一"。这种太虚先天是无形的，是不能依靠感觉来认识的，② 所以与朱子性理学有生有灭的气不同。徐敬德所言的"太虚之气"虽然有聚散，但却"不生不灭"，是本原之气。既然是本原，就不能用无来表示。

　　　　其湛然虚静，气之原也。弥漫无外之远逼，塞充实无有空阙，无一毫可容间也。然把之则虚，执之则无，然而却实，不得谓之无也。③

　　　　太虚虚而不虚，虚即气，虚无穷无外，气亦无穷无外。既曰虚，安得谓之气？曰虚静即气之体，聚散其用也。知虚之不为虚，则不得谓之无。老氏曰有生于无，不知虚即气也。又曰虚能生气，非也。若曰虚生气，则方其未生，是无有气而虚为死也。既无有气，又何自而

生？气无始也无生也。既无始，何所终？既无生，何所灭？老氏言虚无，佛氏言寂灭，是不识理气之源，又乌得知道？[①]

他认为，作为本体的先天世界虽可称为"太虚"，但绝不是真空或虚空，而是充满气的实实在在的有，是一种特殊状态的存在。这一点与张载"太虚即气"的思想是一致的。也正是在此基础上，他对老子提出的"虚能生气"、"有生于无"进行了强烈的批判。老子认为，世界的根源是虚与无，世界是从无中创造的，花潭对老子的批判也集中在这一点，他以性理学的理论来批判老子生成论式的宇宙观。花潭所说的虚不是单纯的虚无性存在，而是"虚即气"，"把之则虚，执之则无，然而却实，不得谓之无"[②]。气虽然有聚散，但却是不生不灭的永远的存在，正如他所言"有聚散而无有无，气之本体然矣"[③]。因此，花潭的虚是"虚而不虚"，其本质是宇宙根源之气。花潭的虚指的是超感觉层面的太虚，而不虚是实的层面。太虚就是充满宇宙的实体存在。[④]

花潭的太虚分为先天和后天。现象世界之后天是由先天即本原之太虚形成的。徐敬德以这一思想为基础，认为周敦颐《太极图说》中的"无极而太极"即是先天，"太极之动而生阳"即是后天。先天相当于《周易》中所说的"寂然不动"的世界，也是他所指出的用"一气"、"太一"所表达的世界。那么这个"一"究竟意味着什么？花潭在《原理气》中指出："一非数也，数之体也。"一并非是一个数字，而是在其他所有数字成立之前发挥基础作用并提供一般性原理的数的本体，意味着先天的太虚。先天的太虚可以形成并统括后天的阴阳之气，具体表现就是：先天的一气展开为后天的阴阳之气，"阳鼓其极，结其精者为日。阴聚之极，结其精者为月，余精之散为星辰，其在地为水火焉"[⑤]。也就是说，后天之气意味着"用事"，后天之气

---

① 《太虚说》，《花潭集》卷2，《韩国文集丛刊》24，民族文化推进会1986年版，第59页。

② 《太虚说》，《花潭集》卷2，《韩国文集丛刊》24，民族文化推进会1986年版，第59页。

③ 《鬼神死生说》，《花潭集》卷3，《韩国文集丛刊》24，民族文化推进会1986年版，第71页。

④ 参见崔英辰：《韩国儒学思想研究》，邢丽菊译，人民出版社2008年版，第160页。

⑤ 《原理气》，《花潭集》卷2，《韩国文集丛刊》24，民族文化推进会1986年版，第58页。

经阴阳二气的变化而展开为丰富多彩的现象世界。这种从先天到后天的变化并不是依靠外界的力量，而是依据太虚自身的原因而展开的必然变化，花潭将其命名为"机自尔"，这也是他独到的见解。①

> 《易》所谓感而遂通，《庸》所谓道自道，周所谓太极动而生阴阳者也。不能无动静无阖辟，其何故也？机自尔也。②

花潭认为，气的聚散动静是气运动的自律性决定的，"非孰使之，自能尔也"。花潭用"机自尔"一语说明了气运动的契机、动机、活机等全部出自气运动的内在原因和气自体变化的必然属性。这一思想的合理处就在于它表现出事物变化的内因。③"自能尔"是自我能够的意思，花潭有时也解释为"自不得不尔"，这些术语说法更加强调了气之运动变化的内在性和自律性。花潭意识到任何事物内部都包含着矛盾的两个方面，"一而二，二而一"的方法论体现了花潭辩证的逻辑思维。他从事物自身的矛盾发展推演出气运动的一系列范畴体系，以此来解释气的运动发展。这种运动是不以人的意志为转移的客观规律，难以看到，难以捉摸，不知其驱使者，因此被花潭感叹为"不知谁所使，玄宰难见几"④。

在花潭气学的具体内容中，气包含"太虚之气"和"作用之气"两个层面，前者指的是"太虚"或"太一"，其特性是湛一、虚静、浑然，这是本体的特性。气的本体"虚者无外无限，气亦无穷无外"⑤。用无穷、无限、

---

① 韩国学界对花潭的"机自尔"一语非常重视，认为它在韩国儒学史上占有一定的价值和地位。李丙焘教授认为："机自尔一语，亦花潭之独创语也。机有机关、机械、动机、活机之义，则谓能动能静之神妙势力或倾向也。……花潭此言，确实出于自得的见解，其及影响于后学，又不堪。如后日李栗谷于自己学说中，利用此语，尤可注意也。"李云九教授认为，"机自尔"是物质运动变化的契机。安炳周教授认为，"机自尔"是运动变化的必然的内在原因。(转引自李甦平：《韩国儒学史》，人民出版社 2012 年版，第 239—240 页)

② 《原理气》，《花潭集》卷 2，《韩国文集丛刊》24，民族文化推进会 1986 年版，第 58 页。

③ 参见张敏：《韩国思想史纲》，北京大学出版社 2009 年版，第 150 页。

④ 《原理气》，《花潭集》卷 2，《韩国文集丛刊》24，民族文化推进会 1986 年版，第 58 页。

⑤ 《原理气》，《花潭集》卷 2，《韩国文集丛刊》24，民族文化推进会 1986 年版，第 58 页。

无外来表现的就是气的本体。综合看，气从空间上是无限的，在时间上是无始无终的。徐敬德以气本体的这一特性为基础，批判佛教"有曰真空顽空者，非知天大无外，非知虚即气者也"[①]。虚即气也，所以不能称其体为"无"。

花潭哲学以气为中心展开，并且将气的运动视为自我原因式的"机自尔"，因此学界一般意义上将花潭视为"主气论者"或"唯气论者"。但这并不意味着他完全否定理。在笔者看来，与典型的气本体论者张载不同，花潭试图将理的问题与本体联系起来看。他曾在《原理气》中如下指出：

> 气之湛然无形之妙，曰神。既曰气，便有粗涉于迹。神不囿于粗迹，果何所方哉！何所测哉！语其所以曰理，语其所以妙曰神，语其自然真实者曰诚，语其能跃以流行曰道，总而无不具曰太极。动静之不能不相禅，而用事之机自尔。所谓一阴一阳之谓道，是也。

此段引文中，花潭将自己所设定的本体称为太极，它不仅与道或理相关，而且还具有神妙的作用。他认为这其中内含着儒教的价值理念——诚。此处我们可以揣摩出一点，即花潭哲学中的本体具有一层模糊的部分，尽管大部分人认为他所说的本体就是气。那么这个本体与理有何种相关呢？这还值得进一步商榷。但可以确定的一点是，花潭不仅对张载的学问感兴趣，而且对周敦颐、邵雍以及朱子的学问都很有兴趣，并在此基础上对理进行了深入的思考。近年来，韩国学界不少人开始主张，要将花潭的哲学思想与张载和朱子综合起来看，而不能一味主张唯气或主气。[②]

值得注意的是，花潭也认为理是气的主宰者和气运动的依据，具体内容如下：

---

① 参见《原理气》，《花潭集》卷 2，《韩国文集丛刊》24，民族文化推进会 1986 年版，第58 页。

② 参见崔一凡：《试论徐敬德的理气论》，《东洋哲学研究》2008 年第 30 辑；黄光旭：《对花潭哲学性质的批判性考论》，《儒教思想研究》2009 年第 52 辑。

气外无理，理者，气之主宰也。所谓宰，非自外来而宰之，指其
气之用事能不失所以然之正者而谓之宰。理不先于气，气无始，理故
无始。若曰理先于气，则是气有始也。老氏曰虚能生气，是则气有时
有限也。①

在这里，花潭明确规定了理对于气的主宰性，这就意味着理是气能用事的
"所以然"，是气发生作用的依据。②尽管在引文后半部分花潭用"理不先于
气"否定了理对于气的先在性，但这并不是否定理的实在性。因为如果肯定
"理先于气"，气就会成为理的产物，从而具有时间上的局限性，这就会违背
朱子学"阴阳无始"的基本前提。朱子学认为"气无始无终"，朱子学中理
的先在性不是物理层次上的先在性，而是逻辑、伦理层次上的先在性。③可
见，花潭也综合吸收了朱子学的基本理论。

不仅如此，在解释"机自尔"的问题时，花潭还指出："倏尔跃，忽尔
辟，孰使之乎？自能尔也，亦自不得不尔，是谓理之时也。"④花潭将从湛
然无形的先天世界向气象万千的后天世界展开的瞬间用"理之时"来表达。
"理之时"指的就是因为有所以然之理，所以气就"不得不尔"来实现"自
能尔"之运动，这也从另一个方面说明了理的先在性。关于"理之时"之
"时"，张敏教授指出，"时"除了表示时间概念外，还有儒家时中之意义，
故"理之时"还可以解说为"理之时中"或"理之中"。如此一来，在"机
自尔"的气变内因论基础上，花潭还对气运动的变化规律更精确地做了提

---

① 《理气说》，《花潭集》卷2，《韩国文集丛刊》24，民族文化推进会1986年版，第58页
② 高丽大学的金炯瓒教授比较折中地指出，花潭哲学中的理是内在于气运动中作为法则性
的条理，正是在这一立场上，花潭才主张"气外无理"，因为理只有依存气才能确保自己
的存在性，但理绝不能超越气之地位，而且花潭在涉及太极和理的内容时都坚持这样的
立场。即使这样，也很难将这些概念视为与太虚之气是同样的本体存在。既然是气外无
理，那么宇宙万物的根源只能是根源性之气，即太虚。因此，花潭所说的"理之主宰"
不妨可以理解为，气在发生作用（运化）时，理的作用在于使得气不失去其所以然之正。
（参见金炯瓒：《对朝鲜儒学之理的考察》，高丽大学哲学研究所主编：《哲学研究》2006
年第32辑）
③ 参见崔英辰：《韩国儒学思想研究》，邢丽菊译，人民出版社2008年版，第162页。
④ 《原理气》，《花潭集》卷2，《韩国文集丛刊》24，民族文化推进会1986年版，第59页。

示，说明气在由量变到质变的根本性变化之契机就是"理之时"。所以说，不同时间、不同场合产生的气的不同变化，各有其理的规则，故谓之"理之时"。[①] 这也验证了花潭并非唯气，同时也重视理的哲学立场。

在花潭的思想体系中，尽管没有完全否定理，但是他始终没有对理作出一个非常具体明确的解释。换言之，他没有将理或太极上升到太虚或先天的地位，他对理的描述是"神"或"妙"。他曾指出：

> 又曰，易者，阴阳之变，阴阳二气也，一阴一阳者，太一也。二故化，一故妙，非化之外别有所谓妙者。二气之所以能生生化化而不已者，即其太极之妙。若外化而语妙，非知易者也。[②]
>
> 理之一其虚，气之一其粗，合之则妙乎，妙乎！[③]

可以看出，花潭努力将理与本体的问题联系起来而论，并强调理是阴阳二气生化不已之妙者。第二段引文则说明了只有理无法确保实在性，只有气则粗杂、无秩序。因此可以推断，花潭所追求的最终境界也许是一种"理气之妙"的境界。所以以往学界将花潭评价为主气论者或唯气论者的观点是片面的。

李彦迪（1491—1553），号晦斋、紫溪翁，谥号文元，朝鲜时期京畿道骊州人，著名性理学者。1570 年朝鲜王朝颁布的《国朝儒先录》将李彦迪与金宏弼、郑汝昌、赵光祖并列为"朝鲜四贤"。著有《晦斋集》13 卷，其中代表作有《书忘斋忘机堂无极太极说后》、《答忘机堂书》、《大学章句补遗》、《中庸经衍义》、《求仁录》等。

李彦迪对佛教的批判主要集中在"虚无寂灭"上。他提出"太极即理"，建立了一种"实理"的哲学体系，并在此基础上主张儒学即实学。关于儒学的理，退溪先生曾指出："尝深思古今人学问道术之所以差者，只为

---

① 参见张敏：《韩国思想史纲》，北京大学出版社 2009 年版，第 153—154 页。

② 《理气说（补充）》，《花潭集》卷 2，《韩国文集丛刊》24，民族文化推进会 1986 年版，第 59 页。

③ 《原理气》，《花潭集》卷 2，《韩国文集丛刊》24，民族文化推进会 1986 年版，第 59 页。

理字难知故耳。"① 李彦迪对朱子学中费解又难解的"理"字进行了深入思索。作为朱陆论辩的延伸，李彦迪的舅父孙叔暾（生卒年未详，号忘斋）与曹汉辅（生卒年未详，号忘机堂）之间曾展开过一场无极与太极之论辩。李彦迪看到相关内容后，曾写过《书忘斋忘机堂无极太极说后》，后来在此基础上跟曹汉辅进行了四次论辩，其主要思想集中体现在《书忘斋忘机堂无极太极说后》及《答忘机堂书》共五篇文章里。

关于朱子学中属于理范畴的太极、天、天命之性等，晦斋如下指出：

> 夫所谓太极者，乃斯道之本体，万化之领要，而子思所谓天命之谓性者也。盖其冲漠无朕之中，万象森然已具。天之所以覆，地之所以载，日月之所以照，鬼神之所以幽，风雷之所以变，江河之所以流。性命之所以正，伦理之所以著，本末上下，贯乎一理，无非实然而不可易者也。②

晦斋认为，作为本体的理（太极）是不能改变的，因此是天地自然以及人类社会一切存在和运动的根源。宇宙间一切的存在及其运动都是依据一理来贯通的。理包含着"所以然之故"和"所当然之则"两方面的含义，而且也经常与自然、必然、当然等用语相关，这是朱子学的基本立场。朱子为了更明确地说明太极之理的存在方式是特别的，所以将"无极而太极"解释为"无形而有理"。晦斋也遵循了朱子的这种观点，他指出：

> 至无之中，至有存焉，故曰无极而太极。有理而后有气，故曰太极生两仪。然则理虽不离于气，而实亦不杂于气而言，何必见灵源之独立然后，始可以言此理之不无乎？③

他认为周敦颐的"无极而太极"指的是太极之理的存在是与有形之现象界完

---

① 《答奇明彦别纸》，《退溪全书》卷1，成均馆大学大东文化研究院1958年版，第32页。

② 《答忘机堂第一书》，《晦斋集》卷5，成均馆大学大东文化研究院1973年版，第67页。

③ 《答忘机堂第一书》，《晦斋集》卷5，成均馆大学大东文化研究院1973年版，第69页。

全不同的另一种方式的实在（有），并不是在太极之外又假定了一个无极。这是一种"有"的存在，但这个"有"是超越性、绝对性、不变性的"有"，其特征是不受时空的限制（不落方体），是"至无之中，至有存焉"①，因此从现象界的观点来看是很难用简单的"有无"来表述的。尽管如此，但它确实是"无形无象"的"绝对有"。接下来，晦斋又具体指出：

> 此理虽若至高至妙，而求其实体之所以寓，则又至近而至实。若欲讲明此理而徒急于冥茫虚远之地，不复求之至近至实之处，则未有不沦于异端之空寂者也。②

晦斋并不是否定理是"至高至妙"的存在，即形而上学的实体。他认为理不是在虚远的地方，而是在"至近至实"之处。因此，理是万物存在的实际依据，内在于现实世界，是实理。理的这种属性在下文批判忘机堂"太虚之本体是寂灭"的观点中也很好地体现出来：

> 上天之载，无声无臭，谓之寂可矣。然其至寂之中有所谓於穆不已者存焉，而化育流行，上下昭著，安得更着灭字于寂字之下。是以心言之，喜怒哀乐未发浑然在中者，此心本然之体，而谓之寂可也。及其感而遂通，则喜怒哀乐发皆中节，而本然之妙于是而流行也。先儒所谓此之寂，寂而感者，此也。若寂而又灭，则是枯木死灰而已。③

儒学中所说的无极是为了表现太极（理）之实体的超越性而使用的术语。但太极若是离开阴阳之现象世界便不能存在，故其与老子的"出无入有"以及佛教的"空"是不同的。晦斋指出，若老佛是"虚而无，寂而灭"，则儒学

---

① 《答忘机堂第一书》，《晦斋集》卷5，成均馆大学大东文化研究院1973年版，第69页。
② 《书忘斋忘机堂无极太极说后》，《晦斋集》卷5，成均馆大学大东文化研究院1973年版，第72页。
③ 《书忘斋忘机堂无极太极说后》，《晦斋集》卷5，成均馆大学大东文化研究院1973年版，第72页。

就是"虚而有，寂而感"。在这一点上，儒佛有着明显的区别。

　　晦斋之所以反复强调太极之理是"有"的存在，也是为了批判当时作为异端的老佛之"无"与"寂灭"。关于这一初衷，晦斋认为是"自汉以来，圣道塞而邪说行。其祸至于划人伦灭天理，而至今未已者，无非此一灭字为之害也"①。在晦斋看来，朱子学中虽然也使用类似于虚、寂、无的用语，但这些只是为了表示作为终极存在的太极之超越性、无制约性、永恒性等特征而使用的形容词，并不是像老佛一样将其设定为终极之本体，"彼此之虚寂同，而其归绝异，故不容不辨"②。因此，晦斋彻底排斥"无"以及与之相关的其他术语，如"虚无"、"虚空"、"寂灭"、"死灭"、"空阙"、"间断"等。

　　正是在这种"实理观"的基础上，晦斋强调儒学之道即为"日用事物当行之理"，"夫道只是人事之理耳，离人事而求道，未有不蹈于空虚之境，而非吾儒之实学矣"③，将儒学设定为有别于老佛之"虚无"的"实学"。正是因为儒学之真理内在于日常生活之中，因此他提倡"下学而上达"的修养论。

> 　　人在天地之间，不能违物而独立，安得不先于下学之实务，而驰神空荡之地，可以为上达乎？④
>
> 　　为学之道，始于洒扫应对而终于穷理尽性，始于格物致知而终于治国平天下。⑤

晦斋认为，正是由于天理不离人事，故极尽人事就会到达豁然贯通之极致，心中之天理就会随之变得浑全，从而能够适当地应对万事万物，小则"洒扫应对"，大则"治国平天下"。在同样的思路下，他又批判忘机堂"主敬存心而上达天理"⑥的修养论：

---

① 《书忘斋忘机堂无极太极说后》，《晦斋集》卷5，成均馆大学大东文化研究院1973年版，第72页。
② 《答忘机堂第二书》，《晦斋集》卷5，成均馆大学大东文化研究院1973年版，第70页。
③ 《答忘机堂第三书》，《晦斋集》卷5，成均馆大学大东文化研究院1973年版，第71页。
④ 《答忘机堂第一书》，《晦斋集》卷5，成均馆大学大东文化研究院1973年版，第69页。
⑤ 《续大学或问》，《晦斋集》卷8，成均馆大学大东文化研究院1973年版，第87页。
⑥ 《答忘机堂第二书》，《晦斋集》卷5，成均馆大学大东文化研究院1973年版，第69页。

> 此语固善。然于上达天理上，却欠下学人事四字，与圣门之教有
> 异。天理不离于人事，下学人事，自然上达天理。若不存下学工夫，
> 直欲上达，则是释氏觉之之说，为可讳哉？①

晦斋批判忘机堂不从经验性事实出发而只是一味追求天理的修养工夫最终
会导致陷入佛教虚幻空无的观念性世界。这一主张充分反映了晦斋以儒学
"实"为中心构成的世界观为基础来批判老佛的虚无，并力图将儒学确立为
"实学"的性理学之立场。

三、道学派的义理思想

关于道学，朝鲜性理学大儒栗谷曾指出：

> 按道学之名，非古也。古之为士者，入则孝，出则弟，仕则以道
> 事君，不合则奉身而退。如此者谓之善，不如此者谓之恶。不以道学
> 别立名目，及其世降道衰，圣贤之统不传，恶者固不足道矣。虽所谓
> 善者，亦徒知孝友忠信，而不知进退之义。性情之蕴，往往行不著，
> 习不察，于是择其穷理正心，而道出处者，目之以道学。道学之立名，
> 衰世之所不得已也，此名既立，奸人或指而斥之，反使不容于世，可
> 悲也。②
> 道学本在人伦之内，故于人伦尽其理，则是乃道学也。③
> 夫道学者，格致以明乎善，诚正以修其身，蕴诸躬则为天德，施
> 之政则为王道。④

栗谷所言的道学内容，大致可以整理如下：

---

① 《答忘机堂第二书》，《晦斋集》卷5，成均馆大学大东文化研究院1973年版，第69页。
② 《经筵日记（一）》，《栗谷全书》卷28，成均馆大学大东文化研究院1992年版，第132页。
③ 《语录（上）》，《栗谷全书》卷31，成均馆大学大东文化研究院1992年版，第150页。
④ 《东湖问答》，《栗谷全书》卷15，成均馆大学大东文化研究院1992年版，第79页。

第一，道学是以人以及人道为中心的伦理思想。此处并不是单纯的人道，而是一方面要确保以天理为中心，另一方面人又是实践天道的主体。要以人为本，追求积极的人生，从而实现真正的自我。故可以推断出，道学是以现实的人以及现实生活为主体的，批判脱离正常人伦或以自然主义为中心的佛家和道家思想。

第二，道学是进一步深入人的内面主体来分析人的本质，从终极上来阐明人与天道、天理的关系，并具有一定逻辑理论体系的哲学思想。因此，在道学中，通过格物致知就可以正确地认识人的存在和人生的道理。这一点与单纯将重点置于考证或文字的汉代训诂学以及注重文章修辞表达的唐代辞章学性质不同。

第三，道学是一种正确认识作为事实判断的客观真理与作为价值判断的规范性知识，从而来磨炼人格并实践社会正义的实践思想。道学这种强烈的实践性里面包含着为了实践作为真理的道甚至可以不惜牺牲生命的精神。孔子的"杀身成仁"[①]以及孟子的"舍生取义"[②]都体现了这一点。因此，道学又与一般以知识为主、单纯追求理论的学问不同，带有很强的实践性。

可见，道学是一种正确认识人伦事实判断的客观真理和价值判断的规范性知识，并通过修养人格以期在社会上实现正道的一种实践性学问。以人为本决定了其人道精神，从终极上阐明人道与天理决定了其哲学精神（突出表现为性理学），修炼人格、实践正义决定了其义理精神。所以，从栗谷的言论中我们可以很明确地总结出，韩国的道学思想兼具人道精神、哲学精神与义理精神三个方面。

由于国家规模、民族传统以及社会条件的不同，中国的道学思想是在包括性的远心的立场中形成了以包容性的人道精神为中心的思想。与此相比，韩国的道学思想则是在内在求心的立场上形成了以批判性的义理精神为主流的思想，这可以说是韩国道学思想的特征。[③] 韩国道学思想的代表人物是圃隐郑梦周（1337—1392）和静庵赵光祖（1482—1519）。

---

① 《论语·卫灵公》："志士仁人，无求生以害仁，有杀身以成仁。"

② 《孟子·告子上》："生亦我所欲也，义亦我所欲也，二者不可得兼，舍生而取义者也。"

③ 参见柳承国：《东洋哲学研究》，槿域书斋1983年版，第356页。

韩国独特的义理精神在宋代道学传入以前就已经形成了。在韩民族固有的民族精神里，不仅有否定侵略和霸道、崇尚真理和正道的士林精神，更有高扬忠义的精神。早在三国时期，人们便把《春秋》奉为至高经典。在高丽时期，儒者们对内批判高丽末期腐败的政治，对外坚决抵抗蒙古的进攻，这种批判精神和抵抗意识使得民族的精神气节得以发扬光大。宋代道学思想传入韩国以后，韩国的士林精神就以宋代理学精密的理论体系为基础，形成了更强烈的义理思想，成为朝鲜时代具有中枢地位的社会理念。在丽末鲜初的历史转换期，围绕朝鲜建国问题，以郑道传为首的革命派主张以《周易》的变化论为依据，提倡通过革命来建立朝鲜王朝；而以郑梦周为首的士林派则主张以《春秋》的纲常论为依据，强调节义，维护高丽王朝的正统性。最终，朝鲜建国后，郑梦周以身殉国，彰显了春秋大义精神。值得注意的是，虽然当时看似以郑道传为首的革命派取得了胜利，成功建国并实现了朝代更新，可谓是"开国功臣"和"治国栋梁"。但在朝鲜建国后的一段时期，当社会进入稳定期（守成期）后，统治阶层便开始注重儒家"纲常义理"的价值，以此来稳固统治基础，于是丽末守旧派的代表人物郑梦周则被追为忠臣而大加褒扬，被奉为"东方理学之祖"及"真儒"等。而郑道传则被视为逆臣而流配他乡。新旧派的结局在朝夕间迥然不同。①

后来，围绕朝鲜世祖的即位问题，认为这是实属不义的王权篡夺行为并进行反抗的成三问（1418—1456）等"死六臣"、金时习（1435—1493）等"生六臣"和为了巩固王权而强调当时的时代背景并助力世祖成功即位的郑麟趾（1396—1478）和申叔舟（1417—1475）之间产生了激烈的对立冲突，甚至引发了士祸，众多受到牵连的儒者遭到政治杀害。当然，对这些人以及当时历史事件的评价要经过综合的分析和理解才可以得出，但这种对立的本质问题还是与义理思想中的时代性（权道）与纲常性（常道）问题紧密相关。后来在世宗时代编纂的《三纲行实图》中将郑梦周和吉再（1353—1419）视为维护纲常论的义理派，而且"生六臣"等的节义派也普遍受到百

---

① 　参见邢丽菊：《从守旧与革新的较量来看丽末鲜初的社会转型》，复旦大学韩国研究中心编：《韩国研究论丛》第20辑，世界知识出版社2009年版，第25页。

姓的尊崇，社会上树立了一种强烈的纲常义理论。由此可以得出，与时代性
的权道相比，常道尤受重视，这是韩国义理派的突出特征。而且在后来的丙
子胡乱（1636）中，面对清军的征讨，以崔明吉（1586—1647）为首的"主
和论"和以金尚宪（1570—1652）为主的"斥和论"虽然初衷都是为了保卫
国家和民族的利益，但在救国的方法上产生了斥和（常道）和主和（权道）
的差异。后来的历史证明，相比主张权道的崔明吉，韩国人更支持和尊敬主
张遵守纲常的金尚宪。①

　　韩国学界一般认为，朝鲜初期道学派义理思想的传承脉络是郑梦周
（1337—1392）→吉再（1353—1419）→金叔滋（1389—1456）→金宗直
（1431—1492）→金宏弼（1454—1504）→郑汝昌（1450—1504）→赵光祖
（1482—1519）等。但栗谷认为从真正意义上确立韩国道学②精神的人是静
庵，故栗谷如下说道：

　　　　然权近入学图似龈龉，郑圃隐号为理学之祖，而以余观之，乃安
　　社稷之臣，非儒者也，然则道学自赵静庵始起。③
　　　　前朝郑梦周始发其端，而规矩不精。我朝金宏弼接其绪，而犹未
　　大著。及光祖倡道，学者翕然推尊之，今之知有性理之学者，光祖之
　　力也。④

可知，栗谷李珥主张，虽然从圃隐郑梦周那里能够发现道学的端绪，但从真
正意义上确立韩国道学思想的人物是静庵赵光祖，并对其道学思想作了很高
的评价。

　　静庵批判当时朝鲜社会颓废的旧俗和士风，并就社会改革问题指出：

① 参见吴锡源：《韩国儒学的义理思想》，邢丽菊、赵甜甜译，复旦大学出版社2014年版，第152页。
② 韩国最早使用"道学"名称是在《太宗实录》中。（参见韩国国史编纂委员会编：《朝鲜王朝实录》，东国文化社1957年版，第121页）
③ 《语录（上）》，《栗谷全书》卷31，成均馆大学大东文化研究院1992年版，第150页。
④ 《经筵日记》，《栗谷全书》卷28，成均馆大学大东文化研究院1992年版，第139页。

"今若不正士风，不革旧习，则人心何时而可变、至治何时而得见乎?"① 可见他高度尊崇道学，认为人心善而正直就是以尧舜等圣贤为楷模实现理想的"至治"。同时，静庵还批判过分追求政治私利，并指出公信的不正之处。"利源是国家之病，痛绝然后，可以永保其休矣"②，主张最重要的是要断绝利欲之根源。他认为，要解决这些政治上的不正之风等诸般问题，首先君王要明辨公与私、义与利：

> 人主于义利公私之辨，不可不明审也。苟能知义利公私之辨而不惑焉，则内外修而心地清，是非好恶皆得其正，而至于处事接物，无不当矣。③

如果是追逐利欲的小人得势，则终将乱国乃至亡国。故静庵每当入朝都会反复向中宗进谏"崇道学"、"正人心"、"法圣贤"、"兴至治"。纵观其政治生涯，静庵时刻以"格君心、陈王政、辟义路、塞利源"④ 为自己的首要任务。静庵的这种道学思想是只为百姓着想的纯粹的公心和毫不顾及个人只忧虑国家事务的诚心。他认为君臣也应时刻以民为本，"夫君臣者，为民而设也，上下须知此意，昼夜以民为心，则治道可成"⑤。

关于道学的目标，静庵认为："士生于世，业为学问者，冀得展其怀抱，有补于生民耳。"⑥ 可见其道学精神源于为百姓服务的淳朴的公心。因此，静庵向君王建议要以公心为根基，忠诚履职尽责。治理国家的方法在于道，道

---

① 《侍讲官时启二》，《静庵集》卷 3，《韩国文集丛刊》22，民族文化推进会 1986 年版，第 38 页。
② 《复拜副提学时启》，《静庵集》卷 4，《韩国文集丛刊》22，民族文化推进会 1986 年版，第 49 页。
③ 《参赞官时启四》，《静庵集》卷 3，《韩国文集丛刊》22，民族文化推进会 1986 年版，第 35 页。
④ 《道峰书院记》，《栗谷全书》卷 13，成均馆大学大东文化研究院 1992 年版，第 52 页。
⑤ 《检讨官时启六》，《静庵集》卷 3，《韩国文集丛刊》22，民族文化推进会 1986 年版，第 37 页。
⑥ 《因不从改正功臣事辞职启三》，《静庵集》卷 2，《韩国文集丛刊》22，民族文化推进会 1986 年版，第 23 页。

依赖于心，心则以诚为支撑。对实践道学的强烈信念，静庵指出：

> 贤者惟知义理而已，穷达寿夭，凡外物皆不能动其心，但力于学
> 问志于正道而已，岂有意于穷达哉？①

可见，静庵的道学精神并非关心一己之身，而是更关注国家大事，遇事敢做
敢为绝不推脱，并以正确的儒家精神泰然处之，"夫不顾其身，惟国是谋，
当事敢为不计祸患者，正士之用心也"②。道学只有以义理和正道为根基才能
实践，所以能够将个人安危置之度外。最终，静庵以其对正道的正确理解以
及强烈的信任和信念，深入实践道学义理而英勇殉节。栗谷对静庵的道学思
想如下评价道：

> 能以为己之学名世者，亦未能辈出。惟我静庵先生，发端于寒暄
> 文敬公，而笃行益力，自得益深。持身必欲作圣，立朝必欲行道，其
> 所惓惓者，以格君心、陈王政、辟义路、塞利源为先务……方发于今
> 日后之为士者，能知亲不可遗，君不可后，义不可舍，利不可征，祭
> 当思敬，丧当致哀者，皆我先生之教也。③

静庵的道学思想促使后代儒生的道学思想更加清醒，成为他们更加用心钻研
的力量源泉。至朝鲜后期，无数道学家为实践义理、实现正道而不顾性命安
危，并直言上书批判不义的义理精神就是以静庵的道学思想为源泉的。

　　重峰赵宪（1544—1592）在壬辰倭乱这一国家存亡的重大危机和百姓
生存紧迫的社会动乱之中，为了国家和民族的利益发挥了置生命于不顾的义
勇精神。他从发动义兵之始到殉节之终一贯性地实践了道学思想的义理精

---

① 《三拜副提学时启三》，《静庵集》卷4，《韩国文集丛刊》22，民族文化推进会1986年版，
　　第47页。
② 《参赞官时启二》，《静庵集》卷3，《韩国文集丛刊》22，民族文化推进会1986年版，第
　　32页。
③ 《道峰书院记》，《栗谷全书》卷13，成均馆大学大东文化研究院1992年版，第52页。

神，可以说正确继承和实践了孔子所说的"士见危致命"（《论语·子张》）之士人的义理精神。另外，重峰麾下七百余人的义兵在与日军的战斗中全部殉节无一逃难。这也充分表露了抵抗不义侵略的道学思想的义理精神。重峰这种实践性的道学思想被后世的道学者尊崇为士林的楷模和民族的师表。他也对朝鲜末期抵抗西方帝国主义侵略的韩末道学派的斥邪卫正思想、义兵精神和独立运动产生了相当大的影响，形成了韩民族抵抗外敌侵略的民族精神。

总之，韩国道学精神的发展与韩国历史的展开紧密相关。一方面，朝鲜时代连绵不断的王位争夺以及士祸对儒者们的精神意志产生了重大影响；另一方面，朝鲜半岛的地理位置导致了多次的外民族入侵，这便激发了韩国儒者的节义精神，使得强调义理和忠义成为近代韩国儒学的基调。①

韩国儒学的道学思想以仁义为基础，追求人的真正生活。抵抗不正、非理和不义、无道的道学思想的义理精神不仅是实现正义的源动力，也是克服国难的民族精神的基础。尤其是道学思想以成熟的人格为基础，强调正确的人际关系和道德实践，追求人类的和平共存，这对当今充满矛盾和对立的现代社会有着重要的启示意义。

第二节　退溪李滉的性理学

李滉（1501—1570），字景浩，号退溪，又号陶叟、退陶，籍贯庆尚道安东郡。他出生仅 7 个月时，父亲去世，母亲及叔父李堣将其养育成人。李滉 12 岁时跟随李堣学习《论语》，20 岁时经常废寝忘食痴迷于读书和思考。21 岁时在成均馆学习，27 岁、28 岁时通过乡试和进士会试，34 岁大科及第，走上仕途。退溪做事踏实、仕途平坦，曾先后担任弘文馆教理（40 岁）、世子侍讲院文学（41 岁）、成均馆司成（43 岁）等官职，他在担任成均馆司成

---

① 　参见吴锡源：《韩国儒学的义理思想》，邢丽菊、赵甜甜译，复旦大学出版社 2014 年版，第 155 页。

后萌生了辞官返乡之意，曾语"富贵于我等浮云，偶然得之非我求"①。44岁以弘文馆教理召还。在先后担任成均馆大司成（52岁）、弘文馆副提学（56岁）后，于58岁正式呈递《致仕疏》，彻底归乡。此时至70岁辞世期间，朝廷先后任命他为工曹判书、大提学、礼曹判书、吏曹判书等，但退溪基本上全部拒绝了这些任命，没有实际赴任。辞官后，退溪便致力于潜心求道与行道，从其论学文字及诗章吟咏中可知。② 其著作和编书几乎都是在隐退之后完成的，如《论四端七情书》、《自省录》、《朱子书节要》、《宋季元明理学通录》、《启蒙传疑》、《圣学十图》等。其中《朱子书节要》是由记录朱子学核心内容的书信结集而成，其目的在于透过朱子论学及文字以入孔孟之道。退溪终身以朱子为师，继承朱子学说，如理气论、心性论、居敬穷理论等，皆为继承朱子学问而发挥之，其《年谱》中很好地展示了退溪隐退后的学术成果：

45岁，《请乞勿绝倭使疏》

50岁，《朱子诗跋》

52岁，《书晦庵诗贴后》

53岁，《天命图说后叙附图》、《医间先生集附白沙阳明抄后附书其末》

54岁，《启蒙图书切要后》、《延平答问后跋》

56岁，《朱子书节要》

57岁，《启蒙传义》

58岁，《朱子书节要叙》、《自省录》

59岁，《白鹿洞规集解》、《古镜重磨方》

61岁，《陶山杂咏》（并记）

62岁，《伊洛渊源录跋》、《传道粹言跋》

---

① 《退溪先生年谱》，成均馆大学大东文化研究院1958年版，第32页。

② 韩国学界通常将退溪的一生划分为三个时期：修学期（出生至33岁）、出仕期（34岁科举及第至49岁郡守辞职）、讲学期（50岁以后），其学术及讲学活动集中开展是在50岁以后隐退开始的。

63 岁，《宋季元明理学通录》

64 岁，《武夷九曲图跋》、《朱子栖息讲道处跋》、《心无体用辨》

65 岁，《人心道心图》（改正）

66 岁，《心经后论》、《阳明传习录辨》、《白沙诗教辨》

68 岁，《戊辰六条疏》、《圣学十图》（同劄子）、《西铭考证讲义》

69 岁，《四书释义》

退溪是朝鲜时代继往开来、有创造性的重要儒者，他"集大成于群儒，上以继绝绪，下以开来学，使孔孟程朱之道焕然复明于世"。栗谷李珥称他是"东方第一人"。近代儒者张志渊称他是阐明正学、启导后生、弘扬孔孟程朱之道的唯一者。近代史学家文一平也称其为朝鲜儒学之宗祖。①

退溪所生活的 16 世纪中叶是朝鲜历史上性理学辉煌发展的时期。尽管经历了前期的几次士祸，士人们在政治上的气势有所萎靡，但相比之前乙巳士祸（1546）的影响力要小一些，而且在这之后也没有出现极大阻碍士人从事学问研究的不幸事件。由此，性理学的发展取得了令人瞩目的成就。由中国传入的朱子性理学自 14 世纪由李穑等学者推动后得以深深扎根，以此为基础 15 世纪初郑道传和权近的研究活动开始显现出性理学的独创性。16 世纪前半期徐敬德和郑之云的研究又进一步提高了这一独创思想的水平。因此，至 16 世纪中叶，性理学研究水平得以高度发展也是理所当然。② 退溪的学问体系非常庞大丰富，下文将重点考察"理气说"与"四端七情论"、《圣学十图》以及主敬的修养论三个主要方面。

一、"理气说"与"四端七情论"

退溪理气说的最大特征是"理尊说"。与气相比，他更主张理的优越性，提倡"理贵气贱"。在退溪看来，理确实是性理学的核心概念，但这个

---

① 参见李甦平：《韩国儒学史》，人民出版社 2009 年版，第 254 页。

② 参见尹丝淳：《韩国儒学史》上，韩国知识产业社 2012 年版，第 83 页。

理字，难解亦难知。

> 盖尝深思古今人学问道术之所以差者，只为理字难知故耳。所谓理字难知者，非略知之为难，真知妙解到十分处为难耳。①

理很重要，同时又难解，所以古今中外不同的学者有不同的解释，于是也形成了各种不同的学派。退溪的这一观点指出了理之问题的要害。那么，退溪所理解的"理"概念究竟如何呢？

在退溪看来，"理"概念具有如下四个基本特征：

第一，实在性。退溪指出："自其真实无妄而言，则天下莫实于理；自其无声无臭而言，则天下莫虚于理。"②"真实无妄"意味着理是"造化之枢纽，品汇之根柢"，是事物生成和存在的依据。"无声无臭"意味着理是超越感性世界的形而上的层面。理虽然超越现象界，但并不是一介空虚概念，而是一切事物存在、运行、生成的根源所在，具有实在性。退溪认为，理不是单纯的法则或抽象的概念，是实实在在的、生动的主体。

第二，尊严性。退溪指出："不可谓天命流行处，亦别有使之义也，此理极尊无对，命物而不命于物。"③他把理看作主宰世间万物的立法者，至尊无上。理的这种特征可以从中国古代帝天神的概念中找到原型。④退溪将"命物而不命于物"的理的主宰性与上帝联系起来解释说："若有主宰运用，而使其如此者，即书所谓惟皇上帝降衷于下民，程子所谓以主宰谓之帝是也。"⑤上帝作为人格神的存在，是至尊无上的崇拜对象。上帝的这种人格性形成了理的原型。此处的理已经超越了自然法则的层面，具有宗教的神圣性。退溪的理尊思想单从主理意识或理优位说等层面来理解是很难的，需要

---

① 《答奇明彦别纸》，《增补退溪全书》（一），成均馆大学大东文化研究院 1958 年版，第 89 页。

② 《退溪全书》第五册，成均馆大学大东文化研究院 1958 年版，第 185 页。

③ 《退溪全书》第五册，成均馆大学大东文化研究院 1958 年版，第 185 页。

④ 参见牟宗三：《中国哲学的特质》，台湾学生书局 1975 年版，第 36 页。

⑤ 《退溪全书》第一册，成均馆大学大东文化研究院 1958 年版，第 354 页。

借助宗教的层次来理解。退溪对理的敬畏思想正是发端于此。①

第三，价值性。退溪指出："夫舟当行水，车当行陆，此理也。舟而行陆，车而行水，非此理也。君当仁，臣当敬，父当慈，子当孝，此理也。君而不仁，臣而不敬，父而不慈，子而不孝，则非此理也。"②"舟当行水，车当行陆"说的是自然法则，"君当仁，臣当敬"强调的是人为法则，具有实践当为性。"君当仁"并非类似于"鸢飞鱼跃"的事实判断，而是基于人的自律性和价值意识的价值判断。因此，退溪的理不仅具有自然法则性，更具有"君仁臣敬"的道德法则性，具有强烈的价值意识。③

第四，能动性。这是退溪最着力强调的部分，突出表现为"理发"、"理动"与"理自到"。能动性也是退溪之理区别于朱子学之理的最重要特征，是退溪对朱子学的发挥和贡献。

理发说主要体现在退溪的"四端七情论"中。与传统朱子学相比，退溪的独创就在于用理气来分说四端与七情，"性情之辨，先儒发明详矣。惟四端七情之云，但俱谓之情，而未见有以理气分说者焉"④。他认为四端是"理发而气随之"，这是因为"理而无气之随，则做出来不成"⑤。当然他也不忘指出，"理发"是在理气共存的前提下"主理而言"的。现实中理气不可分，故理不能遗气而独行。退溪的立场是理气有别，且有先后，强调"理气不相杂"，具有明显的理优位意识。虽然退溪用理来解释四端，但最重要的不是理，而是四端。退溪为了将四端的纯善论据放在绝对善的理上才如此解释。换言之，理发不是为了说明理的属性，而是为了树立四端形而上学的依据而提出，以强调四端实现的当为性。退溪的理发说明了理的绝对善性不仅在性这一形而上的层面，在四端这一形而下的现象层面也会自发实现。⑥这是继承了孟子的性善说，用理发来拥护四端的纯粹善性。孟子的性善说揭示

---

① 参见崔英辰：《朝鲜王朝时期儒学思想的状况》，成均馆大学出版部 2005 年版，第 72—75 页。

② 《退溪全书》第五册，成均馆大学大东文化研究院 1958 年版，第 185 页。

③ 参见崔英辰：《韩国儒学思想研究》，邢丽菊译，东方出版社 2008 年版，第 198 页。

④ 《退溪全书》第三册，成均馆大学大东文化研究院 1958 年版，第 167 页。

⑤ 《退溪全书》第五册，成均馆大学大东文化研究院 1958 年版，第 203 页。

⑥ 参见邢丽菊：《朝鲜时期儒者对孟子"四端说"的阐释》，《社会科学战线》2006 年第 6 期。

了儒家实现"平天下"这一道德目标的先验性根据，程朱的"性即理"确立了性善论形而上学的理论依据，退溪的理发说则强调纯粹的道德善性在现实中也会得以实现。退溪的这一学说在儒学发展史上具有重要意义。

理动问题来源于《太极图说》中的"太极动而生阳，静而生阴"，这可以推理出"理动而生气"。退溪引用朱子"若理无动静，气何自而有动静乎"为论据指出，"盖理动而气随生，气动则理随而显"。这与他将四端解释为"理发而气随之"的逻辑是一脉相通的。此处问题就在于他将无为之理用有为之概念"动"来叙述时产生的矛盾。退溪弟子李公浩也指出，若按照朱子"理无情意，无造作"的观点，则《太极图说》就会引发两个问题：一是会否定太极的创造性；二是若承认太极的创造性，则因当初本无气，就会违背"动静无端，阴阳无始"① 的原则。而且传统朱子学认为，理无为，气有为，这就与退溪所主张的理的能动性形成矛盾。退溪对此解释说，理的无为之层面是理的体，能动之层面是理的用。理的能动性之所以成为矛盾，因为理既是"无情意，无造作"，同时又"能发能动"，即处于矛盾关系的两个概念同时被适用于相同的基体——理，这样矛盾就自然而生了。退溪的办法是，将理分为体与用两个层次，"无情意，无造作"属于本体的层次，"能发能动"属于作用的层次，二者类型不同，故不会产生矛盾。②

"理自到"是退溪在解释"格物致知"时提出的命题。在朱子看来，格物致知就是认识主体通过即物穷理来最大限度地发挥自己知性能力的过程。格物致知的过程实质上就是人心与物理的结合。人心具有这种知的能力，故可以通过知来穷究理。但朱子的这一观点有个疏忽，即作为认识依据的理在这一过程中发挥怎样的作用。朱子在如何具体解释心之理与物之理相遇过程中理所发挥的作用这一点上，陷入了困境。退溪在反复思索之后提出了"理自到"之命题。这一思想转变的契机便是他对"物格"的理解。

虽然"格物"是"用人心来格物"，而"物格"则可以理解为二：一是"即物而格"；二是"物（自己）来格"。在朱子学中，"物格"的"物"指的

---

① 《理气》，《朱子语类》卷1，中华书局1986年版，第33页。
② 参见崔英辰：《韩国儒学思想研究》，邢丽菊译，东方出版社2008年版，第192页。

是"物之理",则第二层意思"物来格"就会有问题,因为这就意味着"理来格(穷至)",明显违背了朱子的"无情意、无计度、无造作"之理。退溪先前倾向于前者,后来在给高峰写信时意识到这一点,认为"物来格"才是正确的解释。

在退溪看来,"物理之极处"指的不是个别事物之理,而是到了豁然贯通境界之后的理。此处,有必要对理的"无不到"作一仔细说明。第一,区分理之体用。宋明理学吸收了佛教的内容,将存在分为体用两面。第二,认为理之用不是在人心之外,而是人心所至而无所不及。物之理不是通过物理而"自到于我",而是当我全心全力去认识物之理时,它就会自我显现,并与我心之理相会。这是在人心发挥主体作用时实现的,而且随着人心努力的程度不同物之理就会显现出其用而与人心相会,这时认识的作用才会正常发生。也正是此时,才可以确认出物之理与吾心之理是相同的。因此,退溪说"但恐吾之格物有未至,不患理不能自到也"[1]。如此来看,朱子"即物穷理"的解释只不过是着重强调了格物过程中主体的作用而已。如果我们将焦点置于"理的作用",那么就需要对"格"进行重新解释,这就是退溪着力的地方。在格物致知的过程中,认识的对象不仅是理,如果说认识的可能性根据是理的话,那么就需要对理在这一过程中的作用进行具体说明,退溪提出"理自到"来试图解决这一问题。[2] 这也是退溪的创新之处。

下面重点来考察一下退溪的"四端七情论"。四端和七情本来是典据互

---

[1] 《退溪全书》第五册,成均馆大学大东文化研究院1958年版,第283页。

[2] 韩国学者尹丝淳教授指出,退溪早年曾在"物格"的解释中指出"欲其极处无不到也"。在他看来,所谓物格是指在获得认识之后,物理告诉我或我被告知的意义,这是对理的认识的被动性解释。但根据体用论主张"理动"("理发"),不承认"理自到",这一主张实际不符合他自己的理论体系。在高峰的批判下,李滉最终修改了自己的理论,承认自己以前的错误在于仅考虑了理的"体"方面,如果从理的"用"方面来看,理也有自到的时候。于是李滉从体用的角度指出,应该肯定"理自到"。但这实际上是限定在格物之后的"物格"情况下。可见,退溪所肯定的"理自到"是"随吾所穷"的"到",他对"理自到"的肯定很明显是"有条件的肯定"。这也从整体上反映了退溪哲学重视理的整体一贯性。(参见尹丝淳:《韩国儒学史》上,韩国知识产业社2012年版,第101页)

不相同的两个概念，在中国儒学史上也很少被对举过。朝鲜的性理学者们却对作为心之具体作用的情表现出了极大的关心，将其认定为讨论的主题，从而使得他们的哲学逻辑走向更加具体化、心性化。朝鲜历史上首次将四端与七情联系起来的是丽末鲜初的儒者权近（号阳村，1352—1409）。权近在《入学图说》中将四端归属于性（理之源），将其看作性的发动，将七情归属于心（气之源），认为七情的发动中节时属于性的发动，但"不中节者，不可直谓之性发"，将四端与七情两分化。而柳崇祖（号石轩，1452—1512）认为"理动气挟，四端之情；气动理随，七情之萌"[1]，四端中理是发动的主体，气内包于其中；七情中气是发动的主体，理只是随之而已。可以说他是将四七分别看作主理、主气的先驱。但他们对四端、七情的定义只是停留在其个人的解释上。

但四端七情真正发展成一场论争则是始于16世纪中叶郑之云（号秋峦，1509—1561）在《天命图》中的注释"四端，发于理；七情，发于气"。1553年，退溪在《天命新图》中将其改为"四端，理之发；七情，气之发"。对于退溪的这一修改，学界一片哗然。年轻学者奇大升（号高峰，1527—1572）认为其将理气严重二分化，对退溪的修正提出了尖锐的批评。由此，二人之间展开了长达八年（1559—1566）的书信往来论争。

由于退溪是将四端与七情对举的，故我们也按此思路来分析。退溪刚开始说"四端理之发，七情气之发"，后来由于高峰的批判而改成了"四端之发纯理，故无不善；七情之发兼气，故有善恶"，最后退溪以"四则理发而气随之，七则气发而理乘之"（理气互发说）定论。

退溪对四端七情的立论，首先从"分别言之"着眼。二者均为情，之所以异名，是因为"所就以言之者不同"。"所就"意味着"立言分际"，也意味着"所从来"（即来源或根据）。这是以朱子的理气论为根据的。依朱子之说，天地万物的生成变化，均是由于理气的相互作用。作为形下之气的作用，必须以形上之理作为依据；而形上之理也必须依据形下之气才能发用。这种理以气为用，气以理为体，正是退溪所说的"理之于气，本相须以为

---

[1] 《大学箴》，《韩国文集丛刊》12，民族文化推进会1986年版，第23页。

体，相待以为用"之意。① 这虽显示理气不相离，但并不表示理气无别。四端七情虽是理气相合不离所表现之情，但就二者之立言分际而讲，四端发于理，七情发于气，二者是不同质的情。

退溪认为，四端之情是直接由先天自然的天地之性——仁义礼智之性而发，虽兼理气但不与气杂，"四端虽云乘气，然孟子所指，不在乘气处，只在纯理发处"②。换言之，四端之发，主于理。而四端本由仁义礼智之性而发，四性粹然至善，故四端纯理而无不善。而七情则是就理气相杂的气质之性而言，注重的是后天发生意义上的说明。退溪认为，七情之发是后起、被动的，源于外物来感而触发，七情受气的影响而被引发，就七情之所从来而言，为气之发。既然以气为主，则七情之发可能循理而表现为中节之情，也可能不循理表现为不中节之情。所谓"七情本善而易流于恶"，故七情之发，有善有恶。

退溪的理气互发说中，之所以说"理发而气随之"，是因为"理而无气之随，则做出来不成"。这里的"随"，说明了气是理决定之气，没有违背理发的可能性；之所以说"气发而理乘之"，是因为"气而无理之乘，则陷利欲而为禽兽"③，并指出这是不易之定理。这里用"乘"，除说明了理是搭在气上之意，也表示这儿的理是被动的，气是主动的。对比最初的说法，他在理发后面加上了"气随之"。对此，他自身的解释是"大抵有理发而气随之者，则可主理而言耳，非谓理外于气，四端是也。有气发而理乘之也，则可主气而言耳，非谓气外于理"④。"主理而言者"这句是以理气的共存为前提的。因为现实中理气是不可分的。故理不能遗气而独行。但如果说理先发而后气乘已发之理，则可以看出理气是分离的，而且有先后。故退溪的立场是理气有别，且有先后。

可见，退溪的理气互发说是建立在朱子理气不离不杂的基础之上的，即理气"相须"而又"互发"。退溪认为："盖人之一身，理与气合而生，故

① 参见林月惠：《中韩儒学的情》，《东亚文化圈的形成和发展》2003 年 8 月。
② 《退溪全书》第一册，成均馆大学大东文化研究院 1958 年版，第 87 页。
③ 《退溪全书》第一册，成均馆大学大东文化研究院 1958 年版，第 113 页。
④ 《退溪全书》第三册，成均馆大学大东文化研究院 1958 年版，第 181 页。

二者互有发用，而其发又相须也。互发则各有所主可知，相须则互在其中所知。"① 但他更强调的是理气的分别，即"理气不相杂"。

尽管退溪用理来解释四端，但对他来讲，重要的不是理，而是四端。确立四端的纯粹善性的理论根据是当时退溪的重要课题。理发说不是为了说明理的属性，而是为了树立四端形而上学的根据而提出的命题，是为了从质的角度区分四端与七情而把它们分属于理气。换言之，是为了将四端纯善性的论据放在性（绝对善的理）上才把四端解释为理发。之所以将四端和七情分属于理气是因为两者的价值性是同一的，即四端之纯粹的、绝对的善是理的绝对价值，而七情的可善可恶性是气的相对价值。正如朱子为了确立道德的价值观，以性的绝对善性为形而上学的依据提出了"性即理"，退溪也以四端的绝对善性为依据，主张四端为理之发，以强调其实现的当为性。这一主张是在理气共存的条件下，将四端归属于理的领域，是为了论证其纯粹善性不仅是在形而上的性的层面上，而且在现实中也会发显为情。因此，为了不与气的其他的东西混淆，为了区别四端之善的纯粹性，退溪不顾逻辑的牵强而主张理发。② 退溪的理发说说明了人的内在的、先验性的性理会在现实情况下自发地发显，也说明了理的绝对善性不仅在性这一形而上的层面上，在四端这一现象的情的层面上也会得以具体的实现。可见，退溪的互发说拥护四端的纯粹善性。这毫无疑问是继承了孟子的性善说。性理学的代表概念"性即理"也不过是性善论的新的表达方式而已。③

孟子立足于《诗经·烝民》篇中传统的天概念和"人人皆有不仁人之心"即"四端"这一经验性的事实来论证性善的恰当性。《中庸》中的"天命之谓性，率性之谓道"这一句也提出了天、性以及作为人当行之路的道。但是，这种绝对的天道（天则）要通过人的行为才能实现，而支配人行为的是心。故天命、天道的实现只能依靠根植于正心之上的行为。孟子提出了先

---

① 《退溪全书》第三册，成均馆大学大东文化研究院 1958 年版，第 181 页。

② 传统的朱子学认为理无为，气有为。这与退溪主张的理的发动形成矛盾。为此退溪指出，理的无为层面是理的体，而理的能动层面是理的用，以体用论来解释理的能动性。

③ 参见李东熙：《韩国传统思想的主体性探索和未来展望》，邢丽菊译，《国际版儒教文化研究》第 6 辑，成均馆大学儒教文化研究所 2006 年版，第 57 页。

验性的、道德性的不忍人之心，并用四端之心使之具体化。从性理学的观点来看，四端之情不外乎是仁义礼智之性的发显。因此，性的发显就是天道的显现。正因此，性理学中的天和性才被定义为理。同样，退溪所主张的"四端，理之发"这一命题才得以成立。

退溪四端七情论的意义可以从不同角度来把握：首先从形成学派、演变成集体式的持续性研究这一点来看，可以说大幅提高了朝鲜时期性理学"心性研究的水平"。这是在东亚任何其他国家都没有的先例，可谓是韩国性理学的特征之一。其次，论辩的核心难点是退溪对四端的"理发"解释，尽管受到了无数批驳，但退溪最终还是坚持自己的观点。退溪坚持相信性善，主张根据本性的发显与否可以将人的品格教化，提升到贤人或圣人的境地。这一思想对统治者来说，是圣君应推行的民本、为民的善政之可能性依据。最后，退溪以理发解释四端是善性之发，证明了"德性伦理的自然形成"。以气发解释七情需要中节的心，包含了对善行"义务伦理的品性"之认知。①如此看来，退溪以理气论阐释四端七情，具有"超越时代的普遍道德"以及将儒家德性伦理与义务伦理两种道德意识融为一体的重要意义。

二、《圣学十图》的哲学结构

《圣学十图》是退溪 68 岁（1568）那年为进献宣祖而作，集中反映了退溪的整体学问思路。十张图熔铸了宋明理学之精髓，融集了朱子思想之精粹，最全面地概括了性理学的基本理论。退溪在序言中解释了作此图的缘由为"圣学有大端，心法有至要。揭之以为图，指之以为说，以示人入道之门、积德之基"。《圣学十图》的圣学指的是成为圣人的学问，能否成为圣人与人的心性修养有关。退溪所讲的"心法至要"指的是与心性精神修养相关的方法要义。"入道之门"是相对于禅宗所言的"大道无门"而言的，此所言之道是指宇宙自然和人类存在的原理以及为了维持这种存在所应该遵循的法则。为了认识实践这一真理并修养身心，退溪选取圣学巨著和心法要诀而

---

① 参见尹丝淳：《韩国儒学史》上，韩国知识产业社 2012 年版，第 113 页。

作《圣学十图》。

退溪继承了朱子的圣人观，自读书开始即向往圣人之学。在他心目中，圣人就是"与天地合德，而人极以立"①。《进圣学十图劄》揭示了退溪所理解的圣学，即以天道为根据，以圣人之制作为对天道的模拟，以圣人之行作为天道显现为人世的规则。退溪为此指出："臣窃伏以道无形象，天无言语，自《河洛》、《图书》之出，圣人因作卦爻，而道始见于天下矣。"② 这与朱子所提倡的圣人就是要继天地之志，述天地之事，穷理尽性并为世立极之意相吻合。

退溪以十张图的形式，向人们解说圣学之内容，并将性理学的理论精华融于其中，使得深奥难懂的学问变成后学通俗易懂的立体的入门教科书。《圣学十图》的顺序如下：第一图：《太极图》；第二图：《西铭图》（上图、下图）；第三图：《小学图》；第四图：《大学图》；第五图：《白鹿洞规图》；第六图：《心统性情图》（上图、中图、下图）；第七图：《仁说图》；第八图：《心学图》；第九图：《敬斋箴图》；第十图：《夙兴夜寐箴图》。十图中的第一、二、四、六、七、八、十为前人所作，第六图中的中下图以及第三、五、九图为退溪本人所作。每一图后面都附有前人的注解和退溪的解说。十图内容既包括哲学范畴，也包括教育范畴。③ 关于《圣学十图》的结构组成原理，退溪曾指出：

> 以上五图，本于天道，而功在明人伦，懋德业（白鹿洞规图说）。……以下五图，原于心性，而要在勉日用，崇敬畏（夙兴夜寐箴图说）。④

由上可知，上五图（《太极图》、《西铭图》、《小学图》、《大学图》、《白鹿洞规图》）主要讲的是先天存在的宇宙原理以及在此原理基础上形成的世界、人间的伦理法则以及其中包含的宇宙论意义、教育的原理、目标等，下五图

---

① 《退溪书节要·静斋记》，成均馆大学 1978 年尊经阁影印本，第 390 页。
② 《退溪书节要·进圣学十图劄》，成均馆大学 1978 年尊经阁影印本，第 123 页。
③ 参见琴章泰：《圣学十图注释及朝鲜后期退溪学的展开》，《退溪学报》2001 年第 48 辑。
④ 《退溪书节要·进圣学十图劄》，成均馆大学 1978 年尊经阁影印本，第 125 页。

(《心统性情图》、《仁说图》、《心学图》、《敬斋箴图》、《夙兴夜寐箴图》) 主要讲的是这种宇宙和人间原理最终是如何通过个人的心性修养实现合一的，并且阐明了其理论依据和以敬为中心的实践方法。

圣学既然是继天立极，裁成辅相之学，那么天道的内容就是圣学结构中首先要揭示的。退溪首选《太极图》和《西铭图》来揭示天道之内容。退溪将《太极图》作为《圣学十图》首章，这与朱子将《太极图说》作为《近思录》首章的意图是一样的，即圣学的根本目的首先应当是正确地理解作为宇宙本质——太极的原理，然后才能正确地理解这种天道与人类的本质有着紧密的伦理关系。《太极图》主要讲的是由无极、太极、阴阳、五行、男女、万物组成的宇宙的先天生成原理，提出了"无极而太极"的宇宙生成论。宋代周敦颐以儒家经典《易经》来解说《太极图》的意蕴，为宋代新儒学提供了本体论的依据。《西铭图》以这种世界观为基础，论证了人在天地自然界中的地位。人禀受天地之性，与天地合德，将人的境界提升到了从未有的高度，成为此后儒者追求的人生最高理想境界。张载在《西铭》中提出"民吾同胞，物吾与也"，指出万事万物因天地父母而生，互为同胞兄弟，应该视民为兄弟，视物为同类，并且做到尊老爱幼，关爱鳏寡孤独。退溪对《西铭》最看重的是其中体现的"仁"思想。退溪这样做的目的是把《西铭》放在整个《圣学十图》中来看它的性质和作用，认为宇宙本体是天道，是太极，而天道的本质是仁，根据天道而来的修养工夫是求仁。仁的境界是与天地万物为一体，求仁之工夫所达到的最高境界是民胞物与，所谓"心德"就是实有此境界。①

接下来是《小学图》、《大学图》和《白鹿洞规图》，这是关于小学、大学、公学、私学的教育纲领。作为一个注重实践的教育家，退溪把这三个图所代表的儒家"学统"置于天道仁体的"道统"之后，其意义就在于以学统承传道统，实践道统，光大道统；以道统规范学统，指导学统，从而使圣学成为一个自少至老、终身以之的活动。退溪依据朱熹的《小学》自作《小学

---

① 参见张学智：《从圣学十图的结构看李退溪的学问观》，《国际版儒教文化研究》第18辑，成均馆大学出版部 2006 年版，第 56 页。

图》，并选朱熹的《小学题辞》作为说明。《大学图》选取高丽末期著名学者权近（1352—1409，号阳村）所作之图。《白鹿洞规图》则根据朱子手订的白鹿洞书院学规，由退溪自作图，置于《小学图》、《大学图》之后。《小学图》之所以紧接《西铭图》，退溪在逻辑上的考虑就是，以《西铭》所说的天道之仁来规定人性，把仁作为人生命的本质、教育的基础以及修养工夫的起点。① 小学中的"立教"，归根结底就是教以仁；"明伦"之五伦，即阐明仁义礼智信。根据朱熹"仁包四德"的理论，五伦不外乎仁。朱熹《小学题辞》开首即说："元、亨、利、贞，天道之常。仁、义、礼、智，人性之纲。凡此厥初，无有不善。蔼然四端，随感而见。爱亲敬兄，忠君悌长。是曰秉彝，有顺无疆。"② 这就是说，儿童教育就是以顺人天赋的仁之秉彝及其外在的发露"四端"为开始，其他如洒扫应对、入孝出恭、诵诗读书、穷理修身乃至崇德广业，都是此仁道的扩充。大学乃是小学的继续，虽然这两个阶段在教育目的及内容上都有不同，但其本于仁性而又不断地开发、进境则是相同的。所以朱熹说："学之大小固有不同，然其为道，则一而已。是以方其幼也，不习之于小学，则无以收其放心，养其德性，而为大学之基本。及其长也，不进之以大学，则无以察夫义理，措诸事业，而收小学之成功。今使幼学之士，必先有以自尽乎洒扫应对进退之间，礼乐射御书数之习，俟其既长而后，进乎明德新民，以止于至善。是乃次第之当然，又何为不可哉？"③

《白鹿洞规图》是退溪萃取朱熹的《白鹿洞书院学规》而作。朱熹在《洞规后序》中指出，白鹿洞书院学规已不同于各地官学之学规。官学的学规中不仅规定了所学的内容，并且有学员应遵守的各种规定、纪律等条文，而各级学校中所学的是圣贤之学。学圣贤之学就应该是人人自觉自愿的，不应该另外制定许多人为条规。官学立此类规条是轻视学员的自律能力，故可以视为"其待学者已浅矣"。此类学规朱熹皆弃去不用，其《白鹿洞书院学规》只取古来圣贤教人的主要内容，即五教及学此五教的方法和次序列诸学

---

① 参见张学智：《从圣学十图的结构看李退溪的学问观》，《国际版儒教文化研究》第 18 辑，成均馆大学出版部 2006 年版，第 59 页。

② 《退溪书节要》，成均馆大学 1978 年尊经阁影印本，第 397 页。

③ 《退溪书节要》，成均馆大学 1978 年尊经阁影印本，第 227 页。

规中，其余禁防诸条则不列，靠学者自律而行。退溪对于此图的解说重点在于其中的五伦，他指出："臣今谨依规文本目作此图，以便观省。盖唐虞之教，在五品；三代之学，皆所以明人伦。故规之穷理力行，皆本于五伦。且帝王之学，其规矩禁防之具，虽与凡学者有不能尽同者，然本之彝伦而穷理力行，以求得夫心法切要处，未尝不同也。"[1] 这说明他将朱熹学规中取于《中庸》的博学、审问、慎思、明辨、笃行皆收摄于五伦中，目的在突出五伦作为圣学内容的重要地位。他献此图目的就是为了使宣祖将五伦作为个人修养和施政牧民的重点。在此段说明的末尾，退溪明确指出作此五图是为"本于天道，而功在明人伦，懋德业"[2]，以此将五图视为一个统一的整体。

第六图《心统性情图》包括上、中、下三图，上图为中国元代程复心所作，中、下图为退溪创作添加。在整个《圣学十图》中，退溪对此图下了最大功力，因此最富创意。退溪在此图中详细讲述了心、性、情及其相互关系，强调心统率性情，未发之时为性，已发之后为情。心为人身之主宰，人可持敬立心，并通过存养、省察之修养工夫，内求于心的"精一执中之圣学，存体应用之心法"。中图和下图则表明了退溪"理发而气随之，气发而理乘之"的理气观。退溪在此图中更加深刻地体会了自张载提出的心统性情命题和经由程朱发挥的思想，将性情与理气结合起来，主张"合理气，统性情"[3]。纵观此图可见，退溪对心、性、情及其关系的理解更为深刻和具体，既保住了儒家自孟子至宋明理学以来的性善说之主流，又保住了自张载、二程乃至朱子以来的理气"二之则不是"的理学传统。既不废"四端理之发"的儒学价值基础，又包含了现实性的性情关系中的四端七情合言。这是退溪对朱子学乃至整个宋明理学的发展。[4]

第七图《仁说图》为朱熹所作，是对天地万物的本质、人的心性本质

---

[1] 《退溪书节要》，成均馆大学 1978 年尊经阁影印本，第 238 页。

[2] 《退溪书节要》，成均馆大学 1978 年尊经阁影印本，第 240 页。

[3] 张立文：《退溪哲学入门》，退溪学研究院出版部 1990 年版，第 13 页。

[4] 参见张学智：《东亚文化的中枢——孔子学与退溪学》，《第二十届退溪学国际学术会议论文集》，2003 年，第 100 页。

的说明，"仁者，天地生物之心，而人之所得以为心"①。《仁说图》包含"仁包四德"、"性体情用"以及对求仁方法的说明、对仁之背离的批判等义，而每一义都可以展开为丰富的理论内容。如仁包仁、义、礼、智四德，与天之元包元、亨、利、贞相应，仁之发恻隐之心又贯爱、恭、宜、别四情。其未发，涵育浑全，无所不统；其已发，周流贯彻，无所不通，可谓"众善之源，百行之本"。退溪认为朱熹所作此图"发明仁道，无复余蕴"，故无所发挥。但他将《仁说图》置于《心统性情图》之后、《心学图》之前，就是要把它作为心性的内容，展开其未发之所含，已发之所用；上承天道，下启修养之途，② 有机地连接了由存在论向修养论的自然过渡。

第八图《心学图》讲述了心的概念及心学修行方法。此图由"心"圈和"敬"圈构成，而"心"圈和"敬"圈由"惟精（择善）"、"惟一（固执）"相连接，这说明心的修养只有靠敬来实现。人心表现为多种：有赤子心与大人心，有道心与人心。"赤子心，是人欲未汨之良心"，"大人心，是义理具足之本心"。生于形气而觉于欲者为人心，原于性命而觉于义理者为道心。人心和道心作为同一个心交织在一起，只有精密地觉察（惟精、择善）二者才能分清并抓住本心、道心（唯一、固执）不使其偏离。这一过程也就是"存天理，灭人欲"的过程。从遏人欲的工夫而言，这是从慎独、克服、心住、求放心、正心、四十不动心而达到"富贵不能淫，贫贱不能移，威武不能屈"的价值性道德境界之过程；从存天理的工夫而言，这便是从戒惧、操存、心思、养心、尽心、七十而从心，达到不思而得、不勉而中的理性自由境界的过程。这一过程也是不断修养用功的过程，"而用功之要，俱不离乎一敬"。此主宰之敬也就是心驾驭自己以使自己的思与行符合道德规范的心力，即退溪所说的"寂然不动，心之体也；感而遂通，心之用也。静而严肃，敬之体也；动而整齐，敬之用也"③。

最后两图《敬斋箴图》和《夙兴夜寐箴图》展示了"敬"的实践阶段

---

① 《退溪书节要》，成均馆大学 1978 年尊经阁影印本，第 246 页。

② 参见张学智：《东亚文化的中枢——孔子学与退溪学》，《第二十届退溪学国际学术会议论文集》，2003 年，第 62 页。

③ 潘畅和：《〈圣学十图〉对韩国性理学特征的意义诠释》（内部资料稿，待刊）。

所必需的具体细目。《敬斋箴图》是对敬的实践场所的揭示，即居家、出门、办事、讲话、行走等动静之时应具有的态度和举止："正其衣冠，尊其瞻视，潜心以居，对越上帝。足容必重，受容必恭，择地而蹈，折旋蚁封。出门如宾，承事如祭，战战兢兢，罔敢或易。守口如瓶，防意如城，洞洞属属，罔敢或轻。"《夙兴夜寐箴图》则是对敬的时间的揭示，即从鸡鸣而起到日暮夜久休息之间所用的日用工夫，具体内容如下：

> 鸡鸣而寤，思虑渐驰，盍于其间，澹以整之。或省旧愆，或紬新得，次第条理，了然默识。本既已立，昧爽乃兴，盥栉衣冠，端坐敛形。提掇此心，皦如出日，严肃整齐，虚明静一。乃启万册，对越圣贤，夫子在坐，颜曾后先。圣师所言，亲切敬听，弟子问辨，反复参订。事至斯应，则验于为，明命赫然，常目在之。事应既已，我则如故，方寸湛然，凝神息虑。动静循环，惟心是监，静存动察，勿二勿参。读书之余，间以游泳，发舒精神，修养情性。日暮人倦，昏气易乘，斋装整齐，振拔精明。夜久斯寝，齐手敛足，不作思维，心神归宿。养以夜气，贞则复原，念兹在兹，日夕乾乾。①

可见，此两图生动地展示了圣人在日常中的持敬修养工夫以及敬在生活举止上的表现。它揭示了这样一个道理，即道流行于日用之间，无所适而不在。故无一席无理之地，无顷刻之间可以不用工夫，因为"道也者，不可须臾离也。可离非道也。故君子戒慎乎其所不睹，恐惧乎其所不闻。莫见乎隐，莫显乎微，故君子慎其独也"②。

综上所述，退溪的《圣学十图》将儒家庞大的思想体系，以言简意赅的十个图说，简捷、严密、深刻、清晰、完整地将朱子学的理论体系如实呈现出来，对性理学的普及和传播起到了巨大的作用。这在儒学发展史上不能不是一个里程碑式的创造性工作。近代著名学者梁启超曾写诗盛赞退溪及其

---

① 贾顺先主编：《退溪全书今注今译》（二），四川大学出版社 1993 年版，第 221 页。
② 贾顺先主编：《退溪全书今注今译》（二），四川大学出版社 1993 年版，第 223 页。

《圣学十图》曰："巍巍李夫子，继开一古今。十图传理诀，百世诏人心。云谷琴出润，濂溪风月寻，声教三百载，万国乃同钦。"[1]

三、主敬的修养论

敬是自古以来流传下来的心法。《尚书·尧传》中有"钦明文思"，"钦"就是恭敬之"敬"。朝鲜儒者权近在《入学图说》中认为《尚书》的核心要旨就是"钦"。舜的"兢业"中也包含着敬的意思，汤之"圣敬"、武王之"敬圣"以及《尚书·洪范》中的"敬用五事"等都包含"恭敬"或"庄敬"，均指的是圣君心法。孔子也指出"行笃敬"、"修己以敬"，将敬作为修己的方法。《礼记·曲礼篇》的"毋不敬"也是强调敬。《周易·坤》卦中说"敬以直内，义以方外"，将敬与义对比而言。宋代程子提出"敬义夹持"，强调二者是相互补充的关系，但在做学问中最要紧的是"敬以直内"[2]。他还认为"有诸中者，必行诸外，惟恐不直内，内直则外必方"[3]。可见相比于义，他更优先强调敬，这也是宋代修养论的特征之一。

退溪毕生之学重修养，重方法论，其方法有二：一是主敬以存心，二是乐山乐水以陶冶性情，[4]尤其是他60岁以后隐居陶山，此二路并行。鉴于主题，本节重点讨论退溪修养论的核心——主敬。退溪认为，人之修养最重要的方法便是主敬以存心，"只将敬以直内为日用第一义"[5]。退溪主敬原因大致有三：一是23岁时游太学（成均馆）时，始见《心经附注》，对此倾心并

---

[1]　转引自许嘉璐：《求同存异，尼山陶山相呼应：在21世纪人文价值论坛（陶山论坛）上的讲话》，《中国文化报》2014年8月1日。

[2]　《心经附注》卷1，《敬以直内章》："程子曰，'切要之道，无如敬以直内'。"（民族文化推进会1992年版，第63页）

[3]　《敬以直内章》，《心经附注》卷1，民族文化推进会1992年版，第66页。

[4]　退溪对大自然非常爱恋，常常沉醉于大自然陶冶情操。他在追求学问真理时，也注重用道学的精神去体验自然，以期达到物我一体的境界。其诗歌名作《陶山十二曲》、《琴谱歌》、《乐贫歌》、《相杵歌》等的创作，无不体现了退溪从大自然的美感中汲取了道学理论。

[5]　《答金而精书》，《退溪全书》卷4，成均馆大学大东文化研究院1958年版，第132页。

受其影响；二是 50 岁以后因撰写《天命图说》与《朱子书节要》受《大学或问》与《朱子大全》之影响；三是 60 岁以后由于与高峰四端七情论辩之理发气发问题，倾向于"理尊气贱"，因尊理敬天而主敬。这三点亦可视为退溪敬思想发展的三个阶段。①

退溪非常推崇《心经》。②《退陶先生言行通录》曾记载曰："先生自言吾得心经而后，始知心学之渊，心法之精微，故吾平生信此书如神明，敬此书如严父。"③ 在退溪看来，圣学就要为成为圣人而设定目标，对自我存在进行深刻认识，并通过心的修养而完成。《心经》的修养论主要以心和敬为轴心展开。程复心《心学图》也是以心和敬为基础而作。心是修养的基础，敬是修养的总体性方法。关于敬的重要性，程敏政指出："盖是经所训，不出敬之一言。故其语约而义精，其功俭而效博……而造次颠沛，不可忽焉者也。"④ 北溪陈淳也认为："盖心者，一身之主宰，而敬又一心之主宰也。"⑤ 敬能够将易于流散的人心集中起来，并统制和主宰心，使人能正确地应对万事。敬是整个修养的中心。

退溪《圣学十图》的基本结构是以敬为中心而作，对此他作出了如下解释：

> 敬者，又彻上彻下，著工收效，皆常从事而失者也。故朱子之说如彼，而今兹十图皆以敬为主焉。⑥

---

① 参见蔡茂松：《韩国近世思想文化史》，台北东大图书公司 1995 年版，第 298 页。

② 《心经》是宋朝真德秀（1178—1235，号西山）编写的著作。真德秀从儒学典籍中甄选出对心性修养有帮助的文章，为进一步解释说明这些文章，又采取了原封不动引用周敦颐、程颢、程颐以及朱熹等文章的形式，编写了这部书。书中对人心、道心、精一、敬、存诚、问仁、求放心、诚意、正心、慎独、戒惧、养心、不动心、从心等以及以此为依据建立的修养说几乎全部囊括在内，因此当之无愧称为《心经》。

③ 《答金而精书》，《退溪全书》卷 4，成均馆大学大东文化研究院 1958 年版，第 132 页。

④ 《心经附注序》，《心经附注》卷 1，民族文化推进会 1992 年版，第 25 页。

⑤ 《心学图》，《心经附注》卷 1，民族文化推进会 1992 年版，第 42 页。

⑥ 《第四大学图·后说》，《退溪全书》卷 7，成均馆大学大东文化研究院 1958 年版，第 152 页。

如前所述，《圣学十图》从大的方面来说可以分为两个部分，第一图《太极图》到第五图《大学图》都是"本于天道而明人伦懋德业"①，第六图《白鹿洞规图》到第十图《夙兴夜寐箴图》都是"源于心性而要在勉日用崇敬畏"②，即天道和心性这两个根源都是依靠敬来作为确立人之主体性的方法。

《圣学十图》各图以敬为主线贯穿始终。在第一图《太极图》中，退溪引用朱子的注释解释了要正确认识太极的原理，而实践就在敬与肆之间；在第二图《西铭图》的文本中，虽然没有敬的内容，但他阐明了只有以敬的状态来修养心的本体与作用，才会体得仁的原理，才能付诸实践；第三图《小学图》和第四图《大学图》均说明了少年的身心欲性与成年人的修己治人，只有依靠敬才有可能真正体得；第五图《白鹿洞规图》则说明了所有的修身处事和接物的要点都在于敬；第六图《心统性情图》根据敬存养和省察心来阐述；第七图《仁说图》通过敬来克服私欲强调仁的实践性；第八图《心学图》阐明了心有未发和已发，并列举说明了如何通过敬来存养和克服心；第九图《敬斋箴图》列举了如何在具体的生活中实践敬；第十图《夙兴夜寐箴图》则列举了如何在日常生活的各个不同时间段去实践敬。

退溪认为"持敬者，又所以兼思学贯动静和内外，一显微之道也"③，强调不论何时何地都要保持敬的姿态。根据《尚书》记载，敬是圣贤们修身的基本心法，孔子也以敬作为修己之法。特别是到了宋代，敬作为儒学伦理实践的方法被重视起来，其具体的内容也有多种多样的解释。例如，程伊川认为敬是"主一无适"和"整齐严肃"，其门人谢良佐认为敬是"常惺惺法"，尹焞则认为敬是"其心收敛"。朱子综合了如上这些说法，认为"敬者，一心之主宰而万事之本根"，是"圣学始终之要"。退溪更是细致入微地对这种敬的内容加以分析说明，使之成为其实践哲学的基础。

退溪在《圣学十图》中所提出的实践敬的具体方法，大致可以从两个方面来分析：一是内在心的修养，二是心如何应对外部事物的修养。

---

① 《第五白鹿洞规图》，《退溪全书》卷7，成均馆大学大东文化研究院1958年版，第154页。

② 《第十夙兴夜寐箴图》，《退溪全书》卷7，成均馆大学大东文化研究院1958年版，第160页。

③ 《进圣学十图箚》，《退溪全书》卷22，成均馆大学大东文化研究院1958年版，第296页。

对于内在心的居敬修养，具体可以分为无事时和有事时。首先，无事时是未发的状态，这时的修养方法就是要保存纯善的道心（存心），修养作为心之本体的本性（养性），同时为了防止良心与人欲的冲突，还常常需要警戒小心（戒惧）。其次，有事时是心已发的状态，这时的修养方法就是寻找丢失掉的良心（求放心），克服流于私欲的心，恢复本心（克己复礼），并要经常做自我反省（省察）。为此，思作为心的机能要时刻处于清醒的状态（常惺惺），"整齐严肃"，"其心收敛不容一物"。不仅如此，遇事时还要只专注于这一事，做到心无旁骛，主一无适。①

应对外部事物时的修养方法是学问思辨，通过精密探求事物的道理以求得真知（知），并在日常生活中进行体验和实践（行）。因此，个人的行为要做到整齐严肃，时刻慎独省察，行事时主一无适，并使之成为生活的习惯。这也是退溪提出的"知行并进法"。除此以外，在日常生活中根据不同的场所、不同的时间，所要进行的敬的具体修养方法也不同，其详细记录则在《圣学十图》的第九图《敬斋箴图》与第十图《夙兴夜寐箴图》中表述得很清楚。

退溪认为，只要持续不断进行敬的修养并付诸实践，就可以达到理想的圣人境界。但是，是否真的有可能达到被称为具有完美人格的圣人之境界，不能不说是一个疑问。早有孟子相信成圣的可能性，强调努力开发个人的才能，后有宋代周濂溪在《通书》中认同圣学的可能性，并提出成圣的具体方法是无欲。② 退溪奏请宣祖立志做圣君，相信成圣的可能性，更强调成圣需要持续不断的努力。③ 换言之，比起成为圣王和圣人，退溪更加强调以圣人为目标而坚持不懈为之努力的态度。通过这种持续的努力使自己每一天都处于进步之中，这才是上天赋予人的生存意义之所在。努力与否在于

---

① 参见吴锡源：《韩国儒学的义理思想》，邢丽菊、赵甜甜译，复旦大学出版社 2014 年版，第 198 页。

② 《性理大全》卷 2，《通书·圣学第二十》："圣可学乎？"曰："可"。曰："有要乎？"曰："有。""请闻焉"，曰："一为要，一者无欲也。无欲则静虚动直，静虚则明，明则通，动直则公，公则溥，明通公溥，庶矣乎。"（高丽大学图书馆馆藏本 1992 年版，第 83 页）

③ 《退溪全书》卷 22，《进圣学十图劄》："伏愿圣明深烛此理，先须立志，以为舜何人也，予何人也，有为者亦若是。"（成均馆大学大东文化研究院 1958 年版，第 296 页）

自身的意志，因此退溪指出，"非知难，而行难，非行难，而能真积力久为尤难"①。

对于实践敬的难点和所应持有的心理状态，退溪作了如下说明：

> 其初犹未免或有掣肘矛盾之患，亦时有极辛苦不快活之病，此乃古人所谓将大进之几，亦为好消息之端。②

退溪此言强调要有一个积极良好的心态，将苦痛作为即将带来好消息的开始。也就是说，为了实践生活的真理，每个人都要付出努力，这种努力并不是为了某一个对象或人，而是为了实现作为人而存在的目的性行为。③ 这种强调人之主体能动性的生活态度可以说是退溪圣学所向往的真正境地。

最后来综合整理一下退溪思想的主要特征：

第一，退溪的理具有实在性、尊严性、价值性和能动性四个基本特征。退溪尤其重视理的能动性，而且通过理发、理动和理自到来进行分别阐述。虽然这有违于传统朱子学"理无为"的原则，但退溪提出了用体用论来解决这一逻辑难题。退溪认为，无情意、无造作属于理之本体，而能发能动属于理之作用。这也是退溪思想有别于传统朱子学之处。

第二，退溪理气论用哲学的概念对本质与现象的关系进行说明。从现象的层面来看，理与气是不离而共存的；从本质的层面上来看，理与气是可以分开而言的。退溪虽然充分理解理与气的共存，却强调要严格区分理气二者，因为他试图以此来确保理的纯粹性。他所主张的"四端，理之发"，也是为了说明四端的纯粹善性在现实中可以实现才提出的。

第三，退溪以人内在的纯粹性和尊严性为基础，主张所有人都可以成为圣人，只要扩充善性，就可以达到圣人的境界。退溪的终极学术目标就是成为圣人，《圣学十图》中详细阐述了这种圣学的哲学结构和修养论。为此，

---

① 《答李叔献别纸》，《退溪全书》卷1，成均馆大学大东文化研究院1958年版，第27页。

② 《进圣学十图箚》，《退溪全书》卷22，成均馆大学大东文化研究院1958年版，第296页。

③ 《退溪全书》卷1，《教人》："君子之学，为己而已，所谓为己者。张敬夫所谓无所为而然也。"（成均馆大学大东文化研究院1958年版，第37页）

退溪强调主敬作为具体的修养论。敬就是常惺惺、主一无适的工夫。退溪认为，要以敬来修身养性，确立人的主体性，如此才能实现最真实的本性。

第四，退溪不仅停留在学问思辨的层面上，而且还通过一生的努力去不断践行性理学的基本精神。性理学克服了许多容易被世人忽略的问题，而退溪则通过一生孜孜不倦的实践，去真正体会并践行了儒学修己治人、知行并进的本质思想。

第三节　栗谷李珥的性理学

栗谷（1536—1584），名李珥，字叔献，号栗谷，谥号文成，本籍京畿道德水县。其父为司宪府监察李元秀，其母为精通诗书且诗、文、画兼备的申师任堂。栗谷生于江原道江陵府外氏第，3 岁学语便知文字，7 岁受学于母亲，8 岁能诗。他从 13 岁到 29 岁，曾九次中科举状元，被世人盛赞为"九度状元公"。《朝鲜王朝实录》如此描述栗谷："性禀纯谨，聪明绝人，才七岁，无书不读，文章富赡，人目以神童。及长，遨游山水，啸咏自得，有远举之志。"[①] 栗谷自幼聪明好学，再加上良好的家庭教育和朝鲜前期学术氛围的熏陶，这些都极大成就了其后天得道。相传栗谷 23 岁时，曾拜访长其 35 岁的朝鲜大儒退溪，就"主一无适"、"居敬穷理"等问题进行请教，退溪对其印象极为深刻，曾称赞栗谷曰"如君高才妙年，发轫正路，他日所就何可量哉"[②]，啧啧赞其后生可畏。

从思想的形成来看，韩国学界一般将栗谷的生涯分为如下几个时期：成长期（出生至 19 岁）；入住金刚山至出仕前的修学期（19—28 岁）；再次中举后的出仕期（29—41 岁；45—49 岁辞世）；讲学期（41—45 岁）。[③]

---

① 朴永圭：《明宗实录·明宗二十年·乙丑》，《朝鲜王朝实录》，株式会社新潮社 1997 年版，第 83 页。

② 《行状》，《栗谷全书》卷 35，成均馆大学大东文化研究院 1992 年版，第 217 页。

③ 参见韩国国学振兴院国学研究室编：《韩国儒学思想大系：哲学思想编》上，韩国国学振兴院 2005 年版，第 494 页。

对成长期的栗谷思想冲击最大的是 16 岁那年（1551）母亲申氏突然病故。栗谷悲痛不已，按照家礼为母守孝三年后，于 19 岁那年（1554）离家出走，直奔当时佛教修道圣地——金刚山研修佛学。少年丧母，悲痛之余，栗谷切实感受到了人生命运的无常，开始思考生死问题及人的本质问题。他在山中古刹学禅静思，以求体悟人生真谛并得到超脱。但金刚山游学一年后，他便发现自己追寻的人生理想不是佛教而下山还俗。① 经过深度思索后，他再度发现自己的追求还是儒家之圣学，于是写下自警文："先须大其志，以圣人为准则，一毫不及圣人，则吾事未了。"②

栗谷历任户曹佐郎、吏曹佐郎、户曹判书、大提学等官职。后来辞官专心从事书院教育事业，著有《栗谷全书》44 卷，哲学代表作有：《答成浩原》、《圣学辑要》③、《东湖问答》、《击蒙要诀》、《经筵日记》、《四书栗谷谚解》等。栗谷与退溪并称为朝鲜性理学双璧，被后人誉为"东国大儒"、"东方夫子"等。

栗谷所生活的 16 世纪中期，朝鲜社会已经趋于成熟，伴随着哲人对性理学理论与社会现实问题的研究与反思，经世思潮复兴，朝鲜性理学的价值取向逐渐由内圣转向外王，开始进入了一个微妙的转型阶段。继退溪之后登上历史舞台的栗谷立足现实，一方面致力于内圣外王之学，另一方面重在开拓外王之道。他将学问与社会现实紧密相连，依据性理学理论主张推进更张改革。④ 由此看来，栗谷也是一位重视实践的儒者。朝鲜王朝在历经两个世

---

① 栗谷这一年的入山修佛遭到了后世儒者的许多批判。特别是退溪学派学者批判指出，栗谷曾出家修佛，甚至由此还获得了法号，因此不能祭享在文庙。不仅如此，后世学者对栗谷的这种批判已经不仅仅局限在思想层面，而且还包含政治斗争的意味。

② 《自警文》，《栗谷全书》卷 14，成均馆大学大东文化研究院 1992 年版，第 176 页。

③ 《圣学辑要》是栗谷 40 岁任弘文馆副提学时，参考中国宋朝真德秀的《大学衍义》，以四书五经为本，并参考了大量先儒的学说和史料，历时两年才编纂完成的。栗谷将其献给宣祖（在位年间：1567—1607），期待宣祖能以三代为期，哲人治国，以道治世。《圣学辑要》全书共五篇八卷，除第一篇《统说》及第五篇《圣贤道统》外，第二篇《修己》、第三篇《正家》、第四篇《为政》，皆附和《大学》八条目的基本框架。具体而言，《修己》包括《大学》的格物、致知、诚意、正心、修身，《正家》即齐家，《为政》则包括《大学》的治国、平天下。

④ 参见张敏：《立言垂教：李珥哲学精神》，北京大学出版社 2003 年版，第 14—15 页。

纪后，开始显露出各种制度上的矛盾和不合理的社会腐败等弊端，栗谷从为官的立场希望能够纠正这些弊端，并尽力发挥士人的作用，为引领时代发展倾注了自己毕生的努力。在临去世前几天，栗谷还不顾病重之躯，在弟子的搀扶下向被任命为巡抚北路的徐益口述《北方防御政策六条》（又称《六条启》），让徐益记录下来。这些都充分体现了他爱国爱民的感情，不愧是朝鲜时期学者官员的典范。限于主题，下文将重点分析栗谷的理气心性论、修养论与经世论。

一、"理气说"与"四端七情论"

首先来看一下栗谷对"理"的理解。与退溪积极强调理的作用并将其规定为"至神之用"不同，栗谷则是被动地规定理："理何以有万殊乎？气之不齐，故乘气流行，乃有万殊也。理何以流行乎？气之流行也，理乘其机故也。"[1] 在他看来，从质上讲，理在现实中的个别化过程和流行都是依据气而实现的。理只有乘气流行，才可以变化万端。

不仅如此，栗谷还指出，"冲漠无朕者，指理而言"[2]。"冲漠无朕"即理的寂然状态，相当于未发的寂然而静，也就是"本然之理"。同朱子和退溪一样，栗谷也认为理具有超越性和普遍性，至上性和价值性，理是形而上的，但又不是虚无，是一种实实在在的存在，栗谷将其称为"实理"，即理是真实无妄、客观实存的。如此，自然才会有化育之功，人间社会才会有人伦之则。栗谷认为，"实理"在自然界表现为"自然之理"，即"一阴一阳，天道流行，元亨利贞，周而复始，四时之错行"[3]。"实理"在人间社会表现为伦理道德的原理和规则，即"人伦"。人伦是指君臣、父子、夫妇、兄弟、朋友等人与人的关系，处理这种关系和等级秩序的原则便是"人伦之理"，如臣忠、子孝等，这个理也是客观实有之理。[4] 栗谷认为，"天以实理而有

---

① 《栗谷全书》卷12，成均馆大学大东文化研究院1992年版，第150页。

② 《栗谷全书》卷9，成均馆大学大东文化研究院1992年版，第142页。

③ 《栗谷全书》卷5，成均馆大学大东文化研究院1992年版，第78页。

④ 参见李甦平等：《东方哲学史》近古卷，人民出版社2010年版，第498页。

化育之功，人以实心而致感通之效，所谓实理实心者不过曰诚而已"①。栗谷强调理是实理，这是对朱子"佛氏偏处只是虚其理，理是实理"的发挥，比退溪的理更具特色。②正是在这一基础上，栗谷将此理广泛应用于其理气论、心性论、经世论等层面，有韩国学者由此指出，栗谷是韩国实学思想的真正发端者。③

"理气之妙"是贯穿栗谷哲学体系的基本原则。朱子的言论中也有很多类似的表述，如"天下未有无理之气，亦未有无气之理"④，"然有此器则有此理，有此理则有此器，未尝相离，却不是于形器之外别有所谓理"⑤。朱子也使用过"妙"字，但都是诸如"微妙"、"精妙"、"神妙"等对超常态的存在现象的表述而已，并非对理气关系的逻辑性表述。可以说，朱子并没有明确提出"理气之妙"，用"妙"来说明理气关系，是栗谷哲学的创新之处。

"理气之妙"意味着"难见亦难说"，这便是气不离理、理不离气的相即的关系性，是理与气的"妙合"关系。栗谷把程子的"器亦道，道亦器"以及朱子的"理自理，气自气"作为理解理气之妙的根据，并综合指出理与气的关系是"一而二，二而一"，是浑然无间、元不相离，是无先后、无离合的共存体。基于理气的这种特殊关系，必须透过表里看实质，必须通过深层才能对表层现象作出正确解释。表象为现实的气，而其背后是超时空的理，气以理作为根底和依据而存在。若不能从"妙合"上看理气，则容易陷入偏向理或气一端的错误。不仅如此，理气之妙还意味着理气具有协调互补、价值平等的关系，即从价值论上看，理气无高低、无贵贱，二者追求的是价值和谐，这在栗谷的"得中合宜论"及"文武论"中可以充分看出。栗谷指出，"权无定规，得中为贵。义无常制，合宜为贵。得中而合宜，则是与利在其中矣"⑥，"至文不可以无武，至武不可以无文，能文而不能武者，愚未

---

① 《栗谷全书》卷6，成均馆大学大东文化研究院1992年版，第83页。

② 参见李甦平：《韩国儒学史》，人民出版社2009年版，第318页。

③ 代表学者便是韩国高丽大学尹丝淳教授。具体内容可参见尹丝淳：《韩国儒学研究》，陈文寿等译，新华出版社1998年版，第111—145页。

④ 《理气上》，《朱子语类》卷1，中华书局1986年版，第35页。

⑤ 《性理二》，《朱子语类》卷5，中华书局1986年版，第89页。

⑥ 《栗谷全书》卷5，成均馆大学大东文化研究院1992年版，第67页。

之信也"①，可见，他在经世论中也坚持理气之妙的思维。

"理通气局"是栗谷的"自谓见得"，虽然深受朱子"理一分殊"的影响，却是栗谷"理气之妙"思维最直接的表述。栗谷指出："理通者，天地万物同一理也。气局者，天地万物各一气也。所谓理一分殊者，理本一也，而由气之不齐，故随所寓而各为一理，此所以分殊也，非理本不一也。"② 理通指的是，理是超越时空的、无形的存在，无本末、无先后，是不变的存在。即使在参差不齐的万殊现象中，也不会失去其自若性，理是一体相通的；气局指的是，气有形迹，并受其所限而有本末和先后，气是有形、有为的存在，具有时空局限性。宇宙万物依据理气之妙而形象化，但无形之理是枢纽和根柢，故无变化；有形之气是有为、可变的，故成为分殊（局）之原因。理通气局说以理的普遍性和气的特殊性为依据，并将"分殊"的依据置于"气之不齐"，用"气局"来解释"理分殊"的原因。在理气共存的现实中，理乘气流行，随着气局的限定，理分殊为物之理、人之理等各类事物的特殊性原理。之后，理依据通的能力，完成由特殊到普遍、由一般到个别的转换。这样看来，"理通气局"是对朱子"理一分殊"的深化，是在理气关系中更加强调了气的能动性。

栗谷虽坚持理的实在性，但也屡次强调指出，任何时候理都不能与气相分离。他既对退溪重视理的态度表示尊敬，又不忘忽略气的作用，既承认理对气的主宰，又认为理不会无气而自发显现。因为"非理则无所发，非气则不能发"的均衡思维是栗谷一贯坚持的主张。但栗谷对气的重视，亦会招来理因气而生的曲解。理通气局对气的关注并不意味着理的逊色，栗谷追求的目标反而在于直视往来于本体与现象的理。他一方面区分气所具有的本然和一般的面目，另一方面在并列说明理通和气局的关系时，通过二者的紧密联系来突出理的自若性。因此对将理气放在一起又综合来看的栗谷而言，理一分殊是理通气局的前奏。

理通气局说与理气之妙说紧密相连，这可以对比栗谷"一而二，二而

---

① 《栗谷全书》卷5，成均馆大学大东文化研究院1992年版，第67页。
② 《栗谷全书》卷22，成均馆大学大东文化研究院1992年版，第79页。

一"的思维来理解。理通气局分为理通和气局两个层面，前者是在理气相合的状态下用本然之理与受气之影响的个体之理来解释性，后者是在气的湛一清虚之本然与流行过程中显现出来的对一般性气的解释。栗谷通过理的普遍性与气的局限性的关系提出"理通气局"，具体说明了"理气之妙"，在重视理气的同时又探索了理气的意义。

接下来分析栗谷的"四端七情论"。如前所述，退溪以四端之情与七情之情有质的差异为前提，将二者的关系用理气解释说"四端，理发而气随之；七情，气发而理乘之"，即理气互发说。与之形成鲜明对比的是，栗谷只认可退溪的气发理乘，提出了"气发理乘一途说"。他认为不仅七情是这样，四端也是"气发而理乘之"。因为在他的理气说中"理气元不相离，似是一物而其所以异者，理无形也，气有形也，理无为也，气有为也，无形无为，而为有形有为之主者，理也；有形有为而为无为之器者，气也；理无形而气有形，故理通而气局；理无为而气有为，故气发而理乘"①，"大抵发之者，气也；所以发者，理也。非气则不能发，非理则无所发"②。他坚持气发的意志还相当坚定，"圣人复起，不易斯言"。理是气的主宰，气是理的所乘，它们是一而二、二而一的关系，没有先后和离合。

在此基础上，他展开了对退溪理气互发的批判。因为理气无先后、无离合，故不能谓之互发，"二者不能相离，既不能相离，则其发用一也。若曰互为发用，则是理发用时，气或有所不及，气发用时，理或有所不及也。如是则理气有离合，有先后，动静有端，阴阳有始矣。其错不小矣"。他还认为，朱子之意只是说"四端专言理，七情兼言气"，而不是说"四端则理先发，七情则气先发"，"若朱子真以为理气互有发用，相对各出，则是朱子亦误也，何以为朱子乎"，认为退溪没有真正理解朱子的意思。他还指出说，若按照退溪的说法，"既以善归之四端，而又曰七者之情亦无有不善。若然，则四端之外，亦有善情也，此情从何而发哉……善情既有四端，而又于四端之外有善情，则是人心有二本也，其可乎?"③他认为人心不能有二本，故理

① 《栗谷全书》卷10，成均馆大学大东文化研究院1992年版，第83页。
② 《栗谷全书》卷10，成均馆大学大东文化研究院1992年版，第85页。
③ 《栗谷全书》卷10，成均馆大学大东文化研究院1992年版，第82页。

气不能互发。

由栗谷的"气发理乘"可以看出，他不认可四端之情与七情之情的质的差别，即认为它们是同质的。四端之情与七情之情其实是一情，四七的关系则是"七包四"，"四端只是善情之别名，言七情，则四端在其中矣"，七情是情的全体，而四端只是七情中善的部分。若将四端对应于七情，则"恻隐属爱，羞恶属恶，恭敬属惧，是非属于知其当喜怒与否之情也"。基于此，他还指出了退溪将四端七情分属理气两边的错误，"若必以七情四端分两边，则人性之本然与气质亦分为二性也"①，道理上根本无法讲通。可见，退溪认为四端与七情是异质的，而栗谷则认为二者是同质的。

值得注意的是，栗谷所说的"气发理乘"，并不是否定理的根源性或主宰性，只是说善的根据是理，但非气则不能发。这不是"有使之者"，而是"自然而然"；不是说不重视理，而是根源于"理气决是二物"，即强调理的无形无为以及气的有形有为，而且具有发动能力的只有气。另外说"气发理乘"也不是说气比理先，只是因为理无为，气有为，而只能如此说而已。可见栗谷也没有违背传统朱子学的立场，只不过他更注重的是"理气不相离"。②如果说退溪的立场是将理气离看，则栗谷则是追求理气合看与离看的统一。

二、主诚的修养论

与退溪相比，栗谷修养论的特色是更加注重诚，即"主诚"，但他也非常重视敬。栗谷积极吸收了先儒"敬以直内，义以方外"、"居处恭执事敬"、"修己以敬"以及程朱性理学"主一之谓敬，无适之谓一"、"常惺惺"、"敬者，其心收敛，不容一物之谓"等思想。不仅如此，他还指出，敬就要像"对越上帝"般，保持敬畏之态度，"毋不敬，则亦无一毫私伪，故可以与上帝相对而无愧也"③。因此，持敬的态度就要求一方面要保存心中之天理，另一方面也要使这种作为天理的本性能够如实发挥出来。

---

① 《栗谷全书》卷12，成均馆大学大东文化研究院 1992 年版，第 97 页。

② 参见民族思想研究会编：《四端七情论》，曙光社 1992 年版，第 99—100 页。

③ 《栗谷全书》卷31，成均馆大学大东文化研究院 1992 年版，第 76 页。

栗谷认为，敬是"圣学之始终也"。为了实现这种圣学，就需要有一个具体学习过程。这就需要第一个阶段的"小学之功"。朱子在中和新说中阐明了未发和已发不是形而上和形而下的工夫，而是心的发显与否。因此，朱子认为未发时的修养就是扫洒应对等小学之功，而已发时的修养则是穷理省察。朱熹认为，未发并不是空寂的状态，这时知觉活动等感觉的机能还在发挥作用，只是"思虑未萌"而已。已发时，心的本体就是作为理的性。正是因为未发很难把握，所以就需要在未发时保存本心，用涵养工夫来阻止浮念发生。这种具体的涵养工夫是容止收敛、言语收敛、心收敛，这就是居敬涵养。

要彻头彻尾地做到居敬，栗谷主张要"主一无适"。他曾指出：

> 主一无适，敬之要法。酬酢万变，敬之活法。……盖敬中主一无适，敬之体也。动中酬酢万变，而不失其主宰者，敬之用也。非敬则不可以至于至善，而于敬中又有至善焉。静非枯木死灰，动不纷纷扰扰，而动静如一，体用不离者，乃敬之至善也。①

栗谷认为，敬与静都是主体自我修养心中之理的工夫。朱子曾把株守主一之敬并且遇事不辨是非、曲直、善恶等，称为"死法"；把主敬时便有义，行义时便有敬，敬义夹持、内外透彻，称为"活法"。而栗谷则将其称为"要法"和"活法"，主张要体用不离，动静如一，内外贯通，达到至善之境界。② 不仅如此，栗谷还指出：

> 敬体义用，虽分内外，其实敬该夫义，直内之敬，敬以存心也。方外之义，敬以应事也。③

在他看来，直内与方外皆为敬，只是存心与应事之区别而已。但对于栗谷而

言，敬并不是权宜之计，心性道德修养是永无止境的。"学者须是恒主于敬，顷刻不忘，遇事主一，各止于当止。无事静坐时，若有年头之发，则必即省觉所念何事。若是恶念，则即勇猛断绝，不留毫末。"① 所以，敬就是不断克服恶念和私欲的工夫。主敬要求寡欲，但寡欲并不是无欲。"食色，性也"，饮食男女之欲，是人的本性，栗谷并不否认这一点。他所主张的寡欲就是对私欲的节制，使之不纵欲无度。这就要做到"思无邪"，不能有私心邪念，否则就不能恢复作为心之本体的诚。

在栗谷的立场上，敬是"用功之要"，诚是"收功之地"，而修养要做到"由敬而至于诚"。敬是修养的方法，是去除私欲和邪念的工夫；诚则不仅是方法，还是修养的目的，所以修养的路径就是"由敬至诚"。

作为真实无妄的天之理，诚是实理；作为不欺之心，诚又是实心。因此栗谷指出：

> 天以实理，而有化育之功。人以实心，而致感通之效。所谓实心实理者，不过曰诚而已……其体甚微，而其用甚显，故天地可以格，鬼神可以动，人心可以服矣。②

只要扩充自己的不欺之心（实心），就会达到实理的境界，因此实心实理二者并无大异。但问题是，诚之本体甚微，但其用却很明显，可以参赞化育，也可以信服人心。因此，栗谷指出："纯乎天理，而得诚之全体，圣人也。"

要想实现诚，就需要"诚之"的工夫。这就要结合《大学》和《中庸》综合来看，需要从"庸学"的观点来实现修己。

> 《大学》，明道之书也……而其旨，则不外乎敬之一字而已。……《中庸》，传道之书也……则其旨，岂在于诚之外哉？③

---

① 《圣学辑要》，《栗谷全书》卷19，成均馆大学大东文化研究院1992年版，第120页。

② 《诚策》，《栗谷全书》卷6，成均馆大学大东文化研究院1992年版，第80页。

③ 《四子立言不同疑二首》，《栗谷全书》卷6，成均馆大学大东文化研究院1992年版，第93页。

圣贤之学，不过修己治人而已。今辑《中庸》、《大学》，首章之说，实相表里。而修己治人之道，无不该尽。盖天命之性，明德之所具也。率性之道，明德之所行也。修道之教，新民之法度也。①

《大学》通过"明明德"、"亲民"、"止于至善"树立了敬的思想体系，而《中庸》则通过"天命"、"率性"、"修道"树立了诚的体系，"诚者，物之终始，不诚无物，故君子诚之为贵"。《大学》与《中庸》二者相互对应，互为表里，因此修养论中要注重"庸学"的体制。

栗谷所主张的"诚"，也是来自《大学》八条目中的"诚"。这就要求通过"格物致知"来穷尽万事万物之理，即"穷理"之工夫。栗谷指出：

如欲格物致知，则或读书而思其义理，或临事而思其是非，或讲论人物而辨其邪正，或历览古史而求其得失。至于一言一动，皆当思其合理与否，必使方寸之地，虚明洞彻……出于至诚。②

圣人的境界是格物要格到极处，致知要知到极处。格物的方式就是读书、行事、讲论等，要做到不拘一格。但是，一言一动必须要诚心，如此才能穷理致知。穷理工夫就是主体自我认知、自我体认的方法，心中之理被私欲邪念所玷污，就如同镜子上面落了尘埃，只有明义理、别是非，除污去垢，才能够穷尽其理。诚是吾心上本然之中，只有以此来求事物之本然之中，才可以达到致知。栗谷主诚的方法就是以诚来穷理，以诚而致知。只有物格知至后，才能到达豁然贯通的境地，这就是《大学》所说的"明德"，虚灵不昧，以众理而应万事，这就是"心之本体"，就是诚，正所谓"诚者，天之道也；思诚者，人之道也"。

可见，栗谷的修养论是通过敬的修养来达到诚的过程，诚是目的，也是方法。通过居敬涵养而产生的本心之理与客观存在的天理是一致的，这个

---

① 《圣学辑要》，《栗谷全书》卷19，成均馆大学大东文化研究院1992年版，第122页。

② 《东湖问答》，《栗谷全书》卷15，成均馆大学大东文化研究院1992年版，第101页。

过程就是诚的实现。因此栗谷指出，"穷理既明，可以穷行，而必有实心，然后乃下实功"①，如此来强调现实中践行的重要性。

三、注重"实理"的经世论

栗谷不仅在性理学领域作出了卓越的贡献，在经世领域也贡献颇丰，并对朝鲜社会产生了重大影响。他所向往的理想的真儒形象是"进则济斯民，退则立其言"②，而且毕生为实现这个目标而孜孜以求。

同朱子和退溪一样，栗谷也认为理具有超越性和普遍性，至上性和价值性。理是形而上的，但又不是虚无，是一种实实在在的存在，栗谷将其称为"实理"，即理是真实无妄、客观实在的。如此，自然界才会有化育之功，人间社会才会有人伦之则。栗谷认为，"实理"在自然界表现为"自然之理"，即"一阴一阳，天道流行，元亨利贞，周而复始，四时之错行"③。"实理"在人间社会表现为伦理道德的原理和规则，即"人伦"。人伦是指君臣、父子、夫妇、兄弟、朋友等人与人之间的关系，处理这种关系和等级秩序的原则便是"人伦之理"，如臣忠、子孝等，这个理也是客观实有之理。④栗谷认为："天以实理而有化育之功，人以实心而致感通之效，所谓实理实心者不过曰诚而已。"⑤栗谷强调理是实理，这是对朱子"佛氏偏处只是虚其理，理是实理"的发挥，比退溪的理更具特色。⑥正是在这一基础上，栗谷将此理广泛应用于其理气论、心性论、经世论等层面，因此韩国学者尹丝淳教授指出，栗谷是韩国实学思想的真正发端者。⑦

---

① 《圣学辑要》，《栗谷全书》卷 21，成均馆大学大东文化研究院 1992 年版，第 125 页。

② 《静庵赵先生墓志铭》，《栗谷全书》卷 18，成均馆大学大东文化研究院 1992 年版，第 87 页。

③ 《万言封事》，《栗谷全书》卷 5，成均馆大学大东文化研究院 1992 年版，第 62 页。

④ 参见李甦平等：《东方哲学史》近古卷，人民出版社 2010 年版，第 498 页。

⑤ 《四子言诚疑》，《栗谷全书》卷 6，成均馆大学大东文化研究院 1992 年版，第 86 页。

⑥ 参见李甦平：《韩国儒学史》，人民出版社 2009 年版，第 318 页。

⑦ 参见尹丝淳：《韩国儒学研究》，陈文寿等译，新华出版社 1998 年版，第 111—145 页。

　　不仅如此，栗谷还提出了"实效"、"实功"、"实心"①等用语，认为"实"可以带来实用和功效，并将"务实"认为是"修己之要"。修己的目标是成为真正的圣人，而离开实则无法实现这一目标。换言之，实是通过真实实现的，栗谷还强调务实是政治的必要条件。

　　　　不知时宜，不务实功，则危惧虽切，治效终貌。②
　　　　政贵知时，事要务实。为政而不知时宜，当事而不务实功，虽圣贤相遇治，效不成矣。③

政治要想取得实际成效，首要条件是要具有务实的精神和态度。政治的必要条件取决于是否具有务实精神，这就需要加强个人修养，努力做好"修己之功"。为此，栗谷如下具体指出：

　　　　格致之实、诚意之实、正心之实、修身之实、孝亲之实、治家之实、用贤之实、去奸之实、保民之实、教化之实。④

如上内容与《大学》中所说的儒学八条目，即"格物、致知、诚意、正心、修身、齐家、治国、平天下"内容几乎相同，不同之处仅是将八条目中的"格物"与"致知"合并为"格致"，将"齐家"分为"孝亲"和"治家"，将"治国"和"平天下"的内容放在"治国"中，治国分为用贤、去奸、保民、教化四种形式。这些就包括了儒学基本的思想内容，体现出实现实功、实效的意志。

　　为此，韩国学者尹丝淳教授指出，《大学》的八条目高度概括了儒学所

---

① 《栗谷全书》卷6，《四子言诚疑》："天道即实理，而人道即实心也。……然则《中庸》之诚，岂非实理之诚乎？……然则《大学》之诚，谕语之忠信，孟子之反身而诚，与夫《中庸》之诚之者，何莫非实心之诚乎？"（成均馆大学大东文化研究院1992年版，第82页）
② 《万言封事》，《栗谷全书》卷5，成均馆大学大东文化研究院1992年版，第67页。
③ 《万言封事》，《栗谷全书》卷5，成均馆大学大东文化研究院1992年版，第65页。
④ 《东湖问答》，《栗谷全书》卷10，成均馆大学大东文化研究院1992年版，第28页。

有的学问内容，并且确立了其轻重次序，揭示了儒学的理想和方法。从栗谷所阐述的务实内容与《大学》八条目的内容基本相同便可知，其务实的领域欲囊括儒学全部的学问领域。①

不过，与《大学》八条目不同的是，栗谷在每一条后面都逐一加上了"实"字。在他看来，天地之理是实理，故人应该依据实理而行，如此才能有实功。做事有诚，如此才能有实效。之所以如此指出，与当时朝廷内部存在的"臣无任事之实，经筵无成就之实，遇灵无应天之实，群策无救民之实，人心无向美之实，空言无实之说，尚浮名不务实行"②之腐败现状密切相关。14世纪朝鲜建国之初，性理学作为建国理念与指导思想，确实在巩固国家体制方面发挥了重要作用。到了15、16世纪，士林学派倡导的义理思想与当权派的政治利益发生激烈冲突并导致了历史上著名的"四大士祸"③的发生。在这场政界与学界的较量中，士林派受到重创。16世纪以后，士林派经过科举逐渐恢复官位，而此时的朝廷终日不思进取，面临着一系列社会问题。④

栗谷将学问与社会现实联系起来，以易变之理推行更张改革之措施。他认为，朝鲜王朝的历史可以分为创业、守成、更张三个阶段。

> 至于我朝，太祖启运，世宗守成。⑤
>
> 时务不一，各有攸宜，撮其大要，则创业守成与夫更张三者而已。⑥
>
> 自古为国若至中叶，则必纽安而渐衰。其时有贤主作焉，振起兴奋，迓续天命，然后历年绵远。我国家传至二百余年，今已中衰，此正迓续天命之秋也。……今日不能奋兴，则更无可望之日矣。⑦

---

① 参见尹丝淳：《韩国儒学研究》，陈文寿等译，新华出版社1998年版，第134页。

② 《万言封事》，《栗谷全书》卷5，成均馆大学大东文化研究院1992年版，第65页。

③ "四大士祸"具体指的是1498年朝鲜第十代国王燕山君屠杀士林的戊午士祸、1504年燕山君屠杀士林的甲子士祸、1519勋旧派大臣屠杀士林派官僚的己卯士祸、1545年朝鲜王朝外戚争权夺利迫害士林的乙巳士祸。

④ 参见张敏：《立言垂教：李珥哲学精神》，北京大学出版社2003年版，第161—162页。

⑤ 《万言封事》，《栗谷全书》卷5，成均馆大学大东文化研究院1992年版，第65页。

⑥ 《万言封事》，《栗谷全书》卷5，成均馆大学大东文化研究院1992年版，第66页。

⑦ 《经筵日记》，《栗谷全书》卷30，成均馆大学大东文化研究院1992年版，第38页。

所谓更张者，盛极中微，法久弊生，狃安则陋，百度懈弛，日谬月误，将无以为国，则必有明君哲辅，慨然兴作，扶举纲维，唤醒昏惰，洗涤旧习，矫革宿弊，善继先王之遗志，焕新一代之规模，然后功光前烈，业垂后裔矣。①

自 1392 年建国至 1910 年灭亡，朝鲜王朝共维持了 518 年的历史，这也是韩国历史上持续时间最久的王朝。16 世纪以降，朝鲜王朝建立已经超过 200 年，在成熟之后逐渐由盛转衰，走向"中衰期"。栗谷认为法久弊生，此时正是需要更张之时，更张与创业和守成一样重要。需要更张的时候不实行改革，其结果最终是亡国。为避免亡国之不幸，必须在符合时宜的时候进行更张，正所谓"当守成而务更化，则是无病而服药，反致成疾矣。当更张而务遵守，则是婴疾而却药，卧而待死矣"②。只有适应时宜，矫革宿弊，洗涤旧习，浮举纲常，才能够功光先辈，业垂后世。

为此，栗谷提出了一系列清除积弊的改革措施，并提出更张的标准是安民和利民。这既是改革的标准，也是改革的目标。栗谷以此为标准提出的改革思想集中体现在他的上疏文中，如《六条启》、《万言封事》、《拟陈时弊疏》、《陈时事疏》和《东湖问答》等。在《万言封事》中，他提出了"安民为纲"的五条内容，即"安民为纲者，其目有五：一曰，开诚心以得群下之情；二曰，改贡案以除暴敛之害；三曰，崇节俭以革奢侈之风；四曰，变选上以救公贱之苦；五曰，改军政以固内外之防"。这些都如实体现了栗谷民本思想的重要内容。

不仅如此，栗谷改革论思想还体现在其主张"扩张言路"上。朝鲜时期，朝野士大夫参与国政的方法是"言路"。言路是可以向君主直谏的沟通渠道，是士人参与国政的手段。弘文馆、司宪府、司谏院便是在野士人上疏的渠道。言路畅通，则可以顺利向君主递呈公论，如实反映百姓意愿。从这一机能看，言路是防止君主独裁和横暴的重要制度。栗谷正是从这一角度提

---

① 《圣学辑要》，《栗谷全书》卷 25，成均馆大学大东文化研究院 1992 年版，第 125 页。
② 《圣学辑要》，《栗谷全书》卷 25，成均馆大学大东文化研究院 1992 年版，第 125 页。

出了与言路相关的公论的重要性。

> 言路开塞，兴亡所系。①
>
> 公论者，有国之元气也。公论在于朝廷，则其国治，公论在于闾巷，则其国乱。……安可禁绝之乎？②
>
> 尤不可以口舌争也。人心之所同然者，谓之公论。公论之所在，谓之国是。国是者，一国之人，不谋而同是者也。③

栗谷提出了两个全新的概念，即"公论"和"国是"。"公论"是"人心所同然者"，"国是"是"一国之人，不谋而同者"。公论是国之元气，禁止或废除公论是绝对不可的。栗谷提出要营造可形成舆论的自由氛围，使公论畅通的就是言路，所以言路必须要开放。禁止公论和闭锁言路只会导致独裁，只会导致国家灭亡。一国之"国是"也是由人心所同而形成的，是公论所在。形成公论可以说是走向民主之路。因为国家是民之国，国之主权在民，所以栗谷的公论思想非常接近今天的民主思想。从这一点上可以说，栗谷是具有民主精神的改革家。④ 这是由传统儒家的民本思想向近代民主思想转变的一种思想意识，从"For the people"到"By the people"，意味着国家的事由国人当家作主。如此一来，一方面可以防止独断专权，另一方面又可以使得人们摆脱被强迫的奴役感。栗谷认为，当时的朝鲜社会"主论者"喋喋不休发号施令，而"闻声者"唯唯诺诺，虚与委蛇，并不去真正执行。这种自上而下下达命令的集权统治方式，应该需要以自下而上共同管理的民主方式来代替。⑤ 因为有公论则国兴，无公论则国亡。

不仅如此，栗谷还提出了富民、教民说，并且在二者的顺序上，他明确提出"先富后教"，将厚民生提到首位。"先富后教，理势之当然。故安民

---

① 《赈荒灾策箚》，《栗谷全书》卷3，成均馆大学大东文化研究院1992年版，第125页。

② 《代白参赞疏》，《栗谷全书》卷7，成均馆大学大东文化研究院1992年版，第125页。

③ 《玉堂论乙巳伪勋箚》，《栗谷全书》卷4，成均馆大学大东文化研究院1992年版，第52页。

④ 参见尹丝淳：《韩国儒学史》上，韩国知识产业社2012年版，第121页。

⑤ 参见张敏：《立言垂教：李珥哲学精神》，北京大学出版社2003年版，第178页。

之后，终之以明教"①，首先使民丰衣足食，然后以仁义礼智教之。这正是考虑了民以食为天、国以民为天而下的结论。可见，发展国民经济是当时更张改革的重要内容。此外，栗谷还提倡建立纲纪，举贤用才，调动各阶层人民来共同实现富国富民，要以严明的态度改进纳税进贡制度，建立监察机构，改变当时官僚徇私枉法的腐败作风；要打破常规，唯才是用，使得各行人才各尽所能，各得其所。栗谷还指出，治内乱以文治，治外患以武治，文武并治，才能维护国家的安定和富强。因此，他在49岁临终之年以病榻之躯向宣祖上疏，提出了"十万养兵说"和六条治国方案《六条启》。他认为富国强兵是当时救国的当务之急，"足兵以足食为本"，"养兵以富民为本"。② 理由是"国势之不振极矣，不出十年，当有土崩之祸……豫养十万兵……以为缓急之备，否则一朝变起，不免驱使民而战，大事去矣"③。《六条启》的内容是"一曰任贤能，二曰养军民，三曰足财用，四曰固藩屏，五曰备兵马，六曰明教化"④。可惜栗谷的呼吁还没有得以实施便英年早逝。后来的事实也证明了栗谷具有先见之明。栗谷去世8年后，日本侵略朝鲜，由此拉开了壬辰倭乱的序幕。接下来栗谷去世52年后，丙子胡乱又纷至沓来，这两乱给朝鲜王朝带来了历史性的重创。

综上可见，栗谷注重实理的经世论围绕儒家的修己治人（安人）来展开。从修己层面看，栗谷强调务实，并得出的结论是"诚实"，即"实心"的态度，他的实学思想便是在"实理"的名义下诚实地追求"真理"。"天道即实理，人道即实心。实理实心不过诚尔"，此言充分体现了栗谷修己论的性质。追求以诚实为基础的实心、实理，这也是性理学本然的态度。性理学遵循孔子的"为己之学"思路，这就是为了恢复真正的自己，将恢复主体性当作最大目标。栗谷的"务实修己论"就是为了寻找性理学修己的真面貌，这也可以说是他的修己论所具有的实学性质。

在治人（安人）方面，这种务实精神突出体现为栗谷"更张论"的改

---

① 《圣学辑要》，《栗谷全书》卷25，成均馆大学大东文化研究院1992年版，第125页。

② 《六条启》，《栗谷全书》卷8，成均馆大学大东文化研究院1992年版，第39页。

③ 《年谱》下，《栗谷全书》卷34，成均馆大学大东文化研究院1992年版，第102页。

④ 《六条启》，《栗谷全书》卷8，成均馆大学大东文化研究院1992年版，第39页。

革思想。"言路公论"、"富民教民"、"立纲举贤"、"十万养兵说"、"六条启"等理论就是其具体表现。韩国学者尹丝淳教授认为，栗谷的改革论思想都是在性理学的基本体系下展开的，还未能达到17—19世纪朝鲜后期形成的"脱性理学改革论"的强度。因此这一更张思想相对于革新性的改革，更属于"渐进性的改善政策"。并且相比于后来柳馨远、朴趾源、丁若镛等提出的从政治体制和社会体制进行根本性改革的思想，栗谷属于"稳健的"改革论。所以，尽管可以认为栗谷经世论思想属于实学，但它与朝鲜后期"脱性理学的实学"还是有差别的，只能说是属于"性理学实学"的范畴。①

综上，栗谷思想的主要特征可以整理如下：

第一，栗谷的理气论主张理气合看，并在此基础上提出了"理气之妙"和"理通气局"。"理气之妙"意味着"难见亦难说"，这便是气不离理、理不离气的相即的关系性，是理与气的妙合关系。更具体而言则是理气"一而二，二而一"，是浑然无间、元不相离，是无先后、无离合的共存体。基于理气的这种特殊关系，必须透过表里看实质，必须通过深层才能对表层现象作以正确解释。若不能从"妙合"上看理气，则容易陷入偏向理或气一端的错误。"理通气局"是栗谷的"自谓见得"，理通指的是理具有一体相通的特性，即使在参差不齐的万殊现象中，也不会失去其自若性；气局指的是，气因有形、有为而具有时空的局限性。理通气局以理的普遍性和气的特殊性为依据，并将分殊的依据置于"气之不齐"，用气局来解释"理分殊"的原因。"理通气局"是对朱子"理一分殊"的深化，是在理气关系中更加强调了气的能动性。

第二，关于"四端七情论"，栗谷提出了"气发理乘一途说"，四端如此，七情亦是。栗谷认为，理气无离合、无先后，所以不能谓之互发，而且若以理气互发，则会导致人心有二本。可见，栗谷不认可四端之情与七情之情质的差别，认为它们是同质的。四七的关系是"七包四"，七情是情的全体，而四端只是七情中善的部分。

第三，栗谷的修养论主张"主诚"。敬是"用功之要"，诚是"收功之地"，栗谷主张修养要做到"由敬而至于诚"。敬是修养的方法，是去除私欲

---

① 参见尹丝淳：《韩国儒学史》上，韩国知识产业社2012年版，第122页。

和邪念的工夫；诚不仅是方法，还是修养的目的，故修养的路径就是"由敬至诚"。栗谷主诚的方法就是以诚来穷理，以诚而致知。只有物格知至后，才能到达豁然贯通的境地。

第四，栗谷的经世论具有重视实理的实学之性质。实理在自然界表现为自然之理，在人间社会表现为人伦规范。栗谷认为，实理可以带来实用和功效，将务实认为是修己之要。因此在政治上提出"知时"、"务实"。在社会治理方面，他将当时的朝鲜社会定位为"更张期"，主张要适应时宜，矫革宿弊，洗涤旧习，才能够业垂后世。栗谷更张论的改革思想集中体现为"言路公论"、"富民教民"、"立纲举贤"、"十万养兵说"、"六条启"等。与朝鲜后期脱性理学的实学不同，栗谷的经世论属于"性理学的实学"范畴。

第四节　南冥曹植的义理学

曹植（1501—1572），字楗仲，号南冥，本籍庆尚右道三嘉县（今庆尚南道合川）。自幼才气过人，意志坚定，博览群书。"既涉猎融贯，至于天文、地志、医方、数学、弓马、行阵、关防、镇戍，靡不留意"[1]，不仅对各种经典、文集、历史书籍有所涉猎，还非常关心天文、地理、医方、数学、弓马、行阵、关防、镇守等知识。不仅如此，他在学术上还对老庄和佛教有所研究[2]，由此可见其学问的开放包容性。

---

① 《南冥集》编年，《韩国文集丛刊》31，民族文化推进会 1991 年版，第 12 页。

② 在《寒暄堂金先生画屏记》（《南冥集》卷四）中有对"太虚"、"物化"等内容的言及；在《宣祖修正实录》卷六《宣祖五年·正月戊午条》上也记载曰："颇喜看《参同契》，以为极多好处，有补于为学"。这些可以看出南冥对道家的认识。《宣祖修正实录》卷六《宣祖五年·正月戊午条》记载曰："其为上达天里，则儒释一也"，从这里可以看出南冥对佛教的认识。但是南冥一生钻研学术，将自己认为重要的部分摘录成《学记类编》，其中有对佛教批判的"辨异端"条目，指出佛教只有形而上，忽视了人事的问题。从这些批判可以看出，"对老佛有所研究"的观点只是站在南冥学术上的开放性的角度来说的，并不能作为其学术立场的根据。（参见吴锡源：《韩国儒学的义理思想》，邢丽菊、赵甜甜译，复旦大学出版社 2014 年版，第 211 页）

南冥所生活的 16 世纪，当时朝鲜儒者关注的焦点是人的内面心性和道德本质的问题，这一点通过退溪与高峰之间展开的四端七情论已经表现得淋漓尽致。在这样的大环境下，南冥依旧一如既往地执着于儒家注重敬义的修养论，并为此付出了毕生的精力。

南冥在 25 岁时接触到《性理大全》以后便沉醉其中，全力研究性理学理论，并积极进行道学的实践，"至是读性理大全，至鲁斋许氏言，志伊尹之所志，学颜子之学。出则有为，处则有守，大丈夫当如此……专就六经四子，及周、程、张、朱书，穷日继夜，苦心致精，研穷探索，以反躬实践为务"①。31 岁时研读《心经》，开始强调心学的重要性，并认为"努力无怠，希颜在是"②。后来对《小学》表现出了浓厚的兴趣，亲自作了《小学·大学图》，以此作为修养身心的重要资料。32 岁时研读《大学》，对道学产生了坚定的信念，认为"善反之具，都在是书"③。南冥在众多的儒学经典中最尊崇的就是四书，而在四书之中尤其强调《大学》。他曾如下指出：

> 古今学者，穷易甚难，此不会熟《四书》故也。学者精熟《四书》，真积力久，则可以知道，而穷易庶不难矣。盖精而未熟，则不可以知道，熟而未精，则亦不可以知道，精与熟，俱至然后，可以透见骨子。④

> 夫《大学》群经之纲统，须读《大学》，融会贯通，则看他书便易。⑤

---

① 《南冥集》编年，《韩国文集丛刊》31，民族文化推进会 1991 年版，第 12 页。

② 《杂著·书李原吉所赠心经后》，《南冥集》卷 4，《韩国文集丛刊》31，民族文化推进会 1991 年版，第 56 页。

③ 《杂著·书圭菴所赠大学后》，《南冥集》卷 4，《韩国文集丛刊》31，民族文化推进会 1991 年版，第 59 页。

④ 《杂著·示松坡子》，《南冥集》卷 4，《韩国文集丛刊》31，民族文化推进会 1991 年版，第 65 页。

⑤ 《杂著·示松坡子》，《南冥集》卷 4，《韩国文集丛刊》31，民族文化推进会 1991 年版，第 65 页。

南冥特别重视《大学》的原因不仅仅是因为朱子倾其一生精力都在研究《大学》，更因为《大学》中包含着修己治人的实践性伦理思想。

综上可见，南冥非常重视的儒学经典有六经、四书、《性理大全》、《心经》、《小学》等，这其中他又尤其重视《性理大全》和《大学》，认为它们是性理学理论和实践的轴心。换言之，南冥义理思想的理论基础来源于以性理学为中心的《性理大全》，实践基础则来源于以修养方法为中心的《大学》。①

一、敬义思想

敬义是南冥思想的精髓和要谛，同时也是南冥一生切身实践的修养论之核心。这在其早年和晚年的言论中都体现得淋漓尽致。

> 以为敬义夹持，用之不穷，吾家有此二字，如天之有日月，亘万古而不易，圣贤千言万语，其要归不出于此，一意进修，孜孜不息。②
>
> 敬义二字，极切要，学者要在用功熟，熟则无一物在胸中，吾未到这境界，以死矣。③

南冥悟出儒学的本旨在于道德实践，因此尽其一生努力去实践敬和义。他为了管束自己丢掉的放心，遂在腰上随身携带一个刻着"惺惺子"的金铃。④为了管束容易被现实物欲迷惑的义，他还随身携带刀，不忘时刻提醒自己。⑤这种努力的实践追求不仅仅体现在严格对待自己的立场上，还体现在

---

① 参见吴锡源：《韩国儒学的义理思想》，邢丽菊、赵甜甜译，复旦大学出版社 2014 年版，第 213 页。

② 《南冥集》编年，《韩国文集丛刊》31，民族文化推进会 1991 年版，第 12 页。

③ 《南冥集》编年，《韩国文集丛刊》31，民族文化推进会 1991 年版，第 14 页。

④ "惺惺"本是禅家之语（瑞岩和尚），谢良佐（上蔡）将其解释为是维持本心明觉不昧的敬的内容（"常惺惺法"）。朱子的老师李侗（1093—1163）为了居敬穷理，将金铃放在口袋里佩戴，作为时刻提醒自己的道具，并把它叫作"惺惺子"。

⑤ 《南冥集·行状》："（郑仁弘）爱佩宝钏，铭曰内明者敬，外断者义。"（《韩国文集丛刊》31，民族文化推进会 1991 年版，第 27 页）

对后学的教育上。据说在他 61 岁讲学时的山天斋房间中央还挂着一幅很大的"敬义"二字，以此作为自己教育后学的精神目标。

《周易·坤》卦中首次指出，"敬以直内，义以方外"，意即以敬的态度来正心，以义的标准来对外行事，使之中节。敬和义都属于为修养而进行的实践，如果说敬作为维持自己正心的方法是一种内向型的实践德目，则义作为判断是非善恶行为的实践标准就属于一种外向型的实践德目。[①] 若从功能上来加以区分，则敬具有涵养的功能，义具有分辨的功能；敬是一身的主体，义是万行的准则。程子曾说过主敬守义，或者是主敬行义，而朱子则说过敬立和义行等。

敬和义的概念特征及功能虽然有所不同，但却是相互依存的关系。敬虽然不论动静时都在主宰着心，维持着心的正确性，但当与外物接触或是在行事的过程中，必然需要有具体的判断标准和实践要领，这里义就有了必要性。[②] 因此敬和义作为一体，只要稍稍在敬上努力就会有义，同样在义上稍加用功也会有敬。对于有可能出现偏向敬或义一边的问题，朱子的门人于正叔如是说：

> 敬义工夫不可偏废，彼专务集义，而不知主敬者，固有虚骄急迫之病，而所谓义者，或非其义。然专言主敬，而不知就日用间念虑起处，分别公私义利之所在，而决取舍之起焉，则恐亦未免于昏愦杂扰，而所谓敬者，有非其敬矣。[③]

关于敬和义的关系，程子说"敬义夹持"[④]，"用敬集义"[⑤]，朱子则说"居敬集

---

① 《二程全书》卷 18，《刘元承手编》："敬只是持己之道，义便知有是有非，顺理而行，是为义也。"（中华书局 1981 年版，第 98 页）

② 《朱子语类》卷 12，《持守》："方未有事时，只得说敬以直内，若事物之来，当辨别一个是非，不成只管敬去，敬义不是两事。"（中华书局 1986 年版，第 83 页）

③ 《答余正叔》，《退溪全书》卷 3，成均馆大学大东文化研究院 1958 年版，第 27 页。

④ 《二程全书》卷 5："敬义夹持，直上达天德，自此。"（中华书局 1981 年版，第 29 页）

⑤ 《二程全书》卷 18，《刘元承手编》："只知用敬，不知集义，却是都无事也。"（中华书局 1981 年版，第 98 页）

义"等，南冥也认为是"敬义皆立"或是"敬义夹持"，以此来强调二者不可分割的相互关系。

南冥将中国儒者关于敬义的内容汇成了《敬图》、《小学大学图》、《诚图》、《人心道心图》、《博约图》、《知言养气图》、《易书学庸语孟一道图》、《心为严师图》、《几图》、《神明舍图》，合称为《敬义十图》。这十图中，除了《人心道心图》是仿照程复心之图而作外，其余九图全部是南冥自己创作的。① 这十图集中体现了南冥的敬义思想。

关于敬和义的概念，南冥指出："内明者敬，外断者义。"② 他将《周易》中的"直内"解释成"内明"，把"方外"解释成"外断"，是为了强调内面性的涵养需要正确的认识，而正确的实践需要果敢的决断。此处可以再次确认他强调义理之实践性的学术特征，以及其义理思想所具有的对现实实践的指向性。在现实中，比起敬这一内向型的修养方法，义这一外向型的方法更具有积极的实践意义。敬在内心产生私欲的时候，以省察的方法来处理对待，但是义在有对外的不义之行时，以批判的方法来处理对待，从这里我们也可以看到两个不同的概念在现实化时，其强度也是不一样的。因此，南冥在说敬的同时③ 总是强调义，就是要让人认识到义的重要性，强调义理实践，这同时也是南冥学术思想的重要特征。

"敬主乎中，义防乎外，二者相夹持。"④ 尽管宋代理学者们主张敬义二者并立，在理论上不可有偏向。但在现实生活中，与义相比，人们往往总是更加强调统管动静的敬。程子指出"切要之道，无如敬以直内"⑤，"有诸中者必形诸外，惟恐不直内，内直则外必方"⑥，这些言辞的内容都相对偏向

---

① 关于《敬义十图》的具体内容可以参见李甦平：《韩国儒学史》，人民出版社 2009 年版，第 381—396 页。

② 《铭·佩韵铭》，《南冥集》卷 5，《韩国文集丛刊》31，民族文化推进会 1991 年版，第79 页。

③ 《南冥集》卷 4，《杂著》："且敬者，圣学之成始成终，学而欠主敬工夫，则其为学伪矣。"（《韩国文集丛刊》31，民族文化推进会 1991 年版，第 65 页）

④ 《朱子语类》卷 95，中华书局 1986 年版，第 196 页。

⑤ 《敬以直内章》，《心经附注》卷 1，民族文化推进会 1992 年版，第 63 页。

⑥ 《敬以直内章》，《心经附注》卷 1，民族文化推进会 1992 年版，第 66 页。

敬。这是因为宋儒的学问多是以敬来涵养并研究人的内面心性的"居敬穷理说"为中心的。

义理是由义和理所组成的合成词,其中"义"是对具体现实中的对错来进行判断和实践,"理"则是存在于包括人在内的宇宙万物和所有变化之中的原理,也指天理。义理是根据天理来认识人的正道,同时通过对自身持续不断的改进和对社会批判的意识,在具体的现实中作出正确的实践。① 如果说穷理侧重于理论的层面,则义理所关注的重点则在于现实实践。

基于此,南冥对于当时社会疏于实践、空谈高论的现象如下批评道:

> 今之学者,高谈性命,而无实行于其心,如游通都大市,见珍宝奇玩,空谈高价,不如沽得一尾鱼。圣人之旨,前儒既尽言之,学者不患不知,患不行。②

> 下学人事,上达天理,是其学之的也。舍人事,而谈天理,不反诸己而多闻识,乃口耳之学,非所以修身之道也。③

南冥认为,不论是空谈理论的论争还是"口耳之学",都是缺少实践的观念性知识。他重视实践义理的态度也与儒家所认为的道就在人伦日用之间的观点非常吻合。在他看来,即使是穷理,也要"明善",并且"其所以为穷理之地,则读书讲明义理,应事求是当否"④。南冥所认为的穷理并非观念性的理论分析,而是更加强调其价值论层面,要求能对善恶这一基本的道德行为进行判断和分析。作为道德实践的依据,穷理必须在与义理相结合的情况下才具有真正的意义。也就是说,作为实践的义行必须建立在穷理的基础之上,而作为理论的穷理则必须通过义行才能得以实现。由此可知南冥学术的特点是,比起深入的理论性的穷理研究,更加重视实践性的义理,故南冥的

---

① 参见吴锡源:《儒家义理思想的本质与特性》,《东方哲学研究》第 28 辑。
② 张志渊:《朝鲜儒教渊源》卷 1,亚细亚文化社 1973 年版,第 50 页。
③ 《戊辰封事》,《南冥集》卷 2,《韩国文集丛刊》31,民族文化推进会 1991 年版,第 40 页。
④ 《戊辰封事》,《南冥集》卷 2,《韩国文集丛刊》31,民族文化推进会 1991 年版,第 40 页。

修养论非常强调敬和义。

二、义理实践

南冥所处的时代正值己卯士祸（1519）和乙巳士祸（1545）等士祸接连发生之际，当时社会的人心极度混乱，民心背离，戚族政治导致政治秩序和社会纲纪崩溃。不仅如此，权贵阶层兼并土地更加导致农民深受其害，国家处于巨大的危机之中。

面对当时的局势，南冥在明宗十年（1555）和明宗二十二年（1567）的上疏文中如下写道：

> 殿下之国事已非，邦本已亡，天意已去，人心已离，比如大木百年虫心，膏液已枯，茫然不知飘风暴雨，何时而至者，久矣。[1]
> 百疾所急，天意人事，亦不可测也。[2]

南冥用"求急"两字表示当时情况的危急，希望朝廷能够挽救危机，放弃那些细枝末节的弥补之策，果断实施具有开创意义的变革之策。为此，最重要的是，君王能够亲自实践义理，应按照"君义"两字修身治国，将其作为根本。[3]

南冥在这种包含"敬"的内在修养论的基础上，通过对"义"进行判断甄别的生活态度，在下面文字中可窥一斑：

> 先生信古好义，名节自励，非其义也，一介不取与人。[4]

---

[1] 《辞免丹城县监疏》，《南冥集》卷2，《韩国文集丛刊》31，民族文化推进会1991年版，第48页。

[2] 《疏状封事》，《南冥集》卷2，《韩国文集丛刊》31，民族文化推进会1991年版，第43页。

[3] 《南冥集》卷2，《疏状封事》："谨以君义二字，献为修身正国之本。"（《韩国文集丛刊》31，民族文化推进会1991年版，第43页）

[4] 《南冥集》编年，《韩国文集丛刊》31，民族文化推进会1991年版，第14页。

这与孟子的"非其义也，非其道也，禄之以天下，弗顾也。……非其义也，非其道也，一介不与人，一介不以取诸人"（《孟子·万章上》）的态度一脉相通。

南冥的义理思想还表现为他对当时社会弊端及不义的强烈批判。1545年明宗即位前后，王氏外戚因反目成仇而引发乙巳士祸，最终导致百余名儒者士林罹难丧生。此后，太后和外戚逐渐掌握朝廷政权。明宗十年（1555）南冥被任命为丹城县监，但是他毅然拒绝，并呈递了辞职上疏，尖锐地指出了当时戚族政治的弊端。

> 慈殿塞渊，不过深宫之一寡妇。殿下幼冲，只是先王之一孤嗣。天灾之百千，人心之亿万，何以当之，何以收之耶？①

此上疏文明确指出了戚族政治之弊端，言辞激烈，震惊朝野。虽然此文后世儒者众说纷纭，有人也因此怀疑南冥之举是否合儒家"中道"之义。退溪先生也曾指出：

> 凡章疏固贵于直言不避，然须要委曲宛转，使意直而语婉，无过激不恭之病，然后下不失臣子之礼，上不拂君上之意。南冥之疏，固今世所难得，然言语过当，近于讪讦，宜人主见而怒也。②

尽管如此，但南冥的这种精神确实是"今世所难得"。他将生死置之度外，强力指责不义之举，这确实是需要勇气的，需要有对义理的坚定信念来支撑。南冥晚年在给弟子讲学时也曾指出，"凡百义理，君辈平日所讲，但笃信为贵"③。坚持义理固然重要，但更为重要的是要在现实中笃行义理，这是南冥至死不渝的信念。

儒家实践义理最重要的主体是士大夫，但南冥却没有走上仕途为官，

① 《疏状封事》，《南冥集》卷2，《韩国文集丛刊》31，民族文化推进会1991年版，第43页。
② 《论人物》，《退溪全书》卷5，成均馆大学大东文化研究院1958年版，第63页。
③ 《南冥集》编年，《韩国文集丛刊》31，民族文化推进会1991年版，第14页。

而是作为处士度过了自己的一生。虽然王命多次邀请，但是他却宁愿选择修行并躬身践道，不愿出仕。南冥并非对官职不感兴趣，相反他也有强烈的出仕愿望。早年他就曾接受了积极出仕的伊尹的思想，并多次参加科举应试。他曾向君王上疏指出，"他日殿下，致化于王道之域，则臣当执鞭于厮台之末，竭其心膂，以尽臣职，宁无事君之日乎"，如实反映了其忧国忧民并要求改革的志向。

关于不出仕的原因，南冥在明宗十年（1555）递呈的《辞免丹城县监疏》中有过简单地提及，大致可以概括如下：一是由于自己的学问和道德实践不足；二是由于当时的国政极度腐败，在那种情况下难以实现正道。还有一个重要的原因就是，南冥亲友在士祸中接二连三的遭受罹难，其叔父曹彦卿因己卯士祸被杀，其父被认为是士林派人士而招致祸端，其好友李霖、成遇、郭珣、李致、宋麟寿等也在乙巳士祸中相继被杀。在他看来，士人出仕的本质是，如果社会给自己施展才华的机会，则应毫不犹豫的以个人学识和人格为基础来实现道；但如果没有得到这个机会，就应自行实践道，坚守道学，传业后代。南冥选择后者始终没有出仕的最大原因是，他认为当时的社会现实并非是可以实现正道的时期。因为在当时的戚族政治下，出仕没有任何意义，稍有不慎，不仅会给自己甚至还会给士林带来祸端，故南冥如下说道：

> 惜世之君子，出为时用，要做好事，事败身僇，贻祸士林者，正坐见几不明，相时不审。①

因此，正确把握出仕的时期非常重要。南冥临终前也曾对弟子说，"后人以我为处士，则可矣，若目以儒者，非其实也"，② 这不仅道出了南冥作为一名处士的矜持，也反映了他强烈的信念。南冥虽一生拒绝官职，但并没有懈怠对儒家义理的实践，也没有消极应对国家问题。他始终以高度的责任感忧国

---

① 《行状》，《南冥集》卷8，《韩国文集丛刊》31，民族文化推进会1991年版，第82页。
② 《明宗朝遗逸·曹植》，《燃藜室记述》卷11，景文社1976年版，第121页。

忧民，担忧国家的危急，怜悯百姓生活的贫苦，只要对国家和民生有利，必通过上疏积极劝奉君王尽快实施。因此，成运在南冥的碑文上写道，"不能忘世，忧国伤民，每值清宵皓月，独坐悲歌，歌竟涕下，旁人殊不知"。[①]

三、后世评价及影响

南冥这种重视儒学修养论中敬和义的学术特征以及他积极实践义理精神的一生，在韩国思想史上具有非常重要的意义。这不仅仅是因为由他主导形成的南冥学派与以退溪为首的退溪学派共同形成了韩国儒学岭南学派的两大学脉，还因为他在朱子学韩国本土化的进程中所提出的现实问题让我们认识到了韩国儒学的特征以及韩国儒者道学精神的处世观。

玄相允在《朝鲜儒学史》中对南冥的学术特征作了如下评价：

> 南冥也如当时其他诸儒一样潜心研究程朱之学，特别是把反躬体验和持敬实行作为学问的关键，这也是他的独特之处。南冥的学问专精敬义之学，一生都在努力实践持敬居义，而且他从来不满足于口头或文字，必须都要通过实践躬行，总是保持着勤勉刻苦的姿态。[②]

南冥与退溪同年生而后卒14个月，他们二人均为朝鲜前期大儒。《东儒学案》之《德云学案》曰：

> 退溪居岭左之陶山……南冥居岭右之德山……蔚然为百世道学之宗师。二先生以天品，则退溪浑厚天成，南冥高明刚大。以出处，则退溪早通仕籍，位至贰相；南冥隐居尚志，屡征不起。以学问，则退溪精研力索天人性命之理，无有余蕴；南冥反躬实践，敬义夹持之功，自

---

① 《言行总录》，《南冥集·别集》卷2，《韩国文集丛刊》31，民族文化推进会1991年版，第125页。

② 玄相允：《朝鲜儒学史》，民众书馆1983年版，第104—105页。

有成法。①

可见，南冥与退溪虽然都对朝鲜儒学作出了贡献，但二者的贡献点却不尽相同。退溪主要在性理学方面深化并发展了中国的朱子学，奠定了其在韩国儒学史上的显赫地位；南冥则重点强调儒家的敬义精神，注重义理实践，在韩国儒学史上自成一家之学。②

宋代理学强调的穷理不是单纯探求真理，而在于真正探求能够实现人的道德修养和实践的理论。但这种意义的穷理后来逐渐从探求道德实践的原理偏重于向存在原理的分析，并发展成为形而上学的理论体系，进而实现深入化和概念化。南冥所处的时代正是从朱子学的吸收向韩国儒学形成的转变时期，因此出现了注重分析理气论、四七论等偏重于基础理论方面的研究。当然，对人的本质进行深入分析是为了更深入进行道德实践，但由于在具体现实中极易发展成为"空理空谈"，因此南冥批判这种"口耳之学"，努力推进与穷理的义理相关联的实践。南冥学的宗旨是敬与义，这都属于修养论的概念。敬是涵养人心的内在德目，义是调节行为的外在德目，二者密不可分。只有对内形成正确的人格涵养，对外才能进行正确的判断和实践。但以往性理学者相对于义更偏重于敬，南冥为纠正这种倾向而提出了更加注重义的敬义思想。可见，南冥虽然将性理学作为理论基础，但更注重实践义理。

为了实践正确的义理，南冥坚持不懈地进行敬的修养，积极关心社会落后的教育，大力弘扬道学的义理精神，在政治上以强韧的义气上疏直谏戚族政治的弊端。南冥以义理作为出仕和辞受的标准，严格要求自己，一生没有出仕，而是选择践行处士之路，并始终如一。这种积极致力于人格修养和道德实践的义理思想，形成了南冥独特的学风。他的这一志向和实践精神也被后世门人所传承，成为韩国义兵活动的基石。他阐明道学，振作士林，影响深远，成为韩国实践义理的典型。

---

① 《德山学案》，《东儒学案》中篇 10，韩国国立首尔大学 1993 年奎章阁影印本，第 83 页。

② 李甦平：《韩国儒学史》，人民出版社 2009 年版，第 372 页。

　　南冥的学问后来被其门人所继承，形成了南冥学派，并与退溪学派一道成为岭南学脉的两大支柱。他崇高的志向、高洁的人品、重义的风范，使其能够在壬辰倭乱时站在所有倡议讨贼队伍的前列振臂高呼。他的门人郑仁弘、金沔、郭再祐、赵宗道等开展的义兵运动，不仅成为庆尚左道（今庆尚北道）及其他地区发起义兵运动的催化剂，而且对凝聚民心、团结军民发挥了重要作用。

第五章　朝鲜后期儒学的发展

　　朝鲜王朝在经历了壬辰倭乱（1592—1598）和丙子胡乱（1637，以下简称"两乱"）之后，到 17 世纪发生了重大变化。两乱后，朝鲜社会的经济和国力都遭受重创，社会和民生一蹶不振。而且由于战乱，既有的社会秩序陷入崩溃，朝鲜王朝处于必须重新整顿国家体制的处境之中。壬辰倭乱之后，朝鲜王朝实现了由主导朝鲜建国并一直以来主导政局的勋旧派向充实发展了性理学理念的士林派之政权的交替。而且随着土地生产能力的逐渐提高，经济私有观念也扩大化了。各种因素的发展促成了"国家再造论"的产生，整个社会的改革呼之欲出。因此，韩国学界将 17 世纪以后的朝鲜后期定义为"近代社会的萌芽期"或"近代黎明期"。[①] 经由退溪和栗谷发展的性理学，在朝鲜后期逐渐成为引领社会前进的指导理念。

　　朝鲜后期思想界的潮流大致可以分为如下几类：

　　其一，性理学：继承了栗谷学统的畿湖学派内部展开了一场以人物性同异论争和未发心体纯善论争为主要议题的湖洛论争，这开启了朝鲜性理学的新局面，而且这种思潮与北学派的实学思想也有关联。继承了退溪学统的岭南学派中，17 世纪后半期的李玄逸批判栗谷，拥护退溪，确立了其学脉的正统性。此外，张显光、李震相等人也创立了自己独特的性理学说。许穆、尹鑴等畿湖岭南学派（南人）的思想具有脱朱子学的性质倾向，与后来的实学思想密切相关。

　　其二，礼学：17 世纪初至 18 世纪中期被称为韩国儒学史上的"礼学时

---

① 崔英辰：《韩国儒学思想研究》，邢丽菊译，人民出版社 2008 年版，第 134—135 页。

代"。儒者们对性理学的礼思想进行了积极活跃的研究和整理。在这过程中，礼学甚至还被利用为朋党集团斗争的工具，并由此引发了两场礼讼论争，其实质在于儒者最为重视的正名、义理名分思想在具体政策上的反映。

其三，阳明学：朝鲜中期传来的阳明学自从受到退溪批判之后，一直被视为异端学说而遭受排挤。霞谷郑齐斗（1649—1736）重新树立了阳明学的新体制，① 并在其主导下形成了以江华地区为主的阳明学派。阳明学者从泛儒学的立场重新探讨以性理学为中心的思想界，通过对先秦原典儒学的研究，努力尝试提出与性理学相区别的替代方案。

其四，实学：朝鲜后期学界的最大成果便是实学思想的确立。实学作为虚学的对立概念，指的是实践性、实证性、实用性的学问。实学批判性地发展了性理学，形成了与性理学在质上完全不同的新学风。此外，由中国传入的西方科学与天主教脱离了以往的宇宙观与世界观，创造了新的思想典范，这可以看作是实学思想形成的外在原因。惠冈崔汉绮吸收西方科学，对性理学进行了创造性的再构成。茶山丁若镛吸收天主教思想，对儒家经典进行了重新诠释和再构成，并创立了以《牧民心书》为代表的经世学。

下文便以朝鲜后期思想界出现的主要学派、代表思想及其主要人物为中心展开论述。

第一节　朝鲜后期儒学的展开及特色

从 16 世纪后半期到 17 世纪，朝鲜儒学逐渐开始形成以退溪李滉和栗谷李珥的性理学作为哲学依据并加以继承和发展的学派。这一时期的学者们围绕性理学进行了激烈的讨论，提出了多种理论，主要出现了两种学派：一派赞成退溪理气互发说及理优位，一派赞成栗谷气发理乘一途说及理气妙合说。前者主要在岭南地区活动，故称为岭南学派；后者主要在京畿道、忠清道活动，故称为畿湖学派。

---

① 参见傅济功：《霞谷哲学研究》，成均馆大学博士学位论文，1996 年，第 6 页。

一、岭南学派

朝鲜前期的学界主要注重于用性理学理念来实现社会教化，但到了中后期，许多士林派名儒由于士祸的伤害而选择了隐居山林并潜心修学，从而使得性理学的理论在一定程度上得到了更加深入的发展。岭南学派的巨儒首推退溪和南冥，但二者不仅出仕观不同，学问倾向也有所不同。尽管如此，岭南学派主要是由继承和发展了二者学问和思想的学者为主形成。岭南学派主要有四大分支：退溪学脉、南冥学脉、寒冈学脉、旅轩学脉，下面对其进行逐一介绍。

1. 退溪学脉

退溪学脉主要由退溪及其后学门人为主组成。退溪的学问特征主要是继承了朱子理气不相离和不相杂的理气心性论，并通过更加细致的穷理和思索对其作了延伸和发展，形成了自己的四端七情论。退溪学问的目的在于人的本性在现实中的实现，从而达到"真知实得"的境界。这种学问倾向也通过其门人一直延续到朝鲜后期。退溪的嫡系弟子有赵穆（1524—1606）、金诚一（1538—1593）、柳成龙（1542—1607）等人。

赵穆的学问倾向是尤其注重经典的句读及解释，他苦心研读《心经》并致力于体仁工夫，排斥佛教禅学以及阳明学。他重视《小学》，认为其是所有典籍的关键，是成为圣人的根本。他还把《大学》总结概括为"知行"二字，强调认识和行动（实践）的重要性。壬辰倭乱时勇于出任义兵长，充分发挥了儒学的义理精神。他还创立陶山书院，在培养后学方面发挥了积极作用。赵穆的代表著述有《心经禀质》、《朱书绝要禀质》、《尚书疑义》、《家礼疑义》等。

金诚一对理气心性论不是非常感兴趣，他更关注的是儒家实践义理的学问，并将"下学人事"之实践视为学问的第一要义。其学问倾向是重视实践，而且非常注重礼学。在朝鲜时期，畿湖学派将《朱子家礼》视为绝对标准，而岭南学派则相对比较开放。退溪主张除《家礼》外，也要综合考虑古礼、时王礼、时俗、人情、义理等各种因素。金诚一继承了退溪的这种观点，虽然以《家礼》为重，但同时也吸取了《礼记》、《仪礼》、《通典》等学说之精华，树立了实践儒学的典范。金诚一的代表著述有《奉先诸规》、《丧礼考证》、《吉凶庆兆诸规》等。

柳成龙21岁入退溪门下修学，充分继承了师说。作为学者型的官僚，他积极实践道学精神，提出了一系列改革国策的方案，对克服壬辰倭乱起到了重要作用。在朱子学唯我独尊的时代，柳成龙不得不排斥异端学说，但还是怀着极大的好奇心攻读了象山学、阳明学的书籍，丰富了自己的学问视野。其直系弟子郑经世曾评价恩师的学问指出："公自为秀才时，已以远大自期，而富贵利达，视之泊如。常留意于经济之业，礼乐教化之外，如治兵理财等事，靡不讲究谙悉，才足以应务，学足以致用。"[1] 尤其是在选拔人才问题上，他极力打破各种学派、地域甚至科举制的局限性，并通过荐举制提拔了许多贤良人才，代表人物有李舜臣、辛忠元等。

2. 南冥学脉

南冥学脉主要是以南冥曹植（1501—1572）及其门人为中心而形成的学脉。此学脉重视现实的义理实践，与退溪学脉一道形成岭南学派的两大重要支柱。曹植年少时便气宇高轩，博求经传，旁通百家，其中尤喜读《左传》及柳宗元之文。他主张，学问不应满足于既有之学，而应反躬体验，持敬笃行，自成一家之言。他以《周易》之语"敬以直内，义以方外"为根据指出，"内明者敬，外断者义"，并且还主张"敬为身之主，义为动之本"。他始终将敬义思想作为人生座右铭以及学问的要旨，临终前给弟子的遗训中也一再强调敬义"为门生申戒"[2]。

他批判当时学界重高谈阔论而不身体力行，追求性理之妙却不注重"实得于心"，如下指出：

> 为学，要先使知识高明，如上东岱，品皆低然后，惟吾所行，自无不利。又曰，遨游于通都大市中，金银珍玩，靡所不有，尽日上下

---

① 《西厓集·西厓行状》，《韩国文集丛刊》52，民族文化推进会1992年版，第76页。

② 《墓碣铭》，《南冥集》卷5，《韩国文集丛刊》31，民族文化推进会1991年版，第69页。

街衢而谈其价，终非自家家里物。却不如用吾一匹布，买取一尾鱼来也。今之学者，高谈性理，而无得于己，何以异此？①

为学，初不出事亲敬兄悌长慈幼之间，如或不勉于此，而遽欲穷探性理之奥，是不于人事上求天理，终无实得于心，宜深戒之。②

可见，他的学问方法注重从日常生活的点滴做起，然后才是追求伦理道德的"性命之妙"，这是一种"下学而上达"的路径。"下学人事，上达天理，是其学之的也。舍人事而谈天理，不反诸己而多闻识，乃口耳之学，非所以修身之道也。"③ 南冥认为，不论是空谈理论的论争还是"口耳之学"，都是缺少实践的观念性知识。儒学之道，并非高远，就在人伦日用之间。他甚至还批判那些只重视性理学谈论的儒者为"欺世盗名之徒"。

南冥学的宗旨是敬与义，都属于修养论的概念。敬是涵养人心的内在德目，义是调节行为的外在德目，二者密不可分。只有对内形成正确的人格涵养，对外才能进行正确的判断和实践。但以往性理学者相对于义更偏重于敬，南冥为纠正这种倾向而提出了更加注重义的敬义思想。可见，南冥虽然将性理学作为理论基础，但更注重实践义理。

南冥的学问后来被其门人所继承，形成了南冥学派，并与退溪学派一道成为岭南学脉的两大支柱。他崇高的志向、高洁的人品、重义的风范，使其能够在壬辰倭乱时站在所有倡议讨贼队伍的前列振臂高呼。他的门人郑仁弘（1535—1623）、吴建（1521—1574）、郭再祐（1552—1617）等开展的义兵运动，不仅成为庆尚左道（今庆尚北道）及其他地区发起义兵起义的催化剂，而且对凝聚民心、团结军民发挥了重要作用。

3. 寒冈学脉

郑逑（1543—1620，号寒冈）曾在曹植、李滉、成浑等门下学习，对礼学有着深入的研究。他曾在宣祖面前阐述《大学》的基本旨趣，指出天德

---

① 《墓碣铭》，《南冥集》卷5，《韩国文集丛刊》31，民族文化推进会1991年版，第69页。

② 《墓碣铭》，《南冥集》卷5，《韩国文集丛刊》31，民族文化推进会1991年版，第69页。

③ 《戊辰封事》，《南冥集》卷2，《韩国文集丛刊》31，民族文化推进会1991年版，第27页。

与君道之核心为"慎独",强调内心的修养。① 作为学问的要领,他认为"学者必发奋立志,勇猛笃实,深切体味而力行,方可得道"。寒冈21岁时拜访退溪门下求教,悟到"为学次第之方"及"为学所定之处"。24岁时跟随曹植学习,积极实践"敬义夹持"之工夫。关于退溪和南冥二人的学问,寒冈认为,退溪注重研究学问,教育目标明确,很容易让初学者找到学问之路;南冥才气非凡,行动凛然,自成一法,可以跟随实践义理之学。这就很明确地点明了二人的学问特征和长处。寒冈继承了退溪的学问方法和南冥的高尚气节,在现实中也非常注重礼学及修养论的其他领域。在他看来,只有通过敬,才能达到子思所提出的"戒慎恐惧"和曾子的"诚意正心",这也是礼乐的根本。涵养之法便是"非礼勿视,非礼勿听,非礼勿言,非礼勿动",这就是"礼仪三百"和"威仪三千"。他曾在《五先生礼说分类》中指出:"节文乎天理,而仪则乎人事。散之为三百三千之有秩,统之为一身一心之所干,未尝斯须去乎君子之身。道德仁义以之而成,君臣父子兄弟以之而定。所以古之人自视听言动之近,达之家乡邦国之远,无所不用其诚敬焉。"认为礼应该从琐碎的身边小事开始实践,并推向高远之处,小至社会规范,大到国家治理,都需要以诚敬之礼来约束。

寒冈在礼学方面造诣丰厚,曾撰写《礼记丧礼分类》、《家礼集览补注》等著作,并对礼仪进行了系统的注解。不仅如此,他还对礼仪中的服装制度进行了专门研究,著有《五服沿革图》、《深衣制度》等,并在《五先生礼考》中系统搜集了前人对礼的看法。

不仅如此,寒冈还非常重视研读《心经》,心学造诣也很深厚。他认为,礼学的哲学依据在于心学。关于这一点,张显光曾如下指出:

先生以为此学真诀,萃在真西山心经一部。见其批注取舍有所未莹,乃自衰取程朱及诸先生之语有以发明本义者,增入之,而多所损节于旧注。又足之以附录,而目其书曰心经发挥,精写分卷。凡其远近动静,未尝释手,而朝夕常目焉。此非其心体神会之地乎?其与踵

---

① 琴章泰:《韩国儒学思想史》,韩梅译,中国社会科学出版社2011年版,第122页。

门之士，随其人之所可及而开导之者。①

寒冈批判程敏政的《心经附注》不完整，并在继承了退溪敬思想的基础上对其进行了重新编纂。基于此，寒冈也被后人评价为"东方心学之宗祖"。

纵观其著述可见，比起性理学形而上的理论，寒冈更重视现实的"应用救时"。他的门下也都积极致力于礼学与实用厚生的学问，尤其是许穆（1595—1682，号眉叟）如实继承了师门传统，积极致力于以诚敬为旨的礼学实践，后来这些逐渐形成了朝鲜后期星湖学派的经世思想。

4. 旅轩学脉

张显光（1554—1637，号旅轩）是韩国 16—17 世纪著名的思想家，其思想不仅体现了对退溪和栗谷学说的折中性吸收和继承，而且也体现了自己的独创性，其原因就在于提出了"理气经纬说"，因此成为韩国性理学史上有特色的人物。他以经纬构造来观察和分析理气关系，把"理（经）"看成是不变的标准，把"气（纬）"视为可变的，以此来重新诠释理气关系。旅轩用经纬关系来说明理气关系且"经纬说"在其哲学思想中占有很大比重，并且他还试图把"经纬说"应用于整个思想体系。②

旅轩认为，形而上的存在和概念（理气）很难用语言和文字来说明，因此借用一般人普遍认可和理解的概念——"经纬"二字来诠释理气，并认为"古人借物明理者，多矣。以物可见而理难见，故假易见而形难见也"③。他认为形而上的存在很难被人们所感观和认识，也很难用言语来说明，因此只能借用大家普遍能够认可的具体名词来阐述。

旅轩的"理气经纬说"认为，经纬关系是可以克服韩国性理学概念的体用、本末、源流、纲目关系所具有的局限性并且能够统合这些关系的重要概念。理气关系适用于体用和经纬，是从"对立关系"出发的思想。按照张

---

① 《寒冈郑先生行状》，《旅轩全书》卷 13，仁同张氏南山派宗亲会 1983 年版，第 69 页。

② 旅轩的"经纬说"包含在《性理说》一书中，目录如下：《论经纬可以喻理气》、《论理气为经纬》、《论最上经纬》、《论天地经纬》、《论在人经纬》、《论理气经纬》、《历引经纬》、《总论》和《四贴排说》。

③ 《性理说》4 卷，《旅轩先生全书》下，保景文化社 1972 年版，第 72 页。

显光的表达方式，理和气互为形而上、形而下，不变和变的关系，即"常"和"变"各自是体和用的关系。张显光称之为"理常"和"气变"。理气不离而相互对待的"待对关系"意义是"理气相须"，是以"常变为前提的相须"。张显光认为，在理气论中，用"经纬"来表示现象世界的变化和理气关系是最为恰当的，比其他任何表现方式都更具生动感，因此是最合适的用语。

旅轩还通过体用关系和本末关系分别解释了宇宙运行的规则，"然则以体用言者，自一义也，以本末言者，亦一义也"①，认为体用和本末关系相互独立而有差异，当然他相对偏重体用关系，并在解释体用关系的过程中设计了本末关系，但是他并没有提出体用关系与本末关系的具体差异。其实，在旅轩的哲学思想中，不管是本末论还是体用论，都是为了弥补相互理论的不足，最终想统合说明他的经纬思想。他指出："今以经纬拟之，则不但可以兼体用本末之义，至于体用本末二具者，所不得以相尽之义，亦足以包得焉。"②他认为经纬是统合了体用和本末关系，并具有更高的意义。当然，人们通过体用、本末、源流、纲目等各种关系来考察理气关系，如此才能更充分地理解理气关系的本质。总之，他认为"理乃道之经也，气乃道之纬也。为经为纬者虽别，而同是丝也，则其可以二其本乎"③？也就是说，不管是称之为经的理，还是称之为纬的气，尽管二者的称呼不同，但其根源是一样的，只是经和纬的作用有所不同罢了。

旅轩给理赋予了永恒不变的世界秩序之意义，为此命名为"经"，认为气是为构筑世界提供物质的材料，为此命名为"纬"，并主张这样的理气经纬之合构成了万物之道，这就是他所说的"合理气而名之即所谓道也，其以体用本末分之，然后谓之理，谓之气"④。他以道为前提，把理与气分看为二者，并以此作为"经纬说"的根本和前提。其实，韩国的大部分性理学者认为，理和道是同一的，但是把理气之合看作道的主张却是非常少见的。旅轩

---

① 《性理说》5卷，《旅轩先生全书》下，保景文化社1972年版，第98页。
② 《性理说》5卷，《旅轩先生全书》下，保景文化社1972年版，第98页。
③ 《性理说》5卷，《旅轩先生全书》下，保景文化社1972年版，第99页。
④ 《性理说》5卷，《旅轩先生全书》下，保景文化社1972年版，第98页。

在他的哲学体系中设置了理和道，认为"道是此理常存常行之名，则不是此理之外别自为道也"①。他导入"道"作为理的流行者，认为道本身并不是实现自我，而是通过道来构成这个世界。如此，既充分显现了理的意图，又能满足理气合一之道的基本原则。旅轩把构成世界的道分为理与气，而理气又结合成为道，体现了道与理气间的合分之关系。通过"分合"理论，他论述了理气分合、天地分合、阴阳分合、人心道心分合、四端七情分合、体用分合等许多的分合思想。这些分合思想，都成了旅轩经纬思想的基础和来源。② 旅轩指出：

> 凡为道理，其初也，不得不一；其变也，不得无分；其终也，不得无合。如有水之源派、木之本枝、纲之纲目。其为源为本为纲也，则不得无分者，亦有二焉。自一而变，则源必派，本必枝，纲必木者，即其分也。又其变分之中，派不独派，枝不独枝，目不独目者，变分也。虽其不能无分也，而源派皆水也，本枝皆木也，纲目皆纲也，则兹非终合者乎？③

在旅轩看来，世界就是通过道理的分合来构成的。道理虽然源为"一（本）"，但是这个"一"没有不分开的，归根结底又没有不合为一的。重要的是，前面的"一"与后面的"一"并非是同一个"一"，开始之"一"分为支流是从时间维度上的"分"，而后面之"支流"和"一"则都是从物维度上的合。因此，旅轩的分合论是从时间和认识两个不同维度上的考察和认识。在旅轩的立场看来，理气本应是合的，但与此同时，分看的理气论与合看的理气论也有其合理性。这些分合思想，既体现了旅轩经纬思想的基础，也体现了旅轩理气说对退溪和栗谷的折中特性。

---

① 《性理说》7 卷，《旅轩先生全书》下，保景文化社 1972 年版，第 105 页。

② 参见方浩范：《旅轩的理气经纬说》，《中国哲学史》2011 年第 4 期。

③ 《性理说》7 卷，《旅轩先生全书》下，保景文化社 1972 年版，第 109 页。

二、畿湖学派

畿湖学派主要由栗谷李珥及其同僚成浑（1535—1598，号牛溪）、宋翼弼（1534—1599，号龟峰）等人形成。成浑 20 岁时在坡州与比自己小 1 岁的李珥相见，结为平生知己。宋翼弼学识渊博，精通儒家典籍和礼学，与李珥和成浑都建立了深厚的友情。三人交情甚好，学问交流也非常频繁。门下弟子们也互相师从三人学习，如成浑门下的赵宪、李贵、郑晔、安邦俊以及宋翼弼门下的金长生、金集、郑晔等同时也是李珥的弟子。

1. 栗谷学脉

栗谷非常尊重朱子的学问，他的理气说对理和气的各自领域都加以肯定，同时又认为二者具有"妙合"的关系。栗谷关注理与气之间的交融关系，强调"理气浑融"的原则。他先将理气分开来看，发现二者具有截然不同的特点。理无形无为，无本末，无先后，是可思不可感的形而上的世界；气有形有为，有本末，有先后，是可感不可思的形而下的世界。由于理气功能上的不同，所以二者可以互补互助，结合为一，其结合的形式便是"气发理乘"。既相互区别又相互对应的理与气在一个共同体内运作，会产生不同的作用，这就是"理通气局"[①]。在理通气局的作用下，理气也会发生一系列的变化。在探讨理气关系中，栗谷认为理气之妙"难见亦难说"，而这恰恰是"妙"的境界。在四端与七情的关系上，栗谷认为二者都是"气发而理乘之"，并且批判退溪的理气互发会导致"理气有二物，人心有二本"之错误。在此基础上，栗谷认为四端七情实为一情，四端只是七情中善情的别名。在人心道心说上，栗谷认为二者是相互对立的两种心，二者的关系是"源一而流二"，都是根源于理的气的发动，只是因"为何而发"这一指向点的不同而有异，故在本质上具有统一的可能性。道心只是天理，而人心则是天理与人欲同时存在，若以道心为基础来节制易流向人欲的人心，则人心也可以成为道心，这就很好地说明了二者的对立统一。

---

① 张敏：《韩国思想史纲》，北京大学出版社 2009 年版，第 197—198 页。

就具体的师承关系来看，栗谷嫡系学脉的弟子有金长生、赵宪、郑晔、安敏学、李贵、安邦俊等，这些学者后来培养出了金集、宋时烈、金昌协、权尚夏、李柬、韩元震、任圣周等杰出人才。

以栗谷学脉为主形成的畿湖学派性理学的特征大致可以整理如下：第一，畿湖学派形成初期，学者们与支持退溪理气互发说的一派展开了激烈论争，这样的论争为形成与岭南风格不同的学派打下了坚实的基础。第二，畿湖学派为朝鲜中后期礼学的发展作出了重要贡献。以金长生、金集、宋时烈、宋浚吉等为首的一部分畿湖学者对礼学进行了深入研究和探讨，并使得礼学形成为一门独立的学问并在朝鲜立足。第三，畿湖学派内部展开了朝鲜后期思想史上规模最大、最具代表性的论争——湖洛论争。论争起源于权尚夏的弟子李柬和韩元震之间，李柬主张人物性同，韩元震主张人物性异，为此二者展开了激烈的论争，后世学者也将其持续进行下去，以至这场论争一直持续了两百余年。第四，畿湖学者对朝鲜后期实学的形成发挥了很大影响。栗谷思想中有很强的经世致用之内容，这些思想被李缙、金元行等人继承下来，后来对北学派的洪大容、朴趾源、朴齐家等学者以及南人派系学者柳馨远、李瀷、丁若镛等实学家都产生了很大的影响。第五，畿湖学派重视义理的实践也被传承下来。赵宪的义兵精神、宋时烈的春秋大义、李恒老的斥邪卫正论便是其代表性的例子。此外，朝鲜阳明学者张维、崔明吉、郑齐斗等人与栗谷学脉的金长生、金集等人都是师承关系，这在一定程度上也反映了畿湖学派学问的开放性和包容性。

2. 成浑和宋翼弼学脉

成浑（1535—1598，号牛溪）是赵光祖的弟子成守琛之子，师从赵光祖的弟子白仁杰，维系了赵光祖的学统。他私淑退溪，但与栗谷也是道友相称。栗谷曾大力称赞其涵养实践之功。成浑曾提出，国家治乱取决于君子与小人的登用，处于更张时期的政府应该设立革弊都监，减免赋税，多谋民利。

李滉与奇大升之间展开四端七情论辩之后，李珥与成浑之间也展开了一场关于人心与道心的论辩，这就成为了朝鲜性理学与宇宙论相比更重视心性论研究的契机。成浑最初对李滉的理气互发说有些怀疑，后来读到朱子人心"生于形气之私"、道心"原于性命之正"后有些感悟,于是觉得李滉所言有理,就提笔给栗谷写信相询其异同。尽管如此,他也并非同意李滉的全部学说。在人心道心问题上,成浑认为,"以道心谓之四端可矣,而以人心谓之七情则不可矣"①,这就与李滉将四端规定为道心、七情规定为人心的观点有异。不仅如此,对于退溪理气互发说中的"气随之"、"理乘之",成浑指出:

> 然气随之理乘之之说,正自拖引太长,似失于名理也。愚意以为,四七对举而言,则谓之四发于理,七发于气,可也。为性情之图,则不当分开。但以四七俱置情圈中而曰,四端指七情中理一边发者而言也,七情不中节,是气之过不及而流于恶云云,则不混于理气之发,而亦无分开二岐之患否耶?②

成浑认为,与其从理气之发的根源处将四端与七情分开,毋宁说在性发为情后,四端主理,七情则是与气之过不及相关的主气。成浑想向栗谷探明的是,人心道心与四七理气的名理"牵此而合彼",四七理气的道理完全可以适用于道心人心,以四七理气善恶言性情足矣,何必再言人心道心说?既然言一心,何以人心道心两边说?③ 对此,栗谷以人心道心"一心二名"、"源一流二"、"道心宰制"、"相为终始"等作了详细解答。

在论辩过程中,牛溪与李珥之间共有多达九次的书信往复。虽然二人也试图了解对方的观点和立场,但论争最初的基本立场自始至终都几乎没有改变。在论辩第六书的最后,成浑总结道:

> 情之发处,有主理主气两个意思。分明是如此,则马随人意,人信马足之说也,非未发之前有两个意思也。于才发之际,有原于理生于气者耳。非理发而气随其后,气发而理乘其第二也。乃理气一发,

---

① 《简牍一》,《牛溪集》卷4,《韩国文集丛刊》43,民族文化推进会1992年版,第81页。
② 《简牍一》,《牛溪集》卷4,《韩国文集丛刊》43,民族文化推进会1992年版,第82页。
③ 参见张敏:《立言垂教:李珥哲学精神》,北京大学出版社2003年版,第96页。

而人就其重处言之，谓之主理主气也。①

成浑虽然私淑退溪，但并不追随退溪的理气互发说；虽然与栗谷的理气论相同，但也并不完全同意栗谷之说。他综合吸收了退溪、栗谷二者之言，独创了自己的学说，因此学界一般将其称为折中论者，其学问后来被少论届的尹拯、朴世采以及老论界的金昌协、金昌翕等所继承并自成一脉，而且其思想也对近代韩国斥邪卫正论的代表李恒老产生了很大影响。

宋翼弼（1534—1599，号龟峰）因出身卑微，学问之路相对坎坷，但其学识渊博，精通经典，与李珥和成浑都建立了深厚的友情。他苦心研读性理学典籍，曾著述《太极问》，栗谷也曾称赞其说，能够可以充分讨论性理学的只有宋翼弼、宋翰弼兄弟二人。不仅如此，他还精通礼学，金长生、金集父子也都曾经师从于他。宋翼弼对礼学有着深入的研究，礼学著述有《家礼著说》、《礼问答》、《居家杂仪》等，对《朱子家礼》作了系统的注释，并探讨了具体的礼仪问题，成为畿湖学派礼学的先驱者。

宋翼弼的理气心性论与栗谷基本类似，只是有些许差异。在他看来，"动静者，气也。理，非能动静者也，非气则理不发"，"盖动静者，气也。所以动静者，太极也"，②并在此基础上展开了类似于栗谷"七情包四端"的学说。与成浑不同，宋翼弼反对将七情视为"发于理"与"发于气"分开而看的观点，认为四端之发只是偏重于"理一边"，七情之发则指的是理气全体，这与栗谷的观点非常类似。此外，宋翼弼还非常强调儒家"直"的思想，认为这是上天赋予每个人的"正理"，不仅在日常的洒扫应对，而且在尽心知性的领域也要努力实践直的精神，这对后来金长生、宋时烈的思想产生了重要影响。

3. 畿湖学派的延续

此部分重点介绍畿湖学派学者金长生、宋时烈、任圣周、奇正镇的主要学说。

---

① 《简牍一》，《牛溪集》卷4，《韩国文集丛刊》43，民族文化推进会1992年版，第82页。

② 《杂著》，《龟峰集》卷3，《韩国文集丛刊》42，民族文化推进会1992年版，第61页。

金长生（1548—1631，号沙溪）与其子金集（1574—1656，号慎独斋）一道师从宋翼弼学习礼学，师从李珥学习性理学。他出生于汉城，后隐居家乡连山讲学，继承了畿湖学派的正统，与其子一起配享于成均馆文庙，[①] 可见其学问之高、声望之重。

金长生的理气心性论与李珥大同小异，他继承并充实发展了李珥的理通气局说、气发理乘一途说、七情包四端说等。他认为李滉理气互发说的理论根源是权近的《入学图说》，这一学说与朱熹有异。他还著述《经书辨疑》对儒学典籍进行了注释，特别是撰写了关于《近思录》的注释书《近思录释疑》。《近思录》是朱子对宋代道学的整理之作，带有教科书式的性质。在四端七情论中，金长生支持李珥的观点，并以水为比喻指出，"四端为清流，涌于源而无垢。七情为流水，不可无清浊之分"[②]，将四端包含在七情之中。

金长生师从宋翼弼，在礼学方面有着深厚的造诣。他撰写了《家礼集览》（8卷）、《丧礼备要》（4卷）、《疑礼问解》（3卷）和《典礼问答》（2卷），对礼仪的形式进行了精密的分析，建立了庞大的礼学体系。其子金集继承了父亲的学术思想，撰写了《古今丧礼异同议》和《疑礼问解续》，深化了对礼仪的系统研究，形成了礼学派。他们的礼论在《朱子家礼》以冠礼、婚礼、丧礼、祭礼为核心的体系之内又搜集和考察了对具体制度和程序的注释，探索其合理的践行方式，特别是对儒家典籍中记录的传统方式和当时通用的方式进行比较，然后再决定哪一种是合理的形式，这些过程都以严密的性理学理论和逻辑为依据而展开。金长生还指出，教育过程中要让学生在读四书五经前先学习《小学》、《家礼》、《心经》、《近思录》，要把《家礼》作为基础课程中的必修科目。[③]

金长生还推崇"敬"作为学问的基本姿态，认为"直"是立心之要旨。

---

① 韩国儒者配享于成均馆文庙的共有18人，合称为"东国十八贤"。他们是：新罗时期的薛聪、崔致远；高丽时期的安珦、郑梦周；朝鲜时期的金宏弼、郑汝昌、赵光祖、李彦迪、李滉、李珥、金麟厚、成浑、金长生、金集、赵宪、宋时烈、宋浚吉、朴世采。

② 《答金献》，《沙溪全书》卷4，白山学会资料院1985年版，第79页。

③ 参见琴章泰：《韩国儒学思想史》，韩梅译，中国社会科学出版社2011年版，第142—143页。

他的这种思想远则以孔子、孟子和朱子的思想为理论源泉，近则以宋翼弼的"直"思想为依据。这种思想后来被宋时烈所继承。金长生的代表门人有金集、宋时烈、宋浚吉、李惟泰、尹宣举、张维、赵翼、崔鸣吉、金庆余、郑弘溟等。

宋时烈（1607—1689，号尤庵）师从金长生、金集，继承了李珥学统。他支持孝宗的北伐政策，在孝宗死后与尹鑴、许穆等南人学者展开礼讼论争，就文庙釐正、万东庙的设置等国家典礼问题倾注努力。作为西人的领袖，他发挥了巨大的政治影响力。他坚持极端正统主义的立场，抨击尹鑴、朴世堂等人对朱子学提出不同观点的做法是"斯文乱贼"之行为。壬辰倭乱和丙子胡乱后，他上疏君王并提出"内修外攘论"，主张精于政事，消灭夷狄。"内修外攘论"的主要内容有：君主圣学论、势道政治论、赋税制度改善论以及立足于春秋大义的北伐论等。

宋时烈精心研读程敏政的《心经附注》，并将其用作君主教育的重要内容。自宋时烈以来，《心经附注》成为性理学者的必读书目。宋时烈主张应该从程敏政所认为的以德性工夫为本的观点中脱离出来，实现"尊德性"和"道问学"齐头并进。这一点也类似于退溪的主张。

在理气心性论方面，宋时烈遵从了栗谷的基本观点，并批判退溪的理气互发说。他认为退溪等人所坚持的理气互发说的理论根据，即《朱子语类》中出现的"四端，理之发；七情，气之发"是误记，并以此为契机考证了朱子著述中前后不一致之处，编纂了《朱子言论同异考》，此书后来由南塘韩元震最终完成。宋时烈曾在书中将当时的理气论综合整理如下：

> 理气只是一而二，二而一者也。有从理而言者，有从气而言者，有从源头而言者，有从流行而言者。盖谓理气混融无间，而理自理气自气，又未尝夹杂。故其言理有动静者，从理之主气而言也。其言理无动静者，从气之运理而言也。其言有先后者，从理气源头而言也。其言无先后者，从理气流行而言也。①

---

① 《附录》，《宋子大全》卷19，斯文学会1971年版，第198页。

宋时烈还强调指出，自宋翼弼、金长生以来，修养论的核心便是"直"。他认为孔子、孟子、朱子三圣为人处世的准则就是"直"，三圣动静举止、为人处世皆正大光明，所言、所行都遵循"直"这一尺度。宋时烈以圣人为楷模，将"直"作为终身践行的准则，也因为这是朱子临终前的重要遗嘱。在他看来，直就是"立身之要"。所谓的"立心"就是要尽净私欲，以达到实事求是、决去其非、慎独为善进而再达到集久之心与理一、豁然通达的境界。[①] 这种境界也就是宋时烈所说的"心直"、"身直"、"无所不直"的境界，"自悟心直而吾躬直，吾事直，以至于无所不直而以无负生直之理矣"[②]。

宋时烈门下学习的门人有数百名，其中代表学者有权尚夏、李端夏、李喜朝、郑澔等。此外，其门下还培养了以韩元震、李柬、尹凤九为首的所谓"江门八学士"。

任圣周（1711—1788，号鹿门）是 18 世纪韩国儒者的代表人物，师从老论派学者李縡（1680—1746）。受当时人物性同异论的时代氛围影响，任圣周一度也曾站在以理的普遍存在为基础的人物性同论的立场上。当时，无论是主张人物性同论还是异论，二派学者的理论源泉都是栗谷之说。栗谷的心性论十分重视心的机能，主张"心即气"，任圣周也受此影响，逐步认同主张人物性相异的湖派的观点。自此，任圣周重视气的特色逐渐加强，最终形成了自己的特色之学。

许多学者将任圣周的学问认为是"唯气论"或"气一元论"，并且经常引用如下内容为据：

> 盖窃思之，宇宙之间，直上直下，无内无外，无始无终，充塞弥漫，做出许多造化，生得许多人物者，只是一个气耳，更无些子空隙可安排理字。特其气之能，如是盛大如是作用者，是孰使之哉？不过曰，自然而然耳。即此自然处，圣人名之曰道，曰理。[③]

---

① 参见李甦平：《韩国儒学史》，人民出版社 2009 年版，第 430—432 页。

② 《杂著》，《宋子大全》卷 4，斯文学会 1971 年版，第 58 页。

③ 《杂著》，《鹿门集》卷 19，《韩国文集丛刊》228，民族文化推进会 1999 年版，第 98 页。

以上引文确实给人以鹿门是"主气"或"唯气"之印象，而且也有人质疑他是否是"认气为大本"。对此，任圣周解释指出，"不知理之一即夫气之一而见焉"，"苟非气之一，从何而知其理之必一乎"，[①] 认为自己是依据"就气上言之"的方法论而提出的，并非主张"气一"是"理一"的根据。而且为了相对烘托"理一分殊"的意义，他甚至还提出了"气一分殊"，即"理一分殊者，主理而言，分字亦当属理。若主气而言，则曰气一分殊，亦无不可矣"。[②] 可见，他所提出的"气一分殊"并非是否定或取代"理一分殊"，只是"主气而言"而已。[③]

奇正镇（1798—1879，号芦沙）是朝鲜后期性理学的代表学者。芦沙为了克服当时性理学界"气无听命于理，理反取裁于气"[④] 之理气关系的颠倒以及"理一之理"与"分殊之理"的相互分离即"理分相离"问题倾注了大量心血。他极力强调理的主宰性，试图阐明理气的相关性，以此来解决二者关系的颠倒问题。并且还在理气论的基础上，从"理分圆融"的新角度来考察"理一之理"与"分殊之理"的概念，从而解决"理分相离"之弊端。

关于理气关系，他提出了"理尊气卑"、"理主气仆"，以此来提高理的地位。在此基础上，他批判花潭的"机自尔"，认为"自尔二字与所以然三字，恰是敌对。自尔为主张，则所以然不得不退缩"。[⑤]"自尔"与"所以然"是矛盾关系，故肯定气的自我原因式的能动性就会否定所以然。因此本体界就会陷落为一介空虚的概念，就会丧失与现象界的积极的关系性。

芦沙还进一步解释理气二者的关系：

　　　动者静者，气也；动之静之，理也。动之静之，非使之然而何？[⑥]

---

① 《杂著》，《鹿门集》卷19，《韩国文集丛刊》228，民族文化推进会1999年版，第100页。

② 《杂著》，《鹿门集》卷19，《韩国文集丛刊》228，民族文化推进会1999年版，第98页。

③ 关于朝鲜儒学主理、主气的分类方式及其问题点，可参见崔英辰：《韩国儒学思想研究》，邢丽菊译，东方出版社2008年版，第102—118页。

④ 《纳凉私议》，《芦沙集》卷12，雅盛文化社1976年版，第62页。

⑤ 《芦沙集·猥笔》，雅盛文化社1976年版，第83页。

⑥ 《芦沙集·猥笔》，雅盛文化社1976年版，第83页。

> 动静，气也；而使之动静者，太极也。①

动静者是气，而使之动静者是太极，因此理是气的根据。这就反映了芦沙试图建立本体与现象之结构性关系的目的，即他力图通过强调理对于气的积极的关系性来设立二者相关性的逻辑依据。芦沙所言"有此理，故必有此气，岂有无气之理？无此理，则气无从而生，安有无理之气也"，也很强烈地指出了理与气的相关性。形而上之理与形而下之气的关系就如同齿轮上的两个齿一般相互衔合运转，互相包含对方。②

关于性理学的基本概念"理一分殊"，芦沙认为，"理一"与"分殊"是圆融的关系。

> 以肤浅所闻，分也者理一中细条理，理分不容有层节。分非理之，分殊二字乃对一者也。理涵万殊故曰一，犹言其实一物也。殊非真殊，故曰分殊。言所殊者，特其分限耳。③

芦沙认为，"分"是"理一中细条理"，"一"是"理涵万殊"，"殊"是"分限"。此处"一"与"分殊"是相互对立的概念。"一句两语，相须为义"便是解释这一对待关系的命题。这就好比阴阳互为对立概念，互为存在前提。因此，无阴之阳或无阳之阴都是不能成立的。当一个概念以另一相对概念为必然前提而成立时，两者就具有相互对待的关系。所谓对待关系指的就是一个存在以对方为必然前提而成立。因此，"理一"与"分殊"二者是相互包含的圆融关系，即"一分圆融论"。以此为基础，他认为人物性同异论中的两派其实是同中有异，异中有同。主张同论的洛派忽略了异，而主张异论的胡派忽略了同，因此他对两派的观点都加以批判。

根据这种对待性的圆融论，在朱子所言"太极者，象数未形而其理已具之称"的基础上，他又进一步论述"一中包含着分殊"。芦沙认为，太极

---

① 《答问类编》，《芦沙集》卷1，雅盛文化社1976年版，第12页。

② 参见崔英辰：《韩国儒学思想研究》，邢丽菊译，东方出版社2008年版，第288页。

③ 《纳凉私议》，《芦沙集》卷16，雅盛文化社1976年版，第63页。

是超越形象的冲漠无朕的存在，同时又是万物的终极依据和本源存在，因此包含森罗万象的万理，万理即"分殊之理"。"理一"是"分殊"的依据，"一"中内含着"分殊"。由此来看，"源头一理，非无分之谓也"这一命题并不是主张一理的分割性。从"一理"是一切"分殊之理"的根据来看，"一理"中含有"分殊"的可能态。芦沙还举例指出：

> 请复以浅事喻之，今有块铜铁，是一太极，可以为盘盂，可以为刀剑，是分殊之涵于一。①

一块铜铁既可以成为盘盂，亦可以成为刀剑。这就意味着铁块中内含着成为盘盂或刀剑的可能态。换言之，铁块之"一"中含有盘盂或刀剑之"分殊"。

如上，"一"的属性中包含着全体性和本源性。"理一"不仅统摄所有存在的"大全"，包括了万物的"分殊之理"，而且在作为所有存在之依据或终极本源之观点上涵盖了万理，即分殊本来就涵于一中。

可见，"一理"虽然"冲漠无朕"，却是一切存在的依据，内含着所有存在。芦沙认为这是"一原之中，已涵万殊"②。

可见，芦沙的理气论不仅克服了否定理发说、以理气二物之观点来解释现象界所带来的问题，而且还将气作用的依据置于理，纠正了理气二者的关系。在存在论中，芦沙支持栗谷的学说；而在价值论中，他又依据退溪的理论来尝试实现两说的综合。因此，芦沙这种综合性的理气合看思维在朝鲜后期性理学史上具有重要的意义。③

三、礼学思想的发展

韩国儒学史上的礼学时代从广义上指的是从 17 世纪初到 18 世纪中期。朝鲜时代重视礼的倾向形成了礼学，产生了彻底研究礼的学问思潮。儒学思

---

① 《纳凉私议》，《芦沙集》卷 16，雅盛文化社 1976 年版，第 63 页。

② 《纳凉私议》，《芦沙集》卷 16，雅盛文化社 1976 年版，第 63 页。

③ 参见崔英辰：《韩国儒学思想研究》，邢丽菊译，东方出版社 2008 年版，第 299 页。

想的一个重要特征是重视礼，而且儒学的伦理道德在本质上就是礼。朝鲜时期，不仅国家层面对礼学研究表现出了极大的关心，而且一般士大夫也积极通过仪礼来实践道学思想。特别是 17 世纪，为了将过去的家礼从理论理解层面上升到现实实践层面，学者们对礼学思想进行了彻头彻尾的考证。在此过程中，儒者们不仅阐明了礼的根本性质，而且还试图建立一套符合当时朝鲜社会的仪礼制度。朝鲜后期礼学思想发展的原因可以总结如下：

第一，性理学发展的必然结果。经过 16 世纪性理学的繁荣期之后，17 世纪朝鲜性理学自然要过渡到礼学，而这种过渡并不是一种偶然。立足于性理学的礼学试图按照天理来制定礼制，这不是一种以单纯性理学为基础的形式化的准则，而是一种意识性、自律性的礼。因此，性理学和礼学的关系可以理解为理论和实践的关系。

第二，倭乱与胡乱的影响。当时的朝鲜社会由于受到倭乱与胡乱的影响，身份制度一度动摇，伦理道德一片狼藉。士大夫们一致认为亟须重建百姓的纲常伦理，以恢复几近崩塌的价值观和伦理道德。因此，他们强调原有的礼制和仪礼精神，并在此过程中更深入地研究一直效法的《朱子家礼》，使之渗透在日常生活之中，力图重建儒教社会。

第三，王室典礼论争产生的波及效果。仁祖时代关于元宗追崇问题和显宗时代关于慈懿大妃服丧问题等产生了一系列关于王室典礼的问题。当时不仅朝臣参与了这场论争，全国儒林也对此进行了激烈的探讨。在这一过程中，礼制及其伦理逐渐成为当时士大夫们关注的核心。

（一）代表礼学者及其学问倾向

17 世纪的代表性礼学者有寒冈郑逑（1543—1633）、沙溪金长生、慎独斋金集（1574—1656）、愚伏郑经世（1563—1633）、同春堂宋浚吉（1606—1672）、尤庵宋时烈、眉叟许穆（1595—1682）、草庐李惟泰（1607—1684）、市南俞棨（1607—1664）、南溪朴世采（1631—1695）、陶庵李縡等。当时的礼学思想可以分为两大派：一派是金长生及其门生的礼学，另一派是郑逑及其门生的礼学。

金长生在韩国礼学发展史上发挥了非常重要的作用，被称为"礼学宗师"。他师从栗谷李珥和龟峰宋翼弼，致力于礼学的考证，建立了礼学的学问基础。他之所以被尊称为"礼学宗师"，除了在礼学学术上所作的巨大贡献外，更是由于他在日常生活中居敬遵礼，学行一致，成为一代典范。此外，他还专注于教书育人，桃李满天下，培养了当时许多礼学者。

金长生的礼学是在深刻理解过去各种礼学的基础上建立的，他将方便实践的实用礼学体系化、学术化，同时也将无意识的遵守家礼上升到有意识的、实践性的学术层面。[1] 他还通过严谨的考证，试图确立礼学实行的根源。他所著述的《家礼辑览》和《疑礼问解》是朝鲜礼学著述的入门必读书，为礼的学术性研究指明了方向。[2] 金长生对礼的实践并不是按照因循姑息的准则，而是通过引导使礼的实践更有自觉性、体系性。他的学术体系中对这一意图有明显的体现。朱子为学的次序是《小学》、《近思录》、《大学》、《论语》、《孟子》、《中庸》、《六经》。金长生则认为为学的次序应该是《小学》、《家礼》、《心经》、《近思录》、《大学》、《论语》、《孟子》、《中庸》、《五经》。他在《小学》与《近思录》之间加入了《家礼》与《心经》，其意图可见一斑。朱子认为学习完"修己"的《小学》就可以进入义理和真理"自得"的过程，而金长生则认为学习完"修己"的《小学》应该接着学习"齐家"的《家礼》，以此为基础才能更好地体得义理和真理。朱子重视以认识真理为前提的实践，而金长生则重视通过实践来认识真理，认为只有通过礼制的实践才能获得终极真理。

过去礼只是经的一部分，学界也只是区分经与史。金长生通过对礼的研究，使得礼学的地位得以提升，并从经学中分离出来，成为一个单独的学术领域。这也是朝鲜时期特殊的学术现象，充分体现了对礼学的重视。

郑述不满足以家礼为主的礼学，试图系统整理古今礼制。他一生致力于礼学，留给后世许多著述，其中关于礼的有《五先生礼说分类》、《礼记丧葬分类》、《家礼集览补注》、《五服沿革图》等。他认为礼制的根本在于古制，因此从此处入手，广览经典，而且针对当时社会的时弊，对所有礼制几乎都

---

[1]　参见李丙焘：《韩国儒学史》，亚细亚文化社 1987 年版，第 297 页。

[2]　参见黄元九：《李朝礼学的形成过程》，《延世论丛》1963 年第 52 辑。

做了系统规范的整理。此前的礼学大多是在《朱子家礼》的基础上提出各自的观点，而郑述的礼学则不仅参考了经史子集，同时更详细加注了古今注疏，以此力图阐明礼学的本质。郑述认为《朱子家礼》只是记载了冠、婚、丧、祭的基本礼仪，而且其中很多是不符合朝鲜国情的，因此需要一套更具体、更利于在日常生活中实践的礼学体系，而且要符合朝鲜当时的国情。他编撰的《五先生礼说分类》是对除朱子以外的北宋五子礼说的整理，内容没有涉及《朱子家礼》，也可以说是其一大特征。

作为代表性的礼学宗匠，郑述对于礼的躬行实践从未有过半刻疏忽。他认为实践礼的根本在心，因此在讲学时总是以《小学》和《心经》为主，并规定弟子们必须学习《心经》和《近思录》。他在《心经发挥》的序文中指出，"成尧舜者，心也；成桀跖者，亦心也"，认为修心的要诀全在一个"敬"字，"敬"是礼乐的根本，因此他强调学者须在此处多下工夫。后来许穆继承了郑述的学术思想，也留下了许多著述。许穆主要立足于用古礼去解释礼学，不仅对冠、婚、丧、祭之礼仪进行深入研究，而且还对王朝礼与士大夫礼也进行了全面研究，并以此为基础整理著述了《礼说》。他认为，不管是言行的法度，还是冠婚丧祭的礼仪，万事只要以礼为准则，那么天下所有的国家都能得到很好的治理。

两派礼学各有特征，师从金长生的畿湖礼学重视《家礼》，尊崇朱子的礼说；而郑述的岭南礼学派则对上至国家典章制度下至日常生活中的仪礼等多个领域都进行了深入研究，并将对礼的考察上升到经世济民的层次，这也对后来经世致用的实学思想产生了很大影响。

（二）家礼的研究和发展

朝鲜初期，法制和仪礼的制定对于国家来说是一个更加迫切的问题。因此这个时期的重心就在于礼制的制定和实施，并没有太多关注家礼。建国后的朝鲜亟须建立新的儒教社会秩序，以打破过去佛教的礼仪制度，所以对于礼仪制度的完善和仪礼的制定比阐明礼的本质更为重要。礼在适用于国家典礼等事务时具有强制性，但是家礼的实施最初则没有强制性。

明宗、宣祖以后，随着对性理学研究的逐渐深入，礼学也自成体系。

学者们对于礼的认识并不是停留在盲目遵从的阶段，而是开始对礼制本身进行探讨。不仅如此，为了解决朝鲜时期所遇到的一些特殊性问题，礼的研究有必要细致内化，这就产生了家礼的本土化。在这个过程中，士大夫们系统地研究了礼制，普及了《小学》和乡约，使之适用于乡村社会乃至整个国家。

朝鲜礼学在不同的历史时期呈现出不同的形态。朝鲜初期礼学以官学为中心，关于邦礼的《国朝五礼仪》、《经国大典》等法治层面的著述较多。16世纪以后士大夫们更多地关注四礼的研究，家礼的研究在这一时期也大量出现，特别是关于丧礼和祭礼的研究著述更是不胜枚举。

17世纪以后，由于恢复壬辰倭乱和丙子胡乱后日渐崩塌的社会秩序是当务之急，因此学者们迫切需要通过礼教确立宗法式的礼仪制度，而且他们认为家礼不是单纯的礼制中的一种，而是建立国家、社会、家庭中儒教秩序的重要手段。所以如何在全国范围内实行家礼就成为他们所面对的最重要课题，因此这一时期有关家礼研究的著述如雨后春笋般出现。

如此看来，17世纪礼学研究的特点就是家礼研究的兴盛。当时朝鲜士大夫们重点关注《朱子家礼》并编撰了很多相关著述。这些著述并不只是普及和实践《朱子家礼》，还在注释中收录了很多礼制制度，并加注了当时学者独特的见解。

由此，朝鲜礼学从过去对家礼的理解层面深化到了对礼根源的研究。初期在对礼的意义一知半解的情况下，为解燃眉之急快速将礼仪形式化。为了解决这个弊端，朝鲜中后期的士大夫们不断探求礼的根本意义以及实践礼的当为性。在此过程中，他们也对古礼进行了深入的研究，其中也有部分学者逐渐质疑《朱子家礼》，特别是当家礼不能很好地适用于当时的朝鲜社会并解决所面临的社会问题时，学界逐渐产生了一些批判家礼的声音。当然这些批判的声音并不是质疑家礼是最根本的宗法秩序体系，而是对宗法制度及其应用的自由讨论。在此过程中，士大夫们逐渐脱离最初对《朱子家礼》进行整理的初衷，开始从新的角度去解释家礼，并将家礼的适用范围扩展到邦礼。这一学术倾向经过星湖李瀷（1681—1763）等多位实学者的补充完善，最终由茶山丁若镛完成。

朝鲜中后期的士大夫们将家礼与王室礼进行比较研究，试图找出家礼中普遍的秩序准则和伦理规范，从而使家礼可以成为社会普遍的仪礼。后来由于服丧问题所引发的礼讼论争使得他们接触到了从古礼到唐宋时期的礼制，并以此为基础来探讨家礼的普遍性。

（三）礼讼论争

在朝鲜儒学发展史上，从 17 世纪初至 18 世纪中期，学者们对礼展开了积极活跃的研究和整理。他们严格遵守儒家"非礼勿视，非礼勿听，非礼勿言，非礼勿动"的规定，将礼视为一种绝对思想，主张正确履行礼的是君子，反之则为小人。可见，当时统治阶层评价人的标准就是对礼的认知与实践。在这一时期，除学者外，甚至连官员和普通士大夫也都十分重视礼，并对其深入研究。"礼"甚至被利用为朋党集团斗争的工具，出现了围绕礼的施行而展开的两次礼颂论争。[1] 这一时期的礼颂也可以称作"服丧论的对立"。

礼讼最初始于孝宗辞世。1659 年（显宗元年，己亥年）孝宗辞世，朝廷围绕其继母、仁祖大妃（慈懿大妃）赵氏应穿什么样的丧服而引发了争议。关于这一问题西人派宋时烈和宋浚吉提出了"朞年服"（穿一年丧服）方案，但南人派尹鑴（1617—1680，号白湖）和许穆（1595—1682，号眉叟）则提出了"三年服"的主张。当时显宗和朝廷在这两个主张中采取了"朞年服"的方案。但在实行这一方案后，南人派和西人派围绕这一方案是否正确展开了持续长达 20 年的争论。[2] 这被称为"第一次礼讼"或"第一次丧服论争"。当然展开礼讼有其内在原因，其中包含了西人派和南人派争夺执政权的政治策略，他们为此提出了各自的礼说根据，即"名分"是引发礼讼的最大原因。

---

① 极度重视礼的朝鲜士大夫们早在从 16 世纪末期开始就以是否符合礼的行为来判定君子和小人，由此开始了"东人与西人"的朋党对立。朋党发展到 17 世纪，东人派系分裂为南人和北人，西人派系分裂为老论和少论。其中南人和老论是政敌，并形成了尖锐对立。南人和老论在政治上利用礼，展开了以礼讼为名的党争。

② 主要指显宗在位期间（1659—1674），后来一直延续到肃宗五年（1679）。

第二次礼讼主要是围绕服丧时间而进行的论争。1674 年（显宗十五年）2 月孝宗之妃仁宣王后（王大妃张氏）去世，当时围绕还在世的仁祖之妃即慈懿大妃（大王大妃赵氏）的服丧问题再次引起争议。礼曹原本根据《国朝五礼仪》和《经国大典》，决定采用"朞年服"，而宋时烈等西人派掌权势力则决定采用"大功服"（9 个月），随之礼曹也遵照西人派的决定，从"朞年服"修改为"大功服"，并向显宗报告。这是按照《仪礼》中规定的长子妇和众子妇的不同服丧时间而定的，即遵循古礼，"孝宗之妃仁宣王后"按照"众子妇"规定服丧。得知这一情况的南人派反对实行"大功服"，并对提出这一方案的西人派进行反驳。南人派指出，长子和长子妇穿"朞年服"是《国朝五礼仪》和《经国大典》中明确规定的。上次孝宗辞世时（己亥年）西人派不顾古礼《仪礼》注疏的规定，对孝宗以长子的待遇，坚持按照《国朝五礼仪》和《经国大典》来实行。而如今西人派又不遵守《国朝五仪礼》和《经国大典》中明确规定的"朞年服"，反而采取适用众子妇的"大功服"（9 个月），要求西人派对此作出解释。南人派主张，如果确实对孝宗之妃仁宣王后按照"长子妇"的待遇，则采用"朞年服"是正确的，选择"大功服"是错误的。[①]

显宗向领议政同时也是西人派的金寿兴（1626—1690，号退优堂）等人征求意见，并命令一并清楚说明礼曹将原定的"朞年服"改为"大功服"的理由以及没有遵循上次曾依据的礼书和《经国大典》的原因。但金寿兴等并未作出明确回答，在历经几次质询后，只能勉强解释指出，上次（己亥年）按照《经国大典》已经引发了一场大混乱，故现今采取"大功服"是符合众子妇的服丧。显宗最终决定按照"国制"实行"朞年服"，并将金寿兴流配，礼曹判书赵珩等官员问罪。这场论争最终导致西人失势，第二次礼讼（甲寅服丧论）也由此告一段落。

可见，17 世纪礼学时代礼说的核心是"服丧问题而引发的礼讼"。究其当时礼讼产生的社会原因，则是由于战乱后日益紊乱的社会秩序造成的。礼

---

① 《显宗十五年（甲寅）七月戊辰》，《显宗实录》卷 2。（《朝鲜王朝实录》，东国文化社 1957 年版，第 62 页）

本身是建立社会秩序的工具，而礼讼是在壬辰倭乱和丙子胡乱之后产生的现象。壬辰倭乱和丙子胡乱不仅给朝鲜社会带来各种混乱和弊端，而且在动荡激变的形势下，依据战功而定的班常（两班贵族和平民）、主奴、士农工商四民的身份制度也发生了巨大变化。作为社会领导层的士大夫应对这种社会秩序紊乱的方法就是"绝对重视礼的思维"，因为礼原本带有建立纲常秩序的本质特征。当时士大夫阶层这种绝对重视礼的思想，导致"礼治倾向"进一步强化，这一倾向最终通过服丧制等契机转变成礼讼。

17 世纪，朝鲜性理学作为统治理念已经长达两个半世纪，思想体系也已经发展得非常成熟，应用也日益熟练。以孔子的正名论为基础建立的儒家名分意识已经演变为非常成熟的思想。性理学者建立的礼学根本上就是在追求和实践正名的基础上加上"礼的义理名分"。熟知性理学的西人派和南人派展开的礼讼正是以这种名分思想为基础展开的论争。因此，礼讼可以视为当时性理学者最为重视的正名、义理名分思想在具体政策上的反映。

第二节　朝鲜后期性理学

一、湖洛论争

众所周知，中国的朱子学传入韩国后，经过本土化、民族化的发展，逐渐形成了韩国性理学。朝鲜前期，为了树立并巩固统治理念，学者们主要关注如何在现实中实现真正的善并建立一个理想社会，在此基础上产生了"四端七情论争"。而到了朝鲜后期，面对壬辰倭乱与丙子胡乱导致的萧条混乱以及明亡清兴的国际局势变化，围绕如何重振国家，是否要"北学"（即向清朝学习）的问题，思想界产生了"湖洛论争"。主张人物性同的学者主要居住在汉城（旧称汉阳）和京畿道近郊，故称为"洛论"或"洛学派"；而主张人物性异的学者则大多居住在远离汉城的忠清道近郊的湖西地区，故称为"湖论"或"湖学派"。此处需要注意的是，同论的代表人物巍岩虽然居住在湖西地区，但他的支持者则绝大多数在京畿地区，所以学界仍将巍岩归为洛学派。因为地域不是区分学派的绝对标准，区分学派的重要依据是其理论内容。

湖洛论争始于权尚夏（1641—1721）的门生，他们继承了畿湖学派（栗谷—沙溪—尤庵）的学统，主要的代表人物是巍岩李柬（1677—1727）和南塘韩元震（1682—1751）。关于论争的主题，南塘认为是"未发气质之性有无之辨也，人物五常之性同异之辨也"，[①] 可以概括为"未发论辨"和"人物性同异论辨"。巍岩提出未发时难言气质之性，认为圣人与凡人都同样禀赋了明德本体，提出了"圣凡心同论"，进而主张"人物性同论"；南塘则承认未发的气质之性，认为圣人与凡人本心不同，主张"圣凡心不同论"和"人物性异论"。可以看出，巍岩的核心主张在"同"，而南塘则是"异"。总体来看，湖洛论争的三大主题是未发心体纯善论争（简称"未发论争"）、圣凡心同异论争和人物性同异论争。其中，未发论争奠定了理气论基础，人物性同异论争则将湖洛论争发展到顶峰。湖洛论争的主题中影响最广的是人物性同异论。论争的焦点是人与禽兽草木（统称为物）的道德本性是同还是异。这是关于人与自然道德问题的争议，是人如何认识除己以外的他者的问题，内含着"主体"与"他者"这一深刻的哲学问题。

（一）人物性同异论争

1. 人物性同异论争的起因

人性与物性的同异一直是儒学中具有争议的问题。虽然先儒们围绕此问题有不少争论，但毫无例外的是，他们几乎都认可"天地之性人为贵"。到了宋明理学时期，由于天地间的一切事物都统一纳入了理气构建的宇宙论体系，则性的问题就归结为理气问题。

在理学者看来，性与理既相同，又相异。就性即理来看，性是理的收敛，这一点上性与理是相同的；但一个是理，一个是性，它们又是相互区分

---

① 《李公举上师门书辨》，《南塘集》卷28，《韩国文集丛刊》201，民族文化推进会1999年版，第191页。

的概念。二者的区分因理与气质的关系而产生。因为即使没有气质的前提，理也是可以成立的存在概念，但性是必须以气质为前提才能成立的概念。① 若不考虑气质而谈性，则可以确保性与理的同一性；而若考虑气质，则不能不说性与理的区别。朱子学者根据理与清浊粹驳之气关系的不同，将性细分为本然之性与气质之性。前者强调性与理之同，而后者则强调性与理之异。

关于万物性的同异问题，朱熹曾说过"论万物之一原，则理同而气异；观万物之异体，则气犹相近而理绝不同也"②，即从一原（理一）处来讲，万物性（理）同，而从异体（分殊）处来看，则万物性（理）相异。这就是理一分殊。其中，理一强调的是性的普遍性，即万物共同禀受了天赋之理；分殊则显示了性的特殊性，即万物由于所禀气的不同，性就不同。可见性同时具有普遍与特殊的双重性质，正是性概念的这一双重性为日后的论争埋下了伏笔。

朱熹的理气同异论非常复杂。他在早年倾向于"理同气异"，在《大学章句》和《中庸章句》中这种观点也没有改变。在注释《中庸》首章的"天命之谓性"时，他指出：

> 命犹令也，性即理也。天以阴阳五行，化生万物，气以成形，而理亦赋焉，犹命令也。于是人物之生，因各得其所赋之理，以为健顺五常之德，所谓性也。

朱熹认为，人与物都共同禀赋了上天所赋之理，即健顺五常之德，这就是性。这个性就是"性即理"的性，意味着本性。

然而到了《孟子集注》，在注释"生之谓性"部分时，朱熹却如下指出：

> 人物之生，莫不有是性，亦莫不有是气。然以气言之，则知觉运

---

① 《性理大全》卷 29，《性理一·人物之性》："性者物之所受。"《朱子语类》卷 94："此性字为禀于天者言，若太极只当说理。"《朱子言论同异考》卷 2："理赋于气中，然后方为性……不因气质则不名为性矣。"《栗谷全书》卷 10，《答成浩原》："盖理在气中然后为性，若不在形质之中，则当谓之理，不当谓之性也。"

② 《答黄康伯四》，《朱子文集》卷 46，景文社 1977 年版，第 82 页。

动，人与物若不异也；以理言之，则仁、义、礼、智之禀，岂物之所得而全哉？此人之性所以无不善，而为万物之灵也。

这分明是"气同理异"。即朱熹认为，从知觉运动来看，犬牛人以及其他存在都是相同的；但从上天所赋之理即本性来看，犬牛人则有差异。人禀赋了仁义礼智之全，故为万物之灵长；而物则不能，故人物性不能等同而论。

然而《孟子集注》中并非"气同理异"一贯始终。朱熹在注释"人之所以异于禽兽者几希"中又说："人物之生，同得天地之理以为性，同得天地之气以为形。其不同者，独人与其间得形气之正而能有以全其性，为少异耳。"这又是"理同气异"。

后来朱熹在答程正思的书信中又对"生之谓性"部分的注释改为："犬牛人之形气既具，而有知觉能运动者，生也。有生虽同，然形气既异，则其生而有得乎天之理亦异。盖在人则得其全而无有不善，在物则有所蔽而不得其全，是乃所谓性也，"[1] 这又是"气异理异"，理异在于理之偏全不同。

不仅如此，朱熹的其他论述中也有许多模糊不清的部分。后来面对诸多弟子的质疑，他有时认为"理不可以偏全论"，有时又认为"理可以偏全论"。晚年针对"理同气异"和"气同理异"，他的回答亦是模棱两可，"同中有异，异中有同"以及"性最难说，要说同亦得，要说异亦得"[2] 便是其例。[3]

由上可见，朱熹后来虽然意识到理气同异的问题点，但是并没有很好地加以梳理，以致产生了混乱。这也反映了朱子学说在一定程度上缺乏整合性。后来朱子学传入韩国后，学者们对此进行了细致的研究和发展，特别是对朱熹在逻辑上讲得不严密或不一致的问题进行了深度分析。[4]

---

① 《答程正思十六》，《朱子文集》卷 50，景文社 1977 年版，第 113 页。

② 《朱子语类》卷 4，中华书局 1986 年版，第 62 页。

③ 关于朱熹的理气同异问题具体可参照李存山《从性善论到泛性善论》，《国际版儒教文化研究》第 7 辑，韩国成均馆大学儒教文化研究所 2007 年版。

④ 最显著的成果便是由宋时烈着手、韩元震最终完成的《朱子言论同异考》。书中对朱子言论中相异、相反或者不一致的部分进行了详细考究，并附加了作者的观点。内容详见本书附录部分。

人物性同异论争便是对上述朱熹"理气同异"论的争辩和发展。以巍岩为首的洛论认为人与物的本性相同，其依据在于《中庸》首章的"天命之谓性"部分以及朱熹对此的注释；而以南塘为首的湖论则认为人与物的本性相异，其依据在于《孟子·告子上》中孟子的"然则犬之性，犹牛之性，牛之性，犹人之性与"以及朱熹对此的注释。更具体来说，这两派在《中庸》和《孟子》的理解以及宋代朱熹的注释基础上分别展开了自己的理论。

2. 巍岩的人物性同论：天命与五常的一致

同其他性理学者一样，巍岩的理气论是支撑其人物性同论的中轴。关于理，他指出："天地万物，同此一原也。尊以目之，谓之太极，而其称浑然。备以数之，谓之五常，而其条灿然，此即于穆不已之实体，人物所受之全德也。"[①] 可见他将理看作是形而上的一原实体，并且与太极、五常等同视之。这与朱子的"理同"、栗谷的"理通"一样，指的都是一原层次上的本然之性，这一点人与物都是相同的。

关于气，他认为有"正通偏塞之分"与"昏明强弱之殊"，是造成"人贵物贱"、"圣智凡愚"的主要原因。正是因为气的作用，天地万物才有"异体之理"与"气质之性"。由此可见，他在一原（或本体）的层面主张人物性同，在异体（或现象）的层面主张人物性异。

就理气的先后关系来讲，他认为是理先气后，先有理之实后有理之名。依此又进一步提出，先有五常之理，后有五行之气。此处可以看出巍岩首先注重一原的立场。

理一分殊是理解人物性同异论的一个重要概念。朱子的理一分殊到了朝鲜时代，被栗谷创造性地发展为"理通气局"。栗谷通过形体的有无来分开说明理通和气局，"理无形而气有形，故理通而气局"[②]。从形而上和形而下的哲学角度来考虑时，形体的存在与否可以讨论本体和现象的属性以及两者的关联性。虽然看似与朱子学中的"理一分殊"无大异，但栗谷却指出了二者的区别：

---

① 《五常辨》，《巍岩遗稿》卷12，《韩国文集丛刊》190，民族文化推进会1988年版，第121页。

② 《栗谷全书》卷10，成均馆大学大东文化研究院1992年版，第120页。

  论其大业，则理无形而气有形，故理通而气局。理通者，天地万物
同一理也，气局者，天地万物各一气也。所谓理一分殊者，理本一也，
而由气之不齐，故随所寓而各为一理，此所以分殊也，非理本不一也。[1]

栗谷在理通气局说中，用理通来说明内在于天地万物中的理虽然有气的流
行，但依然具有普遍的同一性；又用气局来解释个体所具有的气的特殊性。
同时他在末尾还概括了理一分殊说，暗含着自己的学说开创了一个新局面之
含义，即认为理一分殊说在本体和现象中仍旧维持着理的同一性，但没有
充分考虑到气对理的影响力，而自己的理通气局说则对气的影响作了补充
说明。

  巍岩十分赞同栗谷的理通气局说，认为其核心在于"理气不相离"。正
因为不相离，"无形而无本末无先后，理之通也；有形而有本末有先后，气
之局也"[2]。尽管如此，他所认为的理通是不与气局相掺杂的本体的独特
层面。

  盖栗谷之意，天地万物气局也，天地万物之理理通也。而所谓理
通者，非有以杂乎气局也。即气局而指其本体不杂乎气局而为言耳。[3]

在巍岩看来，理通虽然渗透在气局中，但依然具有不与气局相掺杂的本体的
特性。举例说，人的本性五常只是将五种常理细分化而已，仍然需要与理连
贯起来看。这种理论对气的局限性不作深刻考虑，认为所有存在都不受气的
局限，与理所通，这也是人物性同论的根据。

  既然"天命之谓性"，那么天所赋之命与物所受之性（五常）的关系如
何？巍岩认为，"夫赋之在天，受之在物。天与物，固二物也，性外无命，

① 《栗谷全书》卷 20，成均馆大学大东文化研究院 1992 年版，第 189 页。

② 《理通气局辨》，《巍岩遗稿》卷 12，《韩国文集丛刊》190，民族文化推进会 1988 年版，
第 121 页。

③ 《理通气局辨》，《巍岩遗稿》卷 12，《韩国文集丛刊》190，民族文化推进会 1988 年版，
第 121 页。

命外无性，赋与受，果二物欤"①，"天地人物，一性理而已，而惟天地大而始终人物，此命字之所由设于性理之外。而其实命是分付之言，而性理是分付之实物，初非实物外，分付又为一物也，则分付是实物，而实物是分付，事实不难明矣"②。其核心主张在于，性命一实，性外无命，命外物性。既然如此，则天命、太极、五常就是一物。

> 天命五常太极本然，名目虽多，不过此理之随指异名，而初非有彼此本末偏全大小之异也。约以言之，命之与性均是浑然，详以目之，四德五常同一粲然。而语气真至而谓之太极，明其根柢而谓之本然，非本然太极之外，有五常天命，而性命之间，又有同异也。元在一处，故无彼此本末，元只一物，故无偏全大小也，而亦初非牵联比属，而谓之一原也，只一物故谓之一原也。③

巍岩认为，天命、五常、太极与本然之性不过是因理的所指不同而有名称的差异而已，即它们是没有彼此、本末、偏全和大小的同一存在的异名。他的这一主张是从根源处而论的，说的是超形气，即没有考虑气即阴阳五行形成形气的方面。本然之性不受分殊处气质的偏全制约而存在，这就打开了人与物共同禀赋了本然之性而自在的局面。就此他指出："以一原言则天命五常俱可超形气，而人与物无偏全之殊，是所谓本然之性也。"④ 可见，巍岩学说中人物性同的性指的是人物同五常、同天命、同太极的本然之性。⑤

---

① 《答韩德昭别纸》，《巍岩遗稿》卷 7，《韩国文集丛刊》190，民族文化推进会 1988 年版，第 92 页。

② 《上遂庵先生别纸》，《巍岩遗稿》卷 5，《韩国文集丛刊》190，民族文化推进会 1988 年版，第 82 页。

③ 《上遂庵先生别纸》，《巍岩遗稿》卷 4，《韩国文集丛刊》190，民族文化推进会 1988 年版，第 73 页。

④ 《答韩德昭别纸》，《巍岩遗稿》卷 7，《韩国文集丛刊》190，民族文化推进会 1988 年版，第 87 页。

⑤ 关于此点，南塘批判指出，"巍岩之见，过主乎一原，故因太极之为一原，而遂以五常亦为一原"（《与蔡君范》，《南塘集》卷 40，《韩国文集丛刊》201，民族文化推进会 1999 年版，第 180 页）

尽管巍岩主张人物性同，但他并没有忽视气的层面上人物性的不同。他指出，人与物虽然共同具有五常的本然之性，但从异体的气质看，人与物、人与人之间都有差异。

> 以气质言之，则得气之正且通者为人，而偏且塞者为物。而正通之中，又有清浊粹驳之分焉。偏塞之中，又有或通全塞之异焉，则是人物异体之有万不齐者然矣。是故论其气质，则非惟犬之性非牛之性也，跖之性非舜之性矣。[①]

即气质的正通偏塞是导致人物性差异的主要原因。巍岩认为这种气质（形气）层面上的性是气质之性。

既然人与物都具有五常之德，那么现实中物为何不能同人一般实践道德行为呢？巍岩指出："同是五常，而正且通，故能发用；偏且塞，故不能发用。"[②] 人与物虽共同具有普遍的本性，但在本性的发用（具现）方面却具有先天的区别。这也正显示了人的高贵性。

可见，巍岩认为，从一原看，人与物共同具有五常的本然之性；但从异体看，人禀赋了正通之气，故五常是完整的；而物则禀赋了偏塞之气，故导致五常不全。此时的性是气质之性。这种气质之性导致了人与物的差异，使得人成为最贵的存在。他的这一主张可概括为"理（性）同气异"。

3.南塘的人物性异论：因气质的五常不同

在理气论上，南塘吸收了朱熹的观点，认为理气的关系为"不离不杂"，"不离也，故随处可以兼言之；不杂也，故随处可以分言之"[③]，提出了"兼言"与"分言"的方法论，他也将此称为"合看"与"分（离）看"。但南塘一再强调，这只是人看待理气的方法有异，并非理气有离合。这种方法论是其性三层说产生的依据。

---

① 《未发咏》，《巍岩遗稿》卷7，《韩国文集丛刊》190，民族文化推进会1988年版，第89页。

② 《上遂庵先生别纸》，《巍岩遗稿》卷4，《韩国文集丛刊》190，民族文化推进会1988年版，第73页。

③ 《书》，《南塘集》卷11，《韩国文集丛刊》201，民族文化推进会1999年版，第92页。

南塘首先对朱熹的理气论作了整理和分类。首先，关于理气的先后问题，他认为朱熹所说的"理气本无先后"、"理先气后"、"气先理后"分别是从流行、本原和禀赋上说的，虽然所指不同，但三者都可以在流行上会通为一。[①] 需要注意的是，尽管本原上理是气生成的依据，但他认为，现实中理之得名，则是"因气而立"，"故阴阳固因太极而生，而健顺之名，必因阴阳而立……而五常之名，必因五行而立"，并由此推导出了"因气质"的性。

其次，关于理气同异问题，虽然朱熹的提法很多，但基本观点是由万物的一原或异体来决定。南塘吸收了这种观点，认为理同气异是"推本而言"，气异理异是"沿流而言"，[②] 这种逻辑结构将终极的实体存在与现象的个体存在用理气关系贯穿起来，形成了性理学的形而上学体系。

关于理一分殊，南塘认为理一是太极之浑然全体，分殊是"理一乘气流行，不齐万端者"[③]。因此，"理一专以理言，分殊当兼理气言"[④]。既然根源上理为一，那么其为分殊的原因为何？这就是南塘所说的"因气"。理随所乘气的万端不齐而有万殊之变化。换言之，理不能自己成为分殊，必须借助气的力量。离看与合看也可以适用于此处，南塘指出，"要见分殊，当就不离上，合而看之；要见理一，当即不杂处，分而看之"[⑤]，可见分殊体现了理气的不离，故应合看；而理一体现了理气的不杂，故应分（离）看。

就理通气局来讲，南塘认为，栗谷的气局不仅包括万物形体不同的气局，还应该包括因性不同的气局，即气局中必须同时包括气局之理（即性）。由于南塘认为性是因气质之理，故性不是理通，而是气局。由此我们也可以推导出，南塘将栗谷的理通气局发展成了"理通性局"，这其中渗透着他区别使用性与理的立场。这与巍岩所认为的万物性为理通而形体为气局的"理通形局"是不同的。

---

① 《理气》，《朱子言论同异考》卷1，成均馆大学1962年尊经阁影印本，第28页。

② 《理气》，《朱子言论同异考》卷1，成均馆大学1962年尊经阁影印本，第35页。

③ 《杂著·理一分殊说》，《南塘集》卷30，《韩国文集丛刊》201，民族文化推进会1999年版，第209页。

④ 《理气》，《朱子言论同异考》卷1，成均馆大学1962年尊经阁影印本，第32页。

⑤ 《杂著·罗整庵困知记辨》，《南塘集》卷27，《韩国文集丛刊》201，民族文化推进会1999年版，第194页。

正是在以上理气论的基础上，南塘提出了自己独特的"性三层说"：

> 元震窃疑以为性有三层之异，有人与物皆同之性，有人与物不同
> 而人则皆同之性，有人人皆不同之性。①

他一再强调，性其实为一，只是随看法不同而有三层罢了。性三层说的理论依据在于理，理本为一，但有超形气而言的太极，有因气质的健顺五常，有杂气质的善恶之性。②如此，性就随之有人物皆同的超形气之性，人物异而人人同的因气质之性，人人异、物物异的杂气质之性。南塘明确指出，前二层属于本然之性，而后一层是气质之性。

以往性理学几乎使用的都是二分法的思维（如事实与价值、理一与分殊、本然与气质等），而南塘这种三分法的思维是很少见的。特别是他的"因气质之性"，遭到了许多批判。为此，南塘指出，自己的理论依据在于朱熹的"凡言性者，因气质而言之"以及栗谷的"理在气中然后为性，若不在气中，则当谓之理，不当谓之性"③，而不是凭空而造。

南塘因气质的本然之性是将有善恶的气质和理设定为不杂的关系后形成的，这是万物因五行的差异而产生的五常的差异，"人则禀气皆全，故其性亦皆全，物则禀气不能全，故其性亦不能全，此人与物不同，而人则皆同之性也"④。他认为这种因气质的本然之性与周濂溪所说的"各一其性"、孟子所说的"犬牛人之性"以及朱子所说的"偏全之理"意义相同，此性"本善之体自若"⑤。既然这样，那么南塘主张人物性异的争论点就不在于本然之性是善还是不善，而在于本然之性是偏还是全。得正通之气而生的人禀气皆全，尽得五行之秀，五常之德全且粹；而得偏塞之气而生的物则禀气不全，

---

① 《上师门》，《南塘集》卷 7，《韩国文集丛刊》201，民族文化推进会 1999 年版，第 70 页。
② 参见《拟答李公举》，《南塘集》卷 11，《韩国文集丛刊》201，民族文化推进会 1999 年版，第 92 页。
③ 《拟答李公举》，《南塘集》卷 11，《韩国文集丛刊》201，民族文化推进会 1999 年版，第 95 页。
④ 《上师门》，《南塘集》卷 7，《韩国文集丛刊》201，民族文化推进会 1999 年版，第 70 页。
⑤ 《理气性情图说》，《经义记闻录》卷 6，保景文化社 1976 年版，第 81 页。

仅得五行之一段秀气（或得一气之秀而不能尽得其秀），五常之德粗且偏。[①]
举例说，人全部禀赋了五行中的秀气，从而具备仁义礼智之德的全体，而虎
狼则只禀赋了木气中的秀气和粗粗的仁之德，蜂蚁只禀赋了金气中的秀气和
粗粗的义之德。[②] 南塘主张人物性异的性，就是因气质的本然之性。

由于因气质之性是考虑到气质偏全的气局之理，故不能说这是在人物
性同的一原上所禀赋的性。因为要想确保一原上人物性同的地位，必须不受
形气所缚才会可能，而因气质之性是受气质影响的人物不同的性。

南塘用超形气之性来说明一原上人物性的同。超形气之性指的是"不
囿于形气"[③] 的性。据此，南塘展开了他的"天命全体，无物不赋"[④] 之理论。
但仔细考究会发现，超形气之性只是从逻辑上没有考虑形气的存在，仅仅说
说而已（不犯形气），并非无视其存在。超形气之性在任何情况下指的都是
气质中的理，而不是气质外的理。不考虑气质，而单指气质中的理，这就是
超形气之性。[⑤] 在理论结构上，南塘超形气的本然之性和因气质的本然之性
虽然因人物性同异、偏全、一原和特殊而有区别，但具有同中异、异中同的
特征，起着互相补充的作用。[⑥] 南塘依据超形气来说明本然的人物性的相同

---

① 参见《南塘集》卷 7，《上师门》："五行之气缺一，则不得生物，故人物之生，虽皆受五
行之气，物之所受，极其偏驳，故其理亦极偏驳，岂可以此而与论于仁义礼智之粹然者
哉？"（《韩国文集丛刊》201，民族文化推进会 1999 年版，第 75 页）

② 《南塘集》卷 8，《论性同异辨》："虎狼之仁，蜂蚁之义之类，是于五行中，亦得其一段秀
气，故其理为仁为义，而终不能全也。"《南塘集》卷 9，《与李公举别纸》："天地生物，
莫不与之以元亨利贞之理，人则受之以正通之气，故所得之理，皆全且粹为仁义礼智之
性。物则受之以偏塞之气，故所得之理，亦偏且粗，而不得为仁义礼智之性，此理甚明，
又何疑乎？"（《韩国文集丛刊》201，民族文化推进会 1999 年版，第 82 页）

③ 《与崔成仲别纸》，《南塘集》卷 8，《韩国文集丛刊》201，民族文化推进会 1999 年版，第
98 页。

④ 《与崔成仲别纸》，《南塘集》卷 8，《韩国文集丛刊》201，民族文化推进会 1999 年版，第
98 页。

⑤ 《经义记闻录》卷 3，《太极图》2："然理在气中者，有专以不杂言者……有言万物皆同之
性者，是则不犯形气，单指其理而言也，所谓专以不杂言者也。"（保景文化社 1976 年版，
第 46 页）

⑥ 参见洪正根：《朝鲜学者韩元震的性三层说以及任圣周对此的见解》，《齐鲁文化研究》
2007 年第 6 辑。

的层面，依据因气质来说明本然的人物性的相异的方面。需要注意的是，在与巍岩所展开的人物性论争中，争论的焦点不是超形气之性，而是因气质之性。换言之，因气质之性才是"实事的本然之性"[1]，超形气之性从严格意义上来讲只能是理，而非性，这也体现了南塘性与理区别而言的意图。

如果说超形气之性属于一原，因气质之性属于分殊，则杂气质之性就属于"分殊之分殊"，指的是考虑到人人、犬犬、牛牛气质差异的纯粹的气质之性。南塘考虑到内在于各个气质中的刚柔善恶的具体差异，以此来论杂气质的气质之性。[2] 他还认为若在因气质之性上掺入气质的话，杂气质之性就会成立，[3] 就理论结构上来说，杂气质之性是在因气质之性的基础上成立的，是为了解释在超形气和因气质的阶段不能说明的人人、物物的具体差异而设立的。

结合以上朱熹的理气同异论，我们可以用南塘的性三层说做一下梳理。超形气之性主要是从理气不杂的层面上单指理而言（离看），由于没有从逻辑上考虑气的存在，则不论气同异与否，理永远都是同的，它体现的是万物一原上性的普遍性。因气质之性既考虑到理气不杂，又考虑到理气不离，在此基础上采用"各看"的方法，则就同种的人与人来看，则气同、理同、性同；就不同种的人与物来看，则气异、理异、性异。因此，因气质之性既体现了同种事物之间性的普遍性，又体现了异种事物之间性的特殊性。杂气质之性则是考虑到万物气质差异的纯粹的气质之性，体现了万物的特殊性。在

---

[1]　洪正根认为，在人物性同异论争中，由于巍岩只讲一个本然之性，而南塘则言两个本然之性，因此这势必会带来混乱。由于超形气阶段的本然之性只是停留在太极阶段的超形气之性，因此将因气质的本然之性规定为"实事的本然之性"，而且两人的争论点也在于因气质之性。（参见洪正根：《任圣周对湖洛论争的批判性扬弃研究》，成均馆大学博士学位论文，2002 年，第 15 页）

[2]　《南塘集》卷 7："以理杂气而言之，则刚柔善恶有万不齐，此人人皆不同之性也。"（《韩国文集丛刊》201，民族文化推进会 1999 年版，第 75 页）；《经义记闻录》卷 6："兼指理气，则气有善恶，理亦有善恶，故据气称之曰善恶之性，夫子所谓性相近，周子所谓刚柔善恶中，程张所谓气质之性，是也。"（保景文化社 1976 年版，第 83 页）

[3]　《经义记闻录》卷 3，《太极图》14："各指其气之理，故有五常名目不同，亦不杂乎其气而言，故为纯善无恶之性……至于气质善恶之性，则以此性，滚杂气质而言者也。"（保景文化社 1976 年版，第 46 页）

此阶段兼指理气而言，则人人物物均不同，这种不同全是因气而生，故气异、理异、性异。如此一来，理气同异说便很明确了。

4.二者的比较及差异

由以上分析可知，巍岩几乎沿用了朱子学的理论，而南塘既沿用了朱子学理论，又提出了自己独创的"性三层说"，开创了三分法思维的先河。二者之间产生争论的根本原因在于，巍岩采用了二分法，而南塘则采用了三分法。思维方法的不一致致使他们无法接受对方的观点。性三层说中，关于杂气质之性，二者没有异议，因为他们都认同其为气质之性。争议在于超形气之性和因气质之性。

巍岩认为，超形气之性与自己所说的一原，即天命、太极、五常、本然是相同的。他接受南塘所使用的"超形气"三字，但坚决反对南塘将天命归属于"超形气"而将五常归属于"因气质"，从而区分天命与五常的做法。如此一来，天命就变成空虚、没有实体的存在了，就是"悬空说理"。而且将南塘的因气质和杂气质都归结为气质之性，尤其是对于南塘视因气质之性为本然的观点，巍岩更认为是犯了"认气为理"的错误。如此用二分法的思维来看性三层说，则只会走向分歧。

以此思维方法为基础，再来分析一下二者在论争中所使用的术语差异，对比如下：

其一，性概念的不同。性理学中的性指的是人物内在的本原之理。但从人物的构成来看，性又是"气中之理"。因此论性时，既可以将焦点置于本原之理，又可以置于个别的特性。巍岩着眼于前者，南塘则侧重于后者，故分歧不可避免。巍岩主张天命、太极、五常、本然只是名目上的区别而已，实为一原之理。而南塘虽不否定性即理，但同时又认为在使用中应该区别开来，"性理并举而言，则理同而性异，不可不辨"①。对应于其性三层说，则理（天命）为超形气，体现了万物的普遍性。而性（五常）为因气质，体现了万物的个别性与特殊性。故二者不是名目的差异，而是层次的不同。

---

① 《答李公举》，《南塘集》卷10，《韩国文集丛刊》201，民族文化推进会1999年版，第87页。

　　其二，五常的差异。虽然二人在定义本然之性时均使用了"五常"，形式看似一致，实质则相差甚远。巍岩认为人与物从一原上禀赋了相同的五常，这个五常便是超形气阶段的本然之性，也是天命。从异体来看，人与物的五常因气质偏全而有差异。虽然即异体也可言五常，但巍岩强调的是一原不杂乎异体，他在论争中更重视一原处的五常。而南塘的五常则是异体层次上因气质的本然之性，一原则是超形气的天命。而且用理一分殊与理通气局来看，巍岩的五常属于理一、理通，而南塘的五常则属于分殊、气局。

　　其三，因气质之性的看法不同。巍岩认为人物性在一原处相同，在异体处相异，异体处的异是由于气质不同而导致的。因气质之性就等同于异体上的气质之性。而南塘则认为，性皆是因气质而名，虽然如此，但实则指气中所赋之理。虽性在气中，但不害理之为本然，故为本然之性。

　　其四，单指与兼指的不同。单指与兼指是看待理气的方法，单指是专言理，兼指则是兼言气。对巍岩和南塘来讲，虽然都使用此术语，但其内容不同。巍岩认为，属于单指的范畴有一原、本然、理通、形而上等，而属于兼指的范畴有异体、气质、气局、形而下等。这其中渗透着他的二分法思维。对照其性论来讲，单指为超形气的本然之性，此时人物性同；而兼指为因气质的气质之性，此时人物性异。而南塘则认为性与理气的看法除了有单指、兼指外，还应有各指。这可以充分联想到其性三层说。南塘认为，单指为超形气的本然之性，各指为因气质的本然之性，兼指为杂气质的气质之性。

　　其五，经典理解的差异。首先来看一下被南塘视为典据的《孟子》"生之谓性"。南塘通过朱熹的注释认为，此处犬牛人不同的性是因气质的本然之性。人禀赋了五常的全德，物则不能，故不能与人同等而论，主张人物性异。而巍岩则认为犬牛人不同的性是因气质的不同而导致的，实属气质之性。人物虽然本然之性同，但人禀赋了正通之形气，物禀赋了偏塞之形气，故产生了气质的差异。

　　再来看巍岩之典据《中庸》首章的"天命之谓性"。性即理，天命之性即为万物所受之命，二者为同一存在，没有本末、偏全、大小之别，故巍岩主张万物性普遍相同。而南塘则认为，从天命所赋为万物之性来看，性与理固然是同一个存在，然而在天为命，在物为性，二者有界分之别。而且性因气质而名，由于构成万物形体的气不同，故性相异。换言之，虽然同为天命，但一旦降临到物，就化为千差万别的性。故天命为一原，而性不能为一原。由此指出"天命之谓性"并不能作为人物性同论的依据。

以上比较分析了巍岩与南塘人物性论的不同。从中可知，巍岩比较接近朱熹的学说，而南塘则对此作了新的诠释和发展。二者之间观点的对立不是单纯的逻辑论争，而是蕴含着儒学的基本立场，即对人性本善的深刻省察。二者对性的争论是围绕本然之性展开的。本然之性是纯善无恶之性，也是性善之性。他们之间的论争之所以激烈，是因为若对本然之性的规定不同，则性善也就随之不同。对性善的规定是决定学问为正学还是异端的重要因素。① 在朱子学一尊的朝鲜时代，他们的论争无疑从侧面反映了当时社会的思想面貌。

尽管二人围绕本然之性产生了尖锐的冲突，但可以确定的一点是，他们都毫无例外的承认物这一自然存在也是具有道德性的，这对解决当今社会蔓延的生态危机具有很好的启示意义。

（二）未发论争

1. 从朱熹的未发论谈起

如我们所知，未发与已发问题最初见于《中庸》的"喜怒哀乐之未发，谓之中。发而皆中节，谓之和。中也者，天下之大本也。和也者，天下之达道也"。此处将心的作用按照现实中的发显与否依次定义为"和"与"中"。即心感于外部事物之前的本然之面貌是未发的状态，即"中"；思考的作用已经开始，并能根据情况进行适当调节，从而达到不偏不倚，这是已发的状态，即"和"。因此，未发与已发的问题可以通过中和论来考察。这种中和的思维是儒学中研究心论的原型，是制约儒学思想体系以及引导其方向的先验性思维。作为人性论的核心，中和论也是阐明中国儒学乃至韩国儒学本质的原点。②

---

① 参见洪正根：《〈中庸〉与〈孟子〉的性概念冲突》，《齐鲁文化研究》2008 年第 7 辑。
② 参见崔英辰：《中和思想的哲学探究》，成均馆大学硕士学位论文，1977 年，第 68 页。

朱熹对中和论的认识经过了多次变化，由最初的不理解引发排斥，再到逐渐接受，后来在各种学说间彷徨，最后再到自己定论。① 他的认识变化我们通过"中和旧说"以及"中和新说"可以很明显地看出来。

在中和旧说中，朱熹认为，只要人生存着，心的作用就从不停止，故心在任何时候都处于已发状态。既然心任何时候都是已发，那么未发指的就是心体，即性。性才是寂然不动的未发。② 这可以概括为"心为已发，性为未发"。他认为，所谓的"未发"作为"浑然全体"，它是"应物"而"寂然之本体"③。换言之，未发是内在的心体，而已发是外在的作用，性体心用。未发只有通过已发才能显现，并不是通过某物、某个时间或场所就可以规定的，即性体只有通过心体的作用才能显现，这就是"即用见体"。

几年后，他又认为"于心性之实未始有差，而未发已发命名不当"④，"未发已发字顿放得未甚稳当"⑤，并指出中和旧说的错误在于将一切心的作用（心体之流行）都看作已发。而这与《中庸》的原意相差甚远。他在总结了程颐的各种观点后认为，心并不总是已发，也存在未发。换言之，心体的流行存在两种状态，即思虑未萌时的未发和思虑已萌时的已发。在他看来，思虑未萌是心体流行的寂然不动的阶段或状态，思虑已萌是心体流行的感而遂通的阶段或状态。未发和已发是心理活动的不同阶段或状态。未发为心之体，即性；而已发为心之用，即情。所以心就具有统摄未发之性与已发之情的两面性，这就是"心统性情"⑥。

可见，未发具有两种含义：一种是它是置于已发基础之上的，具有时间上的先在性；另一种是它作为性的具现体，是一切善的根源。因为未发既是在已发之前，又是大本、中。朝鲜后期代表儒者南塘韩元震（1682—1751）和巍岩李柬（1677—1727）二人各自以朱熹的未发论为依据，围绕未发问题

---

①　参见李天承：《湖洛论辨中未发的意义》，《韩国哲学论集》1998 年第 5 辑。

②　参见陈来：《宋明理学》，华东师范大学出版社 2004 年版，第 133 页。

③　《与张敬夫》，《晦庵集》卷 32，成均馆大学 1978 年尊经阁影印本，第 97 页。

④　《已发未发说》，《朱子文集》卷 67，景文社 1977 年版，第 132 页。

⑤　《答林泽之六》，《朱子文集》卷 43，景文社 1977 年版，第 80 页。

⑥　陈来：《朱子哲学研究》，华东师范大学出版社 2000 年版，第 175 页。

产生了激烈的论争，在朝鲜儒学史上影响深远。其中，巍岩认为未发心体纯善，而南塘则认为有善恶，二人对朱熹的理论有各自的理解和阐释。本书将以二人的未发论为重点来探讨他们各自的主张并归纳出二者理论的差异。

2. 巍岩的未发论

巍岩首先把朱熹对未发的说明划分为三个层次："浅言"、"深言"与"备言"。"浅言"指的是心没有应接事物的状态，此时凡人的气质是昏浊的，巍岩将其称为"不中底未发"[①]；"深言"指的是追寻源头而求其本质的状态，此时圣凡人是相同的，故"未发之时，至虚至静，所谓鉴空衡平之体，虽鬼神有不得窥其际者"[②]，巍岩将其称为"大本底未发"[③]；"备言"指的是统合心的存失、浅深而言的。[④] 巍岩在《未发辨》中指出"然未发二字，煞自有浅深界分"，强调要严格区分。若只是从"浅言"阶段认为未发是"思虑未萌，事物未至"，则这只是"不中底未发"。只有"深言"指的才是真正意义上的未发，即"大本底未发"。那么，他所理解的未发的概念究竟为何呢？

> 求于未发之旨，则无论圣凡，必此心全体，寂然不动，方寸之间，如水之止，如镜之明，则夫所谓清浊粹驳之有万不齐者，至是一齐于纯清至粹（此气之本然也）。而其不偏不倚四亭八当之体，亦于是乎立。则所谓天下之大本也。[⑤]

---

① 《巍岩遗稿》卷12，《未发辨》："据其不接事物故粗谓之未发，不属情用，故亦谓之性。而实则其性粗，在辈不得，故君子有不性焉。自孔子相近之性以下，至退栗性亦有善恶者，皆指此也。故朱子曰：'恶者，固为非正；而善者，亦未必中也。'此不中底未发，自是一界分也。"（《韩国文集丛刊》190，民族文化推进会1988年版，第105页）

② 《未发辨》，《巍岩遗稿》卷12，《韩国文集丛刊》190，民族文化推进会1988年版，第105页。

③ 《巍岩遗稿》卷12，《未发辨》："朱子曰，以此心而应万物之变，无往而非中矣。此大本底未发，真个是筑底处也。"（《韩国文集丛刊》190，民族文化推进会1988年版，第107页）

④ 《巍岩遗稿》卷12，《未发辨》："此心存，则寂然时皆未发之中。感通时，皆中节之和。心有不存，则寂然木石而已，大本有所不立也。感通驰骛而已，达道有所不行也。"（《韩国文集丛刊》190，民族文化推进会1988年版，第109页）

⑤ 《答韩德绍别纸》，《巍岩遗稿》卷7，《韩国文集丛刊》190，民族文化推进会1988年版，第97页。

所谓真正的"未发"就如同明镜止水般，是心的寂然之状态，这种状态纯清至粹，是为"天下之大本"。这是对明德本体的"深言"，是"大本底未发"。即未发不单指的是事物未接的状态（不中底未发），同时也具有是心的"湛然虚明"之本体（大本底未发）的意义。在谈论未发时，这两种状态即不中底未发与大本底未发必须都考虑到才算周全，这就是"备言"。如果说"不中底未发"指的是接触外部事物以前的感情的未分化状态，属于物理性（时间性）的层次，而"大本底未发"指的就是本质层次上的未发。①

以这种未发论为基础，他进一步将心区分如下：

> 夫气一也，而语其粗则血气也，语其精则神明也。统精粗而谓之气，而所谓心则非血气也。统粗精而谓之气，而所谓心则非血气也，乃神明也。心体也至精，而气质也至粗，心体也至大，而气质也至小。（中略）若如此都无辨别而混谓之一物，则安得为识心之论也？②

他将心区分为神明至精的心体与至粗的血气之心。而作为心体的心是他未发论的重点。前者是本然之心，而后者是气质之心。巍岩还据此提出了"未发心体纯善论"。心虽然为一，但未发时"虚灵洞彻"和"神明不测"的心体起主宰作用，所以只能是纯善的，没有恶的可能性。这也是"大本底未发"时的心。这种本然的心体在圣凡人身上体现出来也是相同的。他指出：

> 未发之体，小子谨就大学明德而言之，夫气禀所拘之明德，则其昏明有万不齐矣。其所谓本体之明德，则圣凡当是无别矣。③

可见，他在论未发的过程中始终认为心体的纯善与圣凡人所具有的明德之心

---

① 崔英辰：《韩国儒学思想研究》，邢丽菊译，东方出版社 2008 年版，第 249—250 页。

② 《未发辨后说》，《巍岩遗稿》卷 13，《韩国文集丛刊》190，民族文化推进会 1988 年版，第 162 页。

③ 《上遂庵先生》，《巍岩遗稿》卷 4，《韩国文集丛刊》190，民族文化推进会 1988 年版，第 72 页。

体是没有区别的。这一观点是以朱熹的"未发之时，自尧舜至于途人，一也"以及栗谷的"众人幸于一瞬之间，有未发之时，则即此全体湛然，与圣人不异矣"为依据的。

上述他将心区分为本然之心与气质之心的依据在于本然之性与气质之性的区分。不仅如此，他还进一步将本然之心对应于本然之性，气质之心对应于气质之性。① 巍岩借用朱熹之言指出，本然之心就是虚灵不昧之明德，气质之心就是受气禀所拘之明德。同是一明德，因受气禀之拘与否而区分为两种不同的心。就善恶来讲，气质之心是在未发状态下也有的刚柔善恶之心，而本然之心是"虚灵洞澈，神妙万物，操存舍亡，元无不善之心体者"②。气质之心的未发是浅层的未发，是不中底未发；而本然之心的未发是深层的未发，是大本底未发。③ 而且，他还从修养论的角度如下解释本然之心与气质之心。

> 故天君主宰，则血气退厅，而方寸虚明。此即本然之心，而其理即本然之性也。天君不宰，则血气用事，而昏明不齐，此即气质之心，而其理即气质之性也。④

本然之心是"天君主宰，血气退厅，方寸虚明"之状态，等同于"虚灵不昧，以具众理应万事者（明德）"。气质之心是"天君不宰，血气用事，昏明不齐"之状态，等同于"为气禀所拘者"。从"所得乎天"来看，本然之心是先天性的存在，而它同时又是血气受天君统治的产物，这就证明了其后天

---

① 《巍岩遗稿》卷13，《未发辨后说》："故天君主宰，则血气退厅，而方寸虚名。此即本然之心，而其理即本然之性也。天君不宰，则血气用事，而昏明不齐，此即气质之心，而其理即气质之性也。"（《韩国文集丛刊》190，民族文化推进会1988年版，第162页）

② 《巍岩遗稿》卷13，《未发辨后说》："然则德昭所认之心，不过是气质之善恶，而夫所谓虚灵洞澈，神妙万物，操存舍亡，元无不善之心体者，则不啻隔重关复岭矣。"（《韩国文集丛刊》190，民族文化推进会1988年版，第165页）

③ 崔英辰：《韩国儒学思想研究》，邢丽菊译，东方出版社2008年版，第256页。

④ 《未发辨后说》，《巍岩遗稿》卷13，《韩国文集丛刊》190，民族文化推进会1988年版，第163页。

性。这一理论是基于儒家思想通过后天修养来回归原始状态的基础之上。①
所以人应该通过"戒惧慎独"的修养工夫来驱除浊驳的血气之影响，恢复湛
然纯一的本然之气，从而使本然之心成为一身的主体性、主宰性存在，实现
心性一致。

"理气同实，心性一致"是巍岩的独创理论。原文如下：

> 噫！未发是何等精义，何等境界！此实理气之大原，心性之筑底处，
> 而谓之大原筑底处者，无他，正以其理气同实，心性一致而言也。圣人
> 则合下以理为心，故心即性，性即心，体即中，用即和，无容可议矣。②

他理解的未发是理与气、心与性的根源处，这就是理气共存、心性一致的地
方。当然，此时的心是本然之心，是与本然之性相一致的心。而且从"圣人
则合下以理为心"也可以看出，巍岩试图阐明的是心与性在价值论上的一致
性。尧舜般的圣人之心能够实现善的本性而成为实质上的圣人，是因为他们
的纯善之心与纯善之性是一致的。心的道德性价值取决于不受气的影响的理
究竟能够发显多少的问题。③ 即，巍岩通过心性一致来试图将心牵引到本然
纯善的层次上，并从性的角度来考虑。形而上之性在现实中的实现需要形而
下之气的媒介作用，而形而下之气同样需要形而上之性来确保其善性。他的
这一心性论观点是以理气不离和理气同实的理气论为基础展开的。

巍岩的"理气同实"具有两层含义：一是从理气不离的角度来主张心性
一致；二是重视理气的相互依存性。巍岩曾说过，"所谓实事，则必待夫理
气同实，心性一致，然后方可谓实事。"④ 理与气必须在实质上相同，心与性

---

① 崔英辰：《从"心是气"到"心性一致"》，《18世纪韩国儒学思想国际学术会议论文集》，
2007年，第78页。

② 《未发辨后说》，《巍岩遗稿》卷13，《韩国文集丛刊》190，民族文化推进会1988年版，
第162页。

③ 郑渊友：《巍岩李柬的性理学说研究》，成均馆大学硕士学位论文，2007年12月，第
60—65页。

④ 《未发有善恶辨》，《巍岩遗稿》卷12，《韩国文集丛刊》190，民族文化推进会1988年版，
第147页。

一致，这才是实在的事情。具体而言，"理气同实"是"气之正通，理亦正通；气之偏塞，理亦偏塞"，"心性一致"是"本心存，则天理明；本心亡，则天理灭"。关于理气的相互依存性，朱熹曾指出，"理非别为一物，即存乎是气之中。无是气，则是理亦无挂搭处"，"如阴阳五行错综不失条绪，便是理。若气不结聚时，理亦无所附著"①。理无为至通，因无形而无法在现实中实现，于是就需要有气这一现实性的载体。巍岩继承了这一观点，认为如同理在现实中存在必须要有气的存在般，性为了在现实中具现，也需要心。"所谓理气，以心性而言也。心之不正而性能独中者，天下有是乎？性故本善，虽则不本于心，而其善之存亡，实孙于心之善否。"②即，巍岩不能接受脱离心的性善。只有心性一致，则善才得以在现实中存在。他在心的方面不仅仅强调气的本然性，而且通过本然之心而使得本然之性的纯善性得以现实存在，同时也能发现未发的真正含义。可见，巍岩通过本然之性和本然之心的一致来努力确保善的现实性，并阐明不受气质约束的纯粹的善在现实中存在的可能性。

但是，巍岩的心性一致论被南塘及其他异论派学者批判为类同于阳明学的"心即理"，而有违于正统朱子学的"性即理"。应如何来理解这一理论性冲突呢？在朱子学中，"性即理"的"性"是本然之性，也就是"天命之谓性"的性。而在阳明学中，"心即理"的"心"是本来的心，即良知。因此，"心即理"指的就是"良知即天理"。此处，若将朱熹的心看作是知觉主体的意义，则阳明的心则具有道德主体的含义。而另一方面，巍岩所主张的"心性一致"是将本然之性的性与本然之心的心一致化，即赋予了心本然的含义。这与朱熹在"性是心之理，情是心之用"中强调心的本然的层面是一脉相承的。我们可以将巍岩"心性一致"中的"心"看作是强调心的本然性，而阳明的"心即理"不仅将心所具有的理的方面视为其本质，更将其等同于天理。巍岩虽然承认并强调心的本然性，但并没有将此心直接看作天理。也可以这样认为，巍岩的"心性一致"是朱子学向阳明学发展的一个逻辑过程，它在哲学性和思想性上起着连接朱子学和阳明学的作用，也体现了朝鲜

---

① 《朱子语类》卷1，中华书局1986年版，第35页。

② 《未发辨》，《巍岩遗稿》卷12，《韩国文集丛刊》190，民族文化推进会1988年版，第146页。

中后期朱子学的"心学式"发展趋向,这在思想史上具有非常重要的意义。

然而,巍岩的未发论被南塘批判为是"二心二性论"。对此巍岩回应说,实际上并不是二心,而是根据气禀的拘与不拘而有心存与心不存之区别而已。即,大本底未发与不中底未发、本然之心与气质之心、本然之性与气质之性并不是独立存在的概念,而是根据气禀的影响而有的逻辑性区分而已。但他的这一主张并不为南塘所接受。南塘认为巍岩的未发论违背了人只有一心一性的朱子性理学之大前提。

3. 南塘的未发论

首先值得注意的是,南塘在展开自己理论的过程中提出了"心即气"①这一观点,并将其与"性即理"相对应。此时的气同时包含着湛然虚明与气禀之两方面。他将前者理解为气质的纯善的方面,将后者看作有善恶的方面。所以他将心与气联系起来理解就意味着将心与气质中所存在的善恶问题相关联来解释的意图。②换言之,在南塘的理论中,气质的善恶问题就转换为心的善恶问题。所以,南塘将湛然虚明之气与气禀之气都看作是存在于未发状态下的气。这就意味着,在他的学说中,湛然虚明与气禀实质上就是未发心的问题。

关于未发的概念,南塘指出:

> 盖未发当做如何求?以冥然无觉为未发,则冥然无觉是昏气用事,不可谓未发也。以有所知觉谓未发,则有所知觉已涉思虑,亦不可谓未发也。然则至虚至静之中,但有能知能觉者在,而无所知所觉之事。此一悉时节,正为未发也。"③

南塘认为,未发时虽然冥然无觉,但实际上昏气已经开始起作用,所以这不

---

① 《南塘集》卷11,《附未发气质辨后说》:"心即气也,性即理也。"(《韩国文集丛刊》201,民族文化推进会1999年版,第101页)

② 洪正根:《湖洛论争的成立与南塘、巍岩的心性论》,崔英辰主编:《韩国哲学史》,首尔新文社2009年版,第186—212页。

③ 《经义记闻录》卷2,保景文化社1976年版,第26页。

是未发。而有知觉也是心已经与外部事物发生关系，思虑已萌，这就是已发，而非未发。因此，他把虽然看似极为虚静但实际上潜在着能知觉能力的状态视为未发。进一步来讲，南塘认为未发就是寂然不动、不昏不昧的"气不用事"的状态。

既然未发是心的一个状态，肯定会受到气的影响，其实未发论辩最初的争论点便是未发状态下有无气质之性。巍岩一派认为"未发之前只有本然之性，而不可谓有气质之性"①，而南塘则认为未发状态下存在气质之性。他认为：

> 专言理则曰本然之性，专言气则曰气质之性。而心有未发已发，故未发是性之体，而已发是性之用也，但未发之前，气不用事，故但见其理之至善，而不见其气之善恶。及其发而后，方见其气之善恶。故愚又曰："未发之前，气质之性不可见，而已发之后方可见也。"②

性之概念是在气的前提下成立的，未发中也存在气，所以兼指气时就是气质之性，单指理时就是本然之性。尽管如此，未发状态下心是"至虚至明"的，"无以掩蔽天命之本体"，原因就是"气不用事"。南塘指出，未发状态下的气虽有"清浊粹驳"和"刚柔善恶"的多样性之本色，但是由于不发挥作用，所以不会妨害心的虚明本体。

但巍岩的理解是不同的，他认为：

> 然则所谓未发，正是气不用事时也。夫所谓清浊粹驳者，此时无情意无造作，湛然纯一，亦善而已矣。此处正好单指其不偏不倚，四亭八当底本然之理也，何必兼指其不用事之气而为言乎？③

---

① 《本然之性气质之性说》，《南塘集》卷30，《韩国文集丛刊》201，民族文化推进会1999年版，第203页。
② 《本然之性气质之性说》，《南塘集》卷30，《韩国文集丛刊》201，民族文化推进会1999年版，第203页。
③ 《与崔成仲》，《巍岩遗稿》卷7，《韩国文集丛刊》190，民族文化推进会1988年版，第95页。

他也认可未发是"气不用事"，不仅仅是不接触外物，更重要的是只有本然之气，没有血气的作用，故"湛然纯一，亦善而已"。比较而言，在巍岩那里，真正的未发是不受血气的影响，所以本然之性如实展现，纯粹至善；而南塘认为未发是未接触事物的状态，此时兼具善恶的气质虽然存在，但不用发挥作用，所以不会影响理的善，但仍具有恶的可能性。[①] 所以他指出"未发虚明，明德本体；美恶不齐，气禀本色"。可见，与巍岩一直强调未发之气湛然清虚不同，南塘则非常关注人所禀赋的气质的差异，由此可以推导出其未发心体有善恶的观点。

相比之下，巍岩将未发分为大本底未发（本然之心）和不中底未发（气质之心），并指出只有寂然不动和湛然虚明才是未发。但是所谓的不中底未发指的是寂然不动，所以巍岩的不中底未发就是南塘理解的未发。南塘所说的未发意味着寂然不动，所以未发时湛然虚明和气禀不齐同时存在。他所说的"大本惟湛然虚明方可见本体"与巍岩所认为的"中有中底之未发是才可以确保本性的纯善"是相同的；而巍岩所认为的"不中底未发是由于血气的作用，故善恶兼在"与南塘的"未发气质有善恶"也是一脉相通的。可见二者的本来意图是相同的，但是对未发的定义不同导致了立场的差异。所以，巍岩的大本底未发相当于南塘的"心之本体"，而不中底未发相当于南塘的"心之气禀"。

关于中底之未发与不中底未发的关系，巍岩的观点可以认为是"异位异时论"（也称为"二位二时论"），而南塘的则是"同位同时论"（也称为"一位一时论"）。"位"指的是一元（同位）或二元（异位），"时"指的是同时存在（同时）或不同时存在（异时）。更具体来讲，巍岩将心二元化理解，所以说"本然之心"与"气质之心"；而南塘将一心从两个层面来理解，所以说"心之本体"与"心之气禀"。这种用语的差异也体现了这一点。[②] 所以，南塘批判巍岩的"异时异位论"是"二心二性"，主张自己则是在"一心一性"的观点上展开逻辑的。依照南塘的观点，未发之心可以分为湛然虚

---

① 全仁植：《李柬与韩元震的未发、五常论辨研究》，韩国精神文化研究院博士学位论文，1998 年，第 126 页。

② 韩国哲学史研究会编：《韩国哲学思想史》，心山出版社 2005 年版，第 284—285 页。

明的心之本体和禀气不齐的心之气禀两个方面，而且只有这样才可以阐明心的善恶。湛然虚明的心的本体是"气的精爽"，体现在人身上也称为"虚灵"，是心善的层面，这一点上所有人都是相同的。相反，气禀说得是清浊粹驳的不齐的气质，也就是心有善恶的层面，这一点上每个人都不同。

注意的是，南塘区分"心之本然"与"心之气禀"的做法仅仅只是理论上的区分。就具体现实来讲，还是只存在一心，他借用铁镜与潭水的比喻指出：

> 盖镜水则心也，镜水之明止，即心之未发虚明也。潭之大小，铁之精粗，即心之气禀不齐也。镜水之明止与铁潭，决非二物。（中略）心之虚明与气禀，亦犹是耳。[1]

正如镜子的明亮与铁的精粗都是镜子的两方面、水的静止与潭的大小都是潭水的两方面一般，湛然虚明的心之本体与万端不齐的心之气禀也是同时存在的心的两个方面而已。所以他说"虚灵则气禀之虚灵，气禀则虚灵之气禀，非有二物也"，"虚明气禀，又非二物，则此所以性无二性，而心无二心也"。他也据此主张"圣凡心异论"。圣人之心禀赋清气，心的虚灵之本体不受遮掩；凡人之心禀赋浊气，所以心之本体被遮蔽，故圣凡心有异。这就与巍岩所认为的圣凡心都共同体现了湛然虚明的心之本体的主张是不同的。

综上再来分析一下南塘对巍岩的批判。在南塘看来，巍岩在未发心性论中犯错误的根本原因是以心为中心来论性。在心中试图论性善，则只能将与性善相对应的心设定为本然之心，那么其余不是纯善的心就是气质之心，而且在这种气质之心基础上很自然就联系到了有善恶的气质之性。南塘意识到这一点，所以没有采取在本然之心框架下论性善的方式，而是像孟子一样以性善为主来论本然之心。换言之，他认为在自己的理论结构中论性善与心善完全没有问题。[2] 虽然心中存在兼具善恶的气禀与纯善的湛然虚明之本体，

---

[1] 《附未发五常辨》，《南塘集》卷 11，《韩国文集丛刊》201，民族文化推进会 1999 年版，第 93 页。

[2] 参见洪正根：《任圣周对湖洛论争的批判性扬弃研究》，成均馆大学博士学位论文，2002年，第 70—81 页。

但在寂然不动的未发状态下，气不用事，故不妨害心善，所以性的纯善也会如实显现。而且他还举出朱熹对《孟子》所作的注解"气质所禀，虽有不善，不害性之本善"为依据。

但是，南塘在未发中论"一心一性"时，会遇到一个难题。如同朱熹在中和新说中所指，未发状态下心性具有不二的关系，而南塘的未发心不仅包括心纯善的层面，还包括有善恶的气禀。而且未发状态下同时存在本然之性与气质之性，如此，在未发状态下就很难确保性善。因为南塘的未发之心是心之本体与气禀同时存在的一心，而受气禀影响很容易被认为是气质之心；南塘的未发之性是本然与气质同时存在的一性，性由于气质的影响具有被认为是气质之性的危险性。基于这一点，巍岩认为南塘的未发心性论不过是在未发心基础上论未发性的不中底未发。巍岩认为，预想主张完全的性善，就必须在南塘的性论中去除有善恶的气禀的层面。所以，巍岩认为南塘未发心性论的根本问题在于无法确保人的纯善本性。

4. 二者的比较及差异

南塘和巍岩都以朱子性理学为依据构筑并展开自己的理论，但是彼此的着重点不同导致了他们互相坚持自己观点的正当性而展开了激烈的论争。巍岩将未发心性界分为二心与二性，而南塘则坚持一心一性。如前所述，巍岩是在"异位异时论"的基础上将未发分为两个层面来论本然之性与气质之性，而南塘则是以"同位同时论"为依据来论本然之性与气质之性。他们共同的目标都是如何来究明性善（本然之性）的问题。因为若对本然之性的规定不同，则性善也就随之不同。对性善的规定是决定学问为正学还是异端的重要因素。① 在朱子学一尊的朝鲜时代，他们的论争无疑从侧面反映了当时社会的思想面貌。对巍岩来讲，性善是只有在本然之心的状态下才能确保的本然之性；而南塘的性善是因气质的本然之性，是在未发状态下性的一个层面，而心没有必要根据气禀的拘与不拘而界分，就是一心。视角的不同终究导致了观点的差异。下面比较分析一下二者的主要分歧：

其一，未发的概念问题。未发是心的理想状态，它既具有不接外物的

① 参见洪正根：《〈中庸〉与〈孟子〉的性概念冲突》，《齐鲁文化研究》2008年第7辑。

"思虑未萌，知觉不昧"、"寂然不动"的含义，又具有"不偏不倚之中"、"湛然虚明"的含义。南塘强调的是前者，而巍岩注重的是后者。就南塘来讲，未发具有时间上的先在性，是未接事物之前的寂然不动的状态；而巍岩虽然将未发分为只有湛然清虚的本然之气存在而"血气退厅"的大本底未发与血气用事、昏明不齐的不中底未发，但他强调指出，只有大本底未发才是真正意义上的未发，它是一切善的根源。所以南塘的未发相当于巍岩的不中底未发。

其二，未发心体的善恶问题。巍岩认为，真正未发状态下清浊粹驳的血气是不发挥任何作用的，只有湛然清虚的本然之气，故气是纯善的，因而纯善的心体就不受遮蔽，性的本善也能如实具现。而南塘则指出，清浊粹驳的多样性是气的本色，只有阐明气的多样性才能解释心发以后性的善恶之来源。所以未发之气中既有湛然虚明的心之本体，又有万端不齐的心之气禀。由于会受到气禀的影响，所以未发心体不会如实呈现，会有兼具善恶的可能性。只有在"气不用事"的条件下，纯善的心体才会呈现，性也会如此。据此，二者虽然都使用"气"这一用语，但其意义和层次确实不同的。但巍岩的气作为纯粹的本然之气是本源性的存在，是在未发状态下才可以确认的特殊之气；相反，南塘的气则是一般意义上有清浊粹驳的气质之气。

其三，心是否为一的问题。巍岩在论争的过程中提出了本然之心与气质之心，并将其分别对应于本然之性与气质之性，被南塘批判为"二心二性论"。但巍岩反驳指出并不是有二心，而是根据气禀的拘与不拘而有心存与心不存的逻辑性区别而已。而南塘则坚持"一心一性论"，认为未发之心可以分为湛然虚明的"心之本体"和禀气不齐的"心之气禀"两个方面，而且只有这样才可以阐明心的善恶。湛然虚明的心的本体是"气的精爽"，体现在人身上也称为"虚灵"，是心善的层面；相比之下，气禀说的是清浊粹驳的不齐的气质，也就是心有善恶的层面。巍岩一直喜好使用"本然之心"与"气质之心"，而南塘则使用"心之本体"与"心之气禀"，从用语差异中也可以窥探出这点。

二、心说论争

19 世纪西方文明的侵入对整个朝鲜社会产生了巨大冲击，随之而来的是朝鲜儒学与西方文明的冲突。当时性理学派之间产生的心说论争便与此时代背景相关。心说论争主要是在寒洲学派和艮斋学派之间展开，反映了两个学派在应对西方文明时的不同态度。前者的代表人物是寒洲李震相（1818—1886），后者的代表人物是艮斋田愚（1841—1922）。寒洲提出"心即理"，认为心是以理来主宰身体的，以此为基础主张要以积极开放的态度来对待西方文明。心是身体的主宰，行为又连接了心和身体。寒洲认为从行为可以看出心是伦理的主体，如果以更加积极的实践使之与心产生更紧密的联系的话，西方文明也有能为朝鲜所受用的一面。

与之相反，艮斋则主张彻底摒弃西方文明，强调比起实现富国强兵的目标，忠孝礼义、圣贤经籍更重要。因为忠孝礼义是本，富国强兵是末，故应以忠孝礼义作为根本，从而达到富国强兵。如果个人和国家都去追求利益的话，就会造成子弑其父、臣弑其君等弊端频出的破碎局面。① 但这并不是说要完全忽视富国强兵，只是说应该以纲常为重，以富国强兵为辅。艮斋的潜意识里还是希望对西方文明进行一定程度的吸收，并不是完全摒弃。因此艮斋认为，心要绝对地主宰身体，就必须以其最本源的性作为根本才可以成为可能，所以他提出"性师心弟说"，强调当为的意义。以这一思想背景为基础，两派之间展开了心说论争。心说论争的发端是明德，岭南学派的寒洲李震相主张"明德心是理"，与之相反定斋柳致明则主张"明德心是气"。前者生活在大浦里被称为浦学，后者生活在大坪里被称为坪学，所以他们的论争又称为"浦坪论争"②。

---

① 《艮斋集》卷 14，《摸象说（丁未）》："莫不以国富兵强相尚，而于忠孝礼义圣贤经籍，不以为重，故苟利于身，利于家，利于国，则子弑其父，臣弑其君……亦自谓文明自詑雄豪也，然是实破镜之食，父庶物之聚麀也。"（景仁文化社 1999 年版，第 89 页）

② 《东儒学案》中篇，《坪浦学案》："西山寒洲晚求，皆定斋之门人。而寒洲始枬心即理说，四端七情，发者理之者气之说，于是岑中学者譁然攻之，不遗余力。定斋居大坪，西

与此同时，畿湖学派中继承栗谷思想的任宪晦和华西学派的金平默之间也就明德心说问题展开了激烈的论争。前者主张明德心是气，而后者主张明德心是理。之后任宪晦的门人艮斋田愚和华西学派的省斋柳重教之间又展开了长达 14 年的明德心说论争。前者主张心即气，后者主张"心合理气"。寒洲学派的郭钟锡批判柳重教的心说，并主张心即理，这是继承了他的老师李震相于 1860 年发表的《心即理说》。因此，坪学学派从柳致明的门人开始都受到了严重的批判，这就是第二次浦坪论争。坪学学派固守李滉的"心合理气"，以此为基础批判浦学的"心即理"，同时也强烈批判阳明学的"心即理"。由于李震相批判栗谷学派"心即气"的同时主张"心即理"，因此畿湖地区的栗谷学派开始对其进行批判。由此，寒洲学派展开了与艮斋学派的论争。可见，这场论争不仅仅是畿湖学派对岭南学派的论争，也是畿湖学派内部、岭南学派内部的论争，加之寒洲学派、华西学派、芦沙学派，形成了这个时代整体的论争。尤其是性理学者曹兢燮对阳明学者金泽荣心学的批判，使这场论争从性理学的论争扩及了阳明学的论争。这场论争不仅风靡了那个时代，而且持续到了之后的第二代、第三代乃至第四代。鉴于重点，本书主要考察寒洲与艮斋的学说。①

（一）寒洲李震相对栗谷学派的批判及"心即理"的成立

首先来看一下寒洲对栗谷学派"心即气"的批判。寒洲认为自己提出的"心即理"是最善的，批判栗谷学派的"心即气"是最不善的，加之当时追随"心即气"的学者渐多，寒洲的批判另一方面也是为了牵制栗谷学派力量的壮大。

山晚求主之，是名坪学。寒洲居大浦，后山缪宇俛宇晦堂主之，是名浦学。其事与南塘李巍岩同出于权遂庵，而为湖洛二党之分者同焉。湖说为遂庵所与，而西山晚求又定斋所与也，然而寒洲亦岂故为立异与师说哉？"（韩国国立首尔大学 1993 年奎章阁影印本，第 102 页）

① 关于心说论争的有关内容还可参见本节后面部分"朝鲜儒学三大论争之关联性"、"朝鲜后期儒学的'心学化倾向'"。

　　　　论心莫善于心即理，莫不善于心即气。夫心即气之说，实出于近世儒贤，而世之从事此学者多从之。①

由此可见，寒洲"心即理"是站在"辟异端"的角度上批判栗谷学派的"心即气"。寒洲所说的"近世儒贤"实指栗谷学派。栗谷派学者韩元震引用了栗谷的言论，而直接说出"心即气"这一命题的则是李縡。寒洲认为李縡的这种观点玷污了心的本质。从根源上讲，"心即气"并非来源于孔孟程朱，而是从栗谷到韩元震再到李縡，因此寒洲所批判的不是古圣贤之说，而是近世儒贤之说。② 寒洲批判的依据是，"古圣贤莫不主义理以言心，而以心为气之说，行则圣贤心法一一落空，无头脑，世教日益昏乱矣。近世之以十六言传心为梅赜伪撰者，此其兆也。"③ 他借用"卞和之玉"的故事将自己的学说比作璞玉，坚信早晚有一天真理会得到承认，而"心即气"只是一块欺世的石头。他认为"儒贤之以心为气，玉工之谓之石也"，也就是"禅家之以心为理，即认石为玉者之谓之玉者也，其实则以心为理与以心为气，其为见气而不见理则一也"④。

　　寒洲批判"心即气"，主张"心即理"的根本原因是将心看作是一身的主宰，而这主宰的根本就是理。⑤ 如果承认"心即气"，则身体就成了主宰者，纯善的理就不能完全发挥其作用，就会产生许多恶。⑥ 换言之，若气成为主宰，则理就会变成死物，这正是寒洲所虑，因此他极力反对。

　　寒洲还批判栗谷学派的"心即气"指出："心无体以性为体，而今谓之

① 《心即理说》，《寒洲全书》卷32，亚细亚文化社1980年版，第132页。

② 《寒洲全书》卷15，《答许退而》："故近世主气之学，莫如韩南塘而其引文成之言曰理之体用大本达道是也。又曰心则可论气禀，而言明德则不拖带气禀。若李陶庵则直以主气言心，为淬秽太清。"（亚细亚文化社1980年版，第135页）

③ 《心即理说》，《寒洲全书》卷32，亚细亚文化社1980年版，第132页。

④ 《心即理说》，《寒洲全书》卷32，亚细亚文化社1980年版，第132页。

⑤ 参见《寒洲全书》卷32，《心即理说》："心固是主宰底，而所谓主宰者即此理也。"（亚细亚文化社1980年版，第135页）

⑥ 参见《寒洲全书》卷32，《心即理说》："心为一身之主宰，而以主宰属之气，则天理听命于形气，而许多粗恶。"（亚细亚文化社1980年版，第　页）

气，则认性为气，告子之见也。"① 孟子主张性善，而告子则认为"生之谓性"，性是无善恶的，只是一种知觉运动。"心即气"中气是兼善恶的，所以寒洲认为这与告子的理论非常相似。但实际上栗谷学派并不认为性是一种知觉运动，而是一种纯善无为的理，是本然之性，寒洲则误以为栗谷学派的性指的是气质之性，所以批判他们的学说是告子之见。尽管如此，寒洲还如实引用了栗谷的"理通气局"，认为这一说法没有违反程朱以及退溪的理论。虽然他对栗谷之说持有怀疑，但也有信任，因此他在主张"倒看"的同时也兼用"竖看"。②

接下来分析一下寒洲的"心即理说"。寒洲受退溪的影响，认为理是一种能动性的存在。他还接受了李象靖的"理主气资说"，认为理是动静的主体，气只是一种辅助性的手段或道具。③ 他用"人乘马"来比喻"理主气资说"指出，"理之乘气而动静，犹人之乘马而出入"④。人乘马进进出出，实际上就是人在进进出出，同理可以说是理在动静，而不是气在动静。因为理是活动的主体，而气只是道具。

> 其实则人为出入之主而马为出入之资，只可言人之出入矣，理为动静之主，而气为动静之资，只可言理之动静矣。⑤

由此可以推断，寒洲将理与气的关系解释为主与资的关系。他只承认作为主体的理的动静，并不承认作为辅助的气的动静。就像是人乘马出入时，从事实的层面上来看是人与马共同出入，但惯例上人们常说是人在出入。同样的道理，理的动静也离不开气，因此寒洲在"理主气资说"的基础上提出"理

---

① 《心即理说》，《寒洲全书》卷32，亚细亚文化社1980年版，第133页。

② 参见《三洲先生文集》卷5，《辨田氏与李铎谟书》："祖考于栗谷说，不无疑信。而尤以主倒而兼竖。"（保景文化社1976年版，第82页）

③ 参见《寒洲全书》卷7，《答柳仲思》："湖上先生曰，理也者，所主以动静之妙也。气也者，所资以动静之具也。又曰，道理如是。道理不如是，参判公每亟称之。"（亚细亚文化社1980年版，第65页）

④ 《理学综要》，《寒洲全书》卷10，亚细亚文化社1980年版，第89页。

⑤ 《理学综要》，《寒洲全书》卷10，亚细亚文化社1980年版，第89页。

主气听"，主张"理发一途说"。退溪认为四端是"理发而气随之"，七情是"气发而理乘之"，主张理气互发说。寒洲则认为理是动静的主体，只要是"发"都有理的存在，因此"气发"亦可以称之为"理发"，所以他主张"理发一途说"。但由于现实世界中理弱气强，不免流于恶，所以理主气资说和理发一途说很难成立，姑且只能说这两种观点只是理气论的本来面目。

虽然寒洲在"理主气资说"的立场上认可了心的结构是"合理气"，但他依旧认为本心只是理。心是在理主宰的时候起着道具的作用，最终的本心只能说是理。从事实的层面来看，虽然心是理气之合，但本心只是理，所以"心即理"。寒洲的"心即理"是指心体、本心，要从体用论的角度来理解。① 换言之，他的"心即理"是从规范和当为的层面上提出的，要回归本心就要不断进行个人修养，使气不会遮蔽理。

寒洲认为心随理而发为道心，即本心，如被气掩则为人心，这是"理先气后"的立场。他还认为心在未发时知觉不昧，已发时知觉就会发动，如果这知觉从形气而发动就是人心，从义理而发动就是道心。② 他考虑到现实世界中道心不易显现，人心则是随处可见，而人心是由于形气才产生的，所以他强烈批判栗谷学派的"心即气说"。为此，他主张要时常省察，保存道心，要通过敬来恢复本心，即恢复到"心即理"的状态。因为"心即理"，所以寒洲认为不管是未发之性还是已发之情都是一理。③ 将"心即理"的心看作是本心，所以性也是本然之性，情也是纯善无恶的四端之情。

综上可见，寒洲虽然以孔孟、程朱、退溪的心说为依据建立了"心即理说"，但并没有完全沿袭，只是在他们的理论范畴之内独创性地建立了一个新的心说体系。他的独创性或许是因为他没有明显的师承关系而独自钻研

---

① 《寒洲全书》卷10，《理学综要》："仁义礼智纯粹而至善者，心之本体也。圆外穷中，虚名而正通者，心之形体也。四端七情感物而迭应者，心之妙用也。闲思杂虑，循人欲而炽荡者，心之客用也。"（亚细亚文化社1980年版，第90页）

② 《寒洲全书》卷10，《理学综要》："心之未发，知觉不昧，此乃智之德。专一心处而事物之至。知觉先动其所感者，形气边事，则这知觉从形气边去，此之谓人心也。所感者义理上事，则知觉从义理上去，此之谓道心也。"（亚细亚文化社1980年版，第90页）

③ 《寒洲全书》卷10，《理学综要》："情乃已发之性也，性情只是一理。则心之为理者，固自若也。"（亚细亚文化社1980年版，第90页）

的结果。

（二）艮斋田愚对寒洲的批判及"性师心弟说"的成立

如前所述，寒洲主张"心即理"的同时，对栗谷学派进行了强烈批判。对此，艮斋站在栗谷学说"心是气"、"性即理"的立场上进行反驳。艮斋认为，"心是气"是站在"气有为"的立场而言的，心的知觉运动是有为的。艮斋认为人的思考或是认识事物都是通过气，即心来完成的。他批判寒洲"理主气听"的理是"性即理"的理，是性而不是心。[1] 但是寒洲所说的"理主气听"中，理是动静的主体，是可以向气下命令的能动性之理。而艮斋则主张理无为，他对寒洲"理气主听"中理的批判其实是因为没有理解寒洲的理论。艮斋坚持栗谷学说的基本理论——理无为气有为、气发理乘，批判理的能动性，认为所有事物的作用都是气发理乘。因此他批判道："见父母即知其当爱（见之皆神之能），而承载人性之木几，不觉触发出来，所谓气发而理乘之者，如此（理之乘气，自未发时已然，非气发后始乘之也）"。[2]

寒洲在理气发显时强调理的能动性，主张发者为理，发之者为气。[3] 发者是指发时的主体，发之者是指使之发的道具，[4] 这是站在"理主气资"的角度而言的。相反，艮斋则认为发之者气，所以发者理，对寒洲提出了批判。他认为寒洲虽然也主张"发之者气"，但与栗谷所说的"发之者气"的意义并不相同。寒洲所说的"发之者"是指气，发的原因则是理。传统朱子认为理无情义、无计度、无造作，另一方面又认为理有动静，而艮斋则与栗谷一样只接受了理无为的层面。正因为理无为、气有为，气才能自发能动的发显，而理无为就导致了"气发理乘"的结果，艮斋正是从这个角度来批判寒洲。

---

[1] 《艮斋先生文集》卷13，《观李氏与张新斋书》："在道理上道理应是指性言，而下句理主之理，不只是心是性，其指意未甚晓白。"（亚细亚文化社1986年版，第97页）

[2] 《观李氏与张新斋书》，《艮斋先生文集》卷13，亚细亚文化社1986年版，第97页。

[3] 《寒洲全书》卷9，《答郭鸣远疑问》："发者，理也。发之者，气也。"（亚细亚文化社1980年版，第73页）

[4] 《寒洲全书》卷7，《答沈稚文别纸》："窃意谓之，发者则发之主也，发之者则发之者。"（亚细亚文化社1980年版，第65页）

寒洲在理主气听，理主气资的立场上主张"心即理"，即心中理是主体，可以动静，气只是听从理的命令，从而可以推出心性情一理，并以此为基础推导出"心统性情、心妙性情、以心使心"等理论。艮斋认为心字是指实实在在的性情，批判寒洲只将心看作是性情名称的理论。① 他在此基础上主张"性尊心卑"，并建立了"性师心弟说"。

艮斋认为"性师心弟说"是自己独创的理论，可以说是贯通了六经的宗旨。② 他认为理虽然无为，但是无为的理可以主宰气。由于性即理、心即气，性虽然无为，但也可以主宰心。这里需要考虑的问题是，性无为时是否可以主宰其他事物。心根据性来主宰身体，因此气发理乘时，理也可以主宰身体。同理推论，无为的性也可以主宰心。

这种性可以主宰心的看法是受到了吴熙常"性为心宰说"的影响。吴熙常认为理无本末，心即理的性就是"真"，虽然无"妄"，但是由于气有本末，"心即气"中心既有"真"又有"妄"。因此可以说理是善的，而气却不是绝对的善。③ 以此为依据，他认为理是气的根本，性为心的主宰。④ 艮斋以吴熙常的理论为基础推导出，性是心的根本，性主宰着心。再具体而言，作为老师的性要教育作为学生的心，因为心是气，气是兼善恶的，具备发现恶的可能性，所以纯善的性应该对气进行教育。故性是以无为的方式主宰着气。

艮斋指出，如果像寒洲一样认同"心即理"，那么心的作用就会变得毫无主张，从而导致行为变得混乱。所以，艮斋批判"心即理说"，认为心中应当以敬作为最高的性来主宰身体，从身体行为中就可以看出善。只有敬主

---

① 《艮斋先生文集》卷13，《观李氏与张新斋书》："凡于心统性情，心妙性情之类，以心处之，遂令心字为性情之实。性情则不过为心之名称而已。"（亚细亚文化社1986年版，第98页）

② 《艮斋先生文集》卷13，《观李氏与张新斋书》："性师心第四字是璞所创，然六经累数十万言，无非发明此理，可一以贯之。"（亚细亚文化社1986年版，第99页）

③ 《老洲集》卷26，《杂识》："理无本末，故性真而无妄。心有本末，故心有真妄。是以洛闽诸贤，但言理善而不言气善。"（高丽大学图书馆馆藏本1963年版，第103页）

④ 《老洲集》卷26，《杂识》："又捡别出理为气本，性为心宰义。"（高丽大学图书馆馆藏本1963年版，第103页）

宰心，才可以使道体和人功合一，① 因此善行才可以显现，这就是敬的实践。艮斋主张性高心低，性尊心卑。性作为老师，心作为弟子，性应该教导心，"性师心弟说"也正是由此而来。这种"性师心弟说"强调的是一种当为的规范，此处的性是指本然之性，心是指气质之心。本然之性是纯善的，但气质之心却是兼善恶的。兼善恶的气有为，纯善的理无为，所以即便气发理乘，理也很难顺利地主宰气。因此心以敬作为最高的性，就能顺利的主宰身体，使义理能够得以正确的实践。艮斋的核心观点是应该立足于性尊心卑、性师心弟说，去实践当为的伦理。

心说论争是对本心是义理还是知觉的探讨。一般认为，知觉对象是眼、鼻等五官，而心是对情感的感知以及仁义礼智等义理思想的感知。在这场论争中，两学派均认为心是身体的主宰，实践是通过身体去实行的。可见，心说论争最终要归结到与实践相关的论争。因此，当时的心学论争绝不是仅仅止于空理空谈，而是在应对西方文明的实践过程中对性理学理论的深入探讨。

心说论争与16世纪的四端七情论争、18世的湖洛论争一道并称为韩国儒学史上的"三大论争"。四端七情论争是针对情的论争，人物性论争是针对性的论争，心说论争是针对心的论争。这些争论点的变化反映了当时儒者们的学问倾向和现实实践。

三、朝鲜儒学三大论争之关联性

朱子学自13世纪中期传入朝鲜半岛后，经过本土化和民族化的发展，逐渐形成为朝鲜时期的性理学。四端七情论争、未发论争和心说论争作为朝鲜儒学思想史上的三大论争，在心性论方面对朱子学进行了更加深入和细致的发展。四端七情论主要从理气论上考察了"情"的善恶性，退溪从"分"的逻辑上提出了"理气互发说"，认为四端是"理发而气乘之"，七情是"气

---

① 《艮斋先生文集》卷14，《主宰说（戊寅）》："曰敬为一心之主宰，此即所谓敬，是此心之自作主宰者也。或曰道体与人功，如之何？则可以合一也。曰敬而已矣，敬互如何用功也？曰心必本于性，而不敢自用也。"（亚细亚文化社1986年版，第101页）

发而理乘之"。栗谷则在"合"的逻辑上提出了"气发理乘一途说"。未发论争中，巍岩主张把心分为"本然之心"与"气质之心"，并提出"心性一致"，力图阐明心与性在价值论上的一致性。心说论争中，寒洲主张"心即理"，并提出了"从其主而言"和"从其资而言"来确保自己理论的正当性。他们三者的共同点是都采用了"分别而言之"的思维逻辑，目的就是确保纯粹至善的绝对价值在形而下的现实实践中也能够得以实现。

性理学的重要特征便是"辟异端"，这虽然主要是针对当时的佛教，但在性理学内部，围绕不同的理论学说，朝鲜儒者之间也展开了激烈的论争，其持续时间之长、参与学者之多（通常是学派之间展开），均呈现了与中国朱子学不同的发展面貌。16世纪的四端七情论争确立了朝鲜性理学的雏形；17—18世纪的湖洛论争提出了许多不同的理论学说，如性三层说、心性一致等；而19世纪中期至20世纪中期的心说论争则使得韩国性理学在朱子学的范围内实现了心学化的发展。这三场论争深化并发展了中国传统的朱子学，从而形成了韩国儒学的特色。

迄今为止，学界虽然出现了不少关于这三场论争的研究成果，但是关于这三者的关联性，特别是从思维逻辑的相似性这一脉络来综合考察这三场论争主要论题的却几乎没有。下文的目的便在于以主要论题的关联性为关键词，阐明三场论争之间内在的脉络性。

（一）四端七情论争：对立（分）与统合（合）的逻辑之争

1. 退溪：对立的逻辑

四端与七情本是典据互不相同的两个概念，前者指的是人先验的道德情感，后者则指的是人的普遍而一般的情感。二者在中国儒学史上很少被对举，[①] 但在朝鲜时期，以退溪和栗谷为首的儒者们却对此进行了长达数百年之久的论争。

如我们所知，在退溪李滉（1501—1570）与高峰奇大升（1527—1572）

---

① 朱子只是说过"四端理之发，七情气之发"，并没有对此进行深入探讨。（《朱子语类》卷52，中华书局1986年版，第91页）

展开四端七情论争的过程中，他们的观点主要产生了如下五种不同的变化：

(1) 1537 年，秋峦：四端发于理，七情发于气。(各发说)

(2) 1553 年，退溪：四端理之发，七情气之发。(两发说)

(3) 1559 年，退溪：四端之发纯理，故无不善；七情之发兼气，故有善恶。(兼发说)

(4) 1560 年，退溪：四则理发而气随之，七则气发而理乘之。(互发说)

(5) 1561 年，高峰：情之发也，或理动而气俱，或气感而理乘。(共发说)

最初，秋峦在《天命图说》中吸取了朱子的观点而作"四端发于理，七情发于气"。退溪读后感觉其言有疵，认为世上没有无理之气，亦没有无气之理，"理气相须以为体，相待以为用"①，尽管是互相依存配合的关系，但理气绝对是有分别而不相杂的，比如"天命之谓性"和"性善之性"，其所指纯善无恶，皆在理不在气，充分体现理气不杂性。退溪为了突出理的纯善和本然之性一面，站在理气不杂的角度构建了自己主理的理论体系。

而高峰则认为人之情只有一个，兼理气有善恶。若将四端七情分别言之，则理气就被判为二物，人之情就要被二分了。他指出：

> 所谓七情者，虽涉乎气者，而理亦自在其中，共发而中节者，乃天命之性……至于发不中节，则气禀物欲之所为，而非复性之本也。②

高峰主张"共发"，认为四端为七情之发的中节者，四端七情不能分，且四端属于七情范围之内。若像退溪那样将四端分属理，七情分属气，则理气有二分之嫌。

---

① 《退溪全书·论四端七情第一书》，成均馆大学大东文化研究院 1958 年版，第 162 页。

② 《高峰集·高峰答退溪论四端七情书》，成均馆大学大东文化研究院 1979 年版，第 75 页。

退溪则不能同意高峰的共发说，坚持互发说。他指出：

> 大抵有理发而气随之者，则可主理而言耳，非谓理外于气，四端是也。有气发而理乘之者，则可主气而言耳，非谓气外于理。[1]
>
> 分而为二，而不害其未尝离。合而为一，而实归于不相杂，乃为周悉而不备。[2]

在高峰的批判下，退溪在"理发"后加上了"气随之"，"气发"后加上了"理乘之"。并解释说这种做法分别是"主理而言"和"主气而言"。当然，"主理"是在理气共存的前提下说的，这充分体现了理气的不相离。同时，退溪也在互发的基础上，充分论证了理气的不相杂，"气随"和"理乘"之用语已经充分说明了理的主宰性和驾驭性。在互发中，"理发"是退溪的重点。他之所以如此重点强调"理发"，是因为理所具有的纯善而又"极尊无对"的绝对价值性。

从价值论来看，理具有"纯善无恶"的绝对价值，气具有"有善有恶"的相对价值。因此，四端可归属于理的绝对价值，而七情则相当于气的相对价值。以往学界的主张通常认为四端等同于道德情感，而七情等同于自然情感或一般的情感。但考虑到退溪曾指出"七情，本善而易流于恶"[3]，故七情也可成为道德性情感。因此，笔者从绝对价值和相对价值的角度来区分这两种情感。由上列举的五条变化来看，其中有四条涉及了二者都是具有事实判断的形式。但从价值判断的层面来看，五条却都认为四端具有"无不善"的绝对价值，而七情则具有"有善恶"或者"本善而易流于恶"的相对价值。

退溪一直坚守将四端归属于理、七情归属于气的立场，并且从价值论方面严格区分四端与七情，这充分体现了他对二者"分别而言之"的立场。退溪如此区分四端与七情的目的就是从形而上的层面论证四端的绝对价值，以此来指出四端这种道德情感在现实实践中也可以确保其绝对价值，是为了

---

① 《退溪全书》第五册，成均馆大学大东文化研究院 1958 年版，第 97 页。

② 《退溪全书》第五册，成均馆大学大东文化研究院 1958 年版，第 97 页。

③ 《退溪全书·论四端七情第一书》，成均馆大学大东文化研究院 1958 年版，第 160 页。

强化四端的现实实践力。退溪的这种主张其实是源自于孟子试图通过四端这一道德情感来论证人性本善的观点。孟子曾经指出"乃若其情，则可以为善也"（《孟子·告子上》），由此可见，退溪极力主张四端纯善的做法实际上就等于确立了一种"情性（理）一致"的"情善说"。

2. 栗谷：统合的思维

栗谷统合的思维主要体现在他的四端七情论和人心道心说中。

关于退溪理气互发的四七论，栗谷主要从两方面进行批判：

第一，他认为退溪违背了朱子"理无为而气有为"的基本观点，因为"发者气也，所以发者理也。非气则不能发，非理则无所发"①，他认为，理在现实中的变化和流行在质上都是依据气而实现的，这就是"理通气局"。"理通者，万物天地同一理也。气局者，天地万物各一气也"②，这是对朱子"理一分殊"的进一步充实和完善，用"气局"来解释理一分殊中理"分殊"的原因。③

在此基础上，栗谷只认证退溪的"气发理乘"，并提出了"气发理乘一途说"。他认为不仅七情是这样，四端也是"气发而理乘之"。因为在他的理气说中"理气元不相离，似是一物而其所以异者。理无形也，气有形也。理无为也，气有为也。无形无为而为有形有为之主者，理也；有形有为而为无为之器者，气也；理无形而气有形，故理通而气局；理无为而气有为，故气发而理乘"，④ 理是气的主宰，气是理的所乘，它们是"一而二、二而一"的关系，没有先后和离合。

但栗谷所说的"气发理乘"，并不是否定理的根源性或主宰性。只是说，善的根据是理，但非气则不能发。这不是"有使之者"，而是"自然而然"；不是说不重视理，而是根源于"理气决是二物"，即强调理的无形无为以及气的有形有为，而且具有能动性的只有气。"气发理乘"也不是说气比理先，只是因为理无为，气有为，只能如此说而已。可见，栗谷并没有违背

① 《栗谷全书》卷 10，成均馆大学大东文化研究院 1992 年版，第 121 页。
② 《栗谷全书》卷 22，成均馆大学大东文化研究院 1992 年版，第 89 页。
③ 崔英辰：《韩国儒学思想研究》，邢丽菊译，东方出版社 2008 年版，第 212 页。
④ 《栗谷全书》卷 10，成均馆大学大东文化研究院 1992 年版，第 121 页。

传统朱子学的立场，只不过他更注重的是"理气不相离"①。

第二，他认为退溪犯了"理气二元化"的错误。栗谷指出"若来书所谓理气互发，则是理气二物，各为根柢于方寸之中"②，"理气二物，或先或后，相对为两岐，各自出来矣，人心岂非二本乎"③，主张理气非二物，人心也不能有二本。关于这点，栗谷用"理气不相离之妙"④来表述。这种妙意味着"难见亦难说"的真理之样态，体现了理气二者相即的关系性。

具体到四端七情，栗谷不认同四端与七情的质别，认为二者是同质的。四端之情与七情之情其实是一情，二者的关系则是"七包四"，"四端只是善情之别名，言七情，则四端在其中矣"⑤，七情是情的全体，而四端只是其中善的部分。若将四端对应于七情，则"恻隐属爱，羞恶属恶，恭敬属惧，是非属于知其当喜怒与否之情也"。基于此，他还指出了退溪将四端七情分属理气两边的错误，"若必以七情四端分两边，则人性之本然与气质亦分为二性也"，⑥道理上根本无法讲通。可见，退溪认为四端与七情是异质的，而栗谷则认为二者是同质的。

关于人心与道心，栗谷认为二者是相互对立的两种心。

> 人性之本善者，理也，而非气则理不发。人心道心，夫孰非源于理乎？非未发之时，亦有人心苗脉，与理相对于方寸中也。源一而流二。⑦

人们将人性之善归结为理，但善情也是由气而发，这是不可否认的。人心道心在未发之时，只有一心的一条苗脉，二者皆处于一心之方寸之中而相对存在。故人心道心同出于一源，在遇外物而发动之后才分为二流。人性源一而

---

① 民族和思想研究会编：《四端七情论》，曙光社 1992 年版，第 100 页。
② 《栗谷全书》卷 10，成均馆大学大东文化研究院 1992 年版，第 122 页。
③ 《栗谷全书》卷 9，成均馆大学大东文化研究院 1992 年版，第 97 页。
④ 《栗谷全书》卷 10，成均馆大学大东文化研究院 1992 年版，第 122 页。
⑤ 《栗谷全书》卷 10，成均馆大学大东文化研究院 1992 年版，第 122 页。
⑥ 《栗谷全书》卷 12，成均馆大学大东文化研究院 1992 年版，第 157 页。
⑦ 《栗谷全书》卷 10，成均馆大学大东文化研究院 1992 年版，第 121 页。

流二，后天受气质之局限，流于善或恶。因此栗谷指出"人生而静，天之性也。感于物而动，性之欲也"①。相比于朱子所言人心道心之异是"或生于形气之私，或原于性命之正"，② 栗谷则强调人心道心无二源，都出于天理，只在一发之际，产生分歧，从而流于善或恶。③ 可见，二者虽是两种对立之心，但因为根源相同，故在本质上具有统一的可能性。

人心是人的本能的、感觉性的欲求，而道心则是道德的、情感性的欲求。换言之，道心只是天理，而人心则同时包含天理和人欲。二者虽都具有道德价值，但是人心易流于恶，需要道心的约束。只要"充广道心，节制人心，使形色各循其则"④，则人心亦可以转化为道心。

关于栗谷的人心道心说，最值得注意的是他把道心与"本然之气"结合起来论述。他曾指出：

> 人心道心，俱是气发。而气有顺乎本然之理者，则气亦是本然之气也。故理乘其本然之气而为道心焉，气有变乎本然之理者，则亦变乎本然之气也。故理亦乘其所变之气而为人心，而或过或不及焉。⑤

如我们所知，栗谷提出了"心是气"⑥ 这一命题。但结合"理乘其本然之气而为道心"来看，"心是气"实际上指的就是"本然之气"，这也是栗谷一直坚持的信念。他也为此指出，"圣贤之千言万语，只使人检束其气，使复其气之本然而已。气之本然也，浩然之气也。浩然之气，充塞天地，则本善之理，无少掩蔽。此孟子养气之论，所以有功于圣门也"⑦，将恢复"气之本然"作为修养的目标。栗谷的这种"本然之气"与孟子的浩然之气性质

---

① 《栗谷全书》卷10，成均馆大学大东文化研究院1992年版，第121页。
② 《中庸章句集注》，中华书局1986年版，第92页。
③ 张敏：《立言垂教：李珥哲学精神》，北京大学出版社2003年版，第99页。
④ 《栗谷全书》卷10，成均馆大学大东文化研究院1992年版，第121页。
⑤ 《栗谷全书》卷6，成均馆大学大东文化研究院1992年版，第76页。
⑥ 《栗谷全书》卷10："心是气也，或原或生，而无非心之发，则岂非气发也？心中所有之理，乃性也。"（成均馆大学大东文化研究院1992年版，第123页）
⑦ 《栗谷全书》卷10，成均馆大学大东文化研究院1992年版，第124页。

相同。

综上来对比一下退溪与栗谷的思维差异。在退溪看来，若将四端与七情对而言之，则七情与气的关系就类似于四端与理的关系。而高峰则批判指出："盖以四端七情对举而言，而揭之于图，或谓之无不善，或谓之有善恶，则人之见也，疑若有两情。"[①] 牛溪也批判栗谷的"气发理乘一途说"认为"圣贤前言，皆立两边说"[②]。由他们的诸多观点可见，性理学中存在着两种不同的认识：一是将世界看作对立的结构；一是将世界看作统一的结构。换言之，在认识事物的方法上，存在着"分"与"合"这两种逻辑。退溪代表着分的逻辑，他严格区分四端与七情、人心与道心、理与气，栗谷则将四端七情视为一情，认为人心与道心"源一而流二"，指出"理气之妙"等。

这种逻辑思维的差异在朝鲜后期的四七论争中也会发现。17世纪以后，朝鲜学界逐渐形成了以退溪学说为宗旨的岭南学派（退溪学派）和以栗谷学说为宗旨的畿湖学派（栗谷学派），两派相互对立并牵制，后来逐渐主导了朝鲜中后期的社会思想界。岭南学派的代表学者李玄逸（1627—1704）引用栗谷所言"吾心之用，则天地之化。天地之化无二本，故吾心之发，无二源矣。人心道心虽二名，其原则是一心"[③] 批判指出："岂可谓阴阳太极，终无形而上下之殊，而人心道心，果无根柢苗脉于未发之前耶。"[④] 栗谷否定人心道心有二本，主张为一本。与此相反，李玄逸则认为，阴阳与太极有形而上与形而下之分，并以此为论据强调指出，人心与道心也是根本不同的二心。但是畿湖学派代表学者宋时烈指出："四端七情，皆出于性者也。故朱子曰，仁自是性，却是爱之理发出来，方有恻隐。"[⑤] 因此认为四端七情是合一的，都是发自于性。而且他还主张"四端之不中节者，亦可谓气发。七情之中节者，亦可谓理发"[⑥]，这就从正面否定了退溪的四端七情论。由以上李

---

① 《高峰集·答退溪第二书》，成均馆大学大东文化研究院1979年版，第96页。

② 《高峰集·答退溪第六书》，成均馆大学大东文化研究院1979年版，第113页。

③ 《葛庵先生文集》卷18，骊江出版社1986年版，第92页。

④ 《葛庵先生文集》卷18，骊江出版社1986年版，第99页。

⑤ 《宋子大全》卷133，斯文学会1971年版，第75页。

⑥ 《宋子大全》卷133，斯文学会1971年版，第78页。

玄逸与宋时烈的观点可见，他们均体现了一种对立（分）与统合（合）的逻辑差异。

（二）未发论争：兼与四端七情论争之比较

未发论争是南塘韩元震（1682—1751）与巍岩李柬（1677—1727）之间展开的湖洛论争的重要议题。这其中，巍岩的未发说很好地体现了韩国性理学的特性，原因就是他提出了"心性一致"这一代表命题。

未发论争的最初争论点是未发状态下是否存在气质之性。巍岩认为，未发之前只存在本然之性。南塘则认为未发下存在气质之性，既然未发是心的状态，必然受到气的影响，故单指理时就是本然之性，兼指气时就是气质之性。尽管未发之气有"清浊粹驳"和"刚柔善恶"的多样性，但由于"气不用事"，所以不妨碍心的虚灵本体。但巍岩却指出：

> 然则所谓未发，正是气不用事时也。夫所谓清浊粹驳者，此时无情意无造作，湛然纯一，亦善而已矣。此处正好单指其不偏不倚，四亭八当底本然之理也，何必兼指其不用事之气而为言乎？[1]

巍岩认为，未发时"气不用事"，没有血气掺杂，故只有"本然之气"，"湛然纯善"的本性能够如实展现。在他看来，真正的未发是如同明镜止水般，是心的寂然状态。这种状态至清至粹，为"天下之大本"，亦是对明德本体的"深言"。换言之，未发不单指的是未接事物的状态，同时也具有心的"湛然虚明"之本体的意思。他理解的未发是理与气、心与性的根源处，是理气共存、心性一致处。在此未发基础上，他将心区分为本然之心与气质之心，本然之心是"天君主宰，血气退厅，方寸虚明"[2]之状态，等同于"虚灵不昧，以具众理应万事者（明德）"。气质之心是"天君不宰，血气用事，昏明不齐"之状态，等同于"为气禀所拘者"。故人应该通过"戒惧慎独"

---

[1] 《巍岩遗稿》卷 7，《韩国文集丛刊》190，民族文化推进会 1988 年版，第 97 页。
[2] 《巍岩遗稿》卷 13，《韩国文集丛刊》190，民族文化推进会 1988 年版，第 162 页。

的修养工夫来驱除血气之影响，恢复湛然纯一的本然之气，从而使本然之心成为一身的主宰性存在，真正实现"心性一致"。可见，巍岩通过本然之性和本然之心的一致来努力确保善的现实性，并阐明不受气质约束的纯粹的善在现实中存在的可能性。他的最终目的是阐明心与性在价值论上的一致性。①

但巍岩的心性一致论被南塘批判为类似于阳明学的"心即理"，有违于正统朱子学的"性即理"。那么应如何来理解这一理论冲突呢？在朱子学中，"性即理"的"性"是本然之性，即"天命之谓性"的性。而在阳明学中，"心即理"的"心"是本来的心，即良知。因此，"心即理"指的就是"良知即天理"。巍岩"心性一致"中的"心"是强调心的本然性，而阳明的"心即理"不仅将心所具有的理的方面视为本质，更将其等同于天理。巍岩虽然强调心的本然性，但并没有将此心直接视为天理。笔者认为，巍岩的"心性一致"体现了朝鲜中后期性理学的"心学化"发展趋向，在哲学思想史上具有非常重要的意义。

四端七情论与未发论并不具有直接的相关性。换言之，并不是四端七情论发展到一定程度而引发了未发论。但比较而言，这两场论争在理论层面上确实存在非常相关性。

首先，他们都是在对心进行理气论解释的过程中引发的思想论争。如我们所知，性理学将人、自然和社会都统一到理气论上来解释。在朱子学的形成过程中，心一直是很重要的议题，而这两场论争都是对这一议题进行的深入探讨。性理学关于心的理论主要以心、性、情为轴心来展开的。四端七情论主要探讨了情，而湖洛论争中的未发论则主要集中探讨了心，人物性同异论则将本性的外延从人扩展到自然界，从而实现了朝鲜性理学的进一步发展。

心有未发、已发两种状态，这就类同于自然具有一阴、一阳的两种运动状态。四端七情论是从"已发"这一心的作用出发，"推其向上根源"② 而

---

① 参见邢丽菊：《朝鲜时期的未发论辩及其理论差异》，《哲学研究》2011 年第 1 期。
② 《退溪全书·论四端七情第二书》："辩诲曰，推其向上根源，元非有两个意思。滉谓，就同处论，则非有两个者似矣。若二者对举，而推其向上根源，则实有理气之分，安得谓非有异义耶？"（成均馆大学 1976 年尊经阁影印本，第 92 页）

论；未发论则是关于心未用事的"未发"这一本来样态究竟为何的论争。故二者都是从理气论来解释心的。

其次，退溪和巍岩各自用"分别"和"界分"的思维方式，即他们都是以"分"的逻辑为基础而展开自己的学说。退溪将高峰"四七为一物"的主张视为是"浑沦言之"，要求其应当"分别言之"。因为四端与七情的"所从来"以及"所主与所重"各自不同。① 对于高峰的"推其向上根源，元非有两个意思"，② 退溪从分的立场上认为，"推其向上根源，则实有理气之分，安得谓非有异义耶"。③ 巍岩将气分为本然之气与血肉之气，强调浅层的未发与深层的未发，主张心与气质的界分。同时他一方面承认心的同一性，另一方面又主张必须将心分为本然之心与气质之心来看。这与退溪所主张的四端七情虽同为一情但要严格区分的观点是一脉相通的。不仅如此，巍岩将本然之心、气质之心分类的理论依据置于本然之性、气质之性的观点与退溪将四端七情分类的依据置于本然之性与气质之性的观点也是一致的。④ 因此，他们二者受批判的原因都是，从分的逻辑到犯了二元化的错误之类。南塘批判巍岩的心论为"二心二性"的诡辩、⑤"理气二物"、"心有两体，性有两体"，还批判其"未发分为二层，性情界为三破"。⑥ 高峰在论辩初期批判退溪犯了"理气二物"的错误，⑦ 而且在给退溪的答书中也批判说"但于下，乃以四端七情分理气对句者，两下说破，则语势似不能无偏重"，"判得理气

① 《退溪全书·论四端七情第一书》："因其所从来，各指其所主与所重而言之，某为理，某为气，何不可之有乎？"（成均馆大学 1976 年尊经阁影印本，第 74 页）
② 《退溪全书·论四端七情第二书》，成均馆大学 1976 年尊经阁影印本，第 92 页。
③ 《退溪全书·论四端七情第二书》，成均馆大学 1976 年尊经阁影印本，第 92 页。
④ 《退溪全书·论四端七情第一书》："故愚尝妄以为情之有四端七情之分，犹性之有本性气禀之异也。"（成均馆大学 1976 年尊经阁影印本，第 73 页）
⑤ 《南塘集》："高明所谓心者，无论本然气质，皆以气言，而又力辨其界分部伍之不同。夫以两气之界分部伍不同者，相对而言曰某心某心，则果非二心乎？二心所具之性，果非二性乎？二心二性，高明虽有'合同异离'坚白之辨，恐难讳得也。"（《韩国文集丛刊》202，民族文化推进会 1999 年版，第 97 页）
⑥ 《经义记闻录》，保景文化社 1976 年版，第 58 页。
⑦ 《退溪全书·论四端七情第一书》："四端发于理，七情发于气，是理气判然而为两物。"（成均馆大学 1976 年尊经阁影印本，第 75 页）

界分，以明分别之说，可谓十分详尽也……则亦似未免微有主张分别之说，故于古人言句，或有蹉过实意之偏也"。[①] 退溪将情分为二、巍岩将心分为二，其实目的都在于确保四端或本心的纯粹善性之绝对价值，并构建自己形而上学的理论基础。退溪认为"四端纯理，故无不善"，故要彻底区别于具有善恶可能性的七情（气）。巍岩也主张应该界分本然之气与血肉之气、心与气质、本然之心与气质之心。

"性即理"是朱子学的核心命题，"四端理之发"是退溪学的重点。巍岩在"心性一致"、"心即性，性即心"中所主张的心与性并无二异。我们不妨可以设立这样一个等式：

朱子：本然之性（性）= 理

退溪：四端（情）= 理

巍岩：本然之心（心）= 理

性理学的基本观点是"性即理"。由退溪的主张可以推导出"情性一致"，由巍岩的观点可以推导出"心性一致"。理是一切价值的根据，其本身是纯粹至善的，这从根本上有别于气的相对价值。"本然之性、四端、本然之心都是理"的命题都说明了这些是纯粹至善的绝对价值体，与气质之情、七情、气质之心等相对价值体是有本质区别的。为了从理论上确保这一点，就需要彻底区分它们与气的存在之不同。这一方法便是分别和界分。

把气视为二物而"离看"和把理气合为一物而"合看"是性理学的基本思维方式。上面所探讨的退溪与巍岩的主张都是以"离看"为基础的。但若从形而上与形而下的关系来看巍岩的"心性一致"与退溪的"四端理之发"之命题时会发现，他们也使用了"合看"。巍岩指出，大本底未发状态下湛然纯善之气（本然之气）丝毫没有掩蔽气，故心"湛然虚明，如鉴之空，如衡之平"[②]。在这种视点下，心是气，但同时也是理的绝对价值如实具

---

① 《高峰集·答退溪第二书》，成均馆大学大东文化研究院 1979 年版，第 96 页。

② 《巍岩遗稿》，《韩国文集丛刊》190，民族文化推进会 1988 年版，第 97 页。

现的实体，与理（性）一致。因此，心性一致，心即性，性即心。退溪的四端说也是同样，他在最后的对四端的定论是"理发而气乘之"，这也同样是到了理气不离而合看的立场，只是在这过程中，理具有主宰气的功能和地位这一点是丝毫不会改变的。这都意味着理这一绝对价值不仅在形而上的性的层面可以实现，而且在形而下的现实性层面也可以实现。

可见，退溪和巍岩均以分的逻辑为基础确保了善的纯粹性，以合的逻辑为基础构建了善的实践机制。他们以对纯粹性的指向和实践性的追求为轴心创立了自己的理论体系。

（三）心说论争：观点认识的不同

心说论争主要是 19 世纪岭南学派代表人物寒洲李震相（1818—1886）与畿湖学派学者艮斋田愚（1841—1922）之间展开的一场论争，后来也扩展到二者的门人。导火索便是寒洲 1861 年所作的《心即理说》。寒洲在文中批判栗谷的"心是气"，强烈主张自己的"心即理"。

朝鲜性理学从 16 世纪的退溪、栗谷时代开始，就试图用理气论来解释心及世上万事万物。如湖洛论争对"未发论"展开讨论时，主要集中在未发之心的气是"湛然纯善"还是"清浊美恶"，纯善的本然之心是否是"理气同实"。这些都不同于朱子的"中和说"。从理气论角度去回答"心是什么"时，会出现"理气之合"、"心即理"和"心即气"三种不同的答案。如我们所知，朱子学中把心规定为理气之合，退溪也是提出"心合理气"。但是自栗谷主张"心是气"之后，这便成为畿湖学派的理论宗旨。寒洲认为"心是气"这一主张歪曲了经由"孔子—孟子—朱子—退溪"所传承下来的儒学的一贯宗旨，他认为"论心莫善于心即理，莫不善于心即气"[1]。为了批判"心是气"，寒洲提出了"心即理"，并认为自己的"心即理"才是真正继承并发展了退溪的理论。[2] 但"心即理"类同于被退溪划为异端的阳明学的理论，

---

[1] 《寒洲先生文集》卷 32，亚细亚文化社 1980 年版，第 75 页。

[2] 《寒洲先生文集》卷 32："（退溪）先生常曰，心之未发，气未用事，惟理而已，安有恶乎？此乃指心体之论。吾所谓莫善于心即理者，此也。"（亚细亚文化社 1980 年版，第 82 页）

故不仅在岭南学派内部受到了极大批判，在畿湖学派内部也是如此。

这些批判人物的代表便是艮斋田愚。他于1911年作了《李氏心即理说条辨》，其中包含26条内容。他逐条引用寒洲《心即理说》中的内容，并按照问题点归类来进行逐一批判。后来寒洲学派门人重斋金榥（1896—1978）又于1948年作了《李氏心即理说条辨辨》来逐条批判艮斋。

栗谷虽然提出了"心是气"，但这一理论在其整个思想体系中所占的比重并不大，其根本精神仍在于"心合理气"。"心是气"之所以受到畿湖学派的重视，很大程度上是受了17世纪儒者尤庵宋时烈（1607—1689）的影响。尤庵曾说"栗谷先生，常以心为气"，①而且针对弟子"心之虚灵，分明是气欤"的提问，尤庵也明确回答"分明是气"。②"心是气"后来成为畿湖学派的宗旨，其实是从18世纪湖洛论争的代表人物巍岩和南塘展开论辩之后形成的。以下将分析寒洲、艮斋及寒洲门人重斋对"心是气"这一命题的不同主张。

中国古代有"荆山之玉"的故事，大意是说：荆山的石中分明有玉在其中，但大部分人却看不到石中之玉，只看其外表便判定荆山之玉是石。寒洲引用上述史例指出"此见其外之石，而不知其中之玉者也"③，批判畿湖学派主张"心是气"是只看到了气，而忽视了内在于心中的理。

对此，艮斋从两个方面予以反驳：首先他引用朱子"知觉，正是气之虚灵处"④为典据，认为先贤大家对此已有论述；其次，他指出，"气字恐是指虚灵精英者，言未可直以粗浊渣滓当之"⑤，认为"心是气"的气不是"粗浊渣滓"，而是"气之一原"、"与理无间"⑥之气。他同栗谷一样，都将这种气视为具有理的性质的存在，即"本然之气"。

面对艮斋的观点，寒洲的弟子重斋则主要围绕"从何种观点来规定心"

---

① 《宋子大全》卷15，斯文学会1971年版，第107页。

② 《宋子大全》卷15，斯文学会1971年版，第105页。

③ 《寒洲集》卷10，高丽大学图书馆1993年影印本，第92页。

④ 《朱子文集》卷61，景文社1977年版，第102页。

⑤ 《退陶先生论心》12条，成均馆大学1985年尊经阁影印本，第62页。

⑥ 《退陶先生论心》12条，成均馆大学1985年尊经阁影印本，第65页。

为重点来展开。为此，重斋提出了"平说、直指、偏指"三种观点：

> 大抵平说心，则固合理与气而成者也。故从上圣贤言心，或有从理言处，亦有从气言时，有当各随其地头看。……然而理者心之主也，气者心之资也。从其主而言者，为直指。从其资而言者，为偏指也。……今田氏所举诸说，或取其偏指之偶合于己者。[1]

重斋认为，把心"平说"时为"心合理气"，在心中"直指"理时是"心即理"，"偏指"气时是"心即气"。直指是"从其主而言者"、"从理言"，偏指是"从其资而言者"、"从气言"。故艮斋的主张不过是偏指而已。重斋认为，在"知觉是气之虚灵处"中"知觉"有时可以规定为理，有时还可以规定为气。因此他反驳艮斋的观点只重视气，而忽视了理。因为心的主人是理，所以只有"直指"理才能真正把握心的本质。所以，重斋认为与理无间的一原之气并不能成为终极者，能成为终极者的存在唯有理而已。

既然寒洲强烈主张"心即理"，那么他认为"心即气"[2]的问题究竟出在哪里？

在寒洲看来，"心即气"的第一个问题在于，若把一身之主宰看作是气，则天理就要听从于形气的命令，即理气关系完全颠倒，故应为"心即理"。但艮斋认为，心完全有可能霎时逆性并充分发挥自己的作用，进而可以主宰一身，故必须"用敬尊性"，才可以"管摄一身"，这反映了艮斋所坚持的不能把可变之心视为基准的信念。对此，重斋批判指出，如果心的主宰因性而成，则会造成"主宰之上，又别有真主宰"[3]之谬误。他同寒洲一样，强调心本身的主宰性。

第二个问题是，如果把心规定为气，则其本体之性也会成为气，就会造成"人兽无分"。艮斋指出，寒洲从"心即气"的命题中推出"认性为气"

---

① 《退陶先生论心》12 条，成均馆大学 1985 年尊经阁影印本，第 65 页。

② 栗谷提出的观点是"心是气"，"心即气"这一说法来自寒洲的"论心莫善于心即理，莫不善于心即气"。（《寒洲先生文集》卷 32，亚细亚文化社 1980 年版，第 83 页）

③ 《退陶先生论心》18 条，成均馆大学 1985 年尊经阁影印本，第 79 页。

是不合伦理的判断。若依据寒洲的观点，为了把"太极、性、道"等形而上者规定为理，就需要把"阴阳、形、气"等也要规定为理，这是非常荒谬的。从伦理学的角度看，艮斋的批判是有道理的。所以重斋对这部分也没有做过多辩解。

第三个问题是，若把"性情之统名"的心规定为气，则大本和达道都会成为气，理就会成为空寂的死物。如此，就会招致做学问无头脑、社会出现混乱之局面。对此，艮斋引用朱子严格区分理气并把心归结为形而下之存在的观点来进行反驳，力证"心即气"的正当性。并且还指出，心是活物，但理不具备物理的运动性。而且自栗谷以来畿湖学派一贯的主张也是否定理的能动性。关于这点，重斋反驳指出，假设心是气，那么性和情都会成为气。但在畿湖学派中也有把心看作理的主张，所以艮斋的批判是错误的。重斋的核心是把心和理都看作是有作为的理，这就强化了退溪学派不能把理看作"死物"的主张。①

综上所述，艮斋和寒洲学派的重斋论辩的核心可归结为"如何从存在论角度规定心与理（性）的关系"。艮斋认为寒洲犯了"心性无分"和"心理无分"的错误。历经高层次的修养达到圣人之境界时，心和理（性）可以说是"无间"。但从存在论角度绝不能说心与理为"一物"。换言之，可以肯定"道即在心"，却不能认可"心则是道"。而且"心为太极"也应该理解为"心之所涵太极"。艮斋的这种主张是担心"心即气"。因为气是相对的，若以心为本，则社会将会陷入混乱状态，故应该以理（性）为基准来主宰心，这就是艮斋独创的"性师心弟说"。他认为寒洲的学说是"本心"，自己的学说是"本天"，应明确区分。他说的天是包含"理、性、矩、礼、道、太极"等的概念。艮斋的核心主张在于"天（理、性、矩、礼、道、太极）"是高于心的存在，而且是客观绝对的准则，且能主宰心。

---

① 退溪曾说过"是知无情意无造作者，此理本然之本也。其随寓发见，而无不到者，此理至神之用也。但见于本体之无为，而不知妙用之显行。殆若认理为死物，其去道不亦远甚矣乎"（《退溪全书》第二册，成均馆大学大东文化研究院1958年版，第102页），主张不能把理看作死物。

其实，艮斋的学说与朱子并不矛盾。朱子也曾说过"心与理一"①、"心即理，理即心"②。但是"心与理一"并不是存在论的角度认为"心和理是一物"，而是通过自身修养达到"心和理成为一物"之境界的当为性和目的性。"心即理，理即心"是对《大学》"格物致知"的说明，指的是达到"即物穷理"的极致（即"豁然贯通"）时就会实现"心即理"。可见朱子所说的"心即理"和阳明学的"心即理"是不同的。

寒洲学派的核心主张是"心即理"，但朱子和退溪的立场都是"心合理气"，那么如何既能遵守性理学的基本前提，又能主张"心即理"的正当化？这就是寒洲门人重斋需要集中论证的问题。

为此，重斋提出了"平说、直指、偏指"三种观点，这就类似于寒洲的"普说"、"竖说"。寒洲认为，把心看做"心合理气"是普说，即一般的学说；把心看做"天理在人之全体"是竖说，③并加以区分。前者是退溪《圣学十图》下图的观点，后者是中图的观点。"竖说"是寒洲依据自己"竖看、横看、倒看"中"竖看"而成立的学说，"竖看"是在本原上以理为主来把握事物本质的方法。"普说"是立足于横看的学说，横看是就流行处合看理气。倒看是就形迹处以气为主来穷极理。④退溪曾试图在理气构成的心中单指理来确认其纯善无恶。如前所述，重斋提出的直指就是"从其主而言者"和"从理言"，偏指则是"从其资而言者"和"从气言"。这种"从其主而言者"和"从其资而言者"的方式与退溪"主理而言"和"主气而言"并没有太大区别。可见，重斋是以退溪学派的方法论为基础来主张"心即理"的正当性。

---

① 《考订朱子世家》："为学之要，惟事事审求其是，决去其非，积集久之，心与理一，自然所发，皆无私曲。"（保景文化社 1993 年版，第 67 页）

② 《朱子语类》卷 18："一事一物，莫不皆有一定之理。今日明日积累既多，则胸中自然贯通。如此，则心即理，理即心，动容周旋，无不中理矣。"（中华书局 1989 年版，第 93 页）

③ 《寒洲集》卷 15："近来以来，若有所了然者，因作主宰说以会通之。其曰兼理气者，普说也。其曰天理在人之全体者，竖说也。"（高丽大学图书馆 1993 年影印本，第 108 页）

④ 《寒洲集》卷 7："故有就本源上竖看者，有就流行处横看者，有就形迹上倒看者。穷理之始，倒看而有所据。析理之精，横看而无所遗。明理之极，竖看而得其真。"（高丽大学图书馆 1993 年影印本，第 66 页）

（四）三大论争的综合关联性

如同《大学》三纲领的最终境界是"止于至善"，儒学的目标是在现实世界中实现绝对的善。为了构建儒学形而上的理论基础，朱子提出了"性即理"，这就阐明了人之本性所具有的绝对价值。但这只是在形而上的层面上确保了性之纯粹又绝对的善性，但在现实世界中却很难确保其实践力，因此遭到了很多批判。鉴于这一点，相信朝鲜时期的三大论争会给我们带来一定的理论启示。

退溪提出的"四端理之发"，巍岩独创的"心性一致"以及寒洲的"心即理"，都是为了在情和心的现实世界中确保性之至善这一绝对价值得以实现而进行的理论性尝试。他们的主张在一定程度上与传统的朱子学是有冲突的。传统朱子学认为，心是理气之合，理具有绝对善的价值性，而气则具有可善可恶的相对价值性。在这一前提下是很难推导出四端和心所具有的绝对价值的。因此，退溪、巍岩和寒洲均遭到了其论敌的强烈批判，而且他们的批判在朱子学范围内也不是没有道理的。

面对论敌的批判，退溪提出了"主理而言之"和"主气而言之"，重斋提出了"从其主而言者"和"从其资而言者"，这实际上都是观点认识的差异。因为他们都深知在存在论层面是很难将自己的理论正当化的，因此只能从价值论上作文章。巍岩积极主张"本然之气"这一概念也是因为仅凭朱子学的理气论是无法为"心性一致"做理论铺垫的。退溪、巍岩和寒洲虽然都使用朱子学的术语和理论构建了自己的学问体系，但却都有越过或违背朱子学理论层面的部分。究其原因，笔者认为，除了思维逻辑的不同，还与他们各自生活的时代背景密切相关。具体而言，退溪生活的 16 世纪是士祸党争纷乱的时代，面对现实的动荡和矛盾，退溪要从人的内面心性来究其原因，要坚决捍卫四端的绝对善性并更好地发挥儒学"修己治人"之功用。巍岩所处的 17、18 世纪正是中国的明清交替期，面对满人建立的清朝，朝鲜士人的"小中华意识"逐渐强烈，巍岩的"心性一致"也是鉴于此而提出的，并由此主张人物性同。寒洲生活的 19 世纪是朝鲜开港之后被动卷入近代资本主义市场的时期。面对西方异质文明的冲击，朝鲜知识分子提出了各种对应方策，寒洲便属于斥邪卫正一派，他提出"心即理"就是要树立心在现实中的主宰性和准则性，以期抵御外力侵略。

因此，他们在各自的理论基础上进行了果敢创新。正是他们的创新，才使得韩国性理学形成了有别于中国朱子学的理论特色。

四、朝鲜后期儒学的"心学化倾向"

纵观朝鲜时期的儒学发展史可见，在 18—19 世纪出现了两种不同的"心学化倾向"：一是"内在的"心学化倾向。它不是传统意义上与理学相对立的心学，而是朝鲜学界随着对朱子学理解的深入而产生的，代表人物有巍岩李柬（1677—1737）、鹿门任圣周（1711—1788）和寒洲李震相（1818—1851）等。二是因阳明学的传入而引发的"外在的"心学化倾向。阳明学自传入朝鲜社会伊始，便遭到了以退溪为首的名儒批判，从此一直无法进入学界主流。后来学者赵翼（1579—1655）和李睟光（1563—1628）等人在批判朱子学的基础上，部分吸收了阳明学的观点。其学说后来被郑齐斗（1649—1736）所继承，从而形成了韩国阳明学的代表学派——江华学派。本书关注的重点是前者，即"内在的"心学化倾向，这在朝鲜儒学的两大流派即畿湖学派和岭南学派①中都有很明显的表现。

湖洛论争是朝鲜后期儒学史上最重要的一场思想论争，参与论争的代表人物分别为畿湖学派的湖派学者南塘韩元震和洛派学者巍岩李柬。其中，人物性同异问题、未发心体纯善问题、圣凡心同异问题是这场论争的三大主题。在论争过程中，南塘批判巍岩指出，"盖以心为纯善，以心与气禀为二者，前未有此论"②，认为巍岩的"心纯善"实则与佛教和陆王学并无二异。在南塘看来，阳明的"心即理"、佛教的"即心即佛"与巍岩的"心纯善"本质上如出一辙，因为其都违背了传统性理学的根本宗旨，即"性无不善"而"心有善恶"。可见，在继承了正统朱子学的畿湖学派内部出现这样一种类似于佛教和陆王学的"心学化倾向"，确实很难理解。

---

① 畿湖学派以栗谷李珥为宗，重点强调气的作用及"理气妙合"；岭南学派则以退溪李滉为宗，重点关注理的能动性与尊严性。

② 《南塘集》卷 29，《韩国文集丛刊》202，民族文化推进会 1999 年版，第 102 页。

南塘和巍岩都是畿湖学派著名学者权尚夏（1641—1721）的门生。因此，从学脉来讲，我们很难说巍岩的学说是受阳明学影响而形成的。但如果单纯说其是朱子学内部的发展倾向，则南塘就不会发出如此极端而辛辣的批判。为了阐明这一问题，我们首先需要来分析一下巍岩的"心纯善说"。

"心纯善说"是巍岩从自己的核心理论"理气同实、心性一致"中推导出来的，这是本书分析的重点所在。不仅如此，我们还要考察这一命题是如何发展而来的。因为性理学严格区分心与性，很难接受"心性一致"这一观点。特别是在视"心是气"为宗旨的畿湖学派立场上，"心性一致"这一观点本身就是自我矛盾的。因此，本书将通过解析畿湖派学者巍岩和鹿门的"心性一致论"来考察朝鲜后期儒学发展的心学化倾向。

不仅如此，这种心学化倾向在岭南学派内部也有明显的体现，代表学说便是寒洲李震相的"心即理"。这本是陆王学的核心命题，但寒洲的观点却与之有很大不同。他站在朱子学的立场上批判阳明，坚决捍卫自己学说的合理性。

因此，下文将首先从朱子和阳明谈起，然后重点分析朝鲜后期儒者巍岩、鹿门以及寒洲学说中体现的这种心学化倾向。

（一）从朱子与阳明谈起："心具理"与"心即理"

为了更好地理解从"心具理"如何发展为"心即理"，我们首先来考察一下朱子和阳明是如何规定心与理之关系的问题。

朱子曾指出"性犹太极，心犹阴阳。太极之在阴阳之中，非能离阴阳也"[①]，严格区分心与性。关于心、性、理的关系，他在《孟子集注》中又指出：

> 心者，人之神明，所以具众理而应万事者也。性则心之所具之理，而天又理之所从以出者也。

心是具备理而应对于万事万物等客体的现实存在，性是心中所具之理，是形

---

① 《朱子语类》卷 5，中华书局 1986 年版，第 91 页。

而上之实体。心中虽有理内在其中，但心本身并不是理，理只能是属于性的层面。心是如同围绕着性的城郭一般的存在。从理气论来看，性即理，心则是理气之合，是具体而现实的存在。从价值论来看，心是随着气的清浊粹驳而可善可恶的相对性价值存在，性则是具备理之纯善的绝对性价值存在。故朱子说"心有善恶，性无不善"①。可见，朱子是严格区分心与性的，二者因气禀的不同而有差异。

然而，与之矛盾的是，朱子也曾指出："心与理一，不是理在前面为一物，理便在心之中。"②而且他在临终前强调修养的重要性时，也对弟子说过"心与理一"。

> 为学之要，惟事事审求其是，决去其非，积集久之，心与理一，自然所发皆无私曲。③

此处朱子的"心与理一"并不是从存在论上而言，而是强调修养的当为性，即应当通过努力修养来达到"心与理一"的境界，这是学问的目标。朱子很少从存在论上讨论"心与理一"，这一点我们从"仁者，理即是心，心即是理"④中可以明确得知。仁者，通过克己复礼来达到成熟的心，从而实现与理的一致。所以，"心即是理"应该从"去人欲，存天理"的角度理解。

> 一事一物，莫不皆有一定之理。今日明日，积累既多，则胸中自然贯通。如此，则心即理，理即心，动容周旋，无不中理矣。⑤

上段是朱子对《大学》"格物致知"的解释，意即达到即物穷理的最高境界后，一切便会豁然贯通，"心即理"就可以实现。因此，朱子的"心即理"

---

① 《朱子语类》卷5，中华书局1986年版，第92页。
② 《朱子语类》卷5，中华书局1986年版，第91页。
③ 《考订朱子世家》，保景文化社1993年版，第82页。
④ 《朱子语类》卷37，中华书局1986年版，第192页。
⑤ 《朱子语类》卷18，中华书局1986年版，第129页。

与阳明的"心即理"是不同的。阳明的"心即理"具有两层含义：一是心与理是一致的；二是心外无理。阳明在龙场悟道时曾指出"圣人之道，吾性自足，向之求理于事物者，误也"①，可见他比较强调后者之含义。面对"至善之求诸心，恐于天下事理有不能尽"之质疑，阳明在《传习录》中作了详尽具体的回答，内容较长，其要点大致为：一，心即理，心外无事，也无理；二，孝、忠等道德法则并不在于父母或君主等道德行为的对象，而在于道德主体之心；三，心即理。心若没有被私欲掩蔽，则它就是天理，而且心外也无所添加。天理若发显于事亲之心，就是孝；发显于事君之心，则是忠。

由此可将阳明的"心即理"理解如下：首先，理这一道德法则并不存在于客体，而是先天存在于心，故应从心内理解理。这与朱子从存在论意义而言的"性即理"本身就有区别。② 这也是朱子学与阳明学的根本区别之所在；其次，心若不被私欲所掩蔽，则它就是天理。阳明也曾反复强调："此心若无人欲，纯是天理。"③ 阳明所说的心并不是现实的人心之全体，而是排除了人欲的心，即本心，"心之本体，即是天理。"④ 心的本体是由性构成的。关于这点，阳明还曾指出：

> 至善者，心之本体也。⑤
> 心之本体，原自不动。心之本体即是性，性即是理。⑥

可见，阳明的基本态度是不区分心与性以及心与理。这与朱子严格区分是不同的。朱子平生致力于对很多学问术语作出明确的概念定义，并在此基础上构筑其逻辑体系。但阳明认为这种繁杂的知识体系与文人所追求的清贫淡泊之生活本来就是无关的。他重视的是，人在接触外物时，心如何反应并判断

---

① 《王阳明全书》卷32，延世大学图书馆馆藏本1993年版，第127页。
② 朱子的"性即理"之"理"具有自然法则和道德法则之双重意义，而阳明的"心即理"之"理"则只具有道德法则之意义。
③ 《传习录》卷1，延世大学图书馆馆藏本1993年版，第15页。
④ 《传习录》卷2，延世大学图书馆馆藏本1993年版，第38页。
⑤ 《传习录》卷3，延世大学图书馆馆藏本1993年版，第72页。
⑥ 《传习录》卷1，延世大学图书馆馆藏本1993年版，第18页。

处理。在这种场合下，将心与理、心与性分开而言是没有任何意义的。①

可见，朱子性论的重点在于构建道德形上学的理论依据，故主张"性即理"和"心具理"；而阳明则更加强调修养论的含义，并在实践的基础上提出了"心即理（性）"。

（二）从巍岩到鹿门："心是气"与"心性一致"

如上，朱子在存在论意义上认可"心合理气"，也就是"心具理"，但并不承认"心＝理"。但在阳明那里，"心＝性＝理"则成立。从价值论意义上看，朱子学以性善论为主，而阳明学则同时承认性善与心善。

巍岩属于畿湖学派，这一学派的宗旨是"心是气"。"心是气"最初是由栗谷提出的。

> 朱子曰，心之虚灵知觉，一而已矣。或原于性命之正，或生于形气之私。先下一心字在前，则心是气也。或原或生而无非心之发，则岂非气发也。心中所有之理，乃性也，未有心发而性不发之理，则岂非理乘乎？②

栗谷认为，心是有理内在其中的气式的存在。因此，畿湖学派的心论就朝着气论的方向展开。③ 巍岩和南塘间的未发论辩也与此密切相关。关于南塘认为的"未发状态下也存在气质之性"之问题，巍岩批判道：

> 然则所谓未发，正是气不用事时也。夫所谓清浊粹驳者，此时无情意无造作，湛然纯一，亦善而已矣。此处正好单指其不偏不倚，四亭八当底本然之理也，何必兼指其不用事之气而为言乎？④

---

① 小岛毅：《朱子学与阳明学》，申铉承译，韩国东亚社 2004 年版，第 120 页。
② 《栗谷全书》卷 29，成均馆大学大东文化研究院 1992 年版，第 186 页。
③ 《宋子大全》卷 7："然则心之虚灵，分明是气与？先生曰，分明是气也。"（斯文学会 1971 年版，第 62 页）
④ 《巍岩遗稿》卷 7，《韩国文集丛刊》190，民族文化推进会 1988 年版，第 97 页。

巍岩也认为未发是"气不用事",不仅仅是不接触外物,更重要的是只有本然之气而没有血气的作用,故"湛然纯一,亦善而已"。因此,真正的未发不受血气影响,故本然之性如实展现,纯粹至善;而南塘则认为未发是未接触事物的状态,此时兼具善恶的气虽存在,但不发挥作用,故不会影响理的善,但仍然具有恶之可能性。① 所以,与南塘非常关注人所禀赋的气质差异不同,巍岩一直强调未发之气的湛然清虚。而且他的这一观点随着"本然之气"、"气之本然"的提出而更加强化。

> 使束赖天之灵,或于一生之内,霎时之顷,方寸湛然,无一分昏扰之气,则窃意即此驳浊者澄然,纯于本然之气。而未发之境,始可与闻于此。②

对巍岩来讲,未发之气就是"本然之气",是"纯清至粹"的气。在这一点上,圣人与凡人是无异的,由此便可以体悟到未发的境界,确立中之本体。而这一点与南塘在论辩自始至终所坚持的"未发虚明,明德本体。美恶不齐,气禀本色"③形成了强烈对比。

可见,巍岩所说的气是本源性的存在,主要是在未发状态下才可以确认的特殊之气。相反,南塘的气则是一般意义上具有清浊粹驳的气质之气。他们二者虽都使用气这一用语,但其意义和层次却是不同的。④

若将"本然之气"与"心是气"结合连用,则变成"由本然之气构成的心",这就是"本然之心"。巍岩认为,心也有本然之心和气质之心。

> 盖以本然气质,对待论性,而后性理之实,无复余蕴矣。独心则从上所言,未尝有以本然气质对待论说者。愚意则于心体,亦必以是

① 全仁植:《李柬与韩元震的未发、五常论辨研究》,韩国学中央研究院(原韩国精神文化研究院)博士学位论文,1998 年,第 126 页。
② 《巍岩遗稿》卷 7,《韩国文集丛刊》190,民族文化推进会 1988 年版,第 97 页。
③ 《南塘集》卷 28,《韩国文集丛刊》201,民族文化推进会 1999 年版,第 191 页。
④ 崔英辰:《韩国儒学思想研究》,邢丽菊译,东方出版社 2008 年版,第 241 页。

二者备言而后。心体之实，亦庶无余蕴矣。然其意则已具前言。今不暇广引，只以《大学章句》言之，其曰"虚灵不昧，以具众理应万事"者，此本然之心也。其曰"为气禀所拘"者，此气质之心也。心非有二也，以其有拘与不拘而有是二指，则所谓大本之性者，当就其本然之心而单指。所谓气质之性者，当就其气质之心而兼指矣。①

正如只有将性分为本然之性和气质之性才能把握其全貌一样，巍岩主张心也应该分为本然之心与气质之心，并且还将本然之心对应于本然之性，气质之心对应于气质之性。借用朱子《大学章句》的注释来看，本然之心相当于虚灵不昧之明德，而气质之心则相当于受气禀所拘之明德。同是一明德，因气禀之拘与否分为两种不同的心。气质之心的未发是浅层的未发，是不中底未发；而本然之心的未发是深层的未发，是大本底未发。

此外，巍岩还从修养论的层面如下解释本然之心与气质之心。

> 故天君主宰，则血气退厅，而方寸虚明。此即本然之心，而其理即本然之性也。天君不宰，则血气用事，而昏明不齐，此即气质之心，而其理即气质之性也。②

本然之心是"天君主宰，血气退厅，方寸虚明"之状态，等同于"虚灵不昧，以具众理应万事者（明德）"。气质之心是"天君不宰，血气用事，昏明不齐"之状态，等同于"为气禀所拘者"。从"所得乎天"来看，本然之心是先天性的存在，而它同时又是血气受天君统制的产物，这就证明了其后天性。所以人应该通过"戒惧慎独"的修养功夫来驱除浊驳的血气，恢复湛然纯一的本然之气，从而使本然之心成为一身之主宰，实现心性一致。③

"理气同实，心性一致"是巍岩的独创理论。

---

① 《巍岩遗稿》卷7，《韩国文集丛刊》190，民族文化推进会1988年版，第97页。
② 《巍岩遗稿》卷7，《韩国文集丛刊》190，民族文化推进会1988年版，第99页。
③ 邢丽菊：《朝鲜时期的"未发"论辩及其理论差异》，《哲学研究》2011年第1期。

噫！未发是何等精义，何等境界！此实理气之大原，心性之筑底
处，而谓之大原筑底处者，无他，正以其理气同实，心性一致而言也。
圣人则合下以理为心，故心即性，性即心，体即中，用即和，无容可
议矣。①

巍岩理解的未发便是"心性一致"的境界。此时心即性，性即心，都是本然
之心。可见，本然之心是"心性一致"之心，圣人具备这种心。

那么，对于视"心是气"为宗旨的畿湖学派学者巍岩来说，他为何要
提出类似于"心是理"这种相反的观点呢？性理学一贯主张"性即理"，性
是绝对的善，而气则使得这种性善在现实中呈现。性善的实现程度跟气的清
浊粹驳紧密相关。不妨打个比方，虽然乌云可以遮天蔽日，但穿过云层洒落
在地面的阳光才是最重要的。正如太阳之光本身与射落在地上的阳光有差异
一般，性善与现实中的善（心善）之间也有距离。这是因为有无数层的气在
起作用。因此，巍岩坚定不移地主张未发状态下清浊粹驳之气向气之本然状
态的恢复，他将这种气称为"本然之气"。在这种观点下，心才能回归其本
来状态。巍岩认为这种心是由百分百透明之气（本然之气、气之精爽）形成
的，故性之善没有丝毫遮掩而完全显现出来，从而达到心性一致。巍岩还将
此心判定为理。由此便可以看出他脱离了朱子学的理论体系。将心对比与
"理气之合"或理（性）来看时，他的这种理论是很难被朱子学接受的。巍
岩心性一致的心论是将心视为纯粹又绝对善的"心纯善论"。因此南塘批判
巍岩的心论与佛教、陆王学一样视心为本，违背了儒学的宗旨。

正如形而上之性在现实中实现需要形而下之气的媒介作用，形而下之
气同样需要形而上之性来确保其善性。巍岩的"心性一致"试图将心牵引到
本然纯善的层面上，并从性的角度来考虑。也就是说，巍岩的重点在于阐明
心与性在价值论上的一致性。

以巍岩为首的洛学派的基本观点是视气的本体为湛然纯一。后儒鹿门
任圣周（1711—1788）进一步继承并发展了这一观点。鹿门在《答李伯讷》

---

① 《巍岩遗稿》卷13，《韩国文集丛刊》190，民族文化推进会1988年版，第160页。

中解释"湛一":

> 天之生物，使之一本。一本者，不但理之一，气亦一也。所谓湛
> 一，气之本是也。
> 人禀二五之秀气以生，故方寸空通。即此空通，湛一全体呈露昭
> 著，与天地通。……湛一本色，当于未发时认取。①

鹿门认为，"湛一之气"是气的根本，是与天地相通的，也是在未发状态下
可以确认的纯善之气。

关于"性善由气善之说"之问题，鹿门回答：

> 自理而言，则理本纯，故气自纯。从气而言，则气之纯，即理之
> 纯。理不纯，则气固无自以纯矣。气不纯，则理将悬空而独纯乎？
> 论理气，则必以理气同实，心性一致为宗旨。心之虚灵洞彻，由
> 气之湛一而见。性之仁义中正，以心之虚灵而著。内外昭融，本末
> 洞然。

鹿门在强调"理一"的同时也强调"气一"，并将二者看做是对应项。不仅
如此，他还提出了"气上言之"的方法论，认为"理之一即夫气之一而见
焉"，"一原分殊，皆即气而指理也"②。从一原处来讲，"理之一"与"气之
一"是相通的，所以根源性之理必须与根源性之气相对应，这个气就是"湛
一之气"，心就是由此气构成。从形而上的理论层面来看，理的纯粹可以保
障气的纯粹；从形而下的现实层面来看，湛一之气的存在是保障理之纯粹性
的媒介。仁义礼智的道德性（理）只有依靠由这种气构成的虚灵之心，才可
以在现实实践中展现。这就是"理气同实，心性一致"的含义。

鹿门这种以"湛一"为核心的学说在《答任靖周》中也很好的体现出

---

① 《鹿门集》卷 5，《韩国文集丛刊》228，民族文化推进会 1999 年版，第 97 页。
② 《鹿门集》卷 20，《韩国文集丛刊》228，民族文化推进会 1999 年版，第 173 页。

来。在往复信件中，鹿门认为"湛一为元本祖宗"，心也"只是湛一之神灵"。当有人向其问起以气的湛一为论据的心善说与以理的真实性为论据的性善说有何对立时，他如下回答道：

> 专言心之体段，即但当下神明灵觉等字，并论其德然后，乃可曰心善。从下善字，已是合心性。盖心性元只是一物。[1]

他认为，心和性本来就是一个存在。对于巍岩的"理气同实，心性一致"，鹿门也将其换为自己的表达方式，即"理气一致，心性同实"。

> 以理一，则心亦同，性亦同。以分殊，则心亦异，性亦异。此正所谓心性同实，理气一致者。[2]

鹿门在"理气一致"的基础上进一步综合提出了"心性一致"。由此，性善与心善也实现了一致。心善在现实中之所以变得可能，其依据就是心是由湛一之气构成的。可见，鹿门如实继承了巍岩的学说，二者都突出强调了"心性一致"这一点。

（三）寒洲：从"心合理气"到"心即理"

如前所述，朝鲜后期的畿湖学派内部已经出现了心学化倾向。与此同时，进入19世纪，继承了退溪学说的岭南学派内部也出现了同样的倾向，其代表学说便是寒洲李震相的"心即理"。退溪继承了朱子学后指出"理气合而为心，自然有虚灵知觉之妙"[3]，同样认为心是"理气之合"。但寒洲却认为退溪的本意在于"心即理"，并从根本上对性理学的传统心性论进行了再诠释。[4]

---

[1] 《鹿门集》卷11，《韩国文集丛刊》228，民族文化推进会1999年版，第120页。

[2] 《鹿门集》卷11，《韩国文集丛刊》228，民族文化推进会1999年版，第121页。

[3] 《退溪全书》第二册，成均馆大学大东文化研究院1958年版，第96页。

[4] 琴章泰：《韩国儒学的心说》，韩国国立首尔大学出版部2002年版，第42页。

寒洲的"心即理"最初源于其对畿湖学派宗旨"心是气"的批判。他认为"古今人论心，莫善于心即理，莫不善于心即气"①。因此批判"心是气"。其理由大致如下：

> 夫谓心即气者之所以为不善，何也？心为一身之主宰，而以主宰属之气，则天理听命于形气，而许多录麤恶，盘据于灵台矣。
>
> 心无体，以性为体。而今谓之气，则认性为气，告子之见也。而人无以自异于禽兽矣。
>
> 心是性情之统名，而以心为气，则大本达道，皆归于气而理为死物，沦为空寂矣。从古圣贤，莫不主义理言心，而以心为气之说，行则圣贤心法，一一落空，学无头脑，世教日就于混乱矣。②

在寒洲看来，若承认"心是气"，则理与气之"主宰与被主宰"的关系就会颠倒。再者，心以性为体，若心是气，则很容易犯性（理）也是气的错误。不仅如此，寒洲还指出，"禅家之以心为理，则认石为石者之谓玉者也，其实则以心为理与以心为气，气为见气而不见理，则一也"，即禅家以心为理的学说，实则是以心为气，与畿湖学派的"心是气"并无二异。

畿湖学派最初提出"心是气"的理论依据是朱子的"心者，气之精爽"③。而寒洲提出"心即理"的理论依据是邵雍的"心为太极"。寒洲据此指出"心者，太极之在人者也"④，认为心是人的太极。朱子认为"天下未有无气之理"⑤，寒洲也承认心中有气的要素存在，所以就不可避免存在恶。尽管这样，"心之真体，终不囿于气，故心为太极"⑥。从宇宙论来看，"元亨利贞"、"天地生物之心"就是人心，因此未发时四德皆已具备，已发时四端就

---

① 《寒洲集》卷 37，高丽大学图书馆 1993 年影印本，第 205 页。
② 《寒洲集》卷 37，高丽大学图书馆 1993 年影印本，第 205—206 页。
③ 《朱子语类》卷 5，中华书局 1986 年版，第 92 页。
④ 《寒洲全书》卷 2，亚细亚文化社 1980 年版，第 39 页。
⑤ 《朱子语类》卷 1，中华书局 1986 年版，第 35 页。
⑥ 《寒洲集》卷 37，高丽大学图书馆 1993 年影印本，第 205 页。

会显现。对寒洲而言，四端和四德就是心。还需要注意的便是他说的"心之真体"。作为"心即理"的代表范例，他举出了孔子的"从心所欲不逾矩"，并且指出"程叔子以心性同一理释之，而又曰心则性也，性即理也"①，这些都有力证明了自己观点的合理性。在此基础上，他还对心作了如下分类：

> 血肉之心，以质言；仁义之心，以理言；精爽之心，以气言；知觉之心，兼理气言。各有攸主，相须而成。②

所以，"心即理"的"心"是本心、"仁义之心"、"心之真体"，也是"心性一致"的心。这一点也可以从以下内容中得以确认。

> 退溪李先生论心曰，统性情合理气，而中图单指理，下图兼指气。……先生尝曰，心之未发，气未用事，惟理而已，安有恶乎？此乃的指心体之论，吾所谓莫善于心即理者，此也。③

为了证明"心即理"的合理性，寒洲又提出了如上有力论据，这便是退溪的主张。上引文是对退溪《圣学十图》第六图即《心统性情图》的说明，这其中又包括上图、中图和下图。退溪曾指出，《中图》中的心是"单指理"。寒洲据此认为"心即理"的心就是根据《中图》而言，此时的心不是"兼理气"，而是单指理，即本心。他还认为"心合理气"是"普说"，即一般性的学说，而"天理在人之全体者"是"竖说"。④"竖说"是寒洲"竖看、横看、倒看"中关于"竖看"的学说。寒洲指出：

> 故有就本源上竖看者，有就流行处横看者，有就形迹上倒看者。

---

① 《寒洲集》卷37，高丽大学图书馆1993年影印本，第205页。
② 《寒洲集》卷39，高丽大学图书馆1993年影印本，第268页。
③ 《寒洲集》卷39，高丽大学图书馆1993年影印本，第268页。
④ 《寒洲集》卷15："近来以来，若有所了然者，因作主宰说以会通之。其曰兼理气者，普说也。其曰天理在人之全体者，竖说也。"（高丽大学图书馆1993年影印本，第108页）

> 穷理之始，倒看而有所据；析理之静，横看而无所遗；明理之极，竖看
> 而得其真。①

"竖看"是在本源上以理为主来分析事物，"横看"是就流行处上将理气合
看，"倒看"是就形迹上以气为主来穷其理。由此来看，退溪的"心合理气"
就相当于"横看"。而竖看此时的心会发现，在"理气之合"中，只有理才
可以成为"心的本质"。如此一来，"心为太极"之命题就成立了。这与退溪
所言"心之未发，气未用事，唯理而已，安有恶乎"就一致了。寒洲也认为
"莫善于心即理者，此也"。

在认识论上竖看理时，则"心即理"成立；在现实论中，只有心不受缚
于气时，"心即理"才可以具现。

> 故当于吾心合理气处，扩其理而制其气然后，真心之纯乎天理，
> 可得而见矣。苟不到圣人之心，浑然天理（圣人之心，乃天地之心，
> 而人之本心）处，则心即理三字未可以遽言之也。②

引文最后一句很好地阐明了寒洲的"心即理"属于存在论的范畴。这种心只
有通过修养才可以实现与天理的一致，这就是"圣人之心"。达到这种境界
后，心就不会受气的束缚，只需要扩充理的修养即可。这一观点与朱子是有
区别的。如我们所知，朱子在修养论的层面上主张"心即理"、"心与理一"，
而在存在论的层面认为"心合理气"。于是，寒洲这种学说后来引起了畿湖
学派学者艮斋田愚（1841—1922）的激烈批判，由此也触发了朝鲜后期儒学
史上的"心说论争"。

值得注意的是，寒洲的"心即理"与阳明是不同的。关于阳明的"心
即理"，寒洲指出：

---

① 《寒洲集》卷 37，高丽大学图书馆 1993 年影印本，第 205 页。
② 《寒洲集》卷 37，高丽大学图书馆 1993 年影印本，第 206 页。

　　　阳明不知民彝物则真至之理即吾心本具之理……既不知民彝物则
真至之理，是不以四德五常之理，谓之心也。所谓理者，果何理也？
即向所谓阴阳精气，流行凝聚之物而已。此岂非心即气之谓乎？

他认为自己主张的"心即理"之"理"是"四德五常之理"，阳明的"理"
是"阴阳精气，流行凝聚之物"，故阳明所言的"心"是气。所以，二者在
理论层次上有别。不仅如此，他还对阳明试图只是从心的内部去认识理的学
问态度进行了批判。

　　　其（阳明）言曰：吾心之良知即所谓天理，致吾心良知于事事物物，
则皆得其理矣。……又曰：心者理也，天下岂有心外之事，心外之物乎？
　　　天下事物莫不有自然之理，而一切扫除，只欲于吾心上认取，则
所谓理者，亦甚猥杂而非其洁净之全体矣。
　　　故李先生辨之曰：阳明不知民彝物则真至之理即吾心本具之理，顾
乃欲事事物物，揽入本心衮说，既不知民彝物则真至之理。爱问至善
只求诸心，恐于天下事理，有不能尽。曰心即理也，天下又有心外之
事，心外之理乎？爱曰如事父之孝，事君之忠，其间有许多理在，恐
亦不可不察。先生叹曰：此说之敝久矣，且如事父不成，去父上求个
孝的理。事君不成，去君上求个忠的理，都只在此心，心即理也。此
心无私欲之蔽，即是天理，不须外面添一分，以此纯乎天理之心。发
之事父，便是孝。发之事君，便是忠。只在此心去人欲存天理上用功。
（退溪）辨曰：本是论穷理工夫，转就实践工效上衮说。[1]

寒洲的"心即理"与阳明"心即理"最大的区别是：阳明否定心外之理，并
试图从心的内部去认识理；寒洲则对此极力批判。阳明在龙场悟到了"始
知圣人之道，吾性自足，向之求理于事物者，误也"[2]，这表明阳明的"心即

---

① 《寒洲集》卷26，高丽大学图书馆1993年影印本，第173页。
② 《王阳明全书》卷32，延世大学图书馆馆藏本1993年版，第127页。

理"所说的理（道德法则）不在于客体，而是先验性的存在于主体（心）内部。这种观点后来发展为"从心的内部来认识理"的认识论。① 不仅如此，寒洲还继承了朱子学中所认为的理存在于客观实在的外部世界之基本观点，批判阳明"只欲于吾心上认取"的理是猥杂的。而且他还引用退溪《传习录辨》的内容指出，阳明的理不是自己和退溪主张的"民彝物则，真至之理"，认为其学说犯了将气禀和物欲当作天理的错误。

可见，同为"心即理"，寒洲的观点与阳明有很大不同，他是站在朱子学立场上来展开的，是为了维护朱子性理学的正统权威性。

（四）朝鲜后期"心学化倾向"的综合分析及其意义

如上，我们详细考察了18—19世纪朝鲜后期畿湖学派和岭南学派内部的心学化发展倾向。巍岩和鹿门从畿湖学派的宗旨"心是气"出发来阐明"心性一致"。巍岩认为"心是气"的气是湛一清虚的本然之气，以此为论据展开了自己的理论。尤其是，他认为未发之气是完全湛然纯善的，因此不论圣凡人都会实现"理气同实，心性一致"。不仅如此，他还主张心也应该分为本然之心和气质之心，本然之心是由纯粹的本然之气构成的，故纯善。此时，心性之间的隔阂就会消失，从而达到心性一致。鹿门继承了这种"湛一之气"，更将其视为"元本祖宗"，并认为心是"湛一之神灵"。不仅如此，鹿门还在"理一分殊"与"气一分殊"一致的基础上提出了"心性一致，理气同实"。

岭南学派出身的寒洲则从朱子和退溪的"心合理气"出发推导出"心即理"。他以"心为太极"为论据指出，本心（仁义之心）就是理。他认为退溪所说的心是将理气横看，而将此心竖看时，理就是心的本质，故"心即理"便可以成立。这个心是天地之心，是任何人都具有的本心，是到达圣人境界后可以实现的本心。这种本心是心之真体，因为不受气的约束，故是理。这与以气的纯粹性为论据而主张"心性一致"的巍岩和鹿门是不同的。

---

① 金允晙：《郑齐斗对心即理的研究》，韩国阳明学会编：《阳明学》2012年第31号，第73—74页。

　　巍岩、鹿门和寒洲三者虽然都在性理学的术语和逻辑基础上构建了自己的学问体系，但他们均不同程度地脱离了性理学的基本体系而呈现出了一种"心学化倾向"。需要注意的是，他们的理论又分别是从畿湖学派的宗旨"心是气"以及岭南学派的宗旨"心合理气"中推导出来的，故这种倾向是朝鲜儒学内部自我产生并发展的一种学问倾向。那么，这种心学化倾向在18—19世纪的韩国儒学界出现的原因究竟为何？

　　如我们所知，"心、性、情"是性理学的三大重点范畴。其中，16世纪朝鲜的四端七情论争重点关注的是"情"。18世纪湖洛论争中的"未发论辩"主要是以"心未用事"之前的状态即"未发"为主题来从根源上探讨性的善恶问题，而"人物性同异论争"则将其外延拓展到自然界，进而探讨人与物本性的问题。可见湖洛论争主要是通过"心"来关注"性"的问题。19世纪寒洲的学说则是在批判畿湖学派"心是气"的基础上发展起来的。在这过程中，"心"升格为关键词，后来由此引发了与艮斋学派的心说论争。通过这三场论争，"心、性、情"这三大范畴在整个朝鲜王朝时期得到了细致的阐释和发展。①这也形成了韩国儒学有别于中国儒学的发展面貌。换言之，韩国儒学的特征就在于，其在人性论层面上具有内在的"求心性"②。

　　就时代背景来看，18世纪的朝鲜社会已经开始实施荡平政治，③下层民力量得到了迅速增长。与此同时，畿湖学派内部又分裂为老论和少论，老论内部后来又分裂成湖派和洛派。不仅如此，基于朝鲜小中华主义思想而产生的真景文化也在此时发展起来，逐渐进入兴盛期。进入19世纪，朝鲜开始受到西方近代资本主义侵略的困扰，被动地走上了从属的、被扭曲的"西势东渐"之路，成为世界资本主义市场的一部分。面对国内各种势力的对比分化、国外西方列强的殖民侵略以及由此带来的文明冲击，朝鲜士人开始展开

①　这种倾向也体现了朝鲜儒学在发展过程中形成了"理的下向化"趋势。具体而言，16世纪的四端七情论将朱子学中存在于"性"的理向"情"的层面下向化；18世纪湖洛论争的代表人物巍岩通过主张"心性一致"将理下向化到"未发心"的层面；19世纪的寒洲主张"心即理"，将理下向化到"心"的层面。

②　崔英辰：《韩国儒学思想研究》，邢丽菊译，东方出版社2008年版，第1页。

③　朝鲜后期君主英祖和正祖为了实现政治安定而实施的均衡各派政治力量的一种政治形态。

不同程度的应对。于是，作为"身之主"的"心"便成为学界重点关注的对象。巍岩和鹿门的学说赋予了心在价值论上的绝对含义，寒洲的"心即理"则突出强调心的主宰性与准则性之含义。

思想是理论和实践的统一体。朝鲜时期的儒学作为国家的统治理念和指导思想，无疑承担着解决社会现实问题的强烈使命感和实践性。因此，18—19 世纪朝鲜儒学内部的心学化倾向也可以视为在这种强大的实践推动下自发产生的一种学问倾向。

第三节　朝鲜后期阳明学

一、阳明学的最初传入与退溪的排斥

阳明学最初是陆九渊（1139—1192，号象山）为否定程朱理学而创立，后被王守仁（1472—1528，号阳明）继承而发扬光大的儒学思想。由于是以否定程朱理学而建立的思想，因此在以朱子学为统治思想的朝鲜时期很难取得实质性的发展。后来的事实也证明，阳明学由于韩国性理学者的阻碍在朝鲜并没有得以广泛流传，而是一直处于微势地位。

朝鲜时期对阳明学的认知开始很早，按照朴祥（1474—1530，号讷斋）为批判阳明学而编写《辨王阳明守仁传习录》的时间推断，应该是在中宗十六年（1521）。[1] 此时王阳明才 50 岁，距离其代表作《传习录》首次在中国刊行（1518）才过去三年而已。由此可见朝鲜学界对中国兴起阳明学这一思潮之动向非常关注，嗅觉非常敏锐。[2]

---

[1]　吴钟逸：《阳明传习录传来考》，高丽大学哲学会编：《哲学研究》1978 年第 5 辑。

[2]　韩国学者宋锡准认为，与王阳明的《传习录》相比，《象山集》传入朝鲜的时间更早些，象山实学性的学问态度在朝鲜学者之间也受到肯定。中宗十二年（1517）韩效元（1468—1534）在教育王室元子的文章中，曾引用陆象山的话（《中宗实录》卷 27，中宗十二年一月乙未）。中宗十三年（1518），金安国（1478—1543，号慕斋）作为谢恩使到明朝时，曾携带《象山集》并进行刊印。金安国在刊行《象山集》时，对象山学进行了肯定的评价。他认为，陆九渊作为和朱子同时代的人，能够潜心于尊德性，并与朱子展

阳明学传入初期，朝鲜学界也并非完全是排斥或反对的声音。16 世纪中期至 17 世纪中期，朝鲜学界有不少响应阳明学或至少是对阳明学抱有好感的学者，而且这些学者大都是这一时期在学界和政界享有知名度并有影响力的学者，如南彦经（1528—1595，号东冈）、李瑶（生卒年不详，号庆安令）、许筠（1569—1618，号蛟山）、李晬光（1563—1628，号芝峯）、张维（1587—1638，号谿谷）、崔鸣吉（1586—1647，号迟川）等。

南彦经本是徐敬德的门人，曾接受过退溪的书信指导。因为他对阳明学持有好感，还因此受到退溪的责备和警告。① 由此可推知，南彦经已经认识到阳明学中存在值得肯定的思想。李瑶身为王室之人，曾向当时的宣祖讲述阳明学的优点，可见对阳明学的喜爱程度。许筠和李晬光原本就具有开放的学问态度，因对阳明学具有一定的好奇心而关注阳明学。张维认为，与中国相比，17 世纪的朝鲜学界太过于"一边倒"，即过于倾向朱子学，以至于学问领域太狭窄，因而主张应开展阳明学研究以发展朝鲜儒学。② 而且他本人也对阳明学进行了一定程度的研究，成为朝鲜阳明学研究的先驱者。

但在性理学独尊的朝鲜学界，道统显得尤为重要，阳明学作为非正统的异端学说还是遭受到了严厉的排斥。16 世纪中期，朝鲜大儒退溪著述《传习录论辨》，对阳明学进行了强烈的批判和反驳，其要点整理如下：

第一，批判阳明的"亲民说"。阳明对朱子以百姓为对象进行教化感悟的"新民说"进行批判，按照古本《大学》的字义，将"亲民"解释为"亲爱和培养"。退溪站在朱子学的立场上主张，作为"明明德之学"就要发现自己的德，由学而明己德。因此"新民"就是推广自己之所学，使百姓之德焕然一新。

第二，批评阳明的"心即理"。阳明通过"心即理"否定当时重要的实

开反复辩论，确实很令人佩服。即使其学问与朱子的宗旨不同，但因其讲了心性之学，所以对崇尚程朱之教的学者来说，此书也是非常有益处的（《慕斋集》卷9）。中宗十六年，朴祥和金世弼把《传习录》改编为诗歌，此后 1558 年，洪仁佑和南彦经针对阳明学展开了讨论（《耻斋遗稿》卷 2）。这些都反映了当时朝鲜学界对阳明学采取了自由吸收的态度。（宋锡准：《阳明学的传入与吸收》，《儒学研究》2007 年第 16 辑）

① 《答南时甫》，《退溪集》卷 14，成均馆大学 1962 年尊经阁影印本，第 135 页。

② 《谿谷漫笔》，《韩国文集丛刊》82，民族文化推进会 1991 年版，第 46 页。

践德目——忠孝的客观规范，主张实践真理由心而生。关于这一点，退溪予以批判，认为将穷理学习和实践效果混为一谈。

第三，批判阳明排斥朱子学客观规范和形式的原因是沉迷于修身养性的佛教禅学。

第四，批判阳明的"知行合一说"。阳明指出，朱子为使人成圣而进行的"先知后行"的学习，最终只会导致分不清始终，因此主张"知行合一"。对此，退溪指出，若心的运动产生于形气，则阳明的"知行合一"还有可能；但若心的运动产生于义理，则需要分辨知与行，批判阳明偏重于感性世界。①

退溪逐条对《传习录》进行批判后指出，"害仁义，乱天下，无非此人"，强烈批判王阳明。后来退溪的弟子赵穆和柳成龙也追随老师而批判阳明学，特别是柳成龙还撰写了《知行合一说》等文来批判阳明，并在出使明朝时，极力批判当时太学生尊崇王阳明和陈献章的学风。由此来看，阳明学自传入初期就受到重视道统的朝鲜性理学界所批判。②

朝鲜性理学的本质是，为了对抗老佛玄学的形而上学，并将道德的伦理说实现形而上学之体系化，从而确立真理的终极标准。在当时的时代背景下，作为朱子学者的退溪必须要对批判朱子学的阳明学进行否定和批判。自 1392 年建国后，朝鲜已经经历了一百多年的创业期，前期学者郑道传（1348—1398）、权近（1352—1409）等均以"辟异端"为根据，大力排斥老庄和佛教，以此来确保儒学的正统性。与道德修养相比，当时的"辟异端"更倾向于确立并巩固新国家政权所需要的文物制度。但是后来以世祖（在位年间：1455—1468）的王位篡夺事件为始，朝鲜社会的士祸不断，统治者的道德性问题也变得日益突出。在这种思想背景下，退溪之学的目的便是一方面要巩固朱子性理学的统治理念，另一方面也要巩固朱子学对于统治者道德性问题的制度定位。因此，退溪要坚决捍卫朱子学，排斥阳明学。

退溪排斥阳明学的观点得到学界的广泛认同和吸收，此后阳明学便被

---

① 柳承国：《韩国儒学与现代精神》，姜日天、朴光海等译，东方出版社 2008 年版，第 224 页。

② 琴章泰：《韩国儒学思想史》，韩梅译，中国社会科学出版社 2011 年版，第 161 页。

定为异端学说而严加排斥。① 宣祖六年（1573）正月，柳希春（1513—1577）以退溪的理论为依据在经筵席上排斥阳明学。许篈（1551—1588）及赵宪（1544—1592）等人作为朝廷圣节使书状官出使明朝，在《朝天日记》中对当时中国学界对阳明学的肯定表示了坚决的反对立场。② 后来壬辰倭乱时，随援兵来到朝鲜的明代学者宋应昌、袁黄等人希望朝鲜王朝认同阳明学，并摆脱朱子学的陈腐之说；明代学者万世德也曾向朝鲜政府发送公文，要求朝廷将陆象山、王阳明配享于文庙，但是朝鲜政府和学界均表示了明确的拒绝立场。后来，17 世纪的朴世采（1631—1695，号玄石）、18 世纪的韩元震（1682—1751，号南塘）等都对阳明学展开了批判。至朝鲜末期，阳明学已经呈现非常微弱的发展态势。

二、霞谷阳明学

郑齐斗（1649—1736），字士仰，号霞谷，朝鲜时代著名阳明学者，江华学派学术泰斗。霞谷生活于朝鲜时代中后期，当时社会经历了壬辰倭乱和两次胡乱，经济颓废，社会动荡。17 世纪以后，中国的清朝取代明朝正式实现明清交替，日本江户幕府政权也得以成立，整个东亚处于激烈动荡的时期。在东亚政治秩序变化的过程中，朝鲜朝廷一直力图强化朱子学的义理精神，巩固朱子学的仪礼制度，企图恢复经济与社会稳定。但在这过程中，朱子学也渐渐变为朋党斗争的工具，代表性事例便是礼讼论争。特别是这时期的朝鲜学界处于清一色的性理学氛围中，空理空谈之风甚上，学术气氛僵硬。霞谷如下描绘当时的情景：

① 朝鲜另一性理学大儒栗谷对阳明学的态度是，"取其功而略其过，亦忠厚之道也"（《栗谷全书》卷 13，《学蔀通辨跋》）。面对当时朝鲜学界皆以阳明学为异端并加以排斥的现状，栗谷坦言，若能真正笃信并实践朱子学，固然不错。但若只是一味图谋私欲，便会朱陆之学"两废"，又有何根据而对别人的优劣得失横加指责？因此，栗谷虽然也指出阳明学的不足，但同时也对其长处进行了肯定。（参见柳承国：《韩国儒学与现代精神》，东方出版社 2008 年版，第 132 页）

② 李丙焘：《韩国儒学史》，亚洲文化社 1987 年版，第 355—356 页。

> 致于今日说话者，不是学朱子，直是假朱子。不是假朱子，直是
> 传会朱子，以就其意，挟朱子而作之威济其私。①

霞谷认为，当时的学界不过是假借朱子学来满足个人私利，并非真正的学术之风，于是便开始对这种性理学一边倒的学风进行反思。他抛弃朱子学并选择阳明学的目的是为了克服当时在持续不断地礼讼和党争中政治人虚伪和假饰的弊病，试图从阳明学中找到新的学风，并实践真正的生活。霞谷自23岁起便开始痴迷于阳明学的高深奥妙，认为阳明学之道简洁明了而不乏精密，甚为欢喜。② 自此直到八十余岁高龄，他不惜面对身体赢弱以及当时恶劣的生存环境，一直潜心研读阳明学，其主要著作有《学辨》、《尊言》、《四书说》、③《定性书解》、《经学集录》、《心经集义》、《文集》以及《诗书春秋劄录》等，这些都奠定了霞谷在韩国阳明学史上的重要地位。

霞谷阳明学的特征主要体现为格物致知论、良知体用论以及生理说，下面进行逐一分析。

（一）格物致知论

关于《大学》的"格物致知"，朱子认为"格"是"至"，"物"是"事"，故"格物"就是"穷至事物之理，欲其极处无不到也"。"致"是"推极"，"知"是"识"，故"致知"就是"推极吾之知识，欲其所知无不尽也"。可见，朱子所认为的"格物致知"就是极尽追求事物之理，以期达到没有缺憾的知识境界。

但霞谷并不认可朱子的这种解释，认为这是错误的解释，脱离了古本《大学》之义，所以试图对其进行重新注解。霞谷如下指出：

---

① 《霞谷全集·存言上》，《韩国文集丛刊》160，民族文化推进会1992年版，第285页。
② 《霞谷全集·存言下》："余观阳明集，其道有简要而甚精者，心深欣会而好之。"（《韩国文集丛刊》160，民族文化推进会1992年版，第312页）
③ 霞谷留下的诗文集《霞谷集》中并没有出现"四书说"这一名称，目录中虽然有"中庸说"、"大学说"、"论语说"、"孟子说"等用语，但是却没有"四书说"。韩国出版的《国译霞谷集》为了方便学界使用，将上述四个"说"合起来称呼，创造了新词"四书说"。

　　夫六经之文，昭如日星。知者见之，自无不洞如。无事于注为，故有训诂而无注说尚矣。朱子以物理为解，则不得不作注。此古经所以变也，朱解既以离之，则又不得不改为之说。此今注所以更也，其所改者。盖切要不得已之说也，如他文义解说之当者，无以加矣。①

霞谷认为，六经之文如日星明亮，知晓之人一看便通晓其意，无需注解。但朱子用物理来注解格物，令人不得不费解看注解，这就明显脱离了古典本义。所以他认为要修改注解如下：

　　要之明其明德之功，又只是一格物者耳。致知在格物，致，至也。知者，心之本体，即至善之发也。格正也，物者事也，即意所在之事也。致其本体之知者，其实在于其所事之正焉。而其至也不过尽其物之实尔。②

在霞谷看来，"格物"之"格"为"正"，"物"为"意所在之事"，带有意欲。朱子所言的"物"即"事"，但这种事是"对象之事"，具体而言是正心之事、修身之事、治国之事、孝悌之事、忠信之事等。但霞谷认为是"物（事）"，即没有实体的事，是包含意之内容的事。"物"是包含在内心的"意念"，与物体是完全不同的。因此即使称"致"为"至"，也不是穷极认识对象的意义，即意欲的"尽"之义。因此，霞谷主张"至"是"尽物之实"，也称为"至之尽"。

　　朱子的"格物"在于穷极事物之理，而霞谷的"格物"在于指向某一事情的"正意"，即不是为了认识事物而去穷理。"致知"的"致"是"至"，"知"是心之本体，是"至善之发"，即良知。所以，心体之至善或良知之发，是为了使事情不发生错误的"正"。"知"既是心的本体，也是意的本体，它是至善。这一过程所实现的"致知"不是为了增进对客观知识的理

---

① 《霞谷全集·大学说》，《韩国文集丛刊》160，民族文化推进会1992年版，第113页。
② 《霞谷全集·大学说》，《韩国文集丛刊》160，民族文化推进会1992年版，第115页。

解，而是"正意"，以期达到"致良知"。

霞谷认为，物不在心外，故事物的条理（法则、秩序等）也是由心而发的性，应称为"理为一心"，因为物理在心内。心和理不为二，而是一，这就是"心即理"。

> 分心与理为二，知与行为两。夫泛学事理则理者是公空底。茫荡无有实着，故如言克己。不曰复理，而曰复礼。致知不曰穷理，而曰致知。不曰止于理明乎理，而曰止至善明善。其曰礼曰仁曰知曰善千言万语，皆就人心德性上指其仁义礼知之实言之。其说为学之功，其从实体上着功，何尝有一言必就事理而为学者乎？[1]

这种否定心外之物理和事理的观点自然是如实继承了阳明学。霞谷认为，内在于事物的天理就是心之理，即"良知"。由此来看，霞谷的"格物致知"实际上就是"心即理"，其学问也是遵循了这种"心即理"的思路。霞谷将这种心内的德性之理视为"仁义礼智之实"，体现了一种道德本性思想。

可见，在格物致知问题上，霞谷对表面字义的解释看起来与朱子学相似，特别是在"事"和"至"上，但二者内容却完全不同。而且霞谷主张，在这一过程中所实现的"致知"不是为了增加客观知识，而是操纵控制心的意念。换言之，程朱的格物致知说是穷至事理、物理的知识，属于认识论的层面。但继承了阳明思想的霞谷的格物致知说则不是认识论，而是带有一种修养论的学问倾向。[2]

（二）良知体用论

良知体用论是霞谷阳明学的另一特征。阳明把良知认为是人心中内在的天理，同时把心的本体理解为具有自觉发动的知觉能力之本体，树立了以强调心的主体性和能动性为特色的良知论。霞谷也对阳明的这种良知论产生

---

① 《霞谷全集·存言上》，《韩国文集丛刊》160，民族文化推进会1992年版，第287页。

② 尹丝淳：《韩国儒学史》上，韩国知识产业社2012年版，第167页。

了共感。关于"良知",霞谷指出:

> 是固良知良能所固有之知也。①

> 心之于义理,自无不知。如目之于色,耳之于声,口之于味,无不能知者。其有不能者,以欲蔽之也,习昏之也。②

霞谷认为,人具有良知、良能是固有之知,即这种能力是心先天所具有的。由于人生而具有良知、良能,所以即使不学习正确的原理即"义理"也能知晓。义理是自知的,正如口能品味、眼能辨色一样。如果说有人不知晓义理,那不是因为不学习而不知晓,而是被欲望和习俗蒙蔽所导致的。这一观点也是出自阳明学之说。阳明曾举"孝"为例指出,人即使不学习如何尽孝,也会自发履行对父母的孝行之义务。可见,阳明学的良知说不是单纯的客观知识和道理,而是关于义理的智慧,是生而俱来的良知、良能。此外,这种良知、良能不仅是指人心所具有的能力,它还是人能够思虑、侧隐或感知身体疼痛的特性,甚至还是"树之能发达畅茂者"的生长特性。

不仅如此,霞谷还认为,良知与良能二者是合一的,良知即良能。

> 盖知能二字不可二之,其自能会此者,是良知,良知即是良能。③

> 性者天降之衷,明德也。自有之良也。有是生之德,为物之则者也。故曰明德,故曰降衷,故曰良知良能。④

> 其所谓良知良能,即非其性善而何?⑤

霞谷认为,良知就是"天降之衷",是善之本性,包含了智慧以及发挥智慧

---

① 《霞谷全集·存言上》,《韩国文集丛刊》160,民族文化推进会 1992 年版,第 285 页。

② 《霞谷全集·存言上》,《韩国文集丛刊》160,民族文化推进会 1992 年版,第 285 页。

③ 《答闵诚斋书》,《霞谷全集》卷 1,《韩国文集丛刊》160,民族文化推进会 1992 年版,第 25 页。

④ 《霞谷全集·存言下》,《韩国文集丛刊》160,民族文化推进会 1992 年版,第 307 页。

⑤ 《答闵彦晖书》,《霞谷全集》卷 1,《韩国文集丛刊》160,民族文化推进会 1992 年版,第 29 页。

的能力，即包含了良能的含义。所以，这种良知的终极意义是指人的道德本性和实践能力。在此基础上，霞谷进一步指出，人生来就知晓道德善性即明德，并能亲自实践，致良知就是充分发挥道德善性和实践能力。

霞谷认为，良知是人的道德本性，同时也是具有持续不断进行道德实践的、具有能动性生命力的存在。但另一方面，良知在发动的过程中存在着人欲介入的可能性。在阳明看来，正确的行为不是像朱子学那样通过对客观事物的认识并以此为前提实现的，而是通过良知本体的发动而实现的。如果主观感情或者私欲遮盖了良知本体，即"以欲蔽之也，习昏之也"，则不能实现正确的行为。

为了克服这一问题，霞谷提出了体用的原理。他把良知区分为本体之性和作用之情，从而有了检验良知本体纯粹性的余地。他在《良知致用图》中，将良知之体视为与天理同级，置于明德和未发之中的位置，这就包括了性与理的意义，因为天下没有性外之理，也没有理外之心，心之本体即为性之本然，无善无恶为心之体。同时，霞谷将良知的发用视为心之情，具体表现则为恻隐、羞恶、辞让、是非之四端与欲、恶、爱、惧、哀、怒、喜之七情，这就是良知之用。良知以体状言，体即良知之体，用即良知之用。霞谷还强调指出，这种良知的本体和作用具有不可分的一元关系。霞谷这种强调一元论的立场是试图充实重视实践的阳明学之本旨，确立了人的主观能动性意识。

（三）生理说

生理论是霞谷理气论的中心思想。在霞谷看来，生理包括两种意思：一种是作为形而上学的存在原理的意思；另一种是具有具体活动的生命力的意思。霞谷在其论著中多次提及"生理"。

> 人心之神，一个活体生理。[1]
> 精神生气为一身之生理。[2]

---

[1] 《霞谷全集·存言中》，《韩国文集丛刊》160，民族文化推进会1992年版，第171页。

[2] 《霞谷全集·存言上》，《韩国文集丛刊》160，民族文化推进会1992年版，第253页。

此处"生理"就是"人心之神",指的是人的精神及仁义礼智的本性。如此看来,霞谷将精神和本性看作"心之体",是充满活力和生气的"生理"。霞谷非常重视本性,称"性者,理之体也"①。"性乃生理"、"理之体"的提法均体现了霞谷将"生理"视为"性"即形而上学的存在原理之意。

霞谷将"理"分为多种,如死理、物理、事理、生理、真理等。他认为朱子提出的由心外寻找的物理是死理,事理主要指行为原理,生理则相当于性,"理性者,生理耳"②。真理是相对于凡理而言的,具有生理中的真与善。不可否认,在这些理中,霞谷最为重视并强调的理便是"生理"。霞谷肯定自己所说的生理与朱子学中的理(性)具有相同的意思,但朱子学之理只是作为普遍原理而存在的,其本身没有统摄、主管万物的能力。霞谷否定了朱子学的这种理。在他的立场上,理并不是作为单纯的原理而存在,而应该是对应具体的事物并能够认识和判断客观对象,具有活动能力,是一种生动的存在,这正是"生"的意义所在。这种思想也是阳明"生生之学"的传承。因此他将以心的主体性和能动性为基础的阳明学用理气论来分析,确立心所具有的本质特性(理)和兼有生动特性(生)的"生理论"的学问体系。霞谷不仅提出了"生理",还提出了"生气"与"生道"。在他看来,气也有很多种,如纯气、元气、形气和器。之所以如此分类,是因为气也有适用于体用而言的先天和后天。虽然对气的这一分类比较常见,但主张"生气"与"生理"相对称的思想却不多见。霞谷经常提起"生气":

> 一团生气之元,一点灵昭之精,一个生理。③
> 生之体即理也,固所谓性也。生气之中,理体存焉。④

他认为,性是"生气"之中的理,所以阳明的观点是"心即理"。理气不可分为二物,共同运作,才能体现心之"生气"。不仅如此,霞谷还主张理和

① 《霞谷全集·存言中》,《韩国文集丛刊》160,民族文化推进会1992年版,第171页。
② 《霞谷全集·存言上》,《韩国文集丛刊》160,民族文化推进会1992年版,第287页。
③ 《霞谷全集·存言上》,《韩国文集丛刊》160,民族文化推进会1992年版,第287页。
④ 《霞谷全集·存言上》,《韩国文集丛刊》160,民族文化推进会1992年版,第287页。

气分别是"生之体"和"生之质",十分重视"生"的特性。从"生"的哲学角度来论述理气,这在阳明学中并没有明确具体的体现。霞谷这种高度重视"生"的思想正是源于他将生动活泼的心作为其哲学的出发点。从这一点上可以说,霞谷学促进了阳明心学的发展。

此外,霞谷还认为,生理与生气合一便形成了生生之道,即"生道"。霞谷思想中的"生道"即是"恻隐之心",亦是"仁"。他指出:

> 恻隐之心,人之生道也。良知即亦生道者也。①

> 凡此生道不息,即所谓仁理也。此仁理即天地之体,五性备焉。于事物无不尽,于天地无不具,惟在充之而已。不知何故,必欲添岐物理邪?其求于物理者,盖谓欲识天地之性,以求性命之源焉耳。其为心,固是也。然所谓天地之性即此仁体,吾之仁体即天地之性也。岂有不能尽吾仁之体,而可以求性命之源者乎?②

霞谷所言的"生道"意味着生命的根本、生命的原理,这就是"仁"。这也说明了霞谷是性善论者。他提出"良知即亦生道者也",认为致良知的过程就是仁之善端扩充的过程,也是生道恒通的过程,性命之原扩张、显现的过程。③ 从恻隐之心、仁、善这一道德的角度来把握和诠释"生道",突出反映了霞谷重视道德性的学术特点。

综合可见,"生气"、"生理"、"生道"等术语构成了霞谷学的基本概念和主要思想。"生气"阐明了由于气的生生不息,才有活泼的生命力之生生不已;"生理"反映了永不停息的运动和变化,构成了宇宙生成的命根;"生道"表明了变化流行、生生不息的生道是宇宙和生命的根本。这个"生"字反映了霞谷学的理论特色,凸显了其对宇宙生命的终极关怀。④

---

① 《与闵彦晖论辨言正术书》,《霞谷全集》卷1,《韩国文集丛刊》160,民族文化推进会1992年版,第39页。

② 《霞谷全集·存言中》,《韩国文集丛刊》160,民族文化推进会1992年版,第171页。

③ 李甦平:《韩国儒学史》,人民出版社2009年版,第490页。

④ 李甦平:《韩国儒学史》,人民出版社2009年版,第492页。

三、江华学派的形成及后世影响

韩国阳明学的历史是一段曲折的历史，自传入初期就被官方判定为异端学说，从而导致不能在韩国本土立足。特别是遭到朝鲜名儒退溪的大力排斥后，阳明学的命运可谓雪上加霜。这也像极了霞谷郑齐斗本人坎坷曲折的一生。霞谷虽出身名门，为郑梦周第十一代孙，但5岁丧父，跟随祖父生活，自幼饱受磨难。虽天性聪颖好学，但几次科举应试均失败，后来专攻心性之学。其间虽因官员举荐而走上仕途，但终因痛恨官场弊端且志不在此，毅然决定辞官隐退。他自幼身体赢弱，据说在34岁时就曾写下遗书给其师朴世采。在当时士祸党争不断的朝鲜社会，他冒着"斯文乱贼"之风险，毅然选择阳明学，试图从中找到人生之真理，这是需要勇气的。他61岁移居偏僻的江华岛，居处在其父墓地近旁，自此隔绝与外界之往来而潜心学问，并度过了孤苦的晚年生活，终年88岁。

霞谷是一位孤独而且不幸的哲学家。在当时的社会氛围下，很少有人能与其产生学术共鸣。但即便这样，霞谷追求真实而自由的学术精神，还是激励了一批学者，从而使得韩国阳明学的发展如潺潺小溪般流传下来。因为霞谷晚年隐居江华岛，所以追随其学问的学者后来形成的阳明学派也被后人称为"江华学派"。

江华学派虽然没有韩国性理学大江大河般汹涌澎湃，但也自成一系。霞谷及其弟子们在当时被极端的党争所连累，甚至也遭受了家门破落的悲惨命运，但始终没有放弃对阳明学的追求，而将其继承为家学。就霞谷家门来看，其玄孙郑文升（1788—1875）及其子郑箕锡（1813—1889）、外孙申绰（1760—1828）等都继承了家门学问并发扬传承。霞谷门下的弟子主要有李匡明、李匡臣（1700—1744）、李匡师（1705—1777）堂兄弟三人以及李泰亨、金泽秀、沈錥等人。李匡臣曾著述《疑朱王问答》，对朱子与王阳明的学问进行了比较研究。不仅如此，李匡师还让其子李令翊（1738—1780）、李肯翊（1744—1806）都继承了阳明学统，形成李氏家学。李匡明也把阳明学传给了自己的儿子李忠翊（1744—1816），而且这种学风一直传到李忠翊第四代孙李建昌（1852—1898）、李建升、李建芳（1861—1939）等人。此外，霞谷的弟子申大羽（1735—1809）也将其学问传统传给了儿子申绰（1760—1828）。申绰对考证学很有研究，留下了《诗次故》、《易次故》等典籍的注释。①

霞谷的弟子们同属于少论派，因此阳明学作为少论派的家学被继承下来，他们的学风形成了朝鲜的阳明学派。朝鲜阳明学派对后世的影响主要体现在如下几个方面：

第一，对思想界、文学界、史学界的影响。阳明学带有主观性的感情色彩，重视个人思想与感情表达的自由。这种观点使得当时学界开始出现反对朱子学教条主义和僵硬体制的学风，文学界也出现了强调作家个性创意的作品，学者开展创作的热情被大大激发，朝鲜历史上著名的"真景文化"②就是这一时期艺术界取得的巨大成就。不仅如此，在良知意识上产生的史观也给当时社会树立了一种主体性的觉醒意识，这在一定程度上提高了史学者自律性的价值判断。朝鲜的"小中华主义"便是这一史观的产物。这种小中华意识使得朝鲜社会尊周攘夷、尊明反清，更加重视民族差别而非文化差异，以此凸显朝鲜民族的主体性。

第二，对朝鲜后期实学思想、开化思想的形成产生了重要影响。实学者们逐渐从朱子学的权威体系中脱离出来，批判朱子学的非现实性。在星湖学派内部形成的阳明学主要是从反对朱子的《大学章句》并支持古本《大学》的基础上发展起来的，其内容包括明德孝弟慈说、重视诚意等。星湖从个人的角度对阳明的人格以及实用性思想都有好感，在这过程中积极追求学问的多样性，并把这种思想传给其门下，对后期实学派进行经世致用的改革发挥了引领作用。

开化派阳明学者的代表人物是朴殷植（1859—1925，号白岩）。当时朝鲜正处于被西方强迫开港的时代，朴殷植认为在这种适者生存的法则中唯一能够生存下去的方法就是培养自力更生能力，这是作为帝王之学和权威主义

---

① 琴章泰：《韩国儒学思想史》，韩梅译，中国社会科学出版社 2011 年版，第 169 页。
② 关于真景文化的内容具体可参见本书附录部分。

的朱子学所不能解决的，即朱子学格物致知的方法很难适应当时弱肉强食、优胜劣汰的生存竞争。所以他提倡阳明学，并从确立民族主体性的层面对其进行了重新构成，强力主张抛弃那些只是一味顽固崇尚理论知识的想法，应该侧重具体实践并提高生产，把阳明学知行合一的学说视为解决时代问题的出路。朴殷植的这一开化思想是基于阳明学基础上对韩国近代发展进行的一种主体性探索。

第三，对天主教的理解和吸收等方面发挥了一定程度的作用。因为西学的信仰层面与阳明学主观性的情感主义有着很大的衔接空间，很容易让人产生亲近感，所以朝鲜后期丁若镛、权哲身、丁夏祥等信奉西学的学者试图通过阳明学来实现天主教与儒教的和谐发展。基于此来看，阳明学发挥了衔接天主教与儒教的桥梁作用。此外，星湖学派中的一批学者后来皈依天主教，也与受到阳明学的影响有关。阳明学注重对事物现象不拘泥于规范化的形式以及自由思考的方式，对星湖学派理解天主教起了很大的作用。

第四节　朝鲜后期实学

关于朝鲜时期实学的概念和定位，韩国学界存在不少争议，大致的观点是：朝鲜实学就是性理学；实学是反性理学的"改新儒学"；实学是体现儒学本来学问性质的思想，体现了儒学"内圣外王"的根本精神等。在韩国思想史上，实学的概念可以被理解为一个一般名词，即与抽象甚至非现实的学问——虚学（老佛、词章学等）相对的、真实的实际学问。因为与道家和佛家脱离日用人伦的超世俗相比，儒家确实具有注重日用人伦之"实"的倾向。但自从 20 世纪 30 年代以来，韩国思想史研究使用的"实学"一词主要指的是 17 世纪以后朝鲜后期兴起的一种新的儒学学术倾向。[①] 作为朝鲜后期倭乱和胡乱之后出现的思想，实学是以原典儒学为基础，拒绝承认朱子学

① 关于这一点，韩国史学界和哲学界都基本认同。代表学者有琴章泰教授、尹丝淳教授、辛胜夏教授等。

唯一主义的改革思想。实学者中相当一部分人都尊崇朱子学，但他们反对在学问的判断上把朱子学作为唯一的理论依据；他们否认朱子对儒家经典解释的权威性，尊崇先秦时期的原典儒学乃至以六经为中心的古学，在这一过程中形成了脱性理学的学问倾向。[①] 实学者们所表现出的这种脱性理学倾向克服了继承宋明理学的朝鲜性理学的一贯理念，是尝试形成新思维体系而进行努力的结果。在这一过程中，实学者们直视当时的社会现实和历史矛盾，从泛儒学的立场出发，积极强调儒家民本意识，期待实现传统的王道政治理念。他们提倡实事求是，研究自然科学和技术科学，吸收西学，努力确立能够支撑实现社会改革的理论和方案。这一时期实学派的特点是现实性、实用性、开放性、实证性等。朝鲜后期的实学派之间没有非常紧密的学术联系，而是呈现出多样化的特征，具体的学问体制和关注领域也有不同。

朝鲜后期实学思想的最初形成是在 17 世纪前期，代表性人物为李晬光、柳馨远等人，后来是 18 世纪前半期以李瀷和安鼎福为代表的星湖学派，再后来是以洪大容、朴趾源和朴齐家为代表的北学派，最后是 19 世纪的全盛期，代表人物为丁若镛和崔汉绮。下文将按照时代发展及学脉传承逐一进行分析。

一、星湖学派与北学派

对朝鲜后期实学的形成发挥了先期奠基作用的人物是李晬光（1563—1628，号芝峰）。他曾作为朝鲜使臣三次出使中国，是最早介绍西方文化到朝鲜的学者之一。他强调真知和实践，认为学术不实用就相当于骗术，于是提出了 12 个条目的"懋实论"，主张以实心行实政，用实功得实效。李晬光不仅记录了出使北京的见闻，而且还将出使期间的所见所闻编著为百科辞典式的著作《芝峰类说》。他在书中详细阐述了自己的实学思想，认为应该打破传统意义上道学的权威性和正统性，要以开放的胸襟和视野来接受多样化

---

① 高丽大学韩国史研究室编：《新编韩国史》，孙科志译，山东大学出版社 2010 年版，第182 页。

的知识，比如诸子百家和文学类小说等。这种博学的态度体现了初期实学者开放的视野。不仅如此，这部著述在忠于事实的前提下对相关知识也进行了系统化整理，表现出一种实证性的精神。①

柳馨远（1622—1673，号磻溪）是 17 世纪前期实学派的奠基人物。他的最大贡献是明确确立了实学的学术性质。他在性理学的理气论、心性论等方面都很精通，特别是在其代表作《磻溪随录》中对当时朝鲜社会的土地制度、财政、教育、行政、官僚、国防制度等整个国家制度进行了系统的分析考察，并由此提出了自己的改革方案。这些改革方案受到了栗谷李珥的影响。但相比之下，李珥更侧重于针对社会时弊提出改革，而柳馨远则主张对整个国家体制进行全面系统的改革，表现出了实学者的坚定立场。② 他认为土地是天下之大本，要以土地制度为根本，并进行租税、军事等方面的一系列行政改革，这与性理学传统上修身养性或者以财物为末的观点形成了鲜明对比。他认为，以往的土地制度以人为本来分配，这就容易导致主观随意性，故主张应该以客观实物为基准，因为"天下之理，不离本末大小。寸误之尺，不能为尺。度量有误，不能为秤。细目不正，大纲不能用"。③ 由此可见柳馨远以现实为基础进行改革的立场。他的基本态度是与性理学的名分或义理相比，更加重视客观现实。

以李睟光和柳馨远的学说为基础而形成的 17 世纪实学思想，虽然没有明确的学统和学脉，但是确实已经形成一股思潮。到了 18 世纪，韩国社会逐渐形成了前期的星湖学派和后期的北学派。

李瀷（1681—1763，号星湖），为朝鲜英祖时期著名的实学思想家，著有《星湖全集》70 卷、《星湖僿说》30 卷，此外还有《三经》、《四书》、《小学》、《家礼》、《心经》、《近思录》等"疾书"，其中尤以《星湖僿说》著称于世。此书分天地、万物、人事、经史、诗文五部分，范围涵盖典章文物、历算、地理、农工、国防、四学等内容，共 3057 则，堪比顾炎武之《日知

---

① 参见琴章泰：《韩国儒学思想史》，韩梅译，中国社会科学出版社 2011 年版，第 178 页。
② 参见琴章泰：《韩国儒学思想史》，韩梅译，中国社会科学出版社 2011 年版，第 179 页。
③ 《磻溪随录》，明文堂 1982 年版，第 56 页。

录》。① 他的博学涉及经、史、子、集以及天文、地理、历算、医药、卜筮、度量、兵器，还包括当时从中国传入的西方科学技术书籍、天主教书籍。这些就使得他的学问在西学接受初期带有几乎囊括所有古今东西学问的特征。

李瀷的学问态度既没有先入为主，也没有任何偏见，他对待一切学问都是经过自己慎重的反复思索而积累的。当时的性理学者严格遵守性理学第一主义的思维，对其他思想都打上异端的烙印而严加反对或排斥。相比之下，李瀷则显出非常开放的态度，他吸收西学的知识并仔细研读，不仅接受了西方的时宪历，还吸收了西方的天体观、脑髓说等。特别是他在阅读了西方的人体解剖图以及医学书籍后，对人的心、脑、魂等研究倾注了大量心血。此外，他受到天主教"三魂说"影响后还提出了"三重心"，即认为土石等无生物无心，草木有"生长之心"，动物在"生长之心"之上还有"知觉之心"，而人同时还具有可以履行道德行为的"义理之心"。可见，接受西学导致李瀷的宇宙观和人间观思想发生了许多变化。在这一思想变化的影响下，李瀷的学问就不再是纯粹儒学的世界，而是发生了实学性的改观。

尽管如此，李瀷对性理学研究也没有忽视。他编著了包括退溪李滉修养和言行的《李子粹语》，精选李滉礼说编著了《李先生礼说》，还编写了包含自己"四端七情说"的《四七新编》，这些都充分体现了他的性理学立场和性向。通过这些书可见，李瀷很早就将性理学当作基本学问，特别重视性理学的心性修养，十分关注以心性修养为基础的礼的实践，体现了实学重视实践的立场。

在经世论上，他针对当时的朋党政治、土地、科举等提出了许多具体的改革措施。李瀷出身党争家庭，深知朋党之害，他在《朋党论》中明确指出：朋党之议盛，则国是必乱。② 朋党论的害处，则是以恶攻善，不明是非。

---

① 蔡茂松：《韩国近世思想文化史》，台北东大图书公司 1995 年版，第 438 页。

② 在星湖论党争之前，朝廷也已经采取消弭党争之策。英祖元年（1725）实行"荡平策"，此语出自《书经·洪范》："王道，无偏无党，无反无侧，荡荡平平"。因此，英祖三年（1727）黜斥长期执政之老臣、重臣，起用少论。英祖 9 年，又改用老少论之人，英祖十八年立荡平碑于成均馆泮水桥上，辞曰："周而不比，乃君子之公心。比而不周，寔小人之私意"。朝鲜历史上也将英祖时期的这种政治称为"荡平政治"。

朋党在于争利，利一而人多，则成多党，而且党论只为私人之利己，以争名位为主。李瀷认为，朋党制终究与科举制有关，于是他提出如下制度来消弭党争，具体如下：第一，立法："立法为上，法立于上，而风易于下，其在朋党论者，不举"。① 第二，明赏罚："赏以劝之，罚以威之……凡谋荣迁擢之路，一齐废格，则虽怂恿使为党，亦不得矣"。② 第三，简科举，明考科："简科举，防亲近也。明考科，汰茸阘也"。③ 第四，学治生："士君子以务农为生，商贾虽为逐末，果处之不失义理，亦无不可"。④ 士人通过务农从商，自谋生活，这也是一条解决之路。

就土地改革来看，李瀷认为朝鲜是以农为本的国家，因此田制非常重要。要确保土地国家公有制，禁止私人买卖，否则会导致田制混乱并带来贫富两极分化。此外，田籍的不完善而导致土地漏报和隐瞒也是造成田制混乱的一个重要原因。对此，李瀷提出要尽快绘制全国地形图。地形图中不仅要绘制田地，还要绘制丘陵、川泽以及荒废的未开垦土地等，特别是各个地方也要分别绘制地域细分图。李瀷还指出了屯田的弊端。屯田由于管理不善和运营的不完备，一半的收获量被田官截取，剩下的一半又由于受贿等原因而变为私田，最后纳入官府的不足四分之一。因此主张要建立新的屯田法。此外，李瀷还提出了以均田为目的的"限田法"，即最低保障每户所有人口都能有维持生计的耕地，即以"永业田"为基本原则设计的制度。这种田制改革属于相对保守的做法，因而比较容易被百姓所接受。

关于科举制度，李瀷认为存在严重弊端，如科举考试的内容与选拔高级官员的目的和精神不符，科举合格者选拔过多而不能人尽其用，禁止庶孽参加进士科考试等。他明确指出，科举考场是充斥着各种腐败和闲杂行为的混乱场所。科举以礼遇士人为借口，允许贵族子弟携带众多书籍入场，请擅长写文章的人以此为参考代替他们写文章，而且这种情况司空见惯。长期以来就会导致偷奸耍滑和徇私舞弊等。鉴于当时科举制度极度混乱，李瀷认为

---

① 《星湖僿说·朋党》，骊江出版社 1984 年版，第 86 页。

② 《星湖僿说·朋党》，骊江出版社 1984 年版，第 87 页。

③ 《星湖僿说·朋党》，骊江出版社 1984 年版，第 89 页。

④ 《星湖僿说·人事门》，骊江出版社 1984 年版，第 115 页。

改革已经刻不容缓，但他并没有提出要完全废除科举，而是在保留科举制度的同时对其进行大幅改革。李瀷设想的科举制度改革方案是"五年大比制"，即废除三年实施的"式年制"，实行五年举行一次。此外，李瀷还主张要推行合理的荐举制度，并取消应试者的身份和等级限制，科举门户也要向奴婢等下人阶层开放，真正做到不拘一格录用人才，这可谓是具有划时代意义的改革。

可见，李瀷的经世论受到了柳馨远的影响，对国家的土地制度、科举制度等提出了具体的改革方案，从实学角度对现实问题表现出了极大的关注。在星湖学派中，星湖弟子安鼎福（1721—1791）编著《东史纲目》，对韩国历史进行了考证和系统化整理。星湖族孙李重焕（1690—？）编著《择里志》，系统研究了韩国的人文地理。星湖学派这种对韩国历史和人文的关注本身就反映了实学的现实性认识，进而对实学在文学、艺术、民俗、社会等方面的研究奠定了基础。

北学论是利用厚生实学派提出的主张，其主要代表人物是洪大容、朴趾源、朴齐家、柳得恭、李德懋等。"北学"一词在朝鲜最早出现在朴齐家（号楚亭，1750—1805）的《北学议序》。究其词源，则出自《孟子·滕文公上》："陈良，楚产也，悦周公、仲尼之道，北学于中国。北方之学者未能或之先也。"孟子批评丢弃师学从许行之学的人，褒扬湖湘之人陈良以孔子为师"北学中国"。《孟子》中的"北学"指的是周公和孔子的思想，即本源儒学。朴齐家借用"北学"这个词来表示学习清朝文物的学问，也就是指代"清学"，借用北学这一词是因为当时还没有完全摆脱对清朝原有的情绪和印象。① 北学派欲打破"夷夏之辨"，认为虽然是女真族一统中原，但中国器用精细，有许多先进的器物技术，值得朝鲜学习。另一方面，中国为女真人统治，但华夏文明依旧，仍实行周公、孔子的圣人之制。所以朝鲜王朝不应

---

① 原本《孟子》中有陈良的这样一句话，"吾闻用夏变夷者，未闻变于夷者也"。如果细究，清朝实际就是夷狄的满族。对朝鲜而言，丙子胡乱时，清朝就是敌国，因此标榜清朝学可能会引起反感。因此，朴齐家采取了美化清朝学的方法，即有感于对清朝的敌视，将应称为"清朝学"的用词，借用本源儒学的"北学"之名来取代。从这一点上看，当时朝鲜北伐意识依然浓厚。

固守夷夏之辨而不肯学习中国，而应积极开放思想，北学中国，发展器用文明。①北学派的代表人物都曾随使团到访中国，与中国学者纪昀、潘庭筠、陆飞、严诚等相交往。他们语言不通，即用笔语交谈，交流思想和意见。回国后他们将这些笔谈编撰成册，这就是洪大容的《燕记》、朴趾源的《热河日记》、朴齐家的《北学议》等著作。

洪大容（1731—1783），字德保，号湛轩、弘之，35岁时随其叔父被派往燕京，因此得以与中国学者以及西方神父交流，并亲身接触到了西方科学技术、天文等知识。其著述包括介绍数学、天文、测量知识的《筹解需用》、以天文知识为基础阐述哲学内容的《医山问答》和《心性问》，奠定了他北学派先驱者的地位。此外，他还著述了一系列"问辨"和"问疑"的著作，如《小学问辨》、《家礼问疑》、《四书问辨·问疑》、《三经问辨·问疑》等，这些都是洪大容按照时代发展需要对儒学经典进行修订的著作。②学术视野非常开阔的洪大容认为，当时朝鲜时期的学问仅限于朱子性理学，"不若中国之宽转达观，或不免于泛滥驳杂也。盖气之偏，故识之局。识之局，故守之固。守之固，故并与其不必守者而曲护而强解也"③。因此无法跳出原有的学问框架，故应该对此进行深刻反思。而且当时学界的弊端在于，很多学者过于追求科举、官职、名利与物欲等，而不潜心学问。他所提倡的儒学要具有实学之性质，摒弃浮夸的学术态度，以实心处理实事，以脚踏实地的态度实践学问之真谛。洪大容就此指出："惟其实心实事，日踏实地。先有此真实本领，然后凡主敬致知修己治人之术，方有所措置而不归于虚影。"④

① 在当时的朝鲜，与北学论相对立的则是北伐论。北伐论者主张明辨夷夏，拒绝与女真人为首的中原相交往。他们主张遵明大义，认为明朝不仅有中华正统，而且世代仁厚于朝鲜。尤其是在壬辰倭乱时，还帮助朝鲜打败倭寇，保卫家园，用生命和鲜血结成邦谊，因此朝鲜政府需明分大义，不与清朝结交，甚至有人主张"北伐"以反清复明。

② 尹丝淳：《韩国儒学史》下，韩国知识产业社2012年版，第8页。

③ 《四书问辨》，《湛轩书》内集卷1，《韩国文集丛刊》248，民族文化推进会1999年版，第76页。

④ 《答朱郎斋文藻书》，《湛轩书》外集卷1，《韩国文集丛刊》248，民族文化推进会1999年版，第138页。

洪大容关注天文地理等自然科学知识，否定传统的天圆地方说，提出了地球自转说："夫地块旋转，一日一周，地周九万里，一日十二时。"① 并且认为宇宙是一个无限的世界，太阳不是宇宙的中心，地球也不是，以往人们所认为的地球中心说是错误的，并提出了自己的"正界倒界说"。

> 且中国之于西洋，经度之差，至于一百八十。中国之人，以中国为正界，以西洋为倒界。西洋之人，以西洋为正界，以中国为倒界。其实戴天履地，随界皆然，无横无倒，均是正界。②

在他看来，地球是圆的，因此无论站在哪里都是正界。地球是可以旋转的，没有一个固定的中心，任何一个国家都可以以自己为中心，以对方为边缘。所谓的正界与倒界都是相对而言的，这就打破了长期以来人们所认为的中国是中心之说。洪大容从地球说的角度指出，这个世界无正界、无内外、无华夷，这就摆脱了以往性理学的世界观，使得朝鲜人的民族自信心大增，形成了一种民族主体性意识。洪大容也在此基础上提出了新的华夷观，主张"华夷一也"，认为华与夷不应该有贵贱之分。每个民族都有自己的习俗文化，应该在对等的条件下相互交流。为此，他指出：

> 夷狄之所以委夷狄者亦何哉？岂非以无礼仪、无忠孝、性好伐而类禽兽哉？若今时之夷狄也，以其久居国，务其远图，稍尚礼仪，略仿忠孝，杀伐之性，禽兽之行不若其初起之甚。③

洪大容曾亲自到燕京看到乾隆盛世之景象，也看到满人崇尚礼仪、履行忠

---

① 《医山问答》，《湛轩书》内集卷4，《韩国文集丛刊》248，民族文化推进会1999年版，第99页。

② 《医山问答》，《湛轩书》内集卷4，《韩国文集丛刊》248，民族文化推进会1999年版，第99页。

③ 《医山问答》，《湛轩书》内集卷4，《韩国文集丛刊》248，民族文化推进会1999年版，第101页。

孝，因此认为应该向清朝学习。这种"华夷一也"的思想也是与他的"人物性均论"密切相关的。

> 虚子：天地之生，唯人为贵。今夫禽兽也草木也，无慧无觉无礼无义，人贵于禽兽，草木贱于禽兽。
>
> 实翁：五伦五事人之礼义也，群行哺禽兽之礼义也，叶苞条畅草木之礼义也。以人视物，人贵而物贱，以物视人，物贵而人贱，自天而视之，人与物均也……夫大道之害，莫甚于矜心，人之所以贵人而贱物，矜心之本也。①

文中的"虚子"指的是性理学者，"实翁"则指实学者。洪大容把构成自然界的生物种类分为人、禽兽和草木三类，并指出了三者的差别性。但同时强调指出，这一"差别性"绝不是"差等性"。人与物的贵贱都是相对的，从天这一绝对的观点来看时，人与物是平等的，这就是"人物性均论"。片面执著于人的观点，把物看卑贱、把人视为最尊贵的存在，这是人类中心主义的思维，是有害于真理的根本原因。② 不仅如此，他还认为，不仅是"无慧无思"的动物，甚至是无生命的生物（如雨露霜雪）也都具有仁义的道德性。可见，在人与自然的问题上，洪大容脱离了性理学的学问体制，建立了自己的实学思想。这种实学思想强调摆脱以人视物的主观偏见和臆测，强调以天视物的客观的科学主义精神。

朴趾源（1737—1805），字仲美，号燕岩，出身名门，3岁而孤，由祖父抚养长大。少年奋发图强，学有所成，其所学涉及儒家经典、诸子百家、兵农钱谷以及西方自然科学、天文地理等。正祖四年（1780）随进贺使赴北京及热河，目睹清朝文物以及中国人之生活，与中国学者讨论文学、历史、音乐、宗教、自然科学等，对清朝经济制度、兵学、天文学等更加关心，后来以此见闻为素材写成《热河日记》。回国后，他便大力提倡学习清朝之利

---

① 《医山问答》，《湛轩书》内集卷 4，《韩国文集丛刊》248，民族文化推进会 1999 年版，第 99 页。

② 崔英辰：《韩国儒学思想研究》，邢丽菊译，东方出版社 2008 年版，第 328 页。

用厚生，与洪大容、朴齐家等一起成为英祖、正祖时代北学派的代表人物。朴趾源通过在清朝燕京实地考察，细心观察清朝的砖瓦、烟囱、灶台等文物制度，并在《热河日记》中探讨了将其应用于朝鲜人生活的具体办法，切实感受到了向清朝学习利用厚生的必要。他指出："利用然后可以厚生，厚生然后正其德矣。不能利其用，而能厚其生，鲜矣。生既不足以自厚，则亦恶能正其德乎？"[①] 虽然历代儒者都将正德置于利用、厚生之首，但朴趾源认为，应采取先富民再教民的措施，只有务实发展生产，才能提高道德水准，这也突出了实学对现实实用性的重视程度，意味着他设立了一个在平凡的物质生活中追求高尚人格价值的实践阶段。[②] 此外，朴趾源还著述了《虎叱》、《两班传》、《许生传》等小说，对当时两班贵族社会的丑恶现象进行了犀利的揭露和批判，突出了追求具有实际性、实质性、实用性的实学者之态度。

朴齐家（1750—1805），字次修，初号楚亭、苇杭道人，晚年号贞蕤。11岁丧父，家境贫寒，受学于其姐，19岁便作诗集。后来常与朴趾源等北学论者交游，每日作诗，讨论实学。1778年，朴齐家与李德懋随谢恩使蔡济恭赴北京，得与主管《四库全书》之礼部尚书纪昀等人交游，并详细观察中国文化制度及各种设施，后撰写《北学议》一书。此书分内外两篇，《内篇》载中国之车、船、宫室、桥梁、牧畜、市井、商贾、弓矢等日常生活之器具及设施，并力言朝鲜为免于贫穷生活，需学习中国文物制度。《外篇》收录田、桑、科举论、商船议等内容，主张改良农桑，利用船舶与海外进行贸易。朴齐家在《北学议》中阐明了向清朝学习的理由，认为清朝虽被胡人所占，但华夏遗风尚存。在异质文化的融合中，先进文化毕竟会同化落后文化，而且"苟利民，虽其法之或出夷，圣人将取之"。朝鲜两班贵族不辨夷夏，闭关自守，作茧自缚，这是导致社会衰退的重要原因。为了振兴朝鲜王朝，朴齐家主张要从"夷夏之辨"中解脱出来，力学中国，并提出要在三方面学习中国财产之富有和文化之乐足：一是学习中国造车、造船、建筑、棉织等器用之法；二是同中国开展海上贸易；三是与清朝加强文化交流。[③] 后

---

① 《热河日记》，《燕岩集》卷17，韩国国立首尔大学1979年奎章阁影印本，第125页。

② 琴章泰：《韩国儒学思想史》，韩梅译，中国社会科学出版社2011年版，第184页。

③ 张敏：《韩国思想史纲》，北京大学出版社2009年版，第249页。

来朝鲜正祖被朴齐家说服，决心大力学习清朝。但后来正祖去世后，保守势力上台，北学派发展受挫。

综上可见，从17世纪后半期到18世纪，针对性理学的空虚之风，朝鲜社会兴起了一股研究实学的思潮。朝鲜学者们通过跟燕京学者的交流，开阔了学问视野，同时也打开了国家经世致用和利用厚生之门。经由星湖学派到北学派，实学的利用厚生之风逐渐被当时社会所接受，为韩国近代社会的发展，特别是西学的传入和吸收，起到了积极的引领作用。若追究星湖学派和北学派二者的区别，韩国学者琴章泰指出：前者属于畿湖地区的南人派系，后者则属于老论派系；前者是师生或弟子间形成学统，后者则是学风相同的知己聚集成派；前者是通过翻译成汉语的西学书籍深入了解西方文化，后者则是通过陪同出使燕京的使臣来直接体验清朝文物并主张吸收清朝文化。[①]

二、茶山丁若镛的实学思想

丁若镛（1762—1836），字美镛，号茶山、与犹堂，私淑星湖派宗师李瀷，朝鲜后期实学派思想的集大成者。如果说朝鲜王朝前期是性理学的发展鼎盛期，那么朝鲜后期则酝酿了最有影响的学术思想——实学。茶山生活的18世纪中后期，受外侵（主要指壬辰倭乱、丙子胡乱）影响的社会经济已经得到恢复，朝鲜社会逐渐由农耕社会走向工商社会，士林政治走下坡路，出现了强化君主政权的荡平政治。当时作为士林政治基础的朱子学理论体制已经开始动摇，而一系列的社会变化又亟须开放的、多样的思想体系作为指导。茶山在道器兼顾的立场上，吸取朝鲜前期的教训，提出了具有自己特色的实学思想。

作为朝鲜实学派的核心人物，茶山的学问体制可谓集众家之长于一身。他继承了星湖派宗师李瀷（1681—1763）的学问，集经世致用学于一身，又通过同朴齐家（1750—1805）的交往，吸收了北学派的学问。不仅如此，他还受西学的影响，也接受了考证学的知识。如此广博的知识面，使得他的经

---

① 琴章泰：《韩国儒学思想史》，韩梅译，中国社会科学出版社2011年版，第182页。

学解释形成了与以往不同的新体系。茶山实学思想的代表著述是"一表二书",即《经世遗表》和《牧民心书》、《钦钦新书》。但这些实学思想的理论依据便是他的经典著述中体现的经学思想。

下文将分别从西学、性理学及经世论的层面来分析茶山的实学思想。

(一)西学对茶山思想的影响

若追究西学传入朝鲜的渊源,可以追溯到壬辰倭乱时 Cespedes 神父随倭将驻留熊浦这一事实。后来在出使明朝的儒者李睟光的《芝峰类说》中也介绍过利玛窦的《天主实义》。但这些间续传来的西学在当时只是满足了一部分人的好奇心,并未引起思想界的广泛反应。后来到了 18 世纪的英祖和正祖时代,以星湖为中心,西学在朝鲜开始形成风气并被关注。星湖通过一系列的著作吸收了西方的天文学、历法、地理学等知识,而且通过对《天主实义》以及《七克》的介绍也对天主教理和儒学的共同点进行了比较,对不同点进行了批判。而茶山早在 16 岁时就跟星湖结交并受到其深刻影响。[1]星湖的弟子们很早就开始了对西学的研究甚至是信仰活动。1784 年茶山的妹夫李承熏(1756—1801)在北京接受洗礼,他回国后便开始了正式的宣教活动。而茶山也在同一年从李檗(1754—1786)那里学到了天主教理,正式接触天主教信仰。

但天主教徒们最初的聚会遭到了官府的揭发,并受到了当时士大夫的批判。尽管后来茶山等人的天主教活动转为秘密进行,但仍旧遭到了成均馆儒生们的揭发和批判,以至后来政府下达了更加严厉的禁教令。正祖时期的西学事件(1791)使得一大批天主教信徒受到牵连,他们或被处刑,或被刑讯,或被流放,天主教也因此被冠上了"异端"、"邪说"、"禽兽之道"的罪名。当时轰动朝野的"辛亥狱事"(1791)在儒学立场上被称为"邪狱"、"讨邪"、"斥邪"等,而天主教立场上则被称为是"受难"、"教难"、"迫害"等,从用语差异可见当时二者的冲突和对立。

因为国家的严禁管制,辛亥狱事后茶山也被迫公开中断了跟天主教的

---

[1]　《与犹堂全书·自撰墓志铭》,景仁文化社 1987 年版,第 186 页。

关系，甚至在 1797 年上奏正祖的《辨谤辞同副奉旨疏》中批判天主教理为"异端邪说"。尽管这样，但茶山在青年时期就具有的西学信念以及其对周边亲属从事天主教活动所表现出的理解和支持态度，还有其对儒学经典注释中所流露出的西学影响，都很难说他完全摒弃了西学和天主教信仰。基于此，也有人说他"外儒内耶"①。

这一时期也产生了引领朝鲜走向近代化的开化运动。随着西学的流入和传播，朝鲜的社会和思想界开始经历"传统与近代的交锋"，这段时期可谓"走向近代的黎明期"。面对这一转换期的各种问题，茶山积极潜心钻研，并探索解决问题的各种方案。

下文将主要探讨茶山是如何吸收了西学特别是天主教思想并且西学思想在他的儒学思想体系中究竟发生了何等影响等问题。因为这一问题反映了韩国近代思想史中东方传统思想与西方外来思想的碰撞，对理解思想史的发展与转换具有重要意义。

1. 西学对茶山天论的影响

在中国古代传统中，上帝、天、帝均代表了一种超越和绝对的存在，这在很多经典中可以找到明确的依据。《中庸》首章以"天命之谓性"开篇，茶山在对《中庸》的注释中最强调的也是"天"和"性"这两个概念。他的天论源自于其对天概念的理解，即他把天分为"苍苍有形之天"和"灵明主宰之天"。② 同为自然界事物之一，具有形体的可视的蓝天（苍苍大圜）以及超越自然界的形而上的存在（自地以上）虽都可谓之"天"，③ 但也应该加以区分。宋儒也曾对天的多重性进行过探讨和分析。程伊川认为"以天专言之，则道也"，"分而言之，则以形体谓之天，以主宰谓之帝，以功用谓之鬼神，以妙用谓之神，以性情谓之乾"④。这里虽然将形体之天与主宰之天区分

---

① 刘权钟：《茶山对终极存在的思考》，《纪念茶山诞辰 250 周年学术会议论文集》，2012 年，第 25—26 页。

② 《与犹堂全书·中庸策》："臣以为高明配天之天，是苍苍有形之天。维天于穆之天，是灵明主宰之天。"（景仁文化社 1987 年版，第 129 页）

③ 《与犹堂全书·中庸讲义补》："先儒言天，原有二种。其一以自地以上谓之天，其一以苍苍大圜谓之天。"（景仁文化社 1987 年版，第 83 页）

④ 《周易传义大全》，成均馆大学 1986 年尊经阁影印本，第 85 页。

开来，但当时儒者的方法论是，比起严格的分析来，更侧重于统合性的融通，因此作为主宰的天、帝以及上帝的意味则有些模糊。这种从宇宙论以及自然法则的层面来笼统理解天的做法，遭到了早期传教士的尖锐批判。

西学者利玛窦强调指出：作为无形之存在的天主是唯一的，不能将其视为圆形的"苍苍有形之天"。"苍苍有形之天，有九重之析分，乌得为一尊也，上帝索之无形，又何以形之谓乎……肃心持志，以无形之先天，孰指兹苍苍之天，而为钦崇乎。"[1] 认为应该明确区分钦崇的主宰之天与不能钦崇的自然物之天，即苍苍之天。这种主宰之天的意识在《诗经》、《书经》等经典中可以找到，所以利玛窦多次从先秦儒家经典中引出批判宋儒合理主义宇宙论的论据。关于《中庸》"郊社之礼，所以事上帝也"，朱熹注释认为"郊祭天，社祭地，不言后土者，省文也"[2]，这很明显地表明宋儒将天地并列而且视为阴阳二元的相对结构。但利玛窦指出："夫至尊无两，惟一焉耳，曰天曰地，是二之也……窃意仲尼明一之以不可为二，何独省文乎"，[3] 认为孔子已经阐明了上帝的唯一性，并没有提到与后土（地神）相对的天神，因此并不是省略后土，以此来反驳朱熹。他还指出"吾天主乃古经书所称上帝也……夫帝也者，非天之谓……历观古书而知上帝与天主特异之名也"[4]，认为天主与上帝是同一个存在，并且力证儒学经典中的上帝不是天（尤其是苍苍之天）。以利玛窦为首的早期传教士们虽然将天的概念区分为主宰之天（无形之天）和苍苍之天（有形之天），但是只承认前者。后来天主教为了避免意思混淆，尽量避讳使用"天"，而强调要使用"天主"这一名称。

对茶山来讲，天的本质意味来自于"主宰之天"，"天之主宰为上帝，其谓之天者，犹国君之称国，不敢斥言之意也。彼苍苍有形之天，在吾人不过为屋宇帡幪，其品级不过与土地水火平为一等"[5]。他把上帝比喻为国君，"主宰之天"是国土，而"苍苍之天"不过仅仅相当于屋顶而已，其品级是最低

---

① 《天主实义》第二篇，韩国国立首尔大学 1985 年奎章阁影印本，第 78 页。

② 《中庸章句大全》，成均馆大学 1978 年尊经阁影印本，第 76 页。

③ 《天主实义》第二篇，韩国国立首尔大学 1985 年奎章阁影印本，第 80 页。

④ 《天主实义》第二篇，韩国国立首尔大学 1985 年奎章阁影印本，第 80 页。

⑤ 《与犹堂全书·孟子要义》，景仁文化社 1987 年版，第 35 页。

的。关于《中庸》的"郊社之礼，所以事上帝也"，茶山也是否定朱子的祭天、祭地说，主张万物的根本是一原。依据茶山的理解，这个一原就是上帝，是"天之明神"，而根据其掌管的对象是天还是地而称为天神和地祇。因此天神和地祇就是接受上帝的命令来保佑万物的存在，而后土绝对不能与上帝同格。① 天和上帝的概念在传统性理学中一直被等同视之是因为他们都是用理来解释的终极存在，二者作为纯粹的理，在理气论的解释立场上，其超越性以及人格性的层面就明显变弱了。

茶山虽然认为天和上帝不过是同一存在的异名，② 但还是区分"主宰之天"的人格主体性以及天这一对象的客体性，视上帝为具有人格主宰性的绝对者，并主张其是信仰层面上的"唯一神"。我们应该注意到，茶山思想中直接流露出具有主宰者人格性的上帝首先是一种"唯一神"，而经典中涉及的作为绝对超越者的天指的就是上帝。自古以来，上帝或天有各种不同的名称，如皇天、昊天、旻天、上天、苍天、皇上帝、皇天上帝、昊天上帝等，各代儒者对此的解释也是众说纷纭，对此茶山举《书·尧典》中的"乃命羲和，钦若昊天"和《周礼·春官》中的"以禋祀，祀昊天上帝"指出"昊天乃上帝之正号也"，③ 对上帝的概念作了明确界定。

如上茶山通过对天与上帝的界定，揭示了儒家经典中其作为人格神的主宰者之性格。④ 但不能否认，对天与上帝等终极存在的哲学解释问题，在儒学传统中一直占有很大的比重。茶山提出并强调这一主宰者的信仰问题，非常值得关注。

---

① 《与犹堂全书·中庸讲义补》："天神地祇虽分二类，万物一原，本无二本。日月星辰风雨司命之神，社稷五祀五岳山林之神，都是天之明神，特其所掌，有司天司地别，故或云天神，或云地祇也。上下神示，皆受帝命，保佑万物，而王者祭而报之，无非所以事天，故曰郊社之礼，所以事上帝，不言后土，非省文也。"（景仁文化社 1987 年版，第 84 页）

② 《与犹堂全书·春秋考征》："人主之称，或称曰国，或称曰大王，或称曰乘舆。非于大王之外，别有国主，别有乘舆之君也。上帝或称天，或称昊天，犹人主之或称国，或称乘舆。"（景仁文化社 1987 年版，第 172 页）

③ 《与犹堂全书·尚书古训》，景仁文化社 1987 年版，第 163 页。

④ 白敏祯：《儒学与西学的融汇》，韩国国学振兴院编：《韩国儒学思想大系：宗教思想篇》，2010 年版，第 576 页。

在儒家经典中，上帝和主宰之天一直具有某种人格神的意味以及主宰者的性格。《周易》中有"阴阳不测之谓神"，《书经》中有"敢昭告于上天神后"、"予仁若考，能多材多艺，能事鬼神"，《周礼》中也有"以事鬼神"，这些内容均表明儒学中很重视崇奉鬼神之事。甚至连强调人本主义的孔子也曾说过"祭神如神在"（《论语·八佾》）、"获罪于天，无所祷也"，（《论语·八佾》）指出了神的实在性以及天的神位性。到了周代，针对信仰对象的祭仪得以制度化而形成了仪礼。因此也出现了对上帝、天、自然以及死者灵魂等信仰对象的神格分类。中国人传统意识中宇宙论的基本范畴是天、地、人，因此这三者也被赋予了各自的神格，即天神、地祇、人鬼。① 尽管有这种分类，但有时也经常将它们混称或并称为地神、鬼神，可见三者在本质上是相通的。

在性理学体系中，祭仪后来发展为礼学而得以传承，而鬼神就成为了理气论分析的领域之一。后来的理气论发展告诉我们，鬼神的信仰之性格逐渐被弱化，而随之发展为在气的概念中对其进行合理化的解释。在对《中庸》鬼神章的注释中，张横渠认为鬼神是"二气之良能"，程子认为是"天之功用，而造化之迹也"，朱熹则认为是"二气言则鬼者阴之灵也，神者阳之灵也。以一气言则至而伸者为神，反而归者为鬼，其实一物而已"②。他将鬼神认为是气的作用。

而利玛窦则举出经典中重视祭祀的事实认为，宋儒所谓"二气之良能"、"造化之迹"以及"气之屈伸"等解释均有违于经典的基本精神。③ 他全面否定将鬼神解释为作用而非实在的观点以及将其视为气的现象而可以消减的观点，甚至对后儒质疑鬼神存在有无的态度也进行全面反驳。关于自己的主张，他指出：

---

① 《周礼·春官》："大宗伯之职，掌建邦之天神人鬼地祇之礼。"（成均馆大学大东文化研究院 1968 年版，第 83 页）
② 《中庸章句大全》，成均馆大学 1978 年尊经阁影印本，第 85 页。
③ 《天主实义》："所谓二气良能，造化之迹，气之屈伸，非诸经所指之鬼神也。"（韩国国立首尔大学 1985 年奎章阁影印本，第 97 页）

　　夫神与身者，体情相悖，殊类，不能相通也。①

　　天主无形无色无声者，神也，神无所待而有。②

　　夫神也者，自立之体。有生命，有智能，可以行德，可以犯罪。③

　　夫鬼神，非物之分，乃无形别物之类。其本职，惟以天主之命，司造化之事，无柄世之专权，故仲尼曰敬鬼神而远之。彼福禄免罪，非鬼神所能，由天主耳。而时人谄渎，欲自此得之，则非其得之之道也。④

他认为，在西学中，天主是绝对的主宰者，因为其本质上超越形体而称之为神，这种神的存在与一般身形的存在是相反的。这种神因为有生命和智能，所以会行德，也会犯罪。如此看来，神与天主不是同一个存在，它是脱离天主的。鬼神无形但接受天主的命令来掌管造化，但没有专权。孔子所言"敬鬼神而远之"也是警戒要防止鬼神用天主之权能来蛊惑众人。西学者利安当在对《中庸》鬼神章的注释中也指出"凡无形无声而具灵体者，总称曰鬼神。分言之则正者谓神，即圣教所云天神是。邪者谓鬼，即圣教所云魔鬼是"⑤，认为鬼神是无形无声而具灵体者的总称，其中正当者为天神，邪恶者为魔鬼。由此可见，在西学的神论中，虽然不否定将神视为形气之存在，但将其与作为绝对者的天主以及接受天主命令的超自然的存在看作是一脉相通的名称。

　　关于这个问题，茶山指出：

　　天以天神各司水、火、金、木、土、谷、山川、林泽，人主亦使人臣分掌世事。及其后世，乃以人臣之有功者，配于天神，以祭社稷，以祭五祀，以祭山川。则名虽地祇，其实皆天神人鬼也。⑥

---

① 《天主实义续篇》，韩国国立首尔大学 1985 年奎章阁影印本，第 112 页。

② 《天主实义续篇》，韩国国立首尔大学 1985 年奎章阁影印本，第 115 页。

③ 《天主实义续篇》，韩国国立首尔大学 1985 年奎章阁影印本，第 113 页。

④ 《天主实义》，韩国国立首尔大学 1985 年奎章阁影印本，第 107 页。

⑤ 《天主教东传文献续编》，台北东大图书公司 1966 年版，第 96 页。

⑥ 《与犹堂全书·中庸讲义补》，景仁文化社 1987 年版，第 85 页。

　　天神地祇虽分二类，万物一原，本无二本。日月星辰风雨司命之
神，社稷五祀五岳山林之神，都是天之明神。特其所掌，有司天、司
地之别。①

　　大抵鬼神，非理非气，何必以理气二字，左牵右引乎？……鬼神
不可以理气言也。②

　　鬼神是无形之品，其本体不带着一些形质，则不可属之于气。③

关于周礼的三品说，茶山否定地祇的独立存在。这种否定地祇固有性的作法
实际上就是排除了信奉自然对象神格的自然神论以及泛神论的态度。神性的
源泉只有从上帝那儿才可以找到，其至尊至大者就是上帝。其他自然对象的
神格都是受上帝之命令，都是辅佐上帝的臣子，均是"天之明神"。可见茶
山的根本立场是强调上帝的主宰地位。因此他反对用理气论来解释鬼神。关
于宋儒的诸多鬼神解释，他指出"天地者，鬼神之功用。造化者，鬼神之留
迹。今直以迹与功用谓之乎神，可乎"④，认为鬼神是支配二气作用的主宰性
存在。

　　茶山认为，鬼神在无形无质的本质特征上与上帝都是相通的，因此
《中庸》鬼神章中所提及的鬼神指的就是上帝。与西学者相比，茶山将鬼神
彻底纯粹化为绝对者，尤其还将上帝的"感格临照"称为鬼神。⑤不仅如此，
他还将《中庸》"使天下之人，齐明胜服，以承祭祀"所说的"鬼神之盛德"
认为是主宰人间生活的上帝的威力。将"洋洋乎，如在其上，若在其左右"
以及"戒慎乎其所不睹。恐惧乎其所不闻"中"鬼神的鉴临"认为是天命的
提示。这一系列都充分表明他试图规定上帝与人的关系以及人对上帝的姿态
和伦理行为准则。

---

① 《与犹堂全书·中庸讲义补》，景仁文化社 1987 年版，第 85 页。
② 《与犹堂全书·中庸讲义补》，景仁文化社 1987 年版，第 87 页。
③ 《与犹堂全书·中庸策》，景仁文化社 1987 年版，第 120 页。
④ 《与犹堂全书·中庸策》，景仁文化社 1987 年版，第 92 页。
⑤ 《与犹堂全书·中庸自箴》："上帝之体，无形无质，与鬼神同德，故曰鬼神也。以其感格
　临照而言之，故谓之鬼神。"（景仁文化社 1987 年版，第 73 页）

2. 西学对茶山自然论的影响

在儒学传统中，自然以及客观世界的问题通常是与人或者人事相关联来进行探讨的。《周易》中的"仰以观于天文，俯以察于地理，是故知幽明之故"，也是说要推究自然的变化秩序和法则，"有天地，然后有万物生焉。盈天地之间者，故受之以屯。屯者盈也，屯者物之始生也"。易的卦爻中所提的变化法则都是与人事相对应来说明的。《大学》中的"格物"是"穷至事物之理"，虽然我们要承认事物的客观存在之理，但这与我们的主观探索也是分不开的。大致来讲，在儒学中，客观世界及自然与人的道德世界是相通的，与超自然或者形而上学的世界也是有关联的。

儒家在探讨天地或宇宙根源时提出的概念无非有如下几种："易有太极"的"太极"、"天何言哉，四时行焉，百物生焉"的"天"以及"一阴一阳之谓道"的"道"。作为宇宙现象的名称，这一根源指的是对事物的总称或依据，与具体的、个别的现象之集合（自然）是不同的。这就产生了儒家所说的道器之分，即"形而上者谓之道，形而下者谓之器"。而发展到宋代儒学，又产生了理气之概念。其中，气是构成具体事物的内容，而理是气的作用原理或者所以然之根据。在理气论的基础上，自然哲学的体系得以建立。当然，理气并不是仅仅适用于现实的物质世界，也同样适用于伦理以及精神世界。[1] 万物的形质都是由气构成，得正通之气者为人，得偏塞之气者为物，这是二者在构成上的差异。一般就理气的关系来言，二者是不离不杂，而理是主宰并命令气的根源性本体和实在。

但利玛窦却否定理的终极实在性，指出"事物之情，合乎人心之理，则事物方谓真实焉。人心能穷，彼在物之理，而尽其知，则谓之格物焉。据此两端，则理故依赖，焉得为物原乎"[2]，只认可其是自然法则或者合理性的基准。在西学的宇宙论中，万物被分为自立者和依赖者，理是亚里士多德范畴论中的依赖者，而气只是"纯"的四行（火、气、水、土）中的其中一个元素。可见，西学全面否定了理气这一性理学的基本概念。

---

[1] 琴章泰：《丁茶山思想中西学的影响及意义》，《茶山学论文集》1978 年第 5 辑。

[2] 《天主实义》，韩国国立首尔大学 1985 年奎章阁影印本，第 107 页。

　　而朝鲜性理学对理气表现出了极大的关心。退溪的"理气互发说"和栗谷的"气发理乘一途说"使得岭南学派与畿湖学派产生了尖锐的对立。关于二者，茶山指出，退溪是专就人心而言，而栗谷是总括天地万物之全体而言。① 他虽然没有否定理气的概念是毫无意味的，但却对性理学的理气论陷入观念性论争的弊端进行了辛辣批判，而且认为这种论争是毫无意义的，阐明了自己不会卷入其中的立场。②

　　　　今之性理之学者，曰理曰气，曰性曰情，曰体曰用，曰本然气质、理发气发、已发未发、单指兼指、理同气异、气同理异、心善无恶、心善有恶，三干五桠，千条万叶，毫无缕析，交嗔互嚷，冥心默研，盛气赤头。自以为极天下之高妙，而东振西触，捉尾脱头，门立一帜，家筑一垒，毕世而不能决其讼，传世而不能解其怨。入则主之，出则奴之，同者载之，殊者伐之，窃自以为所据者极正，岂不疎哉？③

在理气论中，茶山虽然也提及理气，但他认为气的本来意义是孟子"浩然之气"的"气"。在他看来，气是作为人的生、养、动、觉之活动依据的血气两因素中的其一，他指出：

　　　　吾人之所以生养动觉，惟有血气二物。论其形质，血粗而气精，血钝而气锐。凡喜怒哀惧之发，皆心发为志，志乃驱气，气乃驱血……志者，气之帅也。气者，血之领也，……是气之在人体之中，如游气之在天之中。④

① 《与犹堂全书·理发气发辨一》："乃二子之曰理曰气，其字虽同，而其所指有专有总，……盖退溪专就人心上八字打开，……栗谷总执太极以来理气而公论之谓。"（景仁文化社1987年版，第77页）
② 《与犹堂全书·答李汝弘》："理气之说，可东可西，可黑可白。左牵则左斜，右挈则右斜。毕世相争，传之子孙，亦无究竟。人生多事，兄与我不暇为是也。"（景仁文化社1987年版，第202页）
③ 《与犹堂全书·五学论议》，景仁文化社1987年版，第176页。
④ 《与犹堂全书·孟子要义》，景仁文化社1987年版，第39页。

从形质上来讲，气比血精锐，虽受志的支配，但它作为血的支配者，可以驱使血，如同空气充于天地与人体中一样。他虽然没有直接引出西学的四行说，但他却表明了气不是物质的基本概念，而只是一种存在样态，而且他还将事物基本的存在样式分为有形、无形两种，从中可以看出与西学的接近。另外，他指出："盖气是自有之物，理是依附之品。而依附者，必依于自有者，故才有气发便有是理。然则谓之气发而理乘之者可，谓之理发而气随之不可。"①认为气是"自有之物"，理是"依附之品"，而这与西学中"自立者"与"依赖者"的分类也是基本一致的。

接着来分析一下阴阳五行论。"一阴一阳之谓道"。在中国古代思维中，阴阳是宇宙现象的两种根源性因素。《太极图说》中也指出"太极动而生阳，动极而静，静而生阴，静极复动。一动一静，互为其根；分阴分阳，两仪立焉"，从动静的现象中来立证阴阳的实在。这种阴阳的二元实在论又将宇宙分为天地，将人分为男女，将自然现象分为日月、昼夜、寒暑、往来、生死、增减、出入、呼吸、刚柔、内外，等等。正是由于这种阴阳交错，万物才得以多样化的生成，这也是易学生成论的基本原理。

西学的传教士并不是很重视阴阳论在中国人意识中所占的分量，因此没有将其视为问题点。利玛窦批判太极图，指出阴阳两仪不过是奇数和偶数的表象而已。西学中否定理的自立性，阴阳也不是有灵觉的存在，所以不具备生成事物的能力，当然也不是生成事物的基本样式或者结构。利玛窦认为：

> 所以然者，有在物之内分，如阴阳是也；有在物之外分，如作者之类是也。……或在物为其分，若手足在身，阴阳在人焉。②

他将事物的所以然分为"内分"和"外分"，前者称为阴阳，后者称为制作者。但是阴阳成为事物的存在原因就如同手足存在于身体一般，故阴阳不

---

① 《与犹堂全书·中庸讲义补》，景仁文化社 1987 年版，第 85 页。
② 《天主实义》，韩国国立首尔大学 1985 年奎章阁影印本，第 101 页。

是事物的根本构造，而只是部分构成要素。[①] 依据亚里士多德的"四原因说"，在作（运动因）、模（形相因）、质（质料因）、为（目的因）之中，模和质相当于阴阳。西学中并没有就阴阳问题表现出强烈的反应或本质的批判。

但茶山没有忽略阴阳论在儒学传统中所占的比重，他对此阐明了自己的根本立场。针对《中庸》首章的"天命之谓性"，朱子注释认为"天以阴阳五行，化生万物，气以成形，而理亦赋焉"，指出了阴阳五行是构成事物形质的质料。而茶山则指出"阴阳之名，起于日光之照掩。日所隐曰阴，日所映曰阳。本无体质，只有明暗，原不可以为万物之父母"[②]，这就否定了朱子的阴阳论。在他看来，"天下万国，或东或西，其日出入时刻，有万不同，而其所得阴阳之数，万国皆同，毫发不殊。以之为昼夜，以之为寒暑，其所得时刻，亦皆均适。故圣人作易，以阴阳对待为天道为易道而已"[③]，他虽然否定阴阳的实在性，但是承认这种阴阳对待关系的形式，试图从新的立场上来阐明阴阳论的意义。而且关于易的基本概念——阴阳，茶山也跟利玛窦的立场一致，认为这二者是奇数跟偶数的表象。[④] 他还指出"两仪者分而为二，以象两者也……仪也者，形容也……蓍策之分而为二者，为天地之形容而已，非指天地也"[⑤]，认为阴阳两仪不过是天地的表象，并不能指示天地。而且就字义来讲，易是日月的会意，阴阳就是日月的表象，日月相易的现象用阴阳来表示就是卦变和爻变的法则。可见为了说明万物的变化现象，茶山用了日月变化的对待形式来说明阴阳。他虽然否定阴阳的生成功能，但并没有完全否定周易的体系。因为他不仅将生育万物的天的神化妙用称为阴阳，还利用阴阳这种二元结构来解释事物的现象变化。

[①] 《天主实义》："其模者质者，此二者在物之内，为物之本分，或谓阴阳是也。作者为者，此二者在物之外，超于物之先者也，不能为物之本分。"（韩国国立首尔大学1985年奎章阁影印本，第83页）

[②] 《与犹堂全书·中庸讲义补》，景仁文化社1987年版，第86页。

[③] 《与犹堂全书·中庸讲义补》，景仁文化社1987年版，第86页。

[④] 《与犹堂全书·周易四笺》："阴阳者，蓍数之奇偶也。"（景仁文化社1987年版，第91页）

[⑤] 《与犹堂全书·周易四笺》，景仁文化社1987年版，第88页。

《书经·洪范篇》中提出了"九畴"① 作为总管宇宙和人事的原理。尽管九畴的中心是皇极，但五行处于九畴之首，可见其受重视程度之高。五行是水（润下）、火（炎上）、木（曲直）、金（从革）、土（稼穑），这些是自然哲学的基本要素。后期的五行说逐渐被儒学思想所吸收，或者与人的五常之德相匹配，或者与其他事物相匹配。

周濂溪在《太极图说》中曾指出"阳变阴合而生水火木金土，五气顺布，四时行焉。五行一阴阳也，阴阳一太极也"，也说过"五行之生也，各一其性，无极之真，二五之精，妙合而凝"，说明了万物从太极（理）——二气（阴阳）——五行——万物的生成原理。五行之气中清气是阴阳，浊气是气的渣滓，因此形成事物的材料便是"五行阴阳七者滚合"②。

如前所述，西学中将太极或理看作是依赖者并否定其对于万物的主宰功能，将阴阳看作是构成事物的部分要素，五行不过是阴阳中偶然列举的几个因素而已，而且也没有将五行视为重要问题。不过，与五行论相比，西学中提出了"四行论"作为事物的形成原理。利玛窦根据柏拉图的四因说（four elements）指出天下的事物都是由火、气、水、土这四行结合而成。他如下指出：

> 凡天下之物，莫不以火气水土四行相结以成，然火性热干，则背于水，水性冷湿也。气性湿热，则背于土，土性干冷也。两者相对相敌，自必相贼，既同在相结一物之内，其物岂得长久和平，其间未免时相伐竞。但有一者偏胜，其物必至坏亡。③

这说明在一个事物内部，若四行之间有矛盾引起不均衡，那么事物就会走向灭亡的境地。

而在儒学的立场上来看，西学的四行论却存在很大的问题。正祖时期

---

① "洪范九畴"指的是五行、五事、八政、五纪、皇极、三德、稽疑、庶政、五福六极。九畴主要是用数个条目对广泛的领域进行了概括整理。

② 《朱子语类》，中华书局 1986 年版，第 87 页。

③ 《天主实义》，韩国国立首尔大学 1985 年奎章阁影印本，第 71 页。

茶山的仲兄丁若铨在科举考试中，针对五行的问题提到了西学的四行论，在当时引起了轩然大波。关于五行，茶山认为是"有形质，天作之物"[1]，但同时也指出虽是材物，却不能成为"天地生成之理"[2]。关于这种基本的材物，他还举出四正、四位、四用、四质以及五正、五材、五和等条目为依据，指出这些条目的列举没有道理，从而否定了五行生成论上的根源性。他还说"五行不过万物中五物，则是物也，而以五生万，不亦难乎"[3]，强调五行不能生万物。他更为关注的是易的四正卦和四偏卦。四正是天地水火，四偏是风雷山泽。四偏卦与四正卦相合相错而成立，万物在八卦的变化中生成，四正卦就是万物的基本形质。[4] 在四正卦之中，乾（天）是气，坤（地）是土，气土与水火相合，就说明西学的四行与易的四正卦是一致的。可见茶山虽然表面上没有树立四行论，但从易的四正卦在他的易学体系中所占的比重来看，他已经超越了五行的生成论，并确立了四正卦的基本构造。

3. 西学对茶山人论的影响

儒学的特征之一是"修己治人"，修己注重的是个人内面的伦理，而治人更关注的则是社会秩序。孔子的教说以仁为核心，其一贯之道是忠恕。同样，《大学》的三纲领也充分体现了儒学这一人本主义的传统。《诗经》中的"天生烝民，有物有则，民之秉彝，好是懿德"指出人是具有伦理本性的存在，《中庸》的"天命之谓性"也说明了人的内面存在着超越性价值。而《论语》中的"人能弘道"则强调了人对于真理的积极能动性。宋代理学从根本上将宇宙论与人的内面性实现了统一，更进一步丰富了天人合一的内涵。

茶山对人的理解是他经学体系的核心基础。关于自己的学问体制，茶山曾说"六经四书，以之修己；一表二书，以之为天下，所以备本末也"[5]，从中也可以窥探出茶山其学问是立足于人的基本问题而形成的。

---

① 《与犹堂全书·尚书古训》，景仁文化社 1987 年版，第 165 页。

② 《与犹堂全书·尚书古训》，景仁文化社 1987 年版，第 160 页。

③ 《与犹堂全书·中庸讲义补》，景仁文化社 1987 年版，第 89 页。

④ 《与犹堂全书·中庸讲义补》："天火相合而生风雷，水土交错以成山泽，变化蒸育以生万物。"（景仁文化社 1987 年版，第 88 页）

⑤ 《与犹堂全书.自撰墓志铭》，景仁文化社 1987 年版，第 187 页。

首先来看一下心性论。在西学看来，人是身体和灵魂的二元结合体，二者都是由神创造的，尤其灵魂是个别创造的。利玛窦独立使用魂以及心性的概念，并主张这与性理学的理论毫不相关。并且还指出这些都不只是人所独有。他将心分为人心和兽心，性分为形性和神性，魂（anima）分为植物的生魂、动物的觉魂以及人的灵魂，主张"魂三品说"。如下表：

魂三品	机能	存灭与否
上品：灵魂（人魂）	兼生魂、觉魂，能扶人长养，使人知觉物情，又使之能推论事物，明辨理义。	人身虽死，魂非死，永存不灭。
中品：觉魂（禽兽之魂）	能扶禽兽长育，又使之以耳目试听，以口鼻啖嗅，以肢体觉物情。	至死，魂亦灭。
下品：生魂（草木之魂）	扶草木以生长	草木枯萎，魂亦消灭。

资料来源：参见《天主实义》第二篇。

相对于生魂和觉魂的可灭性，人的灵魂是"永生不灭"的，这跟二者形成了显著的差异。在性理学中，鬼神和魂魄都是气的聚散，魂本身也是心性的下位概念。但西学的灵魂却包含心性概念，是与人心和神性相通的上位概念。这是很明显的差异。利玛窦指出"夫性也者，非他，乃各物类之本体耳……但物有自立者，而性亦为自立。有依赖者，而性兼为依赖"[1]，认为性不是超越事物的普遍之性，而是个别事物的本质性格。

就德来看，西学中并不穷究人的内在之德，而是重视人的行为引起的善恶问题。利玛窦认为人性在于推论，而仁义礼智是推论后的结果，并不是人的本性，而理作为依赖者，也不能成为本性。关于善恶，利玛窦指出：

> 若论厥性之体及情，均为天主所化生。而以理为主，则俱可爱可欲，而本无善恶矣。至论其用机，又由乎我。我或有可爱，或有可恶，所行异，则用之善恶无定焉。[2]

---

[1] 《天主实义》，韩国国立首尔大学 1985 年奎章阁影印本，第 90 页。

[2] 《天主实义》，韩国国立首尔大学 1985 年奎章阁影印本，第 98 页。

善是可爱可欲，恶是可恶可疾。与本体的层面相比，西学更强调作用。西学虽然赞成性善，虽然性的情和用是天主化生而本善无恶，但是性的用和机中，善恶却不是既成规定的，而是取决于人。他还指出"性之善为良善，德之善为习善。夫良善者天主原化性命之德，而我无功焉。我所谓功，只在自习积德之善也"①，认为从天主那儿禀赋的善只是人的固有之善，作为善行为实现的德善（即习善）才是决定人善恶与否的根本原因。也就是说，人的性只有有了德的修饰才会产生善。因此他指出"德乃神性之宾服，以久习义念义行生也"②。这都充分体现了具体的实践活动在西学中占有极其重要的地位。

再来看一下茶山的心性论。茶山认为性是人从上天那儿禀赋的天命，源自于天。性的实现在于人循天命而行。

他最早在对《论语》的注释中提出了"性也者，以嗜好厌恶而立名"③，后来在解释《中庸》的"天命之谓性"时也指出：

> 据性字本义而言之，则性者，心之嗜好也。《召诰》曰节性唯日其迈，《孟子》曰动心忍性，《王制》云修六礼以节民性，皆以嗜好为性也。天命之性，亦可以嗜好言。盖人之胚胎既成，天则赋之以灵明无形之体。而其为物也，乐善而恶恶，好德而耻污。斯之谓性也，斯之谓善也。④

茶山反对性理学以理气来解释人性的观点。他认为性理学过于偏重于形而上的理而忽视实践，显示出要对人性论进行实学性再考察的意志。

> 今人推尊性字，奉之为天样大物，混之以太极阴阳之说，杂之以本然气质之论，渺茫幽远，恍惚夸诞，自以为毫无缕析，穷天下不发

---

① 《天主实义》，韩国国立首尔大学 1985 年奎章阁影印本，第 93 页。
② 《天主实义》，韩国国立首尔大学 1985 年奎章阁影印本，第 93 页。
③ 《与犹堂全书·论语古今注》，景仁文化社 1987 年版，第 93 页。
④ 《与犹堂全书．中庸自箴》，景仁文化社 1987 年版，第 72 页。

之秘，而卒之无补于日用常行之则，亦何益之有矣，斯不可以不辨。①

茶山认为性是"心之所嗜好"，这与朱子的"性即理"有着根本区别。"嗜好"指的是具有分辨好恶之感情的态度，具有价值取向性。与之相比，理则是其本身就具有的根源性原理，它意味着作为价值判断基准的形而上学之本体。②茶山认为天赋予人的"灵明无形之体"正是人的心，心所具有的"乐善而恶恶，好德而耻污"的性质才是性。换言之，人从上天那儿禀赋的根源性的本体只有心，而所谓的性不是本体，只是心所具有的属性而已。他把性看作是能否乐、恶、好、耻的嗜好，提出了性嗜好说，对性的概念作了重新诠释。

关于性嗜好的种类，茶山认为有两种：一种是"形体嗜好"，指的是"目下之耽乐"；一种是"灵知嗜好"，指的是"毕竟之生成"的人生本态。他将"节性"、"动心忍性"以及"耳目口体之性"归为"形体嗜好"，将"天命之性"、"天道"、"性善"以及"尽性"的性归结为"灵知嗜好"。因为茶山将人看作是神形妙合的存在，所以在嗜好上也就相应的具有两面性。这两种嗜好分类的理论根据，是孟子的"体有贵贱，有大小。无以小害大，无以贱害贵。养其小者为小人，养其大者为大人"（《孟子·告子上》）。他指出：

> 大体者，无形之灵明也；小体者，有形之躯壳也。从其大体者，率性者也；从其小体者，循欲者也。道心常欲养大，而人心常欲养小。乐知天命则培养道心矣，克己复礼则伏人心矣，此善恶之判也。③

此处人只有顺其大体（灵明）才能保持其作为人的本性。但人心并非始终顺其大体，还有顺其小体（形体）的欲心。道心养其大体而追求道义，人心养其小体而追求私欲。这就产生了善恶之别。大体之嗜好具有"好善恶恶"的倾向，小体之嗜好从本能上具有利己、追求欲望的倾向。大体和小体的嗜好共同组成了性嗜好的要素。

---

① 《与犹堂全书.心经密验》，景仁文化社 1987 年版，第 78 页。
② 琴章泰：《茶山实学探究》，小学社 2001 年版，第 95 页。
③ 《与犹堂全书.孟子要义》，景仁文化社 1987 年版，第 38 页。

关于性善恶的问题，茶山认为性虽然具有嗜好的倾向，但现实中的善恶区别并不在于天，而是在于"心之权"。他否认善恶取决于人性：

> 天之于人予之以自主之权，使其欲善则为善，欲恶则为恶，游移不定，其权在己，不似禽兽之有定心，故为善则实为己功，为恶则实为己罪，此心之权也，非所谓性也。[①]

他认为人心从上天那儿禀赋了自主之权，是主体性的存在。选择善恶在于心的意志，与性无关。天赋予人可善可恶之权，行善行恶全在于心，行善是功，为恶则是罪。心的这种自主权说明了其不是被决定的，而是具有开放的、可能性的存在。人心究竟向善还是恶，是由自己决定。可见，茶山的性论强调人的主体性以及心的自律性，具有引导人自发努力的特点。[②]

由上可见，茶山的"性嗜好说"与西学用"可爱可欲"来说明善恶的立场是很相近的。在对性的善恶解读中，茶山将心（灵体）的功能从性（嗜好）、权衡（意志）以及行事（行为）的层面来分析，认为性是乐善耻恶的，而在权衡和行事中，善恶皆有可能。如下表所示：

灵体的三理	与善恶的关系
性（嗜好）	乐善而耻恶
权衡（意志）	可善而可恶
行事（行为）	难善而易恶

资料来源：参见《与犹堂全书·心经密验》。

具体分析来看，性是人从上帝那儿接受的天命，它一方面以超越性、绝对性的上帝观为前提，要受到上帝的监视，故人要通过持续不断的慎独和诚意工夫来确保；另一方面，它又乐善耻恶，所以人要多多遵从道心的命令，这也是人的自律性伦理行为的基础。"权衡"相当于《孟子》中所说的

---

① 《与犹堂全书. 孟子要义》，景仁文化社 1987 年版，第 38 页。
② 金庚泰：《茶山丁若镛的人性论所具有的道德实践意义》，《韩国实学论文集》，不咸文化社 1994 年版，第 46 页。

心的"思"之功能，这种思维后来从利玛窦那儿获得了理论支持，所以成为茶山自由意志论的核心。尽管性具有喜好的道德倾向，但现实中我们总是遇到伦理矛盾的纠葛，这就需要从"行事"的方面来分析。茶山后来在《阎氏古文疏证抄》中将这三个用语分别用《孟子》中的"性"、"才"、"势"来替换。①

综上所述，茶山将性看作是心（灵体）的属性。在心这一行为的主体中，虽然大体和小体、道义和人欲一直处于矛盾斗争中，但性是嗜好的。尽管这样，人并不是任何时候都行善的，根据心的性（嗜好）、权衡（意志）和行事（行为）之不同而出现善恶的差异。②

关于仁义礼智四德，茶山认为人必须在实践中扩充四端之心，才能成就仁义礼智四德之名，即四德不是先天地存在于人性中的，也不是天命之性的实体，而是行事之后出现的结果。四德是爱（仁）、善我（义）、宾主拜揖（礼）、事物辨明（智）之后而出现的德目，③ 不是像桃仁、杏仁一样直接挂在人的心底深处的，是在经验基础上行事以后才成立的。关于"人人皆有不忍人之心"的仁，茶山认为不是传统朱子学说的"心之德"或"爱之理"，而是两者之间应该遵守的最善的道德规范。他指出说：

> 仁者，二人也。事亲孝为仁，子与父二人也。事君忠为仁，臣与君二人也。牧民慈为仁，牧与民二人也。人与人尽其分，乃得为仁。故曰强恕而行，求仁莫近焉，在心之理，安得为仁乎？唯德亦然，直心所行，斯谓之德。故大学以孝弟慈为明德，论语以让国为至德，实行既著，乃称为德。心体之湛然虚明者，安有德乎？心本无德，况于仁乎？④

---

① 此处也间接说明了茶山在力图消除人们关于他受利玛窦影响很深的看法，努力回归原始儒学。

② 琴章泰：《茶山实学探究》，小学社 2001 年版，第 105 页。

③ 《与犹堂全书.孟子要义》："爱人之后谓之仁，爱人之先，仁之名未立也……岂有仁义理智四颗，磊磊落落，如桃仁杏仁，伏于人心之中者乎？"（景仁文化社 1987 年版，第 28 页）

④ 《与犹堂全书.孟子要义》，景仁文化社 1987 年版，第 29 页。

他把仁看作是二人之间的实践。先儒以仁德为生物之德，而茶山指出"仁非生物之理，以此求仁，比无以见仁迹矣"。他的仁是在实践基础之上的，是与传统的解释大不相同的。以上茶山有别于朱子学理论的心性论，充满了西学的痕迹，可见其影响之深。

关于人物性的同异问题，茶山首先反对传统朱子学所认为的人与物在本然之性上相同、在气质之性上相异的观点。茶山认为人物性从根本上是相异的。人性合道义气质二者，而禽兽之性纯是气质之性。[①] 人是同时具有"道义"的道德性和"气质"的自然性的二重存在。因此对善恶的道德问题能够进行自律性、主体性的判断和行动，在类似于遇到盗贼等的危急情况下，会设法逃脱并处理，茶山将这称为"自主之权"。但禽兽只是在其先天具有的本能下进行条件反射，没有选择的余地。禽兽只具有自然性，而没有道德性，故不能向禽兽追究道德责任。

此外，在讨论人与万物之性时，茶山还提出了"性三品说"作为其性论依据。这可以说是受到了西学"魂三品说"的直接影响。如下表所示：

性三品	机能	魂三品
草木之性	有生而无觉（生）	生魂
禽兽之性	既生而又觉（生＋觉）	觉魂
吾人之性	既生既觉又灵（生＋觉＋灵）	灵魂

---

① 《与犹堂全书. 孟子要义》："人之性，只是一部人性；犬牛之性，只是一部禽兽性。盖人性者，合道义气质二者，而为一性者也；禽兽性者，纯是气质之性而已。今论人性，人恒有二志相反，而并发者。有馈而将非义也，则欲受而兼欲不受焉；有患而将成仁也，则欲避而兼欲不避焉。夫欲受与欲避者，是气质之欲也；其欲不受不避者，是道义之欲也。犬与牛也，投之以食，欲食焉而已；怵之以刃，欲避焉而已。可见其单有气质之性也。且人之于善恶，皆能自作，以其能自主张也；禽兽之于善恶，不能自作，以其为不得不然也。人遇盗，或声而遂之，或计而擒之；犬遇盗，能吠而声之，能不吠而计之，可见其能皆定曾也。夫人性之于禽兽，性若是悬绝，而告子只就其生觉运动之同处，便谓之一性，岂不谬乎？臣以为犬牛人之性，同谓之气质之性，则是贬人类也；同谓之道义之性，则是进禽兽也。二说俱有病痛。臣谓人性即人性，犬牛之性即禽兽性。至论本然之性，人之合道义气质而为一性者，是本然也；禽兽之单有气质之性，亦本然也，何必与气质对言之乎？"（景仁文化社 1987 年版，第 43 页）

4.茶山思想中西学影响的意义及分析

茶山的思想体系综合了原典儒学、朱子学与西学的广泛内容。他的著述《与犹堂全书》中包含相当大一部分对儒家经典的注释，其经学注释的目的就是回归洙泗学，重申孔孟儒学大义。虽然茶山在树立自己理论体系的过程中反对朱子学，甚至挑战朱子学的世界观，呈现了很强的脱离朱子学的倾向，但我们不能简单断言其是"反朱子学"或者"脱朱子学"，毋宁说是对朱子学的"选择性克服"。因为他自己也尊崇朱子为儒学的"中兴之祖"，而且充分肯定朱子的经学思想特别是严密的方法论将孔孟的伦理实践上升到形而上的层面。不仅如此，对朝鲜前期朱子性理学在维护社会统治以及国家机能发面发挥的历史作用也是充分肯定的。[①] 他批判朱子学是因为朝鲜后期的朱子学在体制上有些僵硬，已经受到了过激改革论者的尖锐批判，故试图脱离并转换朱子学的理论体制。[②] 茶山认为当时的紧要任务是全面树立儒家经典的权威并阐明儒学的根本精神，从经世论的层面上重振民心，恢复士大夫们的道德修养并使之积极参政，重建儒学的道德规范并回归正统儒学国家的体系。

18—19 世纪的西学思想对以茶山为首的朝鲜后期知识人产生了重要影响，也开启了韩国近代思想史的新篇章。在当时以朱子学为宗的朝鲜传统社会中，刚刚传入的西学无疑是一种"异质"和"另类"的存在。对于这种不同于传统东方儒家思想的崭新的学问，当时的大部分知识分子还是以批判的观点来接受，这就造成了在儒学体制下研究并吸收西学的时代大背景。

---

① 《茶山、朱子学与西学》，第二届茶山学综合座谈会，《茶山学》2000 年第 2 号。

② 茶山以经验性的世界观为前提创立了自己的哲学体系，批判朱子学的"理一分殊"和以此为基础的修养论。就理一分殊来看，每个个体都是太极的产物，同时太极也内在于每个个体中。如此看来，只要统治者本身通过修养来确保自己的先天本性，则百姓就会自然而然的被教化。以此为依据，君主就会只注重个人修养而无心关注政治，这种"正己而物正"的做法会引发"无为政治论"。这种理论非常不利于当时正祖强化君权的一系列行动。茶山经验性的世界观则打破了这种体制，他强调积极能动的实践性意志，认为君主一方面要不断加强个人修养，另一方面也要积极介入自然人伦之事，要追求"正己以正物"，提倡"有为政治论"（参见白敏祯：《丁若镛哲学的形成与体制研究》，韩国延世大学大学院博士学位论文，2006 年，第 316—317 页）。

关于茶山是否是真正的天主教信徒，目前学界还有待考证。但毫无疑问，西学对茶山的影响是巨大的，如上从天论、自然论和人论方面的分析已经可以充分看出。茶山虽然没有公开宣称自己是西学的信奉者，但他在对儒学传统进行新探讨即在儒学经典的注释研究过程中充分体现了西学的性格。尽管是一名儒者，但他对西学研究却有一定的理论功底。茶山受西学的影响很好地体现在他对性理学观念的理论部分以及对性理学固定体系的批判部分。不仅如此，茶山对西学的宗教体系表现出了积极友善的好意。在他的经典著述中，上帝和鬼神都被赋予了很多意义，如果脱离天主教信仰这些是很难解释的。他虽然暗示了儒学与西学理念上的调和，但是并没有试图将西学的教会等制度性因素引入当时的儒学社会。因为与利玛窦传教的动机不同，茶山对西学的研究首先是对西学思想体系的理解，而并非是为了信仰活动，这也使得他对西学的理解是通过对儒家思想的新解读来实现的。例如，他的上帝和天的概念虽然与西学的天主概念很相似，但这些都是通过对儒家经典的注释来阐明的。他的心性论虽然与西学的灵魂论有一致的方面，但在坚持经典大义的一贯性方面，他的立场却是无疑的。在茶山的思想体系中，我们不妨可以认为儒学为本，西学为末。因为茶山他始终是一名儒者，他更强调儒学精神的再诠释。

综合来看，茶山通过对西学的理解和吸收来试图实现儒学的体系化，这在韩国儒学思想史上发挥了非常有意义的过渡和借鉴作用。而且他在追求东方与西方传统思想的调和方面也起了很好的启示作用。

（二）由经学来看茶山心性论

茶山丁若镛是朝鲜后期实学思想的集大成者，他一生留下了丰富的经学资料。他的经学诠释体制脱离了以往朱子理学形而上的层面，注重现实和实践，同时突出人的主体地位。他的经学著作可谓庞大，限于心性论这一主题，下文将主要探讨收录在他的《与犹堂全书》中的一部分经学资料。

1. 茶山经学体制的构成

所谓经学主要是研究以四书五经为中心的原始儒家经典的学问。虽然这些著作中留下的孔孟、文武周公等的话语一直以来被奉为名分上的至上真理，但在历史发展的过程中，各个时代以及学者们的解释却不尽相同，而且对很多经典的出现年代和真伪问题也是众说纷纭。总体来讲，在中国历史上，先秦时期有原始儒家的洙泗学的经典世界，到了汉唐时代是训诂学，而宋明时代出现了理学的经典注释，清朝则出现了考证学。而在朝鲜，从高丽王朝末期到朝鲜王朝前期是性理学的解释体制，主要是吸收和发展了以朱熹为代表的理学；到了朝鲜后期则是脱离性理学的实学的解释体制。因此，随着时代学术背景的不同以及学者立场的不同，经典解释的性质就不同。

茶山经学的形成过程大致可分为四个阶段：第一阶段是他作为太学生时期，23 岁（1784）针对正祖的七十余条文而著的《中庸讲义》，已经开始对朱子的经学提出反对意见，并开始提出自己独特的经学体制。第二阶段是他在正祖身边为官讲课时的讲义记录，主要有《熙政堂大学讲义》（1789）和《诗经讲义》（1791）。在正祖的支持下，茶山一方面对经学有了更加广泛、深度的理解；另一方面又通过政治活动丰富了将经学的内容付诸实践的经验。第三阶段是他被流放时期（1801—1808）埋头专攻经学的时期，这一时期的经学成果主要有《周易四笺》（1808）、《诗经讲义补》、《古训蒐略》、《梅氏书评》（1810）、《尚书知远录》、《丧礼四笺》（1811）、《春秋考征》（1812）、《论语古今注》（1813）、《孟子要义》、《大学公议》、《中庸自箴》、《中庸讲义补》（1814）、《小学枝言》、《心经密验》（1815）、《乐书孤存》（1816）、《丧礼节要》（1816）。第四阶段是他从流配地返乡后，与申绰、洪奭周、金迈椿等学者交流后而完成的《尚书古训》。韩国学者琴章泰教授将这四个时期依次比喻为春（萌芽期）、夏（成长期）、秋（收获期）、冬（保守期）。[①]

茶山一生留下的著述有五百余卷之多，其中经集占多半数。光是收录在他的《自撰墓志铭》中的就多达 232 卷。[②] 这其中，除了有关六经四书的注释书以外，还有很多关于礼说如《丧礼四笺》、《丧礼节要》、《祭礼考定》等著述，体现了茶山试图以古代帝王遗训为基础来发展、改革现有制度的

① 琴章泰：《茶山实学研究》，小学社 2001 年版，第 12 页。
② 《自撰墓志铭》中经集的总卷数是 232 卷。但是合茶山花甲以后的著作，实际共有 250 余卷。（参见李篪衡：《茶山经学研究》，太学社 1996 年版，第 16 页）

坚强意志。由于礼说的著述不是他的经典注释书的重点，故在此不作过多探讨。

关于自己的学问体制，茶山曾说"六经四书，以之修己；一表二书，以之为天下，所以备本末也"①。"六经四书"②的经学和经世论的"一表二书"是本末关系，说明了茶山经学与经世论有着不可断绝的关系。在此，茶山将六经置于四书前面，可以看出他脱离朱子的经学体制四书五经，试图向先秦经学的体制回归的倾向。他将"洙泗学"视为学问的标准，追求圣人孔子的经典精神与当时社会的世界观相一致。茶山生活的年代，主流经学虽是宋学，但也有受清朝考证学影响而埋头于汉学的学者们。茶山虽然承认宋学和汉学的一部分优点，但关于二者的弊病，他指出说：

> 汉儒注经，以考古为法，而明辨不足，故谶纬邪说，未免俱收，此学而不思之弊也；后儒说经，以穷理为主，而考据或疏，故制度名物，有时违舛，此思而不学之咎也。③

他认为汉学（训诂学）虽然以考证作为方法，但是缺乏明确的辩论分析，是"学而不思"。而宋学（理学）以穷理为主而疏忽考据，是"思而不学"。另外，在他的经典著述中，论宋学和汉学时经常出现"非洙泗之旧"、"接洙泗之真源者"、"洙泗旧论"等语句，可见他将"洙泗学"视为学问的基准点，但不是单纯的向洙泗学的复原和回归。因此他的经学方法是综合汉代训诂学和宋代理学之长，克其短，将二者发展到一个新的层次。正是基于超越宋学和汉学，从新的层次上发掘孔孟原典本质的层面上，学界也将茶山的经学称作"洙泗学"。

关于经学的研究方法，茶山追求的是缜密的考证。首先他认为最重要的是准确把握字义，读书以"求义理"为目标，但"其字义之训诂有不明，

---

① 《与犹堂全书·自撰墓志铭》，景仁文化社 1987 年版，第 186 页。

② 茶山在他的《自撰墓志铭》（集中本）中指出，"六经四书"指的是《诗经》、《书经》、《礼经》、《乐经》、《易经》、《春秋》、《论语》、《孟子》、《中庸》和《大学》。

③ 《与犹堂全书·论语古今注》，景仁文化社 1987 年版，第 97 页。

则义理因而晦"①，所以茶山将考证学认为是研究经学的基础方法，经学研究
必须从"训诂字义"出发。其次，他在解释经典时还多次使用"以经证经"
的方法，这是因为儒家经典的内容和基本精神在其他经典之间有重叠的部
分，要注意相互补充和分析。再次，为了加强客观性，他还提出了"考异"、
"考证"、"考辨"、"衍义"的方法。②

东西相结合的思维方式也是茶山经学的一个重要特点。被称为茶山经
学萌芽期的20岁前半期，他受西学的影响最大，西学的影响为他的经典注
释注入了新的活力。他熟读利玛窦的《天主实义》，在经学中对其进行了能
动性的取舍。他的上帝观、人类中心主义的思维方式、自由意志的肯定等都
与西学的影响紧密相关。

不仅如此，茶山经学中还体现了强烈的实学精神和近代精神。在他的
经学注释中，最重视的就是"站在个人和社会的角度上，究竟该做什么"以
及"如何去做"等具有实践意义的问题，③他认为孔孟、尧舜也是很重视实
践的人物。茶山在探求实学的哲学世界观的过程中，流露出了很多近代思
想，概括起来主要有：人的主体精神、应该尊重个人的自由和选择、合理改
善社会的制度和法律、发展科学技术、追求经济的福利等。可见他的经典注
释中勾画的人间像与近代的人观基本一致。④

2. 性嗜好说

人性的问题，早在原始儒家时代就是争论的焦点。孔子说过"性相近，
习相远"，孟子提出了性善说，告子主张性无善无恶说。到了荀子又有了性
恶说，汉代扬雄又提出了性善恶混说，到了唐代韩愈则提出了性三品说。这
些多样的学说说明了人们对人性问题的关注程度之高。到了宋代，儒学者们
将人性论看作哲学问题的核心，提出了"性即理"，性理学这一名称也得以
确立。朝鲜时代脱性理学者的代表——茶山将性理学中所提出的性当作重要
的问题，对此进行了新的诠释，从而形成了自己独特的哲学体系。

① 《与犹堂全书·诗经讲义序》，景仁文化社1987年版，第135页。

② 这点在《尚书古训》中特别明显。

③ 《与犹堂全书·尚书知远录序说》，景仁文化社1987年版，第157页。

④ 韩国哲学研究会编：《茶山经学的现代理解》，心山文化社2004年版，第20—25页。

我们先来看一下茶山对性的认识。他认为，"天性"这一用语最早出现在《书经》中祖伊说的"不虞天性"，后来《周易》中的"尽性"、《孟子》中的"知性"以及《中庸》中的"天命之谓性"都与祖伊所说的天性意思相同。性是人从上天那儿禀赋的天命，源自于天。性的实现在于人循天命而行。

如前所述，他最早在对《论语》的注释中提出了"性也者，以嗜好厌恶而立名"①，后来在解释《中庸》的"天命之谓性"时同样也认为"性者，心之嗜好也"。茶山反对性理学以理气来解释人性的观点，指出说：茶山认为性理学过于偏重于形而上的理而忽视实践，显示出了要对人性论进行实学性的再考察的意志。

他认为性是"心之所嗜好"，这与朱子的"性即理"有着根本的区别。"嗜好"指的是具有分别好恶之感情的态度，具有对象或价值的取向性。与之相比，理则是其本身就具有正当性的、根源性的原理，它意味着作为价值判断基准的形而上的本体。②

茶山认为"天命之谓性"的"性"是人所固有的、从人的生成根源上被赋予的性，正如他所说"盖人之胚胎既成，天则赋之以灵明无形之体。而其为物也，乐善而恶恶，好德而耻污。斯之谓性也"。与此相比，朱子则认为"天即理也。天以阴阳五行化生万物，气以成形，而理亦赋焉，犹命令也。于是人物之生，因各得其所赋之理，以为健顺五常之德，所谓性也"③。在此，二人形成了鲜明的对比，即茶山认为此处的"性"是人心的嗜好，而朱子认为是人和万物所共同禀赋的健顺五常之德。

茶山认为，天所赋予人的"灵明无形之体"正是人的心，心所具有的"乐善而恶恶，好德而耻污"的性质才是性。换言之，人从上天那儿禀受的人所存在的根源性的本体只有心，而所谓的性不是本体，只是心所具有的属性而已。因此他把性看作是能否乐、恶、好、耻的嗜好，提出了性嗜好说，对性概念作了新的诠释。为了确认心的这种嗜好的属性，他还指出说：

① 《与犹堂全书·论语古今注》，景仁文化社 1987 年版，第 95 页。
② 琴章泰：《茶山实学探究》，小学社 2001 年版，第 95 页。
③ 《四书集注》，中华书局 1983 年版，第 126 页。

其在古经，以虚灵之本体而研制，则谓之大体。以大体之所发而言之，则谓之道心。以大体之所好恶而研制，则谓之性。天命之谓性者，谓天于生人之初，赋之以好德耻恶之性与虚灵本体之中，非谓性可以名本体也。性也者，以嗜好厌恶而立名。①

可见，茶山所说的"本体"并不是朱子性理学中所认为的形而上学的本体（理），而是蕴含着作为实际存在的"实体"的意味。

而茶山提出的这种"性嗜好"的思想并不是他的首创，是根源于原始儒家思想的。茶山在自己的著述中也多次引用原始儒家经典中出现的术语来证明。他认为《召诰》中的"节性唯日其迈"，《孟子》中的"动心忍性"，《王制》中的"修六礼以节民性"，都是以嗜好来说明性的。不仅如此，孟子也是"借形躯之嗜好，以明本心之嗜好"②，而人之心乐善耻恶，即所谓性善。他说："孟子论性，必以嗜好言之，其言曰，口之于味，同所嗜；耳之于声，同所好；目之于色，同所悦。皆所以明性之于善，同所好也。"③认为孟子是由这种心之嗜好来说明性之本善。不仅如此，他还认为孔子引用《诗经》中的"民之秉彝，好是懿德"也是为了证明人性，认为"舍嗜好而言性者，非洙泗之旧也"④，强调自己的"性嗜好"说是立基于孔孟之说、洙泗之旧的。除了引用经典语句外，他还大量列举日常生活中的实例来力证之，说"我性嗜脍炙"、"我性恶殙败"、"我性好丝竹"、"我性恶蛙声"⑤等等。而且在此基础上批判性理学者们论性都是些空虚的主张，把人搞得思维恍惚。他指出：

独于经学家论性处，必舍嗜好二字，乃取本然气质两大柱曰理同气异，曰心大性小，曰心小性大，曰已发未发，曰单指兼指，千头万

---

① 《与犹堂全书·论语古今注》，景仁文化社1987年版，第93页。
② 《与犹堂全书·答李汝弘》，景仁文化社1987年版，第102页。
③ 《与犹堂全书·孟子要义》，景仁文化社1987年版，第48页。
④ 《与犹堂全书·中庸自箴》，景仁文化社1987年版，第72页。
⑤ 《与犹堂全书·中庸自箴》，景仁文化社1987年版，第72页。

绪，棼然淆乱。又远取太极一元之圈，先天二五之妙，曰心曰性，使
学者恍兮忽兮，莫知其入头下手之处，岂非枉劳苦乎？①

关于性嗜好的种类，茶山认为有两种：一是形体嗜好，指的是"目下之耽
乐"；二是灵知嗜好，指的是"毕竟之生成"的人生的本态。他将"节性"、
"动心忍性"以及"耳目口体之性"归为形体嗜好，"天命之性"、"天道"、
"性善"以及"尽性"的性则归结为灵知的嗜好。因为茶山将人看作是神形
妙合的存在，所以在嗜好上也就相应的具有两面性。这两种嗜好分类的理论
根据，是孟子的"体有贵贱，有大小。无以小害大，无以贱害贵。养其小者
为小人，养其大者为大人"（《孟子·告子上》）。他说道：

> 大体者，无形之灵明也；小体者，有形之躯壳也。从其大体者，率
> 性者也；从其小体者，循欲者也。道心常欲养大，而人心常欲养小。乐
> 知天命则培养道心矣，克己复礼则伏人心矣，此善恶之判也。②

在这里，人只有顺其大体（灵明）才能保持其作为人的本性。但人的心并非
始终顺其大体，还有顺其小体（形体）的欲心。道心养其大体而追求道义，
人心养其小体而追求私欲。这就产生了善恶的区别。大体之嗜好具有好善恶
恶的倾向，小体之嗜好从本能上具有利己、追求欲望的倾向。大体和小体的
嗜好共同组成了性嗜好的要素。

关于性善性恶的问题，茶山认为，性虽然具有嗜好的倾向，但是现实中的
善恶区别并不在于天，而是在于"心之权"。他否认善恶取决于人性，说道：

> 天之于人予之以自主之权，使其欲善则为善，欲恶则为恶，游移
> 不定，其权在己，不似禽兽之有定心，故为善则实为己功，为恶则实
> 为己罪，此心之权也，非所谓性也。③

---

① 《与犹堂全书·答李汝弘》，景仁文化社 1987 年版，第 129 页。
② 《与犹堂全书·孟子要义》，景仁文化社 1987 年版，第 39 页。
③ 《与犹堂全书·孟子要义》，景仁文化社 1987 年版，第 48 页。

茶山点出了人心从上天那儿禀赋了自主之权，是主体性的存在。选择善恶在于心的意志，与性是无关的。天赋予人可善可恶之权，行善行恶全在于心，行善则是功，为恶则是罪。心的这种自主权说明了其不是被决定的，而是具有开放的、可能性的存在。人心究竟指向善还是恶，是自己决定的事情，因此功和罪的责任也在于自己。若像"水性好就下"、"火性好就上"那样是依据自然的、必然性来决定的话，善恶就不会成为人的功和罪。可见茶山的性论强调人的主体性以及心的自律性，具有引导人自发性努力的意志。①

此外，茶山还对以前的性说作了综合评论。他指出：

> 灵体之内，厥有三理。言乎其性，则乐善耻恶，此孟子所谓性善也；言乎其权衡，则可善可恶，此告子湍水之喻，扬雄善恶浑之说，所由作也；言乎其行事，则难善而易恶，此荀卿性恶之说，所由作也。荀与扬也，认性字本误，其说以差，非吾人灵体之内，本无此三理也。②

他认为人心之内有三理，因此把以前的性说归结为三种类型，认为将心说为性（嗜好）时，是孟子的性善说；将心说为权衡（意志）时，则是告子的湍水之喻和扬雄的善恶浑之说；将心说为是行事（行为）时，则有荀子的性恶说。换言之，孟子将性看作"嗜好"，荀子将性看作"形气之私"，扬雄将性看作是"自主之权能"。告子、扬雄和荀子虽然没有正确地理解性，但是人心中确有他们所指的这三种要素。

综上所述，茶山将性看作是心（灵体）的属性。在心这一行为的主体中，虽然大体和小体、道义和人欲一直处于矛盾斗争中，但性是嗜好的。尽管这样，人并不是任何时候都行善的，根据心的性（嗜好）、权衡（意志）和行事（行为）之不同而出现善恶的差异。③

---

① 金庚泰：《茶山丁若镛的人性论所具有的道德实践意义》，载《韩国实学论文集》，首尔不咸文化社 1994 年版，第 46 页。

② 《与犹堂全书·心经密验》，景仁文化社 1987 年版，第 78 页。

③ 琴章泰：《茶山实学探究》，小学社 2001 年版，第 105 页。

3. 人物性同异问题

人物性同异论争（又称湖洛论争）是朝鲜性理学史上重要的论争之一。以巍岩李柬为代表的洛派主张人物性同，理论依据是朱子对《中庸》"天命之谓性"的注释，朱子说"天以阴阳五行化生万物，气以成形，而理亦赋焉……于是人物之生，因各得所赋之理，以为健顺五常之德，所谓性也"；以南塘韩元震为代表的湖派主张人物性异，理论依据是朱子对《孟子》"生之谓性"的注释："人物之生，莫不有是气，莫不有是理。……以气言之，则知觉运动人与物莫不异也。以理言之，则仁义礼智之禀，岂物之所得而全哉？"二者的观点之所以不同，是因为他们各自对本然之性的定义不同。巍岩将其看作是理一之理，而南塘将其看作是"因气质"的本然之性（孟子所说的犬牛人之性）。尽管二者的基本主张不同，但至少他们在承认物这一自然存在的道德性方面是统一的。而茶山则彻底否认物的道德性，主张人物性异。

传统的朱子性理学一般认为"人物同得天地之理以为性，同得天地之气以为形"，其不同者在于"其人于其间得形气之正而能有以全其性为少异"[①]，即人和物的本然之性是相同的，而气质之性是相异的。本然之性是纯善无恶的，而气质之性是可善可恶的，如此将性的概念两分化。而茶山则反对这种本然和气质之性的分类，特别是强烈批判本然之性。他指出，宋代的理学者是根据《楞严经》中的"如来藏性，清静本然"引出了本然之性，佛书中的本然是"无始自在之意"，而"儒家则谓吾人禀命于天"，他认为本然气性之性"不见六经、不见四说"，"孟子之时，本无本然之说，岂可执后出之谬名，欲以解先圣之微言乎"，以此批判朱子的性论有悖于传统孔孟儒学的本质。

茶山认为人物性从根本上是相异的。人性合道义气质二者，而禽兽之性纯是气质之性。他指出：

> 人之性，只是一部人性；犬牛之性，只是一部禽兽性。盖人性者，

---

① 以上引言均出自《孟子集注》，中华书局 1983 年版，第 149 页。

合道义气质二者，而为一性者也；禽兽性者，纯是气质之性而已。今论人性，人恒有二志相反，而并发者。有馈而将非义也，则欲受而兼欲不受焉；有患而将成仁也，则欲避而兼欲不避焉。夫欲受与欲避者，是气质之欲也；其欲不受而不避者，是道义之欲也。犬与牛也，投之以食，欲食焉而已；怵之以刃，欲避焉而已。可见其单有气质之性也。且人之于善恶，皆能自作，以其能自主张也；禽兽之于善恶，不能自作，以其为不得不然也。人遇盗，或声而逐之，或计而擒之；犬遇盗，能吠而声之，不能不吠而计之，可见其能皆定曾也。夫人性之于禽兽，性若是悬绝，而告子只就其生觉运动之同处，便谓之一性，岂不谬乎？臣以为犬牛人之性，同谓之气质之性，则是贬人类也；同谓之道义之性，则是进禽兽也。二说俱有病痛。臣谓人性即人性，犬牛之性即禽兽性。至论本然之性，人之合道义气质而为一性者，是本然也；禽兽之单有气质之性，亦本然也，何必与气质对言之乎？[①]

人是同时具有"道义"之道德性和"气质"之自然性的双重存在，因此对善恶的道德问题能够进行自律性、主体性的判断和行动，在类似于遇到盗贼等的危急情况下，会设法逃脱并处理，茶山将这称为"自主之权"。但禽兽只是在其先天具有的本能下进行条件反射，没有选择的余地。禽兽只具有自然性而没有道德性，故不能向禽兽追究道德责任。若说人是开放性的存在，则禽兽是封闭性的存在。人与禽兽的本性是截然不同的，故本然之性和气质之性这一对立的性论不能适用于人物性论中。

　　他因此批判"性即理"，提出了"性嗜好"说。以此为根据，指出追求善和有道德的行为是人的本然之性，而根据本能来行固定之事是禽兽的本然之性。人物的本然之性本来就是不同的。其理由是各自禀赋了不同的天命，所受天之理是不同的。他说：

　　　　观虎狼蜂蚁之性，其果与吾人之性同是一物乎？人所受者，酒

---

① 《与犹堂全书·孟子要义》，景仁文化社 1987 年版，第 43 页。

也；虎狼蜂蚁之所受者，秽汁败浆之不可近口者也，恶得云理同而气异乎？[①]

茶山很明显地强调了这一点。但是"人之所以知觉运动，趋于食色者，与禽兽毫无所异"。从自然性的观点来看，告子所说的气质之性，人和物是相同的。因此批判朱子的学说歪曲了孟子之意，犯了大错。

不仅如此，他还主张人与自然的分离，他指出"草木禽兽，天于化生之初，赋以生生之理，以种传种，各全性命而已。人则不然。天下万民，各于胚胎之初，赋此灵明，超越万类，享用万物"[②]。他强调人与物的根源上的差别，认为物只是禀受了其生的道理，而人从一开始则禀受了灵明，所以是比物优越尊贵的存在，具有享有并利用物的权利。

可见，茶山认为只有人具有道德性和自律性，否定禽兽的道德性，并将其规定为从属于必然的自然法则之存在，从而将自然和人的世界分离开来，将脱道德化的自然视为人类享有和利用的对象，突出了人的独特地位。他的这一思想实现了由传统儒学向近代的转化。[③]

4. 四端和四德

作为脱性理学的代表，茶山提出了与性理学不同的、具有强烈实践意义的四端说。性理学主张"性即理"，这个理，指的就是人从上天那儿禀赋的仁义礼智之性。而茶山则认为，仁义礼智成于人行事之后，并不是内在于人心中的本性。

为此，我们先来看一下他对四端之"端"的解释。自古以来对端的解释甚是丰富，[④] 茶山认为"端也者，始也"，"物之本末，谓之两端，然犹必

---

① 《与犹堂全书·孟子要义》，景仁文化社 1987 年版，第 39 页。

② 《与犹堂全书·中庸讲义》，景仁文化社 1987 年版，第 26 页。

③ 崔英辰：《朝鲜王朝时期儒学思想的根本问题》，邢丽菊译，《哲学研究》2006 年第 4 期。

④ 关于孟子"四端"之"端"，自古以来有各种不同的解释。赵岐认为端即首，"端者，首也，人皆有仁义礼智之首，可引用之"；孙奭认为端即本，"人有恻隐之心，是仁之端本起于此也，……恻隐四者，是为仁义四者之端本也"；朱子认为端即绪，"因其情而发，而性之本然，可得而见，犹有物在中而绪见于外也"；蔡季通认为"端乃是尾"，陈北溪认为"比之茧丝，外有一条绪，便知得内有一团丝"。由此看来，古注系列中通常将端解释为

以始起者为端"。他还列举《中庸》、《礼记》、《春秋传》中的语句来证明端为始之义，引证如下：君子之道，造端于夫妇；君子问更端则起对；履端乎始，序则不愆；步历之始，以为术历之端首；主人奠爵于序端；司正升立于席端；笔端、舌端、杖端、墙端、屋端。最后说，"凡以头为端者，不可胜数，乌得云尾为端乎"，① 认为具体的事物都是以头为端，而不是以尾为端。他同时也指出，孟子自注的"若火之始然，泉之始达"中两个始字，也说明了端之为始义。

他认为必须是在实践中扩充四端之心，才能成就仁义礼智四德之名，"若其仁义礼智之名，必成于行事之后"②，即四德不是先天地存在于人性中的，也不是天命之性的实体，而是行事之后出现的结果。四德是爱（仁）、善我（义）、宾主拜揖（礼）、事物辨明（智）之后而出现的德目，③ 不是像桃仁、杏仁一样直接挂在人的心底深处的，是在经验基础上行事以后才成立的。可见，茶山的经典注释不是立足于理学性的思维，而是以实践的思考为前提，这反映了他的经典注释具有很强的实践性。

关于人人皆有不忍人之心的仁，茶山认为不是传统朱子学说的"心之德"或"爱之理"，而是两者之间应该遵守的最善的道德规范。他指出说：

> 仁者二人也。事亲孝为仁，子与夫二人也。事君忠为仁，臣与君二人也。牧民慈为仁，牧与民二人也。人与人尽其分，乃得为仁。故曰强恕而行，求仁莫近焉，在心之理，安得为仁乎？唯德亦然，直心所行，斯谓之德。故大学以孝弟慈为明德，论语以让国为至德，实行既著，乃称为德。心体之湛然虚明者，安有德乎？心本无德，况于仁乎？④

"端本"或"首"，认为仁义理智由此而生，故常用作开始、最初、首端之义，四端的扩充是四德成立的阶梯。但新注中，端解释为绪，是尾、尽头、结果之义，认为四德内在于其中，性发为情是四端。由此可知，古注和新注的观点正好相反。

① 此段引文均出自《与犹堂全书·孟子要义》，景仁文化社 1987 年版，第 35 页。
② 《与犹堂全书·孟子要义》，景仁文化社 1987 年版，第 38 页。
③ 《与犹堂全书·孟子要义》："爱人之后谓之仁，爱人之先，仁之名未立也……岂有仁义理智四颗，磊磊落落，如桃仁杏仁，伏于人心之中者乎？"（景仁文化社 1987 年版，第 28 页）
④ 《与犹堂全书·孟子要义》，景仁文化社 1987 年版，第 28 页。

他把仁看作是二人之间的实践。先儒以仁德为生物之德，而茶山指出，"仁非生物之理，以此求仁，比无以见仁迹矣"。他的仁是在实践基础之上的，是与传统的解释大不相同的。

关于《孟子·告子上》中的"仁义理智，非由外铄我也，我固有之者"，茶山解释说，"谓推我在内之四心，以成在外之四德"，认为四心是人性所固有的，而四德是四心之扩充。若不扩充四心，则四德之名无从立，突出了扩充（实践工夫）的重要性。

由此可以看出，茶山对四端之心与仁义礼智四德的相互关系的解释与传统的朱子性理学解释正好相反。朱子认为，四端之"端"为"端绪"，"犹有物在其中而绪见于外也"[1]。依照性理学的观点，仁义礼智是人性中先天固有的，四端是从四德中发显出来的。因此性理学的修养是通过四端之心来认识内在的性，使之向内在的性来收敛，是一个内向的过程；茶山则认为四德不是先天固有的，而是后天形成的。四端是开始，由此出发，经过实践后，才形成外面的四德。即由四端之心出发来扩展到行为的四德，是一个外向化的过程。并在此基础上批判性理学者通过内面的省察实现道德性的做法如同禅家的"面壁观心"。总起来，茶山将自己的观点称为"端内德外"，而将性理学的观点称为"德内端外"。关于二者的区别，我们可以用下图来表示：

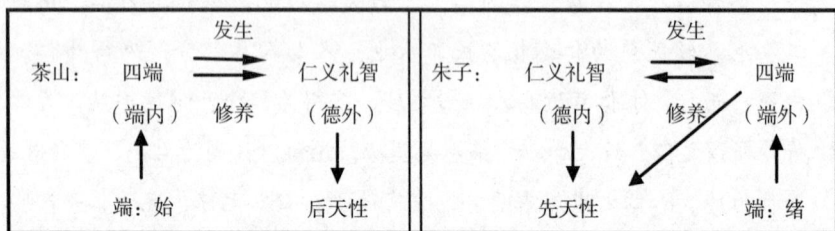

茶山：	四端	发生 →	仁义礼智	朱子：	仁义礼智	发生 ⇄	四端
	（端内）	修养	（德外）		（德内）	修养	（端外）
	↑		↓		↓		↑
端：	始		后天性		先天性		端：绪

5. 结论

茶山的心性论摆脱了以往性理学观念性的、形而上的认识，通过洞察现实中具体的人来确立自己独特的经学体制。他对人的理解的焦点和核心就在于对心性的重新规定上。他从根本上推翻了性理学的心性论，从具体的现

---

[1] 《孟子集注》，中华书局 1983 年版，第 150 页。

实性和个体的自律性上来重新认识人，从而确立了其哲学思想的实学依据。下面我们对茶山心性论与朱子性理学作一下总结和比较。

茶山否认性理学中将性看作心之本体的观点，认为心是灵明的实体，是人的主体，性则是心的属性。可见他对人的本质的理解是基于对心的理解的。他还把人看作是神形妙合的有机的生命体，心是其中的核心，否定用理气来诠释心。

茶山主张性嗜好说，认为人心都具有向往善的价值取向性——乐善恶恶，好德耻污。性虽然具有这种嗜好的倾向，但现实中并不全是善。善恶的区别不在于人性，而在于心的自主之权。人是主体性的存在，选择善恶在于心的意志，心具有自律性。而性理学则以理气来解释性，认为善恶取决于人性，本然之性纯善，而气质之性兼恶。

在人物性的同异问题上，性理学一般认为人与物的本然之性是相同的，而气质之性是相异的。而茶山则反对这种本然之性和气质之性的分类，尤其是强烈批判本然之性。他认为从本然来讲，人物性是不同的，即人的本然是合道义与气质为一性者，而禽兽的本然是单有气质之性。而从知觉、运动、食色等气质之性上讲，人物性是相同的。

在四端和四德的关系上，茶山主张"端内德外"，认为四端虽是先天内在于人心的，但只有将其扩充，付诸实践才会形成外在的仁义礼智四德；而性理学的观点则是"德内端外"，认为仁义礼智是内在于人性中的，是人从上天那儿禀赋的先天之德，四端之心由此发显。可见这二者的观点正好相反。

综上可见，茶山思想突出人的自主性和自律性，强调人的实践主体的地位，这对今天的我们也有很重要的启示意义。

（三）茶山的经世论

茶山的经学与经世学紧密相连，他自己也曾说过："学问者，天下之公物也。"[1] 茶山的学问由六书四经扩展到历史、地理、语言、风俗、农业技

---

[1] 《与犹堂全书·心经疾书跋》，景仁文化社 1987 年版，第 165 页。

术、机械战船等多种领域，其经世论的代表作是"一表二书"，即《经世遗表》和《牧民心书》、《钦钦新书》，这三本著作深刻反映了茶山一心为国的政治抱负。他在《经世遗表》（又名《邦礼草本》）中提出实事、实职、实心、实政的事功路线，开篇之语便是"邦礼草本"，可见他将《周礼》与朝鲜王朝的现实相结合，努力创造符合现实的法规礼仪，试图找到礼与法的结合点。① 《钦钦新书》主要阐述司法问题，相当于《牧民心书》中刑典的放大版，而且其中包含着茶山"新我旧邦"的意识，属于未完成之作。

《牧民心书》作为茶山经世论的代表，也是学界长期以来关注的重点。与其他著述相比，此书更加集中地反映了茶山经世论的实学思想。"牧民"的"牧"字是指一个地区单位，也指代地方官，统管州、部、郡、县等地区单位的官员，即"守令之牧"。同时，"牧"字作为动词时，表示养育动植物，含有"养育"之意。茶山所说的"牧民"并非是像养育动植物一样养育黎民百姓，而是表示"照顾一方百姓"。地方官员作为百姓公仆，就应该照顾好所辖区域的百姓，这才是牧民的真正含义。茶山的《牧民心书》初稿完成于1818年，是在他结束康津流放生活之际完成的。虽然自己身处流配之地，但怀揣忧国忧民之梦想，茶山还是以惊人的毅力完成了此书。之所以在前面加上"心书"二字，是因为茶山感叹"有牧民之心却无法实施"，其中蕴含了自己的治国理想。茶山以经世与牧民相连贯，以牧民、为民、养民作为经世的出发点与根本内容。他认为，牧民就是依据制度规定，让百姓衣食足，行礼节，以至天下文明。牧民的三项准则是律己、奉公、爱民，此为"三纪"。吏、礼、户、兵、刑、工为六典，各有典制纲纪，"终之以振荒一目"，即归结为救济百姓，勿使百姓有饥馑。"振荒一目"推展于六部六条之规定，剔除奸伪，百姓被泽，这是茶山的牧民之诠释，充分体现了以民为本的政治思想。

《牧民心书》中对当时地方主官的职务分工列举得非常详细，这从其编目可以看出。《牧民心书》编目共分12大类，即赴任、律己、奉公、爱民、吏典、户典、礼典、兵典、刑典、工典、赈荒、解官等，而且编目中包含了

---

① 张敏：《韩国思想史纲》，北京大学出版社 2009 年版，第 271 页。

儒家全部的六典，可见地方主官的职责类同于朝廷官员的职责。赴任、解官、律己、奉公、爱民是本职之外附加的指南。《牧民心书》12 篇中每篇各6 个条目，共计 72 个条目，内容极其丰富。

地方官员拥有左右一方百姓生命的权力，若是公正履行职责，则会恩泽万民；若是滥用或误用手中职权，则会招致百姓受害。因此茶山认为，牧民者的姿态非常重要。为此，他提出了如下基本原则：

> 牧民者何也？因今之法而牧吾民也。律己、奉公、爱民，为三纪。吏、户、礼、兵、刑、工，为六典。终之以振荒一目，各摄六条。搜罗古今，剔发奸伪，以授民牧。[1]

牧民者要保护百姓，使其安居乐业，而不是鞭挞、驱赶或驱使之。这就需要付出辛劳，遵守"三纪"：律己、奉公、爱民。牧为民所信，任其职就要奉公，要严以律己，劳以率先，利以奉公，爱民保民，扶危济困，为民之父母。

作为地方主官的牧民者权限虽然大，但其根源在于天，地方官不过是代行天权。如果滥用或误用，则会遭到天谴。"安其善良而生之，执有辜者而死之。是显见天权耳，人代操天权。"[2] 民心即是天意，因此为官者、统治者都应该畏惧民心。茶山指出，"牧民者有四畏，下畏民上畏台省，又上而畏朝廷，又上而畏天。"[3] 台省指的是司宪府和司谏院，负责监察并弹劾官员，所以地方官员一般都畏惧那些具有任免权的朝廷官员。但实际上，君主的统治权本身就是上天所赋予的，只不过是替天行事而已。若不能忠实履行职责，上天就会通过天灾来加以惩罚，因为民心与天意相通。茶山指出："故曰民为牧生，岂理也哉？牧为民有也。"[4] 地方官为民而生，即为百姓之公仆。官员的职责便是奉公守则，为民爱民，这是天职公行。因此，要彻底

---

① 《与犹堂全书·墓志铭》，景仁文化社 1987 年版，第 201 页。

② 《与犹堂全书·钦钦新书序》，景仁文化社 1987 年版，第 103 页。

③ 《与犹堂全书·诗文集》，景仁文化社 1987 年版，第 152 页。

④ 《与犹堂全书·原牧》，景仁文化社 1987 年版，第 58 页。

做到儒家所言"仁者爱人"以及"泛爱众"，就需要官员们摒弃腐败、侵占土地等不正之风。

当时茶山所生活的年代，官尊民卑思想非常严重。特别是他遭遇流放期间，外戚专权，王权虚弱，地方主官及衙门腐败特别严重，百姓处于水深火热之中。茶山也因此指出："赋役烦重，官吏肆虐，民不聊生。举皆思乱，妖言妄说，东唱西和，照法诛之，民无一生。"[1] 田税和贡赋横行，税金和赋役名目繁重，官吏掠夺残酷无度，不仅导致流民众多，而且导致民心动摇离叛。地方官员们完全脱离爱民和为民的奉公思想，极度腐败，这就使得百姓陷入生死边缘，国家根基动摇。为了谋求百姓出路并拯救国家，茶山提出要彻底纠正官吏的腐败和不正之风，这种彻底根治腐败的决心以及为民奉公的牧民思想便如实反映在《牧民心书》中，也体现了儒家的民本政治理念。

18—19 世纪朝鲜社会的主要产业依然是农业。因此，茶山在田制改革方面倾注了大量心血。他提出的田制论主要有闾田制和井田制两种。前者是丁若镛 38 岁时提出的，后者是在其晚年逐步修改完善的，相当于晚年定论。闾田制就是将农村以闾为单位编制，共同进行农业生产和分配，带有合作农场制性质，其主要内容是：耕者有田，土地共有，共同耕作，共同收获，按照每天劳动量进行分配。按照以前的田制改革方案如均田制和限田制的做法，不直接参与农事的游食者也可成为土地的拥有者，茶山对此严加批判。[2] 他认为，只有真正的农民才能成为土地的主人，土地要实行共同耕作和分配。但这种制度作为一种理想化的构想，在朝鲜统治体制下是无法实现的。因此，茶山又对其进行不断修改和完善，在《经世遗表》中提出了井田制。实际上，《经世遗表》的核心内容就是井田制，足以看出茶山对田制的重视程度。他认为，正确改革田制，是解决当时社会腐败的关键。

> 王政莫大于经界也。经界不正，则户口不清。经界不正，则赋役不均。经界不正，则教化不兴。经界不正，则兵备无寄。经界不正，

---

① 《与犹堂全书·牧民心书》，景仁文化社 1987 年版，第 171 页。
② 《田论》，《与犹堂全书》卷 11，景仁文化社 1987 年版，第 102 页。

则奸猾不息。经界不正，则词讼日繁。万病千瘼，棼然淆乱，东撞西触，莫可摩理。①

所谓正经界，就是对全国土地进行规划，重新对土地分界进行制度性的规划。新的土地分界设想的目的便在于实施井田制。从其方案中也可以看出，茶山对中国古代提出的理想型土地制度进行了深入研究，并将其作为继承和发扬的范本。茶山设想的井田制是将土地按照井田的圆形规划成正方形，并进行九等分。这种正方形的规划只限定于标准的井地，特别是只能在平原地带，不适用山地等地形。而对于山地，并不是要把它削为平地来实行井田制。如果是有些坡度的土地，可以修整为井地的形态，或者是变成具有井地的条件，至少是要规划成符合井地的形状或条件。② 茶山认为，只有实施井田制，才能纠正田租和赋税等方面的不正之风。但他也深知，在私有制社会实施井田制并非易事。因此，他提出的这种制度要循序渐进地实施。

面对当时性理学重本轻末、重文轻武的社会现状，茶山从经世的角度出发，提出了一些改革措施。他主张要打破传统意义上所认为的士农工商四民中商人地位最低的观念，应该赋予商人以公职。他还提出要给所有良民以担任公职的机会，不要拘泥于东西南北地域的差异，要不分远近、不分贵贱选拔录用人才。特别是针对当时等级差别非常严重的社会制度，他强烈主张要废除禁止庶孽从政的制度，认为只要有能力，就可以不问出身贵贱而任用官职。尽管茶山没有明确提出废除奴婢制度，但是他积极探求缓解身份差异的制度，认为所有人皆可为两班，"苟其皆尊，即无所谓尊也"③，主张应该实现万民平等。这种思想具有明显的近代意识。

不仅如此，茶山在器物利用以及科学技术方面，亦有比较独特的思考。他批评后儒以奇技淫巧为贱，以清谈虚饰为高雅的作派、风气，积极主张发展器物利用、科学技术，主张北学中原，向中国学习器用科学技术。尤其是他在强调重视器用的同时，提出更重器量的思想，认为器用度量衡是器物利

---

① 《与犹堂全书·经世遗表》，景仁文化社 1987 年版，第 132 页。
② 尹丝淳：《韩国儒学史》下，韩国知识产业社 2012 年版，第 89 页。
③ 《跋顾亭林生员论》，《与犹堂全书》卷 14，景仁文化社 1987 年版，第 153 页。

用公平天下的先导，他所依据的正是传统儒家"正德、利用、厚生"的思想。在当时的朝鲜社会，士人普遍儒雅清高而不务实用，结果导致全社会自我沉溺而不知北学中原。与茶山同为奎章阁书检官的朴齐家，亦在《北学议》中对比中国的器用技术，极赞中国工师用心精巧，制作出华美的陶器，很有艺术感。茶山也曾听闻将臣李敬懋讲到当时清朝的兵器、火器都已用新制，日本的土枪已成古调，因此主张北学，今后若有倭寇来犯，可以用新制兵器、火器来对付他们的土枪鞭棍。可见茶山强调器用文明对抗击外敌入侵的重要意义，以器用文明抗击野蛮侵略，就需有领先于他人的器用文明。

为此，茶山积极主张"北学中原"。他没有过多地纠缠于"夷夏之辨"，而是主张从器用文明的人文化成和利民、厚生、富民强国的意义上阐述北学的意义。他如下指出：

> 今之急务在于北学中原，诚识务之言也。臣谓别设一司，名之曰利用监，专以北学为职。提调及金正二人，以精于数理者择差。其别提二人，以有目巧手巧者为之。其学官四人，就司译院、观象监。极选其精于数理，娴于官话者，各取二人，岁入北京，或行货以购其法，或厚价以购其器。凡安炕烧甓、造车造器、炼铁炼铜、燔瓦塼瓷、以至引重起重、解木解石、转磨转碓、取水代耕、风礶轮激之法，虹吸鹤饮之制，诸凡农器、织器、兵器、火器、风扇、水铳，以至天文历法所需仪器测器，凡系实用之器，无不传学，归而献之于本监。本监聚巧匠按法试造。其有成效者，提调及工曹判书考工课取，或授以牧官、察访，或授以县令、郡守。其有大功者，升之为南北汉副使，或录用其子孙。则不出十年，必有成绩，而国富兵强，不复见笑于天下参赞。①

北学中国既是当时的紧急之务，也是茶山的识时务之言。北学就是要发展器用之业，器用的最终目的便是厚生、养民、兴国。茶山建议首先要设专司，

---

① 《与犹堂全书·经世遗表》，景仁文化社 1987 年版，第 140 页。

设利用监，专管北学中原之事，这样就把北学中国提上国家经世致用的重要日程上来。茶山的北学构想还包括培养专司人才、派人出国留学等内容。茶山尤其强调精选精算人才和双语翻译人才，这些设想都是操作性很强的可落实之计，体现了茶山经世论的实践性品格。

可见，茶山经世论的内容十分丰富，几乎涵盖了朝鲜社会生产力发展的各个领域。由经学到经世学，茶山的实学思想是对当时朝鲜社会传统的继承和总结，同时也破除了僵化的体制观念和权威主义，反映出一种经世的时代思想，开启了韩国走向近代社会的序幕。

三、惠冈崔汉绮的气学与实学思想

崔汉绮（1803—1877），字芝老，号惠冈、明南楼，19 世纪韩国儒学的代表人物，也是后期实学派的代表人物。面对当时朝鲜王朝国势衰弱的形势，他脱离朱子性理学传统体制的束缚，积极接触东西思想，以进取和开放的态度另辟新学风，最终形成了自己独特的气学与实学思想。

崔汉绮家族属于开城两班贵族，家门学风浓厚，这使得他从小可以安心读书并潜心学问研究。他虽然通过了科举生员考试，但由于不热衷官场而未走上仕途。但相比之下，其学术活动非常活跃，学术著作也颇为丰富。其著述主要有：《农政会要》、《陆海法》、《神气通》（3 卷 2 册）、《推测录》（6 卷 3 册）、《气测体义》（9 卷 5 册）、《鉴枰》、《仪象理数》、《心器图说》、《疏劄类纂》（2 册）、《习算津筏》（5 卷 2 册）、《地球典要》（13 卷 6 册）、《人政》（25 卷 12 册，历时 20 年完成）、《身机践验》（8 卷）、《星气运化》（12 卷）等，内容涉及天文、地理、医学、数学、农学等，可见其学问知识渊博丰厚。

首先来看一下崔汉绮的气学思想。他通过气的概念阐明了哲学的基础概念，其学术体系也是建立在气哲学的基础之上。崔汉绮并没有对气进行重新定义，依然按照性理学的惯例来使用气。但是与理相比，他表现出了强烈的重气之立场。

理是气之条理，则有气必有理，无气必无理，气动而理亦动，气静而理亦静，气散而理亦散，气聚而理亦聚。理未尝先于气，亦未尝后于气，是乃天地流行之理也。①

　　其实理在气中，元非二事，但求之也舍气究理，则为虚理，因气究理，则为实理。②

　　道德仁知理性，出于学问无形之名象，因成传受之依据。欲晓喻于人，语或虽明，必因物类之有形质而指示。欲撰述于文，恐涉模糊，须引往事之有痕迹而显证。当因形质譬喻，自有辄疾开悟，形质之大而完备，惟有运化神气为万事万物之本源。③

在他看来，现实世界中的理是依存于气的条理，不能舍气而求理。若是真的舍气求理，则理就变为虚理。这是一种从现象之气来认识理的经验主义的立场。从气的立场来看，理是气的法则，是条理。不仅如此，气还是世间一切事物的本源。

基于此，学界很多人将崔汉绮定义为"唯气论"或"主气论"学者。但是，韩国的崔英辰教授提出了不同的观点，他认为，崔致远提出的"气为理本"并不是存在论式的表达，而是"气是认识理的根本"之认识论式的命题。崔汉绮曾如下指出：

　　理须就气上认取，然认气为理便不是，舍气求理尤不是。……气之有理，犹礼之有义，故礼可以义求之，又可以礼求义。气可以理求之，又可以理求气。然认气为理便不是。④

在他看来，离开气便无法认识理，但气终究不是理。这就好比儒家的道德规范中，义不能离开礼，但礼义又是有区别的。崔汉绮虽以理气合看为本，但同时也没有忽视二者的分看。由此可见，崔汉绮批判和否定的并不是理本

---

① 《推测录》卷2，韩国国立首尔大学图书馆1973年影印本，第26页。
② 《人政》卷12，韩国国立首尔大学图书馆1973年影印本，第78页。
③ 《气测体义·明南楼随录》，韩国国立首尔大学图书馆1973年影印本，第35页。
④ 《推测录》卷2，韩国国立首尔大学图书馆1973年影印本，第32页。

身，而是"主理"的方法论以及据此方法论而得的"虚理"，这是以彻底的经验主义立场为基础的。①

在崔汉绮的气学思想中，气最重要的特征便是"运化"，即"气之性，本是活动，运化之物"②。崔汉绮用运动、运化、造化等独特的词语来表现气的活动，并将其表述为"活为生气，动为振作，运为周旋，化为变通"③。这种气是具有生命力的活物，是以多种形态运动的实体。基于此，地球以及日月星辰都是气化的产物。他这种观点已经脱离了传统性理学的气概念，反映了他吸收西方的自然科学，并对传统的世界观进行了否定和再构成。这种运化之气，崔汉绮也称之为"神气"，并将其表述为"气之能是神"④，可见，气是活动、运化的主体，神是气运化之机能性特征，神突出了气活动中表现出的神妙或灵妙之特征。

根据运化之气的类型不同，崔汉绮主张气的运化也分为如下几种：适用于自然天体以及人的"天人运化"，适用于充满宇宙的气以及集于人一身之气的"活动运化"，适用于人的统治及教化的"统民运化"。这些运化在崔汉绮的气学中所占的位置和比重各不相同，天人运化是气学的根基，活动运化是气学的宗旨，统民运化是气学的枢纽。从这一点来看，崔汉绮的气学称为"气的运化论"毫不为过。

不仅如此，根据内容和性质的不同，崔汉绮认为，气的运化可以分为四类，即"四等运化"。他按照儒家"修身、齐家、治国、平天下"的框架，将气学设定了"一身运化"、"交接运化"、"统民运化"和"大气运化"。

　　一身运化，为修身之要。交接运化，为齐家之要。统民运化，为治国之要。大气运化，为平宇内之要。大小范围，各有攸当。⑤
　　修身齐家治国平天下系是人气运化，而承天气之运化，以为人气

① 崔英辰：《韩国儒学思想研究》，邢丽菊译，东方出版社2008年版，第336页。
② 《气学》序，韩国国立首尔大学图书馆1973年影印本，第56页。
③ 《气学》卷2，韩国国立首尔大学图书馆1973年影印本，第63页。
④ 《气学》卷1，韩国国立首尔大学图书馆1973年影印本，第58页。
⑤ 《人政》卷9，韩国国立首尔大学图书馆1973年影印本，第52页。

运化，则民皆归顺简且易焉。①

崔汉绮的气学思想通过以修身、齐家、治国、平天下为核心内容的四种运化，非常清晰地表现了运化的概念。但崔汉绮的"四等运化"，即修身、齐家、治国、平天下并非只是还原其古典本义。儒家的修齐治平重在个人修养，但崔汉绮的运化论很大一部分还包含承接天体宇宙之气的运化，即"人气运化"要和"天气运化"实现一致，才能达到修齐治平。这一点体现了传统儒学"天人合一"的思想，反映了人与自然的和谐统一。

崔汉绮的"四等运化"将伦理问题与运化问题紧密联系在一起，反映了他试图构建气学式伦理观的立场。

> 儒术，乃统民运化之道也。明人道而讲仁义，立纪纲而尚忠节，贵廉让以避争夺，贱贪鄙以远耻辱，开政教之导化，重生灵之褒贬。②

用仁义来阐明人道，建立纲纪以提高忠诚，培养知廉耻之礼仪，引导政治教化，这就是"统民运化"。儒家主张以仁义实现追求伦理道德的仁政，故儒者通常将依靠伦理的教化与政治相提并论。崔汉绮也不例外，这种"统民运化"思想具有很强的伦理道德性。

其次，在伦理教化中，崔汉绮还提出要了解"气数"的思想。他指出：

> 气数之学，为裁制事物之用人。于大小营为，无所用心则已矣。营产业者，日用商计，不可无加减乘除之数。况御群贤统亿兆，制天下之民产，敷生灵之教化，岂可不识气数而能之哉？……知气数者，用知气数之人，导化万姓以气数，裁制万事以气数，奚独政教休明必致举国治安。③

---

① 《气学》卷1，韩国国立首尔大学图书馆1973年影印本，第58页。

② 《人政》卷11，韩国国立首尔大学图书馆1973年影印本，第72页。

③ 《人政》卷20，韩国国立首尔大学图书馆1973年影印本，第89页。

按照崔汉绮的气学思维来推测，政治教化的主体当然非气莫属，但为何又加上"数"呢？如前所述，崔汉绮不仅习读儒家经典，还学习了农学、医学、西学等，学问渊博深厚，知识体系丰富。在他看来，如果用象数来分清天地万物，就应该了解"气、数、象、理"的关系和性质。这四者的关系是由气而生象，由象而生数，由数而生理。气与象是可以被感知的对象，而数和理则要通过智慧来把握。气与象是现实存在的实物，而数和理则属于概念的范畴。气数是省略了象和理来体现实物和观念的语言表达方式，所谓教化和政治，没有这些气数的把握是不可能实现的。

如上便是崔汉绮在伦理说基础上建立的气学框架。崔汉绮的伦理说不是单纯的伦理说，而是"气学式的伦理说"，气学痕迹非常明显。这也是崔汉绮哲学思想的特征。这种气学式的伦理学也使得崔汉绮的学问摆脱了朝鲜后期性理学理气逻辑战的框架，从而追求更加实际而自由的学风，重视现实的具体实践，因此带有强烈的实学性。

具体到当时的社会现实，崔汉绮主张要推行进步的社会观以及国际范围内开放的通商论。他指出，"我之所资育所依赖，在今不在古。所须用所遵行，在今不在古。宁可舍古，而不可舍今"①，主张要接受并吸收西方科学技术，并与传统文化相接轨，造福于现实社会生活。针对当时是否要引进西方文物，崔致远如下表达了自己的立场：

> 海舶周游，书籍互译，耳目传达。法制之善，器用之利，土产之良，苟有胜我者。为邦之道，固宜取用。至于风俗礼教，自有风气之攸宜，熏陶之习染，纵有胜我者，不可以猝变，况以隐晦掩光明，神怪撼诚正哉。毕竟胜绌，不在于风俗礼教，惟在于务实用者胜。尚虚文者绌。取于人而为利者胜。非诸人而守陋者绌。……是以西教之蔓延天下，不须忧也。实用之不尽取用，乃可忧也。②

---

① 《人政》卷11，韩国国立首尔大学图书馆1973年影印本，第72页。
② 《推测录》卷6，韩国国立首尔大学图书馆1973年影印本，第32页。

风俗礼教是当时主张闭关锁国、高喊斥邪卫正的性理学者们提出的反对西方文物的依据。崔汉绮认为，与固有的风俗礼教相比，当务之急是从实用的角度择取并学习西方书籍中优秀的见闻、法制、机械等。崔汉绮担忧的是当时朝廷不接受具有实用性的西方文物和思想的封闭态度。他通过上文清楚地表明了自己对西方文物的态度。

虽然崔汉绮对西方文明采取开放的态度，但他并不是完全排斥东方传统的思想和文化。对于传统文化，他也是持进步的态度。他所期望实现的是东西思想和文明的融合，既要维护传统文化的主体性，又要积极吸收西方的科学技术，这是一种"东道西器"的思想。他曾指出"盖古之未明，在后代而渐明者。历理物理也，古之已明，后来反晦者，常道中道也以后代之渐明"①。可见，西方的科学技术是传统典籍所无法满足的，崔汉绮对西方文明的开放性态度也大都限于科学技术等方面。由此来看，崔汉绮可谓是韩国"东道西器论"思想的先驱者。

崔汉绮从实学的立场出发，主张应该正确对待士农工商和兵事。他认为士农工商都是平等的，否认职业的差等次序。特别是他主张商业与士农等同的思想已经超越了传统的"重农抑商"，具有明显的时代进步性。

> 商贾之贸迁有无，以赡民用，为事业。②
> 末俗，以工商为贱业，任置于营营苟食之辈。至使工商之人，渐至贱陋。用人之道，何独不行于工商乎？③
> 士农工之事务，有藉商而流通，如一身耳目口鼻手足，相须而济事业，不可偏废，亦即一体万民之义也。④

崔汉绮深知商业对于士农工的重要性，认为它们是相互关联的有机关系。商业本身就是通过贸易解决民用问题，绝不是轻贱的职业，只是因为从事商业

---

① 《推测录》卷6，韩国国立首尔大学图书馆1973年影印本，第32页。
② 《人政》卷25，韩国国立首尔大学图书馆1973年影印本，第103页。
③ 《人政》卷25，韩国国立首尔大学图书馆1973年影印本，第103页。
④ 《人政》卷11，韩国国立首尔大学图书馆1973年影印本，第72页。

的都是贫穷人，因而才被视为贱业。这种带有职业差等观的世俗可谓是导致亡国的"末世之习俗"。由此可见崔汉绮对当时世态累积的弊病观察之深、痛恨之切。

在此基础上，崔汉绮主张应该"开国通商"。当时的朝鲜实行闭关锁国政策，他认为这就导致不能准确把握世界形势的变化，整日陷于孤陋寡闻的习俗中。相比之下，中国明朝已经开始积极与世界接轨，并实现了万国物产的流通。

> 盖自开荒以来，人物蕃延于大陆，而数万里海洋，便为空弃之所。自明代以后，洋舶周行大地，沿海诸处，罗列市埠，收聚健勇，设置镇守，寓兵于商，而为天下之难御。于是人世营济，至于一变，物产交通于万国，诸教混淆于天下，陆市变为海市，陆战变为水战。①
>
> 惟在于务实用者胜，尚虚文者绌，取于人而为利者胜，非诸人而守陋者绌。②

因此，崔汉绮主张应该从实用主义的立场出发，积极学习明朝的经验，打开国门，实行开放的国际通商，以此来改变国力虚弱的状况并提振国威。崔汉绮这种国际通商论的主张要比开化派早很多，因此他是发挥了连接实学思想和开化思想桥梁作用的实学家，是开化思想的先驱者。

---

① 《推测录》卷6，韩国国立首尔大学图书馆1973年影印本，第32页。
② 《推测录》卷6，韩国国立首尔大学图书馆1973年影印本，第32页。

第六章　近代韩国儒学的发展

当从历史学角度进行时代划分时，我们通常把与现代密切相关的时代界定为近代。就近代社会的一般特征而言，它要有资本主义生产方式及市场体系的确立、先进的科学技术和合理的思维方式、原则的出现以及新的社会势力即市民或阶级的形成等。换言之，在产业革命之后的分工与协作以及科学技术不断发展的基础上，人类社会基本接受了资本主义的生产方式，借助于交通和通信手段的发展与普及，世界日益形成统一的市场和共同的生活圈。[1]

在韩国史上，关于应该将何时视为近代社会的起点之问题，学界存在争议。但普遍的观点是，将 1876 年《江华岛条约》的签订而致使韩国最终打开港口的时期，称为近代社会的开端。这一时期也称为"开港期"（1876—1910）。条约签订后，朝鲜政府接受了日本方面要求派遣使臣的要求，日本从朝鲜那儿得到了釜山等港口的通商权、贸易权等。日本不仅把自身在西方列强压力下承诺的不平等条款强加给朝鲜，而且还将类似于无关税条款和货币使用权等不平等条约进一步强加给朝鲜。

截至 19 世纪前半期，东亚一直处于以中国为中心的秩序体系之下，后来随着中国鸦片战争的失败，西方列强逐渐侵入东亚。朝鲜也没能逃脱这种命运，1866 年因法国入侵而发生的"丙寅洋扰"、1871 年因美国入侵而发生的"辛未洋扰"就是典型事例。特别是开港以后，朝鲜被强制卷入了由西方

---

[1] 参见高丽大学韩国史教研室编：《新编韩国史》，孙科志译，山东大学出版社 2010 年版，第 189 页。

列强和日本共同牵引的"被动的近代"。面对西方文明的侵入和日本的不平等压迫，朝鲜社会开始进行奋力反抗，思想界出现了诸如斥邪卫正思想、开化思想、以东学思想为主的民众运动等，也兴起了一股爱国启蒙思潮和救国救民的民族宗教运动。

第一节　韩国儒学对西方近代文明的回应

韩国近代思想是在儒家道德文明与西方近代文明的冲突中形成的，可谓"自我"与"他者"的合体。在东西两种异质文明的碰撞过程中，作为自我的东方文明，必然要确认与作为他者的西方文明的异同，即确认自己的正体性，然后才能进一步明确与他者的关系。具体到朝鲜近代，这就是"西势东渐"的过程。

19世纪的朝鲜社会由于国政不力而导致了农民运动此起彼伏。当时国家所面临的问题是，对内迫切需要改革自强，对外需要面对强有力的西方列强的侵略，特别是如何与西方国家建立关系是非常重要的。面对西方列强的侵略，为了解决现实当务之急，当时的朝鲜社会出现了斥邪卫正思想、开化思想以及东学思想三种应对方案。斥邪卫正指的是坚决排斥当时的邪学——天主教，捍卫正学——性理学。西学虽然主要指天主教，但从广义上也代表了整个西方文明。斥邪派认为西方文明具有野蛮的侵略性，如果纵容之，则不仅会令社会体制崩溃，而且国家也会灭亡。但是这种观点很难说就是阻止列强侵略的最合适的对应策略。随着开港伊始，韩国已经被动地卷入了世界资本主义体系。尽管可以从道德和心理上蔑视西方，但毋庸置疑的是，西方的科学技术却是不容忽视的强大。开化思想则与之相反，主张要吸收西方近代文明来建立近代国家体系，化解民族存亡危机。但值得注意的是，西方文明虽然在当时具有文化上的先进性，但同时也具有不可掩饰的帝国主义侵略的野蛮性。对朝鲜而言，西方是具有双重性质的"他者"。因此，开化思想虽然争取独立，但不能实现完全的独立。主导斥邪卫正和开化思想的主要是知识分子即士人阶层，而以民众为主体展开的东学思想则是直接深受帝国主义侵略的下层民众自觉发起的抵抗运动。他们一方面批判政府和官僚的腐败，另一方面批判西方列强侵略的不正当性。虽然东学运动没能引领朝鲜走向主体发展的社会，但是却通过多种抵抗活动对近代社会的发展作出了贡献。

一、斥邪卫正思想

斥邪卫正思想认为，在当时的时代背景下，重构性理学理念和儒学价值观是当务之急。捍卫以自主理念为核心的性理学就等同于排斥西学，因此从这个意义上来讲，卫正就是斥邪，而斥邪也就是卫正，二者是相辅相成的统一关系。斥邪卫正思想的主要代表人物是华西李恒老（1792—1868）。他认为排斥邪学最好的方式就是阐明何为正学。李恒老指出，朝鲜儒学文明比西方文明优越，因为它具有类似于五伦思想的伦理道德，而西方文明只能被称为夷狄之学。因此就儒学的价值观而言，夷狄就是脱离基本道德意识的文化主体。

斥邪卫正派以儒学的道德意识为基准来判断正学与异端，而西方文明则以文明化的程度来区分文明和野蛮。由此来看，朝鲜近代开港时期是不同文明之间相互碰撞和冲突的时期。在人类历史上，由于文化的差异性而产生的对异质文明本能性的抵抗是很自然而然的现象。因此我们也可以很容易理解为什么斥邪卫正派强烈抵制开化派所提出的包括变服令、剪发令在内的一系列措施。从他们的立场来看，换上窄袖便装、剪掉发髻并不只是单纯的外貌改变，更重要的是抹杀了韩民族内在的精神文化，而这种行为就意味着把中华变成了夷狄，因此自然无法接受。在抵制西方入侵、压制改革派的过程中，斥邪卫正派竭力捍卫性理学，并以儒教的道德文明为标准来衡量西方文明并称之为夷狄，而且还把排斥西方文明视为捍卫民族意识的发端。

尽管如此，在当时西学东渐的历史动荡期，性理学已经无法承担引领社会思潮的重任。然而将性理学视为自主思想的斥邪派却认为社会动荡的根本原因就是因为没能遵循性理学理念。因此他们在强调理的重要性的同时，也积极号召大家彻底地实践理，认为这才是摆脱危机的最好办法。面对西方异质文明的冲击，李恒老不得不重新考虑如何确保儒学的正体性，因此他决心通过斥邪来捍卫这种正体性。现实的危机感使得他在审视世界和确立价值观的基础时变得更加彻底，其理气论就反映了这一点。斥邪卫正派在强调理的能动性和主宰性的同时，要求压制作为恶根源的气，认为理气二者在事物上的分离性决定了必须对它们进行分别论述，坚信"理尊气贱"和"理主气客"的思想。斥邪卫正派认为，"西洋乱道最可忧，天地间一派阳气在吾东，若并此被坏，天心岂忍如此，吾人正当为天地立心，以明此道，汲汲如救焚，国之存亡，犹是第二事。"① 性理学作为自主理念和普遍真理之所以在未能在现实中得以实践，是因为人们未能彻底认清本质并切实践行，因此斥邪卫正派强调当下实践性理学理念最为迫切。为了确保当为的实践，斥邪卫正派极力强调并关注理的主宰性，并力求在现实中实现。明德理气论争就是围绕明德究竟应该看作理还是气而展开的一场论争。明德主理论以华西学派为中心，而明德主气派则以鼓山学派为中心，代表人物是鼓山任宪晦（1811—1876）和艮斋田愚（1841—1876）。华西派认为气统摄理是导致时事混乱的原因，故强调在现实世界中实现理的主宰性。相反，明德主气论虽然同意现实世界都是起源于气的运动，但是他们不承认气的自用性。尽管如此，明德主理论和主气论者都主张只有当所有的理在现实生活中得以显现并切实落实，人们才能过上井然有序的生活。

明德主理论者认为"气的自用"是一切问题的根源。他们认为社会之所以混乱就是因为气没有遵从理的命令并恣意妄为而产生的。华西李恒老主张整顿社会混乱的根本解决方案就是确保理的主宰性地位，并阻止气的自用性。他将现实世界的治乱还原为主理主气问题，认为治乱来自于一心，一心只有主理，才能确保纯善无恶的理的主宰性得以实现。华西派主张理必须具有绝对的能动性，才能强化对气的主宰性，因此华西理气论着重强调主理。华西主张理的绝对性和主宰性，并指出理气的关系应当是"理尊气卑"和"理主气役"，原因在于"日合理气一则也，其以理为主气为主则不同也。理为主气为役，则理顺气正，万事治而天下安矣。气为主理为贰，则气强理

---

① 《语录》，《华西先生文集》附录，学古房 1986 年版，第 186 页。

隐，万事乱而天下危矣"。① 华西之所以强调理作为主宰运用的主体与他从心性论主理的角度看这一问题密不可分。华西指出，"宋子曰心有以理言，有以气言，愚谓以理言者，心之本体也，以气言者，心之形体也"。② 因此，以主理的视角看待心是理解华西性理学的关键。他认为圣贤多从主理的角度来看心，即是"心气也物也，但此物此气上面，指其德则曰理也，圣贤所谓心盖多指此也。"③ 由此来看，如果把主宰运用主体的心看成气而不是理，那么主宰运用的能力就变成了气的能力，气也由此而主宰万事万物，这是绝对不可以接受的。

华西之所以从主理的层面理解明德是为了明确理的主宰性。在他的立场上，如果把心看作气的话，就意味着气位于理之上，主宰了理。他所理解的主宰，一定是理才具有的概念，不能和气联系在一起。他指出，"凡性情之主宰者，心也，心得主宰，则理明而气不乱矣，心失主宰，则气蔽而理不行矣，安有气主宰之时乎？主宰二字，本不当移用于气字上矣，主宰者一而已……盖理有能主宰与不能主宰之时矣，气有拘蔽与不拘蔽之时矣"。④ 他认为，由心而产生的万事万物的变化遵循是理的主宰性而进行的，心虽然具有理气的层面，但应当用理来看待。

明德主气论的代表鼓山学派田愚则认为："鄙意常恐心理之辨，或混而不明，盖虑吾儒主理之学，或致失真而为二氏（阴阳学与佛教）。"⑤ 他断言不能将心视为理。同一派的任宪晦也持同样的担忧态度，认为如果过度强调理的能动性和运动性，反而会对理的绝对性造成损害，"道是至尊之宝，而为万物之主者，若乃降而与有作用这同科焉，则道器上下之分乱"⑥。

鼓山学派将心视为气之精爽，并把明德看作气之精爽的虚灵不昧，认为虚灵不昧是气而非理。明德主气论者们将"心统性"解释为气主理，承认

① 《理气问答》，《华西先生文集》卷 25，学古房 1986 年版，第 120 页。
② 《龙门杂识》，《华西先生文集》卷 7，学古房 1986 年版，第 68 页。
③ 《与金榫章》，《华西先生文集》卷 9，学古房 1986 年版，第 89 页。
④ 《答柳稚程》，《华西先生文集》卷 12，学古房 1986 年版，第 98 页。
⑤ 《答柳稚程》，《艮斋私稿》卷 2，景仁文化社 1999 年版，第 35 页。
⑥ 《猥笔辨》，《艮斋私稿》卷 29，景仁文化社 1999 年版，第 92 页。

理气共同的主宰性。他们认为所谓理的主宰是说理成为气的标准，并不是说理命令气；而气主理则是说气遵循理的标准（师训）而进行管理，并不是说气命令理。换言之，气的主宰只是强调气的能动性和作用，因为理是无为的，所以它不可能命令气。主气论者同样认为气（徒弟）应当遵从理（师傅）的教导。田愚对于"性尊心卑"和"性师心弟"这一命题也曾作过概括，他虽然优先探讨性，但认为重点在于心。虽然性（性即理）具有伦理层面的当为性，但重点是对性的实践。

明德理气论争并不仅仅是对以人之德性为核心的性理学进行论辩。在面对性理学逐渐瓦解的社会情形之下，它更包含了对在实践中实现性理学理念的强烈主张。不管把明德理解为主理还是理解为主气，明德论争通过解释人的道德性，不仅构建了一个理可以实践的社会，也揭示了科学文明论所具有的内在野蛮性。他们通过阐明自身强烈的道德意识，尖锐指出西方文明只不过是在锋利的武器装备下用武力侵略建立起来的文明，从而断言西方文明是野蛮的。对他们而言，通过军舰建立起来的西方列强和日本，与不具备任何道德意识的禽兽别无二致。因此，斥邪派通过小中华意识，明确表明了自己与西方文明的差异。斥邪论不仅是一种展示民族自豪感的自卫性的主体意识，而且从世界视角看，它也具有反侵略和反野蛮的近代文明的特征，即斥邪论是一种反帝反侵略的思潮。华夷论是斥邪卫正派强烈批判西方与日本文化侵略性的思想基础。华夷论体现了一种民族自豪感，那就是在崇尚传统儒家文化的同时，认为只有朝鲜才可以捍卫中华文明。

但需要注意的是，当时的斥邪派并非固守本国的民族主义，而是以天下为界限来认识世界的，而非以国界为标准来认识世界。斥邪卫正派的基础是中华主义的道德思想，而非近代意义上以个体国家为单位的民族主义。中华主义的范围从地理上来看是黄河中上游；从民族上来看是以汉族为核心；从文化上来看，它推崇的是儒学的礼治主义思想。中华主义将天下分为华和夷，把中华与四夷定为评判文明与野蛮的标准。所谓中华是指礼治和教化实现的地方，而四夷则是需要接受中华文明教化洗礼的野蛮之地。朝鲜后期，中华主义得以重构，新的中华主义舍弃了其本身地理和民族的概念，只保留和强调其文化上的概念。明清换代之后产生的小中华意识就是排除了中华主义本身的地理和民族范畴的限制，认为朝鲜在文化上属于小中华。虽然在现实中朝鲜不得不向占据中原的清王朝朝贡，但从文化上来讲，他们自豪地宣称有朝鲜才是小中华，这种小中华思想自此一直被延续下来。

但是，与朝鲜文人内在的中华意识无关的是，随着近代中华主义的解体，以中国为代表的亚洲开始被纳入万国公法体系。在这种体系下建立起的军舰和资本主义加速了中华中心主义的崩溃。因此，中国不再是世界的中心，中华中心主义的天下也不再存在。构建中华主义的基础也随之被摧毁。

面对这样的时代背景，斥邪卫正思想仍然坚守华西派的中华意识。他们立足于以华夷论为核心的道德文明论，并以此为标准来评价西方文明。华西派用阶序来划分自然、人类和社会，并根据统治的正统性与否来划分华夷。华西指出："天有阴阳，地有阴柔，人有男女，统有夷夏，此天地之大分界也。"[1]"尊中华，攘夷狄，穷天地之大经，夷夏之分，天下之大势也。"[2]坚持认为华夷论的标准是道的存在与否。华西学派主张，在儒学之道看来，西方缺乏人伦，且不知礼仪，因此应当被划为形气的最末端。华西的观点是，拒绝西方文明其实就是消除气的障碍，这正是儒学当为之事。对此，他曾评论道："吾儒千言万语，以克去气障为主。"[3]事实上，西方利用先进的船只和武器侵略他国，把一切非白种人都视为野蛮人的行为，与禽兽所为并无二异。不仅如此，西方国家还建立了外交上的条约和公法，与其说是依法办事，不如说是靠武器和军事力量来侵略他国。因此，斥邪卫正派们通过彰显文化的自豪感来对西方文明进行抵制。虽然西方国家的确拥有比朝鲜更加先进的武器和发达的科技，但在华西派看来，那些只是为了侵略他人而造，与伦理道德的生活毫无关系。富国强兵和科学技术固然重要，但如果缺乏道德支撑的话，很难说会对人类有益。

但是，道德上的礼治主义却很难抵抗以军事和武力为支撑的帝国主义。开港期以后，标榜军事和武力的西方和日本强迫朝鲜签订了许多有利于自身利益的不平等条约，这些条约严重阻碍并限制了朝鲜的近代化发展。他们通

---

① 《尊中华》，《华西雅言》卷 10，延世大学图书馆 1993 年影印本，第 126 页。

② 《尊中华》，《华西雅言》卷 10，延世大学图书馆 1993 年影印本，第 128 页。

③ 《异端》，《华西雅言》卷 2，延世大学图书馆 1993 年影印本，第 51 页。

过与朝鲜缔结不平等条约，攫取了矿山开采权、铁路建设权以及特定地区的经商权。尽管如此，斥邪卫正派在号召朝鲜民众团结一致认清帝国主义的侵略本质并抵抗外国势力侵略方面确实作出了一定的贡献。

二、开化思想

性理学作为朝鲜王朝的指导理念统治了朝鲜思想界近五百年，并且被一代代人所推崇和实践。但近代以来，由于性理学的世界观无法完全解释近代之概念与文物，因此被认为是落后和应当抛弃的东西。为了开启世界文明的大门，一种新的解释近代世界的方式呼之欲出，这就是开化思想。

近代社会的运行标准是以西方势力为核心的万国公法。开港以来，朝鲜逐渐被纳入了世界资本主义体系，这也意味着要按照万国公法体系行事。① 万国公法体系不仅支配了世界，也逐渐成为一种新的典范。万国公法体系虽然以世界资本主义发展为动力、以国家之间的主权平等为前提而建立，但实际上它只不过是帝国主义为了确保自身的通商和各种利权而建立的一种机制。更为重要的是，就其内在来看，万国公法体系把世界民族划分为开化和未开化两类，如果将这种观点与社会进化论相结合的话，我们就可以发现，这种体系只不过是为西方进行殖民侵略提供了正当的幌子而已。因此可以说，19 世纪适用于东亚的西方万国公法体系具有国际政治的两面性。对于非西方国家而言，万国公法只不过是在与西方国家发生冲突过程中签订的一系列不平等条约而已。

近代以来，韩国也被纳入了万国公法体系，但是由于这一体系对韩国来说是不平等的，因此并不能对其持完全肯定的态度。对近代的韩国来讲，

① 朝鲜的万国公法是在 1864 年左右传入的，修信使金弘集的《朝鲜战略》和郑观应的《易言》使得万国公法在朝鲜得以大范围传播。初期的万国公法作为合纵连横的方案，被认为是通过保持大国势力均衡来维护国家权力的方案。万国公法在当时之所以被肯定，是因为当时韩国社会的主要矛盾集中于均税、自主、自立、国权和军权，因此万国公法被合乎时宜地得以应用。（参见金基正：《世界资本主义体系与东亚地区秩序的变动》，《东亚地区秩序》，创作与批评社 2005 年版，第 141 页）

它不仅需要像西方和日本一样进行改革，还需要克服他们野蛮性的特征。日本在万国公法体系下打败中国确立了其新的东亚霸主地位之后，[①] 便开始着手侵略韩国。面对这样的危机，开化思想主张摆脱朝鲜王朝体制的束缚，并向近代社会转变。但开化思想与斥邪卫正思想并不是完全排斥、互不相容的。他们都是试图反省自己与西方异质文明的差异，思考如何取他人之长补自己之短，最终寻找到适合本民族发展的道路。开化思想强调运用西方文明，并把建设与西方相似的近代国家作为自身的目标。在与斥邪卫正派展开的辩论中，开化派强调采用西器来实现国家近代化，这就是"东道西器论"。但这并不意味着他们只强调单纯地利用西方器物，其中也不乏主张学习西方文明的内涵的人士，即是"文明开化论"。

开化思想虽然受到了西方文明的影响，但他们并不追求全盘的西化。虽说有些人提倡通过完全抛弃传统思想、全盘西化来实现国家近代化，但是相当一部分人主张通过变革传统文化来实现近代化。而开化派与斥邪卫正派的最大区别就在于开化派主张的是师夷长技。如果说斥邪派还裹足于以中国为中心的天下观念的话，开化派已经看到了通用万国公法的世界。他们指出，固守性理学的理念无法帮助朝鲜摆脱危机。这种对现实的深刻思考最终归结为了开化派对如何学习和利用西方文明进行的思考。

开化派认为，要想完全接受西方文明，就必须从批判性理学开始。他们认为，在当时的社会环境下，解决国家困境有两种方式：一种是在批判性理学的同时，又在儒学的框架内寻找新的解决方案；另一种是在批判儒学的同时，积极学习西方文明。[②] 东道西器论主张捍卫本民族文化的精髓——"道"与采用西方科学技术实现富国强兵以及安居乐业，这二者是并行不悖

---

① 就历史发展来看，1842 年《南京条约》的缔结标志着中华秩序的崩溃，1895 年中日甲午战争中国的战败标志着中华秩序的最终解体。因为根据万国公法而缔结的《南京条约》将外国国王与清朝皇帝的地位同等化视之，并禁止在公文中使用"夷"的字样。日本积极参与万国公法体系，并活用国际公约，致力于在东亚实现效仿英国的帝国主义。此后，日本取代中国，成为东亚地区新的霸主。

② 韩国学界最初使用"东道西器"的概念是在 1968 年韩佑根所写的《开化当时的危机意识和开化思想韩国史研究》一文中。后来这一概念与激进开化派或变法开化派相对应，主要用于指称温和开化派或时务开化派。

的。相反，文明开化论对待学习西方文明的态度更为积极和全面，但这并不是说他们全盘反对儒学思想。就当时的时代背景来看，儒学已深深扎根于社会的方方面面，开化思想与斥邪卫正思想一样，都必须要正视儒学在社会中的地位。但二者的不同之处就在于他们对于儒学的评价和看待西方文明的视角不同。

关于开化派的分类有很多说法，大致可以分为：激进派与温和派、时务派与改良派（文明派）等。一般而言，参与甲申政变①的是变法开化派，未参与政变的是时务开化派。由此来看，参与甲申政变的金玉均（1851—1894）、朴泳孝（1861—1939）、徐光范（1859—1897）、洪英植（1855—1884）、徐载弼（1864—1951）、朴泳教（1849—1884）等属于变法开化派（即文明开化派）；相反，使用时务这一用语并将开化论概念化的金允植（1835—1922）以及为东道西器论奠定理论基础的申箕善（1851—1909）、金弘集（1842—1896）、鱼允中（1848—1896）、俞吉濬（1856—1914）则属于时务开化派（即东道西器论者）。下面便来分析一下这两派开化思想。

（一）东道西器论

就肯定儒学的普遍理念这一态度而言，东道西器者和斥邪卫正派并无二异。那么，东道西器者所言的东道（吾道）和正学有何共同点和差异呢？因为他们针对捍卫儒学道德理念提出的主张并没有特别大的差异，所以很难作出区分。但是正学和吾道显然是不同的。吾道论者和卫正论者一样，他们都承认儒学的道德规范即孝悌忠信和三纲五常是普遍的真理，只是"吾道论"对性理学理念的核心主题有着不同的看法。他们认为斥邪论的观点没有对儒学作出正确的见解。"吾道论"在特定的问题意识下，用特殊的视角来

①　甲申政变是指1884年12月4日（农历甲申年十月十七日）朝鲜发生的一次流血政变。这次政变由以金玉均为首的开化派主导，并受到了日本的协助。政变的目的有两个：一是脱离中国独立；二是改革朝鲜内政。开化派暗杀了7名守旧派大臣后，发布了具有资本主义色彩的政纲，因此甲申政变也是朝鲜第一次资产阶级改革的尝试。12月6日，袁世凯率领清朝驻朝军队镇压了这次政变，开化党的"三日天下"结束。开化派人士或被处死，或亡命日本。甲申政变在朝鲜国内外产生了重大影响。

阐明性理学，并通过对儒学普遍理念的"舍象"策略，提出了学习西方器物的必要性。东道西器论的代表人物为申箕善（1851—1909）。

东道西器论并非完全否定儒学的道德理念，但他们又尽量忽略理之主宰性含义，通过这种方式来表明学习西方器物的必要性。申箕善在解释万物与人的存在时指出："理者，凡物所以然之故与其所当然之则也，冲漠无朕万象备具，具于物而不杂于物，载于气而不杂于气，浑全微妙，不可名状，以其在里而精者故谓之理。"[1] 与斥邪派不同的是，他根据"理无形而无为"的性理学基本前提，弱化了理的能动性，并以"理字在经传不多见"[2] 为前提指出，把理作为儒学的重要概念进行讨论是在宋代以后，故在宋代之前的儒学经典中很少看到对理的探讨。他断言指出，因为形而上学的性理学不是儒学之实见，因而不可以被称为实学。他对过于强调理是形而上学的概念之做法持非常批判的态度。[3] 申箕善不仅没有束缚于性理学形而上学的理气论，而且比起强调理的绝对性和主宰性，他更关注世事变化，更强调采取措施来积极应对变化的新局势。

如果提到东道西器，韩国学界常常引用申箕善《农政新篇》的序言来加以阐释。申箕善不仅对道和气进行了区分，也指明了道气二者的相依性。道作为"凡物所当然之则"，其含义是三纲五常与孝悌忠义。他认为，古往今来，道不可变，因此它并不是朝鲜落后于西方之处。但是为了百姓安居乐业，器（包括礼乐、刑政、服食）则应当根据世事变化来进行改变。

> 意识不知道与器之分也，夫古穷宙而不可易者道也，随时变易而不可常者器也。何谓道，三纲五常孝悌忠信是已，尧舜周孔之道炳如日星杂之蛮貊之邦不可弃也。何谓器，礼乐刑政服饰器用是已。唐虞三代尚有损益于数千载之后乎？苟合于时苟利于国，虽夷狄之法可行也。[4]

---

[1]《儒学经纬·理气》，亚细亚文化社 1985 年版，第 63 页。

[2]《儒学经纬·理气》，亚细亚文化社 1985 年版，第 65 页。

[3]《儒学经传·理气》："是故圣人罕言性命，而今之儒者开口更说理气。其所谓见理者，不过模仿彷佛，悬空说梦而已，非实见也。"（亚细亚文化社 1985 年版，第 68 页）

[4]《申箕善全集·农政新篇》，保景文化社 1992 年版，第 32 页。

申箕善运用"道器相分"的道理来阐释道的不可变性，并通过道的正德性①将儒学伦理道德摆在了优先地位。这一点与斥邪卫正派的"卫正"有共同之处，也体现了他试图减少现实中斥邪派所主张的儒学普遍伦理被瓦解而带来的忧虑。申箕善通过"道器相分"来阐明正德的可守护性，另一方面又通过"道器相须"来阐明正德可以在实践中造福百姓。他论述指出，如果说器物无时无刻不在变化，那么即使是蛮夷之物，必要的话也应该加以利用。当时应当学习的器，其实就是夷狄之法即西人之法。他指出，西方的地质测算、火车等器物已经领先我们很多，而朝鲜的中土之道如果没有内涵的话也不过是徒有虚名而已。这就是"吾道所以正德也，效彼之器所以利用厚生也，此所谓并行而不悖者此也"②。他一方面指出，现实中正德和西器不应当绝对分开而论，主张利用西器；但另一方面也明确指出，虽然西器有利于造福百姓，但这绝不意味着西德可以代替正德（吾道）。因此，申箕善的观点充分表明了开化派的立场，那就是：需要改变的是气而非理，因此应当采取东道西器的方式，即在坚守正德的同时，利用西方的器物来达到国强民富的目标。

东道西器论的思想将采用西方器物的原因纳入儒学形而上学的范畴进行讨论，从而将其合理化，与此同时积极探索如何将其具体实践化。申箕善并没有彻底否认性理学思想，而是通过将儒学分为经纬来阐释学习西方器物的原因。他说："吾道是正德之基，无需改变改变；而西器是造福百姓的东西，故可以改变。"他还不忘强调指出，当时的儒学已经沦为口头之学，缺乏实质内涵，只是固守于念章断句和排外思想，并不能完全反映儒家中庸之道。

与推崇理的斥邪卫正派不同的是，申箕善反对过度强调理的能动性，他通过指出理是无形无为弱化斥邪派尊理的思想。他的这种思想摆脱了传统性理学的认识，是为了在危机的现实中守护正德而形成的实用性思想。申箕善提倡的经纬相须，即主张采用西器来造福百姓。他认为儒学的普遍理念具

---

① 《申箕善全集·性理原委》："道者，凡物所当然之则也，即理下一半也，以其为人生日用当行之路，故谓之道也。"（保景文化社 1992 年版，第 87 页）

② 《申箕善全集·农政新篇》，保景文化社 1992 年版，第 35 页。

有超越时空的价值，而这种不变的价值是在时空中实现（经的层面），但是由于时空千变万化（纬的层面），因此儒学所追求的时中之道需要在不断变化的现实环境中实现。申箕善虽然没有怀疑儒学的普遍理念，但他主张通过扩大气的外延来捍卫儒学之正道。

可见，申箕善是从时务的角度来理解利用西器的。在儒学的思维模式中，造福百姓与正德是不可分离的。这不仅仅因为正德是儒学的普遍理念，也是因为他知道面对儒学仍旧占据意识形态主导地位的社会现实，想要反对正德是很难的。造福百姓的方式可以随着时代的变化而变化，故只有把利用西器解释为有利于造福百姓才可以被更多的人所接受。

下面比较一下斥邪卫正派与东道西器论的不同。斥邪卫正派在认识世界的过程中，将世界分为天理和人欲，并强调去除人欲的重要性，同时把西器也归为人欲的一部分，并主张西器也是应当被去除的；相反，申箕善却并不把西器视为人欲，他把西器视为是应当积极学习利用的东西，并强调指出利用西器是实现富国强兵的一种捷径。斥邪卫正派以存天理去人欲的价值观念来认识现实世界，申箕善却从正德和造福百姓的角度思考吾道和西器。申箕善一方面主张维护儒学的正德，另一方面又强调捍卫正德必须通过造福百姓的方式，即通过学习西方器物及其先进技术文明来实现。综上可见，东道西器论的开化思想可以说是将变幻的现实世界纳入儒学思维体系中进行思考的一种尝试。

（二）变法开化派

参与甲申政变的开化派人士主张学习西方并建设文明化的近代国家。《甲申日录》很好地体现了变法开化派核心人物金玉均（1851—1894）的开化思想，因为收录其中的政治改革纲领中有 14 条是由金玉均亲自撰写的。金玉均是一位追求实事求是的思想家兼改革家，其论述大多集中探讨改革现实问题的解决方案。他曾发表过关于卫生、农业、养蚕、道路等改革的方案，同时也反对将鬼神神秘视之的观点。他后来虽然接受了基督教，但其出发点并不是因为宗教信仰，而是觉得基督教非常利于教化百姓。

曾是朝鲜哲宗驸马的朴泳孝（1861—1939）也是变法派实事求是的改

革家，其思想主要体现在 1888 年年初发表的关于国政改革的《建白书》中。他对于儒学的态度非常随意和自由，主张无论东学还是西学，只要有利于现实生活，就应当积极采纳和利用。他还比喻指出，只要对症下药，就没有治愈不了的病。这就意味着，想要解决当时朝鲜所面临的问题，必须采取实质成效的改革。

1894 年之后，变法开化论正式展开。《独立新闻》(1894—1899) 与《每日新闻》(1898—1899) 上开始正式传播诸如独立自主、文明富强、文明开化、文明与野蛮、文明进步等用语。为变法开化论奠定基础的是《汉城旬报》(1883—1884) 以及《周报》(1886—1888)，它们是开化派的机关刊物。在这些刊物中，不懂五伦纲常的西方不再被评价为禽兽，而被推崇为富强的文明国家，因此西方文明即代表着新的学问、技术以及制度。因为把西方器物和制度视为富强文明的基石，因此西方文明常常与开化联系在一起，用来指发达的制度和器物。[1] 变法开化论把西方的科学技术视为实现国家富强的核心要素，是实现国家由野蛮向文明过渡的源泉。因此，《汉城旬报》和《周报》的报道大多以"富强的国家即是文明的国家"为前提来大力介绍学习西方文明的各种事例。[2]

当时的《汉城旬报》和《周报》将西方的科技等同于文明的概念，《独立新闻》把西方文明作为衡量生活习俗的标尺，因此西方文明即是普遍文明的认识被广泛传播于朝鲜社会。变法开化论认为，采用西器本身即是文明的行为，而所有非西方的东西则等同于野蛮落后。野蛮必须要抛弃，文明则要追求和学习。以追求开化、带领百姓走向光明自称的《每日新闻》曾指出："我们国家的百姓应当奋发图强，积极学习西方文明国家风俗中的真善美，从而奠定国家开明的基石。"[3] 从开化论的视角来看，"我们"只不过是追随西方文明之光并试图点亮本国文明之光的对象而已。

与东道西器者主张儒学道德文明优越性的立场相比，变法开化论者的

---

① 吉真淑：《独立新闻和每日新闻中收录的关于"文明和野蛮"的谈论》，《近代启蒙时期知识概念的运用和变用》，昭明社 2005 年版，第 63 页。

② 《汉城旬报》1884 年 2 月 17 日。

③ 《每日新闻》1898 年 4 月 15 日。

思想相对更为自由，他们主张采用西方文明进行政治改革。变法开化论者的目标是摆脱中国中心主义的束缚，从而建设自主独立的国家。以金玉均为首的甲申政变的参与者们对朝鲜过度依赖中国的现状表示强烈不满，同时他们把清政府视为朝鲜独立发展的最大障碍。因此，他们把摆脱清政府的控制并按照日本明治维新模式来实现国家的独立自主视为当务之急。朴泳孝评价说，开化派的立场是"自主和维新"，而反对开化的立场则是"依赖他人和守旧"。

这种思想在金玉均主持编写的关于甲申政变的纲领中得到了很好的体现。以金玉均为首的开化派对清朝干涉朝鲜的行为非常不满，他们主张政府应当阻止清政府试图掌握朝鲜兵权和财政权以及干涉其内政的行为，从而实现国家的自主和独立。同时金玉均也极力批判当时的两班贵族独断专行和作威作福的行为，并主张为促进国家的近代化改革和建设，最重要的就是废除两班制。朴泳孝在《建白书》中也强调天赋人权以及捍卫个体生命和实现个人幸福的重要性。他们这种重视个人生命权、自由权和幸福权的行为恰恰体现了近代意义上的民权思想。这些倡议也同样在人才制度的改革中得以体现。他们主张不分出身、贫富贵贱而对人才平等录用。这种量才而用的人才制度改革主张废除以两班为中心而实行的科举制，因此对废除朝鲜王朝的身份制度具有深远意义。

就经济改革而言，他们提出通过税制改革来减轻百姓负担，通过废除管理商人的机构来促进工商业的自由发展，并把这些措施视为实现国家实业发展的基石。就军事改革而言，他们提出了引进近代警察制度和创建新军的策略。尽管如此，甲申政变的局限性就在于他们主张维护地主土地私有权，而他们所提出的税制改革也不能视为是造福百姓的根本性改革。虽然甲申政变以失败收场，但它所主张的改革思想和近代制度却在甲午更张中得到了继承和发扬。1884年甲午更张所实施的废除世袭制、庶子差别待遇、株连法以及禁锢法等措施进一步促进了向人人平等的近代社会的转变。

三、民众运动

无论是斥邪卫正派还是主张废除两班制的开化派，都无法摆脱愚民思想的影响。因为他们视百姓为教化的主体而非政治参与的主体。进入 19 世纪后半期，日益严重的社会危机使得朝鲜民众的主体意识开始觉醒。当时由势道政治引起的政治混乱和三政（田政、军政、还谷）疲敝，导致朝鲜经济一片凋敝，百姓生活水深火热，于是便引发了农民起义。当时农民起义的矛头主要是反对外戚专政的势道政治和地主土地私有制引起土地集中化。为了解决这些社会矛盾，改革迫在眉睫。

当时，朝鲜民众同时受到来自势道政治和外敌侵略的双重压迫，随着民众的要求一再被统治阶级所排斥和忽视，一种综合弥勒思想的新思想开始出现，并逐渐在下层百姓中间传播开来并被广泛接受，这就是"东学思想"。东学这个用语本身就反映了西方文化影响下的危机意识。东学的创始人崔济愚（1824—1864）认为只有东学是可以与西学相抗争的思想。他反对西学抛弃五伦、礼仪以及祭祀只强调礼拜的行为，认为西学只是向天主祈祷、缺乏自我气化的咒术和守心正气的修炼。

虽然东学与儒学有些类似，但它却没有使用性理学的核心概念，它强调应当通过侍奉天主的方式来理解"人乃天"的道理，从而达到"事人如天"。东学认为民众只需要背会十三字咒文，就不需要像两班一样通过阅读经典来进行修养，这就极大简化了信仰的步骤，从而更加方便易行。东学一方面强化其宗教的特征，另一方面又克服了性理学的局限性。东学的修养主张"守其心，正其气，率其性，受其教"[1]，即"守心正气"，与性理学通过学习来恢复人的道德本性相比，东学更主张通过亲自侍奉天主来实现"无为而化"。可见，与儒学或者西学相比，守心正气的概念很好地反映了东学思想的基本特征。[2]

---

[1] 《东经大全·论学文》，韩国国立首尔大学 1972 年奎章阁影印本，第 125 页。

[2] 《东经大全·修德文》，韩国国立首尔大学 1972 年奎章阁影印本，第 63 页。

东学以侍天主和辅国安民为旗帜，主张天主作为宇宙间无上权力的存在，能够给予信仰自己的每一位民众以平等的权利，这就是"人乃天"、"吾心则汝心"。因此，人就是宇宙的本体，作为宇宙本体的众人皆是平等的存在。在当时男女有别且两班与百姓差别化严重的朝鲜社会，东学思想主张"只要信仰和侍奉天主，人人都可以成为君子和天神"的观点，对于减少社会等级差别和构建人人平等的社会具有重要意义。对于两班阶层来说，东学所主张的身份平等是一种叛逆的观点，但对于无法享受平等权利的普通朝鲜百姓来说，它却是沙漠中的一缕甘泉。东学思想虽然是一种新兴的宗教，但是为了救济百姓和国家，它却能够在宗教层面上与西方的天主教相对抗，并提出辅国安民的主张，这是值得肯定的，但这种思想的局限性在于它未能提出社会改革的具体方案，也未能形成有效的组织。

对于东学思想和甲午农民战争①之间的关系，目前学界议论纷纷，但基本可以一致的是，二者都是因为目睹了当时统治阶级的无能和腐败才提出的平等论主张，并要求对现实中的不合理因素进行改革。1894 年甲午农民战争之所以兴起，其原因就在于开港以后朝鲜社会日益深化的内部矛盾和外敌侵略。农民们一直认为，引起这一系列社会矛盾和外敌侵略的根本原因在于统治阶层的集权，特别是那些为了满足个人私欲而将自己置于水深火热之中的官僚阶层和地方首领。甲午农民战争的主体是进步知识分子以及朝鲜后期通过农民起义而集结起力量的小农阶层。面对开港以来内忧外患的局势，他们主张通过"执纲所"等组织来实现农民自下而上的改革。但是农民运动所积累的对新社会的希望却在朝鲜政府和日本军队的联合镇压下破灭了。面对精神上和肉体上皆为敌人的日本军队的武力镇压，农民起义军不得不弱化"执纲所"时期所要求的弊政革新。随着反日斗争的白热化，甲午农民运

---

① 甲午农民战争是指公元 1894 年（按干支纪年为甲午年）在朝鲜境内爆发的由东学领袖全琫准领导的反对朝鲜王朝封建统治、反对帝国主义瓜分侵略的农民起义。由于这次起义是打着东学道的旗号，并以东学道徒为核心，而统治阶级多称呼其为"东学党"，因而历史上又称为"东学党起义"。甲午农民战争是朝鲜历史也是世界历史上的一次声势浩大的反帝反封建的农民革命运动。同时，它直接导致了甲午中日战争的爆发，因而也是近代国际关系史上的重大事件。甲午农民战争持续了 10 个月，最终在朝鲜国内外反动势力的联合绞杀下以失败告终。

动与开化派之间的分歧越来越大。因为对于期望借助日本势力来实现改革的开化派来说，农民运动是忽视文明的无谋之举，因此他们试图镇压甲午农民运动。①

甲午农民战争所提出的社会改革方案中关于政治改革的构想和土地改革的方案在一定程度上有利于实现朝鲜社会的近代性，但是这却未能化解与开化派之间的分歧，即对外来势力截然不同的看法。甲午农民战争固然有其局限性，比如视自身为国家权力的主体，但是这种把农民视为辅国安民主体的主人翁意识却具有划时代意义。1894年甲午农民运动最终在内外势力的共同镇压下失败了，但是这却并没有扼杀农民开展改革运动的决心，例如东学党和英学党主张利用东学和农民战争经验来开展活动，活贫党劫富济贫、并主张通过反侵略来减少贫富差距。在这些农民运动的影响下，百姓不再是被动接受政府统治的对象，而是成为了社会改革的主体参与力量。

最后，综上来分析一下开港期近代思想的意义及局限性。从1876年被迫开港到1910年朝鲜王朝亡国，这在历史长河中虽然看似只有短暂的34年，但却是一段动荡激变的时期。开港以后，面对异质的西方文明，朝鲜士人展开了各种积极的对应。虽然最后没有最终抵御厄运，但却培养了面对西方异质文明的视角和思维，为韩国近代思想的形成奠定了基础。

斥邪卫正思想是在对异质文明的抵御过程中展开的自我防御。在面对他者时，虽然自我会很本能地产生一种排斥反应，但由于对世界史的认识不足以及阶级的局限性，使得韩国没能顺利进入近代民主主义国家的行列。尽管当时的社会也需要道德的实践，但性理学对自己的社会作用没有作出清醒的判断，只是执著于固有理念，因此没能对当时社会的变化发展提出积极的对应策略。学者们只是力图用性理学的理念对朝鲜王朝体系进行重新构建，而且还具有一定程度自负的小中华意识，以重建中华文明为己任。客观来讲，这种思想意识与当时朝鲜民众所期待并要求的近代改革是有距离的。尽管如此，在当时没有明确确立近代改革方向的混乱状态下，这种思想还是在一定程度上对应对西方文明提供了一种理念和实践性的方案。但斥邪卫正派

---

① 金泳作：《大韩帝国末期的国家主义》，清溪研究所1989年版，第56页。

终究没有坚持太久，朝鲜便被编入了万国公法体制，并卷入了列强侵略的漩涡中。朝鲜门户被打开，西方文明蜂拥而至，从而在朝鲜半岛蔓延开来。

斥邪卫正派面对西方异质文明的态度可以说是自卫型的，虽然这是一种自然的自我防御，但由于未能清楚地认识到世界史的变化以及自我本身的局限性，特别是面对变化的形势却依然局限于性理学的理念且不进行反省，这种态度使得他们未能提出合适的社会和经济改革的方案，因此也未能建立一个近代意义上的民主国家。他们的一系列主张，如加强以性理学为核心的王朝体制、自豪于其小中华地位以及重振中华文明，都与民众所要求实现近代改革的呼声有一定的差距。但在看到其局限性的同时，也应该积极肯定他们的历史作用，即在朝鲜政府未能提出合适的近代社会改革方案的背景下，斥邪卫正派的思想至少提供了直接应对外敌侵略的理念和方案。

开化思想主要有主张东道西器为主的实务开化论和主张文明开化的变法开化论。东道西器论的问题意识是如何能够既不否定儒家的正体性，同时又可以吸收西方文明，这也是他们选择在儒学形而上的体系内解释采用西方器物的原因。虽然斥邪卫正论对儒学形而上学理论的整合性更胜一筹，但是东道西器论是既保全性理学的根基，同时又是采用西方器物的一种新尝试。随着甲申政变的失败，文明开化论也随之宣告结束。学界一般将变法开化论失败的原因归结为未能发动群众力量。但不可否认的是，即使在21世纪的今天，我们仍旧在学习和追赶西方。也有人批判文明开化论在学习西方文明并建设近代国家的尝试中过于心急，但是当回顾世界史时亦可以发现，非西方国家想要建设成像西方一样的近代国家真的没有那么容易。因此，不应该把这些改革的失败完全归咎于文明开化论者。

虽然构建以民众运动为中心的东学思想的改革尝试也未能成功，但似乎不应该把甲午农民战争评价为一段失败的历史。因为甲午农民运动通过执纲所实现的社会恰恰是农民们所期盼的理想社会，因而可以说东学思想在当时形成了甲午更张的动力。不仅如此，东学思想和甲午农民运动在实现以民众为主体的社会和唤醒个人意识的觉醒方面具有极为深远的历史意义。

综上可见，开港期韩国的近代思想主要有斥邪卫正思想、开化思想和民众运动三大类。斥邪卫正论明确认识到西方势力的侵略性，但因为其是在维持前近代社会的基础上而提出的解决方案，因此没能成为最积极的应对方案。开化运动虽然是以建立市民社会为目标，但由于没有很好的构建运动的基础，因此没有得到民众的积极响应。当然，开化派通过甲午改革等活动，确实对确立近代文明制度等发挥了一定的作用，但终究没能实现主体性的改革。东学民众运动虽具有批判当权阶层、抵抗外势侵略的性质，但缺乏有体系的组织和领导者，最终导致没有取得预期成果。在这种历史形势下，西方与日本对朝鲜的侵略日渐深化，朝鲜被卷入了列强侵略的漩涡中。

第二节　近代韩国爱国启蒙思想

韩国近现代史是在与西方文明的冲突与构建近代国家的探索中进行的。为了对抗外来侵略势力，朝鲜国内产生了斥邪卫正派、开化派和东学民众运动。但遗憾的是，他们都未能真正探索出一条适合韩国近现代化的正确道路。斥邪卫正派虽然清醒地认识到西方势力的侵略性，但他们所主张的维持现有体系并不能带领韩国走向真正意义上的近现代国家；开化运动虽然将目标定位于实现近代市民社会，但是他们却未能发动群众，以至于未能构建稳固的社会基础；开化派虽然通过甲午更张确立了一些近代文物制度，但由于过度依赖外国势力导致他们缺乏改革的自主性；民众运动虽然以反帝反封建为口号，但却未能形成有效的组织和指挥中心，这也导致它在外敌和统治阶级的共同镇压下以失败告终。在这样的历史背景下，韩国社会危机日益加深，日本势力特别是 1905 年日俄战争胜利以后迅速崛起，并正式推行殖民政策。于是，反抗日本侵略并恢复国家主权便成为当时韩国社会的主旋律。从 1907 年到 1909 年，爱国启蒙运动轰轰烈烈地开展起来了。

爱国启蒙运动是继开化派之后在继承和发展独立协会和万民共同会的基础上发展起来的独立运动，在很大程度地受到了独立协会的影响。独立协会主张捍卫国家的自主独立，加强民权以抵制帝国主义侵略，同时以天赋人权为理论依据，主张保护民众的生命权和财产权，并积极开展设立议会运动。独立协会和万民共同会可谓是积极的大众化的政治运动，但独立协会活动的局限性就在于它未能认识到一般民众的主体力量，虽然它所主张的恢复主权和设立议会具有一定的积极意义，但它承认君主至高无上的权利，而且不认可除独立协会会员以外的一般民众也具有平等的参政权。

爱国启蒙运动兴起的思想背景是，在反思和批判韩国近现代社会指导理念——性理学的同时，吸收了在日本和中国广受欢迎的社会进化论。具有代表性的爱国启蒙运动家有《皇城新闻》派的南宫忆（1863—1939）、罗寿渊（1861—1926）及朴殷植（1859—1925）等人。他们虽然不同程度上受到儒家思想的影响，但为了构建近代意义上的韩国社会，他们强烈批判儒学思想，并积极探索引导社会发展的新思想。值得注意的是，他们对儒学的批判只限于儒学未能适应近代社会的部分，并不是彻底否认儒学本身，而且他们也并不认为西方近代思想可以完全取代儒学思想。他们也意识到，在学习西方的过程中要保持一种批判性的态度，如此才能避免因主体性丧失而引起社会动荡。换言之，他们主张在批判继承儒学近代理念的同时，积极学习和吸收西方思想中有利于促进近代社会构建的部分。爱国启蒙思想家的核心观点就是在捍卫国家自主性的同时积极学习西方思想。

爱国启蒙思想把社会进化论作为富国强兵的理论，主张通过富国强兵政策来实现国家和民族富强。社会进化论把进化与自然淘汰的法则适用于人类社会，通过适者生存和弱肉强食的理论为强者的侵略正名。日本社会于17世纪70年代接受社会进化论，接着80年以来韩国和中国社会也开始逐渐接受西方社会进化论。这一时期东北亚三国都面临西方势力的入侵，在这样的时代背景下，捍卫国家近代化改革成为当时三国最为迫切的任务。因此，爱国启蒙思想家积极吸收社会进化论的思想，探究西方文明化法则，并积极探索实现国家文明独立的具体方案。1900年之后，进化论开始在韩国广泛传播，爱国启蒙运动家们在其中扮演了重要角色。但是他们热衷的不仅仅是社会进化论，同时也主张大力学习和引进西方近代思想、科学技术等。韩国近代思想中虽然有很多是从日本和中国传入的，但在学习和吸收西方思想的过程中，韩国近代思想却也保持了自身的特色。这主要是因为韩国特殊的时代背景，即韩国当时经历着由保护国沦落为殖民地的悲痛历史。与中日两国相比，这段独特的历史使得韩国社会的仁人志士在吸收学习西方思想的过程中，更加注重探索恢复国权的思想和具体方案。

爱国启蒙运动可以分为许多派别，其中代表性的有以获得国家权力为目标的"大韩协会派"、持儒学改革论立场的"皇城新闻派"、国粹主义的"大韩每日新报派"等。① 大韩协会派以东方三国纽带论、日韩同盟论、韩国扶助论的观点来看待日韩关系，所以他们认为韩国沦为日本保护国是不可避免的。同时他们对韩国沦为日本的保护国也持非常乐观的态度，他们认为这样有利于更好地接受已经实现近代化的日本的指导。此外，他们对日本所承诺的"韩国富强之日，日本允许韩国独立"深信不疑。他们主张通过接受日本的保护来养精蓄锐，从而实现国家独立，并痛斥义兵武装运动。大韩协会派之所以持这种态度，是因为他们未能深刻而清醒地认识帝国主义的侵略性。

与大韩协会派一样，皇城新闻派也是完全接受日本提出的东亚三国纽带论、日韩同盟论。但皇城新闻派与大韩协会派的不同之处就在于，他们反对日本把韩国作为其保护国，认为这样将不利于东亚和平。但是他们认为韩国沦为帝国主义侵略对象的原因在于韩国力量弱小，而不是帝国主义本身的侵略性。在这种认识下，他们主张养精蓄锐、加强国力。

大韩每日新报派将"统监部"的保护政治视为征服者为进行侵略编造的幌子，而不是像日本主张的那样是"为了文明开化的指导"。截至1908年，《大韩每日新报》一直主张实力培养论，认为只有增强国力才能实现国家独立。但从1909年开始，《大韩每日新报》一改以往"先培养国力后实现独立"的态度，进而转向了"先独立"的立场。他们最初对义兵武装斗争持非常批判的态度，认为义兵运动是一种有勇无谋的行为。但在1910年韩国亡国后，鉴于在国内积蓄力量日益艰难的现实，大韩每日新报派开始在国外建立独立运动基地，并走上了武装斗争的道路。

新民会也是爱国启蒙运动的一个分支。随着保护国体制的建立，日本对韩国国内的合法性团体的限制、监视和迫害越来越严厉。在如此背景下，新民会以秘密结社的形式组织起来。他们把恢复国权、实现国家自主独立、

---

① 朴赞胜：《韩末自强运动论的各个派别及其性质》，《韩国史研究》1990年第68辑。

建立共和体制作为目标，在倡导培养实力、启蒙国民以及唤醒民族意识的同时，积极开展武装运动。

爱国启蒙运动的主要内容大致可以归纳为如下四点：

第一，爱国启蒙运动主要集中于教育和言论活动。为了把民众培养成符合近代市民社会的新国民，他们着重强调教育的重要性。因此，在这一时期建立了许多私立院校。据统计，这一时期学校数量达到了2232个。而教育的内容不再局限于近代化的市民教育和职业教育，而是更加注重爱国思想教育和独立思想教育。他们主张通过教育运动来彻底改变韩国的教育体制和文化体制，并以此为基础为国家独立培养人才和后备军。另外，他们发行的报纸和各式杂志、学报在启蒙和宣扬民族精神方面也发挥了巨大作用。自1899年《独立新闻》停刊以来，《皇城新闻》、《大韩每日新报》、《帝国新闻》、《万岁报》等相继发刊。特别是《大韩每日新闻》，因为报社社长是英国人贝达，所以报纸的发行不需要接受统监部审查，这也使得报社可以积极支援各派别的爱国启蒙运动，并为义兵运动进行辩护。另外，自新民会成立以来，以主编梁起铎为中心，《大韩每日新报》成为了新民会的机关刊物。后来，随着《大韩每日新报》影响力的增大，日本加强了对《大韩每日新报》的打击和迫害，以迫使其停刊。

第二，重振民族史学和倡导爱国心。朴殷植和申采浩积极研究以韩民族为主体的国史。为了增强人们的爱国独立意识，他们汇编了介绍国内外反抗外来侵略势力的英雄人物的历史书籍，并加以广泛传播。为了对抗歪曲历史的殖民史观，朴殷植和申采浩倡导民族主体意识和独立意识，并各自撰写了《韩国独立运动之血史》和《读史新论》，高扬爱国斗志。

第三，以韩文为主的国语文化研究得到进一步深化。韩文研究可谓是民族文化发展的基础。周时经等人率先开始研究韩语文法，并于1907年创立国文研究会。随着韩文小说和韩文报纸的出现，韩文的使用范围日益扩大。在新文化、新国文运动的影响下，新小说、新体诗、爱国启蒙歌曲也逐渐轰轰烈烈地发展起来。

第四，在实业救国运动的影响下，各种近代企业开始出现，韩人工商会所、经济研究团体等相继产生。随着对日本经济侵略认识的深化，实业救国运动者们积极强调振兴民族产业，认为这是恢复国权的必经之路。但是因为民族资本的缺乏和列强侵略的深化，实业救国运动并没有取得实质性进展。

一、张志渊的渐进式自强主义

韦庵张志渊（1864—1921）因社论《是日也放声大哭》而被韩国民众所熟知。他所撰写的《朝鲜儒教渊源》被评价为第一部系统性的"韩国儒学史"。他是朝鲜大儒张显光的第十三代后孙，出生于庆尚道尚州，其生涯大致可以分为三个阶段：36岁之前的时期，这一时期主要作为儒者活跃于《时事总报》和《皇城新闻》；以开化人士的身份开展活动的时期；在失意中度过亡国岁月的时期。

张志渊出生于岭南，这使得他的思想受到了以张锡凤、张福枢和许薰为代表的岭南学派学风的影响。后来在郭钟锡和李承熙的引导下，他接触到崔益贤的《辞宣谕使疏》，开始对时事形成更深刻的认识。《辞宣谕使疏》的内容是，不应以旧有的华夷观认识西方并将他们视为不知仁义的禽兽，因为西方国家在某种程度上也是讲义气、懂道理的。这种承认西方国家懂礼仪、知仁义的看法标志着韩国在肯定西方文明的道路上迈出了重要一步。不仅如此，他也受到了爱国启蒙运动代表人物金泽泳、朴殷植等人的影响。他以实学派特别是李瀷和丁若镛的学问研究为基础，反对思想僵化，追求新的变革。

在此影响下，张志渊认同国力强弱决定国家兴亡的道理。他认为对当时的韩国社会而言，当务之急就是富国强兵。但他并不认为文明化一定是建立在广泛接受西方文明的基础之上。他虽然肯定需要为文明开化而进行改革，但并不主张全盘西化。他认为国家在国际社会中的胜负是由国力强弱决定的，并且指出了导致韩国国力衰弱的三个因素：一是资源开采不足，游手好闲之人过多；二是失败的政治体制——高压政治；三是性理学已经沦为中华主义和形式主义，缺乏引导社会前进的力量。同时他把国际政治理解为东西方黄白人种之间的对决。他认为，为了从西方列强手中捍卫国家主权，东亚三国应当加强合作。这种说法与日本为了强化其自身的东亚霸主地位而提出的亚洲一体论完全相同。日俄战争后，随着日本对殖民地统治的强化，他逐渐放弃了这种思想，开始提出具体实用的政治经济改革方案，同时更加重视宣扬爱国思想，并开展国民教育。乙巳条约签订后，他撰文《是日也放声大哭》，文中揭露了乙巳条约屈辱性内容，同时痛斥日本侵略韩国的阴谋，并指出随着乙巳条约的签订，东亚三国的和平已经被打破。他还痛斥那些在条约上签字的人，认为他们禽兽不如。

为了克服民族灭亡的危机，张志渊主张民族独立和自强运动。自1906年大韩自强会创立以来，他积极参与大韩自强会的运动。他认为只靠悲愤慷慨、缺乏深思熟虑的思考以及丰富的物质力量，是不可能取得国家独立的。只有通过渐进的自我力量的积蓄才能实现国家的自主独立。实现国家独立并非一蹴而就，而是需要经过长期的努力和斗争才能实现。只有通过奖励教育、殖产兴业来壮大国力，通过反思儒学来改革日常的生活习惯并培养自强的民族精神，才能实现积极自发的自强运动。因为主张以渐进的方式实现国家自主独立，所以张志渊的思想被后世评价为"渐进式的自强主义"。

张志渊吸收了西方优胜劣汰的进化论，认为国家衰亡的理由就在于国力比日本贫弱，因此主张当务之急是增强国力，并于1906年3月设立"大韩自强会"，以此将恢复国权的理想落实为行动。只要有机会，他就在报纸等媒体上宣传自强意识，指出这是物竞天择的自然法则。他曾经担任自强会代表职务，因此更加积极提出自强会运动发展的方向，认为自强不息是"自强主义的不二之法门"，并进一步强调指出，以自强精神实现全民团结一致之时就是"大韩独立自强之日"[1]。为此，他大力主张对外学习西方文明，对内培养爱国精神。为弘扬爱国心，他还特别强调历史教育的彻底化，认为教育初始必须要教授本国历史，培养爱国精神，弘扬民族感情，培养爱国血性，坚定发展国力。他尤其提出要重视地理教育，因为"地理中包含着四千余年的祖国精神"[2]。张志渊认为实现自强最实际的方法就是振兴教育和发展

---

① 张志渊：《自强主义》，《大韩自强会月报》1907年第3号。
② 张志渊：《韦庵文稿》，高丽大学图书馆1998年影印本，第85页。

产业。在振兴教育方面，他主张自强会员应研究发展教育的方案并向当局建议，联系全国的私立学校加以指导并鼓励。在发展产业方面，他主张应采取和推行殖产兴业、开垦荒地、培育森林、改良农事、保护关塞设施以及人民财产等方法。①

在思想的自强方面，张志渊指出，正如基督教促进了西方国家的文明化一样，韩国也应当扶持本国特有的宗教——儒学，并通过对国民的儒学教育来巩固国家精神文化的根基，以此为基础来发展新文化。②虽然富强之术可以使得国富民强，但是礼教之化才是实现社会安定和国家富强的根本之路。③他认为儒学作为济世经国的大道，是新时代实现礼教的必然选择。韩国近代衰落的原因并不是因为儒学本身，而是由于儒学在社会中未能得到彻底实践而导致的，因此他强烈批判当时只重视虚礼的儒学，认为是儒学的形式化将韩国引入几近亡国的边缘。他主张为实现儒学本来的目标，儒生们应摒弃对旧学的固守态度，要保持思想开放，积极学习西学。

张志渊虽然主张文明开化，但是却反对全盘西化和一味模仿西方文明制度。他指出东方的政治制度和科学技术中也有很多值得挖掘和学习的地方，需要努力对这些要素作出与时俱进的改变。他将这些理念运用于具体的实践中，创建了大同教。在大同教的宗旨中，张志渊指出，韩国崇尚儒学已有近千年的历史，现在正是应该革新儒学的时刻，因此应该通过尊崇和表彰大同教的方式来将其定为宗教，并为此制定相应的规则和秩序。虽然大同教是恢复国权和构建儒学理想社会的一种尝试，但是它所取得的成果却是有限的。这种结果不仅和当时韩国作为保护国的体制有关系，更因为只靠儒学宗教化很难实现国家真正的独立。

二、朴殷植的儒教求新论

白岩朴殷植（1859—1925）是黄海道黄州郡某私塾先生的儿子，其生

---

① 张志渊：《自强主义》，《大韩自强会月报》1906 年第 2 号。

② 《皇城新闻》1903 年 4 月 29 日。

③ 《时事业报》1899 年 5 月 3 日。

涯大致可以分为以下三个时期：1859—1898 年学习朱子学的时期；1898—
1910 年参加新闻活动和自强运动的时期；1910—1925 年亡命并参与独立运
动的时期。在第一时期，他集中研究朱子学，广泛涉猎了多方面知识，并接
触了实事求是的学风。但是从 1898 年开始，他逐渐认识到开化思想的重要
性，并与斥邪卫正论正式分道扬镳。1898 年也是独立协会的自主民权运动
正式开展、万民共同会建立、言论自由运动和政治运动兴起的时期。他积
极加入并参与了独立协会的活动，后来与张志渊一道成为《皇城新闻》的
主编。

朴殷植认为朱子学过度强调中国中心主义，难免会陷入"斯文乱贼"
的僵硬式逻辑，因此无法正确把握社会变化。他非常关注以丁若镛、朴趾源
为首的实学思想，并主张向他们学习，同时也主张积极学习西方文化。他的
思想很大程度上也受到了日本学界和梁启超思想的影响。他通过对阳明学的
近代化解释，积极探索开展近代化的主体以及实现近代化的正确方向。受到
社会进化论思想的影响，朴殷植把当时的时代视为弱肉强食、适者生存的时
代。受此影响，他认为知识和国力的强弱决定国家存亡和民族兴衰，并主张
在面临帝国主义侵略的亡国关头，唯有培养民族自强之气方能救国。他指出
"实现国之独立在吾国"，不能一味依靠外力。如果不能为实现国家独立打下
坚实的基础，就只能沦为别国的奴隶。①

朴殷植认为，当时韩国急需学习和发展的是科学技术。他在强调科学
技术作用的同时也指出，西方帝国主义的强大就是源于科学技术和学问知
识，以科学技术为依托的产业发展直接决定了一国的国力强弱和国家在国际
社会上的竞争力。他虽然承认科技和产业的重要性，但并不认为它们就是社
会发展的全部。他强调指出，伦理道德与物质文明一样重要。他批判朱子学
儒者们对待现实的态度，认为传统学问必须进行变革来适应社会发展。为了
实现这一目标，他选择了阳明学，并以阳明学为依据来推进儒教求新。

朴殷植"儒教求新论"的主要依据是：首先，在科学技术迅速发展的时
期，由于个人知识、精力的有限性，简明易懂的阳明学是最佳的选择。其

---

① 《自强能否之问答》，《朴殷植全书》上，檀国大学出版部 1975 年版，第 69 页。

次，由于长期推崇朱子学并将其视为唯一的国学，这就导致了思维世界的单一性。预想改变思想界的这一现状，阳明学比朱子学更为合适。通过阳明学形成自由开放的氛围也会更加有利西方思想的接受和传播。再次，社会思想的停滞和衰弱使得一般民众迷失了方向，通过弘扬阳明学可以团结民众、凝聚力量。最后，虽然世界范围内的技术都在发展和进步，但这充其量只能带来物质文明的发展，终究不是明德的学问。虽然依靠科技能够在物质竞争中取得胜利，但科技的发展绝对不能违背道德。如果想要阐明道德、坚持人道主义并造福百姓，必须以良知之学——阳明学为依据。① 在朴殷植看来，以阳明学的致良知说为基础，文明开化论就能为现实问题提出一套道德评价体系。而且以知行合一说为基础，也能保证客观理论得到强有力的实践。他并不否认文明发展和竞争法则本身，而且也承认文明发展和竞争法则最终将有利于人道主义和人类和平。

在此基础上，他把能够清醒认识这些道德判断的主体称作"真我"，只有这样的"真我"才是实现良知的近代主体，但"真我"并不仅仅局限于个人或者国家层面。朴殷植在阐述大同教宗旨时指出：如果想实现万物一体之天下为公的至治，扩大良知是唯一的方式。② 朴殷植所主张的良知之治的范围涵盖了个人、国家乃至全人类。因为只有实现万物一体，韩国独立和人类和平才有希望。可见，在国家间竞争与冲突日益加剧的时代，朴殷植的思想并没有仅仅停留在国家主义，而是在指出现实社会中存在问题的同时，着眼于全人类的和平发展，因而具有很大的进步性。

1910 年庚戌国耻之后，朴殷植流亡中国开展独立运动。但是在民族资本、力量缺乏的环境下，知识分子能做的极为有限。为此，朴殷植指出，虽然国体灭亡了，但是国魂还在。只要国魂还在，国家复兴就有希望。因此，他主持编写了一系列宣扬国魂犹在的历史书籍，为国家独立奠定思想基础，主要有《韩国痛史》和《韩国独立运动之血史》。前者以日本侵略为中心，揭露了日本帝国主义侵略的残酷性和非正义性；后者则叙述了韩国从甲申政

---

① 《给日本阳明学会主干》，《朴殷植全书》下，檀国大学出版部 1975 年版，第 237—238 页。

② 《孔夫子诞辰纪念会讲演》，《朴殷植全书》下，檀国大学出版部 1975 年版，第 60 页。

变到独立军斗争的独立斗争史。在日本当局禁书令非常严苛的环境下，朴殷植的历史书籍在民间广为流传，深受大众喜爱。朴殷植认为，所谓的独立国家就意味着国魂和国魄融为一体；而国家灭亡则意味着国魂和国魄未能融合为一，二者相互分离则会使得国魄被其他民族所征服。

在他看来，国魂由国教、国学、国语、国文和国史所构成，而国魄则由钱谷、卒乘、城池、舰船、器械等构成。[①] 国魂主要指民族文化等精神层面的东西，而国魄指的是经济、军事、领土和科学技术等物质层面的东西。他指出，追溯历史，我们可以看到国魂强大的中国即使遭受侵略后仍然可以复国，靠的就是国魂，相反国魄强大、国魂微弱的日本一旦国力衰落就必然衰落。即使国魄被征服，只要国魂犹存就有希望复国。对于已经沦为殖民地的韩国来说，当务之急就是保存、发展国魂。朴殷植特别强调国史，并指出只要国史得以保存，国魂就可以留存下来，因此强调国史教育的重要性。朴殷植这种强调国魂的历史观对实现自强自立的民族精神发挥了巨大的推动作用。

三、申采浩的民族主义精神

丹斋申采浩（1880—1936）出生于忠清道，从小学习汉学。在申箕善的推荐下，他进入成均馆学习并开始接触新思想。他于 1903 年撰写了批判亲日派赵素昂等卖国贼的声讨书，并同其他儒生一道开展了示威游行运动，1905 年成为成均馆博士。后来在张志渊的邀请下，担任《皇城新闻》评论员。1907 年他开始活跃于由梁起铎、安昌浩、李东宁、金九等人组织发起的秘密结社的新民会。1910 年朝鲜亡国之后，他流亡中国，组织了由新民会派系和大倧教派系组成的光复会，并长期活跃于该组织中。不仅如此，他还利用走访古迹的机会进行文献比较，在此基础上积极开展高丽史研究。他反对临时政府的活动以及李承晚的外交论，主张完全独立论。1923 年他主译了《资本论》和《战争论》，这两部书籍后来被用作独立军的教材，后来

---

① 《韩国痛史》，《朴殷植全书》上，檀国大学出版部 1975 年版，第 376 页。

他还起草了《朝鲜革命宣言》。为推动民族独立斗争，1925 年起他开始转向无政府主义；1927 年，他发起并参与了民族统一前线的新干会；1928 年，他参加了朝鲜无政府主义者组织的东方联盟大会，5 月被逮捕；1936 年在旅顺监狱殉国。

面对西方列强和日本帝国主义的侵略，申采浩主张以朝鲜固有的主体性为基础进行自主的文明化改革，建设自主的近代国家。他把当时的时代描述为"帝国主义时代"，并指出帝国主义的本质就是扩张领土和主权。他对帝国主义本质的描述如下：

> 20 世纪的世界是军国的世界。有强大军队的地方就没有正义，有大炮的地方法律就变成一纸空文，军力就变成衡量一切的标准。随着列强文明的繁盛、人口的增加，他们亟需开拓新的土地、攫取新的资源来支撑本国文明的发展，因此领土扩张、开拓疆域、与其他国家进行经济竞争就不可避免。在对待弱国时，强国一定会首先掠夺经济权。[1]

这种观点来自于他对西方资本主义和帝国主义侵略性的深刻认识。他认为，为了促进资本主义的发展，帝国主义必须借助武力来不断开拓新的市场，并通过蚕食弱小国家而进行对外侵略并参与市场竞争。能够抵抗这种侵略活动的主体就是国家，具体而言便是国民。因此，申采浩把"新国民"设定为引领历史发展的近代主体，并在《读史新论》中将其表述为"东国民族，檀君后裔"。他认为，近代国家的发展不是一两位英雄人物就能实现的，而是全体国民的合力，国家兴衰是由全体国民的实力决定的。只有当全体国民都成为新国民，国家才能够在激烈的国际竞争中取得胜利。[2] 此处的"新国民"指的并不是专制时代的国民，而是主权体系下的国民，与贫富、职位、强弱毫无关系，在人格和人权方面，一切新国民的权利都是平等的。[3]

申采浩认为，只有实现国家文明化和富国强兵，才能在朝鲜确立特有

---

[1] 《二十世纪新民国》，《丹斋申采浩全集》别集，萤雪出版社 1972 年版，第 219—221 页。

[2] 《普告同胞》，《丹斋申采浩全集》下，萤雪出版社 1972 年版，第 94 页。

[3] 《20 世纪新国民》，《丹斋申采浩全集》别集，萤雪出版社 1972 年版，第 214 页。

的近代主体。但他并不赞同盲目的文明化，这也是申采浩思想的出发点，是他区别于其他自强论者的不同之处。申采浩虽然主张实现文明化，但并不主张盲目追随西方和日本，若这样便会丧失韩国进行文明化的自主权。他指出，学习美国、德国通过开采矿山、建立工厂、加强军队来实现富强文明的行为，只是一种对外国文明的崇拜而已。就思想层面而言，他主张通过学习卢梭的民约论和达尔文的进化论来实现自由平等。关于朝鲜未来的命运，他曾经指出：

> 现在世界史的中心是西半球和北半球，那么朝鲜的命运如何呢？我们是该选择成为他们文化的奴隶，然后消亡呢？还是该选择深刻认识他们的思想，并开展新文化运动呢？[1]

申采浩认为，西方经济、法律、思想和国富的基础是他们的爱国心和国史思想。因此，与其盲目崇拜外国文明，不如通过自主学习他们的思想文化，在不丧失朝鲜文明本质的同时实现文明化，[2] 即文明化绝不能建立在抛弃朝鲜传统文化而一味西化的基础上，而是应当建立在民族主体性和精神"大我"的基础上，[3] 通过宣扬爱国精神和发展教育事业来实现。当前的局势是，西方文明占据世界史中心，若朝鲜一旦放弃自主性，就会沦为西方文化的奴隶。因此，他强烈主张扩大"真我"的观念，以放弃"小我"来拯救"大我"。

> 小我作为肉体的、物质的我，是假我。真我作为永恒的、精神的我，是永生不灭的。因此我们国家应当扩张真我的观念。[4]

申采浩认为，必须以扩张"真我"的观念为基础来恢复国权，并建立具有朝

---

[1] 《朝鲜上古史》，《丹斋申采浩全集》上，萤雪出版社 1972 年版，第 34—35 页。

[2] 《旧书刊行论》，《丹斋申采浩全集》下，萤雪出版社 1972 年版，第 99—104 页。

[3] 《"大我"与"小我"》，《丹斋申采浩全集》别集，萤雪出版社 1972 年版，第 100—104 页。

[4] 《"我"观念的扩张》，《丹斋申采浩全集》别集，萤雪出版社 1972 年版，第 157 页。

鲜本国特色的近代国家。因此，他反对亲日派模仿西方国家并盲目进行文明化的措施，并指责他们的行为是"同化思想"。他不仅厌恶为个人私利而出卖国家的人，也很排斥日近会、大同学会等亲日势力。在他的立场看来，亲日势力会危害朝鲜的内在精神，而精神的消失则意味着国权的丧失，故盲目文明化只会导致国家和民族灭亡。

虽然当时很多知识分子对日本提出的"东亚和平论"持乐观态度，但是申采浩却指出，虽然东亚主义有利于团结东亚各国以抵制西方势力，但日本可能会利用东亚主义来侵略韩国，因此应保持高度警惕心理。[1] 可见，他立足于朝鲜的自主性立场，尖锐地指出以他国日本为中心认识朝鲜，具有很大的局限性。

在当时的时代背景下，申采浩认为宣扬爱国思想最好的方法就是编写民族史。对他而言，历史不仅是个人的历史、国家的历史，更是民族的历史。自主编写国史既有利于保存民族之魂，也有利于提出有效对抗西方侵略的方式。在这种观点下，他批判现有的历史叙述方式已经陷入了对中国的事大主义。[2] 因此，他亲自执笔《朝鲜上古史》，在书中详细阐述了朝鲜国家和民族兴衰存亡的前因后果，并描绘了韩国社会在日本侵略下经历的苦难，告诉世人以史为鉴，从而为独立斗争的胜利指明了方向。

总之，申采浩思想的核心就是"民族主义"。他主张在保留民族固有传统和民族自主性的同时，通过学习西方近代思想来实现国家独立和民族自主，这种倾向也体现在了他的思想和实践中。20世纪20年代民族史学的复兴以及30年代被独立运动采用的无政府主义就是最好的例证。申采浩在《朝鲜革命宣言》（1923）中批判说，无论是内政独立、自治运动、文化运动还是外交论，都是虚构的，提出了适时进行武力斗争的主张。在大多数情况下，武力斗争导致的为所欲为会使得人们普遍认为它是不义的，但对于处在特殊情形中的弱小民族来说，武力斗争有时也可以是正义的。申采浩后来认识到了社会进化论的局限性，主张民族主义与人类共同繁荣是可以实现并存

---

① 《对东洋主义的批判》，《丹斋申采浩全集》下，萤雪出版社 1972 年版，第 88—91 页。

② 申采浩批判事大主义的做法一方面是受到了西方民主主义的影响；另一方面是鸦片战争后中国国际地位的下降导致中国中心主义思想发生了变化。

的。正如他在《朝鲜革命宣言》中所言，"要建立人与人之间平等和谐、社会与社会之间和谐共存的理想朝鲜"。他主张通过无政府主义的方式来建立一个反抗日本强权政治并保护弱者生存权利的互帮互助的国际社会。[1]

后来申采浩因参与无政府主义运动组织而遭到逮捕。狱中的他仍然坚持祖国独立信念，丝毫没有向日帝屈服。他整理了过去的手稿《朝鲜史》和《朝鲜上古史》，在《朝鲜日报》上连载刊出，为激发朝鲜民众对民族历史的主体性认识作出了贡献。由于遭受日帝严刑拷打留下后遗症，1936 年 57 岁的申采浩在旅顺监狱里结束了自己波澜壮阔的一生。他的一生始终贯穿着民族独立运动的自主精神，晚年思想体现出无政府主义的独立思想。

综上来分析一下爱国启蒙思想的意义和局限性。1900 年随着日本侵略的公开化，爱国启蒙运动成为韩国反抗日军侵略、开展自强运动的重要一环。爱国启蒙运动思想家把教育和殖产兴业视为恢复国权最迫切的任务，积极致力于通过建立学校和开展言论活动来启蒙民众，并广泛开展产业活动。相反，义兵运动则致力于以武力斗争方式来反抗日本侵略。可以说，爱国启蒙运动是从内在方面为韩国独立斗争积蓄文化力量，而义兵运动则是从外部来为民族独立争取斗争环境。后来，由于日本侵略的公开化使得韩国民族资本积累日益困难，而教育、言论活动以及自主性历史运动又受到了日本的严重打压，爱国启蒙运动因此未能取得实质性成就。爱国启蒙运动的局限性就在于，它只是注重文化启蒙运动忽视武装斗争，且对义兵运动持非常消极的态度。如果说义兵运动是积极斗争的话，爱国启蒙运动一定程度上就属于消极斗争，最正确的方式应当是将直接的武装斗争与间接的实力培养实现结合。但是爱国启蒙运动志士们却将义兵运动评价为暴徒。除了朴殷植和申采浩之外，大部分爱国启蒙运动者都过于执著于文明开化，这使得他们最后难免沦为妥协主义的亲日派。尽管如此，但爱国启蒙运动所宣扬的民族意识为后来的独立运动奠定了思想基础，这是值得肯定的。

爱国启蒙运动在对近现代主导思想——朱子学进行反思的过程中，不断摸索建立近代社会的方式。在西学东渐思潮的影响下，西方文明几乎渗透

---

[1]　申一澈：《申采浩的历史思想研究》，高丽大学出版社 1993 年版，第 206 页。

到了当时韩国社会的方方面面。但儒学仍占有非常重要的地位，且大部分知识分子都曾受到儒学教育的影响，这就使得他们在强调社会责任的同时，更加注重对儒学进行适应社会发展的变革，这一点是值得肯定的。我们也应当肯定以张志渊、朴殷植为代表的知识分子试图通过国学研究和建设大同社会来对儒学进行反思并力图建立新世界的探索。然而，与西方文明相比，他们坚信中日韩三国同属于东亚儒家文化圈，这就使得他们未能清楚地认识到日本帝国主义的侵略本质。

　　爱国启蒙思想也受到了社会进化论思想的影响。社会进化论使得当时的启蒙思想家看到了自身的弱者地位，因此能够清楚地认识现实并采取适当的应对措施。但是社会进化论具有两面性，它一方面有利于推动当时的韩国提高富国强兵意识，另一方面也为日本侵略提供了正当的理由。许多爱国启蒙运动家们在这种矛盾的现实中选择容忍并最终与日本侵略势力相妥协。这也是一些爱国启蒙运动家主张培养实力论、民族改良论并对武力斗争持怀疑态度的原因所在。

第三节　近代韩国民族宗教的发展

　　自 1860 年水云崔济愚（1824—1864）在庆州创建东学以来，韩国近代新兴宗教的发展便日益兴盛。但是并不能将这些宗教统称为韩国民族宗教，因为民族宗教具有其自身的特点：一是韩国本土的宗教，二是具有民族共同体意识；三是祈祷民族固有的灵魂可以得到启发；四是承诺将本民族从苦难中拯救出来。[1] 如果按照这样的思路，那么在目前韩国三百余个新兴宗教中，具有近代民族意识且值得引起重视的宗教主要有东学、大倧教、甑山教和圆佛教等。

　　朝鲜末期近代民族宗教兴起的原因如下：

　　第一，日益加重的内忧外患使得三政紊乱，国家秩序崩溃，下层人民

---

① 尹利钦：《韩国宗教研究》，集文堂 1991 年版，第 151—152 页。

生活苦不堪言。挣扎于生活边缘的民众不得不选择发动农民起义来表达内心的绝望和不满。而朝鲜末期的新兴宗教除了具有反西方、重民族主义的色彩之外，还融入了普通百姓对生活的美好愿景。

第二，在内忧外患的动荡之下，国家的指导理念已经不复存在。自顺祖即位（1800）后兴起的势道政治使得国家纲纪紊乱，儒学与现实生活逐渐脱节，于是下层民众渴望新兴宗教的出现。

第三，当时民众将自身贫困的原因归咎于统治阶级的压迫，即僵化的身份制度，因此强烈主张废除身份制度，建立一个平等、自由的新世界。新兴宗教寄托了民众对于这种新世界的愿望。

在如此背景下兴起的新兴宗教具有如下特点：

第一，积极弘扬民族主体意识。崔济愚反抗西学、推崇东学本身就体现了一种民族自主性意识。不仅仅是东学，当时其他大部分新兴宗教都将其教义与檀君信仰、风流道、国仙道、巫俗信仰等韩国本土固有的民间信仰相结合。此处需要注意的是，大多数韩国近代民族宗教都预言韩民族将在开辟后天世界和解怨相生的过程中承担起重要责任。

第二，大力宣扬人本思想和平等思想。崔济愚提出的"人本天"强调人的尊严和平等；甑山姜一淳也主张，比起天尊和地尊，人尊最为重要，而且认为"现在就是人尊时代"；[1] 少太山朴重彬也指出，人是天地的主人、万物的灵长。他们所说的平等又有尊严的对象并不局限于以两班为首的特权阶层，而是所有人都享有共同的尊严和平等的权利。在当时身份制度已经瓦解的背景下，东学宣扬无论男女老少都可以平等地信仰天主，这一思想为新的身份平等提供了理念性依据。

第三，致力于宣传后天开辟和解冤相生思想。后天开辟思想起源于《易经》的先天后天论和阴阳循环论。先天后天论和阴阳循环论可以有多种解释，但若从社会背景来理解的话，它给当时处于苦难和逆境中的百姓带来了新的希望。先天的时代是差别与压迫横行的、非正义的时代，是相克的冲突永无停歇的时代。但是天运循环运转，先天世界终会结束，新的后天世界

---

① 《大巡典经》第6章，韩国国立首尔大学1972年奎章阁影印本，第32页。

也一定会到来。在后天世界中，所有的差别和压迫会一扫而光，正义和爱将充满世界。一切的矛盾都会消失，曾经的冤恨将会得到补偿。在这样的后天世界中，人与人之间、国家与国家之间、民族与民族之间的冲突矛盾也会消失，取而代之的是和合相生和人类大爱。

可以说，近代民族宗教既反映了当时韩民族的普遍希望，也承载了他们对未来理想世界的美好愿景。这种理想和信念成为韩民族积极反抗日本帝国主义侵略的动力，但是其局限性就在于，过度沉迷于这种理想世界而丧失了武力反抗的斗志，最终变得隐忍妥协。

一、崔济愚的东学思想

为了对抗西学，水云崔济愚（1824—1864）于1860年创立了东学。东学是当时韩国社会内外忧患下的产物，以辅国安民、广济苍生和布德天下为宣传理念。就内在环境而言，东学是为了拯救备受压迫和处于水深火热中的百姓；就外部环境而言，东学是为了反抗帝国主义的侵略，并根据布德天下的理念而建立人人平等的地上天国。东学思想的核心精神一是立足于侍天主、人乃天的思想，主张万民平等；二是立足于天地循环说，主张后天开辟思想。

崔济愚认为西方势力强大的根源在于基督教思想的支撑。[1] 西学因为知天时、知天命，所以万事皆顺。崔济愚宣称自己于庚申年（1860年）接受了天命，这在如下《龙潭歌》中有相关的描述：

> 天恩浩荡，庚申年四月初五，
> 应该如何用文字记录、用语言表达呢？
> 千古难寻的无极大道，在如梦如幻间得道。
> 运气真好，运气真好！
> 天主说，开辟五万年，

---

[1]　《东经大全·论学文》，韩国国立首尔大学1972年奎章阁影印本，第125页。

　　你是第一个呀，我也在开辟之后，

　　劳而无功之后遇到了你，然后成功。

　　我也成功，你也得意，是你们家族的好运呀！

崔济愚指出，自己在似梦非梦间洞察到了无极大道，并称天主是在开辟五万年之后选择了自己继承天主事业。为了对抗西学，崔济愚通过创立东学来拯救国家和百姓。崔济愚首先将传统民间信仰的对象——天主提升为正式的信仰对象。

　　大抵人间，草木群生，死生在天，不是吗？

　　即使埋怨不时风雨，不还是会临死号天吗？

　　三皇五帝，圣贤之人，不也同样敬天顺天吗？

　　淆薄的世间已经不顾天命了吗？

　　长平坑卒，敬奉天主，

　　造化众生，叩谢恩德，怎能忘本？①

对崔济愚而言，天主主宰世间万物的命运，因而不能忘记感恩天主或者不听天主之天命。天主是全知全能的存在，是吉凶祸福的主宰者。他为此指出，如果敬奉天主，"我东方三年的怪疾就会消失……敬奉天主，儿时所患的所有疾病都会不治自愈"②。不仅如此，如果接受天主的造化，禽兽不如的敌寇就会在一夜之间消失。③

　　乍一看，崔济愚的东学和西学没有什么特殊的差别。虽说东学是为了对抗西学而创建的，但不可否认的是，东学在无形中的确受到了西学很大的影响。基于东学和西学的众多相似性认识，因此东学在当时也就不可避免遭到迫害或镇压。但崔济愚却指出，虽说东学和西学看起来很像，二者的运和道相似，但是理却不同。崔济愚如下描述了东、西学的具体差异：

---

① 《龙潭遗词·勤学歌》，韩国国立首尔大学 1972 年奎章阁影印本，第 81 页。
② 《龙潭遗词·勤学歌》，韩国国立首尔大学 1972 年奎章阁影印本，第 81 页。
③ 《龙潭遗词·安心歌》，韩国国立首尔大学 1972 年奎章阁影印本，第 85 页。

　　我们的道是无为而化的。只要守心正气，学习天主的品德，接受天主的教导，自然之气和造化就会随之产生。西方人说话语无伦次，写文章不知分寸，丝毫没有为天主着想的地方，他们只是为了自身利益而信奉天主而已。西方人因为身体上没有气化之神，学识上没有接受天主的教导，所以只不过是有形无迹而已。他们虽说想法与我们相似，但却没有咒文，虚妄无道，不是为了天主而生的学问。因此，怎么可以说东学和西学没有区别呢？[1]

崔济愚明确指出了东西学的差异，他批判西学"就像说上帝在玉京台一样，说什么阴阳理教，不过是虚无之说罢了"[2]，"（西学）真是可笑，即使父母去世了，他们也不相信死后会有神，他们从不祭祀，脱离了五伦，只求速死"。可见，他否定西学的人伦观。尽管如此，但崔济愚选择将自己信仰的对象称作天主，这本身就使得他的思想容易被人理解为与西学无异。

　　崔济愚认为，虽然东学和西学同用"天主"之概念，但二者在如下方面存在明显的区别：第一，西学认为天主创造了万物，但是东学认为万物是由阴阳变化而生出的自然现象；第二，东学强调"人乃天"的思想，因而人与天主本质上是相同的，但西学却认为二者不相同；第三，东学是地上之学，追求人间现世的幸福快乐，而西学则追求彼岸，超越现世的幸福快乐。

　　崔济愚并不追求超越现实世界的天主，他要求人们从内心中寻找天主。他根据传统儒家天人合一的思想，主张"人乃天"、"侍天主"。他认为，如果真心相信所侍奉的天主存在，即是信；如果真心信仰天主就会非常真诚，即是诚；如果真心侍奉天主，即是敬。崔济愚认为，东学之道虽然复杂，但可以简单归结为三个字——信、诚、敬。[3] 这三者之中最重要的就是信，因为一旦有信，自会有诚和敬。但信仰天主并不仅仅局限于精神的信仰，也要求肉体的信仰，崔济愚将其称为"守心正气"，而守心正气的力量就来自于"侍天主、造化定、永世不忘、万事知"这十三字咒文。东学不仅使用咒文，

---

① 《东经大全·论学文》，韩国国立首尔大学 1972 年奎章阁影印本，第 125 页。

② 《龙潭遗词·道德歌》，韩国国立首尔大学 1972 年奎章阁影印本，第 93 页。

③ 《东经大全·座箴》，韩国国立首尔大学 1972 年奎章阁影印本，第 213 页。

也活用灵符。他曾指出，如果吞食一种叫作仙药的咒符，则不仅可以治百病，还可以实现布德天下的理想。① 但是活用灵符时必须竭尽真诚，因为灵符只对彻底真诚的人奏效，如果不够真诚灵符就不会奏效。

此外，研究东学不能忽略的就是它的后天开辟思想。后天开辟思想认为，从本质上讲，任何压迫人类正义和不公平的先天时代终会被充满正义和平的后天世界所取代，因此具有解冤相生的特点。如《教训歌》所言，"富贵之人前生定是贫贱之人，此生贫贱之人未来定会富贵。"《安心歌》也说道："所谓苦尽甘来、否极泰来，不要埋怨现世，好好生活吧！"根据后天开辟思想，现有的不平等支配关系终会发生逆转，这也是东学思想广受下层民众欢迎的原因所在。

顾名思义，东学是为了对抗西学、反抗帝国主义侵略而产生的，因而它本身就具有浓厚的民族主义色彩。东学与斥邪卫正派和开化派思想的区别就在于，东学的民族自主性是"本土的"、"脱中华的"。崔济愚对此作出如下阐述：

> 我在东方出生，接受了东方道的教导。道虽是天道，学却是东学。既然地都分东西，西怎么可以成为东，东怎么可以成为西？孔子在鲁国出生，在邹国教化百姓，而邹国风气后来传遍了世界。既然我受道和传道都在这里，怎么可以把道的名字叫做西学呢？②

众所周知，在儒教文化盛行的朝鲜时期，孔孟朱子之学占据绝对权威地位。崔济愚首先通过"孔子是鲁国之人，儒学是邹鲁之风"的说法，将儒学实现了客观化。再者，他进一步指出，如今儒教、佛教运数已尽，③ 尧舜之治不足以施，孔孟之德不足以言，④ 因而主张与中华传统决裂。但由于东学也宣扬儒、释、道三教合一，所以它无法彻底摆脱与儒教传统的关系。在《天道

---

① 《东经大全·布德文》，韩国国立首尔大学 1972 年奎章阁影印本，第 101 页。

② 《东经大全·论学文》，韩国国立首尔大学 1972 年奎章阁影印本，第 125 页。

③ 《龙潭遗词·教训歌》，韩国国立首尔大学 1972 年奎章阁影印本，第 93 页。

④ 《龙潭遗词·梦中老少问答歌》，韩国国立首尔大学 1972 年奎章阁影印本，第 108 页。

教创建史》中，崔济愚有如下评论：

> 吾道既不是儒道，也不是佛道，更不是道教。天道不是儒、释、道三者之一，儒、释、道只是天道的一部分。儒教的伦理、佛教的觉性、道教的养气，既是人性的自然品赋，也是天道的固有要素，吾道拥有无极大源。①

东学主张，伦理、觉性、养气在成为儒、释、道的思想特征之前就已经是"人性自然的品格"，因此东学并不是融合儒、释、道而形成的宗教，而是伦理、觉性、养气这些品格本来就包含在天道之中。崔济愚的这种观点可以让人充分联想到韩国本土固有的风流道，而且东学所主张的"地上天国"与檀君神话的"在世理化"和"弘益人间"也有密切关系。此外，崔济愚的"灵符"则与檀君神话中的"天符印"有相似之处。由此可见，东学思想深深植根于韩国固有思想风流道、国仙道等传统民族思想之中，这也是东学思想的"本土性"特征所在。不仅如此，东学思想还继承了神仙思想、咒术、符咒等韩国本土的民间信仰，特别是东学第二代教主崔时亨（1827—1898）所作的《内修道文》和《内则》中就融入了韩国传统淳朴浓厚的民间风俗。这些特点既是东学在民间广为流传的原因所在，也是东学与追求精炼儒学的斥邪卫正派以及追求西方近代化的开化派的不同之处。

　　面对日本帝国主义日益公开化的侵略，东学提出要极力排斥日本侵略，大力弘扬民族主体意识。以下是东学的《安心歌》：

> 崎岖呀，崎岖呀，我国国运多舛呀！
> 猪狗不如的外敌呀，小心你们性命不保！
> 你们在人间毫无公德可言，
> 有朝一日，我成为神仙，飞到天上，
> 我一定要让天主造化你们，

---

① 李敦化：《天道教创建史》，景仁文化社 1970 年版，第 47 页。

让你们在一夜之间灭亡，永不复生，

我在大报坛前发誓，一定要报仇！[1]

东学的自主思想和民族意识集中体现为，"灭掉猪狗不如的日本帝国主义，永远保护我们的国家"。虽然东学极力排斥日本帝国主义，但这并不代表东学本身的民族自主思想就是极力排外的。因为东学提出"人乃天"的思想，主张敬天、敬人、敬物，这些思想本身追求的就是天与人和谐、人与人和谐、人与自然和谐的状态。[2] 因此，从大的方面来讲，东学思想追求的是本民族与其他民族之间的和谐共存与和平共生。然而，东学的局限性在于，它未能提出实现保国安民和布德天下的具体措施，而只是一味过度依赖于道家的无为而化、咒术等观念性的方法。

尽管如此，东学还是很受普通穷苦百姓的欢迎。东学在创建不到三年的时间里，就在韩国社会实现了广泛传播，可见其能量之大。东学注重对教徒的培养和教徒自身的修炼，通过建立接所、选举地方领袖作为接主来扩大力量。东学首先在庆州等地传播，后来流传到了盈德、固城、宁海、迎日、安东以及蔚山等庆尚道地区，并形成了统一的教团组织。随着东学势力的壮大，朝廷将其视为与天主教类似的蛊惑民心的邪教，并大肆镇压。1863年以教主崔济愚为首的二十余名东学领袖被逮捕，崔济愚被处以死刑。在朝廷镇压和教主处刑的打击下，东学势力逐渐走向衰弱。后来在第二代教主崔时亨的带领下，前期已经深入人心的东学又开始向庆尚道、全罗道和忠清道等地区传播。[3]

1892年，在东学势力向忠清道、全罗道一带扩展之际，东学教徒们向两道的观察使提出为教主申冤、停止镇压教徒等要求，并由此展开了轰轰烈烈的示威运动。虽然观察使最终答应了停止镇压教徒的条件，但由于为教主申冤不在他们的权力范围之内，他们无法给出承诺。1893年4月，四十余名东学教徒跪在宫殿门前上诉，请求为教主申冤。虽然教主申冤运动最后以

---

① 《龙潭遗词·安心歌》，韩国国立首尔大学1972年奎章阁影印本，第85页。

② 吴文环：《人乃天》，艺文社1996年版，第166页。

③ 韩佑根：《韩国通史》，乙酉文化社1984年版，第391—392页。

失败而告终，但是东学势力却深深植根于三南一带。① 他们的要求也不再局限于为教主申冤，而是要求惩罚贪官污吏和驱赶倭寇。②

为了反抗古阜地方郡守赵秉甲的压迫，全罗道古阜的东学接主全琫准（1853—1895）带领一千余农民于 1894 年 2 月掀起了大规模的农民起义。在除暴救民、逐灭倭夷的旗帜下，农民起义军在短短几个月的时间内就攻占了三南一带。被浩浩荡荡的农民军气势所吓倒的朝鲜政府立即派出官兵进行武力镇压，并以同意按照农民军要求进行内政改革为条件，采取了一定的安抚政策。同年 6 月，官兵和农民军签订了全州和约，后来农民军解散，但是东学农民运动却招致清、日两国在朝鲜的驻兵。在与农民军战斗初期，朝鲜官兵连连失败，惊恐无措的高宗不顾大多数官员的反对向清朝请求援助。清朝迅速向朝鲜派兵，同时根据《天津条约》的规定向日本提出照会。日本趁机将此视为驱逐清朝势力、独占朝鲜半岛的大好机会，因此也迅速派兵去往朝鲜。当清、日两国主力部队分别集结于牙山和仁川、汉城的时候，《全州和约》已经签订。于是朝鲜政府通告清朝袁世凯和日本公使农民军已经平定，请求两国退兵。虽然清朝主张清、日两国共同撤兵，但日本以"内政改革"为借口拒绝退兵，并建议清、日两国共同参与干涉朝鲜内政问题。在清朝拒绝日本提议的背景下，日本军队占领景福宫，驱逐了亲清的闵妃势力（1894 年 7 月 23 日），拥立大院君执政，并挑起了中日甲午战争（7 月 25 日）。得知此事态的全琫准在全州再次集合东学军反抗日本侵略。1894 年 10 月，东学起义再次得到全国各地民众的响应而展开。但在后来的公州战役中，东学军的主力部队在官兵和日军的联合绞杀下，气势大伤，1895 年 1 月全军被剿灭。后来东学的残余势力融入了斥邪卫正派的义兵运动。虽然东学思想和斥邪卫正派在理念上格格不入，但他们都主张通过武装斗争来抵抗外敌侵略，都具有浓厚的民族主体意识。虽然最初东学运动兴起是为了惩治贪官污吏和改革弊政，但后来的东学起义则是全面的抗日运动，都在不同的时期发挥了应有的作用。抗日失败后，东学思想逐渐演变为民众改革思想和反帝国

---

① 主要指京畿道以南的忠清道、全罗道、庆尚道地区。

② 韩佑根：《韩国通史》，乙酉文化社 1984 年版，第 454—455 页。

主义的民族斗争思想。[①]

二、大倧教的兴起与发展

大倧教又称檀君教，其崇拜和信仰对象是韩国国祖檀君，这种崇拜源于韩民族悠久的民族信仰。据记载，檀君王俭五十一年曾在江华岛摩尼山设立祭天坛，并向百姓阐明"祭天报本"的大义。虽然檀君信仰在不同的历史时期有不同的版本内容，但内容大同小异，而且这种传统也被延续下来。例如，扶余时代被称为代天教，祭名为迎鼓；高句丽时代称为敬天教，祭名为东盟；濊貊以舞天为祭名，百济则以郊天为祭名，都是每年10月举行祭天仪式。到了新罗后期，随着佛教和儒教的影响日益兴盛，祭天仪式逐渐衰落。高丽时代以王俭教为教名，继承了新罗的八开会仪式。朝鲜时代在平壤的崇宁殿和九月山的三圣祠举行国家祭天仪式。

为了让檀君教重现光辉，弘岩大宗师罗喆（1863—1916）于1910年将教名改为"大倧教"，并以开天纪元为4367年。后来在倭贼侵略和大倧教受到镇压的形势压迫下，罗喆于1916年（开天4373年）前往九月山三圣祠奉审，最终为了抵抗日军侵略而自尽而亡。大倧教徒把这一事件称为"殉教朝天"。第二代教主茂圆宗师金献（初名教献，1868—1923）为了躲避日军的侵害，将总本司迁至满洲和龙县。金献在布教的同时，积极开展民族教育和独立运动，并著述了《神坛民史》。第三代教主坛崖宗师尹世复（1881—1960）于1934年将总本司迁至渤海古都宁安县东京城，后来于1942年遭遇日军迫害，这次事件被称为"壬午教变"，自此大倧教遭遇了几近毁灭的厄运。韩国光复后的第二年（1946），大倧教的总本司得以重建，现在总部位于首尔。[②]

大倧教的教主是檀君天祖神。"大倧"意味着"天神"。大即天；倧即神人，意味着魂、神；祖即祖先；檀就是檀树；檀君即是开明君主。根据大倧教的教义，檀君天祖神集造化、教化、治化三大能力于一体，是三神一体的

---

① 韩佑根：《韩国通史》，乙酉文化社1984年版，第457—469页。
② 《韩国宗教》，文化公报部1989年版，第92—94页。

天神。他创造了宇宙，并派遣天孙那般和阿曼前往人间以使五色人种和九族繁盛。天孙那般和阿曼为了造化百姓，化身为人，降临于白头山和神檀树下，并在此处开设了神市。这位以神化人的天神就是檀君王俭，他于公元前2333 年戊辰 10 月 3 日定国名为朝鲜。檀君天祖神创造了造化神主管造化，创造了土地神令其教化人间，并让治化神统管九族，完善国家制度，建立制度化的民族统一国家。檀君天祖神命令他们共同创造以"弘益人间"和"理化世界"为核心理念的自由、平等、博爱的地上天国。①

大倧教认为，人天生就具有完整且均衡的三真，即真性、真命、真精。但随着肉体的产生和生活的开始就会产生三忘，即心、气、身。由于三忘的诱引，人的三真就会变得逐渐模糊，然后便会产生欲望、生病、犯罪、衰老、死亡等五种痛苦。但是若能抑制三忘，便可以重新找回三真，从而与真人、神人融为一体，这就是大倧教的"神人一体主义"。

要想达到神人一体的境界，具体方法有止感、调息和禁触三法。止感指的是消除所有感觉和杂念，通过修炼止感法使得心平。真性则可以使得性通，这与佛教的明心见性的参禅相同。调息指的是正确调整呼吸。通过修炼调息法，可以使得气和、知命，不再有困惑，而后一切都会变得有条不紊。这种通过调节气息来养气炼性的方法与道家的导引类似。禁触指的是摒除一切由外物引起的诱惑，修行禁触可以使得身康、真精。这种修身率性的方法与儒家的克己类似。

大倧教的"三一论理"从哲学角度将这些理念进行了深入阐释。根据三一论理，本体可以一分为三，但三仍旧可以还原为一，即三即一、三真归一、执一含三、会三归一。大倧教的三大基本经典《天符经》、《三一神诰》、《参佺戒经》都是以三一论理为基础编写而成的。《天符经》是造化经，《三一神诰》是教化经，《参佺戒经》是治化经。造化可以解释为道，教化可以解释为佛，治化可以解释为儒。因此，三大经典就是儒、释、道的起源，儒、释、道思想即起源于大倧教。② 在此基础上，大倧教进一步主张，佛教

---

① 姜寿元：《韩思想与大倧教》，载《韩思想与民族宗教》，乙支社 1990 年版，第 46—47 页。
② 姜寿元：《韩思想与大倧教》，载《韩思想与民族宗教》，乙支社 1990 年版，第 53—55 页。

的参禅来源于止感法，道教的导引来源于调息法，儒家的克己来源于禁触法。其理论依据就是崔致远在《鸾郎碑序》中提到的"国有玄妙之道，曰风流。设教之源，备详仙史，实乃包含三教，接化群生。且如入则孝于家，出则忠于国，鲁司寇之旨也。处无为之事，行不言之教，周柱史之宗也。诸恶莫作，诸善奉行，竺乾太子之化也"①。大倧教将上述风流道或国仙道解释为檀君教，并且认为檀君教包含了儒、释、道三教的基本要素。由此可见，大倧教就是儒、释、道三教的根源，因而地位最高。在大倧教的立场上看来，韩民族不再是世界史的边缘民族，而是主导民族。大倧教的历史观具有如下特点：

第一，它认为人类文化的发祥地在白头山附近，因而韩民族是世界文明的中心。

第二，它把扶余、女真、蒙古、契丹等东夷族都看作一个统一的大民族——倍达族，并将倍达族视为韩民族的祖先。这与西方的"泛日耳曼主义"类似，可称为"泛东夷族主义"。

第三，这种历史观扩大了韩民族的种族范围。如此一来，韩民族的活动范围不再局限于朝鲜半岛和满洲地区，而是扩展到了中国东北地区。这样就把舜、辽、金、元和清等北方民族建立的王朝作为了韩民族历史的一部分。②

事实上，大倧教的泛东夷族主义在民族范围和领土设定上具有浪漫主义和牵强附会的色彩。但就现实而言，大倧教通过将满洲族（女真族）纳入朝鲜，这也为其建立大朝鲜国的目标提供了依据。1910 年庚戌国耻以后，大倧教将本部迁到满洲地区，他们在布教并开展独立运动的同时，也很关注渤海史，因为他们想继承历史上渤海国的传统。

大倧教设立之初将开展独立运动作为目标，③ 因此无论是其教义还是实

---

① 《三国史记》，真兴王三十七年，韩国国立首尔大学 1982 年奎章阁影印本，第 67 页。

② 参见韩永愚：《韩国民族主义历史学》，一朝阁 1994 年版，第 7—11 页。

③ 与其他宗教活动以中下层百姓为活动主体的特征相比，最初参与大倧教活动的主要是士大夫阶层（《大倧教的民族意识和抗日民族独立运动》上，《韩国学报》第 31 集，1983 年夏季刊）。在这样的背景下，比起反封建，大倧教反帝反侵略的特点更加明显。（姜敦求：《韩国近代宗教和民族主义》，集文堂 1992 年版，第 140 页）

践纲领都具有彻底的民族主义色彩。1910—1920 年间，大倧教在满州地区的活动达到了高峰，当时主导满洲地区独立运动的就是大倧教，而且在满洲地区和中国本土流亡的独立运动家们大多参与过大倧教的活动。大倧教在宣扬民族主义的同时，也积极培养军队，开展独立武装斗争。

作为独立运动家兼历史家的朴殷植、申采浩、安在鸿、郑寅普和文一平等人都直接或间接地受到大倧教的影响。朴殷植曾在其所著《韩国痛史》中多次强调"国魂"① 的历史观，申采浩所强调的"国民之魂"② 和"国粹之保全"③，这些都与大倧教有一定的关系。此外，申采浩的古代史研究也反映了大倧教的历史观。茂圆宗师金献曾于 1918 年提议编写《大韩独立宣言书》，在得到金珪植、朴殷植、李承晚等 39 名代表的同意后，他们在大倧教总本司举行了宣誓仪式。《独立宣言书》后来也传播到了中国、俄罗斯、美国和日本，并对 1919 年东京留学生运动的"二八独立宣言"和韩国国内的"三一独立宣言"产生了直接的影响。

为了组织抗日武装斗争，白圃宗师徐一（1881—1921）辞去了大倧教第三代教主的职位，与金佐镇等人一道建立了重光团，并积极开展独立运动。重光团在"三一运动"之后被编入了北路军政署，并在 1920 年青山里战役中因为剿灭日军兵团而声名大振。后来曾建立隶属西路军政署新兴武官学校的省斋李始荣（1868—1953）也是大倧教的核心人物。④

综合来看，大倧教是一种追求民族主体性与世界普遍性之统一和谐的宗教，具有强烈的民族主义色彩。这也导致了它的历史观备受学界争议。尽管大倧教主张崇拜韩民族的祖先——檀君，并主张用武力抵抗日本侵略，但大倧教并非完全的国粹主义或排他主义。在当时的时代背景下，大倧教与日本帝国主义之间的斗争应当视为被害者为捍卫其生存权而进行的正义斗争。

---

① 《朴殷植全书》上，檀国大学出版部 1975 年版，第 376 页。

② 申采浩：《国民之魂》，《丹斋申采浩全集》（修订版）别集，萤雪出版社 1995 年版，第 167 页。

③ 申采浩：《国粹保全说》，《丹斋申采浩全集》（修订版）别集，萤雪出版社 1995 年版，第 116 页。

④ 申哲镐：《檀君思想和大倧教》，载《韩国近代民族宗教思想》，学民社 1983 年版，第 130—131 页。

三、甑山教与圆佛教

甑山教和创立于朝鲜末期的东学、大倧教一样，都主张后天开辟，即在朝鲜半岛建设新的理想世界，是具有代表性的韩国本土自创宗教之一。甑山教秉承、发展了包括巫俗和仙道在内的韩国传统宗教和文化，并将韩国民众的个人信仰意识升华为以民间为中心的共同体信仰。甑山教的创始人是甑山姜一淳（1871—1909），追随他的教徒后来分化为百余个宗教团体，甑山教是所有这些教派的统称。①

朝鲜末期的大多数民族宗教都受到了《正易》的影响，甑山教尤其如此。一夫金恒（1826—1898）曾于1885年创作《正易》，其核心思想如下：第一，后天开辟思想。先天如果用历表示的话，是365.25天的闰例，而后天历则是360天的正历，因此后天被视为完美无缺的正义时代；第二，先天时代是抑阴尊阳的时代，后天则是调阳律阴的时代。先天时代因为抑阴尊阳，所以不可避免会存在压迫和差别化，后天时代因为是调阳律阴的时代，所以充满爱和正义；第三，韩国因为地处艮方，因此既是终先天时代万物之地，也是始后天时代万物之地，因此韩国被视为是未来琉璃世界的主导力量。②

甑山教的核心思想是天地公事和解冤思想。所谓天地公事就是改正宇宙运行度数，实现《正易》中所描绘的后天世界。甑山是至高主实神，是上帝或弥勒佛的人格化。甑山教徒相信借助甑山上帝拥有的至高无上的权能，定能实现后天世界。不仅如此，天地公事的本质就相当于解冤公事。甑山教认为一切苦难都来自于冤恨，因此要想实现仙境般的理想世界，必须化解一切冤恨。《大巡典经》中曾如下论述道：

---

① 金铎：《甑山姜一淳的公事思想》，韩国精神文化研究院博士学位论文，1995年，第3页。甑山教的代表教团有太乙教、普天教、仙教、顺天教、三德教、人道教、太极教、水山教、弥勒佛教、法宗教等。

② 李正浩：《正易和一夫》，亚细亚文化社1965年版，第157—181页。

先天世界中的相克之理决定了所有人间事物的命运。人事因违背道义而导致冤恨，这种冤恨会日益郁积并充斥三界，最终产生杀气祸害人间。因此，必须纠正天地的运数，端正神道，以此来化解带来万苦的冤恨。并通过相生之道开启仙境，建立造化政府，使之能通过无为的治理和无言的教导来教化百姓，改变世界。①

天地公事就是化解由相克引起的先天冤恨，并通过运用相生的原理，使得冤恨不再累积，从而实现仙境的世界。这样的世界就是所有人的尊严得以实现的世界，也是平等、和平的世界。《大巡典经》中如下描述了这样的仙境世界：

> 天下一家，音容笑貌中弥漫着和气，动静默语中融入着道德，衰老病死不再存在，人人永生，贫富差距不再存在，美食和美丽的衣裳呼之即来，智慧通达万物，水火风灾不再存在，到处充满着祥瑞之气，世界变成了清和明丽的乐园。②

可见，甑山教所描绘的后天世界是实现了现世救赎的人间乐园。甑山教坚信韩民族将成为后天世界的主导力量。因为韩民族对神明极尽忠诚地侍奉，因此神明一定会关照韩民族，以此来作为报答。③

后来，面对日本帝国主义侵略的日益公开化，甑山教并没有发展成为反抗性的民族主义。④ 但是根据甑山教的解释，受到压迫最深的地方会最先得到救赎，因此朝鲜会最先得到上帝的指点。正是在这样的信念鼓舞下，甑山教给当时的百姓带来了无限希望。

圆佛教为韩国佛教之新兴宗派，是由少太山朴重彬（1891—1943）于

---

① 《大巡典经》第5章，韩国国立首尔大学1972年奎章阁影印本，第27页。

② 《大巡典经》第5章，韩国国立首尔大学1972年奎章阁影印本，第29页。

③ 金铎：《甑山姜一淳的公事思想》，韩国精神文化研究院博士学位论文，1995年，第256页。

④ 参见姜敦求：《韩国近代宗教和民族主义》，集文堂1992年版，第132—137页。

1916 年创立的。"圆佛"二字有着十分重要的意义,即"悟出圆的真理","圆佛教"三字则表示"教导人们悟出圆的真理"之意。在韩国外来宗教中,与圆佛教最为接近的是佛教。从"圆佛教"这一名称就可以看出,它是从佛教中派生出来的一种新兴宗教。圆佛教继承了源于佛教的教理,再加上注重生产性的共同体建设以及与农民运动相结合等诸多因素,因而在韩国日益成熟壮大。至今韩国许多广为人知的教育机关、社会事业机构等都是由圆佛教创立并经营管理的。由此可知,圆佛教在韩国已经成长为一个成熟且颇有影响力的组织,并逐步走向系统化。

朴重彬得道主要是受到了东学和甑山教的影响。《大宗经》中曾以天亮的时间比喻先知者后天开辟的顺序指出,水云先生(崔济愚)的行迹仿佛给深睡中的人们带来黎明拂晓的消息,甑山先生(姜一淳)的行迹则告知人们之后的消息,而大宗师(朴重彬)的行迹则是天亮之后开始干活。若用一年农事作比喻,则水云先生的行为可以称为是解冻之后开始为农事作准备,甑山先生是告诉人们农历的节气,大宗师则是直接教给人们农活的方法。① 因此,朴重彬的大觉得道可谓是为朝鲜末期一系列民族宗教运动画上了一个句号。

圆佛教的开教标语是,既然物质都开辟了,那么精神也应该得到开辟。如果精神的发展无法支撑物质的发展,就会导致祸乱产生。朴重彬认为要实现开辟的人间世界,必须纠正良心和仁义。为此他指出:

> 人是万物的灵长,万物受人使用,人道是仁义的主体,权术是仁义的终结。人类的精神可以支配万物,在世间树立仁义大道才是符合真理的当然之事。近来由于仁义丧失、权术横行于世,世事才动荡不安。②

在他看来,现今当务之急在于团结人心,端正世道人心。因此,就内在来说,应当促进精神文明的发展、发展道学;就外在而言,应当促进物质文明的发展、发展科学技术。只有内外俱全、相辅相成,才能实现完美、和平安

---

① 《大宗经》便意品 31,韩国国立首尔大学 1983 年奎章阁影印本,第 62 页。
② 《大宗经》序品 5,韩国国立首尔大学 1983 年奎章阁影印本,第 41 页。

乐的世界。①

　　圆佛教将宇宙的终极真理表达为"一圆相"。奥妙宇宙的运行就是在这个一圆相中融摄作用的，一圆相的真理就是恩。所谓"恩"就意味着"若没有便无法生存的关系"。这其实就是解释了佛教相依相关以及因果报应的道理。圆佛教以一圆相的真理为中心，解释了信仰门和修行门。圆佛教的信仰门中提出了"四恩"和"四要"。所谓"四恩"指的是天地恩、父母恩、同胞恩、法律恩。如果觉悟到这四大恩惠并时常怀有感谢和报恩之心，就可以获得真理的神威和相生相和的力量。所谓"四要"指的是自力养成、智者本位、他子女教育和公道者崇拜。圆佛教的修行门中提出了"三学"和"八条"。"三学"是精神修养、事理研究和作业取舍，"八条"是进行四条（信、忿、疑、诚）和舍捐四条（不信、贪欲、懒、愚）。

　　不仅如此，圆佛教还认为，恩的关系不仅适用于人与人之间，也适用于国家与国家、民族与民族之间。世界分为强与弱两派，如果强者与弱者可以团结一心，各尽全力实现道，就可以实现永远的和平，否则就会招致灾祸，世界也就无法实现和平。②

　　但是，圆佛教对日本的态度表明它并不是抵抗的民族主义，因为它承认日本强者的地位，并寄希望于日本可以带领弱小的朝鲜走向强者之路。③ 后来即使面对日本的武力侵略，圆佛教仍然对民族的未来持非常乐观的态度，并从这种乐观的态度中寻找民族史的意义。在圆佛教徒看来，朝鲜自开明以来，生活制度得到改良，以往固执的见解得以开化，目前尚不完善的地方未来都会得到改善。此外，他们也坚信，未来的朝鲜在精神方面会成为引领世界的国家，而目前的朝鲜正在经历由鱼变成龙的阶段。④ 因此，在这些理念的指导下，相对于以武力斗争积极抵抗日本侵略，圆佛教更倾向于选择通过殖产、教育、济生等多种社会事业来抚慰同胞及民众痛苦。这也体现了圆佛教的报恩思想在现实中的实践以及它所主张的灵肉双全、理事并行的信仰理念。

第七章　现代韩国社会儒学的发展

如同众多处于东亚文化圈的各国一样，儒教① 在韩国社会也受到了很多批判，被认为是阻碍民主主义和经济发展的绊脚石，是前近代社会的文物。即使在现代，对韩国女性来讲，儒教家长制的封建伦理道德依然是阻碍两性平等的陋习。儒教能否成为指引这个社会前进的方向标，成为备受关注的问题。下文将以 20 世纪 90 年代以来儒教在现代韩国社会发展中所遇到的热点问题为关键词，聚焦考察一下韩国社会的儒教认识。②

第一节　现代韩国社会对儒教的认识

一、儒教现代化与亚洲价值

朝鲜王朝由于成功实现了儒教理念的社会化，才得以在长达五百余年的时间里治理了国家，这也是儒教影响力至今还存在于现代韩国社会的原因。随着韩国近代化的发展，儒教也经历了很多批判和非议，直至 20 世纪 80 年代，它依然处于被忽略的地位。在一个多世纪以前，当时先进的知识分子——文明开化论者将西方文化视为普遍文化而全盘接受，主张应该将未开化的朝鲜实现文明开化。这种高度压缩成长的结果是，韩国成为世界瞩目

---

① 关于韩国社会"儒教"与"儒学"用法的区别，可参考本书第 35 页注释 ②。

② 此节参考了笔者韩国导师崔英辰《韩国儒学思想研究》（邢丽菊译，东方出版社 2008 年版）下篇的内容，并对有关观点进行了系统总结和整理，特此声明并致谢。

的经济强国。解放后五十余年的时间里，经过一系列民主化斗争，1993 年军政府统治结束，文人政府建立。如此，韩国已经实现了经济成长和民主化这两个近代化的课题。

但是这种自豪感也使得人们关注的焦点发生了变化，就是从一直以来所追求的西方文化向属于韩国自身文化的转换。20 世纪 90 年代中期，"东亚论"上升为学界的关键词就是由于这个原因。于是，儒学作为东亚文化的核心内容也上升为学界的主要关注领域。

韩国学者金景日 1999 年推出《只有孔子死去，国家才能存活》一书，并在书中提出"乱打孔子"，从而成为一时的热门话题。肤浅的商业主义以及对儒教本质的不理解使得这部书成为话题之作。作者在书中将身份秩序、血缘的封闭性等韩国社会的所有消极因素都归结于儒教。甚至认为，同属于儒教文化圈的日本和中国已经脱下了儒教的外衣，只有韩国还依旧穿着儒教这一冬衣。但反过来又说，韩国所穿的儒教外衣不是"过了时令"的衣服，而是起着连接现在与未来社会作用的"合乎时令"的衣服。他的这种观点反映了一部分人的主张。

这在韩国近代发展史上也可以找到缩影。1910 年韩国沦为日本殖民地，当时就有人把亡国的责任归根于朝鲜时代五百余年统治理念的儒教，并主张要打倒儒教，积极吸收西方科学技术，甚至包括宗教和价值观。[①] 但也有一部分学者认为，亡国的原因在于没有正确实践儒教思想，因此更应该重建并振兴儒教。张志渊在《儒教辨》中指出：尽管朝鲜身为儒教国家，但国运衰微的原因在于没有用"真儒"。徐炳斗的"儒教勃兴论"以及朴殷植的"儒教求新论"都是在同样的思路下展开的。

"儒教亡国论"与"儒教复兴论"的对立说明了儒教在分析韩国社会问题时依然起着很重要的作用。自日本殖民统治时期开始直到 20 世纪 80 年代，韩国社会对儒教的评价几乎是否定的，而且也没有将其列入关心对象范围之

---

① 这种主张最早出现于 1884 年发动甲辰政变时的金玉均、朴泳孝等文明开化论者之间。当时斥邪卫正论已经失去了力量，知识阶层的关心和注意力集中为究竟是采取东道西器论，还是吸取文明开化论的问题。文明开化论者认为，要将西方文明吸收为新的"普遍文化"，通过全面吸收包括基督教在内的西方文明来实现开化。

列。玄相允在《朝鲜儒学史》中将儒教的罪状归结为认为慕华思想、家族主义。[1] 这是对儒教持否定性见解的最典型例子。朴正熙时期强调"反共"和"忠孝",并将其作为独裁体制正当化的意识形态,从而使得儒教陷入更加受批判的境地。

尽管如此,学界仍有很多人倾注心血来研究传统儒教思想并试图导出其现代意义。朴钟鸿在比较了实存主义与儒教的中庸和诚思想后认为,可以从儒教的生活哲学中找到很多启示。[2] 李相殷指出要重视人本位的儒教思想,以此作为克服向非人类化堕落的现代文化的方案。[3] 他认为西方人文主义的特征是远心的"解放、反抗、自由",而儒教的人文精神特征是求心的"辞让、和衷、隐忍、反求诸己"。他在深刻反思韩国近代化问题的基础上阐明了亚洲的停滞性问题以及儒教的政治、经济思想之本质,并反驳了玄相允的"儒教功罪论"。柳承国将现代思潮分为物质思想和基于人的心性、灵魂的宗教思想两类,认为以前者为中心的价值观和以后者为中心的价值观因走向两个极端才导致矛盾冲突的产生,并提出解决方案是实现儒教参赞化育的人间观。[4] 他还主张虽然近代化的逻辑使得儒教弱化了,但要重新吟味儒教的本质并对其进行再创造,以人道主义和中华思想为依据,克服现代非人类化和相互隔阂的现象,使儒教发展到一个更新、更高的层次。[5]

尽管亚洲价值论从不同的方面展开,但从文化角度来看,它是与西方文化相对比的、以儒教的价值观和规范为特征而形成的。1997 年,始于东南亚的经济危机带来了巨大冲击。同年 12 月,韩国依靠 IMF 救济金融勉强度过了这场劫难。西方的经济杂志和舆论媒体将这场经济危机看作是东亚在探索西方市场经济发展模式上的失败,并将其原因归结为跨越经济层面的精神层次的亚洲价值。随之,有关否定亚洲正体性的西方舆论和报道也陆续出

---

[1]　玄相允:《朝鲜儒学史》,民众书馆 1977 年版,第 6—9 页。

[2]　《哲学概论》,《朴钟鸿全集》(二),民音社 1998 年版,第 314—316 页。

[3]　李相殷:《从人本主义来看儒教思想》,载《儒学与东洋文化》,凡学社 1975 年版,第 211 页。

[4]　柳承国等:《儒学原论》,成均馆大学出版部 1978 年版,第 288—291 页。

[5]　柳承国等:《儒学原论》,成均馆大学出版部 1978 年版,第 291 页。

现在韩国报纸上，由此"亚洲价值"这一术语作为知识阶层的关键词而登场了。特别是哲学界中，仅 1998 年一年之间就召开了三次学术会议，集中展开了对此问题的讨论。哲学界对现实问题如此快速、敏感地作出反应，在韩国还是非常罕见的。这其中，最具代表性的便是 1998 年 10 月韩国哲学者联合会召开的以"经济危机与哲学的呼应"为主题的学术会议。高丽大学尹丝淳教授做了"经济危机与哲学的对应"为题的主旨演讲。他认为，韩国遭遇经济危机的原因虽然是多样的，但从哲学观点来看，其根本原因在于"道德意识的松懈"、"企业哲学和企业伦理的不复存在"，[①]因此克服经济危机的方案应该从道德而不是从制度上找寻，并指出韩国经济的标准不是追随美国式的市场经济，而应该从韩国本土来找寻，这才是拯救韩国经济危机的最上策。[②]

　　关于亚洲价值，韩国学界同时出现了肯定和否定的两种观点。前者的代表学者是西江大学哲学科郑仁在教授，其论文为《从阳明学的角度来考察亚洲价值论》；后者是首尔大学哲学科黄敬植教授，其代表论文为《亚洲价值的扬弃》。郑仁在认为，韩国谈论的亚洲价值主要是指儒教价值，特别是它引领了朝鲜时代五百余年，并且其残留势力直到今天仍注重朱子学的价值，而且还在支配现代人的潜在意识。现代学者在讨论其问题点的同时，也试图从阳明学中找到解决方案。[③]依据这种观点来看，消极的、落后的亚洲价值是朱子学性的，而其对策阳明学则是积极的，并具有生产性价值的。阳明学者郑寅普批判走向 IMF 管理体制以前为政者欺骗国民的做法是虚假的，与朱子学的虚伪意识相对应，认为其对策应该从以人的内面良知为价值判断基准的阳明学中探索。解决经济危机只依靠 IMF 所定的基准来进行结构调整和制度改革是非常不够的，还需要能够运营制度的理性，即良知。

---

①　尹丝淳：《经济危机与哲学性的对应》，《第 11 届韩国哲学者联合学术大会会报》1998 年，第 3 页。

②　参见尹丝淳：《经济危机与哲学性的对应》，《第 11 届韩国哲学者联合学术大会会报》1998 年，第 7 页。

③　参见郑仁在：《对亚洲价值论的阳明学性考察》，《韩国哲学研究会春季学术会议论文集》，1998 年，第 11 页。

换言之，要想克服不正的腐败之风，迫切需要阳明学真假分明的"拔本塞源论"。①

黄敬植则对亚洲价值的存在提出了反对意见。他主张亚洲价值中包含的价值、观点和德目大体都是可以归属于传统社会即前近代社会的条目，并不是亚洲固有的价值。② 但反过来讲，被称为亚洲价值的家族主义、共同体主义等前近代的德目在亚洲特有的时代背景下，对近代化以及产业化发挥了顺机能性的基石作用。但社会主义崩溃以后，在市场作用极大化的新自由主义经济体制下形成的东亚现代化进程中，亚洲价值却面临着左右为难的境地。即亚洲价值即是近代化的基石，又是现代化的绊脚石。这就是亚洲价值的戏剧化和左右为难化。③ 他又将与亚洲价值相关的争论点整理为个人主义和共同体主义、特殊主义和普遍主义两类。他首先阐明了人类历史是如何从全体主义、共同体主义发展向个人主义的过程，然后一一考察了其所具有的意义和局限性，主张要"吸收自由主义基础上的共同体主义"。自由主义市民社会通过完善传统的共同体性，从而达到两者辩证的扬弃，这可称作是"市民共同体"。其次，他又以"信"（Trust）为重点进行了分析，认为信可以分为由血缘、地缘、学缘而形成的关系亲近的人之间的"关系性的信"和陌生人之间形成的"普通的信"两类。在无关系性的人际交往中由于包含着强烈的不信任感，故前者可以带来局限效应递减的效果；而后者则是在互惠基础上成立的相对比较合理的、普遍性的信赖。只依靠亚洲价值所具有的前近代性和西方价值所具有的近代性是无法实现理想生活的。前近代性通过近代性的媒介能够实现辩证的发展和扬弃，依此才能实现正确的价值观。

以上可见，韩国学界所讨论的东亚论、亚洲价值论的实体都是儒教。从东亚论产生的背景以及被视为韩国 30 年经济发展的文化因素和经济危机

---

① 参见郑仁在：《对亚洲价值论的阳明学性考察》，《韩国哲学研究会春季学术会议论文集》，1998 年，第 13 页。

② 参见黄敬植：《亚洲价值的扬弃》，《韩国哲学研究会春季学术会议论文集》，1998 年，第 26—27 页。

③ 参见黄敬植：《亚洲价值的扬弃》，《韩国哲学研究会春季学术会议论文集》，1998 年，第 27—29 页。

主犯的亚洲价值中，我们很难找到道教或佛教等其他儒教以外的因素。由此可见，东亚论以及亚洲价值论不过是在儒教论的外衣下所展开的论争而已。

二、儒教资本主义与民主主义

"儒教资本主义"最早出现在森岛通夫所著的《续英国与日本》中。他在书中对应马克斯·韦伯（Weber Max）所提出的西方资本主义源自于新教伦理的推动理论，认为日本的资本主义是建立在儒教传统基础之上的，并将其称为"儒教资本主义"。在日本"儒教资本主义"与"儒教文艺复兴"在20世纪80年代曾风靡一时，但进入90年代，随着经济不景气的出现，其立论的根据减弱了，并被排挤出知识界的关心对象之列。在韩国，密切关注儒教文化与资本主义的有机联系性并积极倡导的学者是金一坤。他也参与了日本儒教资本主义论争，并出版了《儒教文化圈的秩序与经济》（日本名古屋大学出版社1984年版）。此书1985年由韩国经济新闻社翻译出版韩文版。后来金一坤虽然也间断性地提到了儒教资本主义论，但都是限于介绍的层次而已。

儒教资本主义上升为韩国学界的关注话题始于季刊杂志《传统与现代》。此杂志的创刊号以"儒教与21世纪"为专题，试图从社会科学的观点上对儒教进行再评价。柳锡春在此刊物发表了《儒教资本主义的可能性与局限性》一文，文中对儒教能否引导东亚资本主义发展的问题进行了探讨。他指出，东亚儒教文化圈的国家是依靠继承国家官僚来形成组织的，其特征是血缘、地缘、学缘的儒教缘故主义。[1] 但血缘、地缘等因素究竟是否是属于儒教式的，这一问题还值得商榷。《传统与现代》第2辑的专题是"韩国传统思想与资本主义"。除了柳锡春的论文《对东亚儒教资本主义的再诠释》以外，还刊载了赵慧仁的论文《儒教的禁欲主义与韩国经济的发展》。赵慧仁认为，性理学的目标是"循天理，抑人欲"，并主张这种禁欲主义在贫困的发展中国家进行竞争的过程中显示出了其优越性，是取得举世瞩目经济发展成就的动力。经济发展得益于儒教家族主义的功劳，这是传统社会的支配

---

[1] 柳锡春：《儒教资本主义的可能性与局限性》，《传统与现代》创刊号，1993年。

性倾向。赵慧仁的说明方式虽然具有一定的说服力，但他将儒教命名为"禁欲主义"，这一观点是错误的。事实上，包括性理学在内的儒教所强调的并不是"禁欲"，而是"节欲"。

此外，《东亚文化与思想》第2辑也开设专栏对儒教资本主义进行了综合探讨。该杂志以迄今为止学界的"儒教资本主义论"以及"儒教式资本主义"为基础，综合刊登了《儒教资本主义论的形成和展开》（金弘景）、《儒教资本主义论的人类尊重和共生主义》（金一坤）、《从反儒教式资本主义到儒教式资本主义》（李承焕）、《儒教社会的社会科学性试论》（崔锡万）四篇论文。金弘景在分析了西方以及中国、日本儒教资本主义论形成和发展的过程后指出，现代韩国的儒教资本主义论越过了文化的保守主义，具有政治保守主义的色彩。[1] 李承焕否定了以往儒教资本主义论所认为的儒教是韩国资本主义发展的主要因素，认为韩国的近代化和经济发展是彻底"反儒教性"的，传统意义上所认为的对经济发展起了推动作用的"强有力的政府"、"家族主义和共同体主义"，其本质是"反儒教性"的，儒教一直以来仅仅被用作维护政治体制以及政权安定的意识形态性政治。今后应该积极发挥儒教在国家和市场间形成自律性、经济中实现道德自我规制等方面发挥作用。

韩国学界也非常关注儒教政治思想的现代化诠释问题。安炳周一直以来关注并探讨的是儒教的民本思想和为民精神以及在此基础上展开的改革论。他还提出了从君主、民本向民主的转换可能性问题，[2] 并主张将儒教的历史看作理论不断完善发展的历史，并要适应时代要求而发展变化。若将民主包含在传统儒教的民本思想中，则民本思想在现代社会中也能够发挥作用。[3] 并且他还从黄宗羲功利性的民本思想，栗谷的公义、公利兼合的民本思想中探讨其实现可能性。咸在凤在《亚洲价值与民主主义：儒教民主主义是否可能》一文中将以儒教为基础的非自由民主主义命名为"儒教民主主义"，并从与西方自由民主主义相对应的视角探讨了其能否发展为另一种民主主义的可能性。他认为在儒教思想的深处存在着家族这一共同体。但与此

[1] 金弘景：《儒教资本主义论的形成与展开》，《东亚文化与思想》2号，1999年。

[2] 安炳周：《儒教的民本思想》，成均馆大学大东文化研究院1987年版，第86页。

[3] 安炳周：《儒教的民本思想》，成均馆大学大东文化研究院1987年版，第82页。

相反，自由民主主义视个人的自由和权力绝对化，否定所有束缚个人的制度、宗教团体以及家族主义，这是引起儒教和自由民主主义产生摩擦的主要原因。咸在风还进一步指出，在儒教民本思想的基础上，通过民主主义的自由选举来实现与民意的结合，这才是近代民主因素与传统思想的协调之路。[①]

可见，儒教资本主义与儒教民主主义的话题将是今后韩国学界持续关注的话题，这个问题的答案也并非一朝一夕间就可以找到，将是一个长期摸索的过程。韩国是一个儒教文化印记非常浓厚的国家，而近现代化发展过程中又引进了西方自由、民主等价值观，虽然经济上取得了巨大的成就，但东西文化价值观的碰撞和冲突却非常明显，这就是韩国社会高速发展所带来的"成长痛"。换言之，作为深受儒家影响的东方传统国家，高速的经济增长给韩国传统社会带来了巨大的精神冲击。在资本主义的价值评价体系下，金钱、能力和自由成为衡量成功的重要标准，而东方传统的权威主义、集体意识、家族主义等价值观在韩国社会依然具有无形而强大的影响力。既要改革现有的传统儒教观念，又要积极活用西方资本主义模式，如何在二者之间找到平衡的"时中之道"，这是值得韩国社会反思的。

三、儒教与女性及家族主义

一直以来，在韩国社会，儒教界与女性界围绕着同姓同本、户主制等问题产生了尖锐的冲突，甚至还发生过示威等过激行为。传统儒教所认为的男尊女卑思想，一直是压迫现代女性的桎梏。在前述围绕亚洲价值而展开的国际性争论中，儒教受到集中攻击的领域也是女性问题。[②] 韩国儒教学会也多次指出，儒教若想成为引领 21 世纪的理念，必须不能再回避占据人类半数的女性问题。在进入 20 世纪 90 年代以后，随着亚洲价值论的兴起，韩国学界对这个问题的讨论也逐渐活跃起来，特别是很多女性学者对此都提出了

---

① 安炳周：《儒教的民本思想》，成均馆大学大东文化研究院 1987 年版，第 65 页。
② 《文化日报》1999 年 12 月 7 日。

自己的主张。

很多学者指出，儒教中不仅能够推导出男女和谐的原理，而且源于西方的家族主义在韩国本土化过程中应该发挥作用。韩国女性学者李淑仁强调，将男女比喻为天地父母实际上就是承认他们各自的价值，参与生成的男、女（父母）都该各自享有与其相对应的力量。① 这一观点得到了学界很多人的认同。尽管如此，也存在反对声音。学者姜楠顺在《女性新闻》中指出，儒教与家族主义结合的尝试也具有一定的危险性和虚构性。她认为，儒教中性别差异、身份差异等多种差异的社会和组织性结构太牢固，因此儒教与家族主义的结合从根源处讲是不可能的。她的核心观点是儒教式的关系主义是有位阶秩序的，传统儒教主张男性主义，故不可能成为"平等关系主义"的解决对策。② 对此，学者李殷善指出，儒教的礼虽然以身份和性别差异为基础，但它对形成家族主义的核心——主体的自我意识能够发挥一定的作用，而且在社会实践中通过与他者结交关系而形成的个体意识中，包含着能够克服当今家族主义中面临的个体主义之局限性的因素。并且就家长制的位次秩序来讲，基督教也绝不落后于儒教，而西方的女性神学者们通过对圣书的再诠释发掘出隐藏于其中的性平等因素，从而对儒教传统进行现代化并达到社会更新。既然西方可以做到，她认为韩国社会也可以充分做到这一点。③ 很多女性学者也主张指出，应该对儒教与家族主义的关系进行反思，并在文化差异以及各自特殊性的基础上找到二者的结合点，这才是解决传统社会矛盾的基本之策。④

尽管学界如此主张，但是现实中，韩国女性对儒教家族主义的态度大都是消极的。据统计，直到今天，韩国有近半数的女性在婚后就选择家庭主妇的生活。这无疑是受到了儒教传统的影响。而即使是上班族，在婚育后的职场生涯中也并非一帆风顺。据 2013 年 7 月 2 日韩联社的调查统计，韩国职场女性因生育孩子而停止工作的时间平均为 4.5 年。至于停止工作的理由，

① 李淑仁：《由不同的解释来看儒教的特征》，《儒教思想研究》1999 年 12 辑。
② 《儒教与家族主义，不可能的结合》，《女性新闻》1999 年 12 月 18 日。
③ 《儒教与家族主义，应该重新结合》，《女性新闻》2000 年 1 月 14 日。
④ 《女性人权与儒教》，《济州人权会议 2000 论文集》，第 32 页。

45.9% 的受访者回答"不能兼顾家庭和事业"。具体而言，18.9% 的受访者回答"家庭比事业更重要"，16% 受访者回答"在公司大多数女性生孩子后辞职的情况下受到心理压力"，11% 的受访者回答"由于缺乏养育孩子的人或设施"。其中，84.7% 的受访者表示希望继续工作。至于其理由，52% 的受访者回答"为了挣钱"，37.7% 的受访者回答"为了获得成就感"。此外，58% 的受访者表示，即使年薪不高和升职不易，也要选择能够事业家庭两不误的职业。可见，现代社会对女性的要求也已经开始脱离传统的儒教文化，再加上受巨大的生存压力所迫，越来越多的韩国女性渴望在职场中获得更大的认同感和成就感。

但也有些学者主张用客观的方式来看待儒教家族主义。成均馆大学崔英辰教授以《韩国社会的儒教传统与家族主义》为题分析了韩国现代社会对家族主义的认识。他认为，儒教家族主义的本质是"关系性"，强调儒教共同体主义绝不是损害个人自由。而且还指出，韩国社会非常重视孝，产业化的发展反而加强了家族主义的认识。总之，若儒教与家族主义能够实现理论结合和相互补充，则它在现代社会中会获得更有决定性的说服力。这种观点也指出了韩国儒教现在面临的重要课题。

综上可见，在韩国现代发展史上，20 世纪 90 年代儒教的研究和讨论特别活跃，这与取得"汉江奇迹"后人们对传统文化的反思密切相关。学界对儒教的关注程度说明了儒教在韩国社会的重新复兴。20 世纪 50 年代到 70 年代高度、压缩性的成长使得韩国最终取得了令人瞩目的经济成长，这就为反思传统文化建立了良好的契机。解放后五十余年的时间里，韩国通过不断的民主化斗争，于 1993 年结束了军部统治，建立了文人政府，实现了经济发展与民主化两个近代化进程。这种自豪感使得韩国人开始将关注方向从过去苦苦追求的西方文化转移到探讨"韩国自己的东西"中来。90 年代中期知识界兴起"东亚论"的理由就在于此。但 1997 年冬天突如其来的经济危机显现出了东亚经济发展模式的局限性，并且与此同时所谓"亚洲价值"成为人们关注的热门话题。这其中《只有消灭孔子，国家才能存活》一书与肤浅的商业主义相结合，在社会上引起了一股孔子论争。一时间，儒教被视为经济危机的主凶以及导致当今社会发生病变的病毒、艾滋等。也有人提出了要从儒教中寻找出路的反论，即"儒教对策论"。可见，现代韩国社会对儒教的认识是两面的，即"光辉与阴影并存"、"批判与力挺并存"。因为儒教本身就具有积极和消极的双重性。它既是经济发展的动因，又是经济危机的主犯；它既是权威主义的封建伦理，又是可以与民权、正义等现代民主主义并存的政治学，也是可以补充自由民主主义缺陷的对策；无论在传统社会还是当今社会，它既是束缚女性的桎梏，又给我们提供了两性同伴伦理的理论基础。

虽然有如上这些双重评价，但如今韩国学界仍在尝试民主主义、资本主义、家族主义与儒教的结合问题。而在这之前，它们二者之间的结合是不可能实现的。当然，这种尝试也具有一定的局限性。有人批判说，这些不能超越讨论的水准，"东亚论"、"亚洲价值"、"儒教资本主义论"等都是从西方引进的外来论，只能止于社会科学性的讨论。另外，在韩国儒教发展史中，也非常有必要对"共同体主义"进行一下再诠释。因为亚洲价值、儒教资本主义论等儒教论中最大的问题都在于此。立足于家族纽带基础上的儒教共同体主义不仅是经济发展的动因，也是因学缘、地缘、血缘等私人关系网而危害经济的人情资本主义的主犯，同时也是能够克服西方个人主义弊端的对策，是儒教论的中心课题。

第二节　成均馆的历史传承及现代作用

一、成均馆的历史传承

韩国国立大学教育的历史可以追溯至高句丽小兽林王二年（372）国家设立太学开始。后来新罗神文王二年（682）6月设立国学，高丽太祖十三年（930）国王巡视西京又设六部，并曾亲自教授学生。成宗十一年（992）12月又设立了国子监。忠烈王三十年（1304）6月，国子监改名为成均馆。①

---

① "成均"一词最初见于《周礼·春官·大司乐》："大司乐掌成均之法，以治建国之学政，

恭愍王十六年（1367）12 月，在崇文馆旧址重建成均馆。由此推算，韩国国立教育的历史已经有 1600 余年。

一直到高丽末期，成均馆都设于当时的首都开城（松都）。现今位于韩国首尔特别市钟路区明伦洞（旧名"崇教坊"）的成均馆则建于朝鲜王朝迁都汉阳之后的太祖七年（1398）。此后朝鲜又在全国设立了 360 所乡校作为辅助教育设施。至此，朝鲜社会从中央至地方确立了完备的教育体系，它们承担了以整个朝鲜王朝儒学教育的核心任务。成均馆于定宗二年（1400）因大火烧毁，太宗七年（1407）重建，并立"庙庭碑"。宣祖二十五年（1592）的壬辰倭乱导致成均馆再次被烧毁，宣祖三十四年（1601）开始重建和扩建。大成殿和明伦堂及其附属建筑均在此时得以重建，此后又经多次重修及补修。1910 年日本侵占朝鲜，传统民族教育强迫停止，成均馆也改名"经学院"。1924 年，日本为加强殖民教育，在汉城建立"京城帝国大学"，并将成均馆改称"明伦学院"，后改为"明伦专门学校"。1945 年日本投降后，重新获得光复的韩国在全国儒林募捐之下又重新建立了成均馆大学校，继承民族教育的传统薪火。

历史上成均馆的最高负责人由正三品"大司成"担任，下设祭酒、乐正、直讲、博士、学正、学录、学谕等官职。朝鲜时期的教育制度与科举制度紧密相连，要想进成均馆学习，必须参加"生员试"和"进士试"，录取人员可优先取得入学机会。朝鲜初期成均馆儒生名额为 150 名，世宗十一年（1429）起增加到 200 名。生员试和进士试录取的儒生称"上斋生"，所定"升补"或"荫叙"选拔考试录取者称"下斋生"。被录取的儒生一律寄宿于东斋与西斋，并在此生活和学习。成均馆规定，儒生考勤达 300 分（圆点）以上才能取得应试"大科"的资格。儒生的生活受馆方有关规定的严格约束，馆内设有儒生自治管理机构"斋会"。儒生寄宿在馆期间由国家提供"学田"和"外居奴婢"等优惠。有关教育经费等"钱谷"方面的出纳均由国家奖学机构"养贤库"负责掌管。儒生对国家大事十分关注，如果朝廷

而合国之子弟焉"。"成均"即指古代意义上的大学。韩国成均馆首任校长金昌淑先生1946 年将其意义诠释为"成人才之未就，均世俗之不齐"。

或其他团体、个人有文庙从祀怠慢及崇尚佛教等活动，他们常常联名上书。若朝廷不预理睬，他们便会采取绝食（卷堂）或退棺（空馆）的行动以示抗议。

早期成均馆称"太学"，后借中国古代周朝教育机构之名称为"泮宫"。成均馆标志性主体建筑为"文庙"，其周围建筑有祭奠的圣地"大圣殿"和讲学的基地"明伦堂"。附属建筑有"东庑"与"西庑"、"东斋"与"西斋"以及"尊经阁"和"六一阁"等。在明伦堂前面有一个院子，院子的左右各有14间长体建筑物，即"东斋"与"西斋"，它是太学生的宿舍，五百多年来引导朝鲜历史发展的众多杰出人物都出自这里。明伦堂的南边建筑是大成殿和东庑、西庑，东西两庑分别在大成殿院子的左右两边，也是文庙的一部分。大成殿内中央供奉有以孔子为首的颜子、曾子、子思、孟子的牌位，其后是孔门十哲（孔子的十位弟子）和宋代六贤（宋代的儒学者）、东国十八贤（韩国的名儒）等的牌位。分散在各地的乡校的规模与成均馆的文庙和讲堂（明伦堂）相比较小，但基本结构是一致的。

成均馆举行的最主要的活动便是释奠祭礼仪式，又称释奠大祭。释奠是古代在太学里祭祀先圣先师的仪式。从韩国高句丽小兽林王二年（372）的太学开始，一直到今天的成均馆以及地方234个乡校，在每年阴历二月和八月初丁日，都举行全国性的释奠大祭。据记载，高丽时期是在国子监中举行释奠大祭的。成宗二年（938）任成老向成宗进奉了从宋朝拿来的一幅孔子庙图、一卷祭器图以及一卷七十二贤赞记。显宗十一年（1020）八月在文庙里供奉崔致远，第二年又供奉薛聪，由此可见释奠仪礼开始盛行。

韩国的释奠大祭一直保留着中国和日本几近失传的乐器、祭器、祭礼乐、八佾舞等，祭官的传统服装也是世界上保存最完好的，目前已被指定为韩国第85号非物质文化遗产，可见其文化价值得到了国家的认可。这种释奠是建立在传统东方哲学基础之上的文化教育形式。国都成均馆以及地方乡校在规模和地位上有所差异，成均馆举行中祀释奠，乡校举行小祀释奠。据《太学志》记载，当时在成均馆和乡校共同供奉宋朝六贤和东国十五贤（当时没有金麟厚、赵宪、金集），可见乡校的文庙和成均馆的文庙在规模上可能是一致的。但地方乡校远没有成均馆正规，因此与释奠相对应的陈设也不同，成均馆是十二笾十二豆的规模，而乡校是八笾八豆。1949 年，经由全国儒林大会决议，大成殿供奉五圣、宋朝两贤及东国十八贤，1953 年又重新将孔门十哲和宋朝四贤复位，并在春秋季的阴历二月和八月初丁日，举行两次释奠大祭。如今成均馆的大成殿供奉着五圣①、孔门十哲②、宋朝六贤③、东国十八贤④，共计 39 位圣人先哲的牌位。

释奠大祭的步骤，根据执礼的唱笏（笏记朗读）按次序分为：(1) 奠币礼，(2) 初献礼，(3) 亚献礼，(4) 终献礼，(5) 分献礼，(6) 饮福礼，(7) 望燎礼。释奠仪式上演奏文庙祭礼乐。高丽睿宗十一年（1116）宋代的大晟乐在当时广泛推广，被作为文庙祭礼乐演奏。最初使用的文庙乐取自于朝鲜初期从中国传入的元朝林宇作曲的大成乐谱《释奠乐谱》中的 12 曲，世宗十二年（1430）又重新修改演奏，重新命令林堨作 15 曲使用。现在演奏的文庙祭礼乐只用其中的 6 曲。文庙祭礼乐除了用拍以外，主要用雅乐器演奏，大部分具备八音，八音指的是能演奏出金、石、丝、竹、匏、革、木、土音色的乐器。释奠大祭中乐器和乐师的配置有堂上、堂下之分，即堂上乐的登歌和堂下乐的轩架。堂上指的是大成殿前面的坛上，堂下指的是坛下的南对面。堂上的登歌配置有编钟、编磬、埙、琴、瑟、箫、篪、龥、节鼓、缶、柷、敔、拍、特钟、特磬，以弦乐和歌曲为中心，跳象征阳的文舞。堂下的轩架配置有路鼓、路鼗、晋鼓、柷、敔、埙、篪、龥、缶，以管乐和打击乐为中心，跳象征阴的武舞。跳文舞的舞者身着红袖衣，系着蓝丝带，穿着木靴，头上戴着进贤冠。成均馆释奠的祭官们由以下人员构成，他们分别是：初献官、亚献官、终献官、东从享分献官、西从享分献官、堂上执礼、堂下执礼、大祝、典祀官、庙司、奉香、奉炉、奠爵、司尊、谒者、赞引等。

---

① 五圣指的是孔子、曾子、颜子、子思、孟子。
② 孔门十哲指的是孔子门下最优秀的十位学生的合称，即子渊、子骞、伯牛、仲弓、子有、子贡、子路、子我、子游、子夏。
③ 宋朝六贤指的是周敦颐、程明道、程伊川、邵康节、张横渠、朱熹。
④ 东国十八贤指的是薛聪、崔致远、安珦、郑梦周、金宏弼、郑汝昌、赵光祖、李彦迪、李滉、金邻厚、李珥、赵宪、成浑、金长生、金集、宋时烈、宋俊吉、朴世采。

如今，成均馆与成均馆大学校是分开独立运营的，各自有不同的独立法人代表，成均馆大学已经发展成为现代意义上的大学。但在历史上，它曾经和散布在全国各地的乡校一道共同为继承和发展儒教文化而作出了不懈的努力。目前韩国传统的乡校共计有 234 所，它们作为传播并弘扬儒教文化传统的载体，在地区和社会教化方面发挥了重要的作用。现在在全国的乡校中开设的"忠孝课堂"几乎每年都有超过 20 万名以上的人来听讲并学习。为了实现"成人才之未就，均世俗之不齐"的目标，成均馆设立了诸如"儒教学术奖"、"儒教文学奖"、"弘扬儒教基金"等来鼓励儒教学术思想的发展。另外还设立了"韩国儒生文化院"、"韩国礼仪学校"等来培养学龄儿童的品德修养。每年在礼仪学校受教的学生有 5000 余名。

二、成均馆的现代作用

如今成均馆的机构设置主要包括 3 个社团法人、5 个教育机构、儒教广播电视台、新闻报社等组织机构，另外还有涵盖全国的乡校和书院，定期组织儒道会、女性以及青少年儒道会。以成均馆为中心，全韩国供奉孔子的传统乡校有 234 所，讲授儒教传统文化的书院有 670 余所。

成均馆的现代教育主要以礼、学、教三种形式展开：

礼：为了追慕儒家思想的创始人孔子并弘扬其伟大业绩，成均馆的各种祭孔仪礼一直延续至今。以成均馆为首的中央和地方各级乡校在每年的春秋两季都举行"释奠大祭"，而且祭祀之佾舞在千年的历史长河中一直完整地保存了下来，成为韩国的瑰宝。此外，成年礼主要是仿照古代仪式来行男子的冠礼和女子的笄礼。成年礼的意义不在于外貌的改变，而在于"责成人之礼"。每年 5 月的第一周以成均馆为主，全国 234 所乡校都举办成年礼。

学：为了更广泛地普及儒学思想，成均馆一直致力于以《论语》为首的儒家经典的现代翻译工作。为了更深、更广地促进儒学思想的发展，成均馆设立了社团法人儒教学术院、翰林院、儒教学会、儒教文化研究所等各种学术机构，每年主办或资助三十余次的国内外大型学术会议。

教：成均馆不满足于现有对儒学思想的传授，而是更加关注当今社会的精神教育，致力于培养韩国国民的仁义礼智信精神，以期成为国民精神的摇篮。此外，成均馆的学生们还通过体验古代儒生的生活来学习古代礼仪和士林精神，通过学习古代儒生的投壶和搏斗游戏等来锻炼身心，培养浩然之气，通过对先儒梅兰竹菊的习作来学习他们高洁的品性。据统计，每年大概有 20 万余名学生在成均馆以及全国各地的乡校和书院中体验儒家文化并接受教育。

在现代化高速发展的今天，成均馆与时俱进，与日俱新，以各种崭新的姿态迎接时代的发展和挑战，最突出的例子便是开通了儒家电视台和广播电台，利用先进的媒体平台、手机、网络客户端等向大众积极宣传儒家文化。随着时代的发展，虽然成均馆在作为国立大学的功能已经发生了变化，但是成均馆跟全国的乡校、书院以及各种儒家团体一起为振兴韩国传统的精神文化而矢志不移，奋发前进。

第三节　韩国学界儒学研究述略①

虽然中国儒学早在汉四郡时代就已经传入韩国，但直到 1392 年朝鲜王朝建国儒学（朱子性理学）成为国家统治理念之后才得以蓬勃发展并达到顶峰。朝鲜王朝五百余年的历史便是朱子学一枝独秀的历史。然而 1910 年日本强占朝鲜以后，其命运却发生了翻天覆地的变化。一直到现代，虽然历经坎坷，但是儒学的传统依然深深渗透并融入到了韩国人的血液和精神层面。下文将对目前韩国学界的儒学研究作一综述性探讨。

一、韩国学界儒学研究的主要内容

目前韩国学界对儒学的研究基本按照三个脉络展开：一是对中国儒学的

---

① 此节涉及的研究成果主要是 1945 年韩国光复以后学界出现的代表性著作、博士论文以及核心期刊的代表论文。相关研究成果的统计内容参考了笔者韩国导师崔英辰教授、吴锡源教授近年发表的学术成果，特此声明并向二位导师致谢。

研究，主要包括先秦原典儒学、宋明儒学、明清实学等；二是对韩国儒学的研究，主要指的是中国的朱子学传入朝鲜半岛后经历了民族化、本土化发展后的儒学，当然也包括古代韩国本土固有思想与儒学的渊源研究以及儒学传入初期的研究等；三是对儒学一般问题的研究，主要指儒学的现代化问题，这反映了韩国学界对儒学的基本认识，具体表现为东亚价值观、民主主义、家族主义、多元宗教性等。①

在中国儒学研究领域，成果最多的当属先秦时期，这一时期的成果主要集中在孔孟荀以及经典研究。纵观1945年光复以后的博士学位论文来看，我们会发现两点特别突出：第一是论文数量的增加。50年代论文不过4篇，70年代也仅有14篇，而到了80年代则增加为33篇，进入90年代每年都会有20篇左右的论文发表。第二则是对特定主题的研究集中化，主要集中在包括朱子学在内的宋明理学研究、朱子理学与韩国性理学的比较研究等。其原因就在于，现有的韩国儒学原典中大部分都与宋明理学有关。若忽视宋明理学便不可能考察韩国性理学思想。同时，性理学本身所具有的哲学性也是一个重要原因。此外，还有关于张载、周敦颐、二程、邵雍、罗钦顺等学者的研究。尽管如此，韩国学界对性理学的研究主要偏重于朱子，这一点还是值得我们反思。

就儒家经典研究来看，主要有《中庸思想研究》、《周易的自然与人研究》、《中庸研究》、《易学思想的哲学探究——以〈周易〉的阴阳对待式结构和中正思想为中心》、《春秋的根本理念与批判精神研究》、《儒家中庸思想与佛教的中道思想研究》、《中庸思想研究》、《儒家经典国家形成论研究》、《易经与中庸的人间学探究》、《〈乐记〉乐理思想的哲学探究》等。可见，关于《中庸》和《周易》的论文占大多数，关于《春秋》、《礼记》、《大学》的各一篇。特别是对《周易》的研究比较活跃，不仅哲学界，物理学、神经医学、韩医学等自然科学领域都对易学表现出了极大的关心，这也与易学思想所具有的卓越性和跨时代性密切相关。

但五经中有关《诗经》、《书经》的博士论文几乎没有。可见对儒学最基

---

① 关于儒学现代化问题的研究已经在本章第一节中作了具体说明，此部分不再赘述。

本、最基础的经典之研究现状还不是很乐观。

就儒学发展的时代来看，关于先秦时代儒学研究的论文，除了前面所举的经典、易学、礼学的以外，还有以儒学思想的形成、天命思想、批判意识、正名思想、中思想为主题进行探讨的论文。关于宋代儒学的论文主要偏重于朱子学。进入 90 年代以来探讨并分析朱子的易学、朱子学与孔孟的关系、和解性、体用论等多样化主题的论文相继出现。关于明代儒学的研究主要集中于王阳明。对阳明学的研究进入 90 年代后逐渐变得活跃，但也仅限于对王阳明思想的理解层次。其中《阳明学的大同社会意识研究》一文包含了目前现有研究中忽视的王艮、何心隐的思想。而且最近的论文开始从生态学的观点考察阳明学，并试图从中探索解决现代社会以环境问题为首的诸多问题之线索。将来对阳明学的研究应该会更加多样化、更加活跃地展开。关于清代儒学的研究成果主要有涉及王船山、谭嗣同、王夫之、戴震等人物的思想研究，而对于清代学者黄宗羲、顾炎武、方以智等的研究却很少。进入 21 世纪以来，韩国学界的中国哲学研究也开始变得更加活跃，主要侧重于儒学的现代化问题，而且这段时间也出现了对现代新儒家、儒学的现代转型、出土简帛与儒学的再诠释等问题的研究。但由于这些资料都来源于中国，而且大部分学者都是从中国大陆或台湾毕业后学成归国的，所以基本延续的还是中国学界的模式和套路，特别是出土简帛问题的研究，他们基本是吸收中国学者的成果，创新程度不高。

可见，目前韩国学界的中国儒学研究虽然已经有很多成果，但相比于韩国儒学的研究，还是处于相对保守的阶段，而且韩国学者的研究长处主要在于中国儒学与韩国儒学的比较以及韩国儒学的现代化研究部分。

接下来分析韩国学界对韩国儒学的研究。鉴于数量众多，本部分主要选取博士论文为例来分析。自 1950 年以来，韩国学界逐渐出现了一系列的韩国儒学的研究成果。50 年代的学位论文也不过只有 4 篇，后来六七十年代开始增多，到了 90 年代，每年都会有 20 篇左右的学位论文问世。进入21 世纪，儒学研究则变得异常活跃。

最先以韩国儒学思想为题取得博士学位的是玄相允，他的题目是《朝鲜儒学史》。此文与其说是论文，不如说是著作。他首先将朝鲜儒学的本质规定为朱子学，其次又考察了其功过，简单论述了新罗、高丽的儒学，然后将朝鲜时期的儒学分为至治主义、性理学、礼学、阳明学、湖洛学派、经济学派、斥邪卫正运动、近世以后的儒学等依次论述。虽然韩国儒学的功过论部分曾遭到李相隐的批判，但此文的研究忠实于原典，相比于后代的儒学史，客观性相对强一些，只是内容太偏重于性理学，而忽视了阳明学和实学，这可谓是时代的局限性造成的。

关于朝鲜前期性理学的研究，主要集中在大儒退溪和栗谷。纵观韩国建国后的博士论文来看，关于退溪思想研究就有 90 余篇，而关于栗谷思想的研究就有 70 多篇。前者主要集中于退溪的四端七情论、理气论、性情论、教育思想、修养论以及退溪学派门人思想的研究；后者主要集中于栗谷的理气妙合论、人物性论、社会治理论、更张论等。特别是近年来还有学者开始研究退溪与栗谷思想的生态观、易学论等，可谓是全面涵盖了儒学思想的各个领域，由此可以看出韩国学者对本国儒者的重视。进入 90 年代开始出现对朝鲜后期性理学的研究。后期的湖洛论争与前期的四端七情论争并称为朝鲜的两大论争。目前湖洛论争的研究成果虽然不如四端七情丰富，但近年来此领域的研究比较活跃，代表性论文有洪正根的《关于湖洛论争的批判性研究以及任圣周对此的继承》、李爱熙的《朝鲜后期人物性同异论研究》、文锡胤的《湖洛论争的形成与展开》等。湖洛论争的两派代表人物李柬与韩元震的论争是朱子学在朝鲜深化发展的过程中出现的，这些论文所探讨的重点就在于湖洛论争的起因、内容、意义以及与实学的关系等。另外，韩国思想史研究会的学者们将湖洛论争中最重要的议题"人物性同异论"的起源追溯到退溪，将退溪以后学者以及栗谷学派门人的观点都整理到这个论题下，出版了《人物性同异论》（韩吉社 1994 年版）一书。这也是韩国儒学界近年来非常重要的成果之一。

史学者尹南汉的《朝鲜时代阳明学研究》是关于朝鲜阳明学的第一篇博士学位论文。此文从思想史的角度论述了从阳明学的传入一直到江华学派的韩国阳明学发展全貌。之后又出现了从哲学观点上分析霞谷郑奇斗的论文，主要有《关于霞谷郑齐斗人间观的研究》、《霞谷哲学思想研究—以认识论、人性论、社会认识的结构理解为中心》、《霞谷郑齐斗的心体研究》、《霞谷哲学研究》等。此外还有论述阳明学与实学、天主教关系的论文，即宋锡准的《韩国阳明学、实学以及天主教思想的关联性研究》，还有关于初期江华学派的论文，即徐敬淑的《初期江华学派的阳明学研究》。

关于韩国实学的论文主要集中于对茶山的研究，主要研究内容涉及茶山的实学思想、理气论、心性论以及茶山思想对西学的吸收等。最近对崔汉绮的研究论文也开始增加。这里我们应该关注的是《18—19世纪燕岩一派北学思想研究》一文。此文指出，北学思想形成的哲学基础在于湖洛论争中的洛伦，同时也对实学研究的最大争论点——性理学与实学的关系作了重新规定。这可谓是一篇具有里程碑意义的论文。

除了实学以外，还有论述儒学对天主教的应对以及思想变化的论文，主要有高丽大学崔东熙的《慎后聃安鼎福的西学批判研究》、首尔大学琴章泰的《关于东西交涉与近代韩国思想趋势的研究》、黄宣明的《近代韩国宗教文化与开化思想的研究》、姜敦求的《韩国近代宗教运动与民族主义关系的研究》、崔期福的《儒教与西学思想的矛盾以及相和理解》等。关于近代韩国儒学发展的论文主要涉及申采浩和朴殷植，分别是《申采浩的历史思想研究——以西方思想的传入为中心》和《白岩朴殷植的哲学思想研究》。也有通过比较性理学派的义理论与开化思想后指出开化派虚构性的论文，如《韩末节义派与开化派的思想特征研究》。关于近代思想的研究以前主要是史学界在进行。但是历史学主要将重点置于政治权力或传承关系等宏观领域来研究近代。只有从哲学层次揭示传统思想是如何应对西方近代文化的传入并发生变化的，才能了解近代思想的全貌。由此来看，关于近代思想的深度研究还应该持续进行下去。

二、韩国学界儒学研究的阶段性特征

下面将按照儒学在韩国发展的不同时期、研究重点、代表学者的主要观点等进行整理，对其问题意识和阶段性特征作逐一分析。

第一阶段：1910年至1945年。

此阶段是韩国历史上的"日帝强占期"，即韩国沦为日本的殖民地时期。日本对朝鲜半岛实行了"武断统治→文化统治→抹杀民族统治"的分阶段侵略战略。在这期间，韩国的朱子学研究受到毁灭性的打击。日本帝国主义试图以此来抹杀掉韩民族的一切文化基因，从而推行自己的殖民统治。当时一切与朱子学有关的研究书籍、学者以及研究机构都被强制关掉并镇压，学术研究一片凋敝。

这段时期对韩国学界影响最大的是日本官方御用学者高桥亨的观点，即"韩国思想停滞论"和"韩国思想从属论"。高桥亨认为，韩国哲学思想既没有深度，也没有广度，可以视为"不在"。他的这一观点给当时的学界带来了极大的负面影响。

与这种殖民史观相对立的是民族史观，其代表人物是朴殷植（1859—1925）、申采浩（1880—1936）、郑寅普（1892—?）、张志渊（1864—1921）、崔南善（1890—1957）等。他们为了批判殖民史观，首先努力发掘在韩国历史和思想中的原动力以及在这种动力影响下的民族史的传承和发展。其中，张志渊是以民族史观研究传统哲学的先驱者。他在韩国最早的近代儒教通史著作《朝鲜儒教渊源》等论著中努力批判殖民史观。此书从 1917 年 4 月 5 日至 12 月 11 日分为 125 期连载于《每日新报》，他去世后还发行了单行本专著。作者在书中虽然部分阐述了"四端七情论"和"人物性同异论"等哲学问题，但更多地遵循"述而不作"的传统著述原则，主要追踪学者的踪迹，大部分论述了朝鲜朝的学者。值得注意的是他遵循了"箕子东来说"即韩国儒学始于殷朝的箕子之假说，在内容结构上尽可能做到不偏不倚，维持平衡，既论述阳明系统的学者，也论述关西、关北出身的学者。此书的功过明显：它奠定了传统哲学研究的框架基础，极大地刺激了后学者。此书从民族史观出发，阐述传统哲学，直接批判了充斥于当时的殖民史观研究倾向。但是，张志渊并未摆脱历来的学案研究模式，他也和其他民族主义思想家一样，未能揭示出韩国思想的发展和根据。①

另一位代表学者是玄相允（1893—?），号几堂，日本早稻田大学史学科博士毕业，韩国历史上著名的独立运动家、文学家、史学家、教育学家，

---

① 张闰洙：《近百年来韩国儒学研究的特征》，潘畅和译，《东疆学刊》2005 年第 22 卷第 2 期。

高丽大学首任校长。他对韩国的历史、哲学以及民族文化深有研究，代表著作有《朝鲜儒学史》和《朝鲜思想史》。这两本著作开启了韩国儒学研究和思想史研究的先河，而且因为其书发行于日帝侵略时期而备受关注，对唤醒民族意识以及传播韩国本土文化传统具有里程碑式的意义。玄相允学识渊博，著述颇丰，除了著作外，还留下了百余篇有价值的诗歌和论文，后来学界统一整理后于 2008 年 3 月出版了《几堂玄相允全集》，成为研究他思想的经典之作。玄相允的主要学术贡献有：其一，按照不同的时代以及不同的主题来撰写《朝鲜思想史》，将韩国思想分为神道与道教思想、佛学思想、文化思想，更加凸显了各个时代的主题特征。其二，《朝鲜儒学史》虽然是一部研究朝鲜时期儒学发展历史的著作，但是深刻并清晰的阐述了朝鲜的民族意识和义理精神，凸显了的民族自尊心，带有极强的爱国意识。其三，尽管如此，在著作中也很客观的提出了朝鲜民族的三大缺点，即缺乏知识、缺乏诚力以及缺乏切实的要求。其四，文史哲都深有造诣，在著述中提出了象征民族自强的"强力主义"，并将这种思想弘扬光大，延续至后人。

第二阶段：1945 年至 1970 年年底。

光复运动以后，韩国取得独立并得以建国。随着民族主义意识的萌芽和兴起，学界开始全面批判和克服以高桥亨为首的日本殖民史观。尹丝淳的《对高桥亨韩国儒学观的批判》（1976）、《韩国儒学的诸问题》（1971）等文章，全面批判了日帝的殖民史观，甚至批评说，儒教亡国论是来源于劣等意识的一种自虐性的误解，他还举日本侵略国的统治思想也是儒学这一点来为自己的上述论点论证。

同时这一时期，韩国学界在反思朝鲜王朝灭亡原因时，也对朱子学提出了质疑，认为朝鲜时期一味追求"空理空谈"从而脱离实际的朱子学才是亡国的元凶，一时获得学界的千呼百应，学界开始批判朱子学，从而将研究的重点转向实学，重点研究实学的"经世致用"层面，特别是这一时期对朝鲜实学大儒茶山丁若镛的研究出现了高潮，并且出版了茶山的《与犹堂全书》。

从事实学研究的专家，开始按照自己独特的方法论开展研究，他们在20 世纪 60 年代以来，一直在从实学中寻找哲学的研究工作。这时期的成果以琴章泰的《对韩国实学派功利思想的考察》（1979）和尹丝淳 70 年代的研究《实学思想的哲学性质》（1976）为代表，并持续到 70 年代末。从 70 年代开始，一部分学者主张以补充完善性理学的观点来解释实学，而不像过去那样，一味地站在排斥性理学的立场研究实学。大部分学者主张以栗谷或栗谷学派思想所具有的实学性为根据，代表性论文是《栗谷思想的实学性质》（1974）和《〈星湖僿说〉的哲学思想》（1979）等。

代表学者裴宗浩（1919—1990），韩国京城帝国大学（现国立首尔大学的前身）哲学科毕业，曾任韩国延世大学哲学科教授、韩国栗谷思想研究院院长、韩国思想史学会会长等。他的主要研究专长在于朝鲜时期的性理学，代表著作有《韩国儒学史》和《韩国儒学资料集成》。尤其是前者作为韩国首部系统的研究整个韩民族历史发展的不同时期儒学发展的大作，至今仍然作为韩国哲学科的通用教材而备受关注。他的主要研究领域是退溪学以及韩国儒学史上的三大论争，即四端七情论争、人心道心论争、人物性同异论争。

第三阶段：80 年代至 21 世纪初。

20 世纪 70 年代后期韩国经济开始出现振兴，并成功在 80 年代跻身"亚洲四小龙"之列，经济形势迅猛发展。学界在探讨其发展原因时又发现，其实传统儒家思想中的家族主义、朱子学缜密细致的思维逻辑等儒学的综合性要素才是经济发展的主动力。于是韩国本土朱子学（即朝鲜时期的性理学）研究开始高涨，进入了空前绝后的活跃期。韩国学界试图通过这项研究发现韩民族民族文化的自生性和主体性。这期间，韩国东洋哲学会、韩国儒教学会、韩国朱子学会、韩国传统哲学学会、韩中比较哲学学会等一系列的学术组织纷纷建立，各种大型的学术会议也纷至沓来，使得韩国朱子学的研究空前高涨。

这一时期研究的主题也一定程度地摆脱了以退溪和栗谷为中心的性理学研究，努力寻找多方面研究可能性，最具代表性的是阳明学研究。刘明钟的《韩国的阳明学》（1988）出版后，金吉洛（《韩国阳明学的展开》1990）、金教斌（《霞谷哲学思想研究》1992）等的著作相继问世，后来还出版了韩、中、日三国阳明学比较研究方面的《东亚阳明学》（1996）。此时期的研究则具有问题研究和断代研究的特点。柳仁熙的《退溪栗谷以前朝鲜性理学的问题发展》关注了退溪、栗谷以前的性理学问题是如何展开的。民族思想研究会发行的几本《四端七情论》，韩国思想史研究会编辑出版的《人性物性论》(1994)、韩国哲学思想会编辑出版的《以论争为线索的韩国哲学》(1995)等也是此时期令人瞩目的成果。

这一时期出现了许多中青年学者的论著和翻译著作。崔英成《韩国儒学思想史》（共 4 卷，1994—1997）一书中，系统地阐述了两百余名韩国儒学家，他甚至在书中大胆地评论著名的现代儒学家的论点。退溪学研究院编撰的《退溪学译著丛书》，在注释、润色和校对方面成为当时的翻译典范。它在退溪学研究的表面繁荣但资深的学者资源日益枯竭的情况下，为推动退溪学研究事业作出了很大的贡献。韩国历史最长的庆北大学退溪研究所编写的《退溪学研究论丛》(1997)，汇集了该所 50 年的研究成果，共出版了 10 卷丛书。丛书对国内外发表的退溪学研究论文进行严格筛选后，分门别类整理出版，使退溪学的研究进入了国际研究领域。

代表学者柳承国（1923—2011），韩国成均馆大学博士毕业，成均馆大学终身教授，曾任韩国精神文化研究院院长、大韩民国学术院正会员（院士级），代表作有《东洋思想研究》、《韩国儒学史》、《韩国思想的本质》等。他的主要研究专长在于韩国的易学思想以及东方哲学思想的比较研究。而且其著作的中译本《韩国儒学与现代精神》于 2008 年 11 月由东方出版社在中国公开出版发行。

第四阶段：21 世纪以来。

随着中国的崛起、中国社会对传统文化的关注以及中韩两国的密切交流，韩国学界开始关注中国的朱子学研究，并加强了韩中朱子学的对比研究，以此来探讨韩民族文化的主体性。同时，随着"东亚儒学"的兴起以及从海外留学归国的学者的增多，学界倾向于从国际视域中来关注"东亚儒学的普遍性与特殊性"以及"全球视野下的儒学与跨文化研究"，也就是说，这时的儒学研究已经开始出现多元化。

近年来以成均馆大学教授为首的学者们开始对"东亚儒学"这一问题展开积极研究和探讨。即超越一国的观点，将中日韩三国放在一个研究领域，共同探讨它们之间的关联性。这反映了在政治、经济、科技、文化（特别是大众文化）领域，东亚三国已形成一个共同体。但是，在儒学研究中，这方面的成果并不多，代表性成果有崔英辰的《东亚近世儒学中对天、性、道的认识——以王夫之、伊藤仁斋、丁若镛的〈中庸〉注释为中心》（《南冥学研究》第22辑）以及崔根植的《对中庸16章鬼神篇的比较研究：以朱子、王夫之、伊藤仁斋、丁若镛为中心》（《儒教文化研究》第8辑）等少数几篇。

韩国学界儒学研究的多元化主要表现为儒学与边缘学科的交叉研究，主要有将儒学与教育学、政治学、经营学、经济学、社会福利学、艺术哲学相联系进行研究或者与邻近的宗教、西方思想进行比较的论文。还有对现代社会中的重要问题如主体性问题、领导力问题、人际关系中的礼仪问题、生命问题、女性问题、生态问题和自然环境问题等进行研究并重新认识儒学的研究论文。

与教育相关的论文主要是探讨儒教的道德教育、礼节教育、经典教育的特征与活性化方案，[①] 与政治相关联的论文考察的是儒教国家论中统治的构成关系，[②] 与企业经营相关的论文主要是分析儒教的经营哲学与现代企业的关系，[③] 与艺术学相关的论文主要考察了儒学音乐的哲学意义、韩国舞蹈与文庙佾舞的易学分析、姜希颜（1417—1494）《养花小录》培育花木过程中的审美意识以及退溪的艺术哲学等，[④] 与宗教相关的论文主要从宗教对话的角度考察了儒佛的对比，[⑤] 以及韩国宗教的哲学反思等。与西方哲学相关的论文，主要考察了韩国近现代西方伦理思想与实学的结合以及由茶山学来

① 李相浩：《儒教生命观的道德教育意义》，《儒教思想研究》2008 年第 31 辑；都民宰：《传统社会小学教育和青少年礼节教育的方向》，《儒教思想研究》2008 年第 32 辑。
② 崔英辰：《儒教国家论中统治主体与客体的关系》，《东洋哲学研究》2008 年第 53 辑。
③ 权相佑：《一种为了儒学现代化的试论：儒学经营哲学与企业经营》，《儒教思想研究》2008 年第 31 辑；朴正心：《近代"竞争"原理和"道德"原理的冲突与交会研究——以社会进化论和儒学为中心》，《韩国思想史学》2007 年第 29 号。
④ 宋在国：《儒学中音乐的哲学意义》，《东西哲学研究》2008 年第 48 号；金龙福：《韩国舞踊构造的易学解释》，《儒教思想研究》2008 年第 31 辑；金龙福：《舞位四表图的易学分析》，《儒教思想研究》2008 年第 32 辑；金熙：《对〈养花小录〉中包含的儒家意味体系的哲学研究》，《东洋哲学研究》2007 年第 52 辑。
⑤ 崔一凡：《从宗教对话的观点来看儒教与佛教》，《儒教思想研究》2008 年第 33 辑。

看东西文明的结合等。①

　　与人际关系相关的论文主要考察了儒家的礼和语言、儒家哲学的生命观等。② 与女性学相关的论文主要通过江华学派的实学特征考察了韩国的女性主体化，③ 与生态学相关的论文主要从阴阳感应考察了儒教的人与自然思想。④ 此外，还有从朱子学的角度考察环境伦理的确立问题以及环境伦理教育、阳明学的环境伦理学解释等问题。与儒学现代化相关联的论文主要内容涉及孔子思想的现代性活用方案、栗谷思想的现代意义和未来展望、儒教中老人的作用及意义问题等。⑤

　　儒学与其他边缘学科的结合主要是成均馆大学儒教文化研究所通过一系列学术会议来尝试的，主要内容涉及了儒学与社会学（2000）、法学（2002）、政治学（2004）、经营学（2005）、行政学（2006）、社会福利学（2007）等领域，这些会议的论文都刊登在《儒教文化研究》上。关于儒学的现代化问题，韩国儒教学会在2007年先后以"儒教的现代作用"、"儒教的本质与现代"为题召开了学术会议，论文刊登在《儒教思想研究》第31辑（2008年3月）和32辑（2008年6月）上。另外，东洋哲学研究会也以"东洋哲学的脱近代性认识"为大主题，下设"东亚近代知识人的近代性批判"、"well-being"、"well-dying"三个小主题先后召开学术会议，论文则刊登在《东洋哲学研究》第52辑（2007年11月）、53辑（2008年2月）、55辑（2008年8月）上。

　　这一时期的代表学者是尹丝淳（1936—　　）和崔英辰（1952—　　）。尹

① 李光虎：《由茶山学来看东西文明的交汇》，《退溪学报》2008年第123辑。

② 郑龙焕：《儒家存在论》，《东洋哲学研究》2008年第55辑；崔莲子：《通过儒家哲学的自然生命观来进行理论摸索》，《东西哲学研究》2008年第49号；崔莲子：《儒家哲学中看护的伦理探索》，《泛韩哲学》2008年第48辑。

③ 金世绪利亚：《由江华学派的实学特征来看韩国女性的近代性》，《阳明学》2008年20号。

④ 崔一凡：《阳明学的环境伦理学解释》，《东洋哲学研究》2008年第53辑；权相佑：《朱熹哲学中"环境伦理"的理论定立可能性和环境伦理教育》，《东西哲学研究》2008年第49号。

⑤ 安在淳：《21世纪韩国与栗谷思想的未来展望》，《儒教思想研究》2008年第33辑；黄义东：《栗谷理气论的现代意义》，《东西哲学研究》2007年第46号。

丝淳，韩国高丽大学哲学博士，现任大韩民国学术院正会员（院士级），高丽大学终身教授，曾任韩国东洋哲学会会长、韩国孔子学会会长等。著有《朝鲜儒学的道德省察》、《韩国实学的特征》、《几堂玄相允研究》，《韩国儒学研究通史》，其中《韩国儒学研究通史》于2013年出版，是目前韩国学界最全面、最有权威的儒学研究大作。其主要研究专长是朝鲜儒学、朝鲜实学以及四书学研究，是目前韩国儒学界的元老级教授。崔英辰，韩国成均馆大学哲学博士，现任成均馆大学教授、韩国东洋哲学会会长、韩国儒教学会会长，曾任韩国周易学会会长、韩国思想史学会会长、东西哲学比较学会会长等。著有《朝鲜时期儒学史的发展》、《儒学思想的本质与现代意义》、《退溪李滉》、《由原典读周易》等，主要研究领域有儒教经典学、朝鲜朱子学、东亚儒学、儒家生态学等，是目前韩国朱子学研究中最活跃和最有代表性的著名学者。其著作的中译本《韩国儒学思想研究》于2008年由东方出版社出版，是目前中国学界研究韩国儒学思想的重要著作。

三、韩国学界儒学研究的总体特点

上文笔者依次考察了韩国学界的中国儒学、韩国儒学、儒学现代化问题以及韩国学界儒学研究主要内容及阶段性特征，由此可以总结出如下特点：

第一，论文数量的增加。虽然笔者没有做过具体的数字统计，但是据韩国学界的统计来看，仅是2003年至2005年两年间就发表了220篇学术论文，2006年至2007年一年间就发表了150篇论文。说明论文数量呈现明显增多的趋势。[1] 总结其原因，最重要的是韩国政府的BK（Brain Korea）项目以及多种支持人文学科发展的大型项目和政策的支持提高了学者的研究积极性，而且韩国学术振兴财团的认证期刊也在逐渐增多，其他学术团体YIJI学术杂志刊行量的增大也是不容忽视的一个原因。

---

[1] 以上统计数字参考崔英辰：《韩国哲学届儒教思想研究成果分析》，《韩国儒学思想研究》，东方出版社2008年版，第449页；吴锡源：《最近韩国的儒学研究动向与分析》，《国际版儒教文化研究》2009年第11辑。

第二，与中国儒学的研究相比，韩国儒学的关注程度更高。仅拿2007—2008 年间的 229 篇论文为例来看，与韩国儒学相关的有 132 篇，而中国儒学仅有 59 篇。韩国儒学所占的比率达 58%，是中国儒学的两倍。这主要是因为中国学界对儒学的研究已经非常深入，令韩国学者感到无法实现"二次超越"，因此便把重点放在本土儒学思想的研究上，而且这个领域也是中国学者难以实现超越的，因为语言沟通、文献资料搜集等各方面的原因，可见韩国学者的研究主要侧重于韩国儒学。

第三，就人物来看，韩国儒学的研究对象主要有退溪、栗谷、南冥、尤庵、霞谷和茶山等，思想上则主要侧重于性理学、阳明学、实学等。这与《退溪学报》、《退溪学与韩国文化》、《栗谷思想研究》、《南冥学研究》、《阳明学》、《韩国实学研究》等专门学术期刊的刊行都有关系。而除此之外，对其他退溪学派或栗谷学派门人的研究却相对稀缺。

第四，对中国儒学的研究主要侧重于先秦儒学、宋代理学、《周易》以及阳明学等。这些内容因为涉及儒学的渊源、基本理念等，所以无法跨越。但对近代儒学以及现代新儒家的研究有待进一步拓展。同时笔者也希望以后能对儒学原典进行更深入细致的研究，特别是中韩儒者对同一经典的不同注释，这项比较研究能够从更广的层面上开拓更多的研究主题和领域。

第五，对一般儒学的研究主要是从儒教现代化的角度考察儒教与其他边缘学科的关系，并且分析其内容，这对打破学科间的壁垒、实现学问的沟通起了一定的作用，而且对实现学问与现实的结合也非常有益。如果这样的研究能够继续深入下去，则无疑会对现代化的发展提供更好的方案和理论基础。随着中、韩两国政府对文化软实力的大力弘扬以及中韩两国人文交流的增进，预计这项研究会越来越活跃。

总之，与哲学的其他领域相比，自韩国光复建国以来，韩国学界的儒学研究已经有了飞速的发展，而这其中儒学的现代化研究最为活跃。由此看来，儒学不再是单纯的语言游戏或者理想观念，它可以实现与时俱进的发展，成为解决时代问题的方法。

第八章　韩国儒学对中国儒学的贡献与发展

如前所述，韩国儒学是在对中国儒学进行吸收的过程中，密切结合韩国传统化、民族化的因素，从而形成了韩国儒学固有的发展特色，这也是韩国儒学的特殊性。这种特殊性也反映了韩国儒学对中国儒学的贡献和发展。虽然源于中国本土的儒学从传入到吸收经历了相当长的时间，但自1392年朝鲜王朝建国直到1910年朝鲜陷入日本殖民统治，儒学以指导思想与统治理念的形式主导了整个朝鲜王朝五百余年的历史，这在其他国家发展史上可谓十分罕见，由此也给韩国社会烙下了深厚的儒学烙印。作为本书的结论部分，下面主要从三个方面来总结整理韩国儒学对中国儒学的贡献与发展。

第一节　道德与义理的重视

以朱子理学为首的中国儒学对韩国儒学的形成和发展发挥了至大作用。但值得注意的是，尽管韩国儒学以朱子学为宗，信奉朱子学的基本命题"性即理"，但与中国学者常用"理学"不同，韩国学者更喜好使用"性理学"，从用语差异可以看出中韩儒学不同之端倪。理学是以研究人的道德原理为首的学问，而性理学则是性命义理之学的简称，是从天命和人性的关联中来探讨人的内面心性和道德原理。韩国儒学对人的内面心性和道德问题的研究相对倾注了更大的心血和努力，这其中最具代表性的是在理论中表现为四端七情论争与人物性同异论争，在实践中表现为通过大力弘扬义理思想来保卫国家和百姓。

"四端七情论"的核心是情的善恶问题，退溪关注的是四端之情能否在现实中显现为善，这一问题需要在伦理思想中进行探究。关于这一问题，朱子也只是曾经指出，"四端理之发，七情气之发"，并未对此作出深入探究。朝鲜历史上首次将四端与七情联系起来的是丽末鲜初的儒者权近。权近在《入学图说》中将四端归属于"理之源"，将七情归属于"气之源"，并将二者两分化。但四端七情真正发展成一场论争则是始于 16 世纪中叶郑之云在《天命图》中的注释"四端，发于理；七情，发于气"。1553 年，退溪在《天命新图》中将其改为"四端，理之发；七情，气之发"。对于退溪的这一修正，学界一片哗然。年轻学者高峰认为其将理气严重的二分化，对退溪的修正提出了尖锐的批评，由此展开了长达八年（1559—1566）的书信往来论争。

在高峰的批判下，退溪将自己的观点修改为"四则理发而气随之，气则气发而理乘之"。之所以加上"气随之"和"理乘之"，退溪认为是"主理而言"和"主气而言"的区别。"主理而言"是以理与气共存为前提而说的。因为现实中理气不相离，所以理不能"遗气而行"。退溪认为，四端与七情的不同只是"所指"和"所从来"的不同而已。从"所指"来看，四端是纯善的，而七情则兼有善恶，这就如同理气的善恶特性。四端是七情中表现为善的情，与之相对应的理具有纯善的、所当然的意义。四端作为"理发而气随之"说的是理所主，不是指气外之理。同样，七情作为"气发而理乘之"，只能说是气所主，不是指理外之气。而且就"所从来"而言，"四之所从来，即是理"，"七之所从来，即是气"。退溪为了树立四端形而上学的根据而提出四端为"理之发"，为了从质上区分四端与七情而将二者分属于理气，并将其"所从来"也分别配属于理气。人之合理气于一身，理气相须互发，各有所主，因相须而知而相互存在。理发是在理气共存的前提下将四端归属于理的领域，是为了论证理的纯粹善性不仅在形而上的性之层面上，而且在形而下的现实层面上也会发显为情。因此，为了不与气的东西相混淆，为了区别四端作为理善的纯粹性，退溪不顾朱子学"理无为，气有为"的基本观点而强烈主张理发。

其实对退溪而言，重要的不是理，而是四端。确立四端纯粹善性的理论依据是当时退溪所面临的最重要的时代课题。退溪所生活的朝鲜中期，在勋旧派的主导下以儒学思想为主的行政、社会制度得以确立，但他们固守既得权势，导致许多社会弊病出现。这时士林派作为其批判势力登场了，但是遭到了勋旧派的攻击。在贪婪的权势集团勋旧派和追求义理的士林派的矛盾中，为了揭示义理的纯粹性，退溪以理气二分的理论为基础，把四端规定为理的发显，并力图确立其纯善性，是为了纠正当时社会颠倒的价值观，并跟从理论上确立道德性价值在现实中实现的可能性和当为性。

人物性同异论争是朝鲜后期儒学史上的重要问题，论争的焦点是人与其他自然物的本性是同还是异。关于万物性的同异问题，朱熹认为从一原（理一）处来讲，万物性（理）同，而从异体（分殊）处来看，则万物性（理）相异，这就是理一分殊。其中，理一强调的是性的普遍性，即万物共同禀受了天赋之理；分殊则显示了性的特殊性，即万物由于所禀气的不同，性就不同。可见性同时具有普遍与特殊的双重性质，正是性概念的这一双重性为朝鲜时期的论争埋下了伏笔。主张同论的巍岩以《中庸》首章"天命之谓性"以及朱熹对此的注释为依据；而主张异论的南塘则以孟子所言"然则犬之性，犹牛之性，牛之性，犹人之性与"以及朱熹对此的注释为根据，这两派在《中庸》和《孟子》的理解以及朱熹的注释基础上分别展开了自己的理论。

巍岩认为，天命、五常、太极与本然之性不过是因理的所指不同而有名称的差异而已，即它们是没有彼此、本末、偏全和大小的同一存在的异名。他的这一主张是从根源处而论的，说的是超形气，即没有考虑气即阴阳五行形成形气的方面。本然之性不受分殊处气质的偏全制约而存在，这就打开了人与物共同禀赋了本然之性而自在的局面。可见，巍岩学说中人物性同的性指的是人物同五常、同天命、同太极的本然之性。而南塘则超越了传统朱子学二分法的思维提出了"性三层说"，认为性根据看法的不同而有三层：有超形气而言的太极，有因气质的健顺五常，有杂气质的善恶之性。如此一来，性就随之有人物皆同的超形气之性，人物异而人人同的因气质之性，人人异、物物异的杂气质之性。南塘明确指出，前二层属于本然之性，而后一层是气质之性。南塘在人物性论争中强调的性则是第二层因气质之性，因为从严格意义来讲，第一层性其实是太极之理，而非性。南塘因气质的本然之性是将有善恶的气质和理设定为不杂的关系后形成的，这是万物因五行的差异而产生的五常的差异。得正通之气而生的人禀气皆全，尽得五行之秀，五常之德全且粹；而得偏塞之气而生的物则禀气不全，仅得五行之一段秀气（或得一气之秀而不能尽得其秀），五常之德粗且偏。可见，南塘主张人物性异的争论点不在于本然之性是善还是恶，而在于是偏还是全。

这场论争之所以展开，与当时的时代背景密切相关。当时中国的明清已经实现了朝代更迭，但由于清朝是满人建立的国家，此时的朝鲜因自己继承了明朝汉人的嫡统而以"小中华"自居。而且在经历了1636年的丙子胡乱后，朝鲜迫于清朝的压力而处于无法自由的状态，因此朝廷有人主张清朝是使得朝鲜遭受兵乱耻辱的对手，并视清朝为北伐的对象。但不可否认的是，当时的清朝在文物制度和科学技术方面都比朝鲜先进，围绕究竟是该"北学"还是"北伐"的问题，朝鲜思想界展开了这场论争，以此来探讨人的道德性问题。

如果说四端七情论争和人物性同异论争在理论上为探求人的道德心性问题打开了思路，则韩国儒学的义理思想则是这种重视道德心性的特征在具体实践活动上的表现。义理思想是以天理为基础，并根据普遍内在于人的规范性原理（义）来认识人的当为之道，同时也不断进行自我革新，兼具社会批判意识，在具体现实中实践的一种思想。儒家重视义理思想的真正含义在于实现"原理性之义"与"时宜性之义"的和谐。为了实践正义和正道，义理思想还兼具批判不义与邪道的精神。在不义与不正共存的社会现实中，义理思想的批判性功能反而发挥的作用更大些。

朝鲜时代为了防止王的独权、独裁设立了由弘文馆、司谏院和司宪府构成的"三司"，主要是给王提出忠告和谏言。除了这些部门的官员外，还有单独任命的经筵官，负责提高王的心性修养和仁政教育。当时任职于三司和经筵的官员士人们都坚持忠言和直谏，并为此矢志不渝。面对朝廷和社会的不义，士人们常常不顾个人安危而冒死谏言。朝鲜前期的重峰赵宪曾多次上疏批判当时掌权派的专横独行，而且还专门针对当时的社会时弊撰写了《时务八条疏》。《时务八条疏》主要针对朝鲜疲敝的社会现实提出了应对和改革之策，深刻分析了社会存在的根本性问题，提出君王要参加经筵并听取谏言，节约修建王陵以及其他国事费用，清理军队腐败并加强军队操练，普及军需物资，提高人事行政的公正性等，重峰改革的本质主要是以两种目标为前提：一是清除社会时弊，让百姓安居乐业；二是遏制作为政治核心的君主的私心，实现仁政之道。尽管重峰的改革方案没有被统治者采纳，但重峰高瞻远瞩的战略眼光以及为国殚精竭虑、竭尽忠诚的精神，在去世后得到后人的高度评价。特别是重峰批判社会不义的精神被后世传承并发扬光大。丙子胡乱后金尚宪和"斥和三学士"的义气以及柳麟锡等人的义兵精神，都是这种精神的传承和发扬。

早在宋代道学思想传入以前，韩国固有的民族精神中就有反抗霸道侵略、崇尚真理和正道的儒生精神，而且韩国历史上的三国时期就曾把《春秋》作为最高的儒家经典而大力弘扬忠义精神。道学思想传入以后，韩国的儒生们便以这种缜密的性理学理论为基础，形成了更加强劲的民族气节和义理思想。韩国代表性的义理行为体现为在外族入侵时浴血奋战的义兵活动。韩国历史上经历了大大小小上百次外族入侵，其中朝鲜时期日本人发动的壬辰倭乱（1592—1598）和日本强占朝鲜（1910）对韩国的打击最大。针对这些侵略行为，韩国人每次都发动了激烈的民众抵抗斗争。面对国难当头，朝鲜民众自发组织义兵运动，高举爱国、爱民的旗帜，这种大无畏的气概形成了战胜危难并延续韩国历史的动力。

不仅如此，忠诚于王或国家的忠义精神在朝鲜时期也有明显的体现。在李成桂通过异姓革命建立朝鲜王朝后，郑梦周等高丽忠臣宁肯选择以身殉国也不愿在新王朝谋职位苟且偷生。不仅如此，当时忠诚于高丽王朝的72名忠臣在高丽灭亡后为逃避李成桂的统治而隐居杜门洞，最后被李成桂的儿子李芳远所弑杀。15世纪初，因抵抗李芳远篡夺王位而失败的死六臣、生六臣，以及因在"史草"上以"吊仪帝文"的形式告发篡夺王位的不当事实而成为戊午士祸牺牲品的士人们，他们的壮举都代表着为了捍卫王统而献出生命的气节，体现了朝鲜士人的大义精神。

第二节　性理学概念的创新

韩国儒学在实现本土化和民族化的过程中，沿用了许多中国儒学的概念。但由于韩国的时代发展以及思想背景都与中国有着很多不同，因此韩国儒者们也创制了许多中国儒学未曾有的概念。下文便以其中的理通气局、性三层说、心性一致、性师心弟等为例来说明一下。

其一，理通气局。这是朝鲜前期儒者栗谷李珥的"自谓见得"，这一观点虽然深受朱子"理一分殊"的影响，却是栗谷理气妙合思维最直接的表述。栗谷认为，"理通者，天地万物同一理也。气局者，天地万物各一气也。所谓理一分殊者，理本一也，而由气之不齐，故随所寓而各为一理，此所以分殊也，非理本不一也"。理通指的是，理是超越时空的、无形的存在，无本末、无先后，是不变的存在。即使在参差不齐的万殊现象中，也不会失去其自若性，理是一体相通的；气局指的是，气有形迹，并受其所限而有本末和先后，气是有形、有为的存在，具有时空局限性。宇宙万物依据理气之妙而形象化，但无形之理是枢纽和根柢，故无变化；有形之气是有为、可变的，故成为分殊（局）之原因。理通气局说以理的普遍性和气的特殊性为依据，并将分殊的依据置于"气之不齐"，用气局来解释"理分殊"的原因。在理气共存的现实中，理乘气流行，随着气局的限定，理分殊为物之理、人之理等各类事物的特殊性原理。之后，理依据通的能力，完成由特殊到普遍、由一般到个别的转换。这样看来，"理通气局"是对朱子"理一分殊"的深化，是在理气关系中更加强调了气的能动性。栗谷用理通气局来论述理气关系，更加清晰的说明了理一与分殊之意。理通气局的意义在于，使得事物的运动变化不被认为是一种理的主观性活动，而是一种从主观性控制的未然状态中挣脱出来的已然流行之气。这种流行之气的特点是不间断的分殊出参差不齐的事物来，而且进行分殊活动是气本身的运动，是一种客观现象。如此一来，栗谷便将理的形而上之超先验性与气的形而下之现实性相结合，以此来解释事物的个别化现象，从而形成清浊善恶偏全之性的客观必然性。

其二，性三层说。这是朝鲜后期儒者南塘韩元震的独创性见解，体现了与传统朱子学二分法不同的三分法思维。南塘认为，性其实为一，只是随看法不同而有三层罢了。性三层说的理论依据在于理，理本为一，但有超形气而言的太极，有因气质的健顺五常，有杂气质的善恶之性。如此，性就随之有人物皆同的超形气之性，人物异而人人同的因气质之性，人人异、物物异的杂气质之性。南塘明确指出，前二层属于本然之性，而后一层是气质之性。如果说超形气之性属于一原，因气质之性属于分殊，则杂气质之性就属于"分殊之分殊"。南塘用超形气之性来说明一原上人物性的同，用因气质之性来说明万物因五行差异而产生的五常（本然之性）差异，用杂气质之性来说明万物皆不同的杂气质之性。超形气之性主要是从理气不杂的层面上单指理而言（离看），由于没有从逻辑上考虑气的存在，则不论气同异与否，理永远都是同的，它体现的是万物一原上性的普遍性，故理同、性同。因气质之性既考虑到理气不杂，又考虑到理气不离，在此基础上采用"各看"的方法，则就同种的人与人来看，则气同、理同、性同；就不同种的人与物来看，则气异、理异、性异。因此，因气质之性既体现了同种事物之间性的普遍性，又体现了异种事物之间性的特殊性。杂气质之性则是考虑到万物气质差异的纯粹的气质之性，体现了万物的特殊性。在此阶段兼指理气而言，则人人物物均不同，这种不同全是因气而生，故气异、理异、性异。南塘通过性三层说亦对朱子的理气同异论做了清晰的梳理。

其三，心性一致。这是朝鲜后期儒者巍岩李柬在未发论辩中提出的主要观点。巍岩认为，如同朱子学将性分为本然之性与气质之性一般，心也也应该分为本然之心与气质之心，他进一步将本然之心对应于本然之性，气质之心对应于气质之性，并展开了心性一致论。在巍岩看来，本然之心就是虚灵不昧之明德，气质之心就是受气禀所拘之明德。同是一明德，因受气禀之拘与否而区分为两种不同的心。因此，神明的本心应与作为血气的气质之心区别对待。就善恶来讲，气质之心是在未发状态下也有的刚柔善恶之心，而本然之心是"虚灵洞澈，神妙万物，操存舍亡，元无不善之心体者"。气质之心的未发是浅层的未发，是不中底未发；而本然之心的未发是深层的未发，是大本底未发。尧舜般的圣人之心能够实现善的本性，从而成为实质上的圣人，是因为他们的纯善之心与纯善之性是一致的。心的道德性价值取决于不受气的影响的理究竟能够发显多少的问题。因此，可以这样理解，巍岩的核心观点并不是直接说心就是性，而是心与性在价值上是一致的。即，巍岩通过心性一致来试图将心牵引到本然纯善的层次上，并从性的角度来考虑。形而上之性在现实中的实现需要形而下之气的媒介作用，而形而下之气同样需要形而上之性来确保其善性。他的这一心性论观点是以朱子学的理气不离为基础的。心性一致赋予了心本然的含义，这与朱熹在"性是心之理，情是心之用"中强调心的本然之层面是一脉相承的。巍岩虽然承认并强调心的本然性，但并没有将此心直接看作阳明学中的"心即理"。不妨这样理解，巍岩将心与性一致化的主张反映了朝鲜后取朱子学向阳明学方向发展的逻辑过程。这一观点立足于朱子学的心性论基础之上，同时也包含着类似于阳明学的观点，在哲学性和思想性上起着连接朱子学和阳明学的作用，体现了朝鲜中后期儒学的"心学式"发展，这在思想史上具有重要的意义。

其四，性师心弟。这是朝鲜后期儒者艮斋田愚在心说论争中提出的观点。艮斋认为性师心弟说贯通六经之主旨，是自己的独创性学说。理虽然无为，但是无为的理可以主宰气。由于性即理、心即气，性虽然无为，但也是可以主宰心的。这里需要考虑的问题是，性无为时是否可以主宰其他事物。心根据性来主宰身体，因此气发理乘时理也可以主宰身体。同理可推出，无为的性也可以主宰心。艮斋批判寒洲"心即理"的说法，认为心中应当以敬作为最高的性来主宰身体，从身体行为中就可以看出善。只有敬主宰心，才可以使道体和人功合一，因此善行才可以显现，这就是敬的实践。因此艮斋主张性高心低，性尊心卑。性作为老师，心作为弟子，性应该教导心，性师心弟说也正是由此而来。性师心弟说是一种当为的规范，此处的性指的是本然之性，心指的是气质之心。本然的性是纯善的，但气质的心却是兼善恶的，兼善恶的气有为，纯善的理无为，所以即便气发理乘，理也很难顺利地主宰气。艮斋的这种主张是担心"心即气"，因为气是相对的，若以心为本，则社会会陷入严重的混乱状态。因此应该以理（性）为基准来主宰心。心以敬作为最高的性，就能顺利的主宰身体，使义理能够得以实践。可见，艮斋的核心主张是立足于性尊心卑的性师心弟说来实践当为的人间伦理。

第三节　民族主体性的弘扬

民族主体性的弘扬存在于民族的自我意识之中。由于民族主体生存境遇等方面的差异，每个民族的自我意识都在历史的认识与实践中形成并保留了不同的思考路向和独特的思维方式。受到地缘位置及政治文化的影响，韩国儒学非常强调民族主体性的弘扬。

韩国人的民族主体意识最早产生于韩国历史的初期，其依据便是檀君神话中包含的檀君信仰。据《三国遗事》记载，韩国人是通过与天神桓因、桓雄相结合的檀君而诞生在这片土地上的"天孙"。如同中国人是炎黄子孙一般，韩国信奉檀君为民族的祖先。韩国人的民族信仰也是发端于对檀君的信仰，后来儒学的传入更加巩固了这种主体性的民族意识。儒学传入古代韩国后，受到中国《史记》、《汉书》、《后汉书》、《春秋》等的影响，当时的三国开始编纂各自的史书，以期记述国家的渊源和通史，如高句丽的《留记》（100 卷）、百济的《百济记》、《百济本记》以及新罗的《国史》等。可以说，史书的编纂体现了韩国人的主体意识，而儒学的传入对这种主体性的巩固发挥了促进作用。值得注意的是，朝鲜时期编纂的《朝鲜王朝实录》作为世界上唯一记录贯穿韩国人历史主体意识的优秀成果，已经被联合国教科文组织指定为世界文化遗产，在振兴民族精神以及弘扬人类文化方面作出了积极贡献。

每个民族都具有与其历史传统相应的自我意识方式，这使得民族对自我阐释的方法带有一定程度的先验特质，即任何一种自我意识的表达都以其自身的历史传统作为前提。韩国儒学中的"小中华意识"便带有强烈的民族主体性意识。中华一词通常用于文化上的意义，因为"华"有礼乐教化的文化意义。韩国历史上的"小中华"之称，最早可以追溯到高丽中宗三十年（1076）的"小中华之馆"，是一批出使宋朝的使臣在中国所居住的由中国官员命名的居所。高丽使臣朴寅亮在《东文选·文王哀册》中也提到"声名煊赫，文物芬菀，比盛中国，称小中华"。可见，北宋时期，"小中华"一词在中国与韩国已经具备雏形，主要是以礼乐文物制度方面与中国无别而被冠以的称呼，但并未像朝鲜时期一样形成一股共识的文化意识。"小中华"意识在朝鲜时期的发展过程中，并非只有一开始的慕华意识，特别是朝鲜在历经明王清兴的"华夷变态"之后，逐渐在"小中华"意识中注入了更多主体的自我情感因素，这是值得注意的。[①] 韩国儒者在追溯文化的自我认同方面，因箕子带来文物教化，常常溯源到箕子朝鲜，这也是"小中华"意识最初兴起的主因。但因箕子毕竟是外来的中国人，在民族情感的自我认同上不免有主体失落之感，于是朝鲜儒者便将教化的源头溯至檀君朝鲜，将檀君视为"人文未彰"，并将之与儒家推崇的第一个圣王——尧并立。这种将"小中华"溯源至本土檀君的做法，可解除民族根源上是夷而受到华的教化才成为华的意识。后来到了朝鲜后期，清人入关灭明后，朝鲜人认为以朱子学为宗的中华正统已不在，天下仅存"唯我是华"的自我认同感，政治的因素即不再以清为正统，文化的因素则是哀叹中华沦为夷狄，充满华的自任自负感，认为自己的"小华"也可跻身为"大华"，并进而实现"真华重现"。特别是在西方势力侵入以及日本殖民统治之后，这种期待中华重现的自我情感意识一度非常强盛。

韩国儒学的民族主体意识在19世纪接连遭受外来入侵时亦表现得非常明显。19世纪后半期，韩国在西方列强的压迫下被迫开港，走上了"被牵引的近代"。西方列强和日本的侵略接踵而至，社会动荡不安，国家面临生存危机，当时朝鲜面临的最大课题就是维护民族完整和确立国家主权。只有在民族生存的基础上，才能进行体制改革和近代化运动。19世纪的斥邪卫正思想、开化思想、东学思想等都体现了自主性的民族意识。这种民族主体意识具有自我防御的性质，与同一时期西方民族主义从发展自己民族而展开的对外攻击性行为形成了鲜明对比。

在西方列强武力威胁日益逼近的时代背景下，华西李恒老主张对内要守卫正道，对外要以批判的精神看待异端（邪道）。判断正邪的标准是儒教

---

① 张崑将：《朝鲜儒者"小中华"意识中的自我情感因素》，《韩国成均馆大学"儒学的新复兴"国际学术会议论文集》，2012年，第37页。

理念，他主张在肯定现实的基础上，以仁义为基础来实现人道。面对以技术文明为主的西方列强和觊觎侵略朝鲜的日本，华西继承孔子的春秋义理思想，以具有实践精神的朱子和宋时烈的道统为正脉，主张要通过内政改革来实现民生安定并增强国力，通过斥洋来实现民族生存并树立国家主权。因为他担忧西方的技术文化会导致国家道德丧失，故致力于努力继承并保护民族文化。华西深刻地指出，西方文物的根本特征是通色和通货，其中通货的危害性更大。朝鲜与西方签订的通商协定并非互惠的通商关系，而是被压迫的不平等关系。西方用手工业或工业产品来与朝鲜的农业产品进行交易，只会使得朝鲜经济处于从属地位。因此华西提出要进行果断的内政改革来阻止洋货和洋人，要在纠正时弊的基础上应对外来势力入侵。可见，华西的斥邪卫正思想通过历史意识和民族意识，体现了强烈的卫国精神和主体性民族精神，为抵抗西方侵略、维护国家和民族主权奠定了正当性的基础。特别是他向民众积极宣扬民族意识，成为近代义兵运动的精神支柱。这种自主性的民族主体意识后来被其弟子崔益铉和柳麟锡所继承，成为大韩帝国末期抗日运动的主力。

开化思想虽然受到西方文明的影响，但他们并不追求全盘的西化。虽说有些人提倡通过完全抛弃传统思想、全盘西化来实现国家近代化，但是相当一部分人主张通过变革传统文化来实现近代化。开化派与斥邪卫正派的最大区别就在于开化派主张的是师夷长技。如果说斥邪派还裹足于以中国为中心的天下观念的话，开化派已经看到了通用万国公法的世界。他们指出，固守于性理学的理念无法帮助朝鲜摆脱危机。这种对现实的深刻思考最终归结为开化派对如何学习和利用西方文明所进行的思考。开化派的先驱者俞吉濬（1856—1914）在《西游见闻》中将开化的种类分为开化的主人、开化的宾客、开化的奴隶、开化的罪人、开化的仇敌五种，并且强调指出，缺乏主体性的开化会陷入事大主义，没有发展的自主主义在国际竞争中也不能生存。因此，作为开化的主人，要严格区分自我与他者，要谋求国家的独立和利益。这其中，东道西器论主张将采用西方器物的原因纳入儒学形而上学的范畴内讨论，从而将其合理化，与此同时积极探讨如何将其实践化的方式。文明开化论则主张采用西方文明并以此来寻求政治改革。文明开化论者的目标是摆脱中国中心主义的束缚，从而建设自主独立的国家。以金玉均为首的甲申政变参与者们对朝鲜过度依赖中国的现状表示强烈不满，同时他们把清政府视为朝鲜独立和发展的最大障碍。因此，他们把摆脱清政府的控制、按照日本明治维新模式来实现国家的独立自主视为当务之急。可见，文明开化论者主张要摆脱中国中心主义的世界观并建设自主性的国家。

东学思想是一种以民众为运动主体并启发民族觉醒的思想意识。面对当时势道政治和外敌入侵的双重压迫，东学的创始人崔济愚认为只有东学是可以与西学抗争的。他反对西学抛弃五伦、礼仪以及祭祀、只强调礼拜的行为。他认为西学只是向天主祈祷、缺乏自我气化的咒术和守心正气的修炼。东学思想以侍天主和辅国安民为旗帜，主张天主作为宇宙间至上权力的存在，能够给予信众以平等的权利，即是人乃天、吾心则汝心。因此，人就是宇宙的本体，作为宇宙本体的众人皆是平等的存在。在当时男女差别以及两班与百姓等级差别严重的朝鲜社会，东学思想所主张只要信仰和侍奉天主人人都可以成为君子和天神，这对于构建人人平等的社会具有重要意义。东学思想虽然是一种新兴的宗教，但是为了救济百姓和国家，它在宗教层面上与西方的天主教相抗争，并提出辅国安民的主张，这对树立民族主体性具有重要的现实意义。

综上可见，韩国儒学的特征就在于不仅重视纯粹的道德性，而且还积极追求实现这种道德性的现实制度和力量。韩国儒者在实践儒学理念的过程中，不仅用朱子学的语言体系来解释并克服当时存在的社会问题，同时也对朱子学理论作了许多概念性的创新，由此发展成为朝鲜性理学。不仅如此，由于韩国地处半岛的地理位置以及其他历史、政治等因素，韩国儒学在发展的过程中尤其突出强调民族主体精神，特别是在历史上的国难时期，也经常通过弘扬这种民族觉醒意识来保家卫国，深刻反映了韩国儒学的义理精神。可见，韩国儒学思想综合体现了道德性与实践性、理想与现实的和谐统一，并最终形成韩国的传统思想，也对中国儒学在海外的发展作出了积极的贡献。

附录一 韩国儒学"理"概念的发展演变

作为中国哲学的重要概念范畴,"理"在朱子学那里得到了极大的发展。一般说来,朱子学的理概念可以概括为如下四种含义:一是宇宙万物得以生存的"存在原理";二是规范万物存在样式的"统制原理";三是作为当为之道的"道德原理";四是一般常识性的"道理"或"要略"。① 在朱熹看来,理是所有一切存在的最高原理,其性质是纯粹至善的,理同时兼具本体论和道德论的双重意义。

韩国儒学主要是在吸收中国朱子学的基础上发展起来的,中国儒学的诸多概念范畴也被沿用、继承和发展下来。作为哲学的重要范畴——"理",韩国不同时期的儒者给出了不同的解释:性理学大儒退溪(1501—1570)从能动性的层面强烈主张理的能发、能动以及"理自到",栗谷(1536—1584)则在朱子"理一分殊"的基础上强调气的活动性,提出"理通气局",同时也提出用"理气之妙"来解释理气关系。阳明学者霞谷(1649—1736)提出"生理说",认为理具有神妙的生命力,既是生命的主体,又是道德的主体,认为良知与生理本为一体。实学家茶山(1762—1836)全面否定朱子学的"理",认为理是"依附之品",气是"自有之物",只有存在气的发展变化,理才会显现;同时他也坚持"实理",强调儒家道德行为的实践性。韩国儒学之"理"概念的发展演变,反映了朝鲜时期社会变革及思想发展的趋势。

---

① 崔英辰:《韩国儒学思想研究》,邢丽菊译,东方出版社 2008 年版,第 179 页。

理动问题来源于《太极图说》中的"太极动而生阳，静而生阴"，这可以推理出"理动而生气"。退溪引用朱子"若理无动静，气何自而有动静乎"为论据，指出："盖理动而气随生，气动则理随而显"。这与他将"四端"解释为"理发而气随之"的逻辑是一脉相通的。此处问题就在于他将无为之理用有为之概念"动"来叙述时产生的矛盾。退溪弟子李公浩也指出，若按照朱子"理无情意，无造作"的观点，则《太极图说》就会引发两个问题：一是会否定太极的创造性；二是若承认太极的创造性，则因当初本无气，就会违背"动静无端，阴阳无始"①的原则。而且传统朱子学认为，理无为，气有为，这就与退溪所主张的理的能动性形成矛盾。退溪对此解释说，理的无为之层面是理的体，能动之层面是理的用。理的能动性之所以成为矛盾，因为理既是"无情意无造作"，同时又"能发能动"，即处于矛盾关系的两个概念同时被适用于相同的基体——理，这样矛盾就自然而生了。退溪的办法是，将理分为体与用两个层次，"无情意无造作"属于本体的层次，"能发能动"属于作用的层次，二者类型不同，故不会产生矛盾。②

"理自到"是退溪在解释"格物致知"时提出的命题。在朱子看来，格物致知就是认识主体通过即物穷理来最大限度地发挥自己知性能力的过程。格物致知的过程实质上就是人心与物理的结合。人心具有这种知的能力，故可以通过知来穷究理。但朱子的这一观点有个疏忽，即作为认识依据的理在这一过程中发挥怎样的作用。朱子在如何具体解释心之理与物之理相遇过程中理所发挥的作用这一点上，陷入了困境。退溪在反复思索之后提出了"理自到"之命题。这一思想转变的契机便是他对"物格"的理解。

虽然"格物"是"用人心来格物"，而"物格"则可以理解为二：一是"即物而格"；二是"物（自己）来格"。在朱子学中，"物格"的"物"指的是"物之理"，则第二层意思"物来格"就会有问题，因为这就意味着"理来格（穷至）"，明显违背了朱子的"无情意、无计度、无造作"之理。退溪先前倾向于前者，后来在给高峰写信时意识到这一点，认为"物来格"才是

---

① 《理气》，《朱子语类》卷1，中华书局1999年版，第126页。

② 参见崔英辰：《朝鲜王朝时期儒学思想的状况》，成均馆大学出版部2005年版，第192页。

正确的解释。

在退溪看来，"物理之极处"指的不是个别事物之理，而是到了豁然贯通境界之后的理。此处，有必要对理的"无不到"作一仔细说明。第一，区分理之体用。宋明理学吸收了佛教的内容，将存在分为体用两面。第二，认为理之用不是在人心之外，而是人心所至而无所不及。物之理不是通过物理而"自到与我"，而是当我全心全力去认识物之理时，它就会自我显现，并与我心之理相会。这是在人心发挥主体作用时实现的，而且随着人心努力的程度不同，物之理就会显现出其用而与人心相会，这时认识的作用才会正常发生。也正是此时，才可以确认出物之理与吾心之理是相同的。因此，退溪说"但恐吾之格物有未至，不患理不能自到也"。[①] 如此来看，朱子"即物穷理"的解释只不过是着重强调了格物过程中主体的作用而已。如果我们将焦点置于"理的作用"，那么就需要对"格"进行重新解释，这就是退溪着力的地方。在格物致知的过程中，认识的对象不仅是理，如果说认识的可能性根据是理的话，那么就需要对理在这一过程中的作用进行具体说明，退溪提出"理自到"来试图解决这一问题。这也退溪的创新之处。

二、栗谷之"理"："理气之妙"与"理通气局"

栗谷李珥对"理"概念的阐释主要体现在"理气之妙"与"理通气局"中。

首先看一下栗谷对"理"的理解。与退溪积极强调理的作用并将其规定为"至神之用"不同，栗谷则是被动的规定理，"理何以有万殊乎？气之不齐，故乘气流行，乃有万殊也。理何以流行乎？气之流行也，理乘其机故也"。[②] 在他看来，从质上讲，理在现实中的个别化过程和流行都是依据气而实现的。理只有乘气流行，才可以变化万端。

---

① 《退溪全书》第五册，成均馆大学大东文化研究院1958年版，第280页。
② 《栗谷全书》卷12，成均馆大学大东文化研究院1992年版，第252页。

不仅如此，栗谷还指出："冲漠无朕者，指理而言。"① "冲漠无朕"即理的寂然状态，相当于未发的寂然而静，也就是"本然之理"。同朱子和退溪一样，栗谷也认为理具有超越性和普遍性、至上性和价值性，理是形而上的，但又不是虚无，是一种实实在在的存在，栗谷将其称为"实理"，即理是真实无妄、客观实存的。如此，自然才会有化育之功，人间社会才会有人伦之则。栗谷认为，"实理"在自然界表现为"自然之理"，即"一阴一阳，天道流行，元亨利贞，周而复始，四时之错行"。② "实理"在人间社会表现为伦理道德的原理和规则，即"人伦"。人伦是指君臣、父子、夫妇、兄弟、朋友等人与人的关系，处理这种关系和等级秩序的原则便是"人伦之理"，如臣忠、子孝等，这个理也是客观实有之理。③ 栗谷认为，"天以实理而有化育之功，人以实心而致感通之效，所谓实理实心者不过曰诚而已"。④ 栗谷强调理是实理，这是对朱子"佛氏偏处只是虚其理，理是实理"的发挥，比退溪的理更具特色。⑤ 正是在这一基础上，栗谷将此理广泛应用于其理气论、心性论、经世论等层面，也有韩国学者由此指出，栗谷是韩国实学思想的真正发端者。⑥

"理气之妙"是贯穿栗谷哲学体系的基本原则。朱子的言论中也有很多类似的表述，如"天下未有无理之气，亦未有无气之理"，⑦ "然有此器则有此理，有此理则有此器，未尝相离，却不是于形器之外别有所谓理"。⑧ 朱子也使用过"妙"字，但都是诸如"微妙"、"精妙"、"神妙"等对超常态的存在现象的表述而已，并非对理气关系的逻辑性表述。可以说，朱子并没有明确提出"理气之妙"，用"妙"来说明理气关系，是栗谷哲学的创新之处。

① 《栗谷全书》卷9，成均馆大学大东文化研究院1992年版，第183页。
② 《栗谷全书》卷5，成均馆大学大东文化研究院1992年版，第120页。
③ 参见李甦平等主编：《东方哲学史》近古卷，人民出版社2010年版，第498页。
④ 《栗谷全书》卷6，成均馆大学大东文化研究院1992年版，第138页。
⑤ 参见李甦平：《韩国儒学史》，人民出版社2009年版，第318页。
⑥ 代表学者便是韩国高丽大学的尹丝淳教授，具体参见尹丝淳：《韩国儒学研究》，陈文寿等译，新华出版社1998年版，第111—145页。
⑦ 《理气上》，《朱子语类》卷1，中华书局1999年版，第126页。
⑧ 《性理二》，《朱子语类》卷5，中华书局1999年版，第181页。

"理气之妙"意味着"难见亦难说",这便是气不离理、理不离气的相即的关系性,是理与气的"妙合"关系。栗谷把程子的"器亦道,道亦器"以及朱子的"理自理,气自气"作为理解理气之妙的根据,并综合指出理与气的关系是"一而二,二而一",是浑然无间、元不相离,是无先后、无离合的共存体。基于理气的这种特殊关系,必须透过表里看实质,必须通过深层才能对表层现象作以正确解释。表象为现实的气,而其背后是超时空的理,气以理作为根柢和依据而存在。若不能从"妙合"上看理气,则容易陷入偏向理或气一端的错误。不仅如此,理气之妙还意味着理气具有协调互补、价值平等的关系,即从价值论上看理气无高低、无贵贱,二者追求的是价值和谐。这在栗谷的"得中合宜论"及"文武论"中可以充分看出。栗谷指出:"权无定规,得中为贵。义无常制,合宜为贵。得中而合宜,则是与利在其中矣。"[①]"至文不可以无武,至武不可以无文,能文而不能武者,愚未之信也。"[②]可见,他在经世论中也坚持理气之妙的思维。

"理通气局"是栗谷的"自谓见得",虽然深受朱子"理一分殊"的影响,却是栗谷"理气之妙"思维最直接的表述。栗谷指出:"理通者,天地万物同一理也。气局者,天地万物各一气也。所谓理一分殊者,理本一也,而由气之不齐,故随所寓而各为一理,此所以分殊也,非理本不一也。"[③]理通指的是,理是超越时空的、无形的存在,无本末、无先后,是不变的存在。即使在参差不齐的万殊现象中,也不会失去其自若性,理是一体相通的;气局指的是,气有形迹,并受其所限而有本末和先后,气是有形、有为的存在,具有时空局限性。宇宙万物依据理气之妙而形象化,但无形之理是枢纽和根柢,故无变化;有形之气是有为、可变的,故成为分殊(局)之原因。"理通气局"以理的普遍性和气的特殊性为依据,并将"分殊"的依据置于"气之不齐",用"气局"来解释"理分殊"的原因。在理气共存的现实中,理乘气流行,随着气局的限定,理分殊为物之理、人之理等各类事物的特殊性原理。之后,理依据通的能力,完成由特殊到普遍、由一般到个别

---

① 《杂著》,《栗谷全书》卷5,成均馆大学大东文化研究院1992年版,第120页。
② 《杂著》,《栗谷全书》卷5,成均馆大学大东文化研究院1992年版,第128页。
③ 《栗谷全书》卷22,成均馆大学大东文化研究院1992年版,第457页。

的转换。这样看来,"理通气局"是对朱子"理一分殊"的深化,是在理气关系中更加强调了气的能动性。

栗谷虽坚持理的实在性,但也屡次强调指出,任何时候理都不能与气相分离。他既对退溪重视理的态度表示尊敬,又不忘忽略气的作用;既承认理对气的主宰,又认为理不会无气而自发显现。因为"非理则无所发,非气则不能发"的均衡思维是栗谷一贯坚持的主张。但栗谷对气的重视,亦会招来理因气而生的曲解。"理通气局"对气的关注并不意味着理的逊色,栗谷追求的目标反而在于直视往来于本体与现象的理。他一方面区分气所具有的本然和一般的面目,另一方面在并列说明理通和气局的关系时,通过二者的紧密联系来突出理的自若性。因此对将理气放在一起又综合来看的栗谷而言,"理一分殊"是"理通气局"的前奏。

"理通气局"与"理气之妙"紧密相连,这可以对比栗谷"一而二,二而一"的思维来理解。"理通气局"分为理通和气局两个层面,前者是在理气相合的状态下用本然之理与受气之影响的个体之理来解释性,后者是在气的湛一清虚之本然与流行过程中显现出来的对一般性气的解释。栗谷通过理的普遍性与气的局限性的关系提出"理通气局",具体说明了"理气之妙",在重视理气的同时又探索了理气的意义。

三、阳明学大儒霞谷之"理":"生理说"

霞谷郑齐斗是朝鲜阳明学的代表大儒,并以其为首形成了著名的江华学派。阳明学自传入朝鲜初期始便被排斥为异端邪说,而霞谷当时在学习阳明学时,与性理学者崔鸣吉(1586—1647)等人有一定的联系,同时也受到了具有反朱子学风的尹拯(1629—1714)的影响。但他抛弃朱子学选择阳明学的目的是为了克服当时在礼讼和党争中形成的虚伪假饰的弊病,试图从阳明学中发现真理。

霞谷阳明学的特征主要体现在"生理说"中。"生理"本见于《传习录》,是王阳明在回答学生"如何克己"时使用的概念。王阳明认为,"生理"所发的视听言动便是仁和善。① 霞谷将这一概念进行了深入发展。② 霞谷认为,"生理"就是精神与生气为一身之理,"其根植在肾,开华在面,而其充即满于一身,弥乎天地"。③ 生气的根源与智慧相结合,就是生理。生理是生气的灵通性,就人身而言,是生命的根源,也就是心。具体到人性论来看,霞谷认为,若有了"生理",人人皆可为尧舜。他指出:"性者,天降之衷,明德也,自有之良也,有是生之德……生生之理于穆流行者,性之源也。"④ 明德,即良知良能,是先天就有的"生生之理",所以人人都可以性善,都可以成为尧舜。

"生理"在霞谷思想中最核心的意思便是良知,是万事万物之根源。他提出"生理"这一概念,是为了反对朱子的"理"。

> 朱子以其所有条理者谓之理,虽可以之该通于事物,然而是即不过在物之虚条空道耳,茫荡然无可以为本领宗主者也。夫圣人以气主之明体者为理,其能仁义礼智者是也。朱子则以气道之条路者为之理。气道之条路者,无生理,无实体,与死者同其体焉。苟其理者,不在于人心神明,而只是虚条,则彼枯木死灰之物,亦可以与人心神明同其性道,而可以谓之大本性体者欤? 可以谓人之性犹木之性,木之理犹心之理欤?⑤

霞谷认为,朱子之理是个体事物的条理相通以及能够使得个体之气流行运转的条路,是物理。这种理没有实体,没有生气,犹如枯木死灰般,只是机械性、规律性的存在,不能成为人心神明的大本。在此基础上,霞谷也批判栗谷等性理学者所提倡的理只是虚理,不仅没有能动的作用性,而且脱离现实世界以及具体事物,是超越的理、外在的理、没有物质性的抽象之理。霞谷

---

① 参见李甦平:《韩国儒学史》,人民出版社 2009 年版,第 486 页。
② 参见李甦平:《韩国儒学史》,人民出版社 2009 年版,第 487 页。
③ 《存言上》,《霞谷全集》,《韩国文集丛刊》160,民族文化推进会 1992 年版,第 285 页。
④ 《存言下》,《霞谷全集》,《韩国文集丛刊》160,民族文化推进会 1992 年版,第 310 页。
⑤ 《存言上》,《霞谷全集》,《韩国文集丛刊》160,民族文化推进会 1992 年版,第 286 页。

认为性理学之理的根本问题在于"离物而论理"，是"虚之为理"，与气相脱离，没有生命力。对此，霞谷提出了把生理作为本领与宗主的心学思想。

在霞谷看来，生理包括两种意思：一是形而上学的存在原理；二是具有具体活动的生命力。关于理所具有的形而上学的存在原理，霞谷肯定自身的生理与朱子学的理或性具有相同的意思，但朱子学中的理只是作为普遍的原理而存在的，它本身没有统摄、主管万物的能力。霞谷否定了朱子的这种理。霞谷认为，理并不是作为单纯的原理而存在的，它应该对应具体的事态，认识并判断客观对象，同时又是具有活动能力的、生动的存在。因此，他以心的主体性和能动性为基础来解释阳明学，确立了心所具有的本质特性（理）和兼有生动的特性（生）的生理论的学问体系。

不仅如此，霞谷还认为，作为气所灵通的生理应该被定义为神一样的存在，"理者，气之灵通处，神是也"。① 生理是一种有神妙生命力的理，是人类能和万物感应的灵明的精神作用。它不是"虚条"，是一种实的存在。但如果在此意义上只是将生理限定为"天地之大德曰生"以及"生之谓性"的层面上，就容易产生对生理的曲解。霞谷认为，性是生理的本质属性，性即生理，生理通过这一本质属性确保了道德性和能动性的依据。"理者，心之神明者，太极上帝"，② 霞谷把理定位为心的神明，占有绝对的地位。理是生理的主体，是活泼流动、生生不息的生命的主体，同时也是道德的主体。③

在此基础上，霞谷展开了自己的"良知说"，并阐明良知和生理的关系。他指出：

> 阳明之说曰，良知是心之本体。又曰，良知之诚爱恻隐处，便是仁。其言良知者，盖以其心体之能有知（人之生理）者之全体名之耳，非知以念察识之一端言之也。盖人之生理能有所明觉，自能周流通达

① 《存言上》，《霞谷全集》，《韩国文集丛刊》160，民族文化推进会1992年版，第235页。
② 《存言上》，《霞谷全集》，《韩国文集丛刊》160，民族文化推进会1992年版，第234页。
③ 参见金世贞：《朝鲜阳明学者霞谷郑齐斗的良知心学》，《贵阳学院学报》（社会科学版）2015年第1期。

> 而不昧者，乃能恻隐，能羞恶，能是非。无所不能者，是其固有之德
> 而所谓良知者也，亦即所谓仁者也。……不察乎其恻隐之心即良知也，
> 心体之知即生理也。①

在霞谷看来，良知是人的道德本质。同时也是具有持续不断进行道德活动的、能动的存在。霞谷把这种良知看成是一种具有生生不息的道德行为、具有能动生命力的存在。生理可以根据不同的情况而作出感应，或恻隐，或羞恶，或辞让，或是非，这就是良知，是仁。"恻隐之心，人之生道也。良知即亦生道者也，良知即是恻隐之心之体"②，能动的恻隐之心是良知，能动的恻隐之心的本体也是良知。良知即为生理，二者不是单独存在而是本来就为一体。良知同时具有先天的自觉能力和能动的实践能力，是体用一源，也可理解为体用合一。换言之，良知不仅将生生不息的生理作为生命的本质，更是将先天的道德能力与后天能动的实践能力统一起来，真正做到了阳明学的知行合一。这也是霞谷良知说的核心所在。

四、实学大儒茶山之"理"："依附之品"与"实理"

茶山丁若镛是朝鲜时期实学派思想的集大成者。作为实学派的核心人物，茶山的学问体制可谓集众家之长于一身。他继承了星湖派李瀷（1681—1763）经世致用的思想，又通过同朴齐家（1750—1805）的交往，吸收了北学派学问。不仅如此，他还受西学影响，接受了考证学的有关知识。朝鲜后期，朱子性理学的发展已过了鼎盛时期，批判其空虚性的声音此起彼伏，茶山思想中也有很多不同于传统朱子学的观点。

就理气论来讲，茶山通常不是理气对举而论，而是各自阐述。茶山认为，理是非独立性的存在，是气与物、事的依附品，理是实理、条理、法

---

① 《霞谷全集》卷1，《韩国文集丛刊》160，民族文化推进会1992年版，第20页。
② 《霞谷全集》卷1，《韩国文集丛刊》160，民族文化推进会1992年版，第21页。

则等。

> 理字之义因可讲也，理者本是玉石之脉理，故遂复假借，以治为
> 理。……治理者莫如狱，故官之谓理。……曷尝以无形者为理，有质者
> 为气，天命之性为理，七情之发为气乎？……静究字义，皆脉理、治
> 理、法理之假借为文者，直以性为者有古据乎？[①]
>
> 盖气是自有之物，理是依附之品。而依附者，必依于自有者，故
> 才有气发便有是理。然则谓之气发而理乘之者可，谓之理发而气随之
> 不可。[②]

茶山从各种经传中发掘"理"的原意，认为理原本是玉的脉理，由脉理上引
申出治理、法理等意义。他认为，理只是具有事物具体属性和法理属性的局
限性意义，并不具有人性、天道之根源的形而上学的意义，因此不能作为普
遍性的原理来主宰人类和自然界。理只是"依附之品"，不是独立存在的，
是依附于气而表现出自己作用的品象。从存在论上讲，存在的只是气，发
生、发展、变化的也是气，茶山理气论的主线实为气本体论。作为"依附之
品"，只有存在气以及气的发生、发展、变化，理才得以显现出来。基于此，
茶山也说"理非自植者"。这与西方宇宙论将万物分为"自立者"与"依赖
者"的思维是一致的，从中可以看到茶山吸收西学的影响。

在此基础上，茶山展开了对朱子"理一"和"太极"的批判。茶山认
为，朱子学所强调的"太极"、"理一"等没有感情、知觉和灵性，不能成为
万物存在的根源。"天之主宰为上帝"，上帝具有灵性，因此能够主宰和创造
万物。茶山将上帝视为具有人格主宰性的绝对者，并主张其是信仰层面上的
"唯一神"。茶山指出："天之主宰为上帝，其谓之天者，犹国君之称国，不
敢斥言之意也"。[③] 天的本质意义来源于"主宰之天"，是万物的一原，是根
本。茶山这一思想一方面是发挥了传统儒家经典中天作为人格神的主宰者之

---

① 《与犹堂全书·孟子要义》，景仁出版社1987年版，第26页。

② 《与犹堂全书·中庸讲义补》，景仁出版社1987年版，第83页。

③ 《与犹堂全书·孟子要义》，景仁出版社1987年版，第26页。

性格，另一方面也是吸收了利玛窦等西学者"主宰之天"以及天主意识的影响。此外，茶山还批判指出，朱子学强调的"理一"其实是"面壁参禅"的禅家态度，不过是在重复禅师观念的世界观而已。

关于太极，茶山曾指出："所谓太极者，是有形之始，其谓之无形之理者，所未敢省悟也。濂溪周先生尝绘之为图，夫无形则无所为图也，理可绘之乎？"① 太极是有形的始源，不能看作是无形之理。《太极图说》一方面将太极视为无形的存在（理），同时又用有形的图来表示，因此是不恰当的。茶山彻底否认性理学所认为的"太极是终极存在"这一观点。依据茶山的观点，易从字义上意味着日月，而日月更替就产生了阴阳，卦爻变化法则也得以在阴阳体系中形成。但茶山否定在这种自然秩序的易中来设定终极存在的做法，也反对将太极尊崇为道体，明确指出在"一阴一阳"之外还存在"主宰之天"。茶山认为，易之所作是"圣人所以请天之命而顺其旨者也"，②《周易》一书其实是具有"改过迁善"之伦理目的的"戒律书"。可见，茶山全面否定朱子学将太极或理视为终极存在的看法。

尽管茶山否定传统朱子学的"理"概念，但作为朝鲜实学的集大成者，他对"实理"则作了较多的阐发。在他一生留下的丰富著述中，详解实理之例随处可见。"天下之物，皆实理之所为。故必得是理，然后有是物，所得之理，理既尽，则是物亦尽而无有矣。"③ 世间但凡存在之物，都是依赖于实理而运行，实理就是事物发生、发展、变化的规律、法则、条理。不仅如此，"圣人之立法命名，皆有所以然之实理"，圣人之所以为圣人，也是发现天地万物的实理，以为万民所实践应用。不仅如此，在阐述儒家德性时，茶山也用实理来强调儒家自在超越的实践论思想。"德者，行吾之直心也；不行，无德也。孝悌忠信，仁义礼智，斯之为德，未及躬行，安有德乎？"④ 他认为，德就是以实心来行实理，而后有德；不实行实理，则无从谈德。茶山强调实理的做法，意味着儒学是根植于人的现实活动领域的圣人之学，而非

---

① 《与犹堂全书·中庸讲义补》，景仁出版社 1987 年版，第 88 页。
② 《与犹堂全书·周易四笺》，景仁出版社 1987 年版，第 96 页。
③ 《与犹堂全书·中庸讲义补》，景仁出版社 1987 年版，第 85 页。
④ 《与犹堂全书·中庸自箴》，景仁出版社 1987 年版，第 83 页。

谋求彼岸、虚设空求。这也反映了茶山力图回归传统儒家洙泗学、重申孔孟儒学大义的学问倾向。

五、结　语

韩国儒学虽然是在吸收中国儒学，特别是朱子性理学的基础上形成的，但它并不是单纯的按部就班、移花接木，也不是中国儒学的翻版或复制。韩国儒学是在适应韩国风土人情的基础上，对中国儒学进行了更加深入而细致的发展，从而形成了韩民族的文化精神（Ethos）。如果说中国儒学是宇宙论层面上具有包括性的"远心哲学"，那么韩国儒学则是人性论层面上具有内在性的"求心哲学"。因为宇宙是"大宇宙"，人是"小宇宙"，只要认识并了解了人的本质，宇宙便自然而知。中国儒学已经在"大宇宙"方面做足了工夫，于是韩国儒学便开始细致的挖掘人的内面心性。与中国儒学相比，重视人的内在性情与道德情感，确实是韩国儒学的重要特征。这一点在"理"概念的发展演变中也体现得淋漓尽致。

上文考察了韩国儒学史上几大重要学派代表人物对"理"概念的不同认识，从中可以一窥韩国儒学思想发展的特色。理这一概念虽然发端于中国，但儒学东传至朝鲜半岛，在本土化、民族化的过程中还是发生了许多变化，很多的概念术语也因此被改变或创新。性理学者退溪和栗谷基本沿用了朱子学"理"的概念，只是作了不同程度的发挥和延伸而已。退溪的理具有实在性、尊严性、价值性以及能动性之特征，其中能动性在其中尤为突出。传统朱子学一般认为理无情意、无造作，不具有活动性，但退溪为了界分四端与七情，为了强调四端在形而下的现实世界中也能够自由的发显，不顾逻辑牵强而强烈主张四端为"理发"，由此也推出了理动、理到说。这些都是为了强调理作为活动主体的作用，具有明显的"理优位"意识。相比之下，栗谷更注重理气二者的妙合，它提出"理气之妙"来说明理气二者的关系，认为二者具有协调互补、价值平等的关系，并结合理气特性将这种关系用"理通气局"来表述，突出了理的自若性与气的局限性，在"理一分殊"的基础上更加凸显了气的活动性作用。阳明学者霞谷则反对朱子的"理"，认为其只是虚理，不仅没有能动的作用性，而且脱离现实世界和具体事物，并提出了自己的"生理"说。霞谷认为，生理不仅能够认识并判断客观事物，同时也是具有活动能力的、生动的存在，在此基础上确立了心所具有的本质特性（理）和兼有生动的特性（生）的学问体系。实学者茶山的理则反映了东西思想的调和，茶山一方面积极反对传统朱子学的理，同时又主张儒家的"实理"，强调道德实践的重要性；另一方面吸收西学思想，认为理是非独立存在的"依附之品"，理并非万物之一原，只有上帝才是主宰和创造万物的终极存在。

就思想史的发展来看，哲学是思想的基础，而思想又具有哲学产生的背景。韩国儒学的特征在于不仅重视纯粹的道德性，而且还追求实现这种道德的现实制度和力量。换而言之，韩国儒学追求的是理想道德与现实实践的和谐发展。朝鲜建国之初亟待确立性理学作为官学的权威和地位，要用性理学的"理"来证明朝鲜建国的合理性和正统性，故退溪极力主张理的至尊优位性以及能动性，特别是在退溪生活的16世纪，虽然儒学思想的社会体系已经得以确立，但勋旧派固守权势导致诸多社会弊端出现，士林派极力反击却导致士祸发生，在颠倒黑白的现实背景下，为了揭示纯粹的道德义理可以在现实中实现，退溪极力主张理的能动性就是为了从理论上确立人之善行在现实中实现的当为性。到了栗谷时期，士林政治已经趋于稳定，国家经历了太祖和太宗的创业期以及世宗和成宗的守成期，已经得到了一定程度的发展，栗谷认为当时社会正处于"更张期"，主张应该通过一系列的法治措施来实现制度变革，于是他在重视理论和现实的双重基础上提出了"理气之妙"。而且，为了强调社会现实之多样性的变化，他极力主张四端为"气发而理乘之"。到了朝鲜后期，国家经历了壬辰倭乱和丙子胡乱，这也促使性理学观念实现社会制度的变革，但当时性理学者偏重于理气等逻辑性论争，过分空理空谈，并大搞朋党政治而引发祸乱党争，因此阳明学者霞谷以及实学者茶山批判朱子学僵硬的学问体系，积极探索并创建了自己的学问体系。特别是朝鲜后期，面对西方异质文明的侵入，阳明学需要确立心的主宰性和原则性地位，因此霞谷提出了"生理"说。茶山生活的年代处于18世纪中后期，当时受外敌侵略而影响的经济已逐渐恢复，韩国也由传统的农耕社会走向工商社会，士林政治开始衰退，进而出现了强化君权的荡平政治。不仅如此，朱子学的理论体制也已动摇，一系列的社会变化呼吁开放的、多样的思想体系作指导。于是茶山一方面主张回归传统洙泗学，另外又吸收了西学之影响，努力探索找到社会发展的新思路。由此可见，韩国儒学之"理"概念的发展与演变，反映了当时社会变化及思想发展的趋势，并为引领时代发展作出了独特的贡献，在韩国儒学思想史上留下了厚重的一笔。

附录二　朝鲜时期儒学者对孟子"四端说"的阐释

——以退溪、栗谷与茶山为中心

儒学思想作为中国的传统文化，不仅深深影响了整个中国社会的发展历程，而且传播至周边国家乃至世界，成为人类思想史上一个重要的里程碑。如果说基督教代表了西方文化，那么儒学（韩国则常说儒教，可见其影响力之大）思想则代表了东方文化。处于东亚文化圈的韩国，其受儒学思想影响之深，难以尽言。至于儒学何时传入韩国，学界一直未有确考，但可以大致推断出早在秦末汉初，中国的儒学就随着历史典籍以及汉字流入朝鲜半岛。后来在漫长的历史进程中，儒学在韩国实现了本土化，融入了韩国特色。其发展的高峰期则是李氏朝鲜时期朱子性理学的传播。韩国的儒学者们吸收了朱子的性理学，并将其确立为官方正统思想。后来随着研究的深化，其内部相继形成了许多不同的理论派系，发展成了朝鲜性理学、阳明学、实学等不同的派别。

关于孟子"四端"说，中国传统儒学者大都从心性、道德的层面来阐述，而且很少将四端七情并举。而朝鲜时期的儒学者们则大都将四端七情并举，在两者对比中阐述四端，并且将它们归属于理气问题。朝鲜性理学的代表人物退溪强调理气不杂，主张四端为"理发气随"；而栗谷则强调理气不离，认为四端为"气发理乘"。而实学家茶山则与性理学者退栗不同，他对长期以来一直持续的四端七情论争画上了一个休止符。他从反性理学的角度提出了"端内德外"，认为四端虽内在于人的心性中，但仁义礼智四德却是行为之后出现的结果。而他们各自的主张又与当时的时代背景紧密相关。

一、朝鲜时期四端七情之争的由来

与传统的朱子学不同，朝鲜的性理学者们不是太重视自然及宇宙的问题，他们更重视的是人内在的性情与道德问题。他们在视理学为人间义理问题的同时，并视之为与善恶、正邪直接相连的人间义理问题。[①] 同时，他们将自然和人心等所有问题都用理气来解释，试图从统一性上来认识整个世界。所以纵观整个韩国儒学史，可以大致将其分为两大派别：主理派与主气派[②]，而围绕理气的论争也一直贯穿其中。而直接促成主理、主气分类的契机则是退溪与高峰的"四端七情论辩"[③]。

四端和七情是由于心的作用而发显的两种感情的样态。"四端"出自《孟子·公孙丑》，指的是恻隐之心、羞恶之心、辞让之心、是非之心，而以恻隐之心最为根本。它们是孟子性善说的理论依据，分别是仁、义、礼、智之端。孟子认为，这四端是区分人与非人的标准，是人先验的道德心。"人之有是四端也，犹其有四体也"，但这种四端只是善的萌芽，道德的良好开端，其完善还有待后天的学习和努力、扩充和培养，他指出"凡有四端与我者，知皆扩而充之矣，若火之始然，泉之始达，苟能充之，足以保四海。苟不充之，不足以事父母"。所以孟子还十分强调人的主体能动作用和后天客观环境的影响。

"七情"，指《礼记》中的"喜、怒、哀、惧、爱、恶、欲"。《礼记·礼运》篇说："何谓人情？喜怒哀惧爱恶欲，七者，弗学而能。"可见，喜、怒、哀、惧、爱、恶、欲是人本能的情感，是人生而具有的七种情感。《中庸》中提到的"喜怒哀乐"也可以看作是与七情性质相同的情。

---

① 参见柳承国：《韩国儒学史》，台北商务印书馆 1989 年版，第 114、130 页。
② 传统的观点上一直将韩国儒学的派别分为主理、主气派，但目前韩国学界对于主理、主气的提法有争议，认为应该从综合的角度来看待各个学派，而且对介于二者之间的折中派（如成浑牛溪、南溪朴世采、拙修斋赵圣期等人）的重视程度有所增加。
③ 崔英辰：《朝鲜王朝时期儒学思想的状况》，成均馆大学出版部 2005 年版，第 15 页。

　　四端和七情本来是典据互不相同的两个概念，在中国性理学史上也很少被对举过。而朝鲜的性理学者们却对作为心之具体作用的情表现出了极大的关心，将其认定为讨论的主题，从而使得他们的哲学逻辑走向更加具体化、心性化。朝鲜历史上首次将四端与七情联系起来的是丽末鲜初的儒者权近（号阳村，1352—1409）。权近在《入学图说》中将四端归属于性（理之源），将其看作性的发动，将七情归属于心（气之源），认为七情的发动中节时属于性的发动，但"不中节者，不可直谓之性发"，将四端与七情两分化。而柳崇祖（号石轩，1452—1512）认为"理动气挟，四端之情；气动理随，七情之萌"[①]，四端中理是发动的主体，气内包于其中；七情中气是发动的主体，理只是随之而已，可以说他是将四七分别看作主理、主气的先驱。但他们对四端、七情的定义只是停留在其个人的解释上。

　　但四端七情真正发展成一场论争则是始于 16 世纪中叶郑之云（号秋峦，1509—1561）在《天命图》中的注释"四端，发于理；七情，发于气"。1553 年，退溪在《天命新图》中将其改为"四端，理之发；七情，气之发"。对于退溪的这一修正，学界一片哗然。年轻学者奇大升（号高峰，1527—1572）认为其将理气严重的二分化，对退溪的修正提出了尖锐的批评。由此展开了长达八年（1559—1566）的书信往来论争。限于主题，本文中将不阐述四七论争，主要通过四七的比较来探讨四端。同时受篇幅限制，本文将主要以朝鲜性理学者代表退溪李滉（1501—1570）、栗谷李珥（1536—1584）以及实学者代表茶山丁若镛（1762—1836）为中心展开论述。

二、退溪的四端说：理发而气随之

　　被称为"海东朱子"的退溪是朝鲜性理学的集大成者，他是主理派的代表人物。关于四端七情，退溪指出，"性情之辩，先儒发明详矣，惟四端

---

① 《大学箴》，亚细亚文化社 1974 年版，第 62 页。

七情之云，但俱谓之情，而未见有以理气分说者焉"。① 言下之意，以理气分说四端与七情，是退溪的一大独创。他把四七论解释为传统的朱子学所没有提到的一种独特的学说。性理学的特征是把人心和社会、自然用理气论来解释，并且确立其形而上学的根据。朱子在人心的三个层面即心、性、情中，与性相关的问题用理气论来研究，平生致力于确立道德性的形而上学的基础。与此相比，退溪则主要致力于"情"的问题②。

纵观退溪的学说，可以看出他将四端用理来诠释的立场几乎没变，故我们先来考察退溪理概念的特征：

其一，实在性。退溪说："自其真实无妄而言，则天下莫实于理。自其无声无臭而言，则天下莫虚于理"。③ 此句中"真实无妄"的"实"意味着生成和存在的依据，而"无声无臭"的"虚"意味着超越感性世界的形而上的层面。理虽然超越现象界，但它不是一介空虚的概念，而是所有事物存在、运行、生成的实际的根源，具有实在性。

其二，价值性。退溪说："夫舟当行水，车当行陆，此理也。舟而行陆，车而行水，非此理也。君当仁，臣当敬，父当慈，子当孝，此理也；君而不仁，臣而不敬，父而不慈，子而不孝，则非此理也。"④ 可见，理不仅是自然法则，而更是人当行的法则，具有实践的当为性。因为船不会自行行陆，而人却会不仁不敬。所以退溪的理不仅具有所谓"鸢飞鱼跃"之所以的自然法则性，更具有"君仁臣敬"的道德价值性。

其三，尊严性。退溪说："不可谓天命流行处，亦别有使之义也，此理极尊无对，命物而不命于物"⑤。把理看作主宰万物的至尊无上的立法者。这种理的特征可以从中国古代帝天神的概念中找到原型。退溪将理的这种"命物而不命于物"的理的主宰性与上帝连接起来解释说"若有主宰运用，而使其如此者，即书所谓惟皇上帝降衷于下民，程子所谓以主宰谓之帝是

① 《退溪全书》第一册，成均馆大学大东文化研究院 1958 年版，第 127 页。
② 参见崔英辰：《朝鲜时期儒学思想的基本问题》，邢丽菊译，《哲学研究》2006 年第 4 期。
③ 《退溪全书》第五册，成均馆大学大东文化研究院 1958 年版，第 185 页。
④ 《退溪全书》第五册，成均馆大学大东文化研究院 1958 年版，第 185 页。
⑤ 《退溪全书》第五册，成均馆大学大东文化研究院 1958 年版，第 185 页。

也"①。上帝作为人格神的存在，一直是至尊无上的崇拜的对象。这种上帝的人格性形成了理的原型。因此，这里的理已经越过了自然法则的层面，具有宗教的神圣性。退溪对真理的敬畏思想正是发端于此。②

明确了理的性质，我们再来看一下理与四端的关系。由于退溪是将四端与七情对举的，故我们也按此思路来分析。退溪刚开始说"四端理之发，七情气之发"，后来由于高峰的批判而改成了"四端之发纯理，故无不善；七情之发兼气，故有善恶"，最后退溪以"四则理发而气随之，七则气发而理乘之"（理气互发说）定论。

退溪对四端七情的立论，首先从"分别言之"着眼，二者均为情，之所以异名，是因为"所就以言之者不同"。"所就"意味着"立言分际"，也意味着"所从来"（即来源或根据）。这是以朱子的理气论为根据的。依朱子之说，天地万物的生成变化，均是由于理气的相互作用。作为形下之气的作用，必须以形上之理作为依据；而形上之理也必须依据形下之气才能发用。这种理以气为用，气以理为体，正是退溪所说的"理之于气，本相须以为体，相待以为用"之意。③ 这虽显示理气不相离，但并不表示理气无别。四端七情虽是理气相合不离所表现之情，但就二者之立言分际而讲，四端发于理，七情发于气，二者是不同质的情。

退溪认为，四端之情是直接由先天定然的天地之性—仁义礼智之性而发，虽兼理气但不与气杂，"四端虽云乘气，然孟子所指，不在乘气处，只在纯理发处"④。换言之，四端之发，主于理。而四端本由仁义礼智之性而发，四性粹然至善，故四端纯理而无不善。而七情则是就理气相杂的气质之性而言，注重的是后天发生意义上的说明。退溪认为，七情之发是后起、被动的，源于外物来感而触发，七情受气的影响而被引发，就七情之所从来而

---

① 《退溪全书》第一册，成均馆大学大东文化研究院 1958 年版，第 354 页。

② 参见崔英辰：《朝鲜王朝时期儒学思想的状况》，成均馆大学出版部 2005 年版，第 72—75 页。

③ 参见林月惠：《中韩儒学的情》，载国立台湾大学历史学系编：《东亚文化圈的形成和发展》，台大出版中心 2003 年版，第 116—117 页。

④ 《退溪全书》第一册，成均馆大学大东文化研究院 1958 年版，第 251 页。

言，为气之发。既然以气为主，则七情之发可能循理而表现为中节之情，也可能不循理表现为不中节之情。所谓"七情本善而易流于恶"，故七情之发，有善有恶。

退溪的理气互发说中，之所以说"理发而气随之"，是因为"理而无气之随，则做出来不成"。这里的"随"，说明了气是理决定之气，没有违背理发的可能性；之所以说"气发而理乘之"，是因为"气而无理之乘，则陷利欲而为禽兽"①，并指出这是不易之定理。这里用"乘"，除说明了理是搭在气上之意，也表示这儿的理是被动的，气是主动的。对比最初的说法，他在理发后面加上了"气随之"。对此，他自身的解释是"大抵有理发而气随之者，则可主理而言耳，非谓理外于气，四端是也。有气发而理乘之也，则可主气而言耳，非谓气外于理"②。"主理而言者"这句是以理气的共存为前提的。因为现实中理气是不可分的。故理不能遗气而独行。但如果说理先发而后气乘已发之理，则可以看出理气是分离的，而且有先后。故退溪的立场是理气有别，且有先后。

可见退溪的理气互发说是建立在朱子理气不离不杂的基础之上的，即理气"相须"而又"互发"。退溪认为，"盖人之一身，理与气合而生，故二者互有发用，而其发又相须也。互发则各有所主可知，相须则互在其中所知"③。但他更强调的理气的分别，即"理气不相杂"。

尽管退溪用理来解释四端，但对他来讲，重要的不是理，而是四端。确立四端的纯粹善性的理论根据是当时退溪的重要课题。理发说不是为了说明理的属性，而是为了树立四端的形而上学的根据而提出的命题，是为了从质的角度区分四端与七情而把它们分属于理气。换言之，是为了将四端的纯善性的论据放在性（绝对善的理）上才把四端解释为理发。之所以将四端和七情分属于理气是因为两者的价值之性是同一的，即四端之纯粹的、绝对的善是理的绝对价值，而七情的可善可恶性是气的相对价值。正如朱子为了确立其道德的价值观，以性的绝对善性为形而上学的依据提出了"性即理"，

---

① 《退溪全书》第三册，成均馆大学大东文化研究院1958年版，第107页。
② 《退溪全书》第一册，成均馆大学大东文化研究院1958年版，第101页。
③ 《退溪全书》第五册，成均馆大学大东文化研究院1958年版，第162页。

退溪也以四端的绝对善性为依据,主张四端理之发,以强调其实现的当为性。这一主张是在理气共存的条件下,将四端归属于理的领域,是为了论证其纯粹的善性不仅是在形而上的性的层面上,而且在现实中也会发显为情。因此为了不与气其他的东西混淆,为了区别其善的纯粹性,退溪不顾逻辑上的牵强而主张理发。① 退溪的理发说说明了人的内在的、先验性的性理会在现实情况下自发的发显,也说明了理的绝对善性不仅在性这一形而上的层面上,在四端这一现象的情的层面上也会得以具体的实现。可见退溪的互发说拥护四端的纯粹善性。这毫无疑问的是继承了孟子的性善说。性理学的代表概念"性即理"也不过是性善论的新的表达方式而已。②

孟子立足于《诗经·烝民》篇中传统的天概念和"人人皆有不仁人之心"即"四端"这一经验性的事实来论证性善的恰当性。《中庸》中的"天命之谓性,率性之谓道"这一句也提出了天和性,以及作为人的当行之路的道。但是这种绝对的天道(天则)要通过人的行为才能实现③,而支配人的行为的是心。故天命、天道的实现只能依靠根植于正心之上的行为。孟子提出了先验性的、道德性的不忍人之心,并用四端之心使之具体化。从性理学的观点来看,四端之情不外乎是仁义礼智之性的发显。因此,性的发显就是天道的显现。正因为此,性理学中的天和性才被定义为理。同样,退溪所主张的"四端是理之发"这一命题才得以成立。

儒学的终极目标是实现"平天下"的道德价值。如果说孟子的"性善说"揭示了实现这一目标的先验性的根据,程朱的"性即理"确立了性善的形而上的根据,则退溪的"理发说"则将作为性之作用的情(四端)解释为理的发显,以此来强调价值的实现,可以说在儒学思想的体系中具有非常重要的意义。

---

① 传统的朱子学认为理无为而气有为,这与退溪主张的理的发动形成矛盾。为此退溪指出,理之无为的层面是理的体,而理之能动的层面是理的用,以体用论来解释理的能动性。

② 参见李东熙:《韩国传统思想的主体性探索和未来展望》,邢丽菊译,《国际版儒教文化研究》第6辑,成均馆大学儒教文化研究所2006年版,第78页。

③ 《书经》:"天工,人其代之。"(成均馆大学1965年尊经阁影印本,第93页)

三、栗谷的四端说：气发理乘一途说

与退溪并称为朝鲜性理学双璧的栗谷李珥（1536—1584），是朝鲜儒学史上主气派的先驱。他对四七论的展开也是在理气的基础上完成的。首先我们来看一下他的理气论的基本立场和特征。

他的理气说与晦斋和退溪并无大异。他认为理是形而上者，气是形而下者，故理的特性是无形无为，气则是有形有为。理气的关系上，理是气的枢纽、根柢，气是实现理的形而下的质料。理是自然法则，是善的原理，是价值的根源。栗谷也认为理有体用流行，理的体本来是无为的，但它会乘气而流行，变化为万端，这是理的用。

栗谷理气说的特征是：其一，理气之妙。即理气的关系是"一而二，二而一"。这是他吸收了朱子理气不可分开（不相离）和决是二物（不相杂）的主张，将主理和主气的主张合二为一的理论。认为理气的根源是一。从不相离的层面上看，非气则不能发，非理则无所发；从不相杂的层面上看，发之者为气，所以发者为理。其二，理通气局。所谓理通指的是理是无形的、超时空的存在，故没有本末和先后，是不变的存在。故即使在参差不齐的万殊的现象中，也不会失去其自若性，是一体相通的。而气局指的是，气有形迹，受其所限就有本末、先后，但气的本体是湛一清虚的，怎么会有粗粕、煨烬、粪壤、污秽之气呢？气是有形有为的时空存在，故有本末、先后；能够升降飞扬、引起参差不齐的万变；有时空的局限性。所有的宇宙万物依理气之妙而形象化，但无形的理是枢纽、根柢，故没有变化；而气是有形有为的，所以成为局（分殊）的原因。这样性理学的基本前提理一分殊就通过理气的无形有形得以具体化。

下面我们来看一下栗谷四七说的内容。退溪以四端之情与七情之情有质的差异为前提，将二者的关系用理气解释说"四端，理发而气随之；七情，气发而理乘之"，即理气互发说。与之形成鲜明对比的是，栗谷只认证退溪的气发理乘，提出了"气发理乘一途说"。认为不仅七情是这样，四端也是"气发而理乘之"。因为在他的理气说中"理气元不相离，似是一物而其所以异者，理无形也，气有形也，理无为也，气有为也，无形无为，而为有形有为之主者，理也；有形有为而为无为之器者，气也；理无形而气有形，故理通而气局；理无为而气有为，故气发而理乘"①。又说："大抵发之者，气也；所以发者，理也。非气则不能发，非理则无所发。"②他坚持气发的意志还相当坚定，"圣人复起，不易斯言"。理是气的主宰，气是理的所乘，它们是一而二、二而一，没有先后和离合。

在此基础上，他展开了对退溪理气互发的批判。因为理气无先后、无离合，故不能谓之互发："二者不能相离，既不能相离，则其发用一也。若曰互为发用，则是理发用时，气或有所不及，气发用时，理或有所不及也。如是则理气有离合，有先后，动静有端，阴阳有始矣。其错不小矣。"还认为，朱子之意只不过是说"四端专言理，七情兼言气"，而不是说"四端则理先发，七情则气先发"，"若朱子真以为理气互有发用，相对各出，则是朱子亦误也，何以为朱子乎"，认为退溪没有真正理解朱子的意思。他还指出说，若按照退溪的说法，"既以善归之四端，而又曰七者之情亦无有不善。若然，则四端之外，亦有善情也，此情从何而发哉？……善情既有四端，而又于四端之外有善情，则是人心有二本也，其可乎？"③认为人心不能有二本，故理气不能互发。

由栗谷的"气发理乘"可以看出，他不认证四端之情与七情之情的质的差别，即认为它们是同质的。四端之情与七情之情其实是一情，四七的关系则是"七包四"，"四端只是善情之别名，言七情，则四端在其中矣"，七情是情的全体，而四端只是七情中善的部分。若将四端对应于七情，则"恻隐属爱，羞恶属恶，恭敬属惧，是非属于知其当喜怒与否之情也"。基于此，他还指出了退溪将四端七情分属理气两边的错误，"若必以七情四端分两边，则人性之本然与气质亦分为二性也"，④道理上根本无法讲通。可见，退溪认

---

① 《答成浩原》，《栗谷全书》卷10，成均馆大学大东文化研究院1992年版，第126页。
② 《答成浩原》，《栗谷全书》卷10，成均馆大学大东文化研究院1992年版，第127页。
③ 《答成浩原》，《栗谷全书》卷10，成均馆大学大东文化研究院1992年版，第126页。
④ 《答安应休》，《栗谷全书》卷12，成均馆大学大东文化研究院1992年版，第149页。

为四端与七情是异质的，而栗谷则认为二者是同质的。

值得注意的是，栗谷所说的"气发理乘"，并不是否定理的根源性或主宰性。只是说，善的根据是理，但非气则不能发。这不是"有使之者"，而是"自然而然而"；不是说不重视理，而是根源于"理气决是二物"，即强调理的无形无为以及气的有形有为，而且具有发动能力的只有气。另外说"气发理乘"也不是说气比理先，只是因为理无为，气有为，而只能如此说而已。可见，栗谷也没有违背传统的朱子学的立场，只不过他更注重的是"理气不相离"。[①] 如果说退溪的立场是将理气离看，则栗谷则是追求理气合看与离看的统一。

四、实学派代表人物茶山的四端说：端内德外

与性理学者退溪和栗谷不同，实学者茶山并没有从逻辑的层面将四端、七情对举来展开自己的理论。换言之，他没有将四七列入自己的哲学分析的主体对象，他所要究明的并不是四七本身，而是关于论四七的退栗二人理论观点的基本立场问题。他最初支持栗谷的"气发理乘"，后来由于认识到事物是自立的存在，理只是依存在其上的概念，脱离了性理学中传统的理的概念，与退栗思想有了明显的分歧。由此他对退栗的理气概念进行了重新评价，指出说退溪是从论人之性情的人性论的角度来论理气，而栗谷则是从视宇宙万物为全体的宇宙论的立场上立论，在此前提下他们二者各自展开了自己的理论，各有其正当性。因此，他对长期以来认为二者一方为对、另一方为错的朝鲜性理学的四七论争画上了一个休止符。

作为韩国实学思想的集大成者，茶山哲学思想的最大特色是反朱子学、脱性理学。他大胆的批判性理学的"性即理"思想，因此在论述四端说以前，我们先来明确一下茶"山理"的概念。茶山认为传统的朱子学将天命之性说为理是毫无根据的，理最初来源于玉石的脉理，后来又从治玉中得到假

---

① 参见民族和思想研究会编：《四端七情论》，曙光社 1992 年版，第 99—100 页。

借之义—治理和法理（狱理）。对茶山而言，理不是性，也不能具有主体性，也不能乐善耻恶。

茶山对孟子四端的解释集中体现在《与犹堂全书》中。下文将通过书中茶山对《孟子》的注解来看他的四端说。

作为反性理学的代表，茶山也提出了与性理学截然不同的、具有强烈实践意义的四端说。性理学主张"性即理"，这个理指的就是人从上天那儿禀赋的仁义礼智之性。而茶山则认为，仁义礼智成于人行事之后，并不是内在于人心中的本性。

为此，我们先来看一下他对四端之"端"的解释。自古以来对端的解释甚是丰富①，茶山认为"端也者，始也"，"物之本末，谓之两端，然犹必以始起者为端"。他还列举《中庸》、《礼记》、《春秋传》中的语句来证明端为始之义，引证如下：君子之道，造端于夫妇；君子问更端则起对；履端乎始，序则不愆；步历之始，以为术历之端首；主人奠爵于序端；司正升立于席端；笔端、舌端、杖端、墙端、屋端。最后说："凡以头为端者，不可胜数，乌得云尾为端乎？"②认为具体的事物都是以头为端，而不是以尾为端。他同时也指出，孟子自注的"若火之始然，泉之始达"中两个始字，也说明了端之为始义。

他认为四端之心虽内在于人的心性中，但必须是在实践中扩充四端之心，才能成就仁义礼智四德之名，"若其仁义礼智之名，必成于行事之后"③，即四德不是先天的存在于人性中的，也不是天命之性的实体，而是行事之后

---

① 关于孟子"四端"之端，自古以来有各种不同的解释。赵岐认为端即首，"端者首也，人皆有仁义礼智之首，可引用之"；孙奭认为端即本，"人有恻隐之心，是仁之端本起于此也，……恻隐四者，是为仁义四者之端本也"；朱子认为端即绪，"因其情而发，而性之本然，可得而见，犹有物在中而绪见于外也"；蔡季通认为"端乃是尾"；陈北溪认为"比之茧丝，外有一条绪，便知得内有一团丝"。由此看来，古注系列中通常将端解释为"端本"或"首"，认为仁义理智由此而生，故常用作开始、最初、首端之义，四端的扩充是四德成立的阶梯。但新注中，端解释为绪，是尾、尽头、结果之义，认为四德内在于其中，性发为情是四端。可见古注和新注的观点正相反。（以上注解参见《与犹堂全书·孟子要义》，景仁文化社1987年版，第28—52页）

② 此段中的引文均出自《与犹堂全书·孟子要义》，景仁文化社1987年版，第32页。

③ 《与犹堂全书·孟子要义》，景仁文化社1987年版，第38页。

出现的结果。四德是爱（仁）、善我（义）、宾主拜揖（礼）、事物辨明（智）之后而出现的德目①，不是像桃仁、杏仁一样直接挂在人的心底深处的，是在经验基础上、行事以后才成立的。可见，茶山的经典注释不是立足于理学性的思维，而是以实践的思考为前提，这反映了他的经典注释具有很强的实践性。

关于人人皆有不忍人之心的仁，茶山认为不是传统朱子学说的"心之德"或"爱之理"，而是两者之间应该遵守的最善的道德规范。他指出说：

> 仁者二人也。事亲孝为仁，子与夫二人也。事君忠为仁，臣与君二人也。牧民慈为仁，牧与民二人也。人与人尽其分，乃得为仁。故曰强恕而行，求仁莫近焉，在心之理，安得为仁乎？唯德亦然，直心所行，斯谓之德。故大学以孝弟慈为明德，论语以让国为至德，实行既著，乃称为德。心体之湛然虚明者，安有德乎？心本无德，况于仁乎？②

他把仁看作是二人之间的实践。先儒以仁德为生物之德，而茶山指出："仁非生物之理，以此求仁，比无以见仁迹矣。"他的仁是由四端出发，在实践基础上形成的，与传统的解释大不相同。

关于《告子上》中的"仁义理智，非由外铄我也，我固有之者"，茶山解释说："谓推我在内之四心，以成在外之四德"。认为四心是人性所固有的，而四德是四心之扩充。若不扩充四心，则四德之名无从立，突出了扩充（实践工夫）的重要性。

由此可以看出，茶山对四端之心与仁义礼智四德的相互关系的解释与传统的朱子性理学解释正好相反。朱子认为，四端之"端"为"端绪"，"犹有物在其中而绪见于外也"③。依照性理学的观点，仁义礼智是人性中先天固

---

① 《与犹堂全书·孟子要义》："爱人之后谓之仁，爱人之先，仁之名未立也……岂有仁义理智四颗，磊磊落落，如桃仁杏仁，伏于人心之中者乎？"（景仁文化社1987年版，第28页）

② 《与犹堂全书·孟子要义》，景仁文化社1987年版，第26页。

③ 《孟子集注》，中华书局1983年版，第152页。

有的，四端是从四德中发显出来的。因此性理学的修养则是通过四端之心来认识内在的性，使之向内在的性来收敛，是一个内向的过程。茶山则认为四德不是先天固有的，是后天形成的。四端是开始，由此出发，经过实践后，才形成外面的四德。即由四端之心出发来扩展到行为的四德，是一个外向化的过程。他还在此基础上批判性理学者通过内面的省察来实现到的性的做法如同禅家的"面壁观心"。总起来讲，茶山将自己的观点称为"端内德外"，而将性理学的观点称为"德内端外"。关于二者的区别，我们可以用以下图表来表示：

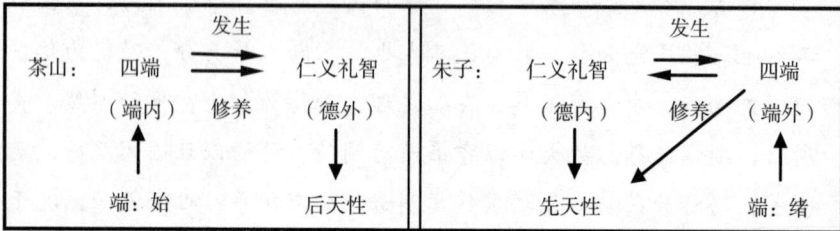

		发生				发生	
茶山：	四端	⟹	仁义礼智	朱子：	仁义礼智	⇄	四端
	（端内）	修养	（德外）		（德内）	修养	（端外）
	↑		↓		↓	↘	↑
端：始			后天性	先天性			端：绪

五、结　论

与传统的中国儒学不同，朝鲜的儒学更重视人的内在性情与道德问题，重视道德的纯粹性，并同时追求实现这种理想的、道德的现实制度和权力，具有浓厚的实践主义色彩。如果说孟子的四端说主要从先天性的角度来论证性善的根据，则朝鲜的儒学者们则主要致力于论证四端形而上的层面在现实中的发显。

孟子的四端说是其性善论的理论依据，在整个中国儒学发展史上，儒学者们大都从心性、道德的层面来阐述这个问题，而且很少将四端与七情对举。但朝鲜时期的性理学者则将四端七情对举，而且将它们用理气来解释。但限于篇幅，本文只探讨了在朝鲜思想史上具有代表性的人物：前期的性理学者代表人物退溪、栗谷以及后期实学派人物茶山的四端说。

退溪将理气二分，强调其不相杂性，主张四端是"理发而气随之"，七情为"气发而理乘之",即"理气互发"说,这里理气有先后,四端与七情是异质的。而栗谷则注重理气的不相离,提出了"理气之妙"说,认为四端为"气发而理乘之",这里理气无先后,四端七情是同质的,七情包四端。他反对退溪的理发立场,认为退溪曲解了朱子之意,犯了"人心有二本"的错误。退栗二人都没有违背传统朱子学的立场,而是对其进行了更加内面化、具体化的展开。关于二者思想体系的区别,韩国学者一般认为:退溪以人的心性为中心来解释理气并以此为理论依据来推理自然,而栗谷则首先洞察自然的理气,然后以此原理来贯通人类。也有人说,退溪是道德的理想主义者,栗谷是道德的现实主义者。

关于退栗时期的四七论争,表面上看似很纯粹的哲学问题,但实际上内含着许多政治问题。这与士大夫成为栋梁,建立并主导朝鲜这一新王朝前进的历史事实不无相关。退溪所生活的朝鲜中期,在勋旧派的主导下以儒学思想为主的行政、社会制度得以确立,但是他们固守既得权势,导致许多社会弊病的出现。这时士林派作为其批判势力登场了,但是遭到了勋旧派的攻击。在贪婪的权势集团勋旧派和追求义理的士林派的矛盾中,为了揭示义理的纯粹性,退溪以理气二分的理论为基础,把四端规定为理的发显,并力图确立其纯善性,可以看作是纠正当时社会颠倒的价值观,从理论上确立现实中道德性价值实现的可能性和当为性。而栗谷生活的 16 世纪中后期,士林政治已初见端倪,士大夫们积极地投身社会现实,参与政治。栗谷认为经过了太祖、太宗的创业期和世宗、成宗的守成期,当时的时代应当是更张期①,此时应该对不合时宜的先王之法进行改革。他在这种既重视理论又重视实践的思想基础之上,提出了理气之妙说,但为了强调现实变化的重要性,主张四端为"气发而理乘之"。

而实学者茶山的"四端说"则是异于退溪和栗谷,他的学说不是通过四七论争,而是通过对《孟子》的注释而展开的。茶山是反朱子性理学的代

---

① 所谓更张,意味着改革。栗谷认为"法久弊生",不是在任何时候都用现行之法,过了守成期,当需要改革的时机来临时就应当进行变法,即使是圣王之法也不例外。主导自然和文明以及社会历史的是人,即使是绝对的天命和圣王也无济于事。随着人的活动以及时间的推移,社会也应该随之发生变化。可见栗谷政治改革论的关键是"知时"。

表，他认为四端虽内在于人性中，但仁义礼智四德却不是先天固有的，而是行为过后的结果。可见他的理论是以实践为前提的。没有实践的基础，则无从谈四端。就其时代背景来看，朝鲜后期"壬辰倭乱和丙子胡乱"后，朝鲜王朝由盛转衰。作为统治思想的性理学及其末流只是整日围绕诸如四端七情等脱离实际的空疏之论进行无谓的激烈争论，性理学成了党争的工具，陷入了权威主义的空论，根本无法解决当时的危机。[①] 开放的学者们认识到，前期追求"道本器末"的性理学已经充分奠定了"道"的基础，开始注重"器"的重要性。茶山生活的 18 世纪中后期，受外侵影响的社会经济已经得到恢复，韩国社会逐渐由农耕社会走向工商社会，士林政治走向下坡路，出现了强化君主政权的荡平政治。当时朱子学的理论体制已经动摇，而一系列的社会变化又需要开放的、多样的思想体系作指导。茶山在道器兼顾的立场上，吸取朝鲜前期的教训，注重实践和实利，提出了有异于朱子学的"端内德外"说。

因此，朝鲜时期儒学者的四端说充分体现了韩国儒学的特色，是实践和理论、现实和理想的统一体，它作为韩国的一种传统思想在漫长的历史中得以确立和发展。

---

① 参见葛荣晋主编：《韩国实学思想史》，首都师范大学出版社 2002 年版，第 2—3 页。

附录三　朝鲜时期真景文化的实与虚

　　20 世纪 80 年代末，韩国学界在整理和反思朝鲜后期历史①的时候，最初提出了"真景文化"之说。开始是起源于美术界的"真景山水"，接着是书法界的"东国真体"，后来又扩大到文学、建筑、民俗乃至哲学等文化的各个领域，都统称为"真景文化"。20 世纪 90 年代末至本世纪初对"真景文化"的研究最为深入。90 年代末以崔完秀为首的学者们出版了《我们文化的黄金期—真景时代》(1、2 两册，石枕出版社 1998 年版)，正式提出"真景文化论"，将其作为整个朝鲜后期文化的代名词，引起了学界以及民间的巨大反响。

　　"真景文化"对于国内的学者来说可能比较陌生，这个话题在韩国学术界也是最近几年才兴起的，而在今年尤为受人们关注。②

　　"真景"一词最初见于《槿域书画征》(启明俱乐部版 1928 年版)，这是韩国书画家吴世昌 (1864—1953) 所著的一本研究韩国书画史的基础书。在书中《郑敾条》中，他说"尤善真景"，在《郑忠烨条》中也说"写真景山水款云……"(梨古画帖)，这里的"真景"一词指的是将朝鲜现实的、真正的风景用绘画或诗表达出来，是一种将实际的景致以及其内在精神通过写生来表达出来的写真技法，意即通过肖像技法来写生。历史学者们将朝鲜肃宗至正祖，即 1675—1800 这 125 年的时间称为"真景时代"。肃宗统治的46 年和景宗 4 年的 50 余年是真景文化的初创期，英祖在位的 51 年是绝顶

---

① 韩国学界一般将两乱 (1592—1598 年的"仁辰倭乱"和 1636—1637 年的"丙子胡乱") 作为朝鲜前后期历史的分界，即 17 世纪以后为朝鲜后期。

② 韩国《教授新闻》(2006 年 6 月号) 专门开辟了一个专栏讨论真景文化。

期，而正祖在位的 23 年期间是衰退期。特别是在英祖、正祖时代，谦斋郑敾（1676—1759）的真景山水画、檀园金宏道（1745—？）的风俗画，春香传、沈清歌、兴夫歌等的说唱艺术（朝鲜传统歌谣），凤山假面舞、杨州别山台民俗游戏，西浦金万重（1637—1692）的国文小说以及书法中的东国真体等一系列富具韩民族韵味的文化纷纷涌现。不仅如此，在饮食、服装、建筑以及历史、地理、医学等各领域也显示了韩民族独具匠心的文化。因此学者们认为，真景文化指的就是朝鲜后期在朝鲜国土上形成的尽显朝鲜固有民族特色并取得绚丽发展的文化鼎盛期的文化。真景时代也由此被称为朝鲜后期的"文艺复兴"，甚至有人将其作为朝鲜文化史上一个时代划分的名词。

众所周知，朝鲜王朝是以朱子学为建国理念的国家，这样由中国传入的朱子学理所当然的被规定为官方正统思想。在这种理念的支配下，朝鲜前期的文化必定是在适应和熟悉中国的学术思想而充满了中国色彩，它只是将中国文化移根而植、按部就班，所以必定不能马上开出"朝鲜之花"。

但由于朝鲜与中国的民族风土相异，而且古来历史上的固有思想也不尽相同。朱子学在传入韩国后也要适应这种风土人情等的文化氛围，实现民族化和本土化。在这过程中，朝鲜的开国先祖们深入理解朱子学，将其深化发展成为了朝鲜性理学，这其中两位巨匠就是退溪和栗谷。如果说退溪几乎是不折不扣地遵循了朱子性理学，栗谷则是结合朝鲜的现实综合性实现了朝鲜性理学的集大成，并构筑了新的性理学体制。

以这种性理学的哲学理念为基础，朝鲜时期的文化在历史的发展过程中开始逐渐脱离中国模式，走向自己的特色。最明显的变化是朝廷经筵科目由传统朱子性理学的《大学衍义》变为了栗谷所著的朝鲜性理学大作《圣学辑要》。《大学衍义》本来是朝鲜初期士大夫们以朱子学为基础建设理想社会的政治指导书，也是朝廷经筵的必讲书目。但栗谷将朝鲜前期的四端七情论、人心道心说等具有朝鲜特色的心性论争综合整理为《圣学辑要》。到了肃宗时期，朝廷经筵的科目就由它而取代了《大学衍义》。不仅如此，朝廷对《心经》的讲义书目也由明代的《心经附注》变为宋时烈注解的《心经释义》。到了英祖时代，又精选《圣学辑要》和宋时烈（1607—1689）《朱子大全》中的内容编成了《节酌通编》，这与后来农岩金昌协编著的《朱子大全札疑》一道成为朝廷讲学的主要性理学书籍。①

　　到了朝鲜后期，特别是 1644 年清军入关、明朝灭亡事件给朝鲜知识阶层带来了莫大的心理震撼和文化创伤。在东亚的前近代时期，一直以来存在着视中国为"中华"、周边国家为"夷狄"的华夷观思想。在当时的朝鲜也有这种认识，他们认为自己虽然在地理上不像中国那样位于世界的中心，但也同样拥有着不逊于中国的优秀的文化传统，而且继承了正宗的朱子性理学，于是以"小中华"自居。但明清交替却打破了这种传统的华夷观认识，朝鲜文人认为女真族虽然靠武力征服中国并一统天下，但却不能成为中华文明的继承者，他们的"辫发胡服"若强加给汉民族，只会将中华文化引向野蛮，带来变质，故断定中华文化传统到清朝就断绝了。而真正保持了中华文明原型并继承发展了朱子性理学嫡统的是朝鲜，现在只有他们才能继续构筑这种文明。这就是朝鲜中华主义。在当时的对清关系上，尽管有主和与斥和两派，但当时掌权的老论阶层采取了守卫义理和名分的斥和立场，即对明义理论和对清复仇论。② 同时为以明朝的后继者自居，使中华文化名副其实，尤庵宋时烈及其弟子们还建了万东庙，将明太祖和明末皇帝毅宗以及在壬辰倭乱时曾助朝鲜的明神宗皇帝等的牌位供奉在内，举行祭祀，不仅如此，在朝廷也设立大报坛进行祭祀。

　　在这种思想意识下，朝鲜朝野上下认为不能再活在文化上比自己劣等的清女真族的压迫下，现在拥有充分的条件来补偿自己的民族自愧感，可以堂堂正正的来创造朝鲜自己的文化，尽显自己特色。于是"我们就是中华"的朝鲜中华主义思潮开始高涨。再者，以栗谷学派为宗的朝鲜性理学已经在弘扬朝鲜特色，并奠定了良好的基础，现在是朝鲜固有文化之花绽放的最佳时机，不在此时，更待何时？当时朝鲜性理学的代表学者、老论领袖尤庵宋时烈是孝宗的老师，深得孝宗信任，于是在他的主导下，朝鲜性理学理念开始在各个领域普遍传播并孕育了以此为基础的真景文化。若说真景文化是象征朝鲜后期文化之花，性理学则是其根。

---

① 参见崔英辰：《我们文化的黄金期——真景时代以及其基础朝鲜性理学》，《东亚文化和思想》1998 年，第 38 页。

② 参见郑玉子：《朝鲜中华思想研究》，一志社 2001 年版，第 102 页。

在这里我们不能不谈一下目前韩国学界对朝鲜后期性理学的认识。20世纪 80 年代以前的观点一致认为，尊奉朱子性理学的统治阶层是事大主义的空理空谈，而反朱子性理学的实学思想则创造了实用的、独特的固有文化。而且大部分的实学研究者都认为朝鲜后期的性理学一味固守朱子学的陈腐思想，导致社会衰竭，最终阻碍历史发展，还批判说它坚守华夷论、助长事大主义。进入 80 年代这种观点开始得以改变，特别是到了 80 年代末开始全面批判这些思想的问题点。[①] 进入 90 年代，文化史、美术史的研究成果逐渐证明了英祖、正祖时代真景文化的基础是朝鲜性理学。

关于真景文化的具体表现，鉴于前文已有相关略述，而且本文重点不在此，故不做赘述。但自"真景文化"、"真景时代"提出以来，韩国学界对此一直褒贬不一。赞成这一论说的学者认为，提出"真景文化论"是站在民族的立场上对朝鲜后期历史和文化进行再认识，摆脱被日帝扭曲的传统史观的产物。一直以来，在日本史学家殖民史观的影响下，人们对朝鲜时期的文化一直存在偏见，认为自建国初期就没有活力和进取性，如同腐水般处于停滞状态，有的只是空理空谈和朋党之争，最终被日本所灭，而且对于其文化更是不屑一提。以郑玉子为首的首尔大学教授指出，提出"真景文化论"的目的就是纠正错误的历史观点。他们还将文化比喻为水，认为每条湖水虽然有自己的源流，但还是不断地接受和容纳其他的水和小支流来扩大自己的流积、流域，等到集众水流到一定程度时就会再排水。文化也是一样，以自生文化为基础，同时不断吸取外来文化提高其水准，这样发展到一定限度，就会向周边释放，然后再吸取周边文化，反复循环。而且有着五百多年王统的朝鲜王朝，虽然最后由于日本而落的惨败收场，但当我们面对一个临近暮年的百岁老叟时，不能因为他的老衰弱病而断定其一生都是如此惨淡。新罗统

---

① 韩国学者李泰镇认为，17 世纪后半期是朝鲜社会、经济激变的时期，受外侵的农耕地得以修复，而且当时的朝鲜通过中国与日本的中间贸易，积累了相当的商业资本，经济的好转也带来了社会的变化（参见李泰镇：《士祸和朋党政治》，韩国国立首尔大学出版部 1990 年版，第 169 页）。崔英辰教授也认为 18 世纪的韩国社会开始由农业社会向工商业社会转变。（参见崔英辰：《朝鲜王朝儒学思想的状况》，成均馆大学出版部 2005 年版，第 193 页）

一三国以后，吸收华严宗（佛教）思想，从而形成了独特的统一新罗文化。高丽时期以禅宗为主导理念创造了特有的高丽文化也是一个典型的例子。长期以来被日本学者视为停滞不前的朝鲜王朝，特别是对其后期历史若不进行重新认识和评价，便不是正视历史。而且在朝鲜后期，以朝鲜性理学为基础的真景文化，确实是韩民族文化史上的奇葩，这在美术界、书法界等各个领域都是有目共睹的。

但持否定论的学者认为真景时代不存在，它只是"朝鲜中华主义的阴影"，而且不能用"真景文化"来概括整个朝鲜后期的文化。具体理由概括如下：

其一，从美术史学来看，18世纪的朝鲜真景山水画盛极一时，但这在同时期的中国和日本也很流行，可以说是当时整个东亚文人画的共同点。还有人将郑敾的山水画与中国清朝书画家董其昌（1555—1636）的相比较，认为它与中国画风有很多相似性，由此对朝鲜后期画风的自主性产生了怀疑。因此，用"真景"来为"朝鲜固有的特色文化"贯名，显得有些牵强。

其二，在18世纪朝鲜绘画史上，真景山水画虽很流行，但其在绘画中的比重不过只有27%。除此以外，还有南宗文人画、花草画和动物画、神仙图、故事人物画等。特别是一度流行的神仙图，其素材是与实际真景完全不同的，带有想象性和观念性的宗教色彩。若将18世纪称为"真景时代"，则在当时绘画界成就颇高的神仙图则无立足之地。而且将朝鲜前期栗谷性理学、松江郑澈（1536—1593）的韩文歌辞文学、简易崔笠（1539—1612）的韩国汉文学、石峰韩濩（1543—1605）的朝鲜固有书体等宣祖时代文化盛世时期，即16世纪"穆陵盛世"期的文化与经历壬．丙两乱后过了百余年的英祖、正祖时代的真景文化看作同一个单一的文化现象，这种研究方法不可取。

其三，真景文化论是在尤庵宋时烈为首的老论政治理念下形成的文化产物，是"朝鲜中华主义"的阴影。宋时烈以来的朝鲜中华主义不是民族主义，而是崇明排清论。真景文化不是纯度100%的朝鲜的东西，而是将以明为代表的中国汉族的东西进行新的朝鲜化而已，只能说是在明清交替的国际秩序变化中产生的新的文化自觉的结果。

其四，就其产生的理论基础——性理学来讲，当时主导韩国政坛的是性理学的老论派（栗谷学统）。面对明清政权的交替，老论内部产生了两种对应态度：一是以宋时烈为首的湖论派，主张坚决捍卫朱子的义理名分，对清采取强硬的仇视和抵抗态度；二是以金昌协（1651—1708）、金昌翕（1653—1722）兄弟为首的洛论派，虽然他们最初也有反清意识①，但随着时间的推移，他们对变化的国际局势有了新的认识，认为"华夷一也"，开始积极吸取清朝的文化。特别是 18 世纪以后，洛论的这种思想逐渐开始占上风。这其中转变的重要契机便是朝鲜使者的燕行。通过北上燕行，他们增长了见闻、开阔了眼界，认识到中国虽然是清朝满人统治的国度，但依然具有比朝鲜先进的文明，这使得他们开始实施"北学论"。虽然湖派的北伐思想在 17 世纪占主导地位，但就整个真景文化的年代（1675—1800）来看，洛派的开放式的北学思想在 18 世纪也占很大比重。真景文化只强调老论湖派的理论，不重视与之相抗衡的洛派的主张，是很片面的。而且就 18 世纪中后期来看，朝鲜文人学者们已经开始积极地学习清朝的文化，那么这个时期的文化当然不能说是"朝鲜特色"了。

可见，对于真景文化的虚实问题，目前韩国学界没有达成一致意见，它将作为一个时代课题而继续研究下去。任何一种文化现象都具有多面性，我们无法对其作出一个绝对的评价。就真景文化论来讲，韩国学者从纠正日本殖民史观以及对历史的再认识、再评价角度去分析，并从中树立民族文化的自尊是无可厚非的，但过分强调自己的特色文化就会忽视文化的多样性，容易导致思想的独断性，甚至会引发国粹主义。任何一个时期的文化都不是单一的，我们应该秉着客观的态度来进行全面分析。

---

① 老论派的反清意识直到 18 世纪初期依然存在。金昌协在《审敌论》中还通过叙述吴三桂之事表达了清朝统治下文人的郁愤。他甚至还认为若吴三桂成功实施复明计划，然后与台湾和日本联合攻击清朝，则清就会灭亡。但后来面对变化的国际局势，以他为首的洛论派又采取了比较缓和的对清态度，开始积极吸收清的先进文化。可见，洛论派虽然政治上继承了以湖西地区为中心的老论的义理思想，但学问上却继承了汉城京畿地区西人的开放学风。后来在老论内部展开的湖洛论争正是洛派与湖派的学问矛盾激化的产物（参见赵成山：《朝鲜后期洛论派学风的形成和经世论研究》，韩国高丽大学博士学位论文，2003 年，第 150 页）。

附录四　韩国儒学原典资料选编：
《朱子言论同异考》①

序

前圣而作经，莫盛于孔子；后贤而传义，又莫备于朱子。故学者必读孔子之书，而后可以尽天下之义理；又必读朱子之书，而后可以读孔子之书也。然孔子生而知者也，故其言无初晚之可择；朱子学而知者也，故其言不能无初晚之异同；而学者各以其意之所向，为之取舍，往往有以初为晚以晚为初，而失其本指者多矣。朱子之书既多失其指，则孔子之书亦不可读也，而道于是乎不明不行矣。尤翁晚岁深以此为忧，既释大全之书，又欲考论其同异而辨正之。既始其功，才到十余条而止。呜呼，其可恨也已！元震自早岁，即已受读朱子书反复通考，盖用一生之力，其于异同之辨，庶几得其八九于十。于是悉疏而出，或考其日月之先后，或参以证左之判合，或断以义理之当否，以别其初晚表其定论。而其言异而指同者，亦皆疏释而会通

---

① 《朱子言论同异考》是研究韩国儒学重要的原典资料。该书由朝鲜儒者南塘韩元震（1682—1751）于1741年编纂完成，全书由木版本三册六卷构成，主要针对《朱子大全》和《朱子语类》中收录的内容，综合考察了朱子言论中的异同点，并对相关言论内容的真伪进行了判定和分析，被学界认识评价为朝鲜后期性理学最有代表性的著作。该书最初由尤庵宋时烈（1607—1689）开始着手编著，但宋时烈只是完成了分析考察其中的三十余项条目，临终前叮嘱门下弟子一定要完成。后来，韩元震接手这项工作，总共完成了3册6卷共479项条目的综合考察并编纂完成此书。另，本文标点点校参考了韩国学者郭信焕译注《朱子言论同异考》（韩国昭明出版社2002年版），特此说明。

之，编为一书，以续成尤翁之志。僭猥则有之矣，而学者或有取焉，亦庶乎为读是书之一助耳。元震于此，重有感焉。孔子天地间一人而已矣，朱子孔子后一人而已矣。有孔子则不可无朱子。而尊朱子者，乃所以尊孔子也。不幸世衰道微邪慝并起，甚有以侵侮朱子，改易其说为能事，是诚不知尊孔子也，而其祸将至于率兽食人人将相食。吁亦痛矣。虽然彼为是者，岂独其心不与人同，而故乐为此邪慝也哉。特不能善读朱子之书耳。苟能善读而真知其一言半辞，皆可以建天地竣百世，而不可易者，虽劝之使为此，岂肯为之哉。然则使人而善读其书，不叛于道者，亦在乎讲明精义阐发微指，使其难读者易读耳。此尤翁所以终始致意于是书也欤！孟子曰，君子反经而已矣。经正则庶民兴，斯无邪慝矣。今之欲距诐淫而息邪说者，盍于是反之哉？辛酉季冬日，后学韩元震谨书。

卷 1

朱子言论多有前后异同。有一得一失而不可两存者，有语虽不同而意实相通者，有本无异同而学者看作异同者，随见辄录以备学者之考论云。甲辰至月书于南塘精舍。

1. 理气

先生论理气性命，其说不一，各有所指，而实相贯通。其论理气先后，或言本无先后，此以流行而言也。（以流行言，则动静无端，阴阳无始，而理气本无先后之可言矣。）或言理先气后，此以本原而言也。（以本原言，则气之生生，必须以理为本，此不得不言理先气后也。）或言气先理后，此以禀赋而言也。（以禀赋言，则是气凝聚，理方具于其中，此不得不言气先理后也。）此其所指者不同，而所谓本原所谓禀赋者，又都只在流行中，则其说又未尝不会通为一也。又论五行之性，曰五行之性一也者，专言理也；曰五行各一其性者，各指一气之所禀也；曰五行各具五行之理者，又以五行一原而言也。其论人物之性，谓万物之性皆同者，专言理也。谓人物之性偏全不同而其性皆善者，各指其形气所禀之不同而亦不杂乎其气而言也。谓人人物物之性，刚柔善恶，各各不同者，以理与气杂而言之也。然其实只一性也。今不可逐说指论，只举其义例大端而言之，执此义例，推而准之，虽千言万语之不同，皆有以知其各有指归而默而通之，又有以见其为一说矣。然此须自用工夫潜玩积思而得之，不可只就纸上语依做说去而自以为得也。

先生所论理气性命，其说不一而要皆各有所指，实相贯通者前已论之。今又各举其说一二段以发其例推类求之，则余可尽通矣。理气以流行言，则本无先后。（《论语》子在川上章《集注》曰，天地之化，往者过，来者续，无一息之停。乃道体之本然也。《太极图》注曰，推之于前，不见其始之合，引之于后，不见其终之离。）以本原言，则理先而气后。（《中庸章句》曰，天以阴阳五行化生万物，天即理也。先言天后言阴阳五行，以本原言也。《答赵师夏书》曰，若论本原，即有理然后有气。）以禀赋言，则气先而理后。（《中庸章句》曰，气以成形，理亦赋焉，先言气后言理，以禀赋言也。《答赵师夏》书曰，若论禀赋，则有是气而后理随而具。）五行之性，专言理，则皆同。（《答严时亨》书曰，阴阳五行之为性，各是一气所禀，而性则一也。）各指一气所禀而言，则不同。（《答黄道夫》书曰，五行各一其性，则为仁义礼智信之性，五行各专其一，而人则兼备。严书上性字以不同言，下性字以同言。而又见其同与不同，只是一性者，则意尤完备。）以五行一原而言，则五行各具五行之理。（《语类》天地门僴录曰，金木水火土，虽曰各一其性，然一物又各具五行之理，不可不知。康节却细推来。）万物之性，专言理，则皆同。（《太极图》注曰，分而言之，万物各具一太极也。）各指形气所禀而言，则不同。（《孟子》生之谓性章《集注》曰，以理言之，则仁义礼智之禀，岂物之所得而全哉。）以理与气杂而言之，则人人物物皆不同。（《语类》程子书门僴录，论通书性者刚柔善恶中之说曰，所谓刚柔善恶中，天下之性固不出此五者。然细推则极多般样千般百种，不可穷究。）先生所论理气，大概如右。而又有以一言断之者曰，离合看。（《语类》易上系可学录，问一阴一阳之谓道，阴阳何以谓之道，曰当离合看。）盖理气离看，则为二物。为二物，则理先而气后气异而理同矣。合看，则为一物。为一物，则理气无先后无异同矣。看字又当着眼看。谓人离合看，非谓理气有离合时也。（离合看三字，实是穷理气之断例。上下所论理气诸条，皆当参看。）又按，理气之说，至朱子大备，而实皆本于孔子之言。曰一阴一阳之谓道，此即流行之说也。一阴一阳循环无端，而道在其中，则理气无先后也。曰太极是生两仪，此即本原之说也。有是太极，方生两仪，则理先而气后也。曰继之者善，成之者性也，此则禀赋之说也。有是继之成之之气，方具善与性之理，则气先而理后也。如是推之，则朱子之说，无一不本于孔子者，皆可知矣。又按，理气混融，本无先后之可言，而谓有理先气后气先理后者，或自理而言（论本原，则先自理而言），或自气而言（论禀赋，则先自气而言），所从而言之者，有不同耳，非真有先后也。如言天地与道，自道而言，则天地出于道，而道先于天地矣。自天而言，则道出于天，而天先于道矣。其实天地与道，有则俱有，何尝有先后之层级哉？（《语类》周子书门可学录，形而上形而下，只就形处，离合分别，此正是界至处。若只说在上在下，便成两截矣。）

论理气先后曰，未有此气，已有此性。气有不存，性却常在。（《答刘叔文》书）。此言天地万物未生之前，其理已具，天地万物既灭之后，其理不亡也。又曰，性者三才五行万物之理而已矣。非有一物先立乎未生之前，而独存乎既没之后也（《答何叔京》书）。此言天地万物，气聚而存，则理亦命乎此而存，天地万物，气散而尽，则理亦随其气而尽矣。合二说而论之，则天地未生之前，其理已具，则理固先矣。然此天地未生之前，又有先天地而理在先天地，天地既灭之后，其理不亡，则理固后矣。然此天地既灭之后，又有后天地而理在后天地，理实无先独立后独存之时矣。

论理气先后曰，坤复之间，是无极（《语类》易纲领伏羲图骧录）。此言复之一阳初动，是气之始而理又在其前也。此以理气源头而言也。又曰，推之于前，不见其始之合，引之于后，不见其终之离。（《太极图说》第二节注。）此言气无始无终而理亦无始无终，不见其始合，不见其终离也。此以理气流行而言也。合二说而论之，则动静无端阴阳无始，理气只是一个流行也。就流行中，截自一阴一阳初生处以为始，而推言其未生之前，则其理已具，此所谓源头也，而所谓源头，只在流行中矣，非流行之外别有，有源头者在其先矣。（《答王子合》书有就中间截断之语，见下。）

论理气动静曰，动静阴阳，只是形而下者，动静非太极（《语类》周子书门□录）。此以气有为理无为而言也。又曰，理有动静，故气有动静。理无动静，气何自而动静乎（《答郑子上》书）。此以气为器理为主而言也。合二说而论之，则气有为而理无为，故动静者气也非理也。气为器而理为主，故动之静之者理也非气也。自其动静者而言之，则气有动静而理无动静。自其动之静之者而言之，则理有动静，故气有动静。盖理气混合，而作用在气主宰在理。知此说者，而后可与论理气矣。

论理气体用曰，阳之动也，太极之用所以行也，阴之静也，太极之体所以立也（《太极图解》）。此以动静分体用也。又曰，谓太极含动静，则可（自注，以本体而言也），谓太极有动静，则可（自注，以流行而言。答杨子直书）。此以本体流行分体用也。又曰，以形而上者言之，则冲漠者固为体，而其发于事物之间者为之用。（《答吕子约》书，下同。）此以理为体而事物为用也。（此以理之发于事物间者为用，则固非专指事物为用也。然以下文事物为体理为用者，相对为言，则亦不害其事物为用也。）又曰，以形而下者言之，则事物又为体，而其理之发见者为之用。此以事物为体而理为用也。其言体用，有是不一，而合而观之，其义乃备，非有异同之辨也。学者当参看而会通之也。（按，理有理之体用，气有气之体用。又有理为体而气为用，气为体而理为用者。此段所论，其义皆备。而以明白易晓者言之，则理之体用大本达道是也，气之体用阴阳动静是也。此义包在第一说中，读者详之。）

论理气同异，以为理同而气异（《答黄商伯》书曰，论万物之一原，则理同而气异），又以为气同而理异（《答黄商伯》书曰，论万物之异体，则气犹相近而理绝不同），又以为理同而气亦同（《答陈安卿》论吕氏恻隐说曰，非但同理，亦同气也），又以为气异而理亦异（《答严时亨》论人物之性曰，因其气禀之不同，而所赋之理亦异）。大抵推本而言，则理同而气异；沿流而言，则气异而理亦异。此理气大端不易之说也。然本原上理同气异处（太极生两仪），又有理同而气同者（易有太极是也。易者，一气之变易也。一气而有变易，故谓之易。本是二气，则不得言变易。先生答王子合书曰，二气之分，即一气之运）。末流上气异理异处（阴阳五行万物之性），又有理同气同者（恻隐之心，及于物），又有气同而理异（气犹相近，理绝不同），理同而气异者（万物各具一太极），纵横推之，乃可尽也（气同而理异，又见《孟子》生之谓性章《集注》）。

《语类》太极门夔孙录，问理与气曰，伊川说得好，曰理一分殊，合天地万物而言，只是一个理，及在人则，又各自有一个理。

按，上段以万物统体一太极而言也，下段以万物各具一太极而言也。盖以天地万物之气为分殊，天地万物之理为理一也。然理一专以理言，分殊当兼理气言。太极生两仪，即理一而分殊也。阳性健阴性顺，又是分殊之理也。理一分殊四字，包尽理气之说，故曰说得好。又按，下段在人人字下，恐脱物字，又恐是物字之误。上既言万物，则此言物字固着。且言人则不得兼物而言，物则却包得人字矣。

鬼神门植录曰，太极只是一个气，分做两个气，又分做五气，又散为万物。此言一气分为二气，又分为五气，散为万物者，乃太极之理也云尔，非以太极为一个气也。

心性门道夫录曰，形而上者全是天理，形而下者只是那查滓。至于形又是查滓至浊者。按，形而下本兼气与质而言。此录至于形云云，是就形而下者之中，又言其有形质不可易者也，非以形上下三字分为三层也。若因此而又分形与下为二层，以形为形质，以下为气运，则恐非先生之指也。若以形气分上下，气当为上，形当为下，不当气反为形质之下矣。（《大全·答陆子静》书曰，凡有形有象者皆器也，答吕子约书曰，形而上者，谓之道，物之理也，形而下者，谓之器，物之物也。《答黄子耕》书曰，一物之中，其可见之形，即所谓器，当以此为正。）

2. 理

陈安卿问，理有能然必然当然自然，答曰，此意甚备。且要见得所当然是要切处。若果得不容已处，即自可默会矣。按，不容已处，深体味之，则见得能然必然自然之意，皆不外此，不独当然之意也。

3. 阴阳

《答王子合》曰，动静无端，阴阳无始，本不可以先后言。然就中间截断言之，则亦不害其有先后也。按，此语至为精密，不但说阴阳而已。理气先后有无，亦可于此而见之矣。动静无端，阴阳无始，则理固无先立之时之地矣。然就中间截断，自一阴一阳初生处而言之，则此阴此阳未生之前，谓已有阴阳之理，亦可矣。又按，书中两言由静而后动，静动二字，恐是差互。当曰由动而后静。

4. 五行

《答黄道夫》曰，五行各一其性，则为仁义礼智信之性。而五行各专其一，人则兼备此性而无不善。答徐子融曰，气质之性，只是此性堕在气质之中。故随气质而自为一性。正周子所谓各一其性者。按，前既以各一其性为无不善，而后又以为气质之性。盖五行各一之性，对气质善恶而言，则为本然之性，对太极全体而言，则为气质之性也，非前后异指也。且其谓气质之性者，亦只论五行万物之性不同者耳，非以善恶而言也。(《答王子合》书曰，极本穷源之性，是对气质之性而言。)

先生既以各一其性为气质之性，又以水之润下火之炎上为本然之性(见《孟子》天下之言性章诸录)。前说并举五行，而言其所禀之不同，后说各就一物，而言其所性之本然。所谓本然者，谓本自如此也。水之润下火之炎上，其性本自如此。故曰本然，非各一之外复有本然也。自其各一而言，则谓之气质之性，自其性本如是而言，则谓之本然之性。两说相通不可废一也。(《孟子集注》曰，水之本性未尝不就下，《答李继善》书曰，从革曲直稼穑。是其本性之发。按，以其同而言，则谓之本然之性，以其异而言，则谓之气质之性。以五行言，则水之理同于火之理者，本然之性，而水之润下异于火之炎上者，气质之性也。水之润下皆同，又是本然之性，而其清浊不同者，又为气质之性也。)

天地门节录，问先生答书云，阴阳五行之为性，各是一气所禀，而性则一也，两性字同否，曰一般。按，上性字以不同而语，下性字以同而言。两性字固非一意，而曰一般者，盖以一气所禀而言，则性虽不同，自其是性本体而言，则又无不同，而两性字，只是一性。故谓之一般。然两性字，不先言其有不同者，而只说一般，则恐生学者之疑。读者不以辞害意，可也。

5. 天地

太极门方子录曰，若无太极，便不翻了天地。按，不字恐误，或是已字。言若无太极，则便已翻倒了天地也。不字若是，则翻字当作翻开意看。然终涉牵强。

天地门淳录，以天地为有内外，训门人门道夫录，以天地为无内外。按，前说据日月星辰运行处以上为外以下为内。义刚录曰，论日月则在天里，论天则在太虚空里。又曰，天无体，只二十八宿，便是天体。（见天地门下。）其谓有内外者，只如此。后说以天之气无涯而言也。庄生言天之苍苍，远而无所至极者，亦此意也。

杨录，问天地会坏否，曰不会坏。与上淳录僩录论天地不同。

僩录曰，横渠说天左旋，日月亦左旋，看来横渠说极是。只恐人不晓所以诗传只载旧说。据此则诗传所载，只为人易晓，姑存历家之说，非有初晚之异见耳。

僩录，春夏间天转稍慢，秋冬则天转益急。按，此录恐误。天行一日一夜一周而过一度，每日一般，岂有慢急之差也。果有慢急，若非春夏之天行不尽于一日，则必是春夏之昼夜差长于秋冬矣。若是而节气可均而岁功可成乎。

太极门方录曰，万物生长是天地无心时，枯槁欲生是天地有心时。按，有心无心，只以可见不可见而言。此当活看。若正论天地之心，则维天之命，于穆不已，岂有间断有无之时哉？

《论语》颜渊问为邦章广录曰，尧时会在巳午之间，今则及未矣。按，以康节说推之，今方在午会姤之第三爻上矣。

《答张敬之》曰，潮汐之说，余襄公言之尤详。大抵天地之间，东西为纬南北为经。故子午卯酉为四方之正位，而潮之进退，以月至此位为节耳。以气之消息言之，则子者阴之极而阳之始，午者阳之极而阴之始，卯为阳中，酉为阴中也。按，余公说，今以海潮验之，全不应，而彼竭此盈之说，尤为无理。岂余公生于中国，未见海潮而臆度为言，故如是耶。先生所谓潮之进退，以月至子午卯酉之位为节者，盖朔望月加卯酉而潮涨，两弦月加子午而潮缩。此若可通也，而月盈而潮涨，月亏而潮又涨，月盈亏相半而潮缩，既未见其相合也，而月至子午阴阳之极而潮反缩，至卯酉阴阳之中而潮反长，又未有其说也。若必谓潮应于月，则一岁之冬夏春秋，一月之晦朔弦望，一日之夜昼昏朝，其进退消长之运，同一机缄也，何独以月而为言哉。一岁无再冬再夏，一月无再晦再望，一日无再昼再夜。而潮之往来，一日而再进再退，一月而再消再长。此固自有机缄之不已，不必牵合于岁月日而为言也。且以天地之始言之，则先有天，次有水，次有地，天地既生，方有日月。此水先于月也。虽以同类相应而言，谓月从水可也，谓水从月则不可也。邵子所谓地之喘息者，此政所谓自有机缄者。而天居外地居内而海处于天地之间，则须谓之天地之喘息，其说乃尽耳。先儒又谓潮缩于冬夏，大于春秋，此亦臆度之言也。海潮盛于夏，缩于冬，平于春秋，此则与一岁阳气之运相合矣。盖水生于天一，故其盈缩之候，随阳而进退耳。（东海无潮，非是全无进退。虽有进退而其势甚微，无如西南海潮之大进大退也。四海相运。而东海最为深壑，故不见其盈虚，西南海之有盈虚，即是东海之盈虚耳。如人之腹部如口鼻一气相连，故腹部之盈虚见于口鼻之嘘吸耳。北海最远人无见者，而其必有潮之进退，亦当与南海同矣。）

6. 日月

《答梁文叔》曰，日月不可以体言，只有魂魄耳。按，凡有形者皆可言体，日月之有形象者，岂不可言体。先生此言特言其体魄之不可分耳。体魄本有别，而至于日月，则魄即体体即魄，既言魄不可更言体云尔。据下文月魄即其全体之说，则亦可见矣。

天地门谟录曰，星光亦受于日，但其体微尔。德明录问星受日光否，曰星恐自有光。按，谟录恐是。星若自有光，月亦宜自有光。星字从日从生，则盖以为日之所生也。星光近日者暗远日者明。星虽受日之光，近日则还为日光所夺耳。

谟录曰，月行日外而掩日于内，则为日蚀，日行月外而掩月于内，则为月蚀。伯羽录曰，月合在日之下，或反在上，故蚀。按，此论日蚀，与秉烛执扇之谕不同。（烛扇之谕，见《大全·答廖子晦》书。）论月蚀，与暗虚所中之说不同。恐皆误录。（日月蚀，见上㑊录。当以是为正。）

德明录曰，至望时月面向人者有光，向天者亦有光。与楚辞天问注一弹丸粉涂其半之说，不同。

7. 鬼神

《答杜仁仲》前书曰，但谓神即是理，却恐未然。后书曰，神是理之发用而乘气以出入者。却将神字全作气看，又误矣。按，今不见仁仲书，未知为说如何，而以先生之书推之，则盖是问五行之神。而前则只以理言而不知其为乘气出入者，故以为未然。后因先生之言，遂全作气看，而不复知其为理之妙用，故又以为误。非先生之说有前后之异也。盖神之名义色相，先生之后书尽之，无可以改评矣。故离气言神固不可，而指气为神尤不可也。五行之神在人，为仁义礼智信者，虽以理之乘气者言，而与太极之名超然专说得理者，不同。然其实体则不外乎理矣。《通书》神妙万物注及小注说，皆以理言。又按，天地门植录，论五行之神，专以气言，又言在人则为理，恐是误录。论神字，当以杜仁仲后书为正。

鬼神门小注赐录曰，气是魂，谓之精，血是魄，谓之质。所谓精气为物，须是此两个相交感，便能成物。（又见春秋门明作录。）按，上以精气为一，下又以精气为两个。上二句内恐有误字。（精恐神字之误，血恐精字之误。）

升卿录曰，三魂七魄，金木之数也。按，七非金数，恐有误也。岂魄聚而魂付，魄实而魂虚，故十分数中，谓魂占三而魄居七耶。

偭录，释金縢三王是有丕子之责于天，与《书传》不同。

偭录，子蒙录，论相夺予享事，不同。

8. 人物之性

《答徐元聘》曰，来谕云云，胡子《知言》正如此说。（自注云，内一章首云，子思子曰者，是也。）然性只是理，恐难如此分裂。只是随气质所赋之不同，故或有所蔽而不能明耳。理则初无二也，至孟子说中所引，乃因孟子之言，只说人分上道理。若子思之意，则本兼人物而言之。性同气异，只此四字，包含无限道理，幸试思之。《答胡广仲》曰，《知言》性之所以一，初见一本无不字，后见别本有之，尚疑其误。继而遍考此书前后说，颇有不一之意。如子思子曰一章是也。故恐实谓性有差别，遂依前本添入不字。今既遗稿无之，则当改正。但其他说性不一处，愈使人不能无疑耳。（《知言》中性之所以一，是言万物之一原，子思子曰章，是说万物之分殊，两说初不相妨也。先生是时，只主一原而不信分殊，故有此疑耳。）昨来知言疑义中已论之，不识高明以为然否。按，胡子《知言》曰，子思子曰率性之谓道，万物万事性之质也，因质以致用人之道也。人也者，天地之全也，而何以知其全乎。万物有有父子之亲者焉，有有君臣之统者焉，有有报本反始之礼者焉，有有兄弟之序者焉，有有救灾恤患之义者焉，有有夫妇之别者焉。至于知时御盗如鸡犬，犹能有功于人。然谓之禽兽而人不与为类何也。以其不得其全，不可与为类也。（胡子说止此。）胡子说只言其人物禀性之不同，而不言其理之本同，语固有欠。（先生《答徐子融》书曰，天之生物，其理固无差别，但人物所禀形气不同，故其心有明暗之殊，而性有全不全之异耳。必如此说然后，方无偏矣。）然其以人物所禀之性为不同者，未尝不是矣。而先生并以此为非。且其为说专以人物之性为无差别，而其所不同者，只在于既得之后为气所蔽，而或不能明。（其谓性同气异四字，只作理同气异看。而气异处看性之不同则可矣，而若谓人物所禀性自同而气自异，性气二者，元不相涉而判为二物，则不可矣。）又以孟子子思之言性为不同，而与《集注》、《章句》之说不合。（孟子犬牛人性，即子思率性之性也，犬率犬之性为犬之道，牛率牛之性为牛之道，人率人之性为人之道。则思孟之论性本无二指也。今谓人物之性皆同，而性有不率者，则固不合于思孟之指。而又以思孟之指为有不同，尤有所不敢知。）则此二书之不得为定论，固已可见矣。胡书中，又以为胡子说性不一处，《知言疑义》中，已论之云云，而子思子曰一章又是二书之所深非者，则尤当详论。而今按《疑义》中俱不见焉，盖是初论其说，而后觉其误旋削之也。据此尤见此二书之为初年说也。（别集《答程允夫》书，亦以子思天命之性，孟子犬牛人性，两性字为不同，则盖亦初年说也。据此数书，先生初年论性不同于晚年者，盖可见矣。允夫书考论见下。）今之为人物性同之论者，皆以徐程二书为据而辨之者，亦每患于不快矣。今考其初晚之别如此，方见其无窒碍处，甚媿前此读书之不详而枉费于辞说也。（壬寅夏，余着说一篇，以释元聘书意，而自今观之，理虽无差，辞失本指，终不免于强说费力矣。甲寅孟春，读广仲书，偶见其意，遂取元聘书《知言疑义》及允夫书，对《同契》勘，遂定其为初年说，追正之如此云。愚按，《答范伯崇》书，悉数《知言》中议论病处六七条，与疑义同。而独不及说性不一处，于此亦见其徐胡二书之为初说也。壬辰《答刘子澄》书亦言《知言》数大节目差误处，而不及说性不一处。）

《答程允夫》曰，天命之谓性，通天下一性耳，何相近之有？言相近者，是指气质之性而言，孟子所谓犬牛人性之殊者，亦指此而言也。按，此论天命之性，若只以在人者而言，则固无可疑。然以下所引孟子说观之，则似是兼人物而言。若是兼人物而言，则似与《章句》说差异。《章句》释天命之性曰，人物之生，各得其所赋之理，以为健顺五常之德，则所谓性也。又曰，人物各循其性之自然，则日用事物之间，各有当行之路。其说未尝以人物之性道为同，而与犬牛人性章《集注》有异也。然此书所论，亦自有其指，盖天命之性四字，直从天命说来，未尝带着气质字。如犬牛人性之先言犬牛人字，则谓之通天下一性，亦无不可，而且从其犬牛人性不同者而言，则谓之气质之性，又无不可。但非子思孟子之指耳。大抵性字，始见于汤诰降衷下民之说，而孔孟承之以为说。则曰干道变化各正性命，曰继之者善成之者性，曰犬之性牛之性人之性，是皆以人物所禀各异者而言，则自来言性本只如此矣。子思之言，所以上述夫子之言，下启孟子之传者，亦岂有异指哉？周子言性，亦曰五行各一其性，则其论性亦无改于前矣。至程张朱子，始有一理一原全体之说。（张子曰，性者万物之一原。朱子曰，各一其性，则浑然太极之全体，无不各具于一物之中，程子则曰，动物有知，植物无知，其性自异。但赋形于天地，其理则一，程子之言性，不同，同于周子以前，而其言理一同于张朱之说。）而其论性始极于高妙矣。然此乃推本之论，非性字名义本色也。性之得名，本因其在气质而名焉，则万物各正乃性之名义本色也。后之言性者，乃反喜高妙而忘本色，专以万物皆同言之，则是不知其性之贵于物，而谈性谈天日流于空虚矣，其亦惑哉。为此论者，每自托于此书，而殊不知此书之指，与章句有不同者。故略辨之如右云。（不知性字名义本色而喜言高妙者，实不知其高妙也。）又按，《答程允夫》书论性，既与《中庸章句》、《孟子集注》不同。而书中一段，又论浩然之气，曰大刚直，当从伊川说。伊川以至大至刚以直为句，与今《集注》说不同。又一段，以道心惟微为舍亡之致，则此书可见为初年说，而非其定论矣。（犬牛人性是人物不同之性，相近之性是善恶不齐之性。两性字，自不同。此书合而言之，与《集注》不同。恐全书非定论也。）

《答徐子融》曰，天之生物，其理固无差别。但人物所禀形气不同，故其心有明暗之殊，而性有全不全之异耳。惟人心至灵，故能全此四德而发为四端。物则气偏驳而心昏蔽，固有所不能全矣。《答余方叔》曰，虽其分之殊，而其理则未尝不同。但以其分之殊，则其理之在是者，不能不异。故人为最灵而备有五常之性，禽兽则昏而不能备。按，二书所谓理无差别，理未尝不同者，以一原而言也，所谓性有全不全，理不能不异者，以分殊而言也。其言四德五常，皆就分殊处言，则四德五常之非一原，可见矣。又于一原处，必以理言，分殊处必以性言，则性理二字名义之不同，又可见矣。且其所言四德五常，味其语意，固非以善恶污杂者而言之。况此二书实本于《太极图》，惟人最灵形生神知五性感动之说。而图说五性决不可谓气质善恶之性，则此之言五常，又岂有异义哉？《答子融》后书中，又及子融方叔论性之说，盖申此二书之说，而其书言某今年一病几不可支，又曰老境如此。此问答，盖在先生最晚之岁矣。（或者以五常为一原，而又以此二书所言五常之性，为气质善恶之性，盖不解读书矣。又按，先生《答杨仲思》论性曰，字义同异之间，分别未明，故难遽晓。或者之说，盖如是耳。又论人物之性所受不同，见续集《答李继善书》。）

《答徐子融》书曰，理无差别，而性有全不全。《语类》曰，谓之理同则可，谓之性同则不可（《程子书》门方录）。按，此皆以性理二字分别言之，其他说处，又不必皆然。其曰理有偏全（《答赵师夏》书），曰理绝不同（《答黄商伯》书），是以理为有不同也。曰天下无性外之物（《太极图说》），曰性即太极之全体（《答严时亨》书），是以性为无不同也。盖理字无依着而说，故无不同，性则因气质而言，故有不同。然理与性，元只是一物，故亦可以互换说。但两字对说，则不可混称。徐书若《语类》所记，是也。

《答万正淳》书释继善成性之义曰，接续此道理以生万物者，莫非善，而物之成形，即各具此理而为性也。《语类》释天命率性之义曰，万物禀受，莫非至善者性，率性而行各得其分者道（《中庸》首章端蒙录）。按，此皆以万物之性为皆善，似与生之谓性章注，人之性所以无不善而为万物之灵者，不同。然实则两说无异指。《集注》之意，盖谓万物之性皆善，而人性之善无不全，万物之心皆灵，而人心之灵无不通。故谓人之性无不善，而为万物之最灵也。非谓物性不善，而人独性善也。前二说，亦非谓物性之全，皆如人性也。盖人物之性皆善，而所不同者，特在于偏全耳。故前二说上句，皆言其善，下句，皆言其不同（各具各得，是其不同也），未尝与《集注》异其指。物性皆善之说，实本于夫子之言，继善成性。斯言之外，又有曰，乾道变化，各正性命（《语类》乾卦节录曰，各得性命之正）。又曰，天下雷行，物与无妄，谓各正谓无妄。则物性之皆善，可见耳矣。

《答严时亨》论人物之性曰，同中识其所异，异中见其所同。又曰，以为同则同中有异，以为异则未尝不同。按，圣贤论性，或异或同，难以通乎一，惟此一言，可以会而通之，实千古论性之断例也。然所谓同异者，又非惟一同一异两端而已也。故学者，虽闻其说而未易通其指。有言万物皆同之性，有言人物不同而人与人同物与物同之性，有言人人不同物物不同之性。而其同其异又非有二理也。学者徒知皆同皆异之同异，而不知人与人同物与物同，而人与物不同之同异。（不知此者，谓五常全德人物同禀。）又不知同异，只是一理，只在一处，而每欲求之于二理二处。（不知此者，以本然气质，分属未发已发。）故其所自谓知同知异者，实亦不知其为同异，而殆无异于矮人之观场矣。是说也，前屡见之兹不复详。

人物之性门节录曰，人之仁义礼智之粹然者，物则无也。按，无字未安。仁义礼智之禀物，固不能全，亦不能粹然，谓之全无，则不可也。《孟子集注》曰，仁义礼智之粹然者，人与物异也，如此言之，方为攧扑不破矣。

广录，徐子融陈才卿论性不同处，先生之意，以才卿说为是。

《大全·答子融》书，当参看。（子融认知觉为性，故其论性谓有知觉者，有本然之性，无知觉者，无本然性，而只有气质之性，其以附子大黄之性，为气质之性者，亦以此也。故先生云云。子融认心为性，又见《释氏》门僴录。）

9. 心

《张子书》门谟录曰，凡物有心而其中皆虚，如鸡心猪心之属切开可见。人心亦然。此言心之虚灵，人物皆同也。《答余方叔》曰，人为最灵而备有五常之性，禽兽昏而不能备。此言虚灵人物不同也。甲寅行宫奏劄曰，心之为物，至虚至灵神妙不测，常为一身之主，以提万事之纲。此言虚灵圣凡皆同也。《大学或问》曰，此德之明日益昏昧，而此心之灵，其所知不过情欲利害之私而已。此言虚灵圣凡不同也。凡此数说，言虽不同意实相通，不可执一而废二也。盖虚灵虽同，而其所以为是虚灵之气则不同。鸟兽之心偏气聚而虚灵，故其灵也只通一路，人之心正气聚而虚灵，故其灵也无所不通。此人物之不同也。圣人之心清气聚而虚灵，故灵之所觉者皆是理，凡愚之心浊气聚而虚灵，故觉之所觉者皆是欲。此圣凡之不同也。鸟兽之心，虽有些虚灵，既与人异类。则其同不同不须言也。其在人者，只指其虚灵而言则皆同，而并指其所禀之气而言则不同。就心而言则可言其有不同，而就明德而言则不可言其有不同。盖以明德之称，与心不同，只言其虚灵，而不及其气禀故耳。（《语类》心性情门人杰录曰，虚灵自是心之本体，谓之本体则无不同矣。）

《答胡广仲》曰知觉心之用，其下又曰智之事。《答潘谦之》曰，心之知觉，所以具此理而行此情。其下又以知之理为智。是皆以知觉既属心，又属智而一时并说。又非有前后之不同者也。盖知觉心也而智包四德。故未发而知觉不昧者，心之体也，而其理专言之则智也。已发而知觉运用者，心之用也，而其理之发见在知觉上者专言之，则皆智之发也。故知觉从心言则属之心，从性言则属之智。而未尝有两知觉也。《答吕子约》书以能知能觉有所知觉言知觉，答潘书以具此理行此情言知觉。盖能知能觉而具此理者，知觉之体也，有所知觉而行此情者，知觉之用也。其《答何叔京》书又言，觉字须贯动静而无不在。三书之言知觉，皆兼体用而言。其他以知觉为心之用智之用，特指其动后之知觉而言也。非有异于前三书之意也。《答孙敬甫》书、《中庸或问》又皆言静中知觉。而答孙书乃在子约死后，则其为晚年定论，又审矣。学者多于心之用智之用，与兼体用之说，偏主一说而欲有所取舍，或分知觉精粗，精属智粗属心，而不免为两知觉，则恐皆不审矣。（又按，胡书中，孟子知觉是知之精，上蔡知觉是知之粗。而并以为心之知，智之事，则其不分精粗而皆属心性，可见矣。）

《答余方叔》书以草木枯槁为无知觉，《语类》以草木腐败之物为有知觉（尽心章僩录），前之谓知觉，以知觉之与人同者而言，后之谓知觉，以万物之皆有心者而言也。万物之心，虽有通塞之不同，不可谓有无心者矣。两说当通看。（如曰草心木心谓之心，则亦可以知觉言也。）

《答石子重》曰，人之所以为学者，以吾之心未若圣人之心故也。又曰，吾之心即与天地圣人之心无异矣，则尚何学之为哉？按，先生论性则以为圣凡无异，而论心则以为圣凡不同，其以心为气者，可见矣。大抵心字始见于帝舜人心道心之语，而人心已兼善恶。孔孟继之言心则曰，七十而从心所欲不踰矩，曰其心三月不违仁，曰操则存舍则亡，出入无时，莫知其乡。心果是理也，果是纯善也，则心即矩也，即仁也，何得复言不踰矩，不违仁，亦何有踰矩违仁存亡出入之时耶？自来言心只如此而已，则先生之言，岂无所本而言者哉。然明德只是心，而谓之心，则有异，谓之明德，则无异者，何哉。此于镜譬可见矣。明德犹言镜之光明也，指言其光明则光明无不同矣。心犹言镜也，专言镜则铁之精粗有不同矣。镜譬详见《记闻录》。（心有昏明清浊之说，又见《答朱飞卿》书，及《语类》孟子富岁子弟多赖章，贺孙录。心之气禀不能无偏，又见《答项平父》书。）

《答程正思》曰，此心有正而无邪，故存则正，不存则邪。按，此与《答朱飞卿》书心有昏明清浊之说不同，而答有所指。盖以心之气禀而言之，则固不能无昏明清浊之殊，而以心之本体虚灵不昧者而言，则又有正而无邪矣。然所谓正者，即指其虚灵不昧底，而非谓其气禀皆正也。故其虚灵不昧者，有时而昏而本体亡焉，即其气禀使然尔。

潘子善问，横渠曰，心大则百物皆通，心小则百物皆病，孙思邈曰，胆欲大而心欲小，答曰，心自有合要大处合要小处。按，大者公而无偏之谓也。小者操而不舍之谓也。操处合要公，公处合要操，二者又并行而不相悖也。

《答黄商伯》曰，已发之处，以心之本体权度，审其心之所发，恐有轻重长短之差云云。胡氏观过知仁之说，所以为不可行也。

按，已发者心也，本体权度亦心也，以而审之者亦心也。然则心有此三者之并行乎。已发处有轻重长短者，是过去底。以其本然权度审察乎此者，是方发底，以方发之心察夫过去之念，此政是慎独省察之事。非有二心一时并行而以此察彼也。所谓心之本体权度，以此心理义本然之则言之，亦非别有一心与以而审之者，并行也。胡氏观过之说，过者一心也，观者一心也，观此观者而知其为仁者又一心也。过者之心是第一发，观者之心是第二发，知仁之心是第三发。此虽亦非一时并发者，然三者之心，递相看烦扰迫急，不成道理。（递相看不成道理等说，见先生《答吴晦叔书》。）况一念之动，随察其真妄，斯可止矣，于是而又更观乎其察之之心，而欲知之者，又何为哉。此先生所以谓不可行者也。先生说与胡氏说泛看，似无甚异，而细辨之，则其得失之分相去远矣。

《存斋记》曰，存而久，久而熟，心之为体，必将了然有见乎参倚之间，而无一息之不存矣。观心说曰，若参前倚衡之云者，则为忠信笃敬而发也。盖曰，忠信笃敬不忘乎心，则无所适而不见其在是云尔，亦非有以见夫心之谓也。且身在此而心参于前，身在舆而心倚于衡，是果何理耶？按，两说不同，而《存斋记》先生30岁前所作，当以观心说为正。然观心说中，以人心为人欲，又谓尽心而后知性知天，皆与后来定论不同，此亦不可不知也。（观心说，尽其心而可以知性知天，以其体之不蔽，而有以究夫理之自然也。体之不蔽，谓尽心也，究夫理之自然，谓知性知天也。）

心性门淳录，论知觉曰，不专气。气先有知觉之理，理未知觉。气聚成形，理与气合便能知觉。按，此说当活看。气无理亦不得知觉，故如此说。然论知觉之本色，则气而已矣。

谦录曰，心之本体，未尝不善。又却不可说恶全不是心。若不是心是甚么做出来。节录曰，性无不善，心有善恶。若论气质之性，则亦有不善。程书门伯羽录，问心本善，发于思虑，则有善不善，如何？曰，此段微有未稳处。凡事莫非心之所为。虽放僻邪侈，亦是心之为也。按，心者气也。而其体则本虚。故以其气之不齐而言，则谓之有善恶，以其体之本虚而言则亦谓之善。先生前说本体未尝不善，只指未发虚灵之体而言，未说到气禀。又却不可说以下，方说气禀。后二说，又皆专以气禀而言。然程子之言本善，恐亦指其未发虚灵之体而言。观其以发于思虑对言，则可见矣。若并指气禀而言，则何以有不善之发，亦何以释氏本心为非耶？近世论心者，又直以心之气禀为纯善，则盖不识程朱本指，而其蔽流于释氏之本心矣。

《答张敬夫》曰，释氏擎拳竖拂运水搬柴之说，岂不见此心，岂不识此心，而卒不可与入尧舜之道者，正为不见天理而专认此心以为主宰，故不免流于自私耳。前辈有言圣人本天释氏本心，盖谓此也。又答曰，圣门所谓心，则天叙天秩天命天讨，恻隐羞恶是非辞让，莫不该备，而无心外之法。故《孟子》曰，尽其心者，知其性也，知其性则知天矣。存其心养其性，所以事天也。按，二书论心不同，而各有所指，前所言心，专指灵明之质而言。专主此心，则气质用而物欲行矣。释氏本心是也。后所言心，兼包性天之理而言。能存此心，则德性用而天理行矣。圣人本天是也。据此则学者专认灵觉为本心为纯善者，皆与释氏同病矣。

《心性》门高录，或问心又不可以知觉言。此说误。

义刚录曰，心是个没思量底，只会生。按，没思量，犹言没思索。言其义，别无可思索底，只会生而已也。若看作心无思量，则误矣。

《答林德久》曰，知觉正是气之虚灵处，与形器渣滓正作对也。按，此书当与《中庸序文》参看。此书所谓形器查滓，即是谓耳目口体之属也。庸序所谓形气，正亦以形器查滓，与虚灵知觉，作对说也，本不以心之灵觉，包在形气中说也。后人读庸序者，每将形气二字，并包此心灵觉之气看，故不免堕于二岐之见。今以此书参看，于庸序则所谓形气者，可见其与心作对说而不可合看矣。又按，以知觉为气之虚灵，与前所谓知觉智之用者（见答张敬夫、胡广仲、廖子晦、吴晦叔、游诚之书），似异而实无不同。盖论知觉之体段，则固不外乎气之灵处，若求其所以知觉之理，则乃是智也。故此一个知觉未发而具其理，则是智之体，已发而行其情，则是智之用也。唯其知觉之为气也，故谓其理为智。若自是理，则安得复言其理耶？

卷 2

1. 性

《答林德久》曰，非气无形，无形则性善无所赋。故凡言性皆因气质而言，但其中自有所赋之理尔。按，此一言，发明性字名义精蕴更无余遗，实千古论性之至诀也。盖理赋于气中，然后方为性，故曰因气质而言。不因乎气质则不名为性矣。性虽因气质而名，然其所指为性之物，则实指其中所赋之理，非杂乎气质而言也。故曰其中自有所赋之理。不指其所赋之理，则性为污杂矣。因气质而言，故有五常名目之殊，人物所禀之异矣。指其中所赋之理，故其为五常之德，人物之性又皆不失其为善矣。（《中庸章句》人物之性，皆以健顺五常为言，则物性虽偏，亦皆善矣。）本然气质之非二性，又于此而可见矣。性因气质而后言，则性无时不在气中矣。因在气中而兼指其气，则为气质之性，又直指其中所赋之理而不杂乎其气，则为本然之性。此则性虽有二名而实无二体也。（答德久知觉性善二条，皆一时所答。而原书中，言向来所论，于本原上欠工夫，间为福州学官作一说发此意。一说盖指福州州学经史阁记，是记之作在庆元乙卯九月，实先生六十六岁时也。如以此因气质而言者，为气质之性，则曰凡曰皆，固非偏指一边之语。况此一句正是覆解上文无形则性善无所赋之语，则其指性善而言，又可见矣。）

　　《答胡广仲》曰，人生而静，只是情之未发。但于此可见天性之全。又《答王子合》曰，人生而静，静者，固是性。然只有生字，便带却气质了。按，人生而静，方谓之性，而《乐记》言其天性之真，程子言其兼气之性，先生前说是释《乐记》之指，后说是释程子之意，言各有所主也。然先生所《答严时亨》书，最为完备。其书曰，人生而静是未发时。以上即是人物未生之时，不可谓性。才谓之性（人生而静，未发时），便是人生以后。此理堕在形气之中，不全是性之本体矣（气质之性）。然其本体又未尝外此。要人即此而见得其不杂于此者耳（本然之性）。盖此书下一段三此字，皆指气质之性。即此气质之性，而见得其不杂于气质者，为本然之性，则可见本然之性，不外乎气质之性，而虽有气质之不齐，不害性之本然矣。一书中，上一截言人生而静，中一截言气质之性，下一截言本然之性。而其言气质本然，皆在人生而静处，则本然气质非有二性，而不可以时之先后地之彼此分言者，又可见矣。此书之说，见于欧阳希逊问目中，而希逊问答乃在说事后，则此书之为最后定论，亦无疑矣。（《时亨再问答》书中有曰，礼书近方略成纲目。礼书之修，始于丙辰，则此问答，盖在丙辰以后矣。又按，人生而静，程子言性与乐记不同何也。盖乐记主静而言，程子主生而言，所以有不同也。主生而言则人生气禀，理而堕在其中，故理在气中者，随其气质而自为一性矣。所谓才说性，不是性者也。主静而言，则情之未发气不用事。故性之本体不为气囿，而卓然自在矣，所谓天之性也。生与静，只是一界子，则其所具之理，亦只一性耳。但其主生主静所主而言者不同，故其言性有不同耳。若徒知静之性本同，而不知生之气有不同，则是论性不论气不备也。徒知生之气有不同，而不知静之性本同，则是论气不论性，不明也。又以生与静分为二性，而各言其时，各指其地，则是二之，则不是也。于此见得分明圣贤论性，或异或同，皆可指诸掌矣。又按，《乐记》以静对动而言，则其主静而言，可知矣。程子引此以释生之谓性之义，则其主生而言，可见矣。惟先生知此意，故各因其所指而释之。主生主静之义，一言断之，又只是理气离合说：主生者，以理合气而言也，主静者，以理离气而言也；合气而言，则性有不同；离气而言，则性无不同。知此说者，而后可与论性矣。）

气质之性门□录，小注必大录，气质之性天命之性，四之性字，是语脉间听得未莹，失其本意者，皆当删。义刚录曰，孔子说得细腻，说不曾了。按，说得细腻，并说得继善成性也。说不曾了，不言成性之后，又有气质之不同也。

2. 仁义礼智信

论仁义礼智信，问分为五之序，答曰，浑然不可分（《语类》仁义礼智信门节录）。又曰，仁打一动，义礼智便随在这里（《张子书》门论《西铭》义刚录）。又曰，发时无次第，生时有次第（仁义礼智门佐录）。所谓浑然不可分，与生时有次第不同，仁打一动，义礼智便随在这里，与发时无次第不同。合而论之，人之禀阴阳五行之气者，一齐都禀得，更无先后之序，故其理之为仁义礼智信者，亦一时都具而无先后之序。所谓五者之序浑然不可分也。然就其中分看之，则理之全体浑然备具者，仁也。才浑然便灿然有条者，礼也。才灿然便肃然不乱者，义也。才肃然便炯然不昧者，智也。四者既具便都真实而无妄者，信也。所谓生时有次第者也。见入井则恻隐发，过宗庙则恭敬发。入井宗庙，外感之至者，无次第。故恻隐恭敬随感而应者，亦无次第。所谓发时无次第者也。然就其情动处合看之，则无论某情。情之打动者，仁也，行之有节文者，礼也，处之得其当者，义也，事既处了便记藏在内者，智也，四者之用，又皆真实而无妄者，信也。所谓仁打一动，义礼智便随在这里者也。（炯然不昧，一作判然有别。）

廖子晦问，以五常配五伦，则仁行于父子，义行于君臣，礼行于长幼，智行于夫妇（自注智所以别），信行于朋友，皆不易之理。答曰，智字分配，似稍费力，正不必如此牵合也。按，智主分别，而夫妇主于有别，则以智属夫妇，似无不可。然未若仁义礼信所配之为恰恰地相当也。然则分类各配，智属夫妇从理相当，礼兼夫妇，而智则又无不在，为可耶。（夫妇有别，是各夫其夫各妇其妇，不与人相混，其义重在识别，故当属智之别。然不相混杂严其分别，又是礼之大端也。《答胡广仲》书以父子兄弟属仁，君臣朋友属义，与此不同。而四事既属仁义，则夫妇一事，当属礼矣，又错综言之，则五伦之一事，皆兼五常，而五常之一德，皆包五伦矣。）

方宾王举易立人之道仁与义，以问仁义二字，包尽人道之义，而先生所答二条，皆以四德体用之说告之，却与所问不相着。岂以宾王之学，方昧乎性情体用之分，未可遽及于易之所云者耶？今考先生所尝论此者，不一，而足合而观之，可以无疑于宾王之所问矣。

《答陈器之》曰，四者之中，仁义是个对立底关键。仁仁也，而礼则仁之着。义义也，而智则义之藏。犹春夏秋冬，虽为四时，然春夏皆阳之属，秋冬皆阴之属。故曰，立天之道曰阴与阳，立地之道曰柔与刚，立人之道曰仁与义。（此以阳动为仁，阴静为义，而义体而仁用也。）《答江元适》曰，天命之性，流行发用，见于日用之间，无一息之不然，无一物之不体。其大端全体即所谓仁。而于其间，事事物物，莫不各有自然之分。如方维上下定位不易，毫厘之间不可差缪，即所谓义。立人之道不过二者，而二者初未尝相离也。（此以理一为仁分殊为义，而仁体而义用也。）江书之言仁义，皆以用言，而反而推之于其体，则一性之中，天理浑具，无所亏欠者，仁也，而其间众理，各各分明不相淆乱者，义也。此又一说也。

《孟子》首章，《或问》论仁义曰，以性而言，则皆体也；以情而言，则皆用也，即方书之说也。曰以阴阳言，则义体而仁用也，即陈书之说也。曰以存心制事言，则仁体而义用也，即江书之说也。而江书以理言，或问以心言。存心而全体浑然，制事而各得其分，则又未尝有心与理之二也。合是数说而观之，其义乃备，而人之为道信不外乎仁义二字矣。

《答李元翰》曰，孟子仁人心也，义人路也，两句看得来，便见仁义之别。如克己复礼，亦只是要得私欲去后，此心常存耳，未说到行处也。按，孟子之言，将人心人路分属仁义。故存得此心便是仁，行得此路便是义。方其说仁时，固未说到行处。若克己复礼，则克己之目，已自兼视听言动而言。盖孔子之言，是专言之仁，包体用而言者也。恐不可谓未说到行处。此书之说与《集注》不同。（《集注》曰，胜私欲而复于礼，则事皆天理。又曰，私胜则动容周旋中礼而，日用之间莫非天理之流行矣。盖是初间未定之论。此说又见于《语类》仁义礼智门明作录，而乃壬子以后所闻，则亦系晚年说话耳。）

仁义礼智门铢录曰,仁体柔而用刚,义体刚而用柔。下广录曰,先生答叔重疑问曰,仁体刚而用柔,义体柔而用刚。叔重,铢字也。上人杰录曰,某前日答朋友书,仁体刚而用柔,义体柔而用刚。《大全·答叔重》书政如人杰录,则所谓答一朋友者,似是指叔重。其《答叔重》书及他录皆同,则叔重之录,仁体柔而用刚,义体刚而用柔,刚柔字恐是差互。然《语类·说卦》门又有铢录一段问答,政说仁体柔用刚义体刚用柔之义,而末又言仁体柔而用刚义体刚而用柔,政与前录同。则岂叔重于答书之外,又闻此一说而录之,本无差误耶? 盖阴阳五行理本一原,故颠倒言之,无不通矣。上录论此曰,这物事不可一定名之,看他用处如何。先生之意,尤可见矣。(木之质柔软,而其生意发动刚也。金之质刚硬,而其从革受变柔也。木之发生刚也,而其成器之用则柔韧。金之从革柔也,而其成器之用则坚硬。此其体用刚柔互换皆通矣。铢录又见《太极图》小注。)

《答张敬夫》论仁说曰,各因其体以见其本,体字疑端字用字之误。(当考他本。)

《答何叔京》曰,仁字,录出孔孟程谢说处,反复玩味,须真见得。按,先生于谢氏言仁之说,甚不取之。此书并称程谢,初年说也。

《仁说》言以觉言仁者,其弊或至于认欲为理。按,觉即是气之灵。(《答林德久》书,知觉气之灵。) 气便有挟杂不齐,故以觉为仁,而惟觉之是循,则未免认欲为理矣。近世纯善之说,其弊正如此。

《程子书》门可学录曰,人能至公便是仁(尹和靖语),此句未安。按,公仁之辨,详见仁义礼智门,及答杨仲思陈器之书。

仁义礼智门柄录问,羞恶乃就耻不义上反说,而非直指义之端。按,问说甚误。不义固义之反,耻其不义,又何以与义相反耶? 不义在事,耻之在心。在事者,固不为义之端,在心者,又何以不为义之端耶? 先生不与辨,岂偶未觉耶?

力行门盖卿录曰,或言心安处便是义,亦有人安其所不当安,岂可以安为义也。寿昌录曰,假如今日做得一件事,自心安而无疑,便是是处,一事自不信,便是非处。按,前说推说到义理精微十分至处,固无可疑。后说说安后又说无疑字,则亦见其这安处是十分恰当处。所不当安而安者,虽曰自安，终亦不能无一分自疑之心矣。人心本自至灵，故稍涉不义，便自不能无疑。事到十分无疑。方是十分是处。

《答陈器之》曰，是非则有两面。既别其所是，又别其所非，是终始万物之象。按，是非两面，特其有终始之象，非实有终始之义也。物至知知，智之所以始万物也，知以藏往，智之所以终万物也。此智之实有终始之义，而非特有象而已。先生于是非两面，但曰象而已，不曰义，则意亦可见矣。

《答游诚之》曰，所谕恻隐似非出于觉者，此语甚嘉。按，此言恻隐之情，只出于仁之爱，而非出于智之觉也云尔。非谓此心知觉之外，别有四端之行也。当活看之。

3. 情

论四端七情，以四端为理之发，七情为气之发者，一见于《语类》（见《孟子》四端章广录），以四端为心之用，见于《孟子集注》（《集注》人之所以为心者不外是四者），以七情为性之发，见于《中庸章句》（《章句》喜怒爱乐情也，未发则性也）。且四端七情皆情也。而先生或以情为心之用（元亨利贞说，性者心之理，情者心之用），或以情为性之动（《孟子集注》，情者性之动）。盖心则气也而包是性，性则理也而具于心，情则心之动而性之乘者也。言心，性在其中，言性，心在其中。故先生言情，因心而言则谓心之用，因性而言则谓性之动，未尝分言也。若必欲分别心性之用，亦只就情之动处，指其气之动者，为心之用，指其理之乘者，为性之用，而二者不可分开也。此所以理气无二发而心性无二用也。先生以四端七情分属理气之发者，只一见，而以情或属心或属性，不分于心性者，乃其雅言也。其一见者或是记录之误，或是一时之见，而其雅言者可知其为平生之定论也。

《孟子》四端章广录曰，四端是理之发，七情是气之发，问看得来如喜、怒、爱、恶、欲，却似近仁义，曰固有相似处。按，四七分属理气之发，固已非实理。又以七情谓非仁义之发而只曰近似，尤是可骇。皆与先生平日所雅言者不同，可见全段是误录。（详见四七辨。）

《答王子合》曰，情之初可谓有善而无恶。按，先生此论，盖因孟子乃若其情可以为善之说而言之耳。然孟子之意，盖亦言性善之发见耳，非言情之全也。周子曰五性感动而善恶分，又曰几善恶，当以此为正。（张敬之并举孟子、周子言情为问，先生所答极明备，当以此为正。）

《答潘叔度》曰，忿疾之意云云，加一忿字，便和自家这里有病了。按，此书审是晚年说，不可谓未定，而与《大学章句》解忿懥等四者之意不同，有所不敢知，学者宜思而得之。盖《大学》四者之病，只在于有所，而不在于两字相重也。如以两字相重为病，则恐惧忧患俱见于《中庸》易系，《中庸》之恐惧系辞之忧患亦可谓为病耶？恐惧忧患如此，则忿懥好乐又可知矣。然则此书之加一忿字为病者，岂以其疾字意已重于懥字而又加忿字故为疾之已甚之病耶？

心性门士毅录曰，好恶是情，好好色恶恶臭便是意。按，此录恐误。好恶与好好色恶恶臭，未见其有异。好恶，情也。好善恶恶，性也。好欲求之，恶欲去之，意也。求之如好好色，去之如恶恶臭，是诚意也。

砥录曰，欲则水之流而至于滥。按，滥字下得过重。七情之欲，本非皆恶故也。

4. 心性情

《大学》明德注曰，虚灵不昧而具众理而应万事。《孟子·尽心》注曰，心者人之神明，所以具众理而应万事。《答潘谦之》书曰，心之知觉所以具此理而行此情。三言之训，无一字不同，而所谓虚灵神明知觉，又是一般名心之语，则明德只是心，心即是明德者可见矣。（心与明德，虽非二物，其称名则不同。谓之心则并举气禀，故人不能皆同，谓之明德则只指其光明而不及其气禀，故人不能有异。此又不可不知也。当与上论虚灵条及《答石子重》论心条参看。）

《答何叔京》曰，性心只是体用。按，此句未安，似是中和旧说。（《知言疑义》以性心分体用为非。）

《答廖子晦》曰，原此理之所自来，虽极微妙，然其实只是人心之中许多合当做底道理而已。但推其本，则见其出于人心而非人力之所能为，故曰天命。按，人心中所具之理，推其本又谓之出于人心，语殊不伦，且与下说天命二字不相着。下人心人字，恐是天字之误，而心字当为衍字也。

《答姜叔权》书以道体无为，人心有动之语，为性与心字所主不同，而谓不可。按，《论语》人能弘道非道弘人章《集注》，用此说而动字改作觉字。觉字比动字只紧得些儿耳，岂泛言心则兼动静只下动字为未安耶？然谓之有动则亦谓其有时而动而非谓其专于动也。

《知言疑义》第一条曰，情亦天下之达道也。按，情有善恶，未可便谓达道。先生后《答胡广仲》书改正此语曰，情亦所以为达道，第五条曰所谓心者，乃夫虚灵知觉之性，性字误。（当考他本）

气质之性门瑬录曰，孟子说仁义礼智，根于心。如曰恻隐之心便是心上说情。情字上恐脱性字。盖此一句总解上所引孟子语两句。仁义礼智根于心，是心上说性，恻隐之心，是心上说情也。又曰，有天命之性便有气质。若以天命之性为根于心，则气质之性，又安顿在何处？根字上恐脱不字。（上既引孟子说则于此不当复以为非也。）盖因上所引孟子之言，若以天命之性为不根于心，则是以性与气质判为二物矣。气质之性，又安顿在何处云也。

5. 仁敬

仁义礼智门干录曰，为君主于仁，为臣主于敬。仁敬可唤做德，不可唤做道。按，此录可疑。仁敬只是一个仁敬，自人之所当止而谓之道，自人之既得止而谓之德。（仁是君之道，敬是臣之道，才止得便为德。）

6. 诚忠

《程子书》门贺孙录曰，忠有些子，是诚之用。按，忠比诚有些子形貌。（诚是自然底，忠是人做底。）

7. 才德

心性门夔孙录曰，温厚笃实便是德，刚明果敢便是才。按，此分才德，恐未安。温厚笃实刚明果敢，皆唤做才亦得，唤做德亦得。就這上分才德，则能底是才，得底是德。

人杰录曰，能为善而本善者是才。若云能为善便是才，则能为恶亦是才也。按，此为孟子所言才而言之，则固可也。若统论才，则能为善能为恶皆才也。才之所以禀于气而有善有不善也。

8. 人伦

《大学序》曰，天必命之，以为亿兆之君师。《语类》力行门卓录曰，师之义即朋友而分则与君父等。朋友多而师少，以其多者言之。按，《学序》以师属君，《语类》以属朋友，两说皆得。盖师之于人伦以类则同于友，以义则同于君，以恩则同于父。故古人言师曰父师，曰君师，曰师友，合三言而观之则师之为义可见矣。上古君兼师，师本属君。(《书》曰天佑下民作之君作之师。) 后世君不能尽师道，故人于朋友之中，推其先觉者为师，师又属于朋友矣。《语类》义则朋友分等君父之说，却又尽之矣。(又《答苏易简》书曰师弟子之属于五达道亦朋友之类也。)

淳熙乙巳宋君忠嘉集跋，以庄周之言臣之事君无所逃于天地之间者，为为我无君禽兽食人之邪说。癸未垂拱箚子，以父子之仁君臣之义，同谓之无所逃于天地之间。按，跋语固后于箚子。然恐亦难以初晚异同观之也。盖以君臣对父子而言其如此，则固有无君之义。若统言其父子君臣之伦，不可废于天地之间者则亦不害于理矣。

《天子礼》篇曰，至于有过则又有争臣七人面折廷争以正捄之。按，《孝经》言天子有争臣七人，虽无道不失天下者，盖言争臣之有益于人主者，如此。其言人多少之不同，特以天下国家大少之分而言之耳，非谓天子必置七人而诸侯大夫必置五人三人也。其义与士有争友父有争子同，士之有争友父之有争子，岂可以必置者耶？特置谏臣乃后世事，上世则未尝置谏臣使人得以谏之，所以广谏争之路也。此篇言争臣七人，盖亦引用夫子语以言臣下之必有争之者，非谓天子争臣，只有此七人也。

《戊午谠议序》论复仇之义曰，承万世无疆之统，则亦有万世必报之仇。《语类》夷狄门㑋录曰，孝宗即位，锐意雪耻，然事已经隔，与吾敌者非亲杀吾父祖之人。自是鼓作人心不上，所以当时端人正士者，又以复仇为非，和议为是。按，前说以其义理当为者而言也，后说以其事势不易者而言也，非谓以事势之不易而可废其义理之当为者也。

苏易简问，昏礼万世之始，止男女有别然后父子亲。答曰，武帝溺于声色游燕后宫，父子不亲，遂致戾太子之变，此亦夫妇无别而夫子不亲之一证也。按，先生此说，非《礼记》所言之正义也。礼所言男女有别，然后父子亲者，盖谓男有定妇，女有定夫，人各有别而不相乱，然后其为父子者，定而亲矣。若男无定妇，女无定夫，无别而乱，父子无以定矣。父子无以定，则无以亲矣。（《礼记》此段上下文曰，取于异姓，附远厚别。曰一与之齐终身不改。曰执赘相见敬章别也。曰无别无义，禽兽之道也。此皆男女各有夫妇分别不乱之义也。）夫妇之际狎而不敬，无内外正位之别，其害至于父子不亲，固有如先生所言者，然非有别之大义也。先生在漳州时，揭示陈古灵劝谕文，男女有别注（先生所注）曰，男有妇，女有夫，分别不乱，此即以有别为各有夫妇而不与人相乱也。此当为正论。

9. 学

《答何叔京》因良心发见之微，猛省提撕，使心不昧，则是做工夫底本领。本领既立，自然下学而上达矣。若不察于良心发见处，即渺渺茫茫无下手处。按，此书当是先生初年所作。先生初年以心谓皆已发。故以良心发见处，察识端倪为最初下手处，又以此为本领工夫。此书之指，盖如此而与未发之前涵养本源为本领工夫者，不同。似此等书恐皆先生初年所作也。

《答何叔京》曰，某近日因事方有少省发处。如鸢飞鱼跃，明道以为与必有事焉勿正之意同者，今乃晓然无疑，日用之间观此流行之体，初无间断处，有下工夫处。与守书册泥言语全无交涉。按，《年谱》戊子四月崇安饥，先生贷粟于府以赈之，注言盗发浦城崇安人情大震云云，书首所言今年云云，盖指此事。此书作于戊子，盖在中和说未及改定之前。然所谓流行之体即指勿忘勿助长之间天理流行之体，则亦无关于心为已发之说矣。又按，此书之作，其在戊子，其答程钦国涵养为先，讲论以辅之书，又是初见延平时，则又是初年所作也。程氏心经附注以此二书并为先生晚岁之说。《语类》痛理会一番一条，即德明录癸巳以后所闻，万事皆在穷理一条，即道夫录己酉以后所闻，问致知涵养先后一条，即文蔚录戊申以后所闻（俱见知行门），某不敢自昧一条，即方子录亦戊申以后所闻。（见先生自论为学门。）上一条，虽是中岁之说，而犹在答叔京书后。下三条，皆是晚岁所言。而程氏又一切归之于中岁，变乱先后，强分初晚，闇然欲售其援朱附陆之邪意。其矫诬先贤惑误后人之罪，可胜其诛绝哉。（叔京死在乙未，允夫初字钦国，皆非先生晚年时也。崇安事，又见《崇安社仓记》。又按，王阳明又编朱子晚年定论书，而自序之，一如程之为异学之徒，用心之差，亦见其一致矣。然先生晚年教人，实以尊德性为重，此乃因时救偏之意，非以此为学问定本，如陆氏之见也。此意详见退溪所作《心经后论》。）

《答何叔京》曰，若便以觉为存而不加持敬之功，则恐一日之间，存者无几何，而不存者什八九矣。又答或人书曰，纷扰外驰之际，一念之间，一有觉焉，则即此而存矣。（《答吕子约书》曰，知其放而欲求之，则不放矣。《语类》求放心章夔孙录曰，人心才觉时便在，孟子说求放心，求字，早是迟了，皆与此书之意同。）按，两说似异而实同。盖放纵之久，一有觉焉，则此心固已存在。然不可恃此为常存，而不加持敬之功也。不知持敬，则旋复失之矣。后说指此心失得之易，前说言此心保守之难耳。（《答吴斗南书》曰，放而知求此心已在，由是持敬以存其体。此书最为完备。）

《答张敬夫》曰，欲全吾性而后杀身，便是有为而为之。《答江德功》曰，礼当如此不得不由，岂为欲安吾心而后由之哉？若必为欲安吾心，然后由礼，则是皆出于计度利害之私，而非循理之公心矣。《答许顺之》曰，逆诈亿不信，恐惹起自家机械之心，非欲彼观感而化之也。按，以前二书之意推之，则后说恐惹起云云，恐亦涉有为而为计度之私也。与人交际，不逆不亿，理自当如此，非有见于利害而后方如此也。（欲彼感化是见其利，恐起机心是见其害。）当以前二说为正。

《答熊梦兆》曰，志于仁则虽有过差，不谓之恶。《大学》诚意章或问曰，天下之道二，善与恶而已。按，二说各有所指。恶与过差对言，则过差不至于为恶矣。与善对言，则才出于善，便入于恶，中间更别无事矣。

《答许顺之》曰，顺之既有室家，不免略营生理。粗有衣食之资，便免俯仰于人，败人意思，此亦养气之一助也。但不可汲汲皇皇役心规利耳。别集《答林泽之》曰，贫病殊迫，亦只得万事减节，看如何。钦夫却云别为小小生计，却无害，此殊不可晓别营生计恐益猥下耳。按，贫无衣食之资，不免俯仰于人，则固宜略营生理。苟不至于是而但忧其不丰，别营生计，则为不可矣。且看其所以营之者，如何？所谓略营生理者，即指经家务治田农之事耳。若外此而别有所营，则为猥下而不可为也。观别营猥下等语，则其意与前略营云者，有不同耳。两说似异而意各有在，学者当详之。（石子重宰尤溪县，修学政，延林泽之掌教事，二书皆言及此事。盖是一时所作，但许书泽之方在尤川时，林书泽之已辞尤川时。）

训门人门大雅录，论利用安身曰，孔子遭许多困厄，身亦危矣，而德亦进，何也？大雅云身安而后德进者，君子之常。孔子遭变权之以宜，宁身不安，德则须进。按，此问答，似与本义说不同。利用安身，以吾身施用之顺于理，所处之安于义而言也，非指所遇之有常变安危而言也。所遇虽有常变安危，而吾之所以处于是者，无适不安，是所谓利用安身也。与《中庸》无入不自得之意同。行乎贫贱，行乎夷狄，患难无非安身者也。且君子之进德，须从忧患疢病贫贱困厄中，熟过。必待身安而后进德，则君子进德，能有几时。大雅以安身之安字，看作所遇顺境之安，而先生以为然。恐未照检其失，抑或记录之有误耶？当以本义所释，以学为言者为正。

赐录问存心曰，才识得，不须操而自存。按，识字，只是觉字之意，又或觉字之误。才觉便存，不待操而存矣。

寓录曰，学问思辨，亦皆是学。但学是习此事，思是思量此理。按，学问思辨，皆属致知之事。此录以学为习事，恐误。（学而时习之学，兼知行，学问思辨之学，属知，学而不思之学，属行。）

10.《大学》

李继善问目曰,《大学》之教,以明明德为主,《章句》、《或问》之言明德,必以虚灵为质。然其言明德工夫,又不过欲全其虚灵之体。按,明德固以虚灵为质,然其所以为明德之实者,则岂不在于明命之理具在此虚灵之中者耶?(传之释明德曰,顾諟天之明命,明德,即明命之在人者。)明德工夫,固不外于虚灵之存得。然其所以存此虚灵者,则岂不是为性命之复其初者乎?故章句或问之说明德,虽以虚灵为言,其意未尝不主于性命也。今论明德与其工夫,专主虚灵而遗却性命,则恐未免于误矣。又有一段论觉字,其误亦如此。孟子论人之本心,只以仁义为言。今专以觉当之。所引孟子平朝好恶之相近怵惕恻隐之心,皆是性善之发见者,而亦专以觉言之。(性根于中,端见于外,而心为觉之。觉之为功,只在于打发得善端出来耳。若其善之实,则原于性,而不原于觉矣。)是皆以觉为人心之大本,而不知性之为大本矣。(性为道而心为器,道为经而心为纬,道体无为而人心有觉,故作圣之机,虽在于觉,而作圣之本,乃在于性,是故千圣相传,语其修为之术,则以心为主,论其义理之原,则以性为本。二者之分,虽极精微而不可相混。一有混焉,则便解认觉为性而堕于即心即佛矣。)此正与程门诸人,以觉言性,近世诸儒,以灵觉直蔽明德之说同,而不免流于释氏之见矣。灵觉,果只是本心果只是明德,则释氏于此灵觉之心知之未尝不至,存之未尝不专,此亦可谓得其本心而明其明德乎?只此可见其得失矣。(先生《答张敬夫》一书极论释氏专认此心为主之非,据此可见李说之非矣。)继善之说其误有如此。又多与今《章句》、《或问》之指不合,先生不辨其失,而概许之,岂以其大体之可取而不责其详耶?抑先生之见,亦有初晚之略异者耶。(继善问目中所举《章句》、《或问》说,多与今《章句》、《或问》说不同,盖是初本也。)

《答黄商伯》曰,经文物格,犹可以一事言,知至则指吾心所可知处不容更有未尽矣。《答汪长孺》曰,一物之理格,即一事之知至,无在彼在此。按,二书所论知至不同,而《章句》释物格知至曰,物理之极处无不到,吾心之所知无不尽，又曰，众物之表里精粗无不到，吾心之全体大用无不明。据此，则当以前说为正。然后说亦通，自当备一义也。前说以格致之尽其分而言，后说以格致之为一事（即所谓物我一理）而言，言各有攸当耳。

《答周舜弼》书以知至为知之切，《答黄直卿》书以为误作切至之至，只合依旧为极至之至。《章句》从旧说。

《答曹元可》曰，所谓格物致知，亦曰穷尽物理，使吾之知识无不精切而至到耳。按，先生解知至，始谓知之尽，中谓知之切，后更从尽字说。而其《答李尧卿》书言尽字兼得切意，只作尽字须兼看得此意。此书，又以精切至到为言，而上加无不字，无不即尽之谓也。盖以尽字包切字而解之也。书中言顷年尝刻古经于临漳，临漳到任在庚戌，而解任在辛亥，则此书，盖在辛亥以后。（答李书亦在庚戌以后。）《章句》定论，虽只用尽字，而兼看切字意。亦先生晚年说，则恐亦不可废耳。

《答汪长孺》论知至而后意诚，意诚而后心正曰，若如旧说，则物格之后，更无下工夫处。向后许多经传，皆为剩语矣。意恐不然，故改之耳。据此，则后人所谓知既至，则意自然诚，意既诚则心自然正，又谓心有不极其正，身有不极其修，则不可谓知之至而意之诚者，皆是先生旧说之意，非末后定论也。盖在知至意诚处，推极言之，则其理固有如旧说者。然各就工夫节目而言，则知至后，又须诚意，意诚后，又须正心。不可恃一而废二矜前而责后也。此先生后说之所以平实无弊而不可复易也。

《大学》传三章，《章句》以前三节，为知止，后二节为得止，而《（经筵）讲义》于第三节亦以得止言之。《章句》以淇澳一节为明德止于至善，以烈文一节为新民止于至善，而《讲义》合而言之。传六章闲居一节，《章句》以为自欺后事，而《讲义》为自欺之事。此皆当以《章句》为正。《讲义》说多有与《章句》不同，而其不同处皆不如《章句》之密。盖以《章句》修改，直至易箦前三日而不住故也。《讲义》之编，实在先生65岁时，而其后定论，又有异于此者，则大贤日新之功，可见矣。而在学者，又不可以不自强也。彼得小为足而不求进益，胶守偏见而不知变动者，其为人，贤不肖何如也？先生曰，才得一说，终身不改者，若非上圣，必是下愚，至哉言乎？（自欺定论又见《答孙敬甫》书，孙书在吕子约死后，最为晚年书也。）

《答张敬夫》曰，以切琢为道学，磋磨为自修，如《论语》之切琢比无谄无骄，磋磨比乐与好礼，乃为稳帖。今既不同，不必强为之说。按，此以《大学》传文为疑，盖初年之见也。切磋之为道学，琢磨之为自修，其取义，只在于骨角玉石之不同，非因其用功之精粗也。若其切磋琢磨用功精粗之分，则又未尝不与《论语》之说同矣。（且以道学自修分属精粗工夫，亦未安。二者工夫，各有精粗，正如治骨角之既切而复磋治，玉石之既琢而复磨。不可概以致知为粗底工夫，而力行为精底工夫也。）

《答许顺之》书，以《大学》之所辟焉作譬字说，与《章句》不同。（定论又见《答张敬夫吕伯恭》书。）

《答石子重》书，以小人闲居为不善为自欺。（自欺说详见下诚意章条。）

《答汪易直》书，无待于自欺。节要注自欺，赵士敬云，当作自讼。赵说未必然。按，《语类》诚意章僩录，亦作无待于自欺，自欺字本无误。言无待于有自欺，而加禁止之功也。盖谓格致之功已到，则心之所发无不实，而自无自欺之患云也。《语类》之意，即谓禁止其自欺，打迭得尽，则更无待于自欺云耳。与此书主格致而言者，意略不同。

诚意章自欺说僩录，一段曰，此处工夫极细，未便说到粗处。前后学者，多说差了，盖为赚连下文小人闲居为不善一段看了，所以差也。其下文，又有三段连次记之，而其第一段大意，与前录同，而以自欺为欠了分数。且以李敬子容着在这里之说为错了，而谓是自欺第二节事。次日所记，以先生自说为自欺之根以敬子之言为说得是，而又谓与小人闲居为不善处说得贴了。又次日所记曰，如小人闲居为不善底一段，便是自欺底，闲居为不善，便是恶恶不如恶恶臭，见君子而后掩其不善而着其善，便是好善不如好色。按，先生前日之说，盖以闲居一节为自欺，至僩前录方以为非，而僩录乃在戊午以后，则此固当为最后定论。然以下三段循次观之，则又似旋弃其说，而复以最初说为主。其论自欺以欠分数为言者，实合经指。而后段复以敬子说为是，此皆有所不敢知者。然此等处，当以《章句》、《或问》为主，如无《章句》、《或问》之可据，则又当以义理可否决之矣。今以《章句》、《或问》考之，则自欺注曰，心之所发有未实也，闲居为不善注曰，但不能实用其力以至此耳，其曰不能实用其力，正指自欺，而以至此云者，即指闲居为不善也。《或问》曰，不能禁止其自欺，是以沦陷至于如此，其分段言之尤明。此何尝以闲居为不善为自欺也。以义理言之，则闲居为不善无所不至者，乃其用心专在于为恶，唯日不足者。不可以此为恶恶而未至也。见君子而后掩其不善而著其善者，乃其外以饰诈欺人而内实无为善之实者。不可以此为好善而未至也。恶恶而不能如恶恶臭，好善而不能如好好色，乃君子而未仁者，闲居为不善无所不至，乃小人之尤无状者，何可合而言之哉？所谓欠分数，只是为善去恶之未实。只此未实，即为自欺。不待更有容此未实者而后为自欺也。（欠分数，以理言，则理之不能十分其全，以心言，则心之不能十分其实，皆是也。然理之不能十分其全，由于心之不能十分其实，则又只是一事也。）《章句》以为善去恶，心之未实者，为自欺，或问以好善而不能无不好者，恶恶而不能无不恶者，为自欺。才有未实，才有不好不恶者，这便是欠分数底。则《章句》、《或问》之说自欺，皆是欠分数之意，而未有更待容着在之意也。然则后段之说，恐皆是记录之失。不然则岂是再数廊柱而终复正之于《章句》、《或问也》。（李敬子所举《章句》，乃初本说，则可见其问答在于《章句》、《或问》，未定之前矣。）

　　先生自欺说，大概有四。以闲居为不善为自欺，一说也，以几微之间，有纤毫不善之杂（所谓欠分数者也。不善之杂，即为善去恶之未实。才有未实，便欠分数。此欠分数之为自欺也）为自欺，一说也，以知其为不善之杂，而又盖庇以为之（所谓容着在这里者也。先有欠分数者，而容着在这里。此容着在之为第二节也）为自欺，一说也，合三说而通谓之自欺，又一说也。今以传文《章句》质之，则第二说当为定论矣。传文以自欺自慊对言，而二者正相抵背。才不自欺，即是自慊，才不自慊，即是自欺，所谓不自慊者，才觉有不善之杂，便不能自慊矣。（此即是欠分数为自欺也。）固不待于容着此不善之杂，盖庇而为之然后为不慊也。（第三说中所谓不满者，即不慊也，不慊即自欺也。不以不满为自欺，而以不满之遮盖为自欺，分明与经指相背矣。）又况于为不善无不至而后为不慊乎？《章句》曰，自欺云者，知为善以去恶，而心之所发有未实也。此专以心有不实释自欺。而所谓不实者，才欠分数，便是不实矣。何可必待容着此不善者而盖庇为之？又或至于为不善无不至，然后为不实耶？不慊也不实也，皆在于纤毫不善之杂，则第二说之为定论，无可矣。（不善之杂，杂字当着力看。谓之萌，则便属情之不善；谓之杂，则是意之不实而有所挟杂也。或以情之不善之萌为意之不诚，此则推之过分矣。善恶之萌，情也；为善去恶，意也。为善去恶之实，诚意也。）至于合三说而通谓之自欺第三说，是自欺之重者，固不可不谓是自欺。但不可至此而后方谓之自欺也。第一说，闲居为不善，虽由于其始之自欺，亦不可至此无状，而仍谓之自欺也。然则合第二第三说而通谓之自欺，可也。并前一说而谓之自欺，恐亦非定论也。先生《答孙敬甫》书，论此章之义，其论自欺自慊之相对自欺。闲居之有别，最为明白，而最在晚年，则当以此为正。先生第三说，又以前所自言欠了分数为自欺之根，此又与《章句》不合。《章句》曰心体之明，有所未尽，则其发，必有不能实用其力，而苟焉以自欺者，此盖以知之不至为自欺之根也。木之录曰，原其所以自欺，又是知不至，此说方与《章句》合矣。先生第二说，虽是定论，其以不奈他何为自欺者，亦有可商者。情是不由自家底，故固有不奈他何者。意则是由自家底，安得言不奈他何？传言自慊自欺，皆自为之，《章句》又言苟焉以自欺，则此岂有不奈他何之意耶？若以不奈他何为自欺，则恐有诿之于无可如何而缓于自治之患矣。偶录论孙敬甫说一条，与《答孙》书同。此又当为偶录之正本。

汪长孺问目，论《大学》孝者所以事君，悌者所以事长，慈者所以使众之义，孝悌慈属在上之人，以所以事君使长事众属国人，与传文《章句》之指不同。而先生答之以为甚善，非定论也。观传文者所以三字，则可见推孝以事君等事皆是一人之事，非孝者是一人，推以事君者又是一人也。故下文引书。言慈者使众之事通释上文之义。若曰保赤子者是我，而如之者又是别人，则其果成说乎？《章句》所谓孝悌慈所以修身而教于家者，以齐家而言也，国之所以事君事长使众之道不外乎此者，以治国而言。齐家而治国，只是一人事，义甚明白。而或以国之所以国字作国人看误矣。（近世农岩说亦如此。长孺所举注说《或问》，与今《章句》、《或问》辞异而意同。盖始闻长孺说而善之后不复取，仍旧说而修改其辞也。）

《答江德功》曰，絜矩度物而得其方也。今曰度物以矩，则当为矩絜，乃得其义矣。此与传文《章句》不同（定论又见《答德功》后书及《答周舜弼》书。）

李尧卿问，经文反复推说进功之序成功之终，传十章专以进功为言，答曰，此说得之。按，传十章未尝不言成功，但比说进功处为不多耳。

《答汪长孺》曰，见得不容已处，便是所以然。按，《大学或问》所当然而不容已之外，更说所以然而不可易一句，前说须待推说而后见（孟子因四端而见性善，即是不容已处见所以然也。盖有是性善，故其发不容已矣）或问更着一句，则意自明备不待推说矣。

《大学》纲领贺孙录，论尹和靖见伊川后半年，方得《大学》、《西铭》看曰，今人半年要读多少书。此盖谓和靖见伊川半年内，方读二书。《程子书》门义刚道夫僩录，又以为半年后方得二书而看，后说意差长。僩录，又是戊午以后所记最为晚年，后说恐是。

卷 3

1.《论语》

《答石子重》曰，学是未知而求知底工夫，习是未能而求能底工夫，与《集注》不同。（学与习皆兼知行，分属知行未安。学是求知求能底事，习是熟其所知所能底事。）

学而时习章义刚录，曰，未知未能而求知求能之谓学，已知已能而行之不已之谓习。按，行字意微偏，易以为字更好。

《答张敬夫》论父在观其志，谓有二说。前说观父之志行，后说观子之志行，谓当从前说，与《集注》不同。

吕子约问父在观志章，以父殁观行，与三年无改作一事说，而先生答谓此说甚好，与《集注》不同。（下文再答以吕说为非。）

礼之用和为贵章道夫录，上蔡谓礼乐之道异用而同体，曰礼主敬，敬则和，这便是同体处。下伯羽录曰，礼主于敬，乐主于和，是异用也。皆本之于一心，是同体也。按，两说不同，当以伯羽录为正。

伯羽录附注砥录曰，发出来和，无不中节，便是处处敬。按，此录恐误。发而中节谓之和，则不可分发与中节为二。只消于中节处见得和与敬。（品节不差是敬，无所乖戾是和。）附注淳录曰，敬是喜、怒、哀、乐未发之中，和是发而皆中节之和。此录亦未尽。若以敬和分属未发已发，则固如此录，但此章之言敬和，虽有体用之分，亦不可分时节。（曰礼之用和为贵，则固有体用之分。而曰知和而和不以礼节之，亦不可行，则又不可分时节。）须见得敬中有和，和中有敬。（严而泰是敬中有和，和而节，是和中有敬。）未发处也有敬和。已发处也有敬和。

信近于义章干录问，大人言不必信又如何？曰大人不拘小节，与《孟子集注》不同。

汪长孺问《论语或问》曰，致敬于人，欲其远耻辱，如此则恭敬非其本心之自然，答曰若说为恭者，本不求远耻辱，则有子不必如此说。按，致敬于人，自是吾心当然之则，求远耻辱而为之，似未免有所为而为之。此与《答南轩》书欲全吾性而后杀身，便是有为而为之。《答江德功》书欲安吾心然后由礼，则是皆出于计度利害之私云者不同矣。《或问》又解因不失其亲以为因是二者，则与今《集注》说不同。盖此章《或问》与此问答，恐皆不得为定论矣。（《答范伯崇》书同，又见下《或问》条。）

《答张敬夫》论因不失其亲，谓因上二者，与《集注》不同。

《诗》三百章道夫录，直卿曰诗之善恶，如药之蓡苓巴豆，而思无邪，乃药之单方，足以当是药之善恶者也。曰，然。按，直卿说有差，而先生然之，恐偶未察。诗之言善者，感发人之善心，如药之良者，补人之真元，诗之言恶者，惩创人之逸志？如药之毒者，攻人之疢病。思无邪之语，犹言身无病。诗之用，归于使人思无邪，如药之用，归于使人身无病。如是取谕方衬。若如直卿说则思无邪里面，兼包善恶污杂不洁矣，何得言思无邪诚也。

十五志学章子蒙录曰，志学是知，立与不惑是行。按，不惑属行，与《集注》不同。

《答程允夫》论色难，以为承顺父母之色为难，与《集注》不同。

《答张敬夫》论先行其言，以谢说为好，与《或问》不同。

《答方宾王》论学而不思曰，学不专于践履。如学以聚之正为闻见之益而言，与《集注》不同。

《答许顺之》论夫子责宰我对社之非，与《集注》不同。

观过说以观过为是通论人过，观其两下偏处一厚一薄一爱一忍之间，认取仁之道。此与《集注》说不同。而又引勿忘勿助，鸢飞鱼跃之说为证，则尤似过高矣。夫子之意，只谓人之过有过于厚过于爱者，有过于薄过于忍者。厚与爱是近仁，观此近仁，可知仁之为道，薄与忍是不仁，观此不仁，亦可知仁之为道云尔。恐未有中间认取之意也。（又见续集《答蔡季通》书。）

《答蔡季通》曰，观过当以观字为重。观处用力，则天理人欲宾主分明，而仁体在我者，盖昭著矣，与《集注》不同。（定论又见《答季通》书。观过说谓观于二人之过，认取仁道于其间者，又是一说而与《集注》不同。先生于此说盖亦三易其说矣。）

程允夫问，放于利而行多怨，利于己必害于人，利于人必害于己，害于己则我怨，害于人则人怨。按，我怨之说，与《集注》不同，而先生答谓得之。我怨之说，虽非经文之义，于义亦通而其下云云为说甚好，故概许之。先生于人之问，虽失文义，意有可取，则称其好者，亦多有之矣。（观上文所答慎言其余，父在观志二章之说可见矣。）

一贯章卓录曰，不是一本处难认，是万殊处难认。按，此说盖谓一本处认得，只在万殊处认得过。既认得万殊，则不患不认得一本也，其用力都只在万殊处，不在一本处。而万殊处义理至赜精粗巨细千变万化不可穷竟。故曰一本处非难认，而万殊处是难认也。若以其入道阶级而言，则一本之认得，乃在物格知至，万理融彻会极归极之时矣，岂不是难认？若颜子之见卓尔，曾子之闻一贯，到这里方可谓认得。而此皆在既竭吾才，随事精察之后，则又乌可易言哉？其无颜曾资质之美用力之久，而自谓认得者皆妄也。然世之学者，类皆于分殊处不能精察辨认而喜言一理，是虽终日言之，实不知其为何物事也。有见于分殊而未及乎一本者，有之，颜曾之在未见卓未闻一贯之前是也。无见于分殊，而能见乎一本者，决无之。庄释之言道与性是也。故随事察理者，纵未及乎贯通，犹不失其儒家之旧，不能随事察理辨其同异，而遽欲以一理包之者，未有不陷于异端之学矣。故先生作《延平行状记》其言曰，讲学切在深潜缜密。若概以理一而不察乎其分之殊，此学者所以流于疑似乱真之说而不自知也，又自言其分殊之难。如此录者，非真谓一本易见于分殊也。盖以捄学者之弊而指其用力之处也，其指岂不深哉。（延平先生又言，吾儒之学所以异于异端者，理一分殊也。理不患不一，所难者分殊耳。《语类》孟子仁之实章节录云，某只怕便说理一。语孟纲领偶录云，须是知其所以不同，方知其所谓同也。）

《答范直阁》论曾子忠恕之说曰，所谓已矣者，又以见随寓各足无非全体也，与《集注》不同。（《集注》之意，又见《答都昌县学诸生》书）

《答林子玉》论德不孤，以为盛德之意，与《集注》不同。

子谓子贱章南升录曰，圣人以子贱为君子哉若人。此君子，亦是大概说。若言子贱为君子而子贡未至于不器，恐子贱未能强似子贡。又子贱因鲁多君子而后有所成就，不应鲁人强似子贡者如此之多。按，此说与《集注》说不同。《集注》曰，子贱能尊贤取友以成其德。此君子《集注》以成德释之，则恐不可大概说。盖《集注》以夫子所称二子之语为一时说，而二子成德未必皆在一时，则子贱成德之时，子贡未及不器。故夫子之言如是。若子贡在于性与天道得闻之后，则夫子之言恐不如是矣。且以《论语》所记观之则夫子一贯之指，曾子以外独以告之子贡而子贱不与焉，则二子所造浅深亦可见矣。何但子贱不能强似子贡而已。子语子贡一贯章《集注》曰，夫子之于子贡屡有以发之而他人不与焉，则颜曾以下诸子所学之浅深又可见矣，当以此为正。（夫子之称二子乃在一时，而一则谓之君子，一则谓之器，则其谓君子以不器而言明矣。若以子贱之不能强似子贡而谓非不器之君子，以子贡之一称以器而谓其平生所就止，此则恐非夫子之本矣，而圣门成德之士亦恐不如是之少也。）

孟武伯问三子仁章偶录问，虽全体未是仁，苟于一事上能当理而无私心，亦可谓之一事之仁否？曰，不然。盖才说个仁字便用以全体言，若一事上尽仁，便是他全体是仁了。若全体有亏，这一事上必不能尽仁。才说个仁，便包尽许多事无不当理无私了。所以三子当不得这个仁。按，以颜子三月不违仁，余子日月至焉之说推之，此说恐未为至当。日月至焉者，虽非全体之仁，方其至焉之时，亦不可不谓之，但不能久耳。若必是全体然后谓之仁，则颜子犹未免于三月之后有违仁之时矣。此于全体不能无一毫亏缺者，则当其不违之时，亦可不谓之仁耶？仁有全体（此云全体以人之体仁者而言）之仁，有一段之仁。全体之仁，天理浑然纯亦不已是也。一段之仁，只有一息之存一念之善，亦可谓之仁也。方其存也莫非全体（此云全体只以仁之体段而言）及其善端之发见亦莫非全体之呈露也，此所谓切问近思仁在其中。恻隐之心，仁之端者也。唯其如是，故仁不外于此心，而欲之则斯至者也。然若以人分上言之，则非全体此仁而不息者，不足以当仁之名。不可以其有一息之存一事之仁，遂许其为仁人也。此三子所以当不得仁字者也。若遂因此而谓三子者平生更无一事能造乎仁之域，则亦恐论仁过高而反使学者自阻于求仁也。此说殊与日月至焉注说不同。（日月至焉注曰，能造其域，谓能造乎仁之域也。）恐是记录之误也。（先生又尝曰，见孺子入井时怵惕恻隐之心，只这些子便见得仁。）

《答张敬夫》论无施劳，以旧说为主，以张说为亦通。《集注》以张说为主，而兼取旧说。

哀公问弟子章人杰录，圣人无怒何待于不迁，圣人无过何待于不贰。按，下句无可疑，上句却可疑。谓圣人无过，则可矣；谓圣人无怒，则过矣。圣人之有怒不迁，与颜子同。但其不迁有自然与着力之别耳。圣人之怒自不迁无迹可寻，故不迁亦不须言，谓之不迁则疑于其迁也。此颜子之不及圣人一间也。（《程子书》门淳录问，圣人无怒容否曰，怎生无怒容云云，《大全·答曾无疑》书曰，谓圣人以喜怒动其志固为不可。若谓都无所动，则是圣人心如木石，而喜怒之见于外者特为伪耳云云。）

《答程允夫》曰，仁固难，为之则无难。按，以上句准之，固难下当有为然二字。

《答余占之》曰，井有仁焉，谓赴井以救人为仁耳，与《集注》不同。

《答汪尚书》书以老彭为老聃，与《集注》不同。其论谢氏，亦与后来之论不同。此以谢氏语解中，论子路有闻一章谓可见其用力处。而《论语或问》此章，以谢说为误，则其前后之见不同可见矣。谢氏之学过高不实流于异学，故先生于程门诸贤，始则最尊谢氏，终焉甚不满意，而屡加讥评。其见于《论语或问》者，尤详矣。于此亦见先生入道始终之变矣。

《答张敬夫》论何有于我哉，以为孔子自言此三事何人能有如我者哉，与《集注》不同。（定论又见答张书。）

《答张敬夫》论哭则不歌，又取范氏说，与《集注》、《或问》不同。（若如此书之说不但哭则不歌，亦当歌则不哭矣。）

赵恭父问，惟我与尔之与是训同，则谁与吾不与之与是训许。答曰，与字恐难作两般说。按，三与字只是一般意，皆与《孟子》善与人同之与义同。与字虽不可直解同，同之义实包在其中，故《集注》解则谁与之意以为必与已同。

李尧卿问，耳顺从心之年乐，且不可得而言，况所谓愤耶？答曰，此说得之。按，愤乐之乐，是逐事上说。与乐在其中之乐，言终身之乐者不同。故云不可得而言耳。若终身之乐，则岂有不可言之时也？有未得之愤，故斯有已得之乐。圣人耳顺从心之年不可言有未得者，则愤与乐皆不可言矣。

若圣与仁章明作录曰，大而化之之谓圣，若大而未化之，只可谓之仁，此其所以异。按，三月不违仁日月至焉者，不可谓圣，而方其不违与至焉之时，亦谓之仁。此圣与仁之不同也。然及其大而化之，亦非有加于仁之道矣。此又圣与仁之不可分也。若断自未化而谓之仁，则是圣与仁有上下之定分，而仁不得为极至之理矣。此录所记，恐或有差耳。博施济众章《集注》曰，仁以理言通乎上下，圣以地言，则造其极之名也。语意至到，当以此为正。

《答张敬夫》论所贵乎道者三，与《集注》不同。（又见答连嵩卿、石子重、林择之、吕子约、江德功、沈叔晦、李守约书及杂著中说。）

《答欧阳希逊》问目论君子所贵乎道者三曰，曾子之意只是说人之用力有此三处，此大而彼小此急而彼缓尔，亦未说到不勉不思处。按，先生论此甚多，而皆以明道说为主，以为平日涵养工夫至到之验。（《答江德功》书）独此书与《集注》说同，盖定论也。然先生前说既多而《集注》又兼取程子说，故读者犹或有误认《集注》之正意者，观此书可见其定论之所在矣。前说见于南轩问答，而南轩之亡，在于悦事前，希逊再问之答，有岂以时论少变之语，则希逊问答乃在悦事后矣。据此亦可定其初晚之分矣。（《语类》本章儞录，二段皆以工夫言，下段俱载前后说及改从今说之意甚详。定论又见《答李守约》书。）

李守约问，执御章《集注》谓然则吾当执御矣。按，以先生所答尝执贱事，及《或问》盖尝执御之说观之，则当字盖是尝字之误。且守约以当执将执为真执设辞之辨，而当与将未见其有异义，则当字当作尝字无疑。此章尹说即程说之意也。《或问》以程说为微著党人之不知己。此答又以尹说为显其所称之失，而其意从将字上推出来。故《集注》初本改下尝字以为真执之辞。然详味夫子之言，则盖是假说之辞，非真执之语也。虽是设辞亦未见其有显人失之意。盖党人虽不知圣人而其所称无所成名之大，实非圣不能当也。故夫子不欲承当而乃欲以一艺成名自当，又欲执其最下者。盖其谦而又谦之辞也，非为人之不知己而显其失也。故《集注》后本一以设辞解之如尹说，而尝字改从将字。此书之答盖在《集注》未定之前矣。

《答曾光祖》论绝四以意作思字说，与《集注》不同。

回非助我章祖道录曰，李先生云颜子于圣人根本有默契处，不假枝叶之助也。如子夏乃枝叶之助。按，《集注》不用此说。

《答程允夫》问论笃之说以为得之，与《集注》不同。（允夫问笃实也。学当论其实，论其实则与君子者乎，与色庄者乎云云。）

甘吉甫问，《集注》中说曾点处，有乐此终身一句，如何？答曰，舜居深山之中，伊尹耕于有莘之野，岂不是乐此以终身？后来事业亦偶然耳。若先有一毫安排等待之心，便成病痛矣。注中若无此句即此一转语全无收拾，答他圣人问头不着。按，今《集注》无此一句，盖终以为未安而改之也。且以圣贤事业为偶然者，似亦过之。圣贤之于事业，谓先有安排等待之心，则固不可，而谓全无其志，而偶然成就，则是殆以圣贤为漠然无心者矣，恐亦未必如是也。所谓事业者即行道济时之事也。圣贤之于行道济时，未尝不以为急，以孔孟之事观之，则可见矣。盖达而兼善天下，是圣人之事也。穷而独善特其所遇之不幸，岂其所欲哉？夫既不得于时，则于其所独善者，亦自乐终其身。此则圣贤之心无入不自得者。而若其平生之心，则其始本不在于此也。曾点言志亦有兼善之意，而不在于独善，圣贤本心此益可见矣。先生此论，恐是一时遣辞之快，而非其定论也。（《张无垢中庸解》辨，舜之饭糗茹草若将终身，其受命乃不期而自至耳。受命与事业不同，受命固非可期者，而事业则不可谓全无所期。伊尹之将应聘，已先有尧舜君民之志。而后来事业只是成就此志，则恐亦难谓偶然耳。）

颜渊问仁章论克己复礼，以为克己则礼自复。又以为克己了又须着复礼。两说皆屡言之。然以《集注》考之，当以前说为正。且夫子本语非礼即所谓己也，勿者即所以克之也。但曰非礼勿视听言动，而不复言视听言动必以礼，则克己乃所以复礼，而非克己之外别有复礼之功可见矣。又言，释氏能克己而不能复礼。（见南升录。）此盖以释氏于耳目口鼻之欲皆能屏去，视听言动，却不能循理，故谓之云尔。释氏虽于物欲能克之，元初发心本为惜生怕死，则其为学只是自私自利，安得谓真能克己也？又岂有真能克己，而不能复礼者耶？其不能循理处，即是不能克己。此等处皆当活看。

学蒙录或问，克己之私有三，气禀耳目口鼻之欲及人我是也，不知那个是夫子所指者。曰，三者皆在里，然非礼勿视听言动则耳目口鼻之欲较多。按，气禀人我之私，亦皆于视听言动上发在，而其克之亦只就视听言动上克之。视听言动总举一身所应接而言，则未见其有偏重处之意。三者恐无多少之分。

石子重问，伊川云克己最难，故中庸不可能也。此有必有事焉而勿正之意，过犹不及只要恰好。按，先生所答克己中庸之说，详矣。而中庸之与有事勿正不同，所答不详，学者骤看难晓。盖中庸是义理恰好处，有事勿正是工夫恰好处，有事勿正之间，天理流行，此即是中庸之理。如此言之则可矣，而子重乃以工夫节度认为义理实体，故先生以为不同。先生说中明道字恐是伊川字之误。

石子重问，先生所作克斋记说，天下归仁处，先本云天下以仁归之，后本云天下无不在吾生物气象之中，先后意异，当如何说？答曰，当以后说为定。《集注》复从前说，克斋记定本亦删此段。（定论又见答范伯崇、连嵩卿、杨子顺、曾择之书。）

仲弓问仁章祖道录论颜子不贰过曰，贰不是一二之二，是长贰之贰。盖一个边又添一个，此之谓贰。按，此与《集注》说不同。《集注》曰，过于前者不复于后，此即一二之义，非添益之谓也。且作长贰之贰，则于颜子分上大有所不尽。若作一二之二，则前过既克而后又不再矣，是多少直截洒脱。若作长贰之贰，则贰虽不添长，固自在，此于过者殊无克去之意，但不添益之耳。此岂克己之学而于颜子分上，亦岂有粘着滞留之过耶？此恐是一时偶及之言，非定论也。

石子重问出门使民，就体上说，不欲勿施；就用上说，无怨；就效上说，答曰此说甚好。择之疑出门使民，已是用处。然亦不妨云云。按，子重择之之说，各是一义，不可相废。择之执此疑彼，固误矣，而先生所答亦欠详说。盖以敬恕之分言之，则出门使民为体，而不欲勿施为用。以动静之分言之，则出门使民敬之发于事者为用，未出门使民时，敬之主于中者为体矣。

程允夫问，言顾行行顾言，引《中庸》力行近仁，《论语》司马牛问仁之说以质之，答曰，答司马牛之意更宜思之。按，先生此说，非专为允夫所问而答之也，盖以警允夫之病也。允夫所问往往有不深致思而率然发问者。盖易于言者也，故先生以是警之。

《答范伯崇》曰，若辄有拒父之心，则固无可论。若有避父之心，则卫之臣子以君臣之义，当拒蒯聩而辅之。又曰，辄贤而国人不听其去，则为辄者当权轻重而处之。《语类》（《论语夫》子为卫君章焘录）曰，胡文定公云，辄去而从父，则卫之臣子当辅辄，以拒蒯聩，则是错了。后来胡致堂却说立郢为是，乃是捄文定前说之错。按，为臣者挟子之贤以拒父，固不可。而为子者挟国人之从己，以拒父，尤不可。辄之贤不贤，卫之臣子所不当论，而辄之所处亦一逃字外更无他道理矣。此当以《语类》为定。伯崇书末端曰，愚窃谓辄之心，但当只见父子之亲为大，而不可一日立乎其位。自始至终自表至里，只是一个逃而去之，便无一事，都不见其他，方是直截。先生此论盖已尽之矣。

《答张敬夫》论夫子自道，与《集注》不同。

《答刘韬仲》问目曰，杀身成仁，蹈仁而死，同异如何，更思之。按，二者同异之辨，见于《或问》解侯氏之说矣。（《或问》曰，杀身以成仁者，非以仁致死也。理在当死，必死然后为仁。故君子不欲生以害仁，而甘心赴死以成其德。非以为仁之故陷于死地，乃不得已而就死也。）

刘韬仲问君子，义以为质，礼以行之，逊以出之，信以成之，何故不及仁？答曰，更思之。按，四个都是仁。

刘韬仲问，一言可以终身行之者云云。答曰，被排击遭按退，决非己心之所欲，今乃施于人，又何以为如心乎？请更推之。按，豪强奸蠹赃吏小人之事，皆是己心之所不欲。故于人之如此者，亦必恶之，而排击按退之，是亦如其心以待人矣。（豪强奸蠹赃吏小人，己恶之，人亦恶之。故排击按退以去人害，是亦如其心以施于人也。如此说亦得。）

潘恭叔问隐居求志，行义达道，《集注》伊尹太公之流可当之，颜子则云亦庶乎，此疑若于颜子小贬。答曰，诚有如此论者，更俟详之。《集注》仍旧说，恐未及改之。（按，孔子谓颜渊曰，用之则行，舍之则藏。唯我与尔，有是夫孔子既许之，如此则《集注》之说，诚若有未安者。当以此问答为正。更按，伊尹太公隐居行义，俱见于行。故谓之可当。颜子之行义，未见于行，则只得谓之庶乎云尔。《集注》仍旧，恐有此意耳。）

《答刘韬仲》问目曰，恐人不能尽晓，而反欲无言，疑得甚好。更熟玩之，当自见得分明也。按，告之以无言，乃所以深晓之。

《答赵恭父》论《论语》分章曰，如仲弓子桑颜渊子路不曾分，子贱子贡回也冉求，各分了，盖一时失于点对，非大义所系，不能易也。要之不若皆析为二乃佳。按，《集注》分章，虽一依古本，而其当析之义，当以此书为正。

2.《中庸》

论《中庸》戒惧，或以统动静为言（见《答吕子约》书），或以专属静一边。（见《答胡季随》书。）盖子思之言戒惧，乃在不睹不闻之时。不睹不闻，即未发时也。戒惧之属静，固子思之正意也。然不睹不闻之时，犹且戒惧，则其于有睹有闻之时，戒惧者，又可见矣。此子思言外之意，而戒惧之所以为统体工夫者也。故朱子尝两言之，而于《章句》则合二说而释之，曰常存敬畏，曰既常戒惧，此则以统体言也。曰虽不见闻亦不敢忽，所以存天理之本然。曰自戒惧而约之，以至于至静之中无所偏倚，此则专属之静矣。

不以统体言之，则戒惧之功，有所阙遗矣。不以专属静工夫，而与慎独动工夫对言，则天命率性中和位育，所以存省推致之功，皆无段落，而条理不明矣。后人多主一说，而弃其一说恐于朱子之意，未能通知矣。（分言，又见《答石子重》书。）

《张无垢中庸解》辨曰，未发以前天理浑然，戒慎恐惧，则既发矣，与《章句》不同。

《张无垢中庸解》辨曰，未能知天，何所戒惧？按，此语恐未安。戒惧之功，自始学以至于为圣人，不可一日而废也。未知天之前，无所事于戒惧，则未知天之前，固将任其怠忽放肆耶？此辨之作，在于丙戌以前，则此段所论并前段以戒惧为既发之语，盖皆初年未定之论也。

《答张敬夫》论《中庸》慎独曰，所谓独者，合二者而言之，不睹之睹不闻之闻也。《答石子重》曰，慎独须贯动静做工夫，与《章句》不同。（初说，又见林择之书及杂著《中庸首章说》。）

《答林择之》曰，唯其戒谨恐惧不敢须臾离，然后中和可致。又曰，先言慎独然后及中和。又曰，致与位字，非圣人不能言。

《答吕子约》曰，上四句分别中和，只是说道理名色地头如此。下面说致中和，方是说做工夫处，而唯圣人为能尽之。按，二书之说，若有不同，而实相通为一。林书自上二节说起以及中和，故以上二节为做工夫处，而中和为成就处。吕书自中和说起以及下一节，故以中和为说道理地头，而下面致中和一句，为做工夫处。其以致字为圣人之事，则又皆同矣。盖通四节而观之，则上二节是说致中和工夫，中一节是说中和名目，下一节是说致中和极功。故或自上说起以及中，或自中说起以及下，唯观其所从说之如何，而其义则未尝不通矣。但林书以戒惧慎独合为一事而言，是则初年未定之说耳。

论中和以心为已发，性为未发，而未发者常行乎已发者，初说也。以事物未接之时，思虑未萌者为未发，事物既交之后，思虑已动者为已发，未发为性之分，已发为情之分，心则贯乎未发已发，而主乎性情者，后说也。（见《大全》）

《答何叔京》曰，天性人心，未发已发浑然一致。按，心性体用，统而言之，固是浑然一致，不可二以观之。然浑然之中，界限分别，未尝无之矣。此书之指，只主浑然，而全无分别，则似是中和旧说之意也。

《答张敬夫》论中和大化之中自有安宅，一书指义不明。其书上下俱言前说之非，则似是改正后书。（旧说中亦多言与前见不同，此书亦其例耳。）而大化云云之说，亦未见其与后说同。且其一书之中，卒未有明净的确之论，则又似只是旧说，而原书中，更无可据而决之者。按，《答石子重》书复论前时大化安宅之说（石书亦无明白之论），而其书首言，去秋之中走长沙几月几日还家，末又言，忽有编摩之命。考年谱丁亥八月，如长沙访南轩论《中庸》之义，三日夜而不合，十一月除枢密院编修，十二月至自长沙。据此则石书，盖在还自长沙之时。而是时中和之说，犹未改也。大化安宅之书，又在石书之前，则其为旧说，无可疑矣。又按，中和旧说序，是说之改正，乃在于己丑春，则其前所论中和之书，皆其旧说耳。（石书中，又有鸢飞鱼跃，触处洞然之语，而亦旧说中语也。先生与南轩论中和凡七书，起头人自有生为第一书，前书所扣为第二书，诲谕曲折为第三书，前书所禀为第四书，中字之说为第五书，在中之义为第六书，诸说例蒙印可为第七书。第四书以上旧说也，第五说以下后说也。）

《答林择之》曰，季通两日尽得讲论，又曰，两日思之，疑旧来所说，于心性之实未有差，而未发已发字顿放得未甚稳当云云。按，中和旧说序曰，己丑之春，为友人蔡季通言之问辨之际，予忽自疑云云。据此则所答择之书，盖是与季通讲论改正旧说时所作，而为改正后第一说也。旧说于心性之实未有差者，谓其性为道，而具于心，心为器，而函此性，旧说亦无差也。但以性为未发心为已发，而未发已发同时共位浑然无分段时节，为顿放得未稳也。不可谓性不可谓心者，非谓未发不是性，而已发不是心也。盖谓未发当谓之中，而不可谓之性，谓之性则未见其为中也。已发当谓之和，而不可谓之心，谓之心则心不专于已发云也。盖以前日未发为性已发为心之说为非，而改正之。故其说如此也。读者当活看得之。（谓之性则未见其为中也，浑然无分段时节，先生答南轩书中语。《中庸章句》未发则性也。《语类》程子书门淳录，既发则可谓之情，不可谓之心，此句未稳。林书虽与此不同，意自有在，不可遽以为非也。）

　　已发未发说曰，喜怒哀乐之未发，当此之时，即是心体流行寂然不动之处，而天命之性体段具焉。以其无过不及不偏不倚，故谓之中。然已是就心体流行处见，故直谓之性则不可。吕博士论此中即是性。赤子之心即是未发，则大失之，故程子正之。盖赤子之心动静无常，非寂然不同之谓，故不可谓之中。又曰，其曰却于已发之处观之者，所以察其端倪之动，而致扩充之功也。又曰，程子所谓凡言心者，皆指已发而言，此却指心体流行而言，非谓事物思虑之交也。然与《中庸》本文不合，故以为未当而复正之。《答胡广仲》书曰，中和体用之语，亦只是句中少曲折耳。盖中者所以状性之德，而形道之体。和者所以语情之正，而显道之用。某前说之失，便以中和为体用，则是犹便以方圆谓天地也。又《答方宾王》书曰，人心莫不有未发之时，不但赤子为然。而赤子之心亦莫不有已发之时，不得专指为未发也。又与湖南诸公论中和书曰，于已发之际观之，则其具于未发之前者固可默识。故程子之答苏季明反复论辩极于详密，而卒之不过以敬为言。又曰，程子所谓凡言心者，皆指已发而言，此乃指赤子之心而言。而谓凡言心者，则其为说之误。故又自以为未当，而复正之。按，先生此论皆在中和说改正之初，而略有不同如此，日月先后，今无可考。只以义理推之，则恐当以胡方书湖南书为正。

　　更考湖南书全取未发说首尾所论，合为一编，骤梧成书，而辞理精确，加于本说。当此之下，又去心体流行之语，则湖南书之为后出可知。而未发说湖南书皆以无过不及，并属未发，而广仲书独以无过不及为说未发之中不着，则广仲书之为最后，又无疑矣。宾王书书首有《南轩文集》编次之语，而是集之编次在南轩亡后（序文）则其为晚年书，尤分晓耳。又按，程子所谓中不可谓性者，盖谓性是理之实体，中是性之状德，性固中而直以中为性，则不可。如天地方圆而不可遂以方圆谓天地也，非谓中是心体流行处，故不可谓性也。其谓赤子之心已发者，盖谓孟子之言大人心指其通达万变而言，赤子心指其纯一无伪而言。而通达万变纯一无伪者，盖于发处见之，故孟子之言大人心赤子心，皆是已发云尔，非谓大人之心赤子之心，只有已发而无未发也。其谓善观者却于已发处观之者，盖谓未发之体不可寻觅，唯于发处观之，则可以默识未发之所具。如孟子之言性善亦不过于发处指示耳，非欲其察其端倪致其扩充而使之观也。其谓凡言心者，皆指已发者，亦谓孟子之言大人心赤子心，皆指已发云尔。而凡言二字做病，故旋自以为未当，初非指心体流行处而言也。程子之指，大概如是，而先生于此所释未免皆失，此盖骤正旧说之失，犹未免滞于旧见而时或带累于语脉间耳。《论性答稿后记》所谓此篇出于论定之初，徒以一时之见，骤正累年之失，其向背出入之际，犹有未服习者，盖实语耳。后有胡方湖南数书，既一一追正其失，则今不当更以此为正耳。但胡书以前言中和为体用，自以为失者，恐于程子之言或不免太泥耳。体用者是虚位，与性情者不同，中和直以为性情则不可，而以为体用恐无不可。性之言中和与心之言寂感，道之言费隐一般语也。寂感费隐皆以体用言，则中和何独不可以体用言也。《中庸》致中和注以一体一用言之，则先生盖亦终以体用言之也。（性之未发为中已发为和，分言则为性情，而统言则只是性也。）

《中庸》首章文蔚录曰，人说中亦只是大纲如此说，比之大段不中者亦可谓之中，非能极其中。如人射箭期于中红心，射在贴上亦可谓中，终不若他射中红心者。至如和，亦有大纲唤做和者，比之大段乖戾者谓之和则可，非能极其和。且如喜怒，合喜三分，自家喜了四分，合怒三分，自家怒了四分，便非和矣。按，先生此说，非谓中和真有是等分之不同也。盖以言人之粗说中和非中和之极，以发《中庸》之指也。观其下旋论喜怒之说，则其意可见。而论和如此，则其论中又可知矣。或执此说以为未发之中，真有十分中八九分中之异（三渊说），则是将以天下之大本谓不能一，而不免有污杂之患矣，岂不误哉？（喜怒过一分不得为和，则不及一分者亦不得为和，而中亦如是，一分有偏，便不得为中矣。此方是中庸之指也。）

李时可问，致中和天地位万物育，谓得位以行之者以事言，不得位以行之者以理言，而先生不非之。盖不得位以行之者，修之于一身，而一身之天地位万物育，行之于一家，而一家之天地位万物育，非全无事也。但其所谓天地万物，特以其象而言耳，非真有上天下地之天地林林总总之万物。故云以理言之耳。

《答李时可》曰，只是自家有些少本领，方致得和，然后推以及人。按，所谓些少本领，即指致中和而言。其理至微，工夫至约，故谓之些少，即退藏于密之意非粗略苟简之谓也。

论未发以复卦当之者，见于《答南轩》书及《论性答稿后记》，以《坤》卦当之者，见于《中庸或问》及《答吕子约》书。《论性后记》作于壬辰，而《答南轩》书又在其前。《中庸或问》在《章句》既成之后，而答吕书又在《或问》成后。《或问》及《答吕子约》书，不但以《坤》卦当之，而又皆明言《复》卦当之之非矣。（答吕书盖是论《或问》未发之说，其再答曰，若谓纯坤不得为未发，则宜以何卦为未发耶？据此则尤见《坤》、《复》二卦并当未发之为非矣。《答胡季随》书以程子复艮说为未尽，而其书在辛亥陈君举书往复时矣。）

《答张敬夫》曰，至静之中，盖有动之端焉。是乃所以见天地之心。先生此时以复之一阳已动当未发，故下端字。端字与孟子四端字同，而意近。谓之端则似已有端绪端倪之可见者，端字下得恐未安。不若下根字机字之为得。《太极图说》曰一动一静互为其根，注曰动静者所乘之机。谓动之根之机，则无嫌于已动，而亦不失为静中之动矣。（《答胡广仲》书曰，其动也，静之理未尝亡，其静也，动之机未尝息。）

陈安卿问，以寤之神运属《复》卦，寐之神蛰属坤卦。答曰，得之。按，以人之寤寐对言，则寤属复而寐属坤。以心之未发已发对言，则未发属坤而已发属复。两说各有所主，不可相妨。但不可于寐与未发处兼用坤复，则同耳。（寤之有思无思分属复坤，则寐之有梦无梦分属坤复，亦可矣。）

陈安卿问，寂而未发，惺惺不昧，如一元之德昭融于地中之复。答曰，此说得之。按，安卿以复当未发未是，而此是全说论仁中带过之语。故答谓得之者，盖许其全说之得，而未暇勘别此一句之误也。安卿后问，以先生《复》卦赞生意闯然有苗其萌之语，为未发时事，而先生答谓正指初发处云，则复当未发之非，盖于此而辨之矣。

陈安卿问，静中知觉，伊川以复言之乃其未发者也。然先生《复》卦赞曰生意闯然，具此全美（闯字后改作翕字）。又曰，有苗其萌，有恻其隐，又似有生意，何也？答曰，苗萌恻隐，却是正指初发处。按，安卿并举未发已发为问，而先生答之只指言初发处，不复以未发为言。如前日之说，则此盖定论也。然程子虽言静中之知觉，认得过重以为已动，故以复言之，其意本非以未发言之也。安卿错认为说,而先生不之辨,恐偶未察耳。(安卿以闿然苗萌谓与伊川说无异,而属之未发,先生答之以正指初发处,则此一言辨之无遗矣。又按,安卿此问以复当未发,而先生所答以当初发处,则盖以安卿之说为非也。《语类》安卿所录数条如此问同,则其误录无疑耳。)

陈安卿问,未发之前,静中有动意否?答曰,不是静中有动意,是有动之理。按,此处不但有动之理,亦有动之机。(知觉不昧。)然谓有动之理则可,而谓理已动则不可。谓有动之机则可,而谓机已动则不可。意是机之已动,而理之已形者。故曰不是。

《答徐彦章》曰,未发之前万理皆具,乃虚中之实,静中之动。按,虚中之实一句无可疑,静中之动一句却难看。若以未发为静而万理为动,则理不可以动言,亦非偏于动之物也。此云动者,即谓动之理也,非谓动是理。盖未发之前,谓有动之理则可,太极浑然之体是也。谓有动之机则可,知觉不昧之气是也。理不自会动静,乘气而动静。故先生言静中之动每以气言,未发复坤之说是也。此云动者,亦以气言,则固无可疑矣。但其语承上万理字说来,则盖以理言,而直下动字,易致争端。学者当活看得之。《通书》动而无动静而无静注曰,动中有静静中有动,其言动静者,皆以理言。故不害云动中之静静中之动。此书所言静即指未发之前,而以其中之理为动,则是理专属动,而且有嫌于作用矣故动字必作动之理看,方无此疑矣。(陈安卿问目中,先生说曰,不是静中有动意,是有动之理。据此则所谓静中之动,亦指动之理而言者,可见矣。)

《答严时亨》曰,人生而静即未发时,以上即是人物未生时,只可谓之理,不可谓之性。才谓之性,则此理便已堕在形气中,不全是性之本体也。《语类》曰,未发时,自尧舜至于涂人,一也。(《论语》不可以久处约章贺孙录。)前说以气禀本色而言也。虽在未发时其气禀本色清浊美恶未尝不自在,而兼气言性有万不齐(气质之性)。此则圣凡不同矣。后说以未发气象而言也。方其未发也,此心湛然虚明物欲不生,而性之本体卓然自在(未发之中)。此则圣凡无异也。两说各有所指,不可以此妨彼也。(气质门□录曰,喜怒哀乐之未发之时,只是浑然,所谓气质之性,亦皆在其中。至于喜、怒、哀、乐却只是情。所谓浑然即未发之中,而又谓气质之性亦在其中。据此则前二说之异同，可见其意矣。）

《语类》以未发为块然汩乱之时。（《中庸》首章门端蒙录曰，其未发时，块然如顽石。《程子书》门寓录曰，众人未发时，已自汩乱了。）《答林择之》曰，无所喜、怒、哀、乐之时，然谓之未发，则不可言无主也。《语类》泛论思虑之未发也，林书极论未发界之十分尽头处也。《中庸》所谓未发时也。盖泛论未发，则思虑未发亦可谓未发，而不知主敬，则不免有昏昧错杂之患矣。若极论未发十分尽头处，则思虑未发之时昏昧错杂者，乃是昏气用事，亦不可谓未发也。必其气一于静湛然虚明无一毫昏昧之杂，然后方可谓未发也。先生论未发，本自有浅深之不同，故不可以一是一非也。然若论未发真体，则当以后说为正。其《答徐彦章》书厮役亦有未发云者，考其全文亦指未汩底未发。盖举厮役平生而言之则亦必有未发之时，与圣人同者矣。（《答许景阳》书论未发之中，亦谓众人有之。《答胡广仲》书亦同。）

《论语》不仁者不可以久处约章贺孙录曰，未发时自着不得工夫，未发之时自尧舜至于涂人一也。（农岩甚主此说。）按，下句无可疑，上句却可疑。克复章僴录问，克复工夫全在克字上，盖是就发处动处克将去必因有动而后天理人欲之几始分，方知所决择而用力也。曰，如此则未动以前不消得用力，只消动处用力便得，如此得否。又曰，只是发动方用克，则未发时不成，只在这里打瞌睡蒙瞳，等有私欲来时，旋捉来克，如此得否。又曰，若待发见，而后克不亦晚乎。发时固是勇克，未发时也，须致其精明如烈火之不可犯是得。《孟子》夜气章广录曰，人须是于未发时，有工夫是得。《答胡广仲》曰，性静者，虽或有此时节。但不知敬以主之，则昏聩驳杂不自觉知，终亦必亡而已矣。据后所论，则前说恐未得谓定论。盖人平居不能庄敬涵养，则不能未发矣。虽或有未发矣，而又不知敬以持养，则旋复汩乱矣。此其无时不着工夫也。然前说之意恐亦只谓未发之时不得大段着工夫，如动时省察克治之为云尔，非谓全不着工也。而记者或过其本意耳。（《答万正淳》论《中庸》戒慎恐惧，以为圣人亦有戒惧之心，但有成德初学之不同。《答胡季随》书曰，夫谓未发之前不可着力，本谓不可于此探讨寻求也，则固无害于涵养之说。《答或人书》曰，程子言存养于未发之前则可，求中于未发之前则不可。然则未发之前，固有平日存养之功，不必须待已发然后用工也。又见《孟子》易牛章、《或问》及《答方伯谟》书。)

论延平静中看喜、怒、哀、乐未发时气象,既曰有偏,曰有病,又以为有个觉处不似别人。(见《语类》罗氏门人门贺孙淳录。)其抑扬之意有不敢知。又论此曰不得其道则流于空。(见《程子书》门可学录。)此一语庶见先生之意,盖谓延平用功则是得其道而不流于空,学者若能会得延平之意,只依他言语做去,则谓不得其道而流于空耳。然则其许以有个觉处,是就延平分上说,其曰有偏有病者,是为学者设戒也。盖延平用功,乃于静中时时提省略略照顾,认得未发时气象为何如,方其认得时固是已发。(所谓看所谓验所谓体认,皆是已发也。)才认得过,便即放下旋,又为未发矣。其初固如是待到熟时自有觉处,又不待于动心体认也。(虽不待动心体认,既有觉处则又是已发。)若不如此,是终身未发,而不知其未发,殆与行不着习不察同矣。盖于大本气象见得分明则存得愈熟。此延平之学所以有得于大本,而不流于异学者也。学者不知此意,而只依他言语用功认来认去,不肯放下,则是终身求未发,而未发不可得见。其终日静坐既沦于坐禅入定,而所谓求中,又与温公之一中字,《大学》之四有所,同其为系累矣。此先生所以为不得其道,则流于空者也。然延平之说,终是易差。假使终日未发,其体认时不过一再时,过此则成病矣。且在初学元不知未发者,可如此用功,工夫稍熟者,又不待如此矣。此程子所以只道敬字。(《答梁文叔》书曰,李先生意只是要得学者静中有个主宰存养处,然一向如此,又不得也。《答吕士瞻》书又与此同。《答方宾王》书曰,《延平行状》中语,今以圣贤之言进修之实验之,恐亦自是其一时入处,未免有商量也。杂著丙申所记《记疑》曰,盖曰静观则固为已发,此当为定论。《答何叔京》书与《行状》中语同,而叔京死在乙未,则其书盖在记疑之前矣。《中庸或问》论吕氏求中之说,又与《记疑》说同。)

《答许景阳》论未发之中曰,此理对恶而言则谓之善,对浊而言则谓之清,对四旁而言则谓之中。按,理字上言清字前未有之。盖本于明道以性之善比水之清也。(《孟子》性善本于继善之说,子思未发之中本于降衷之说,《大学》明德本于明命之说,清之以言理,前言无之,先生于此虽一言之而后不再见,则恐或出于一时之偶言也。不然则当是因论明道说,而言之耳。

此书谓众人亦有未发之中，与胡广仲、徐彦章书同。）

《答张敬夫》书以不偏不倚无过不及，俱属未发已发，与《章句》、《或问》不同。（杂著已发未发说同此书。）

胡季随问，发而皆中绝谓之和，即率性之谓道也，答曰，详程先生说率性，文义恐不如此，与《章句》不同。（《章句》曰，达道者循性之谓。）

仁义礼智门辉录，诚中庸皆已发之理。此录可疑。三者皆当兼未发已发言。

子路遇丈人章或问，以素隐为无德而隐无故而隐，韬仲举此为问，而答说无所改于前盖仍旧说也。学者当详之。

续集《答黄直卿》论《中庸》素隐，仍旧本作素隐。此书言伯丰前冬死，而伯丰死在丁巳，则此书当为戊午作矣。素隐改作索隐，盖在此后，而《或问》在改正之说，则《或问》定本又在其后矣。（此书言伯丰之死以去冬云，而戊午所答黄子耕，新闻伯丰之事，而伤悼之，则其死当在丁巳冬，而此书为戊午作矣。）此书中又论子约未发之辨。（续集先生又与直耕书言子约之亡，伤痛未定，而季通八月九日又已物故云云，则子约之死少先于季通。而按年谱，季通之死在戊午，《大全》先生答子约有戊午二月五日书，则子约之死当在戊午二月以后八月以前矣。）而《答孙敬甫》论知觉自欺之书，又在子约死后，则未发坤卦知觉自欺之说，可见其为最后定论矣。

《答范伯》崇书，以圣人所不知为隐，与章句不同。

《答林择之》曰，云云君子之道，所以造端，其微乃至于此而莫能破也。按，此微字即微小之微，乃是代下语小小字，与下显微微字不同。若作显微之微则道之至微不专于造端处。而天下莫能破者，又岂为隐微而然哉。（莫能载莫能破皆费，而又莫非至隐之所在。若以莫能载为费莫能破为隐，则误矣。）

吕子约说，体物不可遗之义，以物与体物者分为形而上下。先生答谓，体物之义剖析得甚好。此以物与鬼神分属形而上下，下文又以鬼神与德分属理气，盖与《章句》、《或问》不同。（下文曰，鬼神只是气之屈伸，其德则天命之实理，所谓诚也。）

《答吕伯恭》书，以生知安行属仁，与章句不同。

《答林择之》曰，涵养则其本益明，进学则其智益固，本智二字当互。

与王龟龄书，以温故知新并属德性，敦厚崇礼并属问学，与《章句》不同。

潘谦之问，《中庸》动而世为天下道，世犹言世上也。答曰，得之。按，此世字如百世世字同。若作世上之世，则与天下字相重矣。潘说非是，而答谓得之，恐是答他说之得，而偶失其勘别也。

万正淳问目，以知远知风属戒惧，以知微属谨笃，答得之，与《章句》不同。

周舜弼《中庸》问目，以形而上下分属道之费隐，而先生答以只是如此。岂偶未察其失耶？抑先生此时所见亦如此耶？未敢知耳。

《答吕伯恭》书，有庸学详说一书，似是《或问》草本也。（明人黄仲昭所撰《语孟或问拔语》，以详说为《集注》初本，似是有根据，而其考证要义训蒙集义之作，本末先后皆失其实，则此亦未知其必然矣。）

卷 4

1.《孟子》

《语孟纲领》力行录曰，孟子疑自著之书，故首尾文字一体无瑕疵。不是自下手，安得如此好？若是门弟子集，则其人亦甚高，不可谓轲死不传。按，此与性善章《集注》不同。恐当以此说为正。（《答董叔重》书，与此说同。《答吴伯丰》书，以《集注》为失。）

《答江元适》曰，孟子告齐宣王曰，权然后知轻重，度然后知长短。物皆然，心为甚。王请度之。呜呼！此求仁之方也，而精义之本在焉。孟子其可谓知言之要矣。按，孟子之言，盖谓物必权度，然后知轻重长短，心之有轻重长短，亦必权度而后知，故曰，物皆然心为甚。盖轻重长短之则，天然自有，而具于心者仁也，而权之度之，所以求得夫此也。此则求仁之方也。轻重长短之施，各有定分，而不可易者义也，而权之度之，所以精之乎此也。此则精义之本也。即上之所谓二者，初未尝相离者也。

《答何叔京》论孟子养气说，以必有事焉为敬，与《集注》不同。(养气章意，不及敬字。又见答吕子约、张敬之、杨子顺、林德久书。此说，又见下《语类》本章方录。)

连嵩卿问，配义与道不言仁，先生但答以熟看其文仔细思索，不复说破其所疑。先生之意，盖以为熟看思索，则不待问而可知云也。今且以意推之，盖浩然之气是集义所生，而行有不慊于心则馁。故养气之道，惟在于事事合宜无所愧歉。此所以言义而不言仁也。仁义本只一理也，而存诸心之谓仁，措诸事之谓义。养气只从行事上说。故虽只以义言，以其措诸事者存之心，则又却只是仁也。岂有二道哉。然孟子之言气，浩气就气之流行处言，夜气就气之存主处言。夜气之所存，即是仁之为体，浩气之所行，即是义之为用也。合二章而观之，然后气之动静道之体用全矣。此孟子所以既说浩气，而又说夜气也。然夜气章以良心为主，而夜气为存心之地，浩气章以浩气为主，而集义为养气之方，二章所主不同。故其用功敬义亦各不同矣。

《答张敬夫》论见其礼而知其政，闻其乐而知其德，与《集注》不同。

养气章胡泳录曰，某直敢说，人生时无浩然之气，只有那气质昏浊颓塌之气，方是养得恁地。孟子只谓此是集义所生，未须别说。按，此录与《集注》本自浩然失养故馁之说，不同。所谓人生时只有昏浊颓塌之气云者，尤似非先生之言。当以《集注》为正。

方录曰，养气二项，敬以直内(小注必有事)，义以方外(小注集义)。按，《集注》以有事集义为一事，此以有事集义分属敬义，与《集注》不同。且程门以必有事焉一句，借转作持敬工夫，自是别事，非孟子本意也。(《答吕子约》书曰，此章之意，则未及夫敬字。此自程子门庭工夫，因此说出来耳。此说又见上《答何叔京》书。)

卓录曰，集义是养气底丹头，必有事便是集义底火法。按，此又以集义有事分作两事。其说虽与前录不同，恐亦有误，譬谕亦未甚衬贴。气为丹头，则集义当为火法，集义为丹头，则勿忘勿助当为火法。盖集义是养气之功，勿忘勿助又是集义之节度也。

焘录曰，孟子先说知言后说养气，而公孙丑便问养气。某向来只以为是，他承上文方论气，而问今看得不然，乃是公孙丑会问处。留得知言在后面问者，盖知言是末后合尖上事。按，此与《集注》说不同，而先生既以承上文为不然，则固当以此说为正。然承上文之说，恐亦不可全废。（《论孟集注》、《或问》成于淳熙丁酉，焘录是己未所闻，当以《语录》（《语类》）为正。）

四端章文蔚录问，知皆扩而充之，知字是重字，还是轻字？曰，不能扩充，正为不知。能知而扩充，其势甚须。淳录曰，知皆扩而充之，南轩把知做重，文势未有此意。知字只带扩充说，知皆扩充与苟能充之句，相应。上句是方知去充，下句是真能恁地充。按，《集注》用后说之意。

《答吴伯丰》书伯丰问目曰，明道曰，四端不言信，信本无。在《易》则是至理，在《孟子》则是气。考精义则此非明道语乃伊川语也。信本无下，又有在字。伯丰所问主意，乃在在《孟子》则是气之说。而先生只答四端，不言信之意，于《孟子》是气之说，则无所答何也。岂《孟子》是气，气字本非气字，而伯丰承讹问之，故先生不答之耶？若是气字，则不成义理。气字恐是性字之误。盖谓信是性善之全体，故不言信云也。

方子录曰，四者时时发动，特有正不正耳。又曰，日间一正一反，无往而非四端之发。按，孟子明夫性之善，故专言善一边，先生道其情之全，故兼言正不正。（详见四七辨。）

性善章可学录曰，未发是性，已发是善。按，以性与善，分属动静，恐是误录。（《答胡伯逢》书，论知言此说之非。）

《答范伯崇》论《孟子》巨室以为吾之一家，与《集注》不同。

淳于髡曰章倜录，或问执中无权之权，与嫂溺援之以手之权，微不同否？答曰，云云。按，答说以轻重浅深说两权字，恐或记录有失。执中无权之权，只是义字，子思所谓时措之宜是也。此权字合经权而言。嫂溺援之以手之权，这权字是对经之权。但有偏全之不同，恐未可以轻重浅深为言耳。

仁之实章柄录，问事之当为者皆义也，如何专以从兄言之？又问事亲，岂非事之当为，而不归之义，何也？答曰，云云。按，答说未甚明了，恐是记录未尽得其意。仁义二者，或有就一事而并言者，或有举两事而对言者。就一事而并言，则事亲从兄，皆仁也。其事亲从兄，事之当为者，皆义也。

如仁人心义人路之谓，是也。举两事而对言，则事亲属爱，爱自是仁，从兄属敬，敬自是义，此章之指是也。圣贤言语，但观其指归所在如何，不可解一说复引一说，搀合滚同说也。

君子深造道章可学录，问道是进为之方。曰，此句未甚安，却只是循道以进耳。道字在上。按，此与《集注》说不同，当以《集注》为正。

《答林择之》论金声玉振，与《集注》不同。《集注》并八音而论其偏全。（独奏一音，自为始终，譬三子之偏。并奏八音，金始玉终，譬孔子之全。）此书就一音而论其偏全。（金声之清浊洪纤皆备，而玉振其声之全，譬孔子。金声之不能备，而玉振其声之阙，譬三子。）

《温公疑孟》辨湍水生之谓性二章曰，此二章某未甚晓。隐之之辨，亦有未明处。按，此所谓未晓者，若谓温公说，则温公之说其大指，以性为有善恶，而与孟子性善相反，无不可晓者矣。若谓孟子说，则《集注》论之亦详矣。窃考先生论性之说，盖有前后之不同，而此则恐是初年之说也。先生初年以人物之性，谓无差别。（答胡广仲、徐元聘书，论胡子《知言》言性处。）而《孟子》此二章内言性，前独言人而不及物，后又以犬牛人性为不同，分明以差别言之。故先生以为疑，而又不可以《孟子》此章之指，谓非论人之本性，故以为未甚晓。盖万物之性，推原其本，而专言理，则固未尝有差别，如先生说矣。然自其人物禀受者而言，则人之禀性大全与物不同，而其在人则又无不同。此人之性所以无不善，而为万物之灵者也。（见告子《集注》。）告子以人物得气以生之同者为性，而不知人物禀性之不同，故孟子以犬牛人性告之。后人又以其在人气禀之不同者为性，而不知其所得之理皆同，故程子以性即理也明之。盖孟程之言性，或以为异，或以为同，若不相济也，而其指实同条而共贯也。先生此时见处，未免小偏，故以孟子说为疑。（孟子言性之在人物者不同，程子言性之在人物者同。然孟子言人无有不善，则固已言在人之同者矣，同则可见其为理而非气也。孟子虽不言气质之性，而程子始言之，孟子言犬牛人性之不同，而犬牛人性之不同，实由于其形气之不同，则孟子亦未尝不言其气质也。然则孟子说中实已皆包程子说意，而后人不能察识，故程子不得已而索言之。于此，亦可见圣贤相传之一致矣。）

贵戚之卿易位章，辨隐之以三仁之不能行易位之事为有阙于义，此固非矣。然先生以为不期于同，则恐尤未安。君子之行，固不期于同，而亦不期于不同。若不期于同，而期于不同，则是亦私意也。何足以为仁力可行矣，而不肯行之。坐视宗国之亡而不恤，则又安得以称仁哉？《集注》权力之说，正得其实。此与《集注》说不同，盖非定论也。

食色性也章子蒙录曰，食色之可甘可悦，由彼有此。而后甘之悦之，故谓之外。此段全不成说，必是有脱误处。

性无善无不善章植录曰，谷之生是性，发而萌芽是情。按，谷之生是性，即告子生之谓性也。记录恐有误。

广录曰，孟子不曾说到气上，觉得此段话无结杀。故有后来荀扬许多议论出。谟录曰，孟子辨告子生之谓性，亦是说气质之性。按，谓之不说气者，只就人分上言之。孟子只论人性之善，而未尝言其有气禀善恶之不同矣。谓之亦说气者，并人物言之。孟子亦言其犬牛人性之不同矣。盖人性皆善，理之同也，人物不同，气之异也。故孟子之言性，就人则专是说理，并物言则又不能遗其气也。此先生之论各有所指，而非孟子之言性，真有不同者矣。

又按，谟录说，又与生之谓性《集注》说不同。自其人性之贵于物而言，则谓之性无不善，自其人物之性之异而言，则谓之气质之性。善本于理故言善，则以理言之，异生于气故言理，则以气质言之，只一性也，而所就而言之，有不同耳。余尝论五常之性，对太极浑然之体而言，则为气质之性（各指其气之理，故有五者之分），对气禀善恶之性而言，则为本然之性。（亦不杂乎其气而言，故纯善无恶。）虽敢如此道，常有惶恐不自安之意，今见先生论此一性，亦有或理或气之不同，如此概亦如愚说之意也。得是说为据，庶或免于无稽之罪耶？

偶录曰，二之则不是，二之者，正指上两句。小注□录云，论性不论气，论气不论性，便是二之。按，以二之一句为重释上两句之意，语涉重复，恐不如《近思录》叶注之说。程子之意，恐是谓论性不论气，不可也；论气不论性，不可也；虽并论性气而分而二之，亦不可也云尔。（论性不论气，孟子是也。论气不论性，荀扬是也。二之不是，如后世互发之论是也。

若以二之不是为释上两句，则是并与孟子而为不是也。孟子之说，谓之不备则可也，直谓之不是则恐未可也。)

《答何叔京》论好是懿德曰，好者，善根之发也；懿德者，众善之名也。善根，无对之善也，众善有对之善也。无对者，以心言；有对者，以事言。(按，心包众善，故云无对；事各有善，故云有对。)可欲之善，乃善之端，而以事言之，其失远矣。又曰，善根之发，回然无对，既发之后，方有若其情，不若其情，而善恶遂分，则此善也，不得不以恶为对矣。按，此书所论无对之善，与《答胡广仲》书及《论性答稿后记》辨胡氏性善之善，不与恶对之说不同。而其论可欲与若情皆与《集注》不同，则盖是初年说也。语固有未精者，然其以善根之发为无对者，其意盖与惟义无对惟道无对之说同，非如胡氏之说也。(胡氏论性，以为善不足以言性，而以性善之善为赞美之辞，故谓不与恶对，非谓包众善而无对，如先生之意也。)义固与不义对，道固与非道对，而谓之无对者。盖谓事之宜，无非是义，物之理，无非是道，更别无善与理可与此义与道为对。故谓之无对，非谓义不可与不义对，道不可与非道对也。善根无对之说，其意盖亦如此。惟在人，活看得之，不可遽以为非也。(先生《答万正淳》书曰，明道先生曰，义无对。《答胡广仲》书曰：惟道无对。以形而上下论之，则亦未尝不有对也。)

富岁子弟多赖章贺孙录或问，口、耳、目、心皆官也，不知天所赋之气质，不昏明清浊其口耳目，而独昏明清浊其心者，何也？曰，口、耳、目等昏明清浊之异，如易牙师旷之徒，是其最清者也。心亦由是而已。按，由是之由与犹通，言心之有昏明清浊，犹口耳目之昏明清浊也。若曰，心之昏明清浊由于口、耳、目之昏明清浊，则是将易牙师旷之心，又皆最清而为圣为贤矣。据此则今之谓心之气质人人本皆清粹，被了口耳目之气来昏他而始有昏者，尤见其非矣。《大全·答朱飞卿》书与此录同，而由字改作犹字矣。

《答游诚之》曰，孟子只言操存舍亡，而不言觉存昧亡。按，此非谓觉非存而昧非亡也。盖操则觉而存，舍则昧而亡，得失之机在于操舍而不在于觉昧，故孟子之言如此云耳。

《答李晦叔》曰，放去收来，顷刻间事，只一操字已是多了。晦叔再问，窃谓心之存亡出入，特系于人之操舍如何耳？但圣人则不操而存，众人则操之而后存。先生云,只一操字已是多了,辉久而未喻。先生之意,正是为已存者说。若心不能无放者,固不可不操。答曰,只此操时,当处便存。按,晦叔所疑,正在于操字已多,而先生此答,还又说操字,却与晦叔之问似不相着。然先生所答章季思书曰,约礼则只敬之一字已是多了。多了则有余之意也。据此,则此所谓操字多了者,亦只是有余之意。实与《语类》说求放心,求字剩了之意不同。而晦叔错认为剩了之意而再问。故先生再答还复说操字,而不讳操字。其所谓当处便存,即前所谓已是多了之意也。又按,晦叔所引东莱说以操存收敛作两句对说,而有若各致其功者然。故先生答谓只一操字已是有余,不须更着他语云也。(晦叔言圣人则不操而存,对众人言固如此。然圣人分上,亦未尝无此工夫。诗称文王,不显亦临,无射亦保,是也。但其所以操之者,与学者不同耳。先生《答万正淳》书亦言,圣人有戒惧惕厉之心。《答何叔京》书曰,圣人则不操而常存,众人则操而存之,此亦以圣人对众人而言。故其言如此耳。)

夜气章寓录一条,专主夜气之存,与他所录主良心之存者不同。当是误录。

贺孙录问,良心与气,合下虽是相资而生,到得后来或消或长,毕竟以心为主。曰,主渐盛则客渐衰,主渐衰则客渐盛,云云。贺孙又云,若是客胜得主,毕竟主先有病。按,此以论血气义理之胜负则可也,以之论良心夜气则不可。良心存则夜气益清,夜气清则良心愈存。心放而气必昏,气薄而心愈亡。其消长盛衰未尝不相须也。浩气之与道义亦然。此段恐非正论夜气也。

求放心章《贺孙录》问,放心还当将放了底心重新收来,还只存此心,便是不放。曰,看程先生说,文义自是如此,意却不然。只存此心,便是不放,不是将已纵出了底,依旧收将转来。如七日来复,终不是已往之阳,重新将来复生。旧底已自过去了,这里自生出来。(夜气章升卿录曰,入,不是已放之心入来。此章贺孙别录又曰,不是如一件物事,放去了又收回来。)按,此录与他录不同可疑。孔子分明言,出入无时,所谓出入者,只是一心,非出别有一心入别有一心也。入,不是出者则不成说入矣。孟子分明言,求其放心,所欲求之者,即其所放之心,非所放之外别有一心可求也。

程子之说意尤明白，恐难迁就为说。然其意亦以其放而复收。故谓之反复入身来，非谓放而出者，真出在身外而今却收入身内也。盖此心不知不觉忽然放去，又忽然觉得则便在此矣。其放其觉其存，只此一心，非放是一心觉是一心存又是一心也。若曰，已放之心不复收回，而更别有心存之，则是放与存各是一心，孟子即不须说求字矣。先生此说，盖言心非实有一物出入身之内外者，而记者过之耳。《集注》只载程子说，当以《集注》为正。阳气之在天地，往过来续逐岁常新，心之在人，昨日今日只是一个，恐亦不可相准。夫以善端之复，比天地之复，盖亦只取其意义气象之相类耳。（心之酬酢事物万变不穷，可比天地生生之道，气之喘息呼吸日夜生息，可比天地生生之气。人只有一心放，而自觉其放则存矣。非已放者之外，别有一心觉而存矣。《复斋记》曰，所谓复者，非曰追夫已放之心而还之，与贺孙录同。更详先生之意，盖以念之前后而言，非言此心之全体也。盖谓放而出者，是前念之已过，而觉而存者，是后念之方生，非是追回过去之念以为方生之念也云尔。据贺孙后录浑水之譬，可见其意矣。出入之说，又见夜气章《或问》。）

潘子善问，孔子欲以微罪行，微罪不知是指鲁言，是孔子自谓耶？答曰，自谓。与《集注》不同。

《答张敬夫》曰，尽心云云，学至于此则知性云云，以知性为在尽心之后。与《集注》不同。

《答黄子耕》问目，以尽心为意诚之事。《答朱飞卿》书，以为后来思之，只是知至之事。当更寻旧说。《集注》改从旧说。（先生归仁知至尽心之说，三易其说，而及其定论，皆从初说。此盖明道再数廊柱之误。而说经之难，乃如是。夫答黄书，乃在壬子年中，又是先生晚年也。原书中投劾辞免卜葬未遂，皆是壬子年中事。）

尽心章，砥录。曰，某前以《孟子》尽心为如《大学》知至，今思之，恐当作意诚说。按，《集注》用前说，当以《集注》为正。尽心知性知天与存心养性事天，句句对说。物格而后知至，故知性以尽其心。人能弘道，非道弘人，故存心以养其性。上文专以知言，下文专以行言。不应尽心知性，又分作知行。

倪录曰，夭寿不贰，便是知性知天之力，修身以俟之，便是存心养性之功。立命一句，更用通下章看。按，立命一句，本以结上辞。恐当曰，夭寿不贰，是尽心知性之力，修身以俟之，是存心养性之功，立命一句，是知天事天之至处。末句通下章别是一义，《集注》已言之。

莫非命也章，恪录。问，莫非命也。曰，在天言之，皆是正命。在人言之，便是不正之命。按，有以致之而得祸者，在天为正命，在人为非正命也。无以致之而得祸者，在人为正命，而在天为非正命也。此录与下所录数段不同，恐是误录。（无以致之而得祸者，即所谓人所憾于天地者。）

《答孙敬甫》曰，若到杀身成仁，舍生取义处，岂可以其不得正命而避之乎？与《集注》不同。（杀身成仁，舍生取义处，皆莫之致而至者。非自我有失而致之，则莫非正命也。）

舜居深山章，道夫录。问，学者未有闻见之时，莫须用持守而不可放逸否？曰，才知持守，已自是闻善言见善行了。按，或问于程子曰，未出门使民之时，如之何？曰，此俨若思时也。或又问程子曰，鸡鸣而起，若未接物，如何为善？曰，只主于敬，便是为善。此问者之意，盖与程门问者之意同，而先生所答，却与程子不同。有未敢晓者，闻善言见善行，固当持守而不失。未有闻见之时，先自居敬而持守，亦当如程子之说。问者既举未有闻见之时，则其意同于程门问者可见耳。

《答潘子善》论饥者甘食章曰，此章从来有两说，以意则此说胜，盖不欲人以利欲害其心，如饥渴之害口腹也。以语则不以饥渴之害动其心者为切于文义。未知果孰是，但后说差不费力耳。《集注》用前说。（答子善二条，皆与《集注》不同，而原书有季通远谪之语。《集注》修改晚岁，犹不住此，可见矣。）

《答张敬夫》论恶知其非有也，其说三变而最后改从前说。

《答何叔京》论跃如也，以为形容悬解顿进之意，与《集注》不同。

尽信书章，贺孙录。曰，血流漂杵，看上文自说前徒倒戈，攻其后，不是武王杀他，乃纣之人自蹂践相杀？荀子云，所以杀之者，非周人，乃商人也。按，杀之者虽是商人，亦岂有平地血流作波道漂杵之理也？决是史臣之过语也。

命也有性焉章，铢录近下一截。曰，仁之于父子，如舜之遇瞽瞍，义之于君臣，如文王在羑里，孔子不得位。礼之于宾主，如子敖以孟子为简，知之于贤者，如晏婴知矣而不知孔子。此是合下所禀有厚薄，而所遇有应不应。但其命虽如此，又有性焉，故当尽性。小注云，仁之于父子以下，与《集注》不同，读者详之。按，此言，命虽专以气言，其义亦有两般，所禀于己之有好不好，所遇于人之有幸不幸是也，须兼两义言之方备。如瞽瞍之不慈商均之不肖，是所禀之不好也。舜之遇瞽瞍之父商均之子，是所遇之不幸也。然所遇之幸不幸，实亦由于所禀之好不好也。舜之所遇不幸，乃由于瞽瞍商均所禀之不好，而舜亦自于父子之间所禀之命不好，故所遇有不幸耳。所禀所遇虽是两般，本之则一也。故此录上言，清浊厚薄之禀皆命也。所造之有浅深，所遇之有应不应，皆由厚薄清浊之分不同。其下自圣人之于天道至所造有浅深，是说所造之浅深由于所禀之清浊，自仁之于父子之所遇有应不应，是说所遇之应不应，由于所禀之厚薄。是皆兼所禀所遇言之，而又以所禀所遇合而一之也。《集注》虽专以所禀言之，然实亦包所遇之义在其中，故此下祖道录，祖道曰，伯丰举钱文季之说，大概言命处，只将为所禀之命，莫是偏了。曰，此说亦是。《集注》中举横渠说云，以晏子之贤而不识孔子，岂非命也，已有此意了。据此则《集注》之兼所遇而言，亦可见矣。小注谓与《集注》不同者，盖未详《集注》之意耳。（圣人之于天道一段，以所禀于己者而言，仁之于父子一段，以所遇于人者而言，而下段又合所禀所遇而一之也。）

《答张敬夫》论可欲之善，以为善几，与《集注》不同。（初说又见答程允夫、何叔京、冯作肃、王子合、何倅书。定论又见《答张敬夫》书。）

《答张敬夫》书以可欲之善为善端，固是初说也。又以厌然揜其不善而着其善，与恻隐之心同属可欲之善，盖以厌然为媿耻之心，与章句不同。

2. 《易》

系辞天数地数，五位相得而各有合，《本义》相得之说，与《启蒙》不同。当以《启蒙》为正。

系辞《本义》曰,阴变为阳阳化为阴。又曰,一变生水而六化成之,二化生火而七变成之。前以变属阴化属阳,后以变属阳化属阴,何耶?盖变有头面可见,化无痕迹可寻。阴之变阳,自无而入有,故谓之变,阳之变阴,自有而入无,故谓之化。变有刚急底意,化有柔缓底意。阳之生物常主于刚急,故谓之变;阴之生物常主于柔缓,故谓之化。前以二气相推而言,后以二气同功而言也。(阳之生物常先,而阴之生物常后。一三先,而二四后也。阳之成物常刚,而阴之成物常柔。火金刚,而水木柔也。)

《与郭冲晦》曰,四象者《河图》之一合六,二合七,三合八,四合九。按,此只言《其河图》中亦具四象之位数也,非谓一与六为老阳二与七谓少阴云也。与下《洛书》之一含九二含八之说不同。盖合含二字义不同。合以配偶而言,二老二少之相合也。含以自具而言,各象位数之相含也。

《答郭冲晦》曰,《河图》《洛书》以大传之文详之,《河图》《洛书》,盖皆圣人所取,以为八卦者,而《九畴》亦并出焉。此与《启蒙》说不同。

《答蔡季通》曰,七八九六之说,近细推之,乃自《河图》而来,即老兄所谓《洛书》者。又书曰,鄙意但觉《九宫之图》意义精约,故疑其先出。按,先生此时盖以九数为《河图》,十数为《洛书》矣。

《答方伯谟》曰,今以一三五为九,二四为六,则乃积数,非参之两之之谓。且若此而为九六,则所谓七八者,又何自而来乎。疑亦未安。按,《启蒙》取此说,而又推七八之自九六而来者。

董叔重问目中,有以五行生成之数为四象位数,以感通者为有驰肆之病者,皆误。先生答之概许其是,而不辨其失,恐是偶失照勘也。寂然者木石而已云者,亦有可商。寂者浅言之,则凡有思虑未萌之时,皆是也。深言之,则非至虚至静不昏不昧之时,则不可谓之寂也。是虽有浅深之不同,要皆众人亦皆有此时节。至于感通,则感虽圣凡皆同,而通,则非圣人不能也。(一事之通,众人固亦有之。而通字本以通天下之故言之,则非圣人不能当之也。如《中庸》发而皆中节谓之和,一事之和,众人亦有之,但下一皆字,则非常人所能当也。)

《答柯国材》论易卦次序,语意不明,又与《本义》《启蒙》不同。书中有武学待阙延平逝去之语,而武学之除延平之丧,皆在癸未,则盖是初年说也。

《答蔡季通》曰，文王八卦若以卦画言之，《震》以一阳居下，《兑》以一阴居上，故相对；《坎》以一阳居中，《离》以一阴居中，故相对；《巽》以一阴居下，《艮》以一阳居上，故相对；《乾》纯阳《坤》纯阴，故相对。此亦是一说。但不知何故四隅之卦各如此相对耳。此图是说不得也。按，乾之与《坤》，《巽》之与《艮》，皆隔一卦不成相对，先生固亦疑之。《启蒙》不见此说，盖弃不取也。玉斋胡氏论《震》《兑》横六卦纵之义，依此为说，盖未考耳。

《答王子合》论易卦，谓文王重易，又谓邵说近于傅会穿凿，谓说卦卦位不必强通，盖是初年说也。

《答林正卿》曰，耒耜市井已取重卦之象，则疑伏羲已重卦。或者又谓此十三卦，皆云盖取，则亦疑辞，未必因见此卦而制此物也。今无所考，但既有八卦，则六十四卦已在其中。此则不可不知耳。按，先生答王子合、叶彦忠论重卦，皆以为文王事，此书独以为伏羲事。前书言季通谪居，后书又言季通云亡。而季通丁巳被谪戊午亡，则此书亦不出丁巳戊午间矣。当以此书所言为正。大抵此等疑辞之辨，惟在质之于义理之当否与证左之有无耳。此书耒耜市井之取义，可为证左之一端，而其曰既有八卦，则六十四卦已在其中云者，亦义理之可推而知者也。又按，《启蒙》引《周礼》《三易》经卦皆八别皆六十四之说，则文王之前，已有六十四卦，其有证左至明白矣。伏羲画卦，自一画始生逐旋加倍，以至生满六画，溃涌而出自住不得，则岂应伏羲才画到三画而止，至文王方见其使不得，又旋添画到六画也？此又义理之必不然也。（潘子善问，伏羲之后文王周公之前，未有卦及辞，何以定吉凶。答曰，《周礼》三《易经》卦皆八，别皆六十四，则疑已有辞矣。原书言辞职告老，皆未报可，两事之请，皆在乙卯矣。）

《答王子合》曰，《乾》知大始说者，多为主宰之论，似若微妙而反粗浅。若如此，则《乾》与大始，各是一物，而以此一物管彼一物。如今言某官知某州事也。故伊川只以当字释之，其言虽若浅近，却无二物之嫌也。董叔重问，《乾》以易知，知犹主也，如郡县之知。盖乾健不息，惟主于生物。答曰，文义亦得之。按，后说与本义同。当以本义为正。（《答吕子约》书，又与子合书同。)

《答林熙之》论易德不孤，以为与物同之意，与本义不同。(定论，又见答方宾王、曾择之书)

《答程可久》论《贞》《屯》《悔豫》皆八，以为连得两卦，皆不值变爻。又论《艮》之八，以为《遇》《艮》卦之六爻不变，皆与《启蒙》不同。

潘子善问，习坎，程传云一始于中，有生之最先者也。夫阳气之生，必始于下，《复》卦之象是也。今曰，始于中如何？答曰，气自下而上为始。程说别是一义，各有所主。不相妨，亦不可相杂。按，下自地下上至天上，分为六层，阴阳之气，皆生自地下上极于天。此《震》《巽》《复》《姤》之说也。地居天之中，地之里面最深处（自其外上下四旁推入内正中处），又为地之中。阴阳之生，皆始于此，渐渐向外放出去充满周遍于地之上下四旁六面之外，以极乎天地上下四旁，非独上升一路而已也。此《坎》《离》之说也。（天地之上下四旁皆阴，而地之里面最深处一阳始生，即《坎》之象。天地之上下四旁皆阳，而地之里面最深处一阴始生，即《离》之象。）所谓两说各有所主者也。然前说之就地上一面，人所见处言之，故曰自下而上。若其气之生出实然之理，则只如后说耳。《易》卦又以下为内上为外，若以内外言之，则震《巽》《复》《姤》之义，又未尝不与《坎》《离》之说相通矣。然则先生所谓不可相杂者，姑指其两说不同处而言耳。

潘子善问《夬》象居德则忌，答曰，未详。《本义》亦云未详。按，《夬》有溃决之义。象曰施禄及下，盖取溃决之意也。至于居德，则主于蓄聚意，与溃决相反。故曰，居德则忌。忌，忌恶也，言忌其溃决也。如此解之，未知如何。

《答孙季和》论《书》小序曰，大抵古书多此体，如《易》序卦亦是此类。若便断为孔子之笔，恐无是理也。按，此书盖辨书序之非孔子书，而以序卦证古书之多此体，非并以序卦为非孔子书也。此书在《本义》、《启蒙》既成之后（书中云读此书尝有私记，即指《本义》）及长子塾死后（书中云归来悲冗，即指长子塾死后，自临漳解归治丧葬也），则盖是晚年作，不应复与《本义》不同矣。(《本义》篇题言孔子所作之传十篇云云。盖《象》《象》《系》各上下传合为六篇，并文言《说卦》《序卦》《杂卦》为十篇，所谓十翼也。）

《答吕子约》曰，以无思无为为说心，而不及性，不知心性两字是一物耶，两物耶。按，此言心性为一物也。心性是两物，而此谓一物者，盖为子约言心，而不知性在其中，故如此言之耳。非谓心性真无别也。（心性固是二物，而以其不相离，故谓之一物亦得。）

精变神说，所以极深者以其几也，以《本义》考之，几字当作精字。

寂感说，味其语意，似是中和旧说。

《苏氏易解》辨曰，降者谓之鬼，游者谓之神，与《本义》不同。（论精气为物，游魂为变。）

《答许顺之》论穷理尽性，并以为知之事，与《本义》不同。

《答刘君房》曰，《本义》未能成书，而为人窃出，再行摸印，有误观览。按，书中有伪学见识之语，此书盖是晚年所答也。此后《本义》更修与否，又无可考耳。（《本义》中天地之数五位相得之说，乾坤三索揲蓍之说，皆与《启蒙》不同。而《启蒙》之成，后于《本义》，皆此二说之误，改正于《启蒙》，而于《本义》，则未及修改耳。以此推之，则《本义》之书，恐终未及再修耳。）

《答吕子约》曰，向于《启蒙》后载所述四言数章，说得似已分明。卒章尤切，不知曾看否？幸试考之。四言数章似是指《五赞》。据此，则《启蒙》本载《五赞》，今本不载。恐此非笺注之体，故先生嫌以作者自居而还去之也。

《答孙敬甫》曰，《易传》（《易传》即指《本义》）初以未成书，故不敢出。近觉衰惫不能复有所进，颇欲传之于人云云。而其下又有伪学禁严之语，盖与所答君房书一时作也。盖《本义》释经只提其纲要，而略于微细，且其立辞甚简，欠于详说。故虽以此谓之未成书，而先生又自以为不能复进，而欲传之人，则其义理之无可疑，亦可见矣。且其中五位相得《乾》《坤》三索之说，既已改正于《启蒙》。而三索之说，又与门人屡言其非，则他无如是者，盖皆是定论也。读者不可真以为未成书，而轻有所疑也。大抵《易》之为书，在诸经中最为简奥，而文王周公孔子之辞皆同。故《本义》立文，亦以简要为主。要以无改于经文旧例，初非不甚用意，而偶尔疏略者也。学者亦不可以不知此意也。

《易》纲领渊录曰，老阳老阴交而生《艮》《兑》，少阳少阴交而生《震》《巽》，《离》《坎》不交各得本画。按，《震》《巽》《离》《坎》四卦之序，恐是板本差互。当做交而生《离》《坎》，震巽不交。其下《离》《坎》之交，当做《震》《巽》之交，便生《震》《巽》，当做便生《离》《坎》。（《乾》《坤》不交，《坎》《离》再交，《震》《巽》《艮》《兑》一交。）

骧录曰，《坤》《复》之间乃无极。按，无极解同濂溪无极，恐非康节意。（《记闻录》中已论此意）

铢录问，六十四卦名是伏羲元有，抑文王所立？曰，此不可考。贺孙录曰，爻之进退如《剥》《复》之类，形之肖似如《鼎》《井》之类。此是伏羲即卦体之全，而立个名如此，当以贺孙录为正。

方子录曰，《巽》《离》《兑》，干之所索乎《坤》者，《震》《坎》《艮》，《坤》之所索乎乾者。《本义》揲蓍之说，恐不须恁地。（说卦门渊录同。）按，《启蒙》已改正如此

贺孙录曰，但自伏羲而上，但有此六画，未有文字。又录曰，伏羲画八卦文王衍六十四卦。（此见训门人门。）按，当以前录为正。然一人所录前后不同如此，则先生所见有初晚之异，门人记录有得失之殊，盖可见矣。（上铢录、学履录、《大全·答林正卿》书，与贺孙前录同。上广录、《大全·答王子合》、续集《答叶彦忠》书，与贺孙后录同）

渊录曰，吉凶悔吝，吉过则悔，既悔必吝，吝又复吉。按，此与《本义》所吉凶相对，而悔吝居其中间，悔自凶而趋吉，吝自吉而向凶者，不同。当以《本义》为正。

乾卦渊录曰，仁义礼智，似一个包子里面合下都具了，一理浑然，非有先后。元亨利贞，便是如此，不是说到有元之时有亨之时。又曰，元亨利贞其发见有次序。仁义礼智在里面自有次序，到发见时，随感而动，却无次序。按，天道之有元亨利贞，人性之有仁义礼智，以全体言，则浑然无先后，以分段言，则秩然有次序，两说相通。（此意已详，见上论仁义礼智信条。）

仁义礼智门铢录曰，贞如板筑之有干。又曰，贞者事之桢干。（又见

《易》乾卦铢录。）按，桢筑墙两头横木，干筑墙两旁夹木也。其释干字，与《本义》说不同。（《答范伯崇》书论榦字，与铢录同。）

3.《书》

《尧典》注，天渐差而西，岁渐差而东，东西二字恐差互。尧时冬至日在虚昏中昴，宋时日在斗昏中璧，斗在虚西日躔。古虚而今斗，则是自东而西也。昴在璧东，昏中古昴而今璧，则是自西而东也。（今之璧退居古之昴地，则是自西而东也。）天度四分之一而有余，故其行常舒缓而不及，积之渐退而东。岁日四分之一而不足，故其行常缩急而踰之，积之渐进而西。（譬如地远则步舒而行蹙，地近则步蹙而行裕也。）盖天与日之行，过者常进而西，不及者常退而东。此其大概也。天之行本过于日，日之行本不及于天。故在一岁之内，则天常进而西日常退而东。过者行远而常患于不足，不及者行近而反觉其有余。行之不足。故积之而成不及，行之有余，故积而成过。故在一元之内，则天反退而东，岁反进而西矣。过者常患于不足，不及者反觉其有余。天道犹然，况于人乎。此非知道者不能知也。

杂著《策问》一条曰，《书》称尧平章百姓，百姓昭明，说者以为百官族姓云尔，与《书》注不同。（定论又见《答潘子善》书。）

《答郑景望》论象刑，以眚灾肆赦，为专为轻刑说，与《象刑说》及《舜典注》不同。《书传》之集在戊午之岁，当以《书注》为正。

论人心道心，以人心为私欲，道心为天理者，初说也。（见《答张敬夫》书。）以人心属之形气，道心属之性命，而人心兼有善恶，道心纯善无恶者，后说也。（见《中庸序文》及《语类·中庸》门。）

《答张敬夫》曰，存亡出入，固人心也，而惟微之本体，亦未尝可益，虽舍而亡，然未尝少损。按，惟微之本体上下，恐脱虽操而存一句。

《答程允夫》曰，心固未尝亡，但人舍之，则有时而不自见耳。所谓道心惟微者，此也。按，当初帝舜之言人心之危道心之微，各以其本来体段而言也，非指其舍亡者而谓之惟微也。退溪以此书收入于《节要》中，未知何见。退溪又以《答季通书》先生自以为未莹者收入于《节要》，而答子上书最后定论，则不为收入，亦未知何意也。

《答吕子约》曰，操舍存亡虽是人心之危，然只操之而存，则道心之微便不外此。按，先生与张敬夫问答三书，皆以人心为私欲，而有曰即人心而识道心，又曰，存亡出入固人心也而道心之微初不外此。此盖以存亡出入为人心私欲，而存亡出入之中，天理存焉者为道心也。其以存亡出入并为私欲者，盖以营为谋虑一毫把捉者为私欲，而操存亦涉营为把捉故也。观其以从容中道为道心，惟精惟一为未离人心，则可见矣。吕书之说，盖与此一意也。然其《答许顺之》书，以操而存者为道心舍而亡者为人心，则又与此不同矣。盖先生论人心道心，前以天理人欲言之，后以形气性命言之者，乃其不同之大端。于此二端之中，又各有不同，而分为四端。张吕二书以存亡出入并为人心，许书以操存舍亡分为人心道心。此前之有不同也。其答蔡季通、郑子上书，皆以形气性命为言，而蔡书犹未莹，未若郑书之为直截明白，则此又后之有不同也。先生于此，盖屡易其说而后定，学者必深考乎此，然后方知先生入道次第，而又有以见良工独苦之心矣。（按，张吕二书亦微有不同。张书则于舍亡处亦言道心，而吕书则只于操存处言之。此其微有不同，而即其所言之不一，可知其所见之非真矣。吕书中有昨日得钦夫书亦论此之语，盖是一时所作矣。）

《答蔡季通》论人心道心书，骤看似以人心为气发道心为理发，故后来为理气互发之论者，尤以此书为左契。细考之，则实不然。其论人心曰，主于形而有质，曰，私而或不善，盖皆指耳目口体而言也，何者？谓之形，则耳目口体之形可谓之形，而心上发出之气，不可谓之形也。谓之私，则耳目口体之形可谓之私，而心上发出之气，不可谓之私也。盖以仁义礼智之理，与耳目口体之形，对言而曰此公而无不善，故其发皆天理，彼私而或不善，故其发皆人欲云云也。此所谓析言之也，非以心中所具之理气析言之，而谓人心从气而发，道心从理而发也。下文所谓清明纯粹不隔乎理者，亦指耳目口体之形气而言也。耳目口体之气，或有时而清明纯粹，则视自然明，听自然聪，四体自然收束不惰，此所谓不隔乎理，而助其发挥者也。饮食男女本乎天理，则人心之发亦莫非性命之所行。而但为发于吾身之私者，故易隔乎理而不得其正耳。幸而耳目口体之气，亦有清明纯粹之时，则虽其发于私者，亦自能得正而天理不为所隔矣。先生之指，只如此而已。若是指心之发处，则清明纯粹者，既皆属乎人心，而不可认以为道心矣，彼道心之发，又是何气也。大抵情之原于性而发于心者，无论四七人道，只是一般，而其所以有此人心者，由其有耳目口体之形。故谓之发于形气。耳目口体之气或有清明纯粹之时，则其视听饮食之欲，亦皆自然得正。故谓之不隔乎理而助其发挥也。其以此为心之发处主理主气之证者，盖皆误认也。余旧看此书，亦不解其指，遂妄疑其初年未定之论，而庸序之述亦或有前后本也。又与季明论此，季明之言如此，方觉其前见之粗谬，而涣然无疑于先生之指矣。

《答蔡季通》论人心道心之说，旧尝疑其有二岐之嫌。然其书乃在《中庸序文》既述之后，则又似是晚年所论。强为之解而终涉龃龉，未见其有浃洽之意，则又疑庸序之述，亦有前后之异，而此书终不得为定论矣。后见先生《答郑子上》书曰，此心之灵，其觉于理者道心也，其觉于欲者人心也。昨《答季通》书语却未莹，不足据以为说。据此则先生果自以答蔡书为未是矣。子上又问曰，窃寻《中庸序》云人心出于形气道心本于性命，而《答季通》书乃所以发明此意，今如所说却是一本性命说，而不及形气云云。先生又答曰，《中庸序》后亦改定别纸录去，据此则《中庸序》果亦有前后本之不同矣。若非子上之屡有问辨答蔡一书，几为千古之疑案矣。盖先生所论人心道心，屡易其说。始以为天理人欲，中虽改之，而答蔡书又未免有二岐之嫌，末乃以为一心之灵有觉于理觉于欲之分，而其论始定矣。以先生高明特达之见，犹未能一觑觑到真源，有此见解之屡易，则义理之难精也，有如是夫。己酉十月十一日书。（觉于欲者与孟子寡欲之欲同，非私欲之欲也。）

又按，答蔡书先生自注曰，凡物剖判之初且当论其善不善，二者既分之后，方可论其中不中。惟精惟一所以审其善不善也。允执厥中，则无过不及而自得中矣，非精一而求中也。（先生说止此。）盖以善与中对言，则或有精粗之分，而善不足以尽中矣。如《中庸章句》于善之中，又执其两端量度以取中是也。若单言一字，则其义相该而又不可分矣。《大学》止至善，《书》之执中，是也。且惟精所以审察乎善不善之分，惟一所以主于善而不贰于不善，二者皆所以求得夫中而执之者也。此注既分善与中为二，又以精一执中分为善与中两地头之事，已甚未安。而其以精一并属审察善恶，与《壬午封事》以精一属格致，执中属诚正者同，则此书之非定论，又可见矣。（《壬午封事》先生三十三岁时作。）

又按，答蔡书虽不得为定论，然其指亦非直以人心为发于气，道心为发于理也。但其立语未莹，易使人错看耳。

陈安卿问生于形气之私，答曰，如饥饱寒燠之类，皆生于吾之血气形体而他人无与焉，所谓私也。按，后人以人心道心分属理气之发，而推以及于四端七情者无他也，只因此形气二者滚合心之气看故也。先生于此自解形气之说，只以为血气形体而不复兼心志为言，则其所谓生于形气者，非谓发于心之气，而与性命之理分对出来者，多少分明矣。此书之指，既如此，则互发之说，益见其无根据矣。《答李尧卿》书说及安卿，而曰区区南官，只喜为吾道得此人。南官盖指庚戌赴任漳州，而安卿即漳州人也。据此则安卿问答皆在庚戌以后，最为先生晚年时也。（此书当与《答黄子耕》书参看。）

答黄子耕问目曰，盖以道心为主，则人心亦化而为道心矣。如乡党所记饮食衣服本是人心之发，然在圣人分上，浑是道心也。按，此是定论也。又可以见理气之无互发也。在圣人分上人心浑是道心，而更无分别，则这处何以分得理发气发耶？凡情之发，皆气发理乘而恶者气为主而发，善者理为主而发。圣人人心浑是道心，则是皆理为主而发，又何以见其为气之发耶？大抵人心道心之有别，只是如恻隐、羞恶、恭敬、是非之情之有别也。心之所感于外者，有食色道义之不同，故其应之于内者，有人心道心之二名。如四端之情，其所感于外者不同，故其应之于内者亦不同。（如赤子入井之事感之，则恻隐之心形焉。过庙过朝之事感之，则恭敬之心形焉。）是岂于四者之发处，乃有或理或气之不同者耶？知此则可知人心道心之发亦如此，知人心道心之发，则又可知四端七情之发亦如此矣。但心之感于食色而发者，其欲皆切于吾身，而又是私而不公者，故易流于恶。此所以谓之危而不可缓于克治者也。（此条与上条同时所答。）

《大禹谟》人心道心章僩录曰，如喜怒人心也。按，以全文考之，则其意盖曰，如以喜怒言则喜怒人心也，喜怒之得当处，是道心云也。盖人心亦不外于七情，故如此言之，而只以明人心道心之无二心也。非谓七情之不属食色者，亦皆为人心也。看下一如字，可见矣。后之学者误认此语，遂以四端七情分属人心道心，则误矣。

节录曰，道心人心之理。按，此亦言人心之合义理处，是道心云也，非以人心道心分作道器也。记录固欠分明，而学者又多不察，遂以人心为道心之器道心为人心之理，则尤误矣。

从周录曰，某说道心寂然不动者也，人心感而遂通者也。先生曰，恁地则人心道心不明白。按，心一也而有二名者，其分只在人道二字。人以人身言，道以道理言。因其有人身而食色之心发焉，故以此为人心，由其有道理而道义之心发焉，故以此为道心。先生以形气性命释人心道心者，盖就人道二字上发其义耳。某以寂为道心感为人心，则人道二字果有寂感之义耶。故曰，不明白。罗整庵人心道心说，与此或者之说同，盖是朱门已弃之论矣。

《辛丑延和奏劄》论人心道心，以为天理人欲。《戊申延和奏劄》所论亦与此同，此皆先生晚年所言，非是与初年所见同也，盖人欲万端，皆本于人心，而人心毕竟是属人欲边事，则合而言之，固无害矣。况圣人以外人心之发，鲜不流于人欲，其与人主言者，尤当以克治为主。此其先生微意之所在欤。

赵师夏《诚几图说》曰，道心之发而天理之流行云云，人心之发而私欲之流行云云。按，赵之及门最晚，而先生以其人心私欲之说为是，恐偶未察耳。

《壬午封事》以精一属格致，执中属诚正，与《书注》、《庸序》不同。

《戊申延和第一劄》曰，正直辅翼而若其有常之性，其释汤诰之言，与蔡传不同。蔡传曰，顺其自然，故有常性矣。顺之而后有性，则性非固有矣，且谓顺之者为谁也。谓天顺之，则天与自然为二矣，谓人顺之，则未有此性，先有此人而顺之而后有性也，皆不得通矣。先生所谓若其有常之性，虽于义理无害，恐亦非文义。若字恐只当作虚字说。《大学》传引秦誓曰，若有一个臣，成汤所言，恐亦只此一般辞也。（《语类·中庸》首章夔孙录曰，或以率性为顺性命之理，则为道，如此却是道因人方有也。此可证《蔡传》之误。道不可谓因人做而有，则性其可谓因人做而有乎?）

潘子善问，王惟庸罔念闻，诸家皆于庸字绝句，窃谓只作一句读庸训用，如王庸作书之庸，答曰，六字一句。与《集传》不同。恐当以《集传》为正。

《答石子重》论协于克一，以一为一其心，与《书注》不同。（一当以理言。）

《答徐元聘》论伊川谓无观政事，与范伯崇书不同。（武王实有观政事，则当以范书为正，而其论文武之心，则同矣。）

《皇极辨》大义与《书注》无异，而字句之解往往有异同，细考之书注，似皆得正。《皇极辨后记》作于庆元丙辰，《书集传》在于戊午。《年谱》曰，集传数篇及亲稿百余段具在。其他大义悉口授蔡沈俾足成之。《洪范》之书，《皇极》之义，尤是《书》中大义，则其所异同于前说者，必是先生亲授口诀也。蔡氏定不敢以己意辄改先生之说也。然二典禹谟注，先生之所亲自定着，而人心道心之说，又是传授心法大训至诀，则其所为说必已极其秤量，不应容有改动矣。今蔡传颇有所删改于先生之说。而其所改下语处，又不若旧说之浑全的确无有罅隙。（生于形气，生字改作发字，实启后世二岐之差，而以易私难公，解危字，又不若易动难反之为尤切于危字义耳。）此则蔡氏之所自改而非先生口诀也。此盖蔡氏自于人心道心之义，见有未到，故仍其旧说，略加点窜，而不觉其有差于毫厘之间耳，非如《洪范》之说显有彼此之不同也。一则以为先生之口授，一则以为蔡氏之所改，皆无他证左之可据，只为取质于义理之极处。此等取舍惟在读者之自辨自知耳。（朱子本注曰，生于形气之私，生字与发字义不同。谓之私，则其指耳目口体亦明矣。曰人心易动而难反，义理难明而易昧，对义理而言，则当曰形气。而若曰形气易动，则嫌于形气之自动，而属于心矣。对人心而言，则当曰道心。而必曰义理者，道心之微，本由于义理之难明故耳。又答陈安卿问生于形气之私曰，饥饱寒燠之类，皆生于吾之血气形体，而他人无与焉，所谓私也。其释生字私字形气字之义，至为明白，尤见其不可移动一字也。蔡氏以生字改作发字，而又删去私字，盖未谕乎此矣。）

金縢不辟之说，答徐元聘、何叔京、董叔重书，皆从古注孔氏说，以辟为致辟之辟。《答蔡仲默》书从诗传马郑说，以辟为避。蔡书乃在书说相托之后，固是晚年事。书中又言，向《答叔重》书谓当从古注说，后来思之不然云云，则蔡书之为最后定论，无可疑矣。但《书传》之集乃在戊午之岁，而《金縢说》以辟为致辟，此却可疑。然细考其文，文字体段训诂义例与他篇终不类，分明是各体文字而非一时所修也。意其此说之作，当与徐何诸书同时，而后人只从其门类同编于此耳。（书说相托在庆元己未，见《书传》蔡序。）

潘子善问《书》顾命奠丽，答曰，前篇有以丽训刑者，与《集传》不同。

顾命康王之诰道夫录曰，释斩衰而服衮冕于礼为非孔子取之，又不知如何。《答潘子善》书，又以康王事为是，而曰易世传授国之大事，当严其礼。王侯以国为家，虽先君之丧，犹以为己私服也。按，二说不同。而蔡传着苏氏说，盖从《语类》说也。然据当时事体推之，则潘书恐为得之。召公毕公俱以大贤，又年老更事多，不应于此大礼做错。且武王崩成王立，想必有周公已行之礼传之为法，周公不应有失，召公亦必不敢有改于周公之礼矣。传国大事苟有所失，孔子不应取之，虽或取之，亦必有以使后人知之，如论武之未尽善，鲁之郊禘非礼者矣。岂徒昧然取之以误后人哉。然则孔子之取之者，恐是召公之礼本自无失耳。（春秋门贺孙录与潘书同，以苏说为未然。《答黄商伯》书亦以康王事为是，而其书乃在甲寅《丧服箚子》后书中，所谓往时妄论，即指箚子事也。道夫录在己酉以后，贺孙录在辛亥以后，皆在黄书之前。潘书是再答书说，而前书言书说，今再报去即指此答也。其书又言子约季通之死，则盖是戊午以后书也。）

卷 5

1.《诗》

《答刘平甫》论诗卷耳义，与《集传》不同。

《答吴伯丰》论诗苯莒章有字，以《集传》说训藏为是，而后改从吴说训得。采薇章腓字训谓，依吴说当删而后亦不删。岂以有之训藏毕竟不如得字，而戍役之随戎车而动，其义亦终不可废也耶？至于腓之随足而动，与其行则先动，言各有指，不可相妨也。盖足之有腓欲行，则先自动而及其运移，则随足而运，不能先足而自运也。譬如小人位下而心躁者，心则先人而动，而事则随人而行也。故以之譬人之心躁先动者，则言其先足自动，譬人之事随人后者，则言其随足而动，当观其所指之如何，不可执此而废彼也。

潘子善问召旻第六章，《集传》作赋体，疑是比体。答曰，作比为是。《集传》仍旧说，恐未及改正。

2.《春秋》

论《春秋》正朔，《大全·与张敬夫书》（三十一卷）、答林择之（四十三卷）、胡平一书（五十八卷）、《答吴晦叔》二书（四十二卷），皆论此。胡书无明白指一之论。张林吴书皆以为周改月不改时，而孔子加春于建子之月，以寓行夏时之意。《语类》义刚二录（一见春秋门，一见诗豳风门）、砥录（春秋门）、时举录（诗豳风门），亦皆以为改月，而义刚一录以为周元改作春正月。一录又以为改月合于《孟子》、《春秋》，不改月合于诗书。吴书又以为并用二正改月之说。《大全》、《语类》皆同，而改时不改时，有二说之不同。今以事理考之，则并改时月，恐得其三代建正之义。而并用二正，尤恐其得当时事情之实。孔子答为邦之问曰，行夏之时，则三正之说，尚矣，无复可论。周既以建子月为岁首，而依旧称冬十一月，则冬是四时之终，十为纪数之穷。以时之终数之穷，而加岁之首，其果近于情理，而合于事实乎。若以子丑月之为春，午未月之为秋，为名实之乖舛，则自子月之一阳始生，以至寅月之三阳交泰，为春，自午月之一阴始生，以至申月之三阴否塞，为秋。纵未协于人事之宜，实有合于天运之正，则岂反不如冬之为岁首十之为月始乎？如或改月不改时而曰，冬正月，则冬之为岁首，其谬固如上所云者。而建亥之月，既为去年之冬，十二月建子之月，又为今年之冬正月，则冬之一时每交过两岁，亦不成伦理矣。若曰，周元不改时月，而孔子欲行夏时而改之云，则孔子为此将以为教于后世也。为邦一言之答，足为百王之程矣。何必改书于国史也，将欲行之于当世？天下之行周正，久矣。时王之制，人莫敢违之，则其孰肯从匹夫之空言耶？圣人制作，必不如是之迂阔矣。且改正朔易服色，王者革命之大事也。商革夏命而后，方改夏正，周革商命而后，方改商正。孔子虽有王者之德，未能代周而有天下，则安敢遽改周正耶。孔子之修《春秋》改为正名分而尊天子也。已先犯分擅改王正，而欲责秦楚之僭乱，其可得乎？皆周之改月，既有《孟子》之书可考，而《春秋》乃鲁史之旧名，则又不应夫子之所加也。（张书已疑其如此。）如是推之，则周之正朔并改时月，而《春秋》书正本仍周旧，非夫子所改，断可知矣。《诗》《书》所记，分明与《孟子》、《春秋》不同，而俱是经传所记，则当时二者之并行，又可见矣。盖王者革命必改正朔以新一代之制度，而其时之正令之善，又莫如夏正。故其年月所记如国史之类，虽用时王之正，至于恒言所称，则多用夏正，事势亦然矣。然则朱子所论正朔，其说虽有不同，要当以语类所记周元改作春正月之说，为定论，而吴书所谓当时二者并行，惟人所用，但《春秋》既是国史，则必用时王之正云者，尤见其允矣。

3.《礼》

《答汪尚书》论庙制曰，考诸程子之言，则以为高祖有服，不可不祭，虽七庙五庙，亦止于高祖。按，七庙祭止高祖，盖亦从韦玄成说，与祧庙议状不同。（议状，天子七庙，宗不在数中。此为礼之正法。）

先生论宗庙之制，其说详矣。然此为当时祧庙之议言之，故独详于天子之制，而诸侯之礼则未之及矣。只有诸侯无二宗之语，见于禘祫议，而此则据韦玄成说，为是天子并二宗为七庙，故诸侯不敢祭二宗，而降之为五庙矣。若从刘歆说，天子之庙正数为七而宗不在数中，则诸侯五庙正数，已降于天子之七庙矣，又何可再降于二宗乎？既降于正数，又降于二宗，则非天子诸侯降杀以两之义也。宗变数也，不可必其有无也，非可以为庙数之正隆杀之制者也。有之不限于二，无之亦不苟备矣。若使天子之朝无有可宗之君，则亦将只祭五庙，而与诸侯无等威之辨耶？又其有可宗者，其数过二，则又将只祭其二不祭其他，而于先君之有功德者，有所取舍厚薄之不同耶？此皆事理之所必不然也。殷有三宗，而周公举之以劝成王，汉之西京，去古未远而亦立三宗，则天子之宗，不在数中，其制可考矣。宗不在数中，则侯国之君，有可宗而宗之，亦无僭逼之嫌矣。故鲁制有文武世室，而先生议状，引之以证天子之制，则诸侯之有宗，其制亦可考矣。或曰，鲁用天子之制，故得祀二宗，其他侯国未必敢然。此则有不然者。鲁之得用天子之制者，只在于享周公之礼耳。其他制度，岂皆用天子之制耶。事事而用天子之制，则是真有二天子矣。岂以成康之世，周公之国，而有此事哉？且先生之引鲁制为说，乃只曰天子之制亦如此云。而未有讥贬之语，则其不以为僭，亦可见矣。大抵从韦说为是，则诸侯固无二宗，而从刘说为是，则诸侯亦当有宗。先生盖尝两存其说，而《祧庙状》中有曰，天子七庙，宗者不在数中，此为礼之正法云云，则毕竟取舍之定，以刘为是矣。后之论王朝之庙礼者，不可不知此意也。

《禘祫议图说》曰，五年而再毁祭，言一禘一祫也。毁祭并言禘祫，与上下文抵捂。岂始祖之父亦以毁庙言耶？始祖之父初不立庙，则恐不可以毁庙言。

《禘祫议》有大祫时祫之说，各为图以着之。是于三年大祫之外，又有四时之祫，而太祖皆东向。《祧庙议状》曰，特以其心急欲尊奉太祖，三年一祫，时暂东向之故而为此纷纷。又曰，韩愈以为四时各祭其庙，则所伸之祭常多，三年然后一祫，则所屈之祭常少。又曰，不若还僖祖于太庙，三年而一东向之为顺易而无事也。两说不同。然《禘祫议》，盖先生据古礼拟定，而《祧庙议》特因时制论之也，非有言议前后之不同也。后世庙制，同堂异室而四时各祭其室以西为上，而太祖无东向之事，必三年一祫，然后太祖始正东向之位。此所谓三年一东向，而韩公所谓所屈之祭常少者也。《议状》本为僖祖不可祧迁而发，非论当时庙制祭法之得失，故姑因时制而言之。若论祭法则当以《禘祫议》为正也。《中庸或问》论祭法与《禘祫议》同，则此又见其为定论矣。

杂著《策问》一条曰，夫子称郊祀后稷以配天，宗祀文王于明堂以配上帝。天之与上帝，果有异耶？按，天以形言，广远而无不覆，远祖象之，帝以理言，主宰而若可亲，近庙象之。

万正淳问，《中庸》三年之丧达乎天子，引《左传·昭公十五年》王太子寿卒，王穆后崩，晋叔向曰，王一岁而有三年之丧二焉之说。按，夫为妻杖朞而亦谓三年者，为妻朞实具三年之体，故据重而言通谓之三年耶？杜氏注，天子绝朞唯服三年，故后虽朞通谓之三年语，却未莹。正淳引以为说，则误矣。

《丧服笸子》曰，嫡子当为父后，以承大宗之重，而不能袭位以执丧，则嫡孙继而代之执丧，义当然也。《与赵丞相书》论祧庙并迁二祖之非曰，今太上圣寿无疆，方享天下之养，而于太庙遽虚一世，略无忌讳，此何礼也？又录示丞相以所拟奏稿曰，并迁二祖，止祀八世。不唯上简宗庙，失礼违经，而尤非所以仰称陛下孝养寿康，祝延万寿之意。据上二说，父有废疾不能执丧，则嫡孙代之执丧，固无可疑，而至于庙中递迁之礼，则不可行也。盖代执丧礼奉奠拜宾，是为父伸孝，其事实与常时亲老代行奉祭接宾之事无异，非有死其亲之嫌也。庙中改题递迁，乃存亡易世之事，父方在世，遽虚庙中之一位，实有死其亲之意。不可以代执丧礼之故，而并行此礼也。先生前后所论，指意明白，不可相蒙，学者详之。（并迁二祖不备九庙之制。其说详见《答廖子晦》书。）又按，《语类》（曲礼门偰录）问，七十老而传，则嫡子嫡孙主祭，如此，则庙中神主都用改换作嫡子嫡孙名奉祀。然父母犹在，于心安乎？答曰，然。此等也难行，且得躬亲耳。此所答与赵书奏稿之意同，而其为递迁不可行之证，尤明矣。先生《告家庙文》曰，藐孤孙鉴次当承绪，今已定议，属之奉祀。又《答胡伯量》书曰，高祖祧去，虽觉人情不安，然别未有以处也。将来小孙奉祀，其势亦当如此。后人或据此二说，以为并行递迁之证，恐未深考也。先生尝曰，今法长子死，主父丧用次子不用侄，盖宋之时制，不用宗法，皆用弟及之礼。虽以伊川亦奉太中之祀，不立明道子为后，先生嗣子既亡，二子在焉，则自世俗观之，疑于弟及，而先生亦自知其难久，故预为定议，立孙为嗣，属之奉祀，而以此意告之庙，其意甚微，不专在于老传家事而已也。故其告文，只言其定议属嗣之意而已，未见其有并行递迁之意也。若将并行递迁，则此是大事，安得不见于告文耶？且其文曰，竢其成童，加冠于首。又曰，犹当黾勉提总大纲，先生时虽衰老，尚能提总大纲，而乃可以未成童之儿为家庙之主，而遽行其易世递迁之事乎。此则必无之事也。家事大纲，莫过于此，而既皆付属，则尚何复云提总大纲耶？其答伯量之文，则伯量以其先兄既死，立后主祭，则当，己之犹在，而祧去其高祖为未安，故先生答之云云，盖谓将来小孙奉祀，则虽其诸父犹在，祧去之事，其势亦当如此云矣。非谓先生在时，亦祧去其高曾二主也。先生固以宗法为重，此事元不干宗法。已以嫡嗣犹在而乃以儿孙为主，一时并祧其高曾，使不得少延其祀享，此岂人情天理之所可出乎？断无其理矣，据此则告文胡书，元非可证之说，而未尝与赵书奏稿之说有异矣。

《丧服劄子》论嫡子不能袭位执丧，则嫡孙继统代之执丧，自天子至于庶人皆同。后复引郑康成说以为证，而似与郑说本意不尽合。（考郑说，其意似专指天子诸侯之礼，非通指庶人之礼。且其谓天子诸侯之服，皆斩者，亦似谓臣服君之斩，非谓其继统之斩也。）然嫡子有废疾不能执丧，则嫡孙代之执丧，其义之当然，实无贵贱之殊也。盖有祖之丧，父以废疾不能执丧，而子以父在又不为之执丧，则是使其祖有子有孙，而为无主之丧，且以重其父之不孝也。子一代之执丧，则凡此礼变之难处者，皆得其礼意人情之所安矣。先生定论，其意实在于此。故劄子所论，初不待郑说之考见，直据其礼律人情而决之，及得郑说之证，亦只取其嫡孙，父在后承重之说耳。未论其意之尽合与否也，则不可以郑说本意之不通庶人而言，致疑于先生之说不得为定说也。孔子答为邦之问，已有损益《周礼》之意。况在后世去周时益远乎。故先生每言，《仪礼》之难于尽从。（多见于《语类》论礼处。）而其编《家礼》及著君臣服议，皆就《仪礼》多所损益，未尝一循其旧，则况于郑说反必其尽合耶？作于三代之后，损益前代制礼作乐，唯先生可以得乎孔子之意，则凡系先生晚年所论定者，便可当得一王之制而服从之，不可复问古经古礼之合不合也。（《语类》朱子《朱子二字疑衍》内任门人杰录，后来归家检注疏看，分明说，嗣君有废疾不任国事者，嫡孙承重云云。）

《君臣服议》淳熙丁未高宗丧时所著也，《丧服劄子》绍熙甲寅孝宗丧时所进也。其《答余正甫》书中所谓某尝有文字论之，已蒙降付礼官者，即指甲寅《劄子》，则余书又在《劄子》之后矣。其论君服，则三书皆同，其论臣民之服，则三书皆异。《劄子》但言稍为之制而不明言，其制今不可考矣。余书其曰君臣同服者，同于服议，而其曰略为区别以辨上下者，差异于《服议》矣。余书所谓当如孝宗所制之礼君臣同服者，乃指孝宗所尝行临丧以丧服，视事以素服之礼也。（孝宗此礼具见宋史。）但孝宗时君独服而臣不服，故此云君臣当同服也。据下言燕居许服白绢巾白凉衫白带，则尤见上之所言乃丧服也。若只指白衣冠之制，则既无正服，其下何得复言练祥禫变除之节耶。所谓孝宗所服之服，亦不复讲者，乃叹当时君亦不服也。（先生《答正甫》书，虽如此考五先生礼说，宁宗实行三年丧，先生此时盖未及闻知也。）非专指衣亦不白也。其下曰，选人小使臣，既祔除衰而皂巾白凉衫青带以终丧，庶人吏卒不服红紫三年，此即谓略为区别以辨上下者也。《服议》曰，斩衰三年，为父为君，自天子达于庶人，不以贵贱而有增损，更无选人小臣除衰服皂之文，而此书有之。《服议》曰，臣民之服，如前所陈已有定说。独庶人军吏之贫者，则无责乎其全，虽以白纸为冠，而但去红紫华盛之饰，其亦可也。是则除贫不可责全者外，虽庶人军卒，皆许制服。（庶人吏卒固包在臣民之中，而只于贫者不责其全，则其于富者必责其全，可知矣。且其曰，虽以曰亦可云者，皆不得已而宽假之辞也。）而此书元不许制服，此其差异者也。《服议》在前余书在后，则亦不可专以服议为定论，而余书为未定也。《服议》盖从《虞书》百姓如丧考妣之文，而又推天下一君四海一统之义，使海内同之于百姓也。余书盖并推《仪礼》圻内为天子齐衰三月。（圻内之外各为其君服，故不服天子，后世天下一君，则当同服天子也。）《虞书》四海遏密八音之文，而参合为制也。二说各有所据，唯在后王行之如何耳。然以意推之，《虞书》百姓如丧考妣，实为礼义人情之极，而治民事君，当以尧舜为法，则《服议》之说，恐当为万世不易之法也。于此，益见先生独得乎古先帝王之心，而深达于制礼作乐之本矣。但余书所谓燕居服，《服议》虽未著，其所谓参度人情，以为居处饮食之节，行之天下者，盖已寓其意，特未详言之耳。子于亲丧犹有墨衰之制，而君丧又有视事之服，则燕居别制，便服实合人情，此当以余书为正，以补服议之，未备耳。（君丧居处出入，固不可常服衰经，而国制庚子以后追复故礼，而后仍制白衣白冠，以为居处出入之服，则此即余书燕居之服也，衣冠既皆用布，则带亦用布亦可矣。）今之议者，因此，遂以白巾衫带为儒生君丧之正服，而以此成服，则决不可矣。若从《服议》之说，则儒生当服衰经三年，而其不能制者，即所谓贫不责全者也。既制衰经，则虽制白巾衫带，只当用之于燕居，不可以此为正服也。若从余书之说，则儒生但不服红紫而已。服皂服青亦无不可矣，又何论于燕居之服也？（燕居许服白巾衫带，指朝廷州县之人，儒生当在庶人之中矣。）然《服议》实先生据经酌宜，定为万世不易之制者，则儒生之贫不能制服者，亦当以粗生布衫巾麻带成服，以寓服斩之义，而且以别于后丧可也。

《答周叔谨》论丧礼言，齐衰则止用布带而无腰绖，与《家礼》五服皆有腰绖不同。辟领阔四寸长八寸，与《家礼》方八寸不同。此书盖在《家礼》未成之前矣。然《家礼》辟领之制，又与杨氏复说不同，恐当从杨说。

《答胡伯量》问目，此如道服之横襕一条，乃是论带下尺也。所问者腰首绖，而答以带下尺，问与答恐皆有阙文。《家礼》无带下尺，而此书言之。《家礼》成于庚寅，伯量及门在先生末年，当以此书为正。（《语类》伯量录，在戊午，伯量前后问，皆是居丧时所问。而后问之答，有将来小孙奉祀之语，盖在长子塾死后也。）

伯量问丧服袥制，周丈云，两旁各用布三尺五寸。廖丈图说，只用布三尺五寸，分于两旁。答曰，恐合如廖说。按，此问答在《家礼》已成之后，而其以廖说为是，与《家礼》不同。盖以《家礼》旋失偶未记当而言之，故如此。今当以《家礼》为正。

《题不养出母议后》言，为父后者，犹服嫁母，与《家礼》不同。按，出母见绝于父，嫁母自绝于父。见绝自绝，其绝无异。恐当以《家礼》为正。

《答余正甫》曰，姨舅亲同而服异，殊不可晓。传言，从母以名加也。然则舅亦有父之名，胡为而独轻也。按，舅亦有父之名一句，恐未安。礼外亲不名父。外亲无父道，故不名之父。唯外祖父母称父母，母之父母，子不敢不名父母。而加一外字，则又别于父之族矣。

小戴礼檀弓门方子录问，从母之夫，舅之妻，皆无服，何也？先生曰，父族四，母族三，妻族二云云。先生此说有未敢晓。父族九，母族三，妻族一，自九而三，自三而一，皆三分取一也。父族自高祖至玄孙，服九世，所谓父族九也。母族自母之父母兄弟姊妹，以及母之兄弟姊妹之子，服三世，所谓母族三也。妻族止服妻之父母一世，所谓妻族一也，由父而推及于母族，由母而推及于妻族，皆以三之一为限。此先王制礼大经大法，而其亲亲之杀等级之明，至为严密矣。从母之夫舅之妻无服，恐亦不如先生说。父族以父为主，而父兼乎母，故于我为父之属者，其妻有母之道，于我为子之属者，其妻有妇之道，故服父之族，并服其妻，唯兄弟之妻，不可以母名，不可以妇名，又不可以妻名，故远嫌而不服。姑之夫，姊妹之夫，于名亦皆无所当，故不服。母族以母为主，而母不得兼乎父，故母之兄弟姊妹，既皆以母道服之，则从母之夫舅之妻，不可以母名，亦不可以父名，故不服。其义与姑之夫，兄弟之妻，不服同也。妻族以妻为主，而妻与我为一体，故妻之父母，以妻之所自生而服。妻之兄弟，则又不可妻名，故不服。亦与兄弟之妻，不服同义也。姑姊妹之夫，兄弟之妻，从母之夫，舅之妻，妻之兄弟不服，皆以于名无所当也，故人之治，莫大于名，名之不正，乱必生焉，故圣人之治，必以正名为先。又按，九族之说有二义。《礼记》曰，亲亲以三为五，以五为九，自高祖至玄孙，为九族，此一说也。《仪礼疏》曰，父族四，五属之内为一族，姑之子为一族，姊妹之子为一族，女子之子为一族。母族三，母之父姓为一族，母之母姓为一族，母之昆弟，适人者之子为一族。妻族二，妻之父姓为一族，妻之母姓为一族。通父母妻三族为九族，此一说也。若论亲九族之义，则当从疏说。若论服制，则当从《礼记》说。先生引疏说以论之于服制，故似不免有窒碍处。且从母之夫无服，与姑之夫无服同，舅之妻无服，与兄弟之妻无服同，皆于名无所当也，本非由于族数之限于四，限于三也。况姑之子从母之子有服，而其父无服，则是岂限于族数耶？先生此说，恐是一时偶言者耳。

小戴礼檀弓门贺孙录问，姨母重于舅服？先生曰，姊妹于兄弟未嫁耆，既嫁则降为大功，姊妹之身，却不降也，故姨母重于舅也。此言姊妹于兄弟既嫁，则相为降，而姊妹相为，则虽嫁不降，故舅降母而姨母不降母，此为姨母重于舅云也。然姊妹相为既嫁亦降，则先生此说恐未得为定论。但姊妹相降，经文不明，故先生初说如是耳。（《仪礼》丧服门贺孙录第二条，与此录同，当参考。）

《答曾无疑》曰，令兄丧期，于礼闻讣便合成服。当时自是成服太晚，固已失之于前，然在今日祥练之礼，却当计成服之日至今月日实数为节。按，在外闻丧者，当以闻丧日变除。而此书乃谓以成服日计数者，骤看诚可疑。然窃详其书首云,令兄丧期,于礼闻讣便合成服。当时自是成服太晚,固已失之云,则此盖于闻讣后,不即成服而晚后方成服,自闻丧至成服,其间几日,即不服丧而不成丧礼矣。到今变除之节,却计其不成服不成丧礼之日数,以满丧期,实不合情文,故不得不以成服日计其实数矣。盖以无疑所处,又有异于他人在外而闻丧者故耳。若因此而谓凡在外闻丧者,皆当以成服日为变除之节,则又不成义理。在外闻丧之日,即在家遭丧之日,而四日成服,又无异同,则变除之节,何独有异乎? 在外闻丧者,以闻丧日变除果为短丧,而必可以成服日为节,则在家遭丧者,不以成服日为节,而以遭丧日变除者,独不为短丧乎? 此不难知也。而后人往往以此书为据者,可谓拘滞之甚矣。

郭子从引檀弓疏说问,离之,谓以一物隔二棺之间于椁中也。鲁则合并两棺置椁中,无别物隔之,鲁卫之祔,皆是二棺共为一椁,特离合之有异。答曰,云云。按,离之谓异穴异封,合之谓同穴同封。若以同椁而隔物有无为离合,则先后而葬者,何以能同椁耶? 注说谓以同穴善鲁,则其以卫之离为不同穴,亦明矣。疏说失之,而子从之说又仍其失。先生所答亦不辨其失,然既告以合葬同穴而各椁,则离葬之异穴,又在不言中矣。

《答曾光祖》曰,迁主恐当以大祥前一日,祭当迁之主,告而迁之,次日奉新主入庙。按,此与后来定论不同。(定论见《答王晋辅、李继善书》。)

《答陈明仲》曰,配祭只用元妃,继室则为别庙。妻先亡,又为别庙,弟先亡无后,亦为别庙。与伯叔祖父兄之无后者,各以一室为之,不可杂也。按,此与后来定论不同。定论见答李晦叔叶仁父书,及《家礼》祠堂章。(初说又见《答汪尚书》。)

《答万正淳》曰,嫡妇从祔于亲者之文,祔于妾祖姑。按,此说恐未安。为人后者,祔于所后亲而不复祔于所生亲,则庶妇升嫡者,亦当以嫡为亲,而不可复以所生为亲也。庶子为父后者,服其母缌,庶孙为祖后者,不服其父所生之母,则其以嫡为亲,而绝于所生者,可见矣。以传重入庙之妇,祔于不入庙之妾祖姑,终涉可疑。然先生说凡有可疑者,后必有改定之说,独此说未见其改正者,岂偶一有此问,只据一时所见答之,而后不复有问辨者耶? 姑书以竢更考。(以庶升嫡者,亦谓之嫡,此书亦可以为据矣。)

《答万正淳》曰，妾母不世祭，则永无妾祖姑矣。恐疏义之说，或未可从也。按，本文曰，慈母与妾母不世祭，慈母无子而慈己为子者，故祭之止于子之身，而不及孙。妾母恐亦是无子而为之祭者，或子为父后而无他子者祭之，与慈母同也。未必是谓妾母之有子者也。（本文见《丧服小记》。）

《答叶仁父》曰，始祖先祖之祭，伊川方有此说，固足以尽孝子慈孙之心。然尝疑其礼近于禘祫，非臣民所得用，遂不敢行，与《家礼》不同，当以此为正。（又见《答蔡季通》二书）

《答陈安卿》曰，为僧无后，固当祭之，无疑。按，为僧无后者祭之，亦当在他所不可随他无后者祔于庙。生而绝其亲，死当别于族矣。

郭子从问，内则云，女子二十而嫁，有故则二十三而嫁。言二十三年而嫁，不止一丧而已。故郑玄云父母丧也。若遭父服未阕，那得为母三年。则是有故二十四而嫁，不止二十三也。答曰，内则之说亦大概言之耳，少迟不过一年，二十四而嫁，亦未为晚也。按，内则之说，只是大概言，遭父母之丧，或父或母三年丧毕而后嫁也，非并计父母丧而以三年为断也。郑云父母丧意亦如此。盖父母之丧，皆三年故也。据其三年之说，而知其为通指父母也。若连丧父母，六年丧毕而后嫁。传虽不言，只以前说推之，可见其如此，不待更言矣。子从误认有故为不止一丧，而三年之内，又不容尽两丧，故不得已而为二十四之说，而先生亦以为可，恐偶未察耳。父服未阕母亡仍服朞，乃疏说也。正经无文，则本不可从。纵使服朞，亦当心丧以终三年。二十四而嫁之说，终有所不通矣。

4.《周子书》

《周子书》门僩录，论无极而太极曰，以理言之，则不可谓之有，以物言之，则不可谓之无。按，有无二字差互。太极只有理而未有物也。

可学录曰，无极而太极，言无能生有也。按，无能生有，是老子之意，决是误录。况以无极为无太极为有，而曰无生有，则此与自无极为太极之说，同矣。先生何以曾辨自为二字耶？

寓录问，先生说太极，有是性，则有阴阳五行云云，此说性是如何？

曰，想是某旧说，近思量，又不然。此性字为禀于天者言，若太极，只当说理，自是移易不得。易言一阴一阳之谓道，继之者谓之善，至于成之者方谓之性。又按，《太极图传》曰，性为之主，而阴阳五行为之经纬错综。盖前说直据性字名义本色而言，后说以性与太极一理而言。然性理二字名义自不同，又当以前说为正。（又按，性之为字从心从生，乃理在其中之名。言性始见于汤诰，而乃言于降衷下民之后。孔孟则曰，各正性命，曰，成之自性，曰，犬之性牛之性人之性，皆是以禀赋言也。子贡所称性与天道，性言其禀赋，天道言其本源，故两言之。若性只是理者，则便与天道无别矣，又何并言之有。据此，则性之义，可见，而此录，又在庚戌以后，则又见其为先生晚年之定论矣。）

　　寓录问，南轩说无极而太极，言莫之为而为之，如何？曰，此说差。按，南轩之意，盖言无极而太极，莫之为而为之，两言其语势相类云耳，非言谓孟子周子、所言之本同也。先生答陆子静书，既引孟子此言为证，又称向见钦夫有此说尝疑其赘，今乃正使得着，当以大全为正。

　　德明录问，继之者善之时，此所谓性善，至成之者性，然后气质各异，方说得善恶。曰，既谓之性，则终是未可分善恶。按，继之者善，命也，不可言性。成之者性，善也，不可言恶。先生只辨下句之非，不言上句之误，岂其偶有所遗也？（气质善恶，虽在成性以后，若孔子所言，则只以善言，不兼善恶。言万物各正之性，虽不能皆得五常之全，亦不出五常之外。故各正成性之性，只可言偏全，不可言善恶。）

　　人杰录曰，元亨，诚之通，言流行处；利贞，诚之复，言学者用力处。按，利贞，诚之复云云，与《通书》注，不同。

　　□录曰，造化流行未著形质，便是形而上；才丽于形质为人物，便是形而下。按，此以未成形为上，已成形为下，与孔子所言之意，不同。

　　德明录问，妙合之始，便是继；成男成女，便是成。按，凝者气之聚也，属继；成者形之成也，属成。妙合，则贯继成而无时不然矣。今曰妙合之始，则亦将有未妙合之时耶？先生于此无所辨可疑，而据下文所说，则其所非之之意，亦可见矣。

　　方子录，论几字曰，五性感动，动而未分者，便是。按，几者善恶之几也。才动便分矣，岂有未分而为几者耶？分字或是形字之误。

同录，至之问，水阴根阳，火阳根阴，与五行阴阳阴阳太极为一截，四时运行万物终始，与混兮辟兮其无穷兮为一截。混兮是利贞诚之复，辟兮是元亨诚之通。按，混辟通复之说极是。然其上分为两截，却不是。水阴根阳一节，以神之兼体阴阳，而言五行阴阳一节，总结上文。先生只于混辟通复之说，大以为然，而其上分截之说，则未及辨之矣。

人杰录论混辟无穷曰，混言太极，辟言为阴阳五行以后，其无穷兮言，既辟之后，为阴阳五行，为万物无穷尽也。按，混阴之静，辟阳之动，而太极无不在也。无穷言混而辟，辟而混无穷尽也。此说，与《通书》注不同，记录之误也。（《通书》注体本则一，即自五而一。然语其分，则属诚之复。用散而殊，即自五而万，然语其分，则属诚之通。又复属阴静，通属阳动。）

明通公溥，淳录砥录，皆以明属水，通属木，公属火，溥属金。儆录，以明配木，通配火，公配金，溥配水，又以砥录为记错。贺孙录曰，一即太极。静虚明通，即图之阴静，动直公溥，即图之阳动，又与儆录不同。按，周子既以明通属静虚，公溥属动直，而贺孙录与此合，则当以此录为正。明通属阴静，则明当配金，通当配水，公溥属阳动，则公当配木，溥当配火。或以溥字从水配火为有碍，则不然。此等配属处，只当看义理如何，何拘字体。

答张敬夫、吕伯恭书，以中仁为体，正义为用，与《太极图注》不同。

5.《程子书》

论程子说人生而静以上一段，有两说不同。以不容说为未发时，以才说性为已发时，见于《答潘谦之》书。（答黄商伯、杜仁中及明道论性说，与潘书同），以不容说为人物未生前，以才说性为人物已生后，见于《答严时亨》书。（答欧阳希逊、李公晦、陈安卿、吴伯丰、王子合、刘韬中，与严书同。）而《语类》程书门论此，皆与严书同。两说多寡相悬，只此可定其初晚矣。其与安卿问答，则安卿以为不容说，旧认作未生以前，后疑只说未感以前，先生答曰，后说费力。只合仍旧，此又可见先生取舍之意矣。且考程子本说，以生之为性一句起头，而其下，即系以人生而静云云之说，则人生而静云云，即所以释生之为性之义也。如以不容说为未发之性，不可形容，才说性为已发之情，非性当体者，则两句皆说本然，更无有一言释生之为性矣。程子先提此一句，果何所着落乎？《乐记》既以人生而静，说天之性，子思又以未发之中，说天命之性，则人生而静，何尝不可说性耶？据此，则当以严书为正。（安卿在先生门最为晚进，则只此亦见答安卿书为定论。《答胡广仲》书曰，中者所以状性之德而形道之体，曰状，曰形，非所谓形容者耶？）

明道论性说所论，多失程子本意，与先生他日所论，绝不同。（晚年所论，见《答严时亨》书及《语类》程书门）皆初年作也。生之谓性止生之谓也一段，程子本以气禀之性言之，而先生以天命之性释之，其起头第一义，便与程子本意不同。故其下所论，皆不同。人生气禀止不可不谓之性也一段内曰，所禀之气所以必有善恶之殊者，性之理也。程子之意，本谓人生以后，气禀之理有善恶也云，而先生乃以善恶为气之善恶，而以理字著在气禀以上说来。其意盖谓气之善恶，本于性之理也云，而若如此解，则理有善恶一句，当读作气之善恶，理之所有云矣。（理中已有为善为恶之理，则是理之有善恶也。）先生之意，本不欲理字上说恶字，而以恶为理之所有，反有嫌于大本之污杂。不若于气禀处说理之恶，不害理之本善也。又曰，气之恶者其性亦无不善，故恶亦不可不谓之性也。（无不善无字可疑，似当作有字。而《语类》程书门偶录，亦作无字，而问者以无不善之意问之，则无字盖不误也。然先生答以有不善，则盖不以前说为是矣。）程子之意，本谓气禀之性虽有恶者，亦不可不谓之性也云，而先生又以性善言之，未论其义理，只观其文义语势，决不成作性善说也。（《知言疑义》南轩说曰，恶亦不可不谓之性者，盖言其流如此，而性之本然者，亦未尝不在也。先生评之曰，恶亦不可不谓之性，是说气禀之性。观上下文可见。南轩说正如先生此说，而先生非之，直以为气禀之性。而又曰，观上下文可见，则是又以上下文所言，皆以为气禀之性也。据此，则此说之为未定之论，可见矣。《孟子》生之谓性章，《或问》论明道此说曰，其所论气质之性，理有善恶，未尝敢疑云，则其以理有善恶，为气质之性之善，又明矣。）盖生之谓性止便不是性一段，程子亦本以气禀之性言之，而先生又以性善释之。不容说一句，本指人物未生前，而先生以为性之不可形容。盖以便不是性迁就作性之发，而不作人生而静之时气禀之性故也。先生此说盖于性字讳言恶字。故虽于气禀之性，亦必作性善说，而气禀善恶只还他气禀善恶，更不干性事。此与徐元聘、胡广仲论胡子《知言》书，以人物之性谓无差别，而人物不同，只论其气不论其性者，为一时一般说。而专主理一不究分殊，判性气为二物，混人兽而无别，盖如近世诸儒之说也。先生后来，于此二说悉正旧见，而案牍具在不可诬也，于此可见先生入道之次第与夫义理实处之所在矣。学者每患读书之不详，不能究见先生言议始终，而得其所入处，惜也。说中又引明道善恶皆天理之说而曰，天下无性外之物，本皆善而流于恶耳。其言善恶皆本于天理，而天理中本无恶者。语意至到，不可以他说之未安，而并忽之也。然善恶皆天理，与理有善恶，语意自不同，合而论之，恐亦未安。二说同异，辨之在下。（善恶皆天理，理字，理之本体也。理有善恶，理字，理之在气禀者也。）

《程子书》门僴录曰，人生气禀，理有善恶，此理字不是说实理，犹云理当如此。又端蒙录曰，理只作合字看。按，此二录，恐皆非程子意，观程子本说上下文义。程子之意，似以气禀以后事言之。先生以理字着在气禀上面看，故嫌其为实理之有善恶，欲作虚字看。虽作虚字看，终不脱理字名色，而著在上面看，终有嫌于善恶同体。不若只作气禀后事看，为无争端也。程子又尝言，善恶皆天理，善恶皆天理，与理有善恶，语相似，而意绝不同。善恶皆天理，谓善恶皆本于天理也，而与善恶有本末之分，故理字虽言于气禀以上，亦无嫌于理之有善恶也。而有善恶，谓理之当体自有善恶也。理与善恶无本末之分，故此理字可言于气禀后，而不可言于气禀上面矣。（生之谓性章《或问》论程子此说见上。）

《答吴伯丰》论明道生之谓性说曰，云云，继之者善，亦与《通书》所指不同。乃孟子所谓乃若其情可以为善之意，四端之正，是也。按，不但曰四端，而必曰正者，以其亦有不正者在耳。此与《语类》说同，而可见四端兼善恶矣。

论程子知觉《复》卦说，亦有两说。程子曰，既有知觉，却是动也，怎生言静？人说复其见天地之心，皆以为至静能见天地之心，非也。《复》

之卦下面一画便是动也，安得谓之静？自古儒者，皆言静见天地之心，唯某言动见天地之心。程子此段所言，盖认静中知觉为已发者。故以复之一阳已动者，比之，而言其不得为未发也。《语类》贺孙录一段、淳录二段，皆以程子所言知觉及以《复》卦比之者，为未发时知觉不昧静中之动，恐非程子之意也。其下文蔚录，以程子说知觉谓说得太过。方子录又以《坤》中不能无阳，当静中知觉而直以动处为复，恐此方得程子之意。前说论《复》卦，与答南轩书同。后说论程子说及《复》卦，与《中庸或问》同，则其前后得失，据此可定矣。（贺孙、淳、文蔚、方子录，见程子书门。淳始见先生在庚戌，则其所录皆系先生晚年言语。然其录复卦说，与晚年手笔不同如此，恐是误录也。又按，安卿屡问未发前静中之动，而始则欲下意字，终又以程子所言《复》卦当未发，而先生皆非之。但渠于静中之动认得过重，未免侵过已发界分意思，本自如此。故虽屡承先生之辨，而未能深契，至于记录之际，未免椎带己意，而转却先生之本指矣。读其录者，不可不知此意也。）

论程子说静中须有物始得，亦有两说。《语类》文蔚录，以静中有物为知觉，去伪、洽录以有物为太极之理。盖静中太极之理未始不具，则本不待须有而有，亦不可以有无而言也。至于知觉，则或存或亡，而其存亡由于操舍，故曰须有且有物云者，即有主宰之谓也。觉有主而昧无主，则其指知觉不昧者，尤分明。据此，则文蔚录当是，而于此又见程子未尝不言静中知觉。盖程子论《复》卦只一说（属之已发），而论知觉有前后二说（一是才说知觉便是动，一是静中须有物始得），先生论知觉只一说（知觉不昧，静中之动），而论《复》卦有前后二说（见上），学者当详之，而又须知二先生之说，卒未尝不同矣。

《答何叔京》曰，体用是两物而不相离。故可以言一源。性理两字即非两物，谓之一源，却倒说开了。按，性理两字，非但非两物，即亦非体用之名，故不可言一源。此则先生之说无可疑矣。体用两字，虽有首尾前后之分，亦非是两物，只是一事，而首尾相涵，故谓之一源。以人言之，则手足体具，运动之用已具，是谓一源也。手足与运动其可谓两物乎。若是两物而不相离，则当谓之无间，安得谓之一源哉。此则先生说，恐未安也。《中庸章句》曰，必其体立而后用行，则其实亦非有两事也。当以此为正。

《答何叔京》曰，理象便非一物，故伊川但言其一源与无间耳。其实体用显微之分，则不能无也。按，先生此语殊少曲折，读者当活看得之。程子曰，至著者，象也；至微者，理也。体用一源，显微无间，上言理象下言体用显微，则体用显微四字，固是分贴理象二字。然体用一源一句，只就理上说；显微无间一句，方合理象说。二句所主自不同。用字之贴象字，本指象之理而言（程子所谓冲漠无朕万象森然者，正是释体用一源之义。万象只是万象之理，非真有象之象也。冲漠无朕，无形之谓也，万象森然，实理之谓也，言无形而有实理也，非谓冲漠与万象各为一物，而以一圆冲漠圈子，包得万象磊碨者也。但以浑然一体之中森然万用毕具，故谓之一源耳。其实一体即是万用，万用还他一体也），非如显字之直指其象也。先生此说，直将二句同作理象之非一物，似欠明白。然上文既言自理而观云云，自象而观云云，则其以上句为主理而言，下句为主象而言者，已说尽矣，故于下文不复详辨也。

《答汪尚书》论体用一源显微无间曰，若于此看得分明，则即《西铭》之书，而所谓一源无间之实，已了然心目之间矣，亦何竢于东铭而后足耶？按，一源无间之语，程子本以论易，而先生又以言西铭，何也？《西铭》明理一而分殊。理一，仁之所以为体也；分殊，义之所以为用也。理一之中分殊具焉，则所谓一源也。西铭因事亲之诚，明事天之道。事天事亲，其事至显，而其理则微。即事而理在其中，则所谓无间也。推是而观之，则圣门言语无不然矣。

程子曰，中有主则实，实则外患不能入。又曰，有主则虚，虚谓邪不能入。盖中有主则是谓实矣。中实则外邪不能入。（如人元气实，则病不能入。）外邪不能入，则又是虚也。故自其中有主而言，则曰实，自其外邪不入而言则曰虚。实者有主之事，虚者有主之验也。故程子之言有主则实，主与实为一事，有主则虚，主与虚为二事。曰实则外患不入，是以外患不入为实之效也。曰虚谓邪不能入，是以邪不能入释虚之义也，实则则虚谓谓两字意，可见矣。按，先生答廖子晦书，以内欲不萌为虚，外诱不入为实，其意固通。然以外诱不入为实，乃是实之验，非正释实字之义也。先生又曰，一念之间中无私主，便谓之虚，事皆不妄便谓之实，此只就应事处言之，乃是答前段《易传·中孚》之说，非正释此段之义也。程子此段之义，正谓敬则心存，心存则有主，有主则实，实则外邪不能入，外邪不能入则虚云也。（先生后说，亦见《答子晦》书。内欲不萌，外诱不入，只是一事。以此分释虚实之义，亦似未尽。《语类》程子书门寓录曰，只是有主于中，外邪不能入。自其有主于中言之，则谓之实；自其外邪不入言之，则谓之虚。当以此录为正。）

《答林择之》曰，适因举满腔子是恻隐之心，姜民表云腔子外是甚底，请诸公下语，已各有说。更请择之亦下一语，便中见谕也。按，诸公之说及择之所下语，今皆不见。而先生于此，亦未有所下之语，岂诸公说已得之，故不复为迭床之语耶？抑有之而见逸耶？此问甚紧，而朱门所答之语，今不可考，则甚可恨也。今以己意代为之下语曰，腔子外亦只是恻隐之心，孟子所谓亲亲而仁民，仁民而爱物，扩而充之，足以保四海者，皆是心也。盖满腔子是恻隐之心者，是以仁之全体言之也。既有是体充满无缺于内，则自有是用流行溥遍于外矣，初未有内外之间也。然一为私意所隔断，则腔子里此心已亡，腔子外更说甚底。先生尝答南轩书曰，却去腔子外寻不见，即莽莽荡荡无交涉矣。于此，又恐人求之于腔子外，何也。盖不知此心之在内，而欲求之于外者，俗学迷本之见也。专守此心于内，而惟恐其或涉于外者，异端偏怙之学也。自其此心充满于内者，而推之以准于四海之广者，圣人合内外之道也。以是三者而比并观之，则先生前后之说，自可见其指矣。（姜民表，名公望，程子时人。盖姜有是语，而程门无所对之语。故先生令诸人各下语，而其说亦不传。姜事见原集《上蔡语录后记》。）

《答潘恭叔》论孟子时焉而已之说，未有定论。当以《语类》程子书门伯羽淳录为正。（伯羽录曰，习俗之说较稳。淳录曰，亦是战国之习。）

6.《张子书》

心性门，偶录。曰，横渠心统性情，语极好。又曰，合性与知觉，有心之名，则恐不能无病，便似性外别有一个知觉了。按，性与知觉本自有别，今以性与知觉为无别，则未敢知也。尽心章盖卿录曰，横渠之言，大率有未莹处。有心则自有知觉，又何合性与知觉之有？当以此为正。

夔孙录曰，横渠说得好，云云。按，横渠此说，先生既以为未莹，又以为说得好，何也？盖横渠此四句，因理而名天，因气而名道，因理之在气而名性，因气之源性而名心，反复以明理气之不相离也。如是活看看得出本意，则未尝不好。若只以辞而论之，则又不免于名实相混之病矣。盖其立意，则好而下语有病也。此先生或许之或病之者，意各有在，而非有前后之异见也。（《张子书》门人杰录论此四句曰，亦说得有理。又曰，然使明道形容此理，则必不如此说。先生之意于此亦可见矣。《答徐子融》书论张子此四句语而曰，名义甚密，不易之至论也。又见尽心章骧录。）

《程子书》门盖卿录曰，二气良能，是屈伸往来之理。按，良能，只是屈伸往来气之灵处，理字下得，未安。（《答廖子晦》曰，张子所谓二气之良能，非性之谓也，当以此为正。）

7. 治道

论井田以为可行，又以为非大乱之后，不可行。（前说见《孟子集注》张子说，后说见《语类》民财门荀悦说。）论封建以胡氏说为是，又以柳子厚说为是。（胡说为是，见《大全·古事余论》及答孙季和、邓卫老书。柳说为是，见《语类》治道门广录、《周礼》门木之录。）以事理揆之，则井田猝难行，而封建不可行，后说恐皆当为定论矣。（先生论井田封建，详见《语类》治道门，皆以后说为主。又论程子井田封建说，初晚不同。见《语类》程子书门下卷淳录。）

答连嵩卿曰，忠质文不见于经，然亦有理。盖忠则只是诚实，质便有损，文就质之意矣。按，先生此说，于文未释，而于质亦非正释其义。如欲详释之，当曰忠者只是诚实而已，浑然无名象之可指。质则有型范而体裁具矣，文则加贲饰而仪章备矣。质之弊文以捄之，文之弊质以捄之。二者互相损益以捄其偏，而忠行乎二者之间，斯为万世之通谊大法也。忠以理言，事无不以是为主，质以体质言，如物之有朴坯也。文以仪文言，如物之加华采也。有质然后文有所傅，而二者非忠，则又皆为虚具矣。

论役法有不同。（一见《语类》民财门僴录，一见《本朝人物》门论温公处端蒙录。）然大意似以差役，能理会得则善于免役，不能理会得则二法俱有弊尔。（此意见论荆公处贺孙录。）

卷 6

1. 科举

力行门，伯羽录。论科举云，非是科举累人，自是人累科举。若高见达识之士，读圣贤之书，据吾所见，而为文以应之，得失利害，置之度外。虽日日应举，亦不累也。居今之世，使孔子复生也，不免应举，然岂能累孔子耶？杂记言行门僴录，因言科举之学，问若有大贤居今之时，不知当如何？曰，若是第一等人，他定不肯就。又问，先生少年省试报罢时，如何？曰，某是时，已自断定，若那番不过省定，不复应举矣。按，前说为科举不足累人而言，非论出处之正也。后说方正论出处之义。孔子要行道天下，或不免应举，然亦必在初头时。若圣人则虽或俯就，天民则必不肯就矣。

2. 圣贤

《中庸序》以禹同于尧舜，而为大圣人。《语类》（孔孟门，大雅录）论禹曰，与颜子虽是同道，禹比颜子又粗。按，《庸序》论其德业成就处，《语类》论其工夫精微处。

《孟子》伯夷目不视恶色章，焘录。或问，尧舜揖逊，虽是盛德，亦是不得已否？曰，然。按，伏羲以来，皆以圣传圣，禅授之事，乃上古通行之经也。尧舜揖逊，只是依本分行之。岂有不得已者哉？至于禹传子，方是不得已也。答说以为然，恐是偶然答他也。

《答陈安卿》曰，若使文王漠然无心于天下，敛然终守臣节，即三分之二，亦不当有矣。（与上文论太王事，当参看。）按，三分有二，终似非纯臣之事。岂周之于殷，其事体，自与后世诸侯，有不同者耶？后世诸侯，皆受封于当世天子，则传之子孙，固无可贰之道。若周之建国，自后稷始封，实在唐虞之间，历事夏殷，未尝纯臣一代。傥复有他王者，代殷而兴，亦必顺天归命，而不为故殷守臣节以国毙矣。以此义推之，则文王之事，岂亦自知其天命人心之不可强违，而不以纯臣自处者耶？后世人臣，乘其主之危，而窃取天下，顾反以文王自处者，未有不为篡贼者矣，曹瞒是也。（唐庄宗之取天下，虽不直取之于唐室，庄宗之基业，皆唐之所畀，则唐亡辅其子孙，而不失臣节，乃人臣之大经也。庄宗之自取，不免与篡贼同归矣。必其君如桀纣秦隋之恶，然后乃可声罪致讨，而移其天下也。）

先生论此，以为食肉不食马肝，未为不知味，则圣人之事，固有所不可知者。然后世僭贼之徒，或反以文王之事为口实，则其义亦有所不可不辨者，姑书此以竢问辨。

《论语》泰伯章，义刚录曰，武王做得大故粗暴，当时纣既投火了，武王又却亲自去斫他头来枭起。按，此恐是传记之谬也。史言，武王杀纣者，纣既自焚死，故谓之杀纣。纣若不自死，武王必不更去杀他，况已毙之尸，王者亲自居斫他枭起耶？汉唐帝王，犹且不为此，岂以武王而为之耶？纵使武王大故粗暴欲为此事，周召太公群圣贤者在，而乃令为此耶？

同录问。武王既杀了纣，有微子贤可立，何不立之，而必自立？先生不答，但蹙眉再言，这事也难说。窃观先生之意，似以武王之不立微子，为不是也。若是不立为是者，有何蹙眉难言之事耶？武王克商，不立箕子，微子，而必自取之，及其临崩，不传之周公，而必传之幼子，若有所可疑者。然此是圣人的见天命人心之已去商归周，而安天下者，身及子孙，当享天下之利，故不立殷后，而自取之，不传周公，而传之子者也。不传周公，又有说焉。虽欲传周公，周公必不肯立，其志固难夺，且周公之辅幼主安天下，为万世人臣之大法者，实有逾于自做天下主者，则武王之成周公之志之美者，亦有逾于以天下相传也。此则又无可疑者。至于不立殷后，立亦可，不立亦可，有不可以一说断之者，何谓立亦可也？由汤至于武丁，贤圣之君六七作，天下之归殷久矣。由武丁至帝乙，才六世其德虽衰，亦未有可以失国者。至纣而始有亡国之行，去纣一夫，则殷之天下固自在也。于是而立殷后，则天命之久属于殷者，亦岂必去之哉。此其谓立之亦可也。何谓不立亦可也？天下者，天下之天下，非一人之天下也。禹之有天下，取之于唐虞，则非其自有也。汤之有天下，取之于夏，则亦非其自有也。及其子孙德衰，归之他人，固理之当然者也。岂其与天地并存，而为君者，必其禹汤之子孙而后可哉？汤之取天下于禹之子孙，为可也，则武王之取天下于汤之子孙，亦无不可矣。此其谓不立亦可也。然尧舜圣之至者也。以尧舜当日所行者观之，则使尧舜当武王之时，恐亦不失揖逊之本心，而不尽如武王之为矣。故夫子于泰伯文王，则以至德称之，于武则曰未尽善。此其微意可见。然则先生之蹙眉不答，无亦出于夫子之意，而深有伤于圣人所遇之不幸耶。更按，前说武王成周公之志，汤之取天下于禹之子孙云云，以事言之，则固如此。然若谓武王之心，必如此，则是犹有计度之私，非所以言圣人之心也。圣人之心，至大至公如天地，未尝忘天下，而亦未尝以天下为人之利。未尝忘天下，故起而除残贼，又付之周公，而使之治。未尝以天下为人之利，故使周公得治天下斯已矣，不必使之身有天下而后可也。汤之有天下，本亦为天下也，非为己之利也，则后之除残贼，而安天下者，亦当自有之，何可以天下为汤一人之私，而必归其子孙也哉？不以天下为汤与周公之利者，何哉？以己之不利天下推之，而视天下之在人在己犹一也。以是而言武王之心，或庶几焉尔。（尧舜当武王之时，虽不至于征伐，天下归之，则亦当受之，必不辅其前代子孙，而立之也。尧之九男在，而舜有天下，则可知矣。）

洪范卓。录问武王杀纣，答曰，据《史记》所载，虽不是武王自杀，然斩其头悬之，亦是有底事。贺孙录，曰看《史记》载，纣赴火死，武王斩其头以悬于旌，恐未必如此。按，两录不同，当以后录为正。其辨已见上《论语》泰伯章义刚录下。

《孟子》伯夷目不视恶色章，贺孙录。或问伊尹治亦进，乱亦进，无可无不可，似亦可以为圣之时，曰伊尹终是有任底意思在。

按，伯夷非其君不事，非其民不使，倚于不可。伊尹治亦进，乱亦进，倚于可。伊尹之事本不可拟于夫子之事，而问者之意，似以无可无不可，为无所可否于治乱者，非夫子之本意也。无可无不可，谓于天下事，不先有可之不可之意。而当其可，则可之，当其不可，则不可之，非谓于事之是非善恶，漫无可否也。或说甚误，而先生不辨之，岂偶未察耶？大抵天民之事不同于夫子者，以其有可有不可也。必其道可行而后出，是可者也。未见其必可行，则不出，是不可者也。此其出处与圣人不同也。

《孟子》燕人畔章，义刚录。问周公诛管蔡曰，莫到恁地较好。看周公当初做这事，也大段疎脱。舜往于田章，焘录。曰，舜诚信而喜象。周公诚信而任管叔。此天理人伦之至，其用心一也。象日以杀舜为事章焘录曰，管蔡初无不好底心，后来被武庚煽惑至此。使先有此心，周公必不使之也。按，两说当通看得之，不可以一说为断也。（按，周公之任管叔，毕竟是疎脱处。然帝尧使鲧治水。治水之任，即天下莫大之事，而实为异日禅授之本。非如管叔任一时方面之事者。而犹举以付鲧，知人之哲，圣人所难。所谓圣人之所不知不能，而天地犹有憾焉者也。此等事理明白处，固不可强为分解，亦不可以此，而有疑于帝尧周公之不足于圣智也。）

《答严时亨》曰，《论语》只言微子去之，初无面缚衔璧之说。今乃舍孔子而从左氏，史迁已自难信。按，《书》微子篇蔡传载左氏说，而不辨其诬，此系圣贤出处，不可以不辨也。三仁事异而心同，故孔子同谓之仁。微子于周宾而不臣。若使面缚衔璧，则恶在其与箕子比干同其罔仆之志耶？此当以严书为正。董叔重问三仁事，引孔氏比干心同不复重言之说，而先生是之。蔡传又以为比干，安于义之当死，而无复言，此又不通。安于死者，独不可为生者谋耶？且以比干为先决于死者，与叔重问答不同，而不免以圣贤所处，为有按排固必之意矣。此亦当以董书为正。

《答汪尚书》曰，颜子未达一间处，只是颜子自知耳。按，先生此言，盖谓颜子地位已高见于外者，与圣人无异。而存于内者，或有时间断，其未达一间处，即是天理间断处。而此处甚微，故惟颜子自知，而非他人所及知也。然究其极，则己既知之，人亦无不知矣。子曰，回也其心三月不违仁，三月之后有违仁之时。此正颜子未达一间处，而孔子已知之，不但颜子自知耳。

《记疑》伊川答鲜于侁之问曰，若颜子而乐道，则不足为颜子。先生释之曰，程子之言，但谓圣贤之心与道为一，故无适而不乐。若以道为一物而乐之，则心与道二，而非所以为颜子耳。（丙申所记。）《语类》问，程先生不取乐道之说，恐是以道为乐，犹与道为二物否？曰，不消如此说。且说不是乐道，是乐个甚底。说他不是，又不可为十分不是。但只是他语拙，说得来头撞。公又添说与道为二物，愈不好了。（《论语》不改其乐章，焘录己未所闻。）按，两说不合，而前说只依程子说释之，后说方论程子说未尽处，当以后说为正。又附注去伪录曰，谓非以道为乐，到底所乐只是道，非道与我为二物。但熟后便乐也。其曰，谓非以道为乐，即程子说底意也。前录所谓未可谓十分不是者，此也。其曰，所乐只是道，是说程子所未说底。前录所谓说他不是者，此也。此录与前录，一时所闻，而记有疎密。又当以此录为正。大抵以道为乐，固非颜子地位，而离道言乐，反趋于异学之空虚。故先生又直以乐道言之。（《语类》同章盖卿录曰，伊尹耕于有莘之野，由是以乐尧舜之道，未尝以乐道为浅也。直谓颜子为乐道，有何不可。《论语》屡空章《集注》曰，子贡不如颜子之安贫乐道。）盖乐道之中，自有浅深之不同。以道为乐，与所乐只是道，便是浅深之辨。而颜子地位，正是在所乐是道耳。程子只将乐道浅看了，故便以为与道为二，而谓不可以语颜子也。先生乃以所乐只是道，非道与我为二，发之，则其指深哉。然他人乐处，不干己事，纵使窥测他十分，亦有何益？况己未到得他地位，亦安能知得他乐处？故先生又言不要如此论，须求他所以能不改其乐者是如何，做得实头工夫透，自然至此。（见同章可学录。此意见于《集注》、《语类》者甚多。）陈安卿问，不如乐之者，与颜子之乐同异？先生答谓颜子之乐较深。盖以乐道对颜子之乐，则颜子固已过乐道之地。若单言乐道，则颜子之乐，又未尝外此矣。

　　《论语》浴沂章，淳录。论曾点浴沂曰，颜子是孔子称他乐，他不曾自说道我乐。大凡人自说乐时，便已不是乐了。又以明道傍人不识余心乐之句，为后生时作。（程子门学蒙录。）按，此说似与孔子自言饭疏饮水乐在其中者，有碍矣。然孔子之言乐，盖以人徒知饭疏饮水之为可厌，而不知所乐之，亦在其中，故发此言，以为厌贫贱慕富贵者戒耳，非谓要说己乐也。如康节之诗，每言乐字，乃是自说其乐耳。康节之乐，亦只是身居闲处，无患害之来逼，心玩天理，无俗事之相干耳。非能如孔颜之所乐也。故其气像眩露，不甚稳帖。真能有孔颜之乐者，必不肯自诧如是尔。

《答吕伯恭》曰，明道言，当与元丰大臣共政，此事乃是圣贤之用，义理之正，非姑为权谲，苟以济事于一时也。然亦须有明道如此广大规模和平气像，而其诚心昭著，足以感人，然后有以尽其用耳。《语类》（《易·咸》卦偶录）曰，明道欲使诸公用熙丰执政之人，与之共事，令变熙丰之法，或他日事翻，则其罪不独在我。正是要使术，然亦拙谋。按，前说是论大贤用处，后说只据事论之。以明道言，则大贤用处，固未尝不如此。据事论之，则其势不可行。又如此，两说各有所指。盖明道之言于事，虽未必尽济，使其有做，亦庶几焉，况其言非出于权谲。先生已言之，《语类》使术拙谋等语，恐是一时偶发之言，或是记者之误也。（论明道此说，又见《答张敬夫》书及《语类》本朝三德明录，皆与答吕书同，而《语类》又辨任术之说。）

《答何叔京》曰，渊源录亦欲早得邵氏，且留不妨。《语类》（孟子杨氏取为我章可学录）问渊源录中，何故有康节传？曰书坊自增耳。按，先生以邵子入于沧洲之祠，则其尊之亦至矣。其传之不列于渊源录者，以其学自为一家，不出于伊洛源派也，非有贬外之意也。盖与司马公之不传同矣。

《延平行状》论龟山曰，先生倡道东南。又曰，天丧斯文而先生没矣。龟山之所闻于程子，而授之罗公者，至是而不得其传矣。《语类》论龟山学佛及其出处曰，张皇佛氏之势，亦如李邺张皇金虏也。又曰，龟山做人也苟且。（见程书门方偶二录。）按，前说论其大体之好也，后说指其一事之失也。既不以大体之好，而放过其一事之失，又不以一事之失，而掩没其大体之好也。

《古史余论》曰，至其所谓其积之中者有余，故推以治天下，有不可得而知者，则虽非大失，而积与推者，终非所以言圣人。按，先生于圣人分上，亦有以积与推者言之，于此非之，恐是一时之偶见尔。且其所易之说曰，默而该挥而散云者，语意亦欠平实，恐非中岁以后文字。（《中庸》三十一章注，充积极其盛，而发见当其可。《答南轩》书曰，若就理上平说，则忠只是尽己，恕只是推己。但其所以尽所以推，则圣贤之分不同耳。推字说，又见《论语》忠恕章《或问》。）

3. 异端

《答汪尚书》曰，孔子曰攻乎异端斯害也已。吕博士所谓君子反经而已矣。经正斯无邪慝。今恶邪说之害正而攻之，则适所以自弊而已，此言诚有味者。故某于释学，虽所未安，然未尝敢公言诋之。按，此书攻字说及论吕博士说，与《集注》、《或问》不同。且其所谓未尝敢公言诋之者，与先生平日斥佛老之严，殊不相似。盖先生此时，以此攻字，作攻击之攻，故其言如此。一字不明之害，已见于言议，虽先生亦不免焉，学者不可不知也。(此书乃癸未所作也。己丑答汪公书曰，释氏之祸，横流稽天，而不可遏。有志之士所以隐忧浩叹，而欲火其书也。其言多少严截，而亦可谓公言诋之也。)

《答汪尚书》曰，杨朱学为义者也，而偏于为我；墨翟学为仁者也，而流于兼爱。《答邓卫老》书曰，以杨墨为学仁义而过，亦非是彼乃正为不识仁义耳。非学之过而不得其中也。按，据其外而观之，则疑于仁义，故谓之学而差也（汪书中有差字）。推其心而论之，则本不识仁义，故谓非学而过也。言各有指也。(《论语》食无求饱章《集注》，引尹氏说杨墨学仁义而差者也。)

释氏门，僩录问。释氏作用是性。曰，便只是这性，他说得也是。孟子曰，形色，天性也，惟圣人然后可以践形，便是此性。又曰，昨夜说作用是性，仍思此语，亦自好。按，此与程子释告子生之谓性之意同。盖生之谓性作用是性之语，以吾儒之意释之，则亦未为不是矣。其引孟子形色天性之语，可见先生之意耳。形色非性，而形色上各有当然之则是性。故孟子以形色谓之天性。生有生之理，作用有作用之理，以是谓生之谓性作用是性，亦无不可矣。但告子释氏之意，本以其有生者，与能作用者谓性，而不知有理之为性矣。此其为不知性也。二先生之言，亦姑借彼之言，以己意释之也，非真以告子释氏之言性为是也。然程子之释生之谓性，以性即气气即性为言，则是以气质之性言之也。(告子直以气为性，程子以理之堕在气质者为性。此程子之异于告子者也。) 先生释作用是性，引形色天性之说为证，则是以本然之性言之也。此又程朱之说不同也。而苟于道理上见得真认得熟，则纵横说去，无不是当矣。（程子书门可学录曰，程先生之言，亦是认告子语脉不着，果如此说，则孟子何必排之。）

植录论儒释之辨曰，吾以心与理为一，彼以心与理为二。又曰，近世一种学问，虽说心与理为一，而不察乎气禀物欲之私。故其发，亦不合理，却与释氏同病。（见释氏门或录，又见《答郑子上》书。）按，所谓一种学问，即指陆氏也。陆氏之为说，同于吾儒，不同于释氏，而以为其病却与释氏同，何也？释氏之以心与理为二，以心为空无一理。而不知有心即有理也。陆氏之以心与理为一，是认心以为理。而不知性与气禀之有辨也。释氏之不知理，固以心之灵觉为主，而陆氏之所谓理，亦不过认得心之灵觉，则其专认此心以为主，而不知有天理之真者，盖无不同矣。此其为说不同，而其病则同也。其后阳明之学，又以致良知为宗，而以良知为天理，则其说益近矣。然其所致，亦只是虚灵明觉之知（阳明曰，心之虚灵明觉，即是本然之良知），而非孟子所谓良知，则亦同归于释氏矣。近世以灵觉为本心者，又与孟子所谓本心不同，而却与阳明同病矣。先生又论释氏曰，达摩面壁九年，只说人心至善。即此便是不用辛苦修行。（释氏门时举录。）论陆氏曰，子静之学，只管说一个心本来是好底物事，识得一个心，万法流出，更都无许多事。（陆氏门贺孙录。）据此，则禅学宗指，只在心善二字，而先生又自言心之本体未尝不善，何也？（见心性门谦录。）先生之言善，只指其本体虚灵者而言，未说到气禀。禅学，则专以此心为善底物事，而不知有气禀之杂。此其所以不同也。况先生才说其善，旋又言恶不可说不是心，则其意自可见矣。

先生每斥陆氏之学为禅学，而又以比之告子。陆氏之学，以心为至善，而专守此心灵觉之识者，同于禅学。（见陆氏门，又见《大全·答项平父》书。项始为陆学者。）以讲学穷理求之事物者，为义外而禁绝之（不知格物致知所以精义，则是真义外也），同于告子。（见陆氏门小注说，又见《答项平父》二书中。所谓近世为此说云云，今人引孟子云云，皆指陆氏也。）盖其学全体是禅，而支节所在，又似告子。然告子之学，不求义理，而力制其心不动，实似于禅学。故象山之学，所以既同于禅，而又似于告子也。

《答项平父》书论陆学曰，为彼学者，多持守可观。又曰，去短集长，庶几不堕一边耳。《答赵子钦》论陆学曰，其学于心地工夫不为无所见。但欲恃此陵跨古今，更不下穷理细密工夫，卒并与其所得者而失之。人欲横流，不自觉之，而高谈大论，以为天理尽在是也，则其所谓心地工夫，果安在哉？按，前说姑与其持守一端之可取，后说极论其学术本末之差谬，言各有指也。论断陆氏，当以后说为正。（《答汪长孺》书曰，气盈矜暴之失，全似江西气象。其徒有今日悟道，而明日醉酒骂人者。据此书所云，可见心地工夫之亦无所得也。）

《答程正思》曰，异端纷纭，不必深辨。且于自家存养讲学处朝夕点检，是切身之急务。朋友相信得及者，密加评证，自不可废，切不可于稠人广坐论说是非，著书立言，肆意排击。徒为竞辨之端，无益于事。向来盖尝如此，今乃悔之，故不愿贤者之为耳。又答正思曰，《答陈同甫》书，曾细看否？人皆以为不足深辨，此未察时学之弊者也。又答正思曰，《答子静》书云云，不必深辨之云，似未知圣贤任道之心也。又尝曰，海内学术之弊，不过两说，江西顿悟永康事功。若不极力争辨，此道无有得明。（此说见《年谱》辨浙学条下。）先生与同甫辨在甲辰，与陆氏辨在戊申，皆晚年事也。先生所自为者如此，却又为正思戒之者，此盖随人分量而言之耳。盖辨异端辟邪说，乃任道者之事。若初学之士，自于道未有所得者，不可遽以此自任也。然以孟子能言距杨墨之义推之，则与老佛杨墨之类，显然与圣门背驰者，虽初学之士，亦当力辨，而深距之。此是趋向邪正大界分所在处，不可不辨也。然则，先生所为戒正思者，盖谓学术言议小小差异，不至如老佛杨墨之甚者也。学者自家义理，亦且未明，则姑且缓彼，密加评证，不可舍其切身之事，而唯以攻辨异论为务也。岂谓如老佛杨墨之类，亦不可于稠广中论斥也？（陈陆辨答年条见《年谱》。）

4. 论人

《答汪尚书》论东坡曰，使其得志，则蔡京之所为，未必不身为之。又跋东坡竹石，以英秀后凋坚确不移称之。前说论其学术本源之不正也，后说言其气节风致之可尚也。所指而论者不同，故寄衮钺之所施，亦不同矣。

《答吕伯恭》论渊源录有曰，吕侍讲学佛老，似不必载。按，渊源录一本，学佛老，老字作事字。恐是盖言吕公学佛之事，不必载也，非谓吕公不可载也。然吕公学佛事，终亦不没，盖亦存其实以垂戒也。

《李忠定公奏议序》盛推李公忠义才略，以为天所拟出弭乱之人。《张魏公行状》载魏公论罢李公及请叙李公事，皆以李公为若真有私意专杀轻疏败事之失者。李公果以私意专杀轻疏败事，则何足以为天所拟降弭乱之人哉？赵忠简鼎行状，赵家子弟欲属笔于先生，先生不许。且曰，某向来《张魏公行状》，亦只凭钦夫写来事实做去，后见光尧实录，其中煞有不相应处。故于这般文字，不敢轻易下笔。（见《语类》中兴人物门若海录。）据此，则行状所载，不能皆实可见矣。（李张二公优劣是非详见《语类》张公行状，先生年三十七时所作。）

别集《魏元履》书所记李显忠宿州之败，与《张魏公行状》所载颇不同。魏书所记，只据一时传闻。行状所载，当据论定后说。恐当以行状为正。魏书所记李邵二将事，亦与《史记》不同，又未知其如何也。

《答林井伯》曰，余干屡得书，处之甚安，亦殊不易。又《答刘德修》曰，余干数日前得书，处之甚适，亦甚不易。只去岁忙乱中得其书，字画言语，皆晏然如平日，固已服其有定力矣。余干即指赵丞相如愚也。据先生此说，则赵公之于死生处之，必不乱，而《宋史》所记，却似有处死不明之疑，此甚可疑。先生于刘挚梁焘诸公之死，不分明皆讥之。（见《语类》本朝人物门杨录。）至于赵公之死，终无贬语，则史氏所记，恐或失实矣。盖赵公之死，出于暴急，故闻者疑之。纵使不能以天年终，将守臣之所为，而非公之自处也。

5. 史传

熊梦兆问，五霸晋悼不与，而先生无所辨，盖为答他大意，故未及其详耳。晋悼复修文公之业，自不得为一霸矣。

论赵盾事，与欧公说合，此恐是定论。（见战国汉唐诸子门，论文中子处贺孙录。）

论伍子胥复仇事，有两说不同。（一见夷狄门倜录，一见历代门木之录。）

《答孙季和》曰，人家父祖，壁立千仞子孙犹自倒东来西。况太丘制行如此，其末流之弊，为贼佐命，亦何怪哉？《答曹立之》书曰，陈太丘亦是不当权位，故可以逶迤乱世，而免于小人之祸。若以其道施之于朝廷，而无所变通，则亦何望其能有益于人之国哉？聚星亭赞曰，献身安众，吊竖全邦，炯然方寸，秋月寒江。按，赞中之语，特以其人之所存而言，未论其行事之当否也。二书所论，方论其制行之失，而责其流弊之所自也。前后说不同。要皆为至论，而在学者法戒，当以前说为主也。又按，先生《答刘子澄》书论陈荀事，亦与前二书同，则太丘制行之不严，流弊之所及，盖屡讥之。而聚星赞，至以无可不可，秋月寒江等说许之，并与其吊竖濡迹事，而称之。诚有可疑者。然其所谓无可不可，秋月寒江者，盖以言其德量宽平，无适莫之偏，襟怀清旷，无物欲之累耳，非谓真如孔子之无可不可，而同于尧舜以来，相传之心法也。吊竖濡迹事，亦姑取其全邦之志，王室之心耳，岂复以其事为可法也哉？窃观先生之作此赞，实有所感者深矣。盖自余干斥死侂胄专政，时论一变，在朝在野者，徒有吊竖濡迹之行，而初无太丘慈明之心事。故家子弟，又多有忘背先故，传会时论，如彧群之为者。故特因陈荀事，并着其善恶以寓当世之警，盖亦衰世之意耳。

论武侯不从魏延计，有两说不同。（俱见历代三杨贺孙录。）后说，似得当时事情。

论八阵图，有两说，略不同。（一见本朝六贺孙录，一见历代三人杰儒用录。）

《答刘子澄》论小学邓攸事曰，此等处，诚可削。若不欲尽去，且刊此语。按，今本仍存此条，只削缚子之语。盖从此书后言。而邓事之不可为训，亦可见矣。

《南康郡榜文》言，陶威公兴建义旗康，复帝室勤劳忠顺，以没其身。《乞加封状》中，又有本县缴到文字所以发明公之心迹，尤为明白有辅名教之语，与《纲目》所书陶公事，殊不同。《纲目》只依晋史书之，状中所据文字，恐得其实。史谓陶公不肯赴难，恨其不预于顾命。不预顾命，不过意望之不协耳。公于庾亮，实有相图之怨，而犹不记焉，则可见公之雅量。况于君父，反以意望之不协，怀恨不解，以至于臣节亏缺乎？只此可辨史氏之诬矣。

论唐中宗废立事，有两说，微不同。（一见历代二瞥录，一见历代三义刚录。）后说似圆备。

自注书门大雅录，论狄仁杰书死，与纲目书卒，不同。《语类》言，相随入死例书云，某年月日狄仁杰死。此以已书言，则似是初修《纲目》时。如此书，其书卒者，恐是后来所改也。狄公虽仕于周，其心则在唐，又有复唐之功，故有所宽恕耶？至如操臣书卒，如荀攸陈群之死，又未敢知也。岂荀陈辈，本末只是魏臣，而吴魏历世传国，其臣之死，不可皆不卒而然耶？（先生尝曰，学者皆知曹氏为汉贼，而不知孙权为汉贼也。然则，荀陈之事，亦当只与周瑜鲁肃辈并论矣。又按，纲目狄公不但书卒，其官爵封谥，皆系唐不系周。盖与其忠于唐，亦衰世之意也。然论以孟子枉尺直寻之义，则狄公之事，本非义理之正。《语类》之说，亦不可不知也。）

夷狄门，义刚录曰，高丽与女真相接，不被女真所灭者，多是有术以制之。高丽历五十余主，今此方为权臣所篡而易姓。按，我国虽与女真相接，女真小学而兵寡。故强则欲图天下，而志不在我国；弱则其力，又不足以制我国。此所以不为所灭，非别有他术也。权臣所篡之说，全与东国事实不符。若指盖苏文事，则此事在唐太宗时，又非自立者。似是指王太祖开国事。王朝开国事，与宋太祖相类，而其应天顺人除乱拯民，名义之正，实有光于宋朝之代周，何可谓之篡耶？外国传闻之失实如此，而一为中国人所记，便不得见白于千载，岂不冤哉？我朝宗系之诬，癸亥反正之诬，前后一辙。宗系之诬，幸已昭雪于皇朝，而癸亥之诬，犹至今未白，可胜痛冤。（小注云，高丽得四十王，今已易姓王。此盖指罗丽相代之事。而通指东国，为高丽矣。）

6. 文字类

《答程允夫》书，以竿头进步为狂妄之言，而答陈同甫、巩仲至书，皆用此语。

四十四卷二十五板《答蔡季通》下小注，前人疑当作前日。按，前人字为是，与下著述字相应为文。若日字为是，当云修改，不当云著述也。

《答吕子约》书，今更说后番，若更不相领略下，小注后番一本作一番，一字恐是。

《答李继善》曰，所示疑义，各以所见附于左方矣。来谕甚精到，但思之过苦，恐心劳而生疾，析之太繁，恐气薄而少味，皆有害乎涵养践履之功云云。而其下无附见之说。盖是此书，即续集所答问目原书，而误分在此也。问目所答逐条释疑。而原书云云，总论其大体，必合而观之，方尽其意耳。此书下又答一书曰，中间暬惨谅不易堪。所示条目，已悉奉报下。又附见疑礼条目，其为一书甚分明。此问答，则前无附见之条目，后无总答之原书。而前书来谕甚精以下，政说着后书问目之意。彼此本只一书，而误分各出，无可疑矣。

李公常语辨尧传舜舜传禹章曰，此心之体，隐乎百姓日用之间。贤者识其大，不贤者识其小。而体其全且尽，则为得其传耳。按，此用识字如字，与《论语集注》不同。

李存诚更名序言，棐与匪通用。先儒训辅为非，洛诰注棐民彝棐迪笃，皆训辅。撰李序在庚戌，集书传在戊午，当以书注为正。（棐字初说，又见杂著《尚书三义》。）

淳熙己酉《通鉴韵语跋》曰，尝窃为齐贤深言古人为己之意，而齐贤未能无听莹也。此以听莹为听不明也。绍兴癸酉《与一维那》诗曰，遗我黄金丹，高堂得听莹。此以听莹为听明也。按，《庄子》本语，似以不明言之也。（祭陆子寿文，用听莹语，亦以不明言之。）

吴晦叔祭文，忽闻不淑之音，实陨无从之涕。按，无从字，使事，与孔子本语不同。

《韦斋行状》曰，卜以庆元某年某月日，奉以迁于武夷乡上梅里寂历山中云云。《告考妣文》曰，改卜之谋，始有定论，乃克细绎遗文，傅之时事，撰成行状一通云云。按，《行状》成于庆元己未十二月，而先生易箦，乃在翌年庚申三月，《告文》在《行状》成后。而《告文》曰，改卜之谋，始有定论云，则盖未及葬也。然则《行状》中奉迁云云，盖据改卜论定而言，实未经其葬也。其曰，某年某月，而不明言年月者，亦可见其未定其期也。《行状》之成，距先生易箦只隔数月，则奉迁之事，当在此数月之内。抑或后人追成其志耶？今未可追考矣。

7. 先生出处

《答蔡季通》曰，至临江忽被改除之命，超越非常，不堪当也。始者，犹欲且归里中，俟辞召命，予决分既如此。又得朝士书，皆云召旨乃出上意，亲批且屡问及，不可不来。又云，主上虚心好学，增置讲员广立程课，深有愿治之意。果如此，实国家万万无疆之休，不可不一往。遂自临川改辙，趋信上以俟辞免之报。《答刘智夫》书曰，再辞未允，势须一行。已入文字乞许，且以旧官入对，面辞新命矣。若得改授次等讲官，使得效其尺寸，亦万幸也。但事体已如此，捧土以塞孟津，恐未必能有益耳。又答季通书曰，某老矣，方学做官，甚可笑。朝从奔走，皆非所堪。但叨冒过分上恩深厚，未敢言去耳。经筵陈说，不敢不尽。区区上意，亦颇相向，但未蒙下问反复，未得倾竭鄙怀耳。

据此三书，可见当时事情，与先生出处去就之精义矣。（答蔡前书为最先，答刘书次之，答蔡后书又次之。按，圣贤出处，未尝有意必，孔颜之用则行舍则藏是也。孟子于齐梁之君，程朱于哲宗宁宗之初，皆召之则往，往而不合则去，此皆与孔颜之道同也。若天民，则必其道可行而后出，故其出未尝有不合者，然未免有意必，此所以与孔颜之道不同也。先生书中，事体如此，捧土塞河之云，盖于时事，已见其有难行者，而犹作一行，此可以见圣贤之心矣。）

8. 先生语默

林择之在建帅幕府，先生与书言，宜檄诸州照例禁港。先生曾在南康，与江西张帅，论遏籴之非。盖江西丰熟，可及邻境，建剑贫邦，俗又喜乱，故一事可否，不同。

《答刘德修》曰，病中屡发狂疾，欲舒愤懑，一诉穹苍。既复自疑，仍以易筮之，得《遯》之《家人》。为遯尾好遯之占。遂焚藁齚舌，然胸中犹勃勃不能已也。遯尾好遯二爻变，则政作《家人》卦。《年谱》、《行状》皆作遯之同人，盖皆误也。

《答刘子澄》曰，见问人材之意，此等事度，非吾辈事力所及。正不须太遽也。（时子澄新自草野，承召命赴行在。）《答刘共甫》书论张钦夫曰，其求访人材之意，孜孜不倦。不自以其才为可恃，而留意于此，此又可敬者。使当世王公大人，一皆以此为心，不俟人之求己，而汲汲于求人，则天下岂遗才废事乎？按，两说不同，此盖随人地位崇卑劝力大小而言也。求访人才即是王公大人之事，岂小官下位之所可及哉？于此，可见先生时措之宜也。

先生解释经义，多有初晚之异。而《大全》尽载平生所著文字，故前后说俱载。《语类》皆是晚年所记，故初年说皆不载。独《大学》知至自欺说，《论语》君子所贵乎道章说，《孟子》尽心说，晚年方是改定，故前后说并载。他如此类，或更有之，亦未多也。《语类》所记，大抵皆是定论。除记录分明有误，不成义理者外，皆当尊信。学者不可以不知此意也。

9. 附录《论孟或问》、《集注》

《论语》曾子日三省章，《或问》并举两程子忠信之训，而以伯子之言为加密。《语类》本章大雅录，又以为叔子见伯子之说尚晦。更云尽己之谓忠，以实之谓信。便是稳当。按，《集注》取叔子说，而不取伯子说，与《或问》所论不同，则当以《语类》说为正。然《论语》既取叔子说，而《大学》又取伯子说，何也？《论语》之言忠信，只就修身上说，则当取正训忠信之义者。而叔子尽己以实之云，说得忠信之义的当，故《集注》取之。《大学》之言忠信，却从絜矩上说来，则当取其说之合于絜矩者。而伯子发己循物之云，以己与物对言，则合于絜矩之义，故《章句》取之。此其取舍各有攸当也。朱子解经之法，十分精当，无不从分，金秤上秤出来者，此又可见矣。

慎终追远章《或问》，以谢氏己德归厚之说，为衍文，而《集注》又用谢说之意。(《集注》之意又见《答汪长孺》书。)

信近于义章《或问》曰，致敬于人，固欲其远于耻辱。按，着一欲者，便涉有为，与《集注》能远耻辱之说，以自然之效言者，不同。此有因字两说，而此以前说为主，又与《集注》不同。(又见前汪长孺问答条。)

孟武伯问孝章《或问》，以范尹诸说为非，而《集注》又载此说。(范尹诸说即《集注》后说也。)

子奚不为政章《或问》，以范谢尹施于家有政之说为非，而《集注》用此说。(《或问》之意，以施于有政，为推孝友施于国政。)

三家以雍彻章《或问》曰，范氏以为成王赐鲁以王礼，唯得以祀周公者，未有考。然以鲁之郊祀观之，则初不为周公之庙而设也。按，《礼记》明堂篇曰，鲁公世世祀周公，以天子之礼乐，又曰，以禘礼祀周公于太庙。据此，则范说似有考。郊祀虽非祀周公，郊禘之礼一体，故郊祀后稷。盖亦因禘祀周公，而并举之也，岂必事事而皆用天子之礼哉？

林放问礼章《或问》，以范杨说为非夫子之意，而《集注》俱载其说。

仪封人请见章《或问》，以苏说为未安，而《集注》又载其说。(苏说即《集注》后说也。)

君子谕于义章，程子杨氏以为深谕而笃好，范氏以为好之而后谕。《或问》并取两说，而以为不可以一例拘。《集注》只取程杨说。

伯夷叔齐不念旧恶章《或问》，论恶与怨，与《集注》不同。(《或问》以恶为父子间事，怨为自怨，以人怨之说为未安。)

孟之反不伐章《或问》，以谢氏说为尤过，而《集注》节录谢说。

人之生也直章《或问》，以至大至刚以直为句，与《孟子集注》不同。

井有仁焉章《或问》，以吴氏仁当作人之说，为未必然，《集注》从其说。

君子博学约礼章《或问》，以约为约束之意，与《集注》训要不同。勉斋尝论训以要，不如训以约束，盖如《或问》之说也。(约与博对说，则训要为是。然要约之约，亦有约束之意。)

用舍行藏章《或问》曰，此章犹以物我对待而言。若孔子之仕止久速，则其可否之几，浑然在我，而无与于物矣。按，此与《集注》意不同。盖以为用舍行藏，有待于人，仕止久速，无待于人，而谓有其分，此恐未然。仕止久速，其几微之决，虽在于己，其可仕而仕，可止而止，则其机未尝不由于人。如孔子之仕而复去，皆由于其时君臣，是也。若人用而我不仕，人舍而我不止，则谓其机不由于人可也。人用而后仕，人舍而后止，则是岂不由于人哉？用之则行，即所谓可仕而仕也，舍之则藏，即所谓可止而止也，其义一也。颜子之用舍行藏，谓与孔子有不同处可矣，而谓孔子之用舍行藏，与仕止久速之意不同，则恐未然矣。（《集注》曰，颜子几于圣人，故亦能之。此于孔颜之间，微有抑扬之意，而至于圣人分上，则初未有抑扬之辞矣。）

富而可求章《或问》，以谢杨说为未安，而《集注》取杨说。

互乡童子见章《或问》，以错简所推之说，谓出于私意计度，而以为不然，《集注》复用此说。《或问》或本于中心，或字似是不字之误。不然则与下文不相通，而不成说矣。

文莫吾犹人章《或问》，以谢氏可以入圣故不居之说为非，而《集注》全取谢说。

泰伯至德章《或问》，以谢氏泰伯亦能有天下之说为非，而《集注》用此说。

君子所贵乎道章《或问》，从程子说，与《集注》正意不同。（又见前欧阳希逊问答条）

达巷党人章《或问》，以孔子答辞为如程子说，则有未安。而《集注》载尹说，与程说同。

颜渊喟然叹章《或问》，以胡氏归功圣人一句为未安，而《集注》存此句。

子路终身诵之章，谢氏以可欲为善端发见，而《或问》因其说而论之，与《孟子集注》不同。

足食足兵民信章《或问》，专以使民不失信于君为言，而不言君不失信于民，与《集注》小异。

哀公问有若章《或问》，以侯氏说为正，尹氏说为非，而《集注》与尹说意同。

冉有退朝章《或问》，以程子范氏说为得之，而或说为伤巧，而《集注》用或说之意。

不逆不亿章《或问》，载《集注》取杨氏说，而改至诚前知一句。按，今《集注》全删此句。

以德报怨章《或问》说，与《集注》少异，两说相补，而亦能相包矣。《或问》曰，当报则报，不当报则止，此遗当爱而取之者矣。《集注》曰，爱憎取舍，一以至公，此遗不爱不憎而止于不报者矣。此谓两说相补也。不当报而止，则由是而进其有当爱而取者，从可知矣。既有爱而取者，则由是而降其有止于不报者，亦可知矣。此谓两说亦能相包者也。

莫我知章《或问》，以不怨不尤，皆为不责于人者，与《集注》不同。

知德者鲜章《或问》，以在陈绝粮为陈蔡大夫之所围，与《序说》注不同。

人无远虑章《或问》，以事之远近地之远近合而观之为尽，而《集注》只录苏氏说，以地之远近为言。盖远近有以事言，有以时言，有以地言。而言地，则事与时，皆在其中矣。

谁毁谁誉章《或问》，以尹氏说为不通，而《集注》载尹说。

民之于仁甚于水火章《或问》，以旧说为伤巧，而《集注》用旧说之意。

礼云乐云章，范尹二氏言礼以敬为本，与程子不同。《或问》以为，此章之指，当以程说为当。而《集注》用范尹之说，兼取程说，与《或问》少异。《集注》引诸儒之说，非本章正义者，用圈隔之君子所贵乎道章。及此章引程子说，皆载圈外意可见矣。

子路遇丈人章《或问》，以索隐为素隐，与《中庸章句》不同。（以素隐，为无德而隐。）

博学笃志章《或问》，载《集注》说，以为心不外驰，而事皆有益。今《集注》无事皆有益一句。据精义切问近思在己云者，是叔子说，而《或问》以为伯子说可疑。

大德小德章《或问》，论小德出入，以不器时中之说为至，与《集注》不同。

子夏之门人小子章《或问》，言《集注》取苏氏说，而今《集注》去之。

堂堂张也章《或问》，只言子张之不可辅而为仁，而不言其不能辅人之仁，与《集注》少异。

夫子得邦家章《或问》，以程张之说为至，范杨之说为得，而《集注》节录程子神化之语，张范杨说皆不录，只载谢氏说。此非取舍不同也，程张范杨之说大意，与《集注》同，而谢氏推说有可取，故圈外录之。

孟子浩气章《或问》，论集义所生，以程子金器土山之谕为至矣。《答吕子约》书，又以程子此语，为不能无疑。按，义之与气，有形而上下之分。而金之与器，土之与山，只是一物。程子取谕，固未为衬。吕书又在《四书或问》成后，则当以吕书为正。

万物皆备于我章《或问》曰，万物之生，同乎一本，故一物之中，莫不有万物之理焉。此通人物而言也。《集注》曰，大则君臣父子，小则事物微细，其当然之理，无一不具于性分之内。此独指人而言也。《或问》言一原之理，《集注》言异体之理，意差不同。

仁也者人也章《或问》，引外国本脱信也者实也一句，与《集注》少异。

养心莫善于寡欲章《或问》，只言由寡欲以至于无欲，而不言寡欲之欲不可无者，与《集注》少异。盖寡欲无欲，两欲字不同。寡欲之欲，口体之欲也，可寡而不可无也；无欲之欲，私欲之欲也，可无而不但止于寡也。

按，《年谱》论孟集注或问，皆成于丁酉之岁。而谱曰，其后《集注》删改，日益精密，《或问》则不复厘正，故其取舍间有不同者。今按，《论语或问》与《集注》，不相应处颇多。而先生亦屡言其有不满之意，则此书之不复厘正，固信矣。《孟子或问》，则其说既无与《集注》不应者，而其论以直可欲等说，又皆改正。《论语或问》之说，又每于《论语》相关之说必曰，已于《论语》之篇，论之云云，则此书之草定，虽与《论语或问》同时，其成书则后于《论语》，而必其经厘正者，可见矣。谱言并以为未修者，盖未察也。独先生《答张元德》书，并以《论孟或问》为未定之书者，恐是在草定之时，未及改修之前者欤。不可只据一书，而尽废诸说之证也。读者详之。

又按，《大全·答潘端叔》书曰，《论语或问》此书，久无工夫修得，只《集注》屡改不定，却与《或问》前后不相应矣。《语类》朱子自注书门节录，问《论语或问》曰，是十五年前文字，与今说不类。当时欲修，后来精力衰，那个工夫大，后掉了。先生每只以《论语或问》为言，而于庸学孟子或问，则未尝言之如此。此岂三书或问，则固皆修正无憾，而独未及于《论语或问》也？大全潘恭叔举《论语》子路子贡问管仲章《或问》说为问，而其说与今《或问》全不同，则《论语或问》，亦有修改处矣，不可概以为草本未修之书而忽之也。《语类》同卷泳录，先生又以为《论语或问》支离不须看。先生于此书，屡言之如此，则盖亦实有所不满于心者矣。此意学者亦不可以不知也。要当以《集注》为主，而其合者取之，以考其说之详，不合者舍之，斯为可耳。

10. 附录《朱子书节要》疑录

《答廖子晦》书，盖详来谕云云，自二语至酉长也二十四字，是夹注，误作大字书，故上下文不相连属。

《答何叔京》书，以必有事焉为居敬，已非孟子本意。虽以居敬当之，居敬即是有事，非实无所事，而若有所事。如俨若思，实无所事，而若有所事也。俨若思，思是已发，故当其未发。只是俨然若有所思，而实无所思也。事与思不同，事兼动静，而思专属动故也。此一段恐非定论。有事属居敬，《同异考》已论之。若有所思，若字之意，未及论之，兹复追记。辛酉至月日，书于旸谷寓舍。

索　引

参 考 书 目

一、中文书目

1. 李甦平：《韩国儒学史》，人民出版社 2009 年版。

2. 崔英辰：《韩国儒学思想研究》，邢丽菊译，东方出版社 2008 年版。

3. 柳承国：《韩国儒学史》，傅济功译，台北商务印书馆 1989 年版。

4. 柳承国：《韩国儒学与现代精神》，姜日天、朴光海等译，东方出版社 2008 年版。

5. 琴章泰：《韩国儒学思想史》，韩梅译，中国社会科学出版社 2011 年版。

6. 金忠烈：《高丽儒学思想史》，台北东大图书公司 1992 年版。

7. 张立文：《李退溪思想世界》，人民出版社 2013 年版。

8. 张敏：《立言垂教：栗谷李珥哲学精神》，北京大学出版社 2003 年版。

9. 张敏：《韩国思想史纲》，北京大学出版社 2009 年版。

10. 葛兆光：《中国思想史》，复旦大学出版社 2001 年版。

11. 袁行霈等主编：《中华文明史》，北京大学出版社 2006 年版。

12. 冯友兰：《中国哲学史新编》，人民出版社 2007 年版。

13. 冯友兰：《中国哲学简史》，北京大学出版社 2013 年版。

14. 冯友兰：《中国文化精神》，北京大学出版社 2015 年版。

15. 牟宗三：《中国哲学的特质》，台湾学生书局 1975 年版。

16. 陈来：《朱子哲学研究》，华东师范大学出版社 2000 年版。

17. 陈来：《宋明理学》，华东师范大学出版社 2004 年版。

18. 陈来：《东亚儒学九论》，三联书店 2008 年版。

19. 陈来：《传统与现代：人文主义的视界》，三联书店 2009 年版。

20. 陈来：《古代宗教与伦理：儒家思想的起源》，三联书店 2009 年版。

21. 高丽大学韩国史教研室：《新编韩国史》，孙科志译，山东大学出版社 2010 年版。

22. 吴锡源：《韩国儒学的义理思想》，邢丽菊、赵甜甜译，复旦大学出版社 2014 年版。

23. 徐远和、李甦平、周桂华、孙晶主编：《东方哲学史》，人民出版社 2010 年版。

24. 尹丝淳：《韩国儒学研究》，陈文寿、潘畅和译，新华出版社 1998 年版。

25. 洪军：《朱熹与栗谷哲学比较研究》，中国社会科学出版社 2003 年版。

26. 蔡茂松：《韩国近世思想文化史》，台北东大图书公司 1995 年版。

27. 黄俊杰主编：《东亚视域中的茶山学与韩国儒学》，台大出版中心 2006 年版。

28. 黄俊杰：《东亚文化交流中的儒家经典与理念：互动、转化与融合》，台大出版中心 2010 年版。

29. 李明辉：《四端与七情——关于道德情感的比较哲学探讨》，台大出版中心 2005 年版。

30. 杨祖汉：《从当代儒学观点看韩国儒学的重要论争》，台大出版中心 2005 年版。

31. 林月惠：《异曲同调：朱子学与朝鲜性理学》，台大出版中心 2010 年版。

32. 蔡振丰：《朝鲜儒者丁若镛的四书学：以东亚为视野的讨论》，台大出版中心 2010 年版。

33. 张崑将：《阳明学在东亚：诠释、交流与行动》，台大出版中心 2011 年版。

34. 藤井伦明：《朱熹思想结构探索：以"理"为考察中心》，台大出版中心 2013 年版。

35. 钱逊：《论语讲义》，人民出版社 2012 年版。

36. 陈昇：《孟子讲义》，人民出版社 2012 年版。

37. 李学勤主编：《十三经注疏》，北京大学出版社 1999 年版。

38. 杨伯峻译注：《孟子译注》，中华书局 2005 年版。

39. 杨伯峻译注：《论语译注》，中华书局 2006 年版。

40. 姜广辉主编：《中国经学思想史》，中国社会科学出版社 2010 年版。

41. 孙卫国：《大明旗号与小中华意识》，商务印书馆 2007 年版。

42. 李承贵：《儒士视域中的佛教》，宗教文化出版社 2007 年版。

43. 朱汉民、肖永明：《宋代四书学与礼学》，中华书局 2009 年版。

44. 陈嘉映：《语言哲学》，北京大学出版社 2003 年版。

45. 彭国翔：《儒家传统：宗教与人文主义之间》，北京大学出版社 2007 年版。

二、韩文书目

1. 柳承国：《东洋哲学研究》，槿域书斋 1983 年版。

2. 柳承国：《东洋哲学研究》，东方学术研究院 1988 年版。

3. 尹丝淳：《儒学者的省察：探索韩国文化中的本源哲学》，罗南出版社 2007 年版。

4. 尹丝淳：《实学的哲学特性》，罗南出版社 2008 年版。

5. 尹丝淳：《朝鲜：道德的省察》，石枕社 2010 年版。

6. 尹丝淳：《韩国儒学史：韩国儒学的特殊性研究》上、下卷，知识产业社 2012
   年版。

7. 崔英辰：《儒教的本质与现在性》，成均馆大学出版部 2002 年版。

8. 崔英辰：《朝鲜王朝时期儒学思想的状况》，成均馆大学出版部 2005 年版。

9. 崔英辰主编：《韩国哲学史》，新文社 2009 年版。

10. 玄相允：《朝鲜儒学史》，玄音社 1982 年版。

11. 裴宗镐：《韩国儒学的哲学式展开》，延世大学出版部 1985 年版。

12. 裴宗镐：《韩国儒学史》，延世大学出版部 1997 年版。

13. 崔英成：《韩国儒学思想史》，亚洲文化社 1997 年版。

14. 崔英辰：《韩国儒学通史》，心山出版社 2006 年版。

15. 池斗焕：《韩国思想史》，历史文化社 2002 年版。

16. 韩国思想史研究会编：《人性物性论》，韩吉社 1994 年版。

17. 高丽大学民族文化研究院编：《资料解说：韩国哲学思想》，艺文书院 2001 年版。

18. 韩国哲学会编：《多元主义：是福还是祸》，哲学与现实社 2003 年版。

19. 韩国国学振兴院编：《韩国儒学思想大系》，艺文书院 2005 年版。

20. 韩国哲学史研究会编：《韩国哲学思想史》，心山出版社 2005 年版。

21. 韩国哲学思想研究会编：《由论争来看韩国哲学》，艺文书院 2006 年版。

22. 韩国思想史学会编：《韩国思想史入门》，绪文文化社 2006 年版。

23. 韩国思想史研究会编：《朝鲜儒学的学派》，艺文书院 1996 年版。

24. 韩国思想史研究会编：《朝鲜儒学的概念》，艺文书院 2012 年版。

25. 琴章泰：《朝鲜前期儒学思想》，韩国国立首尔大学出版部 1997 年版。

26. 琴章泰：《韩国儒学探究》，韩国国立首尔大学出版部 1999 年版。

27. 琴章泰：《茶山实学探究》，小学社 2001 年版。

28. 琴章泰：《韩国儒学的心说》，韩国国立首尔大学出版部 2002 年版。

29. 韩亨祚：《从朱熹到丁若镛：朝鲜儒学的哲学范式研究》，世界社 1997 年版。

30. 韩亨祚：《韩国儒学巨匠》，文学村 2008 年版。

31. 李正浩：《周易正义》，亚洲文化社 1980 年版。

32. 郑玉子等：《韩国史特讲》，韩国国立首尔大学出版部 1990 年版。

33. 郑玉子：《朝鲜后期历史的理解》，一志社 1998 年版。

34. 民族与思想研究会编：《四端七情论》，曙光社 1992 年版。

35. 李东俊：《韩国的道学传统与义理思想》，韩民族书院 1997 年版。

36. 韩国近现代社会研究协会：《韩国近代开化思想与开化运动》，信书院 1998 年版。

37. 梁在烈：《儒教与人间主体的哲学》，东亚社 2000 年版。

38. 崔根德等：《朝鲜性理学的结构探究》，成均馆大学出版部 2001 年版。

39. 郭信焕译注：《朱子言论同异考》，昭明出版社 2002 年版。

40. 朴永奎：《朝鲜王朝实录》，雄津知识书屋 2004 年版。

41. 李爱熙：《朝鲜后期人性物性论争的研究》，高丽大学民族文化研究院 2004 年版。

42. 吴锡源：《韩国道学派的义理思想》，成均馆大学出版部 2005 年版。

43. 金时邺、马仁燮编：《东亚学的探索与指向》，成均馆大学出版部 2005 年版。

44. 韩国梨花女子大学编：《近代启蒙时期知识概念的运用和变用》，昭明出版社 2005 年版。

45. 李东熙：《朝鲜朝朱子学的哲学思维与争论点》，成均馆大学出版部 2006 年版。

46. 文锡胤：《湖洛论争的形成与展开》，东西社 2006 年版。

47. 大滨皓：《由范畴来看朱子学》，李炯性译，艺文书院 1999 年版。

48. 小岛毅：《朱子学与阳明学》，申铉承译，东亚社 2004 年版。

49. 邢丽菊：《朝鲜儒者南塘与巍岩人物性同异论的比较研究》，新星出版社 2009 年版。

50. 邢丽菊主编：《中韩哲学的发展与人文纽带的构建》，首尔出版社 2013 年版。

责任编辑:方国根　夏　青　段海宝

图书在版编目(CIP)数据

韩国儒学思想史/邢丽菊 著. -北京:人民出版社,2015.11
ISBN 978-7-01-015455-8

Ⅰ.①韩… Ⅱ.①邢… Ⅲ.①儒学-思想史-韩国 Ⅳ.①B312.6

中国版本图书馆 CIP 数据核字(2015)第 260085 号

韩国儒学思想史
HANGUO RUXUE SIXIANGSHI

邢丽菊　著

人民出版社 出版发行
(100706　北京市东城区隆福寺街 99 号)

北京龙之冉印务有限公司印刷　新华书店经销

2015 年 11 月第 1 版　2015 年 11 月北京第 1 次印刷
开本:710 毫米×1000 毫米 1/16　印张:40.5
字数:607 千字

ISBN 978-7-01-015455-8　定价:95.00 元

邮购地址　100706　北京市东城区隆福寺街 99 号
人民东方图书销售中心　电话 (010)65250042　65289539